图书馆 · 情报 · 文献学

国家社科基金项目书系

本书是国家社科基金重点项目"基于绩效和成效集成的公共图书馆评估理论与评估标准创新研究"（19ATQ002）的研究成果之一。

公共图书馆评估的理论与实践

Theory and Practice of
Public Library Evaluation

柯平 等著

国家图书馆出版社

图书在版编目（CIP）数据

公共图书馆评估的理论与实践／柯平等著. -- 北京：国家图书馆出版社，2024.12.
（图书馆·情报·文献学国家社科基金项目书系）. -- ISBN 978 - 7 - 5013 - 8142 - 5

Ⅰ. G259.252

中国国家版本馆 CIP 数据核字第 2024QV2151 号

书　　名　公共图书馆评估的理论与实践
　　　　　GONGGONG TUSHUGUAN PINGGU DE LILUN YU SHIJIAN
著　　者　柯平　等著
责任编辑　唐澈　高爽
封面设计　陆智昌

出版发行　国家图书馆出版社（北京市西城区文津街 7 号　100034）
　　　　　（原书目文献出版社　北京图书馆出版社）
　　　　　010 - 66114536　63802249　nlcpress@ nlc. cn（邮购）
网　　址　http://www. nlcpress. com
排　　版　北京金书堂文化发展有限公司
印　　装　北京科信印刷有限公司
版次印次　2024 年 12 月第 1 版　2024 年 12 月第 1 次印刷

开　　本　787mm×1092mm　1/16
印　　张　30.5
字　　数　590 千字
书　　号　ISBN 978 - 7 - 5013 - 8142 - 5
定　　价　218.00 元

前　言

　　任何组织都是社会分工的结果，都是由人组成的，有其特定的职能与目标，作为公共组织的图书馆也不例外。当一个公共组织发展到一定的规模或者需要确定该公共组织的行业贡献与影响时，评估或评价就产生了。

　　什么是图书馆评估？图书馆评估（library evaluation）也称为图书馆评价。在图书馆和情报科学领域，评价（assessment）是以定性或定量方式衡量图书馆的藏书、服务和计划是否满足用户的需求，以达到改进绩效的目的①。在图书馆规划领域，评价是通过收集数据进行资源、服务、绩效的估价并予以改进的过程②。

　　我国对图书馆评估的认识和研究起步较晚，虽然早在 1984 年翻译出版的 R. D. Stueart 等的《图书馆管理》（*Library Management*）中已有"对组织机构的评价"，但在之后一段时间内图书馆界的著作中都没有关于图书馆评估的专门论述。

　　随着 20 世纪 90 年代图书馆评估实践的发展及图书馆评估理论研究的深入，图书馆评估或评价开始进入我国图书馆管理学体系。王学东著的《图书情报管理学概论》（中国商业出版社 1990 年版）只讨论了图书情报系统能力评估的指标体系，并附《陕西省普通高校图书馆评估实施办法及指标体系（试行草案）》。林增铨著的《图书馆管理学概论》（南京大学出版社 1993 年版）将图书馆评估作为图书馆的重要管理方法，即"根据一定的目标和标准，通过系统地搜集信息和科学分析，对图书馆适应社会的程度做出价值判断的过程"③。付立宏等著的《图书馆管理教程》（武汉大学出版社 2005 年版）将"图书馆评价"作为专章论述，分为宏观评价和微观评价，包括岗位评价、服务评价和效益评价等。

---

　　①　REITZ J M. Dictionary for library and information science［M］. London：Libraries Unlimited，2004：44.

　　②　SOPER M E, OSBORNE L R, ZWEIZIG D L. The librarian's thesaurus［M］. Chicago：American Library Association，1990：28.

　　③　林增铨. 图书馆管理学概论［M］. 南京：南京大学出版社，1993：172.

在绩效评估（performance evaluation）理论形成之前，关于组织的评价形成了系统的理论与实践。1952 年，美国管理协会（American Management Association）在《计划、开发公司的组织结构》（*Planning and Developing the Company Organization Structure*）研究报告中调查发现，大多数公司在组织评价中采用了 9 条原则。这些原则以后得到不断的补充，不仅适用于营利组织的评价，也适用于非营利组织的评价。著名的图书馆管理学者 R. D. Stueart 在其合著的《图书馆管理》一书中就照搬了一般组织评价的 15 条原则，包括目的一致性原则、效率原则、控制幅度原则、等级原则、授权原则、责任原则、权力与责任同等原则、统一指挥原则、权力等级原则、分工原则、职能定义原则、隔离原则、平稳原则、灵活性原则、领导工作简化原则①。

绩效评估起源于 20 世纪 70—80 年代的新公共管理运动，是绩效管理的重要组成部分。绩效管理是为实现预期目标而实施的由一系列管理机制和技术构成的有机体，是包括绩效管理过程、组织绩效评估、项目评估、品质管理、业务流程重组等内容的一个系统。罗伯特·巴克沃在《绩效管理——如何考评员工表现》一书中提出："绩效管理是一个持续的交流过程。该过程由员工和其直接主管之间达成的协议来保证完成。在协议中对未来工作达成明确的目标和理解，并将可能受益的组织、经理及员工都融入绩效管理体系中来。"② 如果绩效管理是一个系统工程或动态过程，那么绩效评估就是其中的关键环节，在某种意义上具有引擎作用。

绩效评估除在企业成功应用之外，还广泛应用于政府和各类公共组织。特别是 20 世纪 90 年代，西方国家为回应公共服务私有化及纳税人抗议政府支出失控等外部压力，纷纷通过战略规划、预算和绩效评估这类方法，寻求建立低成本、高效率的政府服务机制。1993 年美国颁布的《政府绩效与结果法》（*Government Performance Results Act*）规定，"每个机构应提交年度绩效规划和报告"，将财政预算与政府部门绩效联系起来。克林顿政府组建"全国绩效评估委员会"，实施"企业型"政府再造，在此后的三年里，美国联邦政府精减了 24 万名公务员，删减了 1.6 万页法规，简化后的法规达 3.1 万页，每年可节省开支 280 亿美元③。英国 1997 年颁布的《地方政府法》（*Local Government Act*）规定地方政府必须实行最佳绩效评估制度，各部门每年都要进行绩效评估工作，要有专门的机构、人员及固定的程序。日本于 2002 年制定了《政府政策评价法》（*Government Policy Evaluation Act*）。经济合作与发展组织（Organization for Economic Co-operation and Development,

---

① 斯图亚特，伊斯特利克. 图书馆管理 ［M］. 石渤，译. 北京：书目文献出版社，1984：78 - 81.
② 巴克沃. 绩效管理：如何考评员工表现 ［M］. 陈舟平，译. 北京：中国标准出版社，2002：5.
③ 李鹏. 我国政府公共行政绩效管理机制的建立 ［J］. 行政论坛，2004（5）：24 - 26.

简称 OECD）于 1997 年出版的《追求结果：绩效管理实践》（*In Search of Results：Performance Management Practices*）归纳总结了各国绩效管理的体系设计，包括目标与方法、绩效衡量、服务品质、绩效检查、绩效信息的运用、成果导向的管理等。在这一背景下，政府与公共部门绩效评估系统迅速发展起来。

图书馆引入绩效评估是随着图书馆战略规划制定与实施发展起来的。20 世纪 70 年代中期以后，美国经济萧条，直接导致图书馆经费大幅削减。于是，图书馆界不再修订全国性的图书馆标准，而是转而调整管理方式，制定战略规划与引入绩效评估来明确自身社会角色，争取社会理解与支持。在这一背景下，美国公共图书馆协会（Public Library Association，简称 PLA）于 1980 年发布了《公共图书馆规划程序》（*A Planning Process for Public Libraries*），将绩效评估作为一个重要内容。1982 年美国公共图书馆协会又发布了《公共图书馆服务产出评估》（*Output Measures for Public Libraries*），以产出（output）或服务绩效（performance）作为评估的标准，采用 12 种方法评估图书馆的服务是否达到规划的目的或目标①。这 12 种方法包括：①年人均图书资料流通量，②年人均馆内图书资源使用量，③年人均到馆次数，④年人均参加图书馆活动次数，⑤年人均使用参考咨询服务次数，⑥参考咨询服务满足率，⑦图书资料标题满足率，⑧图书资料主题与作者满足率，⑨图书资料阅览者满足率，⑩注册读者比例，⑪图书资料年均流通次数，⑫图书资料传递率。《公共图书馆规划程序》和《公共图书馆服务产出评估》这两个指南被图书馆界广泛应用，对美国及其他国家都产生了巨大影响。

20 世纪 90 年代，图书馆管理进入战略管理与绩效管理融合发展的新阶段。很多图书馆直接将战略规划目标纳入绩效评估流程（Performance Evaluation Process，简称 PEP），自此，图书馆的绩效指标体系建立起来并不断完善。与此同时，全面质量管理（Total Quality Management，简称 TQM）被引入图书馆，图书馆从服务质量评价发展到图书馆质量全面评估，促使服务质量模型（SERVQUAL）理论在图书馆的应用成果——LibQUAL + 系统的问世，该系统迅速成为国际图书馆界广泛应用的图书馆质量测评系统。

在图书馆质量管理和战略管理不断发展的进程中，图书馆绩效评估标志着图书馆的转型，即从行业内部标准导向转向行业外部用户导向，从图书馆基本要素的管理转向综合应用目标管理（Management by Objectives，简称 MBO）、规划管理（planning & programming）、预算制（budgeting systems）、零基预算法（zero-based budgeting）等的新型管理。随着产出（output）、效率（efficiency）、效能（effectiveness）、影响（impact）等概念在图书馆管理中的不断强化，绩效评估成为不仅关系图书馆个体全面优化，而且推动图书馆事

---

① 卢秀菊. 图书馆规划之研究［M］. 台北：台湾学生书局，1988：43，66 - 68.

业整体发展的一个关键领域，图书馆绩效评估的国际标准和国家标准应运而生。

1996 年，国际图书馆协会和机构联合会（International Federation of Library Associations and Institutions，简称 IFLA）大学与研究图书馆专业组发布了《质量评估：学术图书馆绩效评估国际指南》（*Measuring Quality：International Guidelines for Performance Measurement in Academic Libraries*）。该指南于 2007 年修订出版了第二版并改名为《质量评估：图书馆绩效评估手册》（*Measuring Quality：Performance Measurement in Libraries*）。

1998 年 4 月 1 日，国际标准化组织（International Organization for Standardization，简称 ISO）发布了 ISO 11620：1998《信息与文献　图书馆绩效指标》（*Information and Documentation—Library Performance Indicators*），并于 2003 年 7 月 5 日对这一标准进行了补充，发布 ISO 11620：1998/Amd. 1：2003《信息与文献　图书馆绩效指标补充本 1：增订图书馆绩效指标》（*Information and Documentation—Library Performance Indicators：Amendment 1：Additional Perfor-mance Indicators for Libraries*）。为适应图书馆发展的新形势，ISO 于 2003 年 11 月 1 日发布了新的标准 ISO/TR 20983：2003《电子图书馆服务绩效指标》（*Performance Indicators for Electronic Library Service*）。

一些国家出台了专门的标准和指南，如 1982 年，美国图书馆协会（American Library Association，简称 ALA）出版了《公共图书馆的绩效评估》（*Output Measures for Public Libraries*）。1990 年，美国大学与研究图书馆协会（Association of College and Research Libraries，简称 ACRL）"学术图书馆绩效测评项目"（Performance Measure for Academic Libraries Project）开发了绩效评估方法。1990 年，英国发布《成功的关键：公共图书馆绩效指标——绩效测评和指标手册》（*Key to Success：Performance Indicators for Public Libraries：A Manual of Performance Measures and Indicators*）。1995 年，英格兰高等教育基金委员会发布《有效的学术图书馆：评价英联邦学术图书馆绩效的纲领——图书馆绩效指标的联合咨文报告》（*The Effective Academic Library：A Framework for Evaluating the Performance of UK Academic Libraries*）等[①]。

在国际图书馆绩效评估理论产生与发展的过程中，图书馆管理理论研究起到了重要的指导与推动作用，产生了一批有影响的论著，如 F. W. Lancaster 的《图书馆服务的测评与评估》（*The Measurement and Evaluation of Library Services*）和《如果你想要评估你的图书馆》（*If You Evaluate Your Library*）。R. D. Stueart 等著的《图书馆管理》第三版中专门讨论了人员的绩效考评（performance appraisal）和控制中的绩效预算（performance budgeting）等绩效管理问题；2002 年该书第六版更名为《图书馆和信息中心管理》（*Library and Infor-*

---

① 张红霞. 图书馆质量评估体系与国际标准［M］. 北京：国家图书馆出版社，2008：11.

mation Center Management），R. D. Stueart 详细论述了绩效评估，指出"绩效评估嵌入在战略规划过程之中，是支持图书馆与信息中心决策的最基本的反馈机制"①。2005 年，J. R. Matthews 在《面向管理者的图书馆战略规划与管理》（*Strategic Planning and Management for Library Managers*）一书中指出："绩效评估的作用不只是终结，而是作为改进运行与服务以及提供适当的评价向利益相关者报告的手段。"②

相比之下，我国图书馆界虽然在图书馆管理领域有许多重要成就及突出特色，但在绩效评估方面相对滞后，这与我国缺乏对绩效评估研究与指导的图书馆管理理论密切相关。

我国有关图书馆管理的重要著作主要是基于科学管理理论，围绕图书馆人员、经费、藏书、建筑设施等要素展开，以黄宗忠著的《图书馆管理学》（武汉大学出版社 1992 年版）和谭祥金著的《图书馆管理综论》（北京图书馆出版社 1997 年版）为代表，这反映了 20 世纪 90 年代无论是学院派还是实务派都没有将绩效评估纳入图书馆管理范畴。

直到 21 世纪初，我国图书馆界才开始重视绩效评估理论的引入，一些图书馆率先开展绩效评估实践探索，图书馆学界陆续开展了以绩效为主题的图书馆管理研究。作为高校图书馆学核心课教材，付立宏等编著的《图书馆管理教程》（武汉大学出版社 2005 年版）介绍了图书馆全面质量管理和图书馆知识管理，但没有介绍绩效管理或绩效评估。刘兹恒等主编的"十一五"规划教材《现代图书馆管理》（电子工业出版社 2010 年版）虽然在人力资源管理中提到了绩效评估，但也没有全面介绍绩效管理或绩效评估。总体来看，图书馆绩效评估的理论研究一直比较薄弱，绩效管理没有在图书馆管理学中占据重要地位，中国图书馆界缺乏对图书馆绩效评估实践进行的全面系统总结与深入分析，更缺乏适合中国图书馆管理的绩效评估理论指导。

鉴于此，南开大学研究团队于 2019 年申报了"基于绩效和成效集成的公共图书馆评估理论与评估标准创新研究"（项目编号：19ATQ002），获批国家社会科学基金重点项目，本书就是这一项目的阶段性成果。

本书分为上、下两篇：上篇（第一章至第五章）为理论篇，从全面梳理国内外图书馆绩效评估的学术研究入手，概述我国和国外公共图书馆评估的产生与发展过程，总结成绩并分析存在的问题。在此基础上，对公共图书馆绩效评估进行理论探索，提出我国公共图书馆绩效评估的发展方向，通过案例分析反映绩效评估理论与实践的契合。下篇（第六章

---

① STUEART R D, MORAN B R. Library and information center management［M］. Colorado：Libraries Unlimited，2002：421.

② MATTHEWS J R. Strategic planning and management for library managers［M］. Westport：Libraries Unlimited，2005：111.

至第十四章）为实践篇，对我国从 1994 年开始开展的公共图书馆评估定级进行全面回顾与总结，详细分析第一次到第六次公共图书馆评估定级的背景、评估标准与评估实施过程。本书结合南开大学研究团队进行的第六次公共图书馆评估定级标准研制工作，揭示我国在公共图书馆评估领域的重要创新，包括评估标准的科学化、评估管理信息化和评估模式多元化等，讨论并描绘了公共图书馆评估的未来。

目　录

上篇　理论篇

下篇　实践篇

上篇 理论篇

第一章 国内外公共图书馆评估研究进展

第一节 国内研究进展

我国图书馆评估理论和实践起步较晚，自 20 世纪 80 年代开始引进和介绍国外图书馆评估①，21 世纪初开始深入研究图书馆绩效评估，产生了《国家图书馆绩效评估指标体系》（2001）等标准，也出现了《图书馆绩效评估》（2008）等理论研究成果。本书梳理了国内公共图书馆评估研究情况，旨在充分了解我国公共图书馆评估研究现状。

一、评估基本理论研究

科学有效的评估实践需要扎实的评估基础理论做支撑，我国学者关注评估基本理论的研究与构建。例如：王孝龙等认为图书馆评估是根据图书馆价值观的目标函数，采用科学的方法来测量图书馆的功能属性及其转为主观和客观效用的行为，应遵循方向性、科学性、客观性、可测性和可行性原则②；齐向华分析了基于业务统计、基于用户感知和基于影响/效果的三种类型图书馆评估类型及其要素③；张广钦综述了图书馆评估概念与模型、发展史及方法④；金武刚讨论了公共图书馆评估的定位、错位与占位问题⑤；范亚芳等分析了我国图书馆联盟绩效评估要素，并从联盟、成员馆两方面构建图书馆联盟绩效评估指标体系⑥。事实上，虽然国内的评估实践积极性很高，但有关评估的基本理论研究较为薄弱。

---

① 张红霞. 国际图书馆服务质量评价：绩效评估与成效评估两个体系的形成与发展 [J]. 中国图书馆学校，2009，35（1）：78－85.

② 王孝龙，李东来. 图书馆评估理论、实践及其反思 [J]. 图书馆学通讯，1990（2）：56－61.

③ 齐向华. 图书馆评价类型及其要素分析 [J]. 情报理论与实践，2013，36（1）：38－42.

④ 张广钦. 图书馆评估概念与模型、发展史及方法研究述评 [J]. 大学图书馆学报，2011，29（3）：5－10.

⑤ 金武刚. 应然 VS 实然：论公共图书馆评估的定位、错位与占位 [J]. 图书馆论坛，2019，39（7）：13－22.

⑥ 范亚芳，王传卫. 我国图书馆联盟绩效评估要素研究 [J]. 图书情报工作，2010，54（11）：56－61.

二、评估工具研究

（一）评估标准研究

评估标准是开展图书馆评估的参照体系，用以衡量图书馆在多大程度上实现其建设目标。建立图书馆评估标准是图书馆评估实践的基础，国内有诸多学者深入探讨了图书馆评估标准的问题。例如：宋家梅等在国际常用公共图书馆绩效评估标准的基础上，阐述了我国台湾地区公共图书馆绩效评估标准的编定与实施过程，回顾其绩效评估的发展①；梁亮等分析了我国图书馆第五次评估标准②；王丙炎等基于《第六次全国公共图书馆评估定级标准》县级成人图书馆部分，提出了完善全国公共图书馆评估定级标准的建议③；胡银霞等比较了文化馆与公共图书馆的评估定级标准，探索二者在评估定级指标中的异同点④。

（二）评估指标研究

图书馆评估指标是反映评估内容本质、特征的标志值，各标志值的集合构成了评估内容整体，图书馆评估指标是图书馆评估工作中用以检测和评判各项目标及标准是否达成的标尺⑤，确保评估的公平性和透明性。赵冲等对比我国历次省级公共图书馆评估标准部分指标的变化，揭示出我国省级公共图书馆工作重心的变化，通过对照我国第五次省级公共图书馆评估标准与国际标准 ISO 11620：2008《信息与文献　图书馆绩效指标》中部分指标的异同，提出引入绩效评估指标的相关建议⑥；苏福等以省级公共图书馆为例探讨了公共图书馆评估的关键指标⑦；李月琳等基于数字图书馆交互的一系列前期研究及对相关研究的回顾，构建了数字图书馆交互评估问卷，开发了数字图书馆交互评估量表，为评估数字图书馆的交互提供了具备有效性、可靠性和可操作性的评估工具⑧；万易等基于耦合协

---

①　宋家梅，徐建华. 台湾地区的公共图书馆绩效评估研究［J］. 图书与情报，2017（4）：65 – 71.

②　梁亮，冯继强. 对第五次公共图书馆评估标准的认识与思考［J］. 图书馆杂志，2013，32（8）：46 – 50.

③　王丙炎，王鳐. 全国公共图书馆评估定级标准完善刍议——基于《第六次全国公共图书馆评估定级标准》县级成人部分［J］. 图书馆学研究，2018（7）：9 – 12.

④　胡银霞，胡娟，柯平. 文化馆与公共图书馆的评估定级标准比较研究［J］. 情报资料工作，2018（3）：25 – 29.

⑤　李芬林.《公共图书馆读者工作》［M］. 兰州：甘肃文化出版社，2013：280.

⑥　赵冲，李健. 对省级公共图书馆评估标准的认识与思考［J］. 国家图书馆学刊，2015，24（5）：32 – 39.

⑦　苏福，柯平. 公共图书馆评估的关键指标探讨——以省级公共图书馆为例［J］. 图书馆建设，2016（12）：15 – 20.

⑧　李月琳，张昕. 数字图书馆交互评估：从理论构建到工具开发［J］. 大学图书馆学报，2018，36（2）：59 – 70.

调模型构建了图书馆公共文化服务充分性发展评估指标体系①。

第六次评估标准较之前有了较大变化，面向省级（含副省级）、地市级、县级公共图书馆（少年儿童图书馆）构建了服务效能、业务建设、保障条件三大指标模块，依据各级图书馆功能定位不同，各模块设置了差异化的指标分数，具体的评估指标设计也开始凸显对图书馆服务效果和质量的关注，对第六次评估标准的解读对公共图书馆的评估实践具有重要作用。我国有学者围绕第六次评估指标展开论述，如柯平等对第六次全国公共图书馆标准指标体系从服务效能、业务建设和保障条件三个方面对新增指标做了详细阐释和解读②，并对省③、市④、县⑤三级的评估标准进行解读。张雅琪等依据六次全国公共图书馆评估中的数字图书馆相关指标，梳理和展现历次评估指标的变化情况，分析数字图书馆评估的主要影响因素，为数字图书馆评估标准制定和评估工作开展提供参考建议⑥。

后评估时代，有必要针对智慧图书馆的现实发展需求研究相适应的智慧图书馆评估标准，如卢小宾等从智慧图书馆的资源建设、服务模式和技术应用等核心要素入手，对比分析国内外已有的图书馆建设相关标准，探索我国智慧图书馆建设标准的选采策略，提出我国智慧图书馆建设标准体系的构建对策⑦。另外，随着我国图书馆评估事业的逐渐成熟，有关图书馆评估的主题更加细分，学者们开始考虑主题更为具象的图书馆评估研究，如柯平等⑧分析了旨在促进图书馆业务发展的公共图书馆科研工作评估标准，基于"儿童优先"原则论述了公共图书馆未成年人服务评估标准创新⑨；彭亮等探讨区县级和地市级总分馆评估标准的必要性及其评估标准体系的主要内容⑩。

① 万易，赵媛，陈家清．基于耦合协调模型的图书馆公共文化服务充分性发展评价指标体系构建［J］．国家图书馆学刊，2021，30（2）：34－53.

② 柯平，胡银霞．创新与导向：第六次全国公共图书馆评估新指标［J］．图书馆杂志，2017，36（2）：4－10.

③ 柯平，刘旭青，柴赟．省级公共图书馆评估标准解读［J］．图书馆，2017（6）：1－7，13.

④ 高爽，张雅琪，王冠璐．地市级公共图书馆评估标准解读［J］．图书馆，2017（6）：8－13.

⑤ 胡银霞，张海玲，徐青．县级公共图书馆评估标准解读［J］．图书馆，2017（6）：14－18，59.

⑥ 张雅琪，杨娜，李诣斐，等．面向数字图书馆的公共图书馆评估［J］．数字图书馆论坛，2017（5）：18－24.

⑦ 卢小宾，宋姬芳，蒋玲，等．智慧图书馆建设标准探析［J］．中国图书馆学报，2021，47（1）：15－33.

⑧ 柯平，刘倩雯，张森学，等．促进图书馆业务发展的公共图书馆科研工作评估标准研究［J］．国家图书馆学刊，2021，30（5）：56－66.

⑨ 柯平，张瑜祯，邹金汇，等．基于"儿童优先"原则的公共图书馆未成年人服务评估标准研究［J］．国家图书馆学刊，2021，30（5）：37－46.

⑩ 彭亮，尹静，柯平，等．公共图书馆体系高质量发展背景下总分馆评估标准研究［J］．国家图书馆学刊，2021，30（5）：28－36.

三、评估内容研究

（一）图书馆服务评估

图书馆服务评估一直是我国图书馆评估研究的重要主题。近年来，有两大研究主题备受关注。一是阅读推广评估。如宋兆凯等人提出了基于成本效益视角评估公共图书馆阅读推广活动绩效，在明确活动的成本及效益要素基础上，以实际案例阐述绩效评估指标体系的建立，量化分析成本和效益要素，明晰影响活动绩效的关键因素[①]；李晓隽等依据营销组合 4P［产品（product）、价格（price）、推广（promotion）和场合（place）］概念和营销周期理论，诠释了阅读推广"内容"和"过程"，并探讨了实践中"效用""内容""过程"的联系路径[②]；刘旭青等构建面向全民阅读的公共图书馆阅读推广的建设、职能、成效评估指标体系[③]。二是知识服务评估。如李月琳等基于总结和归纳以往信息服务类系统的评估要素，结合知识服务平台的特征，阐述知识服务平台评估的要素和评估标准[④]；万易等研究了耦合协调模型在评估图书馆公共文化服务充分性方面的适用性问题，为图书馆评估提供新思路[⑤]；常莉等将图书馆服务效果和服务影响作为衡量标准，解析图书馆服务的关键构成和影响因素，从资源转化率、活动推广度、馆员服务力、用户影响度和文明培育度等方面构建公共图书馆服务成效评估指标体系[⑥]；孔泳欣等从知识链视角出发构建数字图书馆知识服务能力评估体系[⑦]。

（二）图书馆空间评估

空间作为图书馆的关键要素，其评估也是国内图书馆评估重点之一。其中，备受学者关注的是创客空间评估，这与我国图书馆创客空间的建设实践不断推进密切相关。例如，

---

① 宋兆凯，杜二梅，董艳丽. 基于成本效益视角的公共图书馆阅读推广活动绩效评估探析［J］. 图书馆工作与研究，2019（12）：48 – 54.

② 李晓隽，谢蓉，董岳珂. 营销理念下图书馆的阅读推广评价路径［J］. 大学图书馆学报，2021，39（3）：105 – 113.

③ 刘旭青，刘培旺，柯平，等. 面向全民阅读的公共图书馆阅读推广评估标准研究［J］. 国家图书馆学刊，2021，30（5）：47 – 55.

④ 李月琳，韩宏亮. 从信息检索系统评估到知识服务平台评估［J］. 图书情报工作，2019，63（1）：52 – 59.

⑤ 万易，赵媛. 论耦合协调模型应用于图书馆公共文化服务充分性发展评价的必要性与可行性［J］. 国家图书馆学刊，2020，29（6）：32 – 40.

⑥ 常莉，张豪. 公共图书馆服务成效评估指标体系构建［J］. 图书馆理论与实践，2021（3）：10 – 15，39.

⑦ 孔泳欣，彭国超，李颖. 知识链视角下数字图书馆知识服务能力评价研究［J］. 情报理论与实践，2021，44（11）：73 – 79.

张晓庆等从非正式环境下学习的理论范畴出发，探讨评估创客空间学习成果的范围、评估工具和方法、创客空间环境的影响等①；王建功分析总结了美国图书馆创客空间评估经历的发展阶段、经验与趋势②；储结兵利用扎根理论方法，通过创客访谈，从创客感知的视角构建图书馆创客空间服务质量评估指标体系③。另外，国内学者也从地理位置角度对图书馆空间分布展开分析，如李倩等以第六次评估定级名单中的公共图书馆地理空间数据为基础，对我国不同级别的公共图书馆分布格局与热点进行了比较分析，发现公共图书馆形成了依托经济发达地区及全国各主要城市的多中心集聚、核密度在空间上逐渐递减的分布格局，不同级别的公共图书馆表现出了差异化的空间分布格局与热点④。

（三）图书馆管理评估

有效的图书馆管理是图书馆事业发展的强大动力，针对图书馆管理评估能够有效促进图书馆管理业务的效率提升，特别是在大数据发展背景下，学者们关注图书馆数据治理议题。例如：潘燕杰等基于行政法视角论述我国公共图书馆数据治理的风险评估机制⑤；吴锦池等基于 CMM 模型，结合数据处理流程和图书馆数据治理构成要素构建了图书馆数据治理成熟度评估体系⑥。

（四）图书馆数智化评估

国内智慧图书馆实践的不断发展，对智慧图书馆评估提出新需求，作为推动智慧图书馆发展从理论走向实践的重要推动力，智慧图书馆的评估研究开始受到关注，相关研究包括：①智慧图书馆评估的基础理论性探讨。如唐敏分析了智慧图书馆评估研究对象与方法⑦；胡娟等归纳了智慧图书馆的概念和要素，总结我国公共图书馆智慧化发展的三种模式，并讨论智慧图书馆评估问题⑧。②智慧图书馆评估方法与模型研究。如刘玉静等人分析了智慧图书馆智慧化水平测度评估问题，根据智慧图书馆的本质、特点、构成元素

---

① 张晓庆，刘青，马来宏，等．公共图书馆创客空间评估模式［J］．图书馆建设，2020（S1）：192－195.

② 王建功．美国图书馆创客空间评估研究与启示［J］．图书馆工作与研究，2021（8）：47－53.

③ 储结兵．创客感知视角下图书馆创客空间服务质量评价指标体系研究［J］．国家图书馆学刊，2020，29（3）：19－30.

④ 李倩，李袁．我国公共图书馆空间分布格局与热点分析——基于第六次全国公共图书馆评估定级结果［J］．新世纪图书馆，2021（1）：88－93.

⑤ 潘燕杰，郑飞鸿．行政法视角下我国公共图书馆数据治理的风险评估机制研究［J］．图书馆学研究，2020（22）：20－26，44.

⑥ 吴锦池，余维杰．图书馆数据治理成熟度评价体系构建［J］．情报科学，2021，39（1）：65－71.

⑦ 唐敏．智慧图书馆评估研究：对象与方法［J］．图书馆理论与实践，2018（10）：12－15，20.

⑧ 胡娟，柯平，王洁，等．后评估时代智慧图书馆发展与评估研究［J］．情报资料工作，2021，42（4）：28－37.

及中外图书馆智慧化的建设实践,构建了智慧图书馆智慧化水平测度评估指标体系与测度评估方法①;段美珍等基于对象分析视角提出智慧图书馆系统的面向对象分析模型(OOSL),分析智慧图书馆建设评估要素②。③针对具体要素的评估研究。如杨文建等论述用户感知智慧图书馆空间价值的具体影响因素,并从空间、管理、服务等视角提出空间评估体系构建策略③。

(五)图书馆价值评估

近年来,随着图书馆发展环境的变化,图书馆价值越来越频繁地被审视,国内学界与业界也越发认识到图书馆价值对我国图书馆事业获取外界支持与认可的重要性,因此有不少学者围绕图书馆价值问题展开讨论,涉及的主题包括以下几个方面:①图书馆空间价值评估。如张晓庆等人从非正式环境下学习的理论范畴出发,探讨评估创客空间学习成果的范围、评估工具和方法、创客空间环境的影响等,以期为公共图书馆创客空间的评估提供参考④。②图书馆社会价值评估。如杨晓伟分析了图书馆的社会价值与影响力评估⑤;周珊通过投资回报率和成本效益分析来评估和展示图书馆的社会价值与贡献,并结合国内研究现状,对比国内外的研究差异,探讨如何更好地开展国内图书馆的价值评估研究⑥。③图书馆服务价值评估。如高雪茹等明确了图书馆服务与图书馆服务价值的概念与范围,归纳公共图书馆和高校图书馆经济价值和社会价值评估的主要指标,梳理6种主要的图书馆服务价值评估方法的关系⑦;④图书馆经济价值评估。如银晶根据国际标准对经济影响力的分析,采用了两种方法对东莞图书馆的经济影响力进行实证评估⑧;刘靓靓介绍了美国佛罗里达州公共图书馆经济价值评估项目⑨。

(六)图书馆应急能力评估

新冠疫情突发背景下,图书馆应急服务研究受到广泛关注,也产生了一些关于图书馆

---

① 刘玉静,张秀华. 智慧图书馆智慧化水平测度评估研究 [J]. 图书与情报,2018(5):98 - 102.

② 段美珍,张冬荣,冯占英. 面向对象分析视角下的智慧图书馆建设评价要素研究 [J]. 数字图书馆论坛,2021(8):2 - 9.

③ 杨文建,邓李君. 基于用户感知的智慧图书馆空间评价研究 [J]. 图书馆,2021,323(8):42 - 48,56.

④ 张晓庆,刘青,马来宏,等. 公共图书馆创客空间评估模式 [J]. 图书馆建设,2020(S1):192 - 195.

⑤ 杨晓伟. 图书馆的社会价值与影响力评估 [J]. 图书馆论坛,2020,40(12):34 - 35.

⑥ 周珊. 以"投资回报率"评估图书馆的价值——国际图联《用数据回顾过去十年图书馆的投资回报率》报告解读与启示 [J]. 大学图书馆学报,2021,39(2):10 - 19.

⑦ 高雪茹,张闪闪. 图书馆服务价值评估比较及启示 [J]. 图书馆建设,2020(6):47 - 56.

⑧ 银晶. 东莞图书馆经济影响力评估实证研究 [J]. 图书馆杂志,2018,37(8):49 - 55.

⑨ 刘靓靓,付敏君,任慧玲. 美国佛罗里达州公共图书馆经济价值评估述评 [J]. 图书馆论坛,2018,38(9):148 - 152.

应急能力的评估成果。例如：闻心玥等研究了公共图书馆危机管理能力评估问题，构建了评估指标来评估公共图书馆危机管理能力，并为未来公共图书馆危机管理能力的提升提出建议[①]；银晶分析了公共图书馆舆情事件应对与评估[②]；王梦圆等以图书馆成效评估为理论基础，提出"资源应急保障成效评估"概念，并设计了一套具备灵活性和可操作性的图书馆资源应急保障成效评估框架[③]。

四、评估实践研究

（一）评估实践与经验总结

为更好地认识公共图书馆评估的本质，把握评估的普遍规律，国内学者比较关注我国现有公共图书馆评估实践的总结，以提取有效经验和重点评估事项。例如：陈卫东等概述了我国公共图书馆评估研究及公共图书馆评估工作的情况，通过分析广东省公共图书馆评估定级的等级结构分布特点，总结经验与存在的问题，提出公共图书馆评估工作在今后实施中的改进策略[④]；柯平等回顾了第六次评估中标准研制、宣讲培训和正式评估定级等不同阶段的工作内容[⑤]及意义和特点[⑥]；闫巧琴阐述了第六次全国县以上公共图书馆评估定级工作关于备查资料档案工作的具体做法，总结了濮阳市图书馆瞄准一级图书馆目标，加强评估档案库建设的实践经验[⑦]；刘旭青等分析了公共图书馆评估信息化的必要性，介绍第六次评估信息化构建的理念、思路、框架和应用，最后对公共图书馆评估信息化的发展做出展望[⑧]；王毅等对比、综合分析592个国家级贫困县第五次公共图书馆评估和第四次文化馆评估定级结果，研究了国家级贫困县基本公共文化服务均等化发展的策略[⑨]。

①　闻心玥. 新冠疫情下省级公共图书馆危机管理能力评价研究［J］. 新世纪图书馆，2020（12）：24 – 28.

②　银晶. 公共图书馆舆情事件应对与评估——以湖北农民工留言东莞图书馆事件为例［J］. 图书馆杂志，2021，40（10）：95 – 101.

③　王梦圆，罗祺姗. 图书馆资源应急保障成效评估框架研究［J］. 数字图书馆论坛，2021，207（8）：52 – 58.

④　陈卫东，刘青，伍舜璎. 公共图书馆评估的发展历程：经验、问题与前瞻——以广东地区为例［J］. 图书馆理论与实践，2021（2）：59 – 64.

⑤　柯平，刘旭青，邹金汇. 以评促建、以评促管、以评促用——第六次全国公共图书馆评估定级回顾与思考［J］. 图书与情报，2018（1）：37 – 48.

⑥　柯平，宫平. 全国公共图书馆第六次评估的意义和特点［J］. 图书馆建设，2016（12）：4 – 7，14.

⑦　闫巧琴. 公共图书馆评估档案库建设途径探析——基于濮阳市图书馆荣获一级馆的案例研究［J］. 档案管理，2019（3）：84 – 85.

⑧　刘旭青，柯平，刘文宁. 公共图书馆评估信息化［J］. 数字图书馆论坛，2017（5）：8 – 17.

⑨　王毅，柯平，孙慧云，等. 国家级贫困县基本公共文化服务均等化发展策略研究——基于图书馆和文化馆评估结果的分析［J］. 国家图书馆学刊，2017，26（5）：19 – 31.

除了国内公共图书馆评估实践的总结，我国学者也十分关注国外公共图书馆的具体评估实践，以了解国外公共图书馆评估主要事项，并合理吸收国外公共图书馆评估的优点，为国内相关评估的开展提供经验借鉴。王学贤等介绍了加拿大"暑期阅读俱乐部"的评估目的、主体、内容、数据收集与分析及评估结果等内容①。李卓卓等从面向效能角度切入，分别从政府、读者及公共图书馆三方视角介绍英美公共图书馆的数据采集体系，总结英美公共图书馆面向效能的数据采集先进经验②。田倩飞等从美国公共图书馆绩效评估的典型案例，分析了美国公共图书馆的绩效评估理论演进与实践③。王培林解读《英国 NHS 图书馆质量评估标准》，分析其服务政策、员工资质、服务空间、资金来源、服务内容等五项涉及公众健康信息服务的重要质量标准④。李丹总结了美国两类主要公共图书馆等级评价活动——亨氏美国公共图书馆评级（HAPLR）系统和美国星级图书馆评价系统（America's Star Libraries）的经验、特点及差异，为改进我国公共图书馆评估制度提供了参考借鉴⑤。这些研究为国内学界与业界提供了了解国外图书馆评估工作的有效渠道。

另外，为识别中外公共图书馆评估的各自特色和优劣得失，从而使评估理论研究能更加匹配评估实践，国内学者也注重中外公共图书馆评估的对比研究，如比较美国和中国公共图书馆的评价与评级制度⑥，比较我国公共图书馆第六次评估和 2015 年美国的公共图书馆星级评价⑦，对比国内与国外公共图书馆的绩效评估⑧等。

（二）第三方评估

第三方评估是实现公共图书馆常态化评估的重要方式，有助于形成全面、客观、专业的评估机制。例如：杨涛等以广州为例分析了公共图书馆第三方评估办法制定过程⑨；陈

① 王学贤，魏祥丽．加拿大"暑期阅读俱乐部"评估实践与启示［J］．图书馆工作与研究，2021（5）：71 – 76．

② 李卓卓，孙东．面向效能评估的英美公共图书馆数据采集及启示［J］．国家图书馆学刊，2019，28（4）：48 – 59．

③ 田倩飞，CHOW A S，唐川，等．美国公共图书馆的绩效评估理论演进与实践［J］．图书与情报，2016（6）：96 – 103，144．

④ 王培林．健康信息服务驱动公共图书馆未来发展——基于《英国 NHS 图书馆质量评估标准》的分析与启示［J］．图书情报知识，2018（2）：32 – 39．

⑤ 李丹．美国两类主要公共图书馆等级评价活动研究［J］．中国图书馆学报，2018，44（2）：97 – 112．

⑥ SHAO H，HE Q，CHA G，et al. Comparison of the assessment systems of public libraries in the United States and China［J］．Journal of the Australian library and information association，2019，68（2）：164 – 179．

⑦ 黄如花，苗淼．中美公共图书馆评估异同研究［J］．图书馆建设，2017（5）：73 – 78，86．

⑧ 陆红如，陈雅．公共图书馆绩效评估比较研究与策略分析［J］．图书馆学研究，2017（7）：14 – 20．

⑨ 杨涛，陈深贵，陈丽纳，等．公共图书馆第三方评估办法制定：以广州为例［J］．图书馆论坛，2019，39（7）：23 – 33．

深贵则在梳理国内外公共文化服务领域第三方评估理论与实践的基础上，以广州市公共图书馆第三方评估为案例研究对象，从遴选评估主体、第三方评估开展、结果公布与应用等环节，系统介绍和剖析了广州市公共图书馆首次第三方评估实践①。

第二节　国外研究进展

国外图书馆评估理论研究始于 20 世纪中叶，从最初的图书馆服务质量评价逐步发展为图书馆绩效评估的系统研究，至 20 世纪 90 年代，图书馆绩效评估理论研究达到较高水平。20 世纪 90 年代末，国外图书馆成效评估研究兴起②，目前已呈现出绩效评估与成效评估多元化的评估格局。本书梳理了国外公共图书馆评估研究情况，将国外公共图书馆评估研究归纳为评估基本理论研究、评估工具研究与评估内容研究三个方面，以充分了解国际公共图书馆评估研究现状。

一、评估基本理论研究

评估基本理论研究是评估研究及实践开展的基本理论指导。国外关于公共图书馆评估的基本理论研究包括评估相关概念与框架、评估模型、理论梳理等方面，如 N. Kwon 等分析了公共图书馆绩效评估的国际趋势，论述了绩效评估的主要理论模型及其测量指南和工具，并通过案例研究调查了美国主要地区公共图书馆系统的实际做法③。D. Streatfield 等论述了成效评估的定义，分析了成效评估、宣传和服务可持续性之间的关系④。

在数字图书馆快速发展的背景下，学者们重视数字图书馆评估的基本理论构建，包括基本概念、评估框架。例如：T. Saracevic 等讨论了数字图书馆评估面临的挑战，并提出了数字图书馆评估的概念框架与基本要求⑤；G. Tsakonas 等分析了数字图书馆评价领域的本体论表

①　陈深贵. 公共图书馆第三方评估的广州实践：探索与总结［J］. 图书馆学研究，2021（4）：17 - 22.

②　张红霞. 国际图书馆服务质量评价：绩效评估与成效评估两大体系的形成与发展［J］. 中国图书馆学报，2009（1）：78 - 85.

③　KWON N, CHOI Y, KIM S, et al. International trends in public library performance evaluation［J］. Journal of the Korean society for library and information science，2021，55（2）：111 - 130.

④　STREATFIELD D, MARKLESS S. What is impact assessment and why is it important?［J］. Performance measurement and metrics，2009，10（2）：134 - 141.

⑤　SARACEVIC T, COVI L. Challenges for digital library evaluation［C］//Proceedings of the 63rd Asis Annual Meeting，Information Today INC，USA，2000：341 - 350.

征，揭示了数字图书馆评估领域的主要概念及其相互关系，并尝试将多种科学范式、方法、技术和工具创造性地结合起来，由此论证本体论的附加值特性，支持不同评估方案的比较研究，为有效的数字图书馆评估规划提供帮助①。也有学者关注数字图书馆评估的研究进展与未来趋势。例如：G. Vullo 梳理了数字图书馆评估模型的研究进展，包括理论方法、现有模型的比较、目前的研究问题和综合评估框架②；A. Shiri 等客观统计分析了文化遗产数字图书馆和档案评估方法和框架，确定文献中的模型、框架和方法，并通过对评估方法、评估类型及趋势进行分类和评述，为未来文化遗产数字图书馆和档案馆的评估提出了可行性建议③。

成效评估越来越受到重视，阐述成效评估的重要性与作用有助于推动其实践运用。F. Bradley 指出成效评估提供了一种向关键合作伙伴和利益相关者展示图书馆工作真正价值的方法④。R. Poll 等证明成效研究对图书馆的重要性，指出可以从知识的获得及信息素养、学术或专业成就、社会包容和个人福祉的提高等方面评估图书馆服务成效⑤。

二、评估工具研究

（一）评估工具构建

评估工具是公共图书馆评估实践的依据，包括评估方法、评估指标等内容，国外学者比较关注评估工具的开发与构建。如 P. H. Reid 在苏格兰使用的质量标准机制的基础上建立了一个新框架，形成了评估苏格兰公共图书馆服务质量、价值和影响的新方法⑥，H. R. Kim 研究改进了公共图书馆评估指标等⑦。

---

① TSAKONAS G，PAPATHEODOROU C. An ontological representation of the digital library evaluation domain［J］. Journal of the American society for information science & technology，2011，62（8）：1577 – 1593.

② VULLO G. Squaring the circle：a comparative perspective on digital library evaluation models［M］// New trends in qualitative and quantitative methods in libraries：selected papers presented at the 2nd qualitative and quantitative methods in libraries. Singapore：World Scientific，2011：353 – 358.

③ SHIRI A，VILLANUEVA E. Methodological diversity in the evaluation of cultural heritage digital libraries and archives：an analysis of frameworks and methods［J］. Canadian journal of information & library sciences，2021，43（3）：316 – 342.

④ BRADLEY F. IFLA，sustainability and impact assessment［J］. Performance measurement and metrics，2009，10（3）：167 – 171.

⑤ POLL R，PAYNE P. Impact measures for libraries and information services［J］. Library Hi Tech，2006，24（4）：547 – 562.

⑥ REID P H. How good is our public library service? The evolution of a new quality standards framework for Scottish public libraries 2012 – 2017［J］. Journal of librarianship and information science，2019，52（3）：647 – 658.

⑦ KIM H R. A study on the improvement in evaluation indicators of public libraries［J］. Journal of Korean library and information science society，2013，44（2）：77 – 95.

为提升评估工具的适应性，学者们针对不同维度开发评估工具。针对图书馆价值评估，Y. Noh 通过文献分析与德尔菲法建立图书馆社会价值评估指标①，S. V. D. Leon 通过菲律宾巴拉那基市公共图书馆的案例研究，将社会投资收益法（Social Return on Investment，简称 SROI）作为图书馆评估工具，探讨图书馆能否运用及如何运用 SROI 方法来衡量图书馆的社会价值，哪些因素能够提升图书馆的社会价值，研究表明 SROI 方法确实可以在图书馆环境中使用，并且可以极大地帮助图书馆制定战略目标②。针对图书馆效率评估，P. Lazaro-Rodriguez 等研究了基于系统效能指标验证 Secaba-Rank 方法来衡量图书馆效率，提出并论证了 Secaba-Rank 方法的优点③。也有学者总结了综合性评估方法，如M. Yim 等以纳米比亚地区图书馆为例，从赞助人视角（图书馆用户）、图书馆视角（图书馆工作人员、管理人员和相关官员）和外部视角（包括评估者和监测数据）提出了图书馆综合性评估方法，以解决图书馆服务、使用和运营等领域的评估问题，客观评估图书馆的绩效④。

在数字图书馆快速发展的背景下，国外学者注重研究数字图书馆评估方法。例如：I. Xie 等探讨了数字图书馆评估的各种方法及其适用性，并为从业者在学术环境中有效地评估数字图书馆列出措施清单⑤；M. Kyrillidou 等通过改进用于评估实体图书馆服务的方法和工具，开发了数字图书馆评估数字协议⑥；W. Yong 等基于数据挖掘技术，建立了评价图书馆的模糊 C 均值（FCM）算法模型⑦。随着数字图书馆服务的快速发展，服务质量成为衡量数字图书馆服务绩效的重要指标，数字图书馆服务质量的评估模型和框架被广泛提

①　NOH Y. A study on the evaluation analysis of the library's social values［J］. Journal of librarianship and information science，2021，53（1）：29 – 49.

②　LEON S V D. The social return on investment methodology as a tool for valuation and impact assessment for libraries：a case study［J］. Journal of the Australian library and information association，2021，70（2）：177 – 193.

③　LAZARO-RODRIGUEZ P，LOPEZ-GIJON J，HERRERA-VIEDMA E. Testing the Secaba – Rank tool：validating its methodology to measure the efficiency of libraries versus Data Envelopment Analysis（DEA）and the Finland method［J］. Profesional de la informacion，2019，28（3）：1 – 12.

④　YIM M，FELLOWS M，COWARD C. Mixed – methods library evaluation integrating the patron，library，and external perspectives：the case of Namibia regional libraries［J］. Evaluation and program planning，2020，79（2）：1 – 10.

⑤　XIE I，JOO S，MATUSIAK K K. Digital library evaluation measures in academic settings：perspectives from scholars and practitioners［J］. Journal of librarianship and information science，2020，53（1）：130 – 152.

⑥　KYRILLIDOU M，GIERSCH S. Developing the DigiQUAL protocol for digital library evaluation［C］// ACM/IEEE Joint Conference on Digital Libraries Proceedings. Denver，CO，USA：JCDL，2005：172 – 173.

⑦　YONG W，LI H. The library evaluation based on the PCA and fuzzy-C means［C］// International Conference on Artificial Intelligence & Computational Intelligence，IEEE，2009：167 – 171.

出。目前对数字图书馆服务质量的研究主要集中在用户感知的维度上，但也有从其他维度开展的研究。如 M. Ahmad 等从数字服务提供商的角度出发，提出了一种新的数字图书馆服务绩效评估模型，指出数字服务提供商提供的服务质量水平直接影响最终用户对数字服务的感知度和满意度①。

与此同时，也有一些学者关注小型图书馆运营评估，如 B. Kim 提出包括定量评估和定性评估的小型图书馆运营评估指标，该评估指标通过反映被评估小型图书馆的需求，评估小型图书馆的基本宗旨和价值。作为一种自查评估，该评估指标细化了指标评估方法和评估尺度，有助于小型图书馆自主进行经营评估②。

（二）评估工具运用

开发评估工具的目的是实践应用，以验证评估工具的有效性，切实衡量图书馆发展能力。有学者运用评估工具开展实践评估研究，如 M. Alipour-Hafezi 等使用数字协议评估伊朗数字图书馆运行情况③，W. Shim 等采用数据包络分析方法（Data Envelopment Analysis，简称 DEA）评估数字图书馆④，J. Pisanski 等则使用多种方法组合评估公共图书馆⑤。也有针对数字图书馆系统的评估研究，如 R. Ismail 等探讨基于图书馆信息系统安全评估模型（LISSAM）的图书馆评估工具的使用，设计了一个实施指标和评分工具来评估图书馆的信息系统保障措施⑥。

三、评估内容研究

全面、合理的评估内容是形成完善的公共图书馆评估体系的基础。不同的评估内容在评估工具开发、评估侧重点方面具有较大差异。国外学者所关注的评估内容主要包括以下几个方面。

---

① AHMAD M，ABAWAJY J H. Digital library service quality assessment model ［J］. Procedia-social and behavioral sciences，2014，129（1）：571 – 580.

② KIM B. A Study on the improvement of evaluation indicators for small library operations ［J］. Journal of the Korean society for library & informationence，2018，52（1）：5 – 34.

③ ALIPOUR-HAFEZI M，NICK H A. Evaluation of digital libraries of Iranian research institutions based on the DigiQUAL protocol ［J］. Electronic library，2015，33（4）：824 – 841.

④ SHIM W，KANTOR P B. Evaluation of digital libraries：A DEA approach ［C］//Proceedings of the annual meeting – American society for information science，1999：605 – 615.

⑤ PISANSKI J，ŠVAB K. Evaluating public library events using a combination of methods ［J］. Libri，2021，71（1）：65 – 75.

⑥ ISMAIL R，ZAINAB A N. Information systems security in special and public libraries：an assessment of status ［J］. Malaysian journal of library & information science，2011，16（2）：45 – 62.

（一）图书馆要素评估

1. 服务评估

服务是图书馆发展的核心要素，针对服务的评估是公共图书馆评估的重点。国外学者十分关注图书馆服务评估，相关研究成果数量丰富，涉及的服务主题多样。相关主题主要有：①综合性的服务评估。如 B. KIM 等研究设立公共图书馆服务普遍性的评估指标①。②服务质量评估研究。如 M. Ahmad 等对图书馆服务质量评估的相关问题进行了研究，进而建立图书馆服务质量评估的概念模型，有效地向利益相关者报告图书馆的价值与绩效，并且重点探讨了图书馆服务的性质及图书馆服务各组成部分之间的关系和相互作用②；K. J. Bae 等探讨了韩国公共图书馆服务质量因素对使用者整体满意度与忠诚度的影响，将服务质量因素分为馆藏、人员、计划、设施、线上服务和可及性，并提出改善图书馆服务、满足使用者需求的建议③；M. F. C. Negas 等利用 SERVQUAL 模型评估葡萄牙的图书馆网络服务质量，通过调查分析不同类型图书馆读者，发现读者对服务质量的评价较高，图书馆网络的服务质量较为明显地接近用户期望④。③面向具体服务类型的评估。如 C. Urquhart 等通过评估健康图书馆当前服务的影响、公众对现有服务的满意度及对服务改进的看法，为健康图书馆服务规划提供参考⑤；S. Kamaralzaman 等探讨了马来西亚公立大学图书馆参考咨询服务质量评估，确定了参考咨询服务的质量标准，并研究这些标准如何帮助图书馆完成使命⑥；A. E. Faulkner 等基于美国公共图书馆网站创业资源分析，评估公共图书馆对企业家用户的支持力度⑦。另外，有学者从用户角度出发，分析服务质量与用

① KIM B, KIM J A. Development of the evaluation indicators for universality of public library services：based on universal design principles［J］. Journal of Korean library & information science society，2013，44（2）：137 - 165.

② AHMAD M，ABAWAJY J H，KIM T H. Service quality assessment in provision of library services［C］//UNESST：International conference on U-and E-Service，science and technology. Springer Berlin Heidelberg，2011：83 - 92.

③ BAE K J，CHA S J. Analysis of the factors affecting the quality of service in public libraries in Korea［J］. Journal of librarianship and information science，2015，47（3）：173 - 186.

④ NEGAS M F C，NEGAS E I S D. Assessment of service quality in network of libraries in Portugal—SERVQUAL model［C］//7th Iberian conference on information systems and technologies（CISTI 2012）. IEEE，2012：1 - 7.

⑤ URQUHART C，THOMAS R，OVENS J，et al. Planning changes to health library services on the basis of impact assessment［J］. Health information & libraries journal，2010，27（4）：277 - 285.

⑥ KAMARALZAMAN S，KAUR K. Quality management of reference services in Malaysian public university libraries［J］. LIBRI：International journal of libraries and information studies，2009，59（2）：104 - 113.

⑦ FAULKNER A E，ASHLEY E. Entrepreneurship resources in US public libraries：website analysis［J］. Reference services review，2018，46（1）：69 - 90.

户满意度的关系，如 T. S. Tan 等分析了服务体验、感知质量和用户满意度之间的关系及三者如何在一个图书馆环境中影响用户忠诚度，研究发现服务体验对用户满意度和忠诚度都有直接的正向影响，但感知质量对图书馆用户满意度的影响并不显著①。

2. 空间评估

图书馆空间是图书馆开展服务的基本载体与物质基础，学者们比较关注的空间评估研究主题有：①空间可及性评估。如 S. J. Park 利用地理信息系统（Geographic Information System，简称 GIS）案例来测度公共图书馆可达性，提出图书馆员应为图书馆确定服务领域，为易受影响的用户群体开发图书馆项目和服务，并评估用户群体的需求②；W. T. Cheng 等不仅关注公共图书馆物理位置的空间可达性，还关注空间公平性，提出了一种评估不同群体对图书馆资源和服务空间可及性与公平性的方法③。②图书馆创客空间评估。如 A. J. Cun 等确定了图书馆创客空间用户和图书馆员的评估需求并设计了图书馆创客空间评估矩阵④；R. M. Teasdale 从参与者角度明确了公共图书馆创客空间成功的定义，制定了参与者个性化评估标准，并进一步指出创客空间个性化评估标准与评估能够反映创客空间目的和利益的广度⑤。③图书馆建筑与空间特性评估。如 J. P. Gallo León 通过分析近年来图书馆建筑评估的几种方法，对基于福克纳 – 布朗（Faulkner-Brown）和麦克唐纳（McDonald）"戒律"（Commandments）的评估问卷与 IFLA 开发的图书馆建筑使用评估问卷进行比较，探讨了图书馆建筑评估问题⑥；J. H. Lee 等研究了公共图书馆室内环境舒适性评估问题⑦；H. Kim 等探讨公共图书馆的空间特性及使用者满意度，提出了影响用户满意度的四个感知属性⑧。可以看出，有关空间的评估十分注重用户角度。

---

① TAN T S, CHEN T L, YANG P H. User satisfaction and loyalty in a public library setting [J]. Social behavior and personality：an international journal，2017，45（5）：741 – 756.

② PARK S J. Measuring public library accessibility：a case study using GIS [J]. Library & information science research，2012，34（1）：13 – 21.

③ CHENG W T, WU J H, MOEN W, et al. Assessing the spatial accessibility and spatial equity of public libraries' physical locations [J]. Library & information science research，2021，43（2）：1 – 9.

④ CUN A J, ABRAMOVICH S, SMITH J M. An assessment matrix for library makerspaces [J]. Library & information science research，2019，41（1）：39 – 47.

⑤ TEASDALE R M. Defining success for a public library makerspace：implications of participant-defined, individualized evaluative criteria [J]. Library & information science research，2020，42（4）：1 – 10.

⑥ GALLO LEÓN J P. Library buildings assessment：faulkner-Brown vs. IFLA Questionnaire [J]. Investigación bibliotecológica，2017，31（72）：81 – 111.

⑦ LEE J H, SEO M S, YUN J H, et al. Indoor environment comfort evaluation of public library evaluation [J]. Journal of the Korea furniture Society，2011，22（4）：317 – 322.

⑧ KIM H, LEE J, SHIN J E. User's satisfaction influenced by spatial characteristics of the public libraries in Ulsan—an assessment of public character of the libraries using principal component analysis and ANOVA [J]. Journal of the architectural institute of Korea planning & design，2017，33（5）：41 – 50.

3. 馆藏评估

合理的馆藏建设是图书馆实现有效信息查询服务的保障，学者们针对馆藏建设开展评估研究。如 M. G. Flaherty 等针对随机选择的公共图书馆开展图书馆健康信息馆藏评估，发现公共图书馆的纸质文献无法及时提供最佳的健康信息，指出各类型图书馆馆员都必须通过获得可靠及时的健康信息来促进健康知识普及①。

（二）图书馆价值评估

图书馆价值是图书馆获取支持的重要依据，特别是在财政保障不足的背景下，国外学者针对图书馆价值评估开展了诸多研究。①价值评估的方法研究。如 R. A. Putri 等在已有研究的系统回顾基础上提出一种衡量图书馆的信息服务经济价值的方法模型②；J. Stejskal 等提出了评估儿童图书馆服务经济价值的条件估值方法，即根据成年人意愿分配市政预算的比例来估算儿童图书馆服务的价值③；D. Streatfiel 等则采用了一系列创新方法和工具来评估公共图书馆的影响④。②针对不同地区和国家的图书馆价值研究。如 L. Appleton 等利用焦点小组方法评估英国公共图书馆的角色和价值，介绍了公共图书馆的用途及其对个人和社区层面公民身份的影响⑤；S. M. Z. Ahmed 通过定量和定性方法介绍了泰国中部三个由社区管理的图书馆的馆藏、绩效和成效的意见，分析了制约居民使用图书馆的因素，收集了社区领导者对现存问题的看法与改进服务的意见，并且通过评估发现小型社区图书馆服务对社区发展产生的积极影响⑥。

国外图书馆价值评估研究更多关注对图书馆不同类别价值的评估，具体有以下几个类别：①图书馆公共价值评估。如 S. Y. Kwak 等利用条件价值法评估国家图书馆的公共价值⑦；

① FLAHERTY M G, KAPLAN S J. Health information: print materials assessment in public libraries [J]. Reference services review, 2016, 44 (2): 163 – 177.

② PUTRI R A, YOGANINGRUM A. A method model for measuring the economic valuation of library and information services: a systematic review [C] //The European Conference on Information Systems Management. Academic Conferences International Limited, 2017: 280 – 289.

③ STEJSKAL J, HÁJEK P, ŘEHAK T. The economic value of library services for children: the case of the Czech public libraries [J]. Library & information science research, 2019, 41 (3): 100963.

④ STREATFIELD D, ABISLA R, BUNESCU V, et al. Innovative impact planning and assessment through global libraries: sustaining innovation during a time of transition [J]. Performance measurement and metrics, 2019, 20 (2): 74 – 84.

⑤ APPLETON L, HALL H, DUFF A S, et al. UK public library roles and value: a focus group analysis [J]. Journal of librarianship and information science, 2018, 50 (3): 275 – 283.

⑥ AHMED S M Z. Measuring performance and impact of rural community-led library initiatives in Thailand [J]. Information development, 2010, 26 (1): 17 – 35.

⑦ KWAK S Y, YOO S H. The public value of a national library: results of a contingent valuation survey [J]. Journal of librarianship & information science, 2012, 44 (4): 263 – 271.

S. Pichová 等认为公共图书馆提供公共服务的效果与个人的偏好和价值观相关，提出将图书借阅确定为图书馆基本服务价值的方法①；T. T. Chen 等探讨了公共图书馆的感知成效和社会价值，发现用户通过使用图书馆在日常生活、文化活动、工作、阅读和学习四个领域受益，还指出图书馆使用频率、感知结果、图书馆会议场所和社会资本之间呈正相关关系②。②图书馆经济价值评估。如 Y. Noh 建立了基于用户和馆员感知的图书馆经济价值评估指标来评估图书馆价值中的经济价值③，Y. M. Ko 等使用条件估值计量方法测量韩国公共图书馆的经济价值④，V. Linhartová 等采用条件估值计量方法测量捷克共和国公共图书馆对当地居民的经济价值⑤。③图书馆教育价值评估，如 Y. Noh 等综合分析国内外文献，初步建立基于韩国公共图书馆用户和馆员认知的图书馆教育价值评估指标体系⑥。④图书馆文化价值评估。如 Y. Noh 通过对公共图书馆馆员和用户进行认知调查，评估图书馆的文化价值⑦；S. Pichová 等评估了作为社会教育和文化发展的重要组成部分的公共图书馆服务，确定了图书馆借阅和图书馆访问的价值⑧。

另外，也有学者关注图书馆价值的影响因素，如 P. Hájek 等以布拉格市立图书馆为例使用条件估值法对公共图书馆价值进行建模，发现公共图书馆价值的主要决定因素是用户家庭的可用收入、使用服务的频率和替代成本，还研究了服务的使用及重要性对公共图书馆价值的影响⑨。

---

① PICHOVÁ S, CHLEBOUNOVÁ D. Determination of the value of public library services in a globalized society [C] //Žilinská Univerzita：Globalization and its Socio-Economic Consequences：17th International Scientific Conference：Proceedings, 2017：1957 – 1963.

② CHEN T T, KE H R. Public library as a place and breeding ground of social capital：a case of Singang Library [J]. Malaysian journal of library & information science, 2017, 22 (1)：45 – 58.

③ NOH Y. A study of the evaluation of a library's economic value based on the users' and librarians' perceptions [J]. The electronic library, 2020, 38 (3)：561 – 596.

④ KO Y M, SHIM W, PYO S H, et al. An economic valuation study of public libraries in Korea [J]. Library & information science research, 2012, 34 (2)：117 – 124.

⑤ LINHARTOVÁ V, PICHOVÁ S, STEJSKAL J, et al. An economic evaluation of public libraries's services—case of the Czech Republic [C] //Univerzita Pardubice：Proceedings of the 11th International Scientific Conference Public Administration, 2016：164 – 171.

⑥ NOH Y, LEE S Y. An evaluation of the library's educational value based on the perception of public library users and librarians in Korea [J]. The electronic library, 2020, 38 (4)：677 – 694.

⑦ NOH Y. A study on the library's cultural value based on the perceptions of users and librarians in Korea [J]. Libri, 2019, 69 (4)：275 – 302.

⑧ PICHOVÁ S, STEJSKAL J. Valuation of public library services as an important element of the development of education and culture in society [C] //Seville, Spain：ICERI2015 Proceedings, 2015：2495 – 2501.

⑨ HÁJEK P, STEJSKAL J. Modelling public library value using the contingent valuation method：the case of the Municipal Library of Prague [J]. Journal of librarianship and information science, 2015, 47 (1)：43 – 55.

（三）图书馆数智化评估

随着图书馆迈入数智时代，越来越多的学者关注数字图书馆、图书馆技术等内容的相关评估，如 D. E. Wasitarini 等设计了新的绩效评估框架用来评估电子图书馆的绩效①，S. Oh 等为图书馆员和图书馆用户制定一套评估在线健康网站的有效标准②，S. H. Kang 提出了公共图书馆网络访问性评估③。此外，国外学者比较关注针对特殊人群的数智化评估，如 X. Bo 等对公共图书馆老年人访问和使用高质量的互联网健康信息的计算机培训计划进行评估④，S. Forgrave 等分析评估了视觉和听觉有障碍者对图书馆网站的可访问性⑤。

（四）图书馆用户评估

以用户为中心成为图书馆的发展趋势，这导致图书馆评估研究越来越注重用户视角。G. Cranz 探讨了使用后评估方法对公共图书馆设计和政策的影响⑥，H. J. Yi 等分析了公共图书馆用户的期望水平⑦，B. L. Miranda-Valencia 研究了图书馆用户情绪与图书馆用户满意度间的关系⑧，A. C. Y. Wong 使用关键事件技术方法从用户角度评估公共图书馆用户的服务质量感知⑨。实际上，用户视角的相关研究分散在图书馆评估的各类主题下，如服务评估、价值评估等。

———————————

①　WASITARINI D E, SEMBIRING J. Performance measurement framework of E-Library using modified quantitative models for performance measurement system（QMPMS）method for ICT infrastructure［C］//2016 International Conference on Information Technology Systems and Innovation（ICITSI）. IEEE, 2016：1 – 6.

②　OH S, NOH Y. Online health information in South Korean public libraries：developing evaluation criteria［J］. Library & information science research, 2013, 35（1）：78 – 84.

③　KANG S H. A study on the web accessibility evaluation of public libraries in Seoul［J］. Journal of the Korean biblia society for library and information science, 2005, 39（2）：237 – 258.

④　BO X, BUGG J M. Public library computer training for older adults to access high-quality Internet health information［J］. Library & information science research, 2009, 31（3）：155 – 162.

⑤　FORGRAVE S, MCKECHNIE L E F. Online on ramps：a pilot study evaluation of the accessibility of Canadian public library web sties to visually and hearing challenged users［C］. Proceedings of the Annual Conference of CAIS/Actes du congrès annuel de l'ACSI. 2001.

⑥　GRANZ G. How post-occupancy evaluation research affected design and policy at the San Francisco Public Library［J］. Journal of architectural and planning research, 2013：77 – 90.

⑦　YI H J, NAM Y J. A study on the expected level of users of the public library – focused on the public library of goyang［J］. Journal of korean library & information science society, 2015, 46（1）：43 – 63.

⑧　MIRANDA-VALENCIA B L. Satisfaction and consumption emotions of library users at a public university in mexico：a case study［J］. Libri, 2021, 71（2）：109 – 121.

⑨　WONG A C Y. Using the critical incident technique to evaluate the service quality perceptions of public library users：an exploratory study［C/OL］//Proceedings of the Eighth International Conference on Conceptions of Library and Information Science, Copenhagen, Denmark, 2013［2022 – 12 – 13］. http：//informationr. net/ir/18 – 3/colis/paperS10. html.

（五）其他评估

除了图书馆服务、空间、馆藏、价值、数智化、用户等方面的评估，国外也有一些学者关注图书馆战略计划评估、馆员幸福度评估等内容。例如：S. Buchanan 等基于检查方法评估公共图书馆的战略计划[1]；B. Juniper 等人研究了图书馆工作人员幸福感，确定了幸福感的八个维度，即组织、晋升、工作设计、身体健康、心理健康、人际关系、工作量和设施[2]；Z. Manzuch 等基于对盲人图书馆的绩效分析，将绩效评估运用于视障用户服务的战略决策[3]。

第三节　研究述评与未来展望

一、研究述评

纵观国外图书馆评估的发展历程，成效评估和绩效评估的流程、框架等都逐步走向成熟，新方法的研究和运用成绩凸显，在深度和广度上均达到了较高水平，并且呈现出评估指标标准化、评估主体多样化、评估对象整合化与数字化的发展趋势。相关研究集中于：①评估现状与问题的探讨。伴随图书馆评估实践的推进，在关注图书馆评估基本理论演进的同时，学者注重对评估体系发展历程的梳理，在评估现状基础上发现问题并提出改进建议。②评估标准与指标的研制。发达国家在此方面已有较为充足的前期积累，目前多侧重于对指标的创新、重组与改进。③评估价值与影响的关注。学者从社会层面、图书馆层面和读者层面等不同角度关注评估价值与影响。④评估方法与工具的创新。这方面既包含对定性与定量等宏观传统方法的研究，也包括一些具体的评估系统、模型、方法及工具的研制与创新。⑤评估流程与步骤的构建。基于国际上绩效评估流程已相对成熟，学者对成效评估流程与步骤的关注力度加大，成效评估也逐步走向标准化。⑥数字资源与服务评估的研究。20 世纪 90 年代末以来，数字、网络资源的发展打破了传统图书馆的评估体系，数字图书馆评估研究受到学界重视，主要涉及评估要素和对象、评估方法与模型等，相关学

① BUCHANAN S, COUSINS F. Evaluating the strategic plans of public libraries: an inspection-based approach [J]. Library & information science research, 2012, 34 (2): 125 – 130.

② JUNIPER B, BELLAMY P, WHITE N. Evaluating the well-being of public library workers [J]. Journal of librarianship & information science, 2012, 44 (2): 108 – 117.

③ MANZUCH Z, MACEVICIUTE E. Performance evaluation as a tool for strategic decisions about serving visually impaired users: the case of the Lithuanian Library for the Blind [J]. Library & information science research, 2016, 38 (2): 161 – 169.

者在关注资源的同时也重点强调对网络化服务评估的研究。

与国外注重绩效评估与成效评估结合的方式相比，我国公共图书馆评估及研究仍然是以传统的绩效评估为主，相关研究集中于：①评估主体和客体的研究。评估主体的研究既包括对评估主体的整体性研究，也包括对第三方、读者与用户等个体的评估研究；研究者对图书馆被评估的对象和内容的关注重点集中在图书馆文献资源或数字资源、服务、网站或系统等方面。②评估体系与标准体系的研究。根据研究侧重点的不同，可以分为综合化指标体系、内部管理指标体系、读者服务指标体系、数字化或网络化环境下的图书馆评估标准体系等。第六次评估专家组围绕评估标准制定发表研究论文近 20 篇，主要包括对评估标准的比较、评估视角的创新、指标体系的构建及系列标准的解读等内容。③评估方法与模型的研究。评估方法的运用呈现出多样化的趋势，评估模型的研究多是基于某种方法的构建。相关研究或选择平衡记分卡、层次分析法、模糊综合评价法等某种具体的评估方法，或综合运用多种评估方法。近年来一些新的理论和方法在评估中的应用也逐渐凸显。④图书馆价值评估研究。社会价值评估和个体价值评估是图书馆价值评估的两种基本类型，此外还涉及图书馆的经济价值评估、空间价值评估等。此外，近年来国内学者对图书馆成效评估的关注逐步加强，但多限于对成效评估的概念及发展源流等基本理论的探讨及对国外相关研究的简要介绍与分析。

综合国内外公共图书馆评估研究，可以发现，有关图书馆评估的理论及实践虽日趋完善，但仍存在不能体现充分性发展本质及评估系统性欠缺、整体性不足、动态性有待增强等问题，特别是国内的评估研究主要关注评估实践总结与经验概括，研究成果缺乏理论深度。需要明确的是，绩效评估和成效评估都是公共图书馆质量评价的重要组成部分，既相对独立，又互为补充。前者侧重图书馆的投入、产出与效率，是公共图书馆评估的基础；后者则更多关注的是图书馆服务影响与效果，是公共图书馆评估的发展方向。目前，国内外图书馆评估研究者在关注绩效评估的同时也逐渐重视成效评估研究，但在研究进度上国内图书馆绩效评估与成效评估研究均晚于国外。与发达国家的研究成果相比，国内图书馆绩效评估还有待进一步成熟完善，而成效评估研究尚处于起步阶段。主要表现为，国内虽有一些图书馆成效评估的概念性介绍及描述性理论分析，但缺少深入的理论和实证探索，尤其缺乏绩效评估和成效评估集成的综合性研究。

二、未来展望

根据现有公共图书馆评估研究与公共图书馆实践发展趋势，本书认为未来公共图书馆评估研究方向包括以下几个方面。

（1）以用户为中心的评估

以用户为中心的评估更加关注用户需求，注重图书馆的成效发展。未来公共图书馆的发展强调精准服务，重视图书馆发展的成效，以用户为中心的评估可以帮助图书馆员在规划图书馆服务内容与形式时始终把用户放在思想的中心。因此，未来公共图书馆评估将重点关注用户中心视角下的图书馆成效评估，充分凸显图书馆的服务质量和服务价值，聚焦于图书馆服务职能的实现。

（2）数字图书馆评估

这是一个跨学科和多学科的领域，对评估标准、方法和工具提出了一系列挑战。一方面，数字图书馆评估领域是一个不断发展的领域，可以为数字图书馆的管理和战略决策提供重要数据。另一方面，数字图书馆评估是图书馆发展的一个重要过程，数字图书馆的评估与管理既是组织实践，也是技术实践。然而到目前为止，还没有形成科学合理的综合评估方法，这成为数字图书馆评估中亟待解决的问题。

（3）智慧图书馆评估

智慧图书馆是当前国际图书馆事业发展的重要趋势，我国公共图书馆行业也正在快速建设智慧图书馆并取得了一定的成果。随着智慧图书馆的快速发展，智慧图书馆评估对智慧图书馆的建设，对明确智慧图书馆在社会中的作用有着至关重要的作用。智慧图书馆的评估需求与问题逐渐引起学者关注，智慧图书馆是一个复杂的系统，包含许多评估指标，未来有关智慧图书馆评估的工具开发、实践研究将是公共图书馆评估发展的重要主题。智慧图书馆评估既对智慧图书馆的设计和建设起到指引作用，也对进一步推动我国智慧图书馆发展具有重要的"以评促建"的意义。

第二章　我国公共图书馆评估历史与现状

本章内容按时间顺序展开，旨在梳理我国公共图书馆评估的历史与现状。具体内容如下：从时代背景、思想渊源、主要思想内容三个方面阐述我国内地公共图书馆评估思想的产生；将我国公共图书馆评估的历史划分为四个阶段，展示其萌芽、初创、发展与成熟的进程；对我国港台地区公共图书馆评估实践进行回顾。在此基础上，总结公共图书馆评估的经验。

第一节　公共图书馆评估思想的产生

一、时代背景

我国公共图书馆评估的实践可追溯至 20 世纪 80 年代，在此前几十年的时间，国内社会的曲折发展赋予公共图书馆事业发展的时代背景，公共图书馆评估思想也在公共图书馆事业发展的漫长历程中萌芽发展。

20 世纪初，随着清末"新政"的实行，新式教育逐步普及，藏书楼的公共性质日益显著，公共图书馆的兴办运动迅速在各个省份兴起。但公共图书馆事业发展并非一帆风顺，而是一个艰辛的探索过程：一方面，公共图书馆的经费来源于清政府征税调拨，而这些图书馆并非免费开放，甚至对入馆读者的性别也有限制，因此那时的公共图书馆事业不是一项惠及全民的事业①；另一方面，新旧思潮的碰撞、不安定的社会形势给尚在起步阶段的公共图书馆事业增加了发展阻力，闭馆、改建、搬迁等现象时有发生，公共图书馆事业仅局限于馆舍建设、设施采购和业务建设等基础性建设工作。在此背景下，虽然各馆有对馆舍面积、设施、馆藏等的统计行为，也有为促进图书馆建设而进行的馆际对比行为，但全国范围的公共图书馆评估尚未开展。

20 世纪 20 年代左右，沈祖荣、杜定友、李小缘、刘国钧等一批留学人员学成后纷纷回国。对国内图书馆事业来说，先进的办馆方针和方法等待推广，分类、编目、存贮等管

---

① 易世美. 湖南图书馆史之研究——中国近代公立图书馆的成立和日本 [J]. 高校图书馆工作，1988（1）：55 - 60.

理工作还面临难题，诸多业务工作还未普及成型，归国的学者们主要致力于国内图书馆的宣传、创办、研究、教育等工作，此时图书馆尚未得到充分发展，公共图书馆评估的时机并不成熟。然而，沈祖荣曾对当时各图书馆的类别、藏书数量、每季读者人数、书籍能否借出、图书目录的编制、阅览证券是否收费、图书馆每年经费等进行了问卷调查①。这次调查被认为是中国图书馆学研究者对中国图书馆事业进行实证研究的开端，属于中国图书馆学研究中采用调查研究方法的先例，对后来公共图书馆规划与评估有着重要的启发意义。

日本侵华战争期间，日军有目的地把图书馆作为攻击目标，不少图书馆一度成为废墟。据统计，抗战期间我国共损失图书馆2118所②。大量图书毁于水火之灾，并且国立北平图书馆、国立北京大学图书馆等众多图书馆的珍贵典籍还惨遭日军的掠夺③。抗战期间，身处战区的大批图书馆人被迫撤退到后方，但仍有部分图书馆人或奔走四方，导致图书馆人才队伍难以维持，这也是战争对图书馆造成的一种严重破坏④。社会大背景动荡不安，图书馆事业萎靡不振，因此该时期的图书馆，除配合国家政治革命外，还以保护文献资源为主要任务，公共图书馆事业未得到良好的发展，其评估的意义并未凸显。

1950年2月14日，《中苏友好同盟互助条约》签订，我国开始对苏联模式进行全面学习。苏联模式在图书馆知识、经验与技能的传播，话语体系与价值观的重构等各方面都对中国图书馆事业发展产生了深远的影响⑤。我国图书馆界学习了苏联图书馆事业的经验、理论和原则，全国范围内的图书馆在方针政策、组织与领导机构、人员队伍、藏书、日常业务等方面均得到了调整，公共图书馆的数量大幅增加，内部机构更加健全，馆藏更加充实，工作内容更加丰富，图书流通量明显增加，农村图书馆、少年儿童图书馆、民办图书馆等新型图书馆逐渐流行，图书馆事业相较之前可谓一片繁荣⑥。在此期间，工会图书馆工作会议，全国及省、市公共图书馆工作会议等会议接连召开，会议中提及藏书、流通、区域发展等指标，指标的设置推动了图书馆建设和发展。因此，回望当时相对稳定的社会环境、良好的图书馆事业发展态势加之适宜的业务指标，公共图书馆评估实际上已具备了一定的条件，但公共图书馆的具体评估事项并未被提上日程。

---

① 刘兹恒. 20世纪初我国图书馆学家在图书馆学本土化中的贡献［J］. 图书与情报，2009（3）：1－7.

②③ 李超. 日本侵华战争对中国图书馆事业的摧残［J］. 山东图书馆季刊，2005（2）：12－15.

④ 王栋臣. 战争对图书馆的破坏和图书馆防范战争灾难初探［J］. 南通航运职业技术学院学报，2006（3）：32－35.

⑤ 林梦笑. 苏联图书馆学术思想在中国传播的历史分期［J］. 图书馆建设，2015（5）：32－36.

⑥ 我国十年来的图书馆事业［J］. 北京大学学报（人文科学），1959（4）：95－109.

从清末到改革开放前，中国图书馆事业得到了一定的发展，但受到了几次严重的冲击，其工作重心与事业发展偏离正常的文化建设与服务使命，对其的评估仅着眼于馆舍、经费、藏书等数量指标，而忽略对图书馆资源建设、人员队伍、服务、效益等的评估。

1977 年 8 月，邓小平在科学和教育工作座谈会讲话中指出："后勤工作就是要为科研工作、教育工作服务，要为科研工作者创造条件，使他们能够专心致志地从事科研、教育工作，这包括提供资料，搞好图书馆等。"① 1978 年十一届三中全会召开之后，改革开放成为我国发展的主题，国民经济加快发展，国家对图书馆的投入有所增加，图书馆事业得到一定的发展。为了适应"四个现代化"的需要，随着经济、科技、教育体制改革不断深入，图书馆的改革也在积极进行。在这样的背景下，图书馆发展过程中的矛盾需要被揭露以推动改革，图书馆工作需要有一个依据，图书馆服务需要读者和社会的督促②，因此公共图书馆评估有了物质条件和需求条件。

二、思想渊源

（一）管理学思想的渗透

鸦片战争以来，西方思潮在中国开始扩散和传播，对几千年来我国传承的文化形态和价值观产生严重冲击。我国经历了对西方文化模仿、学习和反省的过程，实际上这是在寻求一条适合中国国情的发展道路。在管理学领域，西方管理理论对中国管理实践影响颇深，尤其是改革开放初期，大量的国外管理学经典研究成果涌入国内，回答了劳动效率优化、组织效率优化、组织竞争优势的获得等诸多问题，学者们基于中国管理情境深入创新管理理论，有效地指导了国内政府管理和企业管理实践的问题。公共图书馆作为政府出资的公益机构，其管理实践也深受管理学思想的影响而朝着科学化、规范化的方向发展。因此，评估作为公共图书馆的一项科学管理行为，管理学思想的渗透与发展为公共图书馆评估提供了科学环境，推动着公共图书馆评估的兴起。

（二）国外公共图书馆评估理论与实践对我国的影响

国外公共图书馆评估的实践可追溯至二十世纪初，流行于三四十年代，有代表性的是美国芝加哥、洛杉矶、克利夫兰公共图书馆及一些小型公共馆的评估③，评估内容包括图

① 范兴坤. 改革开放前后两个三十年我国图书馆事业发展回顾 ［J］. 图书与情报，2009（1）：1 - 9，27.

② 徐淑兰，张雁翎. 市级图书馆评价浅见 ［J］. 黑龙江图书馆，1990（S1）：3 - 5，13.

③ COMPTON C H. An appraisal of the Cleveland Public Library: evaluations and recommendations ［J］. Library quarterly，1940，10（2）：274 - 276.

书馆维护、管理和服务，图书馆员的业务能力及公共图书馆对社会的实际和潜在贡献①。

20 世纪 30 年代以后，西方经济增长为公共图书馆评估工作的发展提供了物质条件，图书馆事业的发展及信息的剧增为公共图书馆评估提供了需求条件。20 世纪 60 年代起，国外图书馆面临文献采购减少与读者需求增加的矛盾，公共图书馆评估已经向效能与效率的评估转变，同时评估对象从单项业务逐渐拓展到整个图书馆，评估指标愈发偏向于量化的标准。随着公共图书馆评估越来越被广泛地应用，政府部门、图书馆协会等逐渐发布一些公共图书馆评估实践手册、指南与标准，指导公共图书馆评估工作走向科学化。

国际上东、西方的长期对峙，国内政治环境的频繁变换，导致国内公共图书馆事业的发展历经了一段曲折的过程。虽然 20 世纪 50 年代我国图书馆界学习借鉴了苏联图书馆事业发展的先进经验，但随着中苏关系恶化中国图书馆事业日渐衰落。20 世纪初至我国实行改革开放前，国外公共图书馆评估的理论研究和实践积累了一定的成果，这一时期国内社会形势不够稳定，我国图书馆界对国外的公共图书馆评估没有进行足够的探索和学习。

改革开放后，随着我国开放程度的进一步扩大，学界加强了对西方发达国家的学习，受西方影响颇深。在这一时期，西方发达国家的公共图书馆评估持续发展，在图书馆评估理论方面，A. Jones、R. H. Orr、F. W. Lancaster、M. K. Bucland、M. B. Line 等西方学者于 20 世纪 70—90 年代先后对图书馆服务的评估和图书馆的评估问题展开讨论，再次填补了已有研究的空白②③。特别是西方发达国家的公共图书馆评估标准趋于成熟，在国际公共图书馆评估领域影响广泛，这为我国的公共图书馆评估提供了有益的启示和良好的借鉴。

（三）我国高校图书馆评估的开展

20 世纪 80 年代，我国高校图书馆评估的逐渐开展引发了对公共图书馆评估的思考与实践探索。1985 年《中共中央关于教育体制改革的决定》的颁布拉开了中国教育体制改革的大幕④。部分地区高等学校内部或学校之间根据该决定的精神陆续开展了教学质量、

---

① CAMOVSKY L. Public library surveys and evaluation ［J］. Library quarterly, 1955, 25 (1): 23 – 26.

② JONES A. Criteria for evaluation of public library services ［J］. Journal of librarianship, 1970, 2 (4): 228 – 245.

③ 初景利. 西方图书馆评价理论评介 ［J］. 中国图书馆学报, 1999 (3): 53 – 60.

④ 范国睿. 教育体制改革与教育生态活力——纪念《中共中央关于教育体制改革的决定》颁布 30 周年 ［J］. 教育发展研究, 2015, 35 (19): 1 – 6.

系科工作等方面的检查或评比工作，教育评估问题的理论研究和评估方案设想时有出现①。高校图书馆作为高校的一部分同时需要进行评估，甘肃、吉林、浙江等全国多个地区的高校图书馆于1986年起陆续开展了评估工作②③④。常态化的高校图书馆评估将评估的一般理论和方法引入了图书馆界。1987年，中共中央宣传部、文化部、国家教育委员会、中国科学院联合发布《关于改进和加强图书馆工作的报告》，各级地方政府根据指示，从职能定位、事业规划、内部管理、设施建设、人员队伍、党政领导等方面加强图书馆事业的发展，并积极组织开展公共图书馆评比活动⑤。公共图书馆的评比活动受到了国家的重视，国家层面的公共图书馆评估思想自此初具雏形。

三、主要思想内容

随着改革开放以来体制改革的不断深化，教育事业、科研事业和图书馆事业不断振兴，学者们对公共图书馆评估的理论探索也逐渐开展，在1992年全国公共图书馆工作会议召开以前，学界便积累了理论基础，形成了一定的公共图书馆评估思想。该时期的公共图书馆评估思想主要体现在以下方面。

（一）评估的目的与意义是发现、修正、加强、提高、促进

公共图书馆评估的意义通常是评估目的实现后所产生的影响，因此意义与目的密切相关。通过评估能够发现不同图书馆的优势、特色和差距及公共图书馆事业建设中存在的问题，修正图书馆管理政策中的错误问题及图书馆的短期与长期发展计划，加强图书馆馆舍、馆藏、人员和业务建设力度及图书馆的外部与内部、宏观与微观管理能力，提高图书馆的社会服务水平及图书馆的社会地位，促进图书馆之间的相互交流与竞争及图书馆功能的拓展，从而推动图书馆事业的长效发展。在学者们对公共图书馆评估理论的不断探索中可以看出，发现、修正、加强、提高、促进是公共图书馆评估的目的和意义所在。

（二）评估分为不同的类型

公共图书馆是一个复杂的系统，如馆藏学科多样化、业务和服务多样化、馆内人员与

---

① 李东来，王孝龙，黄丽华. 图书馆评估研究纲要 [J]. 图书馆学刊，1987 (2)：1 - 7.

② 王汉城. 高校图书馆改革的回顾与展望——甘肃省高校图书馆工作评估札记 [J]. 图书与情报，1987 (1)：8 - 11.

③ 汪景江. 吉林工业大学图书馆楼设计效果评估 [J]. 图书馆学研究，1987 (2)：112 - 115，118.

④ 宋国基. 对高校图书馆评估的再认识——浙江省高校图书馆自我测评的启示 [J]. 大学图书馆学报，1989 (4)：7 - 10.

⑤ 中央四部委院关于改进和加强图书馆工作的报告 [EB/OL]. [2020 - 10 - 15]. http：//www.docin.com/p - 1117977966. html.

读者成分多样化等，这些复杂性导致公共图书馆评估划分标准的不同，因此公共图书馆评估也呈现出种类繁多的特点。其大致可分为以下几种：按图书馆评估对象的不同，可以分为服务对象评估、服务工作评估、管理工作评估、环境和条件评估及效益评估①；按评估对象的范围不同，可以分为宏观评估、微观评估；按评估内容的不同，可以分为综合评估、专项评估；按评估方式的不同，可以分为自我评估、领导评估、馆际评估、社会评估；按评估周期的不同，可以分为定期评估和不定期评估；按评估采用的方法不同，可以分为定量评估、定性评估、综合法评估②。上述评估类型的划分在 20 世纪 80—90 年代学者们对公共图书馆评估理论的探索中和公共图书馆评估的实践中均有体现。

（三）评估需要遵循原则

原则是公共图书馆评估工作的"灯塔"。在 1992 年公共图书馆评估成为全国图书馆界的共识之前，学者们普遍认为公共图书馆评估工作需要遵循一定的原则，且已经对评估的原则进行了研究。归纳此阶段研究成果可以发现，公共图书馆评估的原则主要有方向性、目的性、科学性、客观性、可行性、社会效益性几个方面。方向性原则，一方面，图书馆的评估要坚持社会主义文明建设的大方向，检验图书馆在物质文明和精神文明建设中的社会效益；另一方面，图书馆评估应体现办馆的方向和业务指导思想，作为图书馆制订工作计划和检查工作的依据③。目的性原则，即公共图书馆通过评估结果，对公共图书馆工作价值进行判断，从而获得公共图书馆计划与决策的依据④。科学性原则，即评估应该科学地体现图书馆的工作规律和图书馆事业的发展规律，正确揭示各要素之间的关系⑤。客观性原则，即公共图书馆评估要客观地反映图书馆事业和图书馆工作的实际，尽量避免由评估主体、地区等因素造成的评估片面，确保评估的客观性⑥。可行性原则，即评估的指标尽量量化，但在保证评估全面性的同时指标不宜过于细化烦琐，要保证评估标准和方法容易被评估人员掌握，节省人力、物力和时间⑦。社会效益性原则，即图书馆的社会效益如何决定着图书馆工作与改革的方向，因此公共图书馆评估必须坚持以社会效益为主的评估原则。

---

① 邓广宇，韩艳. 图书馆评估的对象分析 [J]. 图书馆学刊，1990（1）：41-42.
② 李东来，王孝龙，黄丽华. 图书馆评估研究纲要 [J]. 图书馆学刊，1987（2）：1-7.
③ 王维林，张秀莲. 评估在图书馆改革中的作用 [J]. 图书馆学刊，1988（2）：37-38.
④ 于安义. 关于图书馆评价的几点断想 [J]. 国家图书馆学刊，1988（4）：52-53，58.
⑤ 董绍杰. 图书馆评估理论初探 [J]. 图书馆建设，1992（1）：18-21.
⑥ 罗紫初. 也谈图书馆工作优劣的评价标准问题 [J]. 湘图通讯，1982（6）：13-16.
⑦ 官树源. 组织评估，促进图书馆事业的发展 [J]. 图书馆理论与实践，1987（2）：32-35.

（四）评估需要理论依据

公共图书馆评估是一个包含系列步骤和方法的连续性活动，更是一个科学的、系统的、正式的过程，必须以科学的理论为指导。首先，学者们的研究成果中，既有对开展公共图书馆评估理论研究的倡议，又有为公共图书馆评估寻求理论支撑而进行的各类理论探索，这足以体现当时学界对公共图书馆评估理论的重视。其次，公共图书馆评估的理论应该是多层次、多角度、全方位的，其中包括我国公共图书馆评估的基础理论问题、方法问题、政策问题、法律问题及相应的心理问题等。20 世纪 80—90 年代的公共图书馆评估理论研究主要侧重基础理论与评估方法方面的问题，在基础理论中效果理论和效益理论深受学者们的认同，系统评估与专项评估、定性与定量评估、比较评估等评估方法在理论研究中出现的频次均较多，而政策、法律、心理等理论问题的研究相对较少。

（五）评估需要标准体系

公共图书馆评估除了要以科学的理论为指导，还要运用合理的方法。20 世纪 80 年代至 90 年代初，国家层面及图书馆学界普遍认同定量评估方法的重要性，认为在公共图书馆的科学评估中标准体系不可或缺。1982 年 12 月，文化部颁发的《省（自治区、市）图书馆工作条例》，实际上为我国省（自治区、市）图书馆评估提供了一些数量标准①。学者们在研究中或简单讨论公共图书馆评估标准体系的主要内容，或细致地构建公共图书馆的评估指标体系，其中包含图书馆工作评估标准体系、图书馆绩效的评估标准体系和图书馆综合评估标准体系，但指标的设置以图书馆基础设施和工作建设方面的标准为主。此外，学者们还针对不同层级的公共图书馆构建了评估标准②③④。相关研究的不断涌现，引起业界对公共图书馆评估工作中标准体系的重视，同时也为后续的评估实践中标准体系的制定提供了借鉴。在公共图书馆评估实践方面，1988 年至 1992 年，辽宁、湖南、天津等省（市）在公共图书馆评估前通过科学研讨制定了相对合理的标准体系。无论是在理论研究还是实践中，公共图书馆工作评估的标准体系主要包含数量和质量两方面指标，公共图书馆绩效评估的标准体系主要包含馆藏、服务、效率、效果等方面的数量指标，公共图书馆综合评估的标准体系主要包含办馆水平和办馆条件两方面指标。总之，科学的评估需要构建科学、客观、可行的标准体系。

---

① 邓广宇. 图书馆评价的意义、方法、内容和标准 [J]. 图书馆工作与研究，1987 (4)：48 – 54.

② 庄子逸. 试论评价图书馆工作质量的标准 [J]. 图书馆工作与研究，1982 (2)：3 – 5.

③ 罗紫初. 也谈图书馆工作优劣的评价标准问题 [J]. 湘图通讯，1982 (6)：13 – 16.

④ 宋德生. 图书馆工作的评价 [J]. 图书情报工作，1983 (1)：21 – 25.

（六）评估需要组织管理

公共图书馆评估是一项复杂的科研实践，需要制订专门的实践计划，对评估进行科学的组织管理。评估的开展大致划分为三个阶段，即准备阶段、实施阶段和分析阶段。其一，准备阶段主要进行评估的理论准备和组织准备。在理论准备中，要明确待评估的问题和评估范围，图书馆工作人员一般也需进行评估理论的学习与研究，为评估工作打下基础。在组织准备中，需要建立评估的组织机构。全国公共图书馆评估工作委员会主要负责制定评估的方针、政策、准则及指标体系等，并规划全国的评估工作；地区或系统的公共图书馆评估工作分委员会负责本地区或本系统的评估实施细则，具体组织评估工作；地区或系统选派相关专家组成评估小组实施评估①。其二，实施阶段大致分为信息采集、试评和正式评估三个步骤。信息采集应保证信息的真实性、完整性和可靠性；试评旨在以试点评估检验评估方案的科学性、合理性和可行性，根据试评结果修改评估方案；正式评估仍然要保证数据的真实性、完整性和可靠性，评估后应汇总和整理评估结果。其三，分析阶段即分析评估结果的环节，要分析评估对象的现状、优势与不足，分析不同图书馆间的差距，提出建设性意见，将评估结果及上述分析、建议写成评估报告。

第二节　公共图书馆评估的萌芽阶段

1978—1992 年是我国公共图书馆评估的萌芽阶段。随着图书馆改革的深入，在第一次全国县以上公共图书馆评估定级工作开始之前已有部分地区试图探求公共图书馆评估的流程，开展了公共图书馆评估工作，其中辽宁省、江苏省徐州市、湖南省、云南省和天津市等地区的公共图书馆评估具有一定的代表性（见表 2 - 1）。

表 2 - 1　1993 年前的公共图书馆评估实践

年份	省（市）	评估范围	评估方式（主体）	评估指标体系	评估内容
1988	辽宁省	全省市、县级公共图书馆	图书馆上级组织实施评估	《市级图书馆评估指标体系》	市图书馆办馆条件、办馆水平

---

① 官树源. 组织评估，促进图书馆事业的发展 [J]. 图书馆理论与实践，1987（2）：32 - 35.

续表

年份	省（市）	评估范围	评估方式（主体）	评估指标体系	评估内容
1990	云南省	全省地州市级、县级公共图书馆	图书馆上级组织实施评估	《地州市级图书馆评估指标》《县级图书馆评估指标》	地州市级：办馆条件、办馆水平、业务工作、服务效果、质量；县级：办馆条件、业务建设、管理水平、服务工作、队伍建设
1991	江苏省徐州市	徐州市公共图书馆系统	图书馆领导对公共图书馆系统的评估	无	图书馆事业发展成就、图书馆事业发展现存问题
1991	湖南省	全省公共图书馆	图书馆上级组织实施评估	《市级图书馆评估标准》《县级图书馆评估标准》	办馆条件、办馆水平
1992	天津市	全市区县图书馆、少年儿童图书馆	图书馆上级组织实施评估	《天津市区县图书馆科学评估指标体系》《天津市区、县少年儿童图书馆科学评估指标体系》	办馆条件、工作水平及效益等

资料来源：课题组整理。

一、辽宁省公共图书馆评估

辽宁省文化厅图书馆处于 1987 年 6 月 4 日至 8 日在沈阳召开了公共图书馆评估工作及深化为"星火计划"服务工作研讨会，出席会议的相关同志着力研讨市级公共图书馆评估工作的意义和实施方案，会议通过了《市级公共图书馆评估指标体系》①。1988 年 8 月 20 日至 9 月 28 日，辽宁省文化厅委派辽宁省公共图书馆评估委员会对全省十一个市图书馆（鞍山、盘锦两市因当时无馆舍，不参加评估）进行了评估。

辽宁省公共图书馆评估的主要内容为市图书馆办馆条件和市图书馆办馆水平两方面②，指标框架如表 2-2 所示。市图书馆办馆条件包含设施状况、经费状况、藏书状况、人员状况四方面的指标。设施状况考察建筑面积、馆舍面积、书库面积、读者用房面积、书架长度、阅览座席数、汽车和复印机及其他设备数量等指标，经费状况考察总支出、馆

---

① 省厅召开图书馆评估、深化"星火计划"服务工作研讨会 [J]. 图书馆学刊，1987（4）：34.
② 辽宁省十一个市图书馆评估结果报告 [J]. 图书馆学刊，1989（4）：8-16，53.

均支出、人均经费、总购书经费、地区人均购书费等指标，藏书状况考察总藏书量、地区人均藏书量、新书递增率、中文图书平均复本率、年购中文新书种数等指标，人员状况考察工作人员总数、馆均工作人员数、业务人员数、业务人员的文化程度和专业背景等指标。市图书馆办馆水平包含科学管理、业务建设、读者服务、辅导协作与学术研究四方面的指标。科学管理考察馆长负责制、干部聘任制（馆内）、岗位责任制、业务档案管理制度、统计制度等相应制度的制定与实行情况及环境管理、消防安全等的达标情况；业务建设考察图书采访、地方文献征集、书刊分编整理等工作，抽查必备新书收藏率、多卷书的完整性、图书分类和著录准确程度、目录组织的规范性、藏书登记与统计的规范性等指标；读者服务考察服务重点、服务方式和服务内容的改革，统计借书证发放数量、市民的借书证持有率、年接待读者人次、市民年利用市馆次数、持证读者年利用市馆次数、年流通书刊册次、市民年借阅市馆书刊平均册次、到馆读者平均借阅册次、馆藏汉文普通书年流通册次及其平均利用率、现报刊年阅览人次、每份现报刊平均年阅览读者人次、开架借阅的图书占总藏书数的比率等指标；辅导协作与学术研究考察市馆的业务辅导工作、地区间的图书馆协作和学会工作、地区图书馆学研究等方面。

表 2-2　辽宁省公共图书馆评估指标框架（市级）

市图书馆办馆条件	设施状况
	经费状况
	藏书状况
	人员状况
市图书馆办馆水平	科学管理
	业务建设
	读者服务
	辅导协作与学术研究

资料来源：课题组整理。

辽宁省公共图书馆评估分市、县两级开展。市级评估由辽宁省文化厅组织实施，历时40天，评估结束后用3天时间集中进行总结，提交《辽宁省十一个市图书馆评估结果报告》；县级评估由各市文化局组织实施，从1988年10月开始，到1989年2月结束。评估不仅提高了图书馆的受重视程度，而且改善了办馆条件，还增强了管理水平。例如：丹东市图书馆由于主要负责人专业职称偏低，评估打了0分，丹东市文化局争取到职称改革办公室的支持，解决了5名部主任和业务骨干的中级职称问题；本溪地区市和各区县图书馆通过评估增加了经费，实现了购书经费单列，专款专用；恒仁县图书馆通过评估，馆舍面积由原来的 100 多平方米扩大到 500 多平方米①。实践证明，评估取得了真正的实效。

辽宁省公共图书馆评估工作开展较早，属于图书馆上级组织实施评估的方式，制定了评估指标体系，整个评估过程较为系统、规范，为后来各地的图书馆评估实践提供了良好的借鉴。

二、云南省公共图书馆评估

1990 年至 1991 年，云南省开展了对地州市级、县级公共图书馆的评估工作。

云南省对地州市级公共图书馆的评估工作于 1990 年 8 月中旬至 9 月中旬开展，此次参与评估的公共图书馆有 15 个。如表 2 - 3 所示，其评估内容为办馆条件、办馆水平、业务工作、服务效果、质量。评估工作由云南省文化厅、省级图书馆组成评估领导小组，地州市文化局及图书馆各选派一位主要负责同志组成 3 个工作小组，分区对地州市公共图书馆进行实地考评检查；评估结果以打分方式呈现，分数段被划分为三个档次，分别为 120 分以下、120—150 分、150 分以上。7 个馆的分数达到 150 分以上，5 个馆的分数为 120—150 分，3 个馆的分数是 120 分以下，红河哈尼族彝族自治州、迪庆藏族自治州当时未建馆，则不参评②。

云南省文化厅牵头组织实施对县级公共图书馆的评估，制定县级公共图书馆评估指标；各州文化局具体负责本地区县级图书馆评估工作，发布《关于进行县级图书馆评估工作的通知》，成立评估小组，全面系统地考查各馆的办馆条件、业务建设、管理水平、服务工作、队伍建设等③（见表 2 - 3）。截至 1991 年 10 月，全省 17 个地州已有 16 个地州所辖各县级公共图书馆完成了评估。此次评估全面收集了云南省县级公共图书馆事业发展的具体数据资料，检查了各馆执行"图书馆工作条例"情况，促进了各图书馆办馆条件的改善、工作的改进和服务质量的提高，为云南省公共图书馆事业的科学规划、科学决策、科学管理提供了依据，推动云南省公共图书馆事业朝着规范化、标准化、科学化的目标迈进④。

---

①　王孝龙，李东来. 图书馆评估理论、实践及其反思［J］. 图书馆学通讯，1990（2）：56 - 61.

②　梁庭基. 地州市公共图书馆评估工作［M］//吴光范. 云南年鉴 1991. 昆明：云南年鉴杂志社，1991：442.

③　张卫平. 开展县级公共图书馆评估工作［M］//钱成润. 楚雄州年鉴 1992. 昆明：云南大学出版社，1992：286.

④　梁庭基. 县级公共图书馆进行评估工作［M］//吴光范. 云南年鉴 1992. 昆明：云南年鉴杂志社，1992：364.

表 2 - 3　云南省公共图书馆评估指标框架

地州市级公共图书馆评估指标框架	办馆条件
	办馆水平
	业务工作
	服务效果
	质量
县级公共图书馆评估指标框架	办馆条件
	业务建设
	管理水平
	服务工作
	队伍建设

资料来源：课题组整理。

三、江苏省徐州市公共图书馆评估

1991 年，江苏省徐州市图书馆馆长张荣光发文对徐州市公共图书馆事业现状进行了评估，其评估内容主要包含徐州市公共图书馆事业发展四十年的成就及现存的问题两方面[1]，指标框架如表 2 - 4 所示。第一方面，对图书馆事业发展成就的评估主要着眼于图书馆规模，市、县、乡（镇）馆馆藏文献量、文献服务、馆际协作、专业干部队伍等内容。图书馆规模评估主要考察市、县、乡（镇）各级图书馆的数量，市、县、乡、镇馆馆藏文献量评估主要考察总馆藏文献量、古籍善本书和地方文献的数量，文献服务评估主要考察服务方式的改革与拓展、文献服务质量的提高及持证读者数、阅览座位数、年接待读者数和年借阅量等，馆际协作评估主要考察馆际业务的开展及为馆际协作所做的工作，专业干部队伍评估主要考察专职管理人员数、兼职管理人员数、管理人员的学历及占比等。第二方面，对图书馆事业发展现存问题的评估主要着眼于人均馆舍面积、人均藏书量、年购书量、购书费占总经费的比例、设备的更新及人员队伍的文化素质、业务素质、职业道德等方面。

该评估是由徐州市公共图书馆馆长对市公共图书馆系统进行的评估，虽未制定完整的公共图书馆评估指标体系，但评估以定性和定量结合的方式进行，评估内容涉及公共图书馆系统的诸多方面，根据评估结果仍能概览该市公共图书馆事业发展的现状，有利于后续合理规划公共图书馆事业，促进该市公共图书馆系统的建设。

---

① 张荣光. 评估与选择：徐州市公共图书馆事业的现状与发展设想 [J]. 江苏图书馆学报，1991（4）：15 - 17.

表 2 - 4　江苏省徐州市公共图书馆评估指标框架

	图书馆规模
图书馆事业发展成就	市、县、乡（镇）馆馆藏文献量
	文献服务
	馆际协作
	专业干部队伍
图书馆事业发展现存问题	人均馆舍面积
	人均藏书量
	年购书量
	购书费占总经费的比例
	设备的更新
	人员队伍的文化素质、业务素质、职业道德

资料来源：课题组整理。

四、湖南省公共图书馆评估

1991 年初，湖南省文化厅在对全省各级公共图书馆的历史和现状进行调查研究及分析省内外图书馆工作和事业建设统计数据的基础上，牵头制定了《市级图书馆评估标准》和《县级图书馆评估标准》。1991 年 5 月，湖南省全省中心图书馆馆长会召开，会上对评估工作进行了说明和部署，全省的公共图书馆评估工作也从 5 月展开。

湖南省公共图书馆评估的主要内容为办馆条件和办馆水平，指标框架如表 2 - 5 所示①。其中关于办馆条件的评估主要包括设施状况、经费和藏书状况、人员状况。设施状况评估主要考察全省馆舍总面积、书库面积占比、千册藏书平均占地面积、阅览面积占比、新建馆数、全省图书馆书架单层总长度、一米单层书架平均藏书数、阅览座席总数、馆均阅览座席数、复印机和电视机等服务设备数，经费和藏书状况评估主要考察馆年均事业费、购书费、各馆经费状况的差异、新书入藏量等，人员状况评估主要考察工作人员总数、工作人员的各层次学历占比、图书馆学专业背景的人员占比、馆长受图书馆学专业教育的情况。关于办馆水平的评估主要包括管理工作与基础业务建设、读者服务工作、业务研究辅导工作。管理工作与基础业务建设评估主要考察规章制度的制定与修订、岗位责任制的落实、业务档案和干部考核档案的建立、业务统计工作、思想政治工作、图书采访细则的制定、地方文献征集工作、藏书建设工作、文献著录工作等方面，读者服务工作评估

---

① 邹健. 深入开展评估工作，全面促进事业发展——湖南省公共图书馆首次评估工作总结 [J]. 图书馆，1992（2）：28 - 33.

主要考察经济建设服务课题的完成情况、参考咨询工作的质量、图书馆的平均周开放时间、藏书开架数在藏书总量的占比、服务窗口的平均开设个数、文明服务规范的制定情况、读者意见簿的设立情况、人员挂牌上岗的情况、活动开展情况、图书流通数、接待读者数、借书证发放数等方面，业务研究辅导工作评估主要考察业务辅导专干的配备情况、业务辅导专干的工作情况、期刊论文的发表情况等。此外，该次湖南省公共图书馆评估还按市级图书馆和县级图书馆分别将公共图书馆划分为四类进行定级。

总的来说，湖南省公共图书馆的首次评估工作产生了一定的成效，对推动湖南省图书馆事业建设起到了积极作用，为日后的评估工作积累了经验。

表 2 - 5　湖南省公共图书馆评估指标框架

办馆条件	设施状况
	经费和藏书状况
	人员状况
办馆水平	管理工作与基础业务建设
	读者服务工作
	业务研究辅导工作

资料来源：课题组整理。

五、天津市公共图书馆评估

1992 年 6 月，天津市文化局完成了对全市区、县图书馆（包括少年儿童图书馆）的科学评估。在评估前，天津市文化局组织制定了《关于开展图书馆科学评估工作试行方案》《天津市区县图书馆科学评估指标体系》《天津市区、县少年儿童图书馆科学评估指标体系》，起草了《天津市公共图书馆藏书建设与目录工作规则》《天津市区、县图书馆业务档案管理办法》《天津市区、县图书馆业务统计实施办法》三项业务管理工作规范，举办培训班和研讨会对各馆人员进行培训，组建天津市公共图书馆科学评估委员会，从理论、思想、方法、组织等多方面做了比较周密的准备。

天津市区、县图书馆评估的内容主要包括办馆条件、工作水平及效益两个方面①，指标框架如表 2 - 6 所示。其中，关于办馆条件的评估主要包括馆舍与设施、经费保障、人员结构、藏书基础四个方面。馆舍与设施评估主要考察建筑面积总量、人均建筑面积、藏书平均面积、书库、书架、座席、现代化设备、环境位置等指标，经费保障评估主要考察总经费、地区人均经费、本馆人均经费、年购书经费、地区人均购书费等指标，人员结构

---

① 天津市区县图书馆科学评估指标体系 [J]. 图书馆工作与研究，1992 (S1)：73 - 91.

评估主要考察工作人员总数、人员合理性（面积）、人员合理性（藏书）、人员合理性（人口）、业务人员学历结构、业务人员专业结构、业务人员职称结构、业务人员年龄结构、馆长情况、中层干部情况等方面，藏书基础评估主要考察总藏书量、地区人均册数、年补充新书刊（含声像资料）等指标。关于工作水平及效益的评估主要包括思想政治工作水平、科学管理工作水平、业务建设工作水平、工作效益分析四个方面。思想政治工作水平评估主要考察组织建设、领导班子状况、职工精神面貌等方面，科学管理工作水平评估主要考察一般情况、设施利用、经费管理、人事管理等方面，业务建设工作水平评估主要考察藏书建设、读者服务工作、辅导协作与学术交流等方面，工作效益分析评估主要考察经济效益、工作效益、整体工作状况等方面。

表 2 - 6　天津市区、县图书馆评估指标框架

办馆条件	馆舍与设施
	经费保障
	人员结构
	藏书基础
工作水平及效益	思想政治工作水平
	科学管理工作水平
	业务建设工作水平
	工作效益分析

资料来源：课题组整理。

　　天津市区、县少年儿童图书馆科学评估指标体系分为郊县馆和市区馆两部分[1]，指标框架如表 2 - 7 所示。针对郊县馆，主要评估办馆条件、工作水平及效益两个方面。其中办馆条件评估主要考察建筑与设施、经费保障、人员结构、藏书基础四个方面；工作水平及效益评估主要考察政治思想工作、科学管理、业务建设工作水平、工作效益分析四个方面。针对市区馆，主要评估政治思想工作、要素、业务工作水平、创新及特色四个方面。其中，政治思想工作评估主要考察领导重视情况、工作开展情况、工作效果三个方面；要素评估主要考察建筑与设备、经费保障、人员结构、藏书基础四个方面；业务工作水平评估主要考察科学管理、业务建设、读者服务工作、业务辅导、学术研究五个方面；创新及特色评估无二级指标。

---

① 天津市区、县少年儿童图书馆科学评估结果汇总 ［J］. 图书馆工作与研究，1992（S1）：153 - 155.

表 2-7　天津市区、县少年儿童图书馆科学评估指标框架

郊县馆		市区馆	
办馆条件	建筑与设施	政治思想工作	领导重视情况、工作开展情况、工作效果
	经费保障		
	人员结构	要素	建筑与设备、经费保障、人员结构、藏书基础
	藏书基础		
工作水平及效益	政治思想工作	业务工作水平	科学管理、业务建设、读者服务工作、业务辅导、学术研究
	科学管理		
	业务建设工作水平	创新及特色	无
	工作效益分析		

资料来源：课题组整理。

天津市首次公共图书馆评估借鉴了 1988 年辽宁省首次公共图书馆评估的经验，在指标体系中设置两级指标反映办馆条件，设置三级指标反映工作水平及效益。相对于此前其他地区的公共图书馆评估，其指标体系更加优化和细致。天津市首次区、县图书馆科学评估，对推动图书馆事业发展起到了积极作用，取得了促进全市区、县图书馆工作整体优化的明显效果，从准备到实施的整个过程再次为日后全国公共图书馆评估提供了经验。

第三节　全国性公共图书馆评估的三个阶段

一、公共图书馆评估的初创阶段

1992—2000 年是我国公共图书馆评估的初创阶段，主要进行了两次全国性公共图书馆评估。

第一次全国县以上公共图书馆评估于 1994 年正式开始。这次全国性评估自部署到评估实施，再到总结阶段共历时两年，其间召开了全国公共图书馆工作会议、全国公共图书馆评估工作座谈会和全国公共图书馆评估工作总结会议三次全国性公共图书馆评估的专项会议。

（一）全国公共图书馆工作会议

1992 年 12 月 15—18 日，全国公共图书馆工作会议在广西柳州召开，全国各省、自治区、直辖市和计划单列市文化厅（局）及图书馆的有关负责同志共计 100 余人参加了此次会议。文化部图书馆司副司长鲍振西在会上部署了县以上公共图书馆评估定级工作：文化部制定了省、市、县三级公共图书馆评估标准，其中省级公共图书馆只做评估，市级、县

级公共图书馆则评估后再定级；1993 年将进行评估定级试点工作以检验评估标准的可行性，并借此机会摸索公共图书馆评估经验；文化部成立了试点工作领导小组，组长由图书馆司司长杜克担任，试点单位由各省选择 20% 的市级、县级公共图书馆组成，计划单列市图书馆由图书馆司选点①。

1993 年，公共图书馆的评估定级试点工作在全国范围内普遍开展。评估试点工作的大致流程为：首先，根据文化部相关要求及全国公共图书馆工作会议精神，以各省、自治区、直辖市为单位，各自制定《公共图书馆评估工作试点方案》《公共图书馆评估标准实施细则》等文件，成立公共图书馆评估试点工作领导小组，召开图书馆工作会议，对这些文件进行进一步研讨，并开会部署评估试点工作。其次，实施公共图书馆评估试点工作。地（市）级馆的评估试点工作一般由省文化厅组织实施评估，县（区）级馆的评估试点工作一般由各地（市）文化局组织实施评估。再次，各省文化厅和各地（市）文化局成立评估试点工作检查组，组织实施各试点馆的评估检查工作，形成检查评估意见。检查组需向当地文化局和试点馆交换意见，在肯定各馆优势和工作成绩的同时要客观地指出存在的问题，提出改进工作的意见和建议，公布评估分数。最后，各馆把检查结果和评估意见进行整理，形成档案，经当地文化局批准后上报省文化厅备案，文化厅检查验收后上报文化部审批。1993 年公共图书馆的评估定级试点工作对包括 5 个省级图书馆、4 个计划单列市级图书馆和 70 多个地市级图书馆及 300 多个县级图书馆在内的近 400 个试点馆的办馆条件和各方面工作进行了较为全面的检查和测评。这次试点评估工作基本反映出我国当时的图书馆事业发展状况，进一步明确了评估工作的意义，体现了评估工作的作用与影响，为全国全面开展评估工作奠定了基础②。

（二）全国公共图书馆评估工作座谈会

1994 年 3 月 27 日，全国公共图书馆评估工作座谈会在湖北武汉召开，各省（自治区、直辖市）、计划单列市文化厅（局）有关处长共 50 余人出席。文化部图书馆司副司长周小璞在会上对 1993 年全国公共图书馆评估试点工作做了总结，她指出各地对公共图书馆评估试点工作给予了充分的重视，较好地完成了试点任务，通过试点评估工作，部分图书馆的办馆条件、工作质量、服务水平得到了提高。此外，周小璞还对 1994 年公共图书馆评估定级工作的全面展开做了部署，强调对评估工作要进一步提高认识，要求评估定级工作

---

①　晓明. 加快改革步伐　服务经济建设——全国公共图书馆工作会议综述 [J]. 图书馆，1993（1）：7-10.

②　搞好图书馆评估定级工作　促进事业改革与发展——全国公共图书馆评估工作座谈会在武汉召开 [J]. 图书馆建设，1994（3）：2-3.

要有领导、有组织、有计划地进行，并且各地评估组的组织要坚持行政主管领导与图书馆专家相结合的原则，各级文化主管部门除按要求上报评估结果外还需对本地区的图书馆状况认真统计分析。图书馆司公共图书馆处处长刘小琴就省、地（市）、县级图书馆的三个评估标准的制定做了说明。各地代表就如何理解并执行评估标准进行了认真的讨论。图书馆司司长杜克在闭幕式做了总结讲话，再次强调了做好评估定级工作要认真发动、加强领导、精心组织、统一标准，指出经济发展状况不同地区的图书馆对评估定级工作都应积极面对，最后宣布评估定级工作表彰会将在北京召开。这次会议之后，全国各地纷纷召开工作会议，对当地公共图书馆评估定级工作进行了再部署。全国范围内的县以上公共图书馆评估定级工作全面铺开。

（三）全国公共图书馆评估工作总结会议

1994 年 12 月 20—23 日，全国公共图书馆评估工作总结会议在北京召开，会议由文化部图书馆司组织，来自全国各省、市、自治区文化厅（局）的领导和有关部门负责人、各省及计划单列市图书馆馆长及相关图书馆代表近 200 人参会①。文化部副部长刘德有做了关于全国公共图书馆首次评估、定级工作的总结报告。报告指出，全国 30 个省、自治区、直辖市于 1994 年 4 月至 7 月纷纷开展了评估工作，参加评估的图书馆共 2189 个（其中省级和计划单列市图书馆 35 个、地级图书馆 238 个、县级图书馆 1916 个），达到县以上公共图书馆总数的 85%。根据此报告可知，公共图书馆定级标准由文化部制定，地级图书馆与县级图书馆分别设一、二、三级，35 个省级图书馆和计划单列市图书馆不参与定级，因此全国县以上公共图书馆定级结果为一级图书馆 68 个、二级图书馆 451 个、三级图书馆 625 个，上等级图书馆共 1144 个。此外，刘德有在报告中再次肯定了评估工作取得的成效，也指出了公共图书馆事业发展中存在的问题和不足，并对图书馆事业的建设与发展提出了意见②。最后，文化部图书馆司司长杜克指出，1995 年将继续深化评估工作，修订现有评估标准，开展少年儿童图书馆评估工作。

1995 年 5 月 15 日，文化部下发《文化部关于在县以上公共系统少年儿童图书馆进行评估、定级工作的通知》，指出此次评估、定级工作主要从各级少年儿童图书馆的基本工作条件和服务质量两方面进行。《省级少年儿童图书馆评估标准》《地、市级少年儿童图书馆评估标准》《县级少年儿童图书馆评估标准》随之一并发布。关于评估定级工作的方法和步骤：其一，说明了各级少年儿童图书馆评估工作的组织事宜；其二，明确了评估对

---

①　王东. 全国公共图书馆评估定级结束总结表彰大会在京召开［J］. 图书馆建设，1995（1）：3.

②　晓明. 回顾·激励·展望——全国公共图书馆评估工作总结会综述［J］. 图书馆，1995（1）：1 – 4.

象范围；其三，要求地、县级少年儿童图书馆的评估工作必须于 1995 年 10 月底之前结束；其四，要求各地填报"评估结果报表""汇总表"，连同评估工作总结及本地区少年儿童图书馆事业状况分析报告一并于 10 月底报送文化部图书馆司；其五，文化部将对各地的评估工作进行审查并根据评估结果确定各少年儿童图书馆的等级。最后，说明了评估的重要性，呼吁各地文化厅（局、文管会）对评估工作加强重视与领导，公布了评估定级工作领导小组成员分工（刘德有担任组长，图书馆司负责日常工作），提出各省、自治区、直辖市文化厅（局、文管会）可成立相应的领导机构，并要求 6 月底前将领导机构组成及工作计划报送图书馆司①。

（四）全国公共图书馆第二次评估定级工作部署

1997 年 7 月 8 日，文化部发出了《关于 1998 年对县以上公共图书馆进行评估定级工作的通知》，要求凡能够开馆接待读者的图书馆都要参加评估。从此通知可见，第二次评估的组织实施办法与首次评估相比变化较小，都是由文化部及文化部图书馆司相关工作人员及从部分公共图书馆抽调的专家组成若干评估组，每组负责考评若干省馆，最后将成绩集中至文化部进行综合平衡，形成全国评估结果。

在首次评估结束之后，文化部图书馆司曾组织力量对评估标准体系及考评办法进行了修改，取得良好成效。新的《省、地、县级图书馆评估标准》随《关于 1998 年对县以上公共图书馆进行评估定级工作的通知》一周下发，第二次全国县以上公共图书馆评估标准体系框架见表 2 - 8。比较两次评估定级工作的标准体系框架可知，新的评估标准体系框架相比首次无变化，即均由办馆条件，基础业务建设，读者服务工作，业务研究、辅导、协作协调，管理，表彰奖励六大部分组成。

（五）全国公共图书馆第二次评估定级工作总结会议

1999 年 10 月 8 日，全国公共图书馆第二次评估定级工作总结会议在沈阳召开，会议公布了评估结果，并对全国 1551 所公共图书馆进行级别命名②。如表 2 - 9 所示，第二次全国县以上公共图书馆评估定级工作的参评图书馆共 2652 个，上等级图书馆共 1551 个，其中一级图书馆 215 个、二级图书馆 581 个、三级图书馆 755 个。与第一次评估结果相比，上等级图书馆增加了 407 个，其中一级图书馆增加了 147 个，二级图书馆增加了 130 个，三级图书馆增加了 130 个，一级图书馆、二级图书馆和上等级图书馆的比例较第一次

---

① 文化部关于在县以上公共系统少年儿童图书馆进行评估、定级工作的通知［EB/OL］.［2021 - 05 - 14］. https：//www. jcabc. cn/202845. html.

② 全国公共图书馆第二次评估定级工作总结会议［M］//肖东发. 中国图书馆年鉴 2001. 北京：北京图书馆出版社，2001：140.

评估均有增加。综上可见，此次评估定级工作在促进图书馆管理科学化、业务工作规范化、读者服务方式多样化和服务内容深化等方面发挥了作用，从而促进了全国图书馆事业的整体发展。

对第一阶段特征进行总结，有以下几个突出的成绩与特点。

（1）高度重视，准备充分

20世纪90年代的县以上公共图书馆评估是全国性公共图书馆评估工作初创阶段，但规模之庞大前所未有，对促进图书馆事业的发展具有重要意义，这得益于从国家层面到地方文化行政主管部门，再到各图书馆都给予了评估工作高度的重视，各方面都认同其必要性和重要性。在每次评估之前，文化部制定省、地、县级图书馆的评估标准，召开全国图书馆工作会议和全国公共图书馆评估座谈会，对相关人员进行思想动员，对评估工作进行仔细部署，开展评估试点工作为正式评估打基础，可以说当时评估工作的前期准备是比较充分的。

（2）统一部署，分工明确

全国县以上公共图书馆评估是由文化部统一部署，各省、自治区、直辖市文化厅（局、文管会）负责组织对所属地、县级（少年儿童）图书馆进行评估，各计划单列市所属区、县（少年儿童）图书馆评估工作的组织由省文化厅与市文化局协商安排；评估工作采用先评估后定级的办法，即根据对省、地、县级图书馆评估结果审核分析，制定评估定级标准，再进行公共图书馆级别的确定，评估定级标准的制定和评估定级结果的公布由文化部图书馆司负责。从评估、定级到结果公布整个工作流程分工比较明确。

（3）参与广泛，操作严谨

首次公共图书馆评估定级试点工作除在省级图书馆和计划单列市图书馆选点以外，预挑选各省20%的市、县图书馆进行，共计70多个地级图书馆、300多个县级图书馆。首次参与全面评估的图书馆包括35个省级和计划单列市图书馆、238个地级图书馆、1916个县级图书馆，达到县以上公共图书馆总数的85%。第二次评估定级工作的参评图书馆数在首次评估基础上持续增加，达到2652个。因此，试点工作和全面评估的覆盖范围都较为广泛。先行试点工作为评估标准体系和操作方法的改善提供了机会，为全面评估工作积累了经验。各地区在全面评估工作实施过程中，各评估组本着实事求是、客观公正的态度进行评估和抽查验收，既肯定图书馆的成绩和长处，又提出问题和不足。各图书馆积极配合，评估组严格操作，评估工作得以顺利进行。

（4）结果清楚，成效显著

评估结果以打分形式呈现，根据分值评定等级，比较真实、全面地反映出各个图书馆的实际状况。通过评估，各文化行政主管部门全面了解本地区图书馆事业的发展现状，为日后图书馆事业的管理决策提供了依据。评估工作促进了图书馆间的竞争，改善了图书馆办馆条件，推动了图书馆的业务建设和服务工作，提高了图书馆管理的科学化水平，加强了各级党政领导对图书馆工作的重视和支持。两次全国性评估相比此前的地方评估实践更加全面和客观，取得了显著的成效，并且在我国公共图书馆界引起极大反响，成为 20 世纪 90 年代业界的热点话题之一。

（5）指标体系科学性不足

20 世纪 90 年代的公共图书馆评估是全国性公共图书馆评估的先例，在此之前没有足够的经验可以借鉴。因此，考究其评估标准体系，难免存在有待改进的地方。一方面，在评估过程中，全国省、地、县各级图书馆的评估使用统一标准，忽略了各地区经济、文化等方面发展的明显差异，因此评估标准体系中各部分的起始得分与最高得分与地区发展水平存在矛盾，这影响了评估标准体系的科学性和实用性。另一方面，评估指标的设置主要以馆舍和资源建设相关的指标为主，服务及其效能的相关指标设置及分值占比不够，并且馆舍、设备、经费、馆藏等指标直接以分值考量，其合理性牵强。因此，评估工作应考虑全国东、西、南、北及同级行政区在面积、人口之间的差异，考虑馆内馆舍、设备、经费、馆藏等配置现状和实际使用现状的不同，引入"按比例量化"的理念①，使评估更加客观、公平。

（6）组织实施有待改进

20 世纪 90 年代全国公共图书馆评估组织实施过程中存在一些有待改进之处：其一，当时国家的网络基础设施成熟度低，不能实现评估信息化，评估工作以手工和实地考察的方式为主，工作效率较低；其二，评估工作由文化部牵头，省级图书馆的评估由文化部图书馆司负责，地级以下级别图书馆实行了分级评估，由地方文化厅（局）负责实施，组织实施评估主体单一，文化部图书馆司工作量较大，再次降低了评估工作的效率和客观性；其三，评估工作实施的时间跨度相对较长，既导致部分数据的时效性变差，又加剧了人为干扰因素的影响。

二、公共图书馆评估的发展阶段

2001 年至 2015 年是我国公共图书馆评估的发展阶段。在这一时期我国进行了第三次至第五次全国县以上公共图书馆评估定级工作。

第三次至第五次全国县以上公共图书馆的评估定级工作从时间、评估工作具体安排、

---

① 淮存山．关于公共图书馆评估定级活动的分析与探究［J］．图书馆学刊，2001（5）：17-20.

标准体系调整到评估结果公示，经历了不断的探索与发展过程，逐步形成了一定的规律。

从评估时间看：评估工作分别于 2004 年、2009 年、2013 年进行。据前五次评估经验可知，我国公共图书馆评估制度已经形成，一般每四年进行一次，每次安排一段时间集中评估，评估的具体时间根据实际情况动态调整。

从评估工作具体安排看：评估工作一般是以文化部下发的"关于开展县以上公共图书馆评估定级工作的通知"为准，历次通知的主要内容包括评估定级工作的范围、评估标准和定级条件、评估定级工作的组织领导、评估定级工作的步骤、评估工作的要求等几大部分。因此，评估定级工作的具体流程一般较为固定。其一，关于评估定级工作的范围，要求凡能够开馆接待读者的全国省、地、县级公共图书馆（包括少年儿童图书馆）均参加评估。其二，关于评估标准和定级条件，历次公布的评估标准同时包含了全国省、地、县级公共图书馆（包括少年儿童图书馆）的标准，图书馆的定级根据评估结果对馆舍建筑面积、年财政拨款、图书年新增藏量、年外借册次、读者满意率等指标划定门槛。其三，关于评估定级工作的组织领导，一方面，说明评估定级工作的组织实施由文化部图书馆负责，省、副省级城市、计划单列市图书馆的评估由司负责组织，地、县级图书馆的评估由各省（区、市）文化厅（局）负责组织，另一方面，还对专家评估组成员素养做出要求，一般要求专家评估组成员具有副研究馆员以上专业职称，熟悉评估标准，有评估工作经验。其四，关于评估定级工作的步骤，一般地、县级图书馆用两个月的时间先行评估，省、副省级城市、计划单列市图书馆再用两个月的时间进行评估，评估结果和总结报告需报送文化部图书馆司，最后由文化部图书馆司根据评估结果对图书馆进行定级。其五，关于评估工作的要求，各地要高度重视，加强组织领导，对照标准努力整改，以实事求是为原则，杜绝和防止弄虚作假。

从评估标准体系的调整看：第三次至第五次全国县以上公共图书馆评估定级工作所采用的标准体系框架稳中有变。如表 2 - 8 所示，前三次评估标准一级指标均为"办馆条件""基础业务建设""读者服务工作""业务研究、辅导、协作协调""管理""表彰、奖励"六部分，第三次评估标准体系框架与前两次评估相比总体保持不变，但一级指标分值权重及其下级指标的设置有变化；第四次评估标准体系框架相较于第三次评估标准体系框架增加了"文化共享工程建设"项目；第五次评估标准体系框架相比之前变化较大，"办馆条件""基础业务建设"拆分为"设施与设备""经费与人员""文献资源"，"读者服务工作"替换为"服务工作"，"业务研究、辅导、协作协调"融合为"协作协调"，"文化共享工程建设"改为"重点文化工程"，"管理"和"表彰、奖励"两项融合为"管理与表彰"。标准体系框架是随着社会发展和图书馆事业的发展而动态调整的，每次调整后标准体系更具客观性、时效性和实效性。标准的变化体现了对服务质量和数字化业务的重视，真实地反映出一个阶段公共图书馆事业的发展重点。

表 2 - 8　历次评估标准体系框架变化情况

	第一次	第二次	第三次	第四次	第五次
第一部分	办馆条件	办馆条件	办馆条件	办馆条件	设施与设备
第二部分	基础业务建设	基础业务建设	基础业务建设	基础业务建设	经费与人员
第三部分	读者服务工作	读者服务工作	读者服务工作	读者服务工作	文献资源
第四部分	业务研究、辅导、协作协调	业务研究、辅导、协作协调	业务研究、辅导、协作协调	业务研究、辅导、协作协调	服务工作
第五部分	管理	管理	管理	文化共享工程建设	协作协调
第六部分	表彰、奖励	表彰、奖励	表彰、奖励	管理	管理与表彰
第七部分				表彰、奖励	重点文化工程

资料来源：课题组整理。

从评估结果看：随着时代的发展，公共图书馆的发展环境不断变化，评估标准体系不断调整，五次评估定级结果也是不断变化的（历次评估结果均以文化部下发文件的形式进行公示）。如表 2 - 9 所示，第三次全国县以上公共图书馆评估定级工作的参评图书馆共有2038 个，上等级图书馆共 1440 个，与第二次评估结果相比上等级图书馆减少了 111 个。在第四次全国县以上公共图书馆评估定级工作中，全国共有 2850 个图书馆参评，有 1784个图书馆达到三级以上图书馆标准，与第三次评估结果相比，上等级图书馆增加 344 个。第五次全国县以上公共图书馆评估定级工作参评图书馆共 3075 个，上等级图书馆共 2230个，与第四次评估结果相比，上等级图书馆增加了 446 个。总体来看，三次评估定级工作参评图书馆数量逐次增加，上等级图书馆的数量呈增加趋势，一级图书馆的数量和比例逐次增加，说明评估促进了各级政府对公共图书馆馆舍建设和质量建设的投入，推动了公共图书馆自身在建设、管理、服务等各方面不断优化，使公共图书馆为人民服务的能力和水平不断增强。

表 2 - 9　五次评估定级结果对照表

	第一次/个	占比/%	第二次/个	占比/%	第三次/个	占比/%	第四次/个	占比/%	第五次/个	占比/%
一级图书馆	68	3	215	9	344	17	480	17	859	28
二级图书馆	451	21	581	25	412	20	410	14	640	21

续表

	第一次/个		第二次/个		第三次/个		第四次/个		第五次/个	
		占比/%		占比/%		占比/%		占比/%		占比/%
三级图书馆	623	28	755	33	684	34	894	31	731	24
上等级图书馆	1142	52	1551	67	1440	71	1784	63	2230	73
参评图书馆	2189		2323		2038		2850		3075	

资料来源：课题组整理。

三、公共图书馆评估的成熟阶段

2015 年至 2024 年是我国公共图书馆评估的成熟阶段，期间进行了第六次至第七次全国县以上公共图书馆评估定级工作。2015 年 1 月 5 日，县以上公共图书馆评估定级工作研讨会在天津图书馆召开，会议明确了第六次评估由文化部公共文化司指导与组织，中国图书馆学会负责评估的标准研制和工作开展[①]。2017 年 1 月 5 日，《文化部办公厅关于开展第六次全国县级以上公共图书馆评估定级工作的通知》发布，该通知的下发标志着第六次评估定级工作正式开始。该通知下发前评估定级工作历经标准修订、试评估、评估定级理论与实践的交流学习等诸多步骤，该通知下发后全国各地的评估定级工作的宣讲、培训班和评估定级工作陆续开展。此次评估在标准体系、评估思想、评估方式、工作机制（职责分工和工作步骤）、评估定级结果等方面较前五次公共图书馆评估均有所不同，我国的公共图书馆评估定级工作也自此走向成熟。

从标准体系看：前五次评估标准体系框架主要依据图书馆要素和业务流程而设计。第六次评估标准体系框架较前五次评估有大幅改进和创新，从服务效能、业务建设和保障条件三方面融合构建了三位一体的体系架构，评估指标模块间的内在逻辑更加清晰[②]。在具体指标的设置上，服务效能、业务建设和保障条件三个模块中的具体指标均有新增和改进，标准体系相比以往更合理、更具体、可操作性更强。在分值设置上，一方面，首次增加了加分项，这对公共图书馆工作突破和创新有着很大的鼓励作用；另一方面，各项标准分值首次按东、中、西部区分，这样既解决了东、中、西部差距的问题，也顾及了各地公共图书馆的发展特色。指标体系的变动合乎时代的政策、技术背景。从评估标准体系的变化再次看出公共图书馆评估遵循科学化、规范化的路径，推动着我国公共图书馆事业的

---

① 中国图书馆学会. 县以上公共图书馆评估定级工作研讨会在天津图书馆召开［EB/OL］.［2021 - 05 - 23］. http://www.lsc.org.cn/contents/1190/21.html.

② 柯平，胡银霞. 创新与导向：第六次全国公共图书馆评估新指标［J］. 图书馆杂志，2017，36（2）：4 - 10.

发展。

从评估思想看：透过标准体系的变化可以看出第六次评估思想的创新。其一，将政府工作和投入纳入评估体系之中，促进地方政府对公共图书馆政策法规、资源、经费与人员等方面的全方位保障，引导与加强公共图书馆体系化建设；其二，明确各级公共图书馆的职能定位，从服务效能、业务建设、保障条件三大维度分别评估各级公共图书馆的发展情况，促进区域公共图书馆事业整体发展；其三，服务指标在标准体系中所占比重相对较大，而绩效指标与效能指标是此次评估的重要指标，说明此次评估更加重视服务效能；其四，在标准体系中的新技术应用、新媒体服务、服务数据显示度等方面增加了评估项目，说明此次评估更加重视新技术在公共图书馆的应用；其五，标准体系引入了加分项，如法人治理、社会购买服务等诸多创新内容，兼顾了各图书馆的差距与特色，说明此次评估更加鼓励公共图书馆的创新与特色化发展①。

从评估方式看：此次评估采用线上数据审核、实地评估和第三方测评相结合的方式②。在国家关于社会组织有序承接政府职能转移的大背景下，中国科学技术协会于2014年9月发布《推进学会有序承接政府转移职能试点培育工作方案》，将"县以上公共图书馆评估定级工作"明确委托给中国图书馆学会，并将其列入培育项目③；根据中共中央办公厅、国务院办公厅于2015年7月印发的《中国科协所属学会有序承接政府转移职能扩大试点工作实施方案》，中国图书馆学会承接的"县以上公共图书馆评估定级工作"被列入扩大试点项目④。因此，公共图书馆评估的政府职能转移到了中国图书馆学会，形成政府评估与第三方评估相结合的方式，实现了评估主体的多元化。中国图书馆学会委托华博胜讯信息科技（北京）有限公司研制开发全国公共图书馆评估定级管理服务系统"全国公共图书馆评估定级管理服务平台"，线上数据的采集主要采取人工填报和平台自动更新的方式，待参评公共图书馆依据评估标准将各项材料通过系统上传，评估专家先登录平台进行网上评估打分，再进行实地考察、检验与核实⑤。第六次评估定级工作首次运用信息化的评估方式，实现了从手工评估方式向信息化评估方式的转变。

---

① 柯平，宫平．全国公共图书馆第六次评估的意义和特点［J］．图书馆建设，2016（12）：4－7，14.

② 中国图书馆学会．文化部办公厅关于开展第六次全国县级以上公共图书馆评估定级工作的通知［EB/OL］．［2021－05－23］．http：//www.lsc.org.cn/contents/1129/9230.html.

③ 中国图书馆学会．县以上公共图书馆评估定级工作研讨会在天津图书馆召开［EB/OL］．［2021－05－23］．http：//www.lsc.org.cn/contents/1190/21.html.

④ 中国图书馆学会第六次全国县以上公共图书馆评估定级试评估工作启动［EB/OL］．［2021－05－23］．http：//www.lsc.org.cn/contents/1190/22.html.

⑤ 中国图书馆学会．文化部办公厅关于开展第六次全国县级以上公共图书馆评估定级工作的通知［EB/OL］．［2021－05－23］．http：//www.lsc.org.cn/contents/1129/9230.html.

从工作机制看：评估工作机制的调整主要体现在职责分工和工作步骤两方面。在职责分工方面，以往五次评估定级工作由文化部与各省（区、市）文化厅（局）分工负责，第六次评估定级工作由文化部、中国图书馆学会、各省（区、市）文化厅（局）、新疆生产建设兵团文化广播电视局分工负责；以往对省级和副省级城市公共图书馆的评估由文化部图书馆司负责，此次由中国图书馆学会负责并抽查部分县级公共图书馆。在工作步骤方面，首先，发布评估标准，各地各级图书馆对照标准用一段时间进行发展建设；其次，开展评估定级工作业务培训，参评图书馆按照评估标准进行自查自评，并将自评数据录入"全国公共图书馆评估定级管理服务平台"；再次，各地评估工作小组对所辖地市级、县级公共图书馆进行实地评估，审核线上自评数据，文化部会同中国图书馆学会组织评估工作小组对省级和副省级城市公共图书馆进行实地评估，审核线上自评数据；最后，各省（区、市）文化厅（局）、新疆生产建设兵团文化广播电视局将评估工作总结报告分别报送文化部公共文化司和中国图书馆学会，文化部对评估结果进行审核并公示后，确定定级结果，命名一、二、三级公共图书馆①。工作机制的调整减轻了文化部公共文化司的工作负担，提高了评估定级工作的效率，增强了评估定级结果的可信性和科学性。

从评估定级结果看：第六次评估工作共有 2994 个图书馆参加，上等级图书馆共有 2522 个，约占参评图书馆的 84%。其中：969 个公共图书馆被评为一级图书馆，约占参评图书馆的 32%；519 个公共图书馆被评为二级图书馆，约占参评图书馆的 17%；1034 个公共图书馆被评为三级图书馆，约占参评图书馆的 35%。由评估定级结果可知，相比第五次评估定级工作，此次上等级图书馆、一级图书馆的数量和占比再次上升。就图书馆事业而言，在第五次与第六次评估定级之间的一段时间内，政府对公共图书馆事业持续保持高度重视，对公共图书馆事业的人力、物力投入力度不断加大，公共图书馆自身在建设、管理、服务等方面不断提升；就评估而言，此次评估在标准体系、评估思想、评估方式、工作机制等方面做了创新性的优化，标准体系的设计充分尊重了各地公共图书馆的发展差异，评估思想的创新鼓励了公共图书馆的创新性和个性化发展，评估方式的优化发挥了评估的客观性和科学性，评估标准的提前下发也为各馆补充建设提供了机会，线上平台的应用激发了各馆参评的活力。因此，此次评估的科学实施对公共图书馆事业的发展再次起到了促进作用。

_____

① 中国图书馆学会．文化部办公厅关于开展第六次全国县级以上公共图书馆评估定级工作的通知 [EB/OL]．[2021-05-23]．http://www.lsc.org.cn/contents/1129/9230.html.

第四节　我国港台地区的公共图书馆评估

一、香港地区

自 2000 年开始，中华人民共和国香港特别行政区政府（以下简称"香港特区政府"）康乐及文化事务署（以下简称"康文署"）对全香港公共图书馆实行统一管理和服务，负责管理的香港公共图书馆网络共有 68 个固定图书馆和 12 个流动图书馆，康文署主要负责公共图书馆有关建设计划的制订和推广、图书馆服务和文学艺术的宣传、新图书馆启用的筹划及现有公共图书馆的管理等工作。并且，2008 年起，香港区议会开始参与本地区图书馆管理。此外，香港特别行政区政府分别于 2004 年和 2008 年成立的图书馆委员会和公共图书馆咨询委员会，作为独立委员会向香港特区政府提出有关公共图书馆运营管理的咨询意见及建议①。

香港的公共图书馆评估实践主要是公共图书馆服务表现评估，由康文署负责，自 2001 年开始。康文署对公共图书馆服务进行统计评估时，主要依据国际图联于 2001 年 8 月发布的《公共图书馆服务：IFLA/UNESCO 发展指南》所建议的标准，其主要指标如表 2 - 10 所示。由表可见，香港公共图书馆服务表现评估的指标框架主要包括资源指标、使用量指标、人力资源指标、成本指标、质量指标和对照指标六个部分，各一级指标下均包含更加细化的二级指标，二级指标的设置引入了"人均""比例"等概念，因此整个指标体系具有较强的科学性。

表 2 - 10　香港公共图书馆服务表现评估的主要指标

资源指标	人均馆藏量
	人均终端机/个人电脑数目
	人均联机公众检索电脑数目
使用量指标	登记读者人数占人口的百分比
	人均外借次数
	按图书馆资料数量计算的平均外借次数
	按图书馆开放时数计算的平均外借次数
	人均前往图书馆次数
	人均参考资料查询次数
	取得电子媒体资料和其他非印刷资料的次数

---

① 宋家梅. 香港地区公共图书馆标准研究 [J]. 图书馆，2014（6）：77 - 80.

续表

人力资源指标	等同全职人员与人口的比例
	专业人员与人口的比例
成本指标	功能、服务及活动的单位成本
	按功能计算的职员成本，如处理书籍和举办活动
	按人口、登记读者人数、使用者人次和图书馆数目计算的平均成本
质量指标	图书馆使用者的满意程度调查
	满意查询结果的次数
对照指标	与国外、国内其他相关和可供对照的图书馆服务和互相比较的统计数据

资料来源：课题组根据《审计署署长第 48 号报告书》第 6 章整理。香港特别行政区政府审计署．《审计署署长第 48 号报告书》第 6 章 – 提供公共图书馆服务 ［EB/OL］．［2021 – 06 – 07］．https：//www. aud. gov. hk/pdf_ca/c48ch06. pdf.

同时，根据《公共图书馆服务：IFLA/UNESCO 发展指南》建议，指标数据的收集应在一段时间内持续进行，通过连续两年或数年的数据对比，可以评估公共图书馆服务水平提升或下降的程度①。据此，香港康文署自 2001 年起便基于该套指标收集 2000 年以来的香港公共图书馆相关统计资料，以进行公共图书馆服务表现评估。

此外，香港特别行政区政府审计署曾于 2002 年至 2007 年进行过两次公共图书馆审查，旨在研究香港康文署在公共图书馆服务管理方面的节省程度、工作效率和效益及香港公共图书馆的馆藏管理是否适宜②③。关于公共图书馆服务评估，香港康文署会听取香港特别行政区政府审计署、财经事务及库务局、委聘顾问等的建议，修订评估指标。

二、台湾地区

台湾地区的公共图书馆评估以绩效评估为主，于 2003 年、2004 年、2008 年、2013 年和 2015 年分别开展了五次"公共图书馆评鉴及绩优图书馆奖励实施计划"，主要目标是建立公共图书馆辅导及评估机制，通过评估各级公共图书馆的营运及服务绩效，了解并改善其现状，从而促进台湾地区公共图书馆事业的发展④。

①② 香港特别行政区政府审计署．《审计署署长第 39 号报告书》第 3 章 – 香港公共图书馆 ［EB/OL］．［2021 – 06 – 07］．https：//www. aud. gov. hk/pdf_sc/c39ch03. pdf.

③ 香港特别行政区政府审计署．《审计署署长第 48 号报告书》第 6 章 – 提供公共图书馆服务 ［EB/OL］．［2021 – 06 – 07］．https：//www. aud. gov. hk/pdf_ca/c48ch06. pdf.

④ 宋家梅，徐建华．台湾地区公共图书馆发展现状与相关标准研究［J］．图书馆，2016（8）：5 – 11.

台湾地区相关部门委请台湾大学图书资讯学系卢秀梅教授带领工作小组，从 2003 年 4 月至 6 月，编制完成 2003 年版《台湾地区公共图书馆营运绩效评量表》，并于 2004 年 3 月修订完成 2004 年版评量表。该量表分为两个部分："台湾地区县市级图书馆营运绩效评量表"和"台湾地区乡镇级图书馆营运绩效评量表"。量表的编制以美国公共图书馆的《公共图书馆成效评估》与国际标准化组织（ISO）公布的 ISO 11620：1998《信息与文献　图书馆绩效指标》（Information and Documentation—Library Performance Indicators）作为主要参考，同时充分考虑了台湾地区县市与乡镇两级公共图书馆的实际情况。两份量表涵盖图书馆输入资源、作业过程及输出服务三大部分，共包括七大类指标：营运规划、建筑设备、人员、馆藏、技术服务、读者服务及推广、馆际合作与公共关系。各图书馆通过量表进行自评，或由相关评估机构人员访评，比较两者积分后，再进行权重调整，进而完成一份图书馆绩效评估报告。

关于评估方式。首先，由受评图书馆递交"台湾地区公共图书馆现状调查表"（以下简称"调查表"）及"台湾地区公共图书馆营运绩效评量表"（以下简称"评量表"）；然后，由县市图书馆或文化局整理汇总以供评鉴委员先进行书面审核，再择期对所有图书馆进行实地考评，择优呈报给台湾"中央图书馆"，由公共图书馆辅导访视与评鉴委员会进行审查；最后，评选出该年度的获奖图书馆。

关于评估主体。2008 年以前，台湾地区的公共图书馆评估主要由台湾"中央图书馆"主办，当地主管机构，包括直辖市图书馆总馆、县市图书馆总馆或文化局协办。2008 年，台湾地区相关部门推出 2008 年"营运绩优标杆计划"，辅助各县市政府文化局办理所属公共图书馆"营运绩优标杆计划"考评。台湾教育主管部门公共图书馆辅导团与台湾图书馆学会于 2008 年 11 月至 12 月，实地访评各县市推荐的绩优公共图书馆，以各馆自评、现场访评及民意调查等方式进行评选，最终选出获奖图书馆。2013 年、2015 年，台湾地区相关部门委托台湾"中央图书馆"成立台湾地区公共图书馆评鉴委员会，修订评估与实施方式，并完成全台湾地区初评、复评的工作。台湾地区公共图书馆评估的主体，由政府评估发展为政府、学会、专业评估机构相结合的多元化评估，充分发挥了社会监督的作用。

关于评估工具。台湾地区公共图书馆评估以评量表、评量表使用手册及调查表作为评估工具，其中评量表使用手册于 2008 年停止使用。各级图书馆在评估时分别使用属于该级别的评量表，并且根据评估对象细分评估指标，这符合公共图书馆评估的公平原则。

关于公共图书馆奖励机制。2003 年、2004 年台湾地区公共图书馆评估设置了"特优""优等""甲等"三种奖项；2008 年设置了"金图奖""银图奖""铜图奖"三种奖项；2013 年、2015 年设置了"绩优图书馆""年度图书馆""特色图书馆"三种奖项，其中，从"绩优图书馆"中评选出的特优图书馆，即"年度图书馆"。2013 年的"特色图书馆"又细分为"创新服务""建筑空间""品质管理""阅读推广""数位服务""馆藏资源""读者服务""社区参与"八项。2015 年的"特色图书馆"则细分为"创新服务""建筑空间""阅读推广""数位服务""社区参与""卓越进步"六项。如表 2-11 所示，除 2008 年"营运绩优标杆计划"推荐参评图书馆较少外，2003—2015 年台湾地区公共图书馆评估结果中绩优图书馆数量逐年增加，比例逐次增大。这体现出台湾地区公共图书馆事业的繁荣发展，以及公共图书馆对评估工作的重视，说明公共图书馆评估达到了"以评促建"的作用，有效地引导各级公共图书馆的建设和发展。

表 2-11 台湾地区 2003—2015 年部分年份绩优图书馆结果

年份	绩优图书馆数量/个			参评图书馆总数/个	绩优图书馆占比/%
2003	特优	优等	甲等	369	18.16
	24	20	23		
2004	特优	优等	甲等	436	20.41
	24	36	29		
2008	金图奖	银图奖	铜图奖	476	4.20
	4	6	10		
2013	特优	特色	一般	502	38.45
	10	19	164		
2015	特优	特色	一般	459	38.78
	10	25	143		

资料来源：课题组整理。宋家梅，徐建华. 台湾地区的公共图书馆绩效评估研究 [J]. 图书与情报，2017（4）：65-71.

三、特点

我国香港和台湾两个地区的公共图书馆评估呈现出不同的特点，主要表现为以下四个方面：其一，起步较晚。据前文可知，我国公共图书馆评估的实践可追溯至 20 世纪 80 年代，我国香港和台湾两个地区的公共图书馆评估活动则普遍开始于 21 世纪初，从时间角度来看，我国香港和台湾两个地区的公共图书馆评估实践起步相对较晚。其二，重视绩效评估。通过对我国香港和台湾两个地区的公共图书馆评估实践进行梳理可知，其评估均以绩效评估为主，虽然每次绩效评估也会分段或设排名，但整体不进行定级。其三，呈现良好的科学性。香港地区公共图书馆服务表现评估指标中引入"人均""比例"概念，说明其评估重视图书馆的人均指标；台湾地区公共图书馆绩效评估在进行评估量表设计时推出两套评估量表，将县市级图书馆和乡镇图书馆加以区分，考虑了二者的差异。因此，这两个地区在这一时期的公共图书馆评估均呈现良好的科学性。其四，连续性较强。我国香港和台湾两个地区的公共图书馆评估均多次开展，而不是一次性的活动，虽然历次评估的间隔年限有所不同，但总体而言具有较强的连续性。

第五节　经验总结

一、整体推进事业发展

改革开放初期，我国公共图书馆事业整体上还处在比较落后的水平。自 20 世纪 90 年代文化部启动公共图书馆评估之后，公共图书馆事业得到了整体推进。

评估是政府主管部门检查事业投入和事业发展的有效途径。湖南省图书馆副馆长雷树德总结了前三次公共图书馆评估取得的四大成绩：第一，评估在相当程度上改善了办馆条件；第二，评估促进了图书馆管理的科学化和业务建设的规范化；第三，评估更新了图书馆的服务观念，全面提升了服务水平；第四，评估增强了图书馆内部的凝聚力，增强了图书馆员团结奋斗的信心。雷树德说："三次全国性公共图书馆评估工作是我国图书馆界的大事，在中国图书馆发展史上具有重要的历史地位。"[①]

评估对各地公共图书馆建设与事业发展的成效是显著的。以广东为例，第六次评估定级结果比第五次评估定级结果有很大进步：一级图书馆从第五次的 66 个（约占全省 137 个公共图书馆的 48.2%）增长到第六次的 73 个（约占全省 146 个公共图书馆的 50.0%），二级图书馆从 30 个（约占 21.9%）减至 15 个（约占 10.3%），三级图书馆从 27 个（约占 19.7%）升至 38 个（约占 26.0%）。广东省立中山图书馆原馆长刘洪辉分析说："在此次评估标准整体提高，一些核心指标数倍提高的情况下，广东公共图书馆整体水平仍呈上升趋势，一级图书馆总数和比例都比四年前有所增长。其表现为评估期间，一是各地党委政府重视公共图书馆事业发展，财政投入近年持续增加，图书馆运行经费到位，购书专项经费有明显增长；二是政策保障明显加强，《广州公共图书馆条例》《参考咨询服务规范》《社区图书馆服务规范》及刚刚发布的广东省《全民阅读促进条例》等均在广东制定并发布；三是办馆条件大幅提升，在四年两次评估期间，广东陆续新建并建成开放的图书馆有广州图书馆、佛山图书馆、深圳市宝安区图书馆、深圳市盐田区图书馆、广州市黄埔区图书馆、揭阳市图书馆、河源市图书馆、潮州市图书馆等，中山、清远、云浮市等正在建设

---

① 雷树德. 公共图书馆评估论商［G］//中国图书馆学会. 以人为本，服务创新. 北京：北京图书馆出版社，2005：513－523.

新馆，韶关市浈江区、茂名市茂南区、云浮市云城区等也填补了空白；四是标准化建设进一步推动，广东省 2015 年出台了《广东省基本公共文化服务标准（2015—2020）》，2018年颁布《县级文化馆图书馆总分馆制建设验收指导标准》，广东图书馆界牵头了《参考咨询服务规范》《社区图书馆服务规范》制定及正在制定国家标准《乡镇（街道）综合文化站图书室规范　第 1 部分：管理》等，为事业发展提供了有力的标准支撑。"①

二、深化多元主体评估

回顾我国的公共图书馆评估工作，各级政府和中国图书馆学会、地方图书馆学会都发挥了各自的作用。

第六次评估定级工作由中国图书馆学会承接，形成了由文化部、中国图书馆学会、各省（区、市）文化厅（局）、新疆生产建设兵团文化广播电视局分工负责的工作机制。重庆图书馆馆长任竞认为，评估定级推动了学会职能发展，"中国图书馆学会在承接政府转移职能中体现了六个方面的职能，发挥了六个方面的作用：充分发挥行业学会的第三方评估主体职能和专业评定作用，发挥行业学会的事业规划职能和全面指导作用，发挥行业学会的学术研究职能和政府智库作用，发挥行业学会的组织统筹职能和服务监督作用，发挥行业学会的业务引领和标准规范作用，发挥行业学会的人才建设职能和业务培训作用"。任竞说道："笔者亲自参与第六次评估定级工作，切身感受到原文化部统筹、中国图书馆学会承接的评估定级工作对全国各地公共图书馆事业的巨大推动作用"②。

我国香港地区的公共图书馆评估自 2001 年以来便由康文署负责，同时听取香港特别行政区政府审计署、财经事务及库务局、委聘顾问等的建议；台湾地区公共图书馆评估自 2008 年以来改变了政府评估的单一主体评估方式，发展为政府、学会、专业评估机构相结合的多元主体评估方式。因此，我国公共图书馆评估已形成了主体多元化的评估机制，充分发挥了社会监督的作用，取得了良好的成效。未来，公共图书馆评估定级工作应继续健全社会监督机制，发挥行业协会等专业机构的职能作用，持续深化多元主体的评估机制。

三、动态调整评估标准

我国历次公共图书馆评估，其标准体系都是在承接旧标准的基础上不断调整变化的。

---

① 刘洪辉. 传薪四十载　逐梦创未来 ［G］//中国图书馆学会. 中国图书馆学会成立 40 周年纪念文集. 北京：国家图书馆出版社，2019：112 – 117.

② 任竞. 守正创新，砥砺前行的四十年——从评估定级看中图学会发展 ［G］//中国图书馆学会. 中国图书馆学会成立 40 周年纪念文集. 北京：国家图书馆出版社，2019：129 – 136.

初始阶段，公共图书馆评估标准专注于图书馆的基础建设，如公共图书馆馆舍、设备、馆藏、业务等的建设。图书馆的数量不断增多，设施设备不断优化，馆藏不断丰富，业务种类逐步齐全，图书馆体系化建设日益完善，评估标准体系中"服务"的相关标准权重有所增加。而后，随着公共图书馆服务种类的拓展和服务规范化程度的提高，评估标准中"服务质量""服务效果""服务效能"等相关标准的权重不断增加。这是公共图书馆评估标准体系随着公共图书馆事业发展而做出的"适时"调整。并且，全国公共图书馆评估工作的标准设置也会因地区不同而发生变化，如全国第六次评估标准按东、中、西部区分，台湾地区公共图书馆绩效评估中同级图书馆评估指标可根据评估对象的不同而具体细分，这都是我国公共图书馆评估标准体系做出的"适地"调整，为以后公共图书馆评估标准体系的制定积累了经验。未来，公共图书馆评估标准也可根据时代要求或各地公共图书馆事业发展情况而做出"适时"或"适地"的调整。

四、持续推行评估信息化

全国第六次评估定级工作采用线上数据审核和实地评估相结合的评估方式，线上数据提交与审核过程使用了"全国公共图书馆评估定级管理服务平台"，极大程度地减少了人力、物力的消耗，提高了评估定级工作效率，增强了评估的科学性与可信性，积累了信息化评估的相关经验。目前，信息技术的不断发展为公共图书馆评估定级工作提供了一个相对发达的信息环境。信息化的评估方式是公共图书馆评估适应时代发展的结果，且在节约成本、效率提高等方面比传统评估方式拥有明显的优势。未来，全国图书馆评估定级工作应持续推行信息化的评估方式。此外，评估定级工作采用的网上平台可以不断优化，在实际使用中有望获得更好的效果，因此在推行评估信息化的过程中要注重网上平台的优化工作。

五、持续举办评估定级工作培训班

评估定级工作培训是全国公共图书馆评估定级工作前的必要步骤，由公共图书馆评估定级宣讲工作专家组成小组在全国各地开展培训。评估定级工作培训的内容包括：其一，专家组成员就每次评估定级工作的目的、意义及评估总体要求等进行讲解。其二，专家组成员对每次评估所采用的"公共图书馆评估标准"相关指标进行详细解读。其三，如果评估定级工作采用网上平台，那么专家组成员会对所采用平台的功能、使用和注意事项进行演示和说明。据现有资料记载，在全国县以上公共图书馆评估定级工作之前，部分地区便开展了评估定级工作培训，而全国评估定级工作培训班首次出现于第三次全国县以上公共图书馆评估定级工作中①。在评估定级工作实施期间，培训班的举办具有良好的时效性和突出的必要性，能有效解决各地公共图书馆在迎评促建工作中的困惑和问题。这种与评估标准制定专家、网上平台宣讲专家面对面学习和交流的培训方式，对各馆明确标准、细化指标和使用平台具有重大意义，明显提高了后续评估工作的准确性和时效性；同时，还有利于各馆对照标准，及时查找自身差距和不足，争取本级政府政策和财政支持，不断加强业务建设，提升服务效能，促进公共图书馆事业发展。历次评估定级工作培训班的举办取得了良好的成效，因此，在日后的公共图书馆评估定级工作中应该持续举办评估定级工作培训班。

六、重视评估档案保存

每个地区的各次公共图书馆评估都承载了一批人的心血，从组织规划，标准制定、研讨、修订，评估实施，到评估结果整理总结，整个流程耗费了管理者、专家学者和图书馆工作者大量的精力，历次评估的材料应当被统一妥善保存并确保可获取。其一，评估材料可以见证公共图书馆的发展历程与现状，预测公共图书馆未来的发展趋势，为公共图书馆制定政策规划提供参考。其二，评估过程中运用了科学的方法，形成了科学的理论，可以有选择地提炼评估材料并将其纳入图书馆学科教育，作为图书馆学教育的重要资料。其三，评估档案是历次评估工作的记录，蕴含着评估思想、评估工作机制等变迁规律，集中保存后可直接作为未来评估工作的参考资料。因此，需要构建专门的平台或在国家现有统计平台中设置一个专门模块以妥善保存各地历次的公共图书馆评估档案。

① 全国公共图书馆评估培训班在郑隆重举办［J］. 河南图书馆学刊，2004（2）：78.

第三章　国外公共图书馆评估历史与现状

19 世纪至 20 世纪，美国、英国、德国与韩国等图书馆事业发达国家的公共图书馆经历了由个体、区域图书馆评估向全国图书馆评估发展的历程。在此期间，绩效评估在西方国家萌生并在全球迅猛发展，成为图书馆评估焦点，同时成效评估萌生与初步发展。进入 21 世纪，ISO 创建图书馆绩效与成效评估的国际标准并适时更新，这些标准对全球图书馆评估实践起到指导作用。目前，全球多个国家基本形成三种全国图书馆评估模式：全国图书馆评分与评奖、基于全国公共图书馆目标与计划的评估、基于行政区域公共图书馆自设目标与计划的评估。本章通过梳理与分析 21 世纪前国外公共图书馆评估历史与 21 世纪国外公共图书馆评估现状，剖析各国在评估实践中形成的经验、策略，旨在为我国公共图书馆评估提供借鉴与启示。

第一节　国外公共图书馆评估发展历史

一、国外公共图书馆评估发展历程

（一）投入资源与业务内容评估（19 世纪 20 年代—20 世纪 60 年代）

国外关于图书馆评估的文献可以追溯至 19 世纪 20 年代，这些文献大多数与公共图书馆相关，然而图书馆的评估实践却远远落后于理论研究[1]。20 世纪 60 年代之前，即使是走在世界前沿的美国，大多数图书馆的活动、常规流程和项目都缺少持续且严谨的评估。针对图书馆首要业务的馆藏获取，对其相关的调查与评估同样欠缺。在这个阶段，图书馆开展评估的原因多样化，其中图书馆质疑成果不好、缺乏资金以及客户或行政部门不满意是最为常见的原因。有时图书馆开展评估是基于弄清如何改善选书工作、哪些领域需要重点开展选书工作、如何去重和替旧政策原因[2]。

---

①　BURELL J，MAHER E. Performance measures：some New South Wales experiences ［J］. APLIS，1990，3（2）：61 – 71.

②　WEZEMEN F. Library evaluation by Wayne S. Yenawine ［J］. The library quarterly：information，community，policy，1960，30（3）：238 – 239.

　　早期公共图书馆的评估形式主要按照政府、图书馆协会制定的标准开展评估。由于标准描述了图书馆的理想状态和应满足的最低条件，基于每个图书馆都会根据标准开展评估，可将标准用作预算请求等的支持条件①。

　　20 世纪 30 至 60 年代，美国图书馆协会制定了《公共图书馆标准》（*Standards for Public Libraries*）。标准最早于 1933 年颁布，仅为两页。其后是 1956 年制定的公共图书馆服务标准——《公共图书馆服务：评估指南及最低标准》（*Public Library Service：A Guide to Evaluation with Minimum Standards*），确定了图书馆服务的架构与管理、服务、图书与非图书资料、人员、资料组织与控制及物理设备六个方面的评估标准②。最后一份是全国性图书馆服务标准——《公共图书馆系统最低标准》（*Minimum Standards for Public Library Systems*），于 1966 年颁布③。此外，英国教育部委任工作组于 1962 年制定了英格兰与威尔士两个地区的公共图书馆标准。这些标准与预算、人员等投入资源及图书馆藏、服务等业务内容紧密相关④。

　　20 世纪 60 年代之前，日本、韩国与新加坡等国家已开始连续调查与统计全国公共图书馆投入资源与业务内容，其中预算、馆藏、服务人员与借阅服务是主要的统计项目。日本图书馆协会从 1952 年 7 月起开展年度图书馆调查，获取日本全国的公共图书馆总建筑面积、员工人数、图书数量、借阅数量、预算金额等数据。日本文部科学省每三年开展一次社会教育调查，首次调查时间为 1955 年 9 月，获取日本全国的公共图书馆员工数量、借出数量和志愿者数量等数据⑤。业务统计是按统一项目汇总的数据。日本公共图书馆大多通过比较这些数据开展评估，但是这些数据本身没有说明重要的评估问题，如服务质量、馆员技能、资料可获得性、社会效益、读者满意度等问题⑥。韩国图书馆协会自 1955 年开始统计公共图书馆数量、馆藏数量、阅览座席数与职员数量⑦。新加坡国家图书馆管理局自 1960 年起发布图书馆获取指数（Library Reach Index），统计纸质馆藏总数⑧。

---

　　①④　田辺智子. 図書館評価と行政評価：評価方法の共通点と相違点の分析［J］. 図書館情報メディア研究，2016，14（1）：21 - 39.

　　②　WIGHT E A. Review work：Public Library Service：A Guide to Evaluation with Minimum Standards with a Supplement，Cost of Public Library Service in 1956［J］. Library quarterly，1958，28（1）：72 - 74.

　　③　卢秀菊. 公共图书馆之绩效评估与评量指标［J］. 图书与信息学刊，2005（54）：23 - 42.

　　⑤　リサーチ・ナビ. 図書館統計［EB/OL］.［2021 - 05 - 17］. https：//rnavi. ndl. go. jp/research_guide/entry/theme - honbun - 100042. php#1.

　　⑥　原田安啓. 図書館のサービス評価法—説明責任を果す評価法の確立—（1）［J］. 奈良大学紀要，2010，38：23 - 37.

　　⑦　경기도메모리.한국도서관통계［EB/OL］.［2021 - 05 - 17］. https：//memory. library. kr/collections/show/23.

　　⑧　Statistics Singapore. Table customisation and chart plotting［EB/OL］.［2021 - 05 - 17］. https：//www. tablebuilder. singstat. gov. sg/publicfacing/createDataTable. action？refId = 14569.

（二）绩效评估兴起与初步发展（20世纪70—80年代）

20世纪70—80年代，英美两国掀起新公共管理行政改革风潮，将公共机构卷入行政改革中心，深刻地冲击着公共机构的管理实践，产生了绩效管理思想与实践。其中，绩效评估是绩效管理的重要一环，用来评估公共机构资源的投入、生产服务的输出及给居民和社会带来的收益，用来以改进商业计划①。20世纪60年代之后美国进入财政紧缩阶段，公共图书馆经费削减。图书馆绩效评估是从财政的角度出发，为了使图书馆经营正当化，确保图书馆满足人们的需求、保证效率性高的经营②。20世纪70年代，英国发起的新公共管理（New Public Management，简称NPM）运动，主张采用私营部门的管理方法革新公共机构，此后该主张深刻地影响西方国家公共服务部门的管理与运营。撒切尔政府提出物有所值（Value for Money，简称VFM）原则。VFM以"3E"（efficacy，efficiency，effectiveness）为核心，即产出、效率、效果，"3E"的实现取决于合理规划、评估和控制资源使用。VFM推动了公共图书馆的绩效评估发展③。

20世纪70年代起，益格鲁－撒克逊民族国家（如美国、英国、加拿大）图书馆界开始研究开发绩效项目来评估图书馆的工作，经历边开发、边应用、边完善的过程④。图书馆协会、研究机构与学者等研制并发行一系列手册指导绩效评估实践发展。比较有代表性、使用较多的手册有美国公共图书馆协会制定的《绩效评估手册》、加拿大于1977年出版的《联邦政府图书馆绩效评估手册》等。这些手册的制定与发布促使公共图书馆转向通用的评估体系。图书馆可以根据自身情况选择合适的评估项目，还可以单独设置评估目标⑤。同时，图书馆、研究机构参考评估手册的项目设置与数据统计方法开展评估实践，也有助于检测与改善手册内容。例如，20世纪70年代伊利诺伊州公共图书馆评估项目抽取该州部分公共图书馆，参考PLA制定的《绩效评估手册》开展评估研究，旨在测试该手册操作流程并且教授图书馆员如何应用PLA绩效评估数据收集技术⑥。1973年，在美国教育部、图书馆与教育科技办公室的资助及ALA的支持下，罗格斯大学图书馆与

①⑤　须贺千绘. 図書館経営の評価［J/OL］.［2021－05－17］. http：//www. jla. or. jp/Portals/0/data/iinkai/% E7% A0% 94% E4% BF% AE% E4% BA% 8B% E6% A5% AD% E5% A7% 94% E5% 93% A1% E4% BC% 9A/resume2015－2/11suga2015－2. pdf.

②　永田治樹. 図書館評価の枠組みと課題［J］. 図書館界，2008，60（4）：266－279.

③　MIDWINTER A，MCVICAR M. Public libraries and performance indicators：origins，developments and issues［J］. Library review，1990，39（5）：10－22.

④　张红霞. 图书馆质量评估体系与国际标准［M］. 北京：国家图书馆出版社，2008：22.

⑥　WERT L M，POWELL R R. Measurement and evaluation of public library services［R］. Champaign and Urbana：University of Illinois Urbana－Champaign，Graduate School of Library Science，1995.

信息科学研究机构开展研究并发布了《公共图书馆绩效评估》，制定了绩效指标以便图书馆员使用这些指标来评估其运营的有效性①。20 世纪 70 年代末，加拿大布兰普顿市公共图书馆参考图书馆专家 Altman 研制的《公共图书馆绩效评估数据收集和指导手册》（*A Data Gathering and Instructional Manual for Performance Measures in Public Libraries*）利用问卷收集读者特征及图书馆内资料使用、设备设施、馆藏流通和员工互动的数据②。尽管进行过多次尝试，但总体来看，这些国家的公共图书馆大多未参与绩效评估，评估意识缺乏。以英国为例：20 世纪 60 年代末，绩效评估缺乏成为英国公共图书馆管理的漏洞；20 世纪 70 年代早期，馆员仍拒绝评估，他们或认为评估太复杂，评估不切实际，或认为评估太过简单。③。

20 世纪 80 年代问责制（accountability）在西方国家图书馆界盛行，为绩效评估的发展带来强大的推动力。图书馆不再被不加批判地认为是重要的社区资源，并且汇率下降和新技术应用使得图书馆所需的资金逐步增加，加之其他社区服务机构也需要向政府索要资金，政府要求公共图书馆提供有效利用资金的证明④，而这一要求的最终目标是提高资源管理效率和服务有效性。在此背景下，图书馆评估实践转变为履行行政职责的必要行动，行政区域政府开始主导当地图书馆的评估。美国多个州开始制定并公布年度公共图书馆评估或数据统计报告。其中，科罗拉多州于 1984 年开始开展常态化绩效评估并制定评估报告。美国教育部与成人教育办公室每年搜集公共图书馆数据，将图书馆按服务人口分组，并进行投入与产出评估，评估项目较为详细并强调人均项目⑤。澳大利亚公共部门的立法和监管朝着"更小的政府"（smaller government）和"更重的问责"（greater accountability）的方向发展，绩效评估成为重点。西澳大利亚州州立图书馆为回应州立法，创建了一系列绩效项目⑥。随着澳大利亚新南威尔士州政府对公共图书馆问责的压力增大，自 1986 年以

① BOMMER M R W. Ernest R. de Prospo, Ellen Altman and Kenneth E. Beasley, "Performance measures for public libraries" (Book Review) [J]. Library quarterly, 1974, 44 (3): 273 – 275.

② ALTMAN E A. A data gathering and instructional manual for performance measures in public libraries [M]. Chicago: Celadon Press, 1976: 1.

③ MIDWINTER A, MCVICAR M. Public libraries and performance indicators: origins, developments and issues [J]. Library review, 1990, 39 (5): 10 – 22.

④ BURELL J, MAHER E. Performance measures: some New South Wales experiences [J]. APLIS, 1990, 3 (2): 61 – 71.

⑤ BOUCHER J J. Statistics & input-output measures for Colorado Public Libraries: 1991 [R]. Denver: Colorado State Dept of Education, 1992.

⑥ MAGUIRE C, WILLARD P. Performance measures for libraries: statistical, organizational and cosmetic [J]. Australian academic & research libraries, 1990, 21 (4): 262 – 273.

来，该州图书馆馆长服务评估的意识欠缺、评估与服务目标分离的局面不复存在。1989 年 9 月，新南威尔士州立图书馆召开关于绩效评估的公共图书馆员会议，20 名高级馆员参加。会议决定成立一个绩效评估工作组，以提供信息交流和规划活动计划，增强参与者对该领域的认识①。

英、美在图书馆绩效评估方面引领全球变革，同时绩效评估理念在非英语国家的图书馆界传播、渗透，这一期间法国、日本、韩国、德国出现了相关主题翻译著作。虽然绩效评估引起多个国家图书馆界的关注，但是总体来说，苏联、日本、韩国、法国、德国、意大利、新加坡等多个国家相较英、美两国在公共图书馆绩效评估的发展上存在滞后性，更多停留在对自身业务工作或活动项目的评估，主要包括对馆藏建设、借阅服务、参考咨询服务、儿童服务等独立工作与项目的评估。譬如，20 世纪 70 年代至 20 世纪 80 年代，日本公共图书馆一直在开展以强调借阅业务为基础的活动，为了展现活动对社会的有效性，越来越倾向使用注册人数、与人口相对的借出数量及接受的预订数量作为主要项目来评估图书馆的活动水平②。法国对全国公共图书馆活动的调查始于 20 世纪 60 年代末，直至 20 世纪 90 年代停止③。苏联还重视图书馆科研产出评估，如列宁图书馆专门制定了评估图书馆各项科研成果质量的标准系列，该标准系列把图书馆学研究分为理论研究、应用研究、规章研究三种类型，依据新颖性、现实性原则分类评估④。

（三）绩效评估转型与成效评估初步发展（20 世纪 80 年代—20 世纪末）

NPM 运动需要制定战略，根据战略规划预算并控制目标使其实现，其中客户满意度是最重要的目标。图书馆既需要接受成本和活动审查，又要进行绩效评估，特别是绩效评估的重点在于产出和成果而非投入，绩效评估是通过基准化将图书馆的流程、成本和活动与其他图书馆进行比较的过程⑤。在 NPM 运动及其指导的行政变革影响下，评估成为检测计划与目标实现程度的重要操作方式。

---

① BURELL J, MAHER E. Performance measures：some New South Wales experiences ［J］. APLIS，1990，3（2）：61 – 71.

② 社团法人日本图书馆協会. 図書館評価プロジェクト中間報告［R/OL］.［2021 – 05 – 17］. https：//webcache. googleusercontent. com/search? q = cache：KcN4KmiqjXAJ：https：//www. jla. or. jp/portals/0/html/hyoka. pdf + &cd = 1&hl = en&ct = clnk&gl = hk.

③ Les bibliothèques publiques. Observatoire de la lecture publique ［EB/OL］.［2021 – 05 – 17］. https：//www. culture. gouv. fr/Sites – thematiques/Livre – et – lecture/Les – bibliotheques – publiques/Observatoire – de – la – lecture – publique.

④ 庞志雄，何士彬. 苏联对图书馆科研成果质量的评估［J］. 图书馆杂志，1988（1）：59 – 61.

⑤ DUREN P, LANDOY A, SAARTI J. New public management and libraries：a success story or just an excuse for cost reduction ［J］. Library management，2017，38（8/9）：477 – 487.

20 世纪 80 年代，美国图书馆界出现以评估促进计划和目标实现的管理思想。1980 年发布的《公共图书馆计划程序》（*A Planning Process for Public Libraries*）协助各图书馆从问卷调查中分析所服务的社区的需求，从而认定图书馆的角色，拟定任务宣言，进而拟定短期、中期或长期的目标。同时为协助各公共图书馆评估服务成效，ALA 分别于 1982 年、1987 年推出了标准化程序手册——《公共图书馆产出评估》（*Output Measures for Public Libraries*）的第一版与第二版。第一版介绍了一系列公共图书馆服务评估方法，指标涉及图书馆使用、资料使用、资料可用性、文件传递、参考服务等各个方面。第二版对数据收集提供指导，并对结果进行解释。两版以图书馆产出成果或服务绩效作为评估标准，以评估各图书馆的服务是否达到拟定的目的和目标，并适时修正目的与目标，再加以评估，周而复始①。

英国利用公共图书馆绩效评估有效地推动计划的改进与目标的实现。20 世纪 80 年代末，学者对苏格兰地方政府的调查显示，58% 的地方政府使用绩效项目来衡量目标达成程度②。1990 年，英国艺术与图书馆办公室国王研究有限公司（King Research limited）编制《成功的关键：公共图书馆绩效指标——绩效测评和指标手册》，这也是一份全面指导图书馆绩效评估的手册③。从 1992 年开始，英格兰要求全英格兰地方政府对公共图书馆进行绩效评估。从 1998 年开始，所有地方政府每年要制订并提交年度图书馆计划（Annual Library Plan，简称 ALP)④。这些计划增加了对过去绩效的审查并要求制定未来几年的战略。NPM 运动基于以顾客为导向的理念，重视用户满意度，因此年度计划包括满意度项目。

20 世纪 80 年代至 90 年代末，全国公共图书馆的统计数据都受到各国重视。尽管 19 世纪国外已有连续性的全国公共图书馆统计数据⑤，20 世纪早期与中期，日本、新加坡等多个国家也发布了全国图书馆数据，但直到 20 世纪 80 年代末，随着信息技术的发展，全球多个国家才开始大规模地利用在线数据系统、在线问卷等方式便捷、高效及全面地收集全国公共图书馆数据。相比传统的统计数据，这些款目更为丰富，涵盖了图书馆绩效的有

---

① 卢秀菊. 公共图书馆之绩效评估与评量指标［J］. 图书与信息学刊，2005（54）：23－42.

② MIDWINTER A，MCVICAR M. Public libraries and performance indicators：origins，developments and issues［J］. Library review，1990，39（5）：10－22.

③ ANONYMOUS. Keys to success—performance indicators for public - libraries［J］. Journal of librarianship and information science，1992，24（2）：111.

④ 田边智子. 図書館評価と行政評価：評価方法の共通点と相違点の分析［J］. 図書館情報メディア研究，2016，14（1）：21－39.

⑤ LIU Y Q. A comparative study of national public library statistical systems and management in the United States and People's Republic of China［J/OL］.［2021－05－17］. https：//archive. ifla. org/IV/ifla62/62 - liu. htm.

关数据。这些款目主要有：①投入项目，通常包括资金与预算、纸质馆藏、电子资源、建筑与设施、员工与志愿者方面的投入资源；②产出项目，包括馆藏借阅量、互联网访问量、互联网使用量、流通量、访问量、注册量、参考服务使用量等。统计数据的呈现形式更简单，多在电子报告、数据库中呈现，以 XML、XLS、XLSX 等表格形式供免费下载，便于图书馆、图书馆管理机构、政策制定机构的工作人员及研究人员等获取利用。

从 20 世纪 80 年代末到 90 年代初，英、美两国系统、全面地采集并生成公共图书馆统计数据。但两国各种统计数据的侧重点不同，从投入、产出的多个方面揭示图书馆的运营状态与绩效。从 1987 年起，美国威斯康星大学麦迪逊分校图书馆和信息研究学院、伊利诺伊大学香槟分校图书馆研究中心在 ALA 的支持下，每年利用公共图书馆数据服务系统（Public Library Data Service，简称 PLDS）收集全国各种规模公共图书馆的数据。该数据强调产出，包含人均流通量、按人口百分比计算的注册量、人均图书馆馆藏量、馆藏周转量和人均参考服务使用量①。自 1988 年起，美国教育部通过联邦国家合作系统（Federal-State Cooperative System，简称 FSCS）在线获取近 9000 所美国公共图书馆的数据。这些数据强调图书馆为社区提供的服务与图书馆使用情况，并关注数字资源与服务，具体包括：图书馆背景信息、人员配备、服务网点数量、运营收入与支出、馆藏规模、行政结构、服务、馆际关系、法理依据、法定服务区域人口、互联网访问、互联网使用、在线服务途径、图书馆在线资料的数量和支出、在线访问的运营支出②。同年，美国博物馆与图书馆服务局（Institute of Museum and Library Services，简称 IMLS）开展公共图书馆调查项目，并任命各州或边远地区的州图书馆机构首席官员为州数据协调员，从当地公共图书馆收集数据，并通过网络报告系统向 IMLS 报告数据。这些数据涵盖美国 50 个州及哥伦比亚特区和边远地区约 9000 个公共图书馆，以及约 17 000 个公共图书馆网点的图书馆访问、流通、馆藏规模、公共服务时间、人员配备、电子资源、运营收入和支出及服务网点数量等③。英国特许公共财政和会计学会（Chartered Institute of Public Finance and Accountancy，简称 CIPFA）不仅收集有关公共图书馆服务成本和绩效的数据（图书馆与用户数量、服务运营花费、员工与志愿者水平、年度图书与视听资源、馆藏与采购水平数据等），还关注

---

①　LIU Y Q. A comparative study of national public library statistical systems and management in The United States and People's Republic of China［J/OL］.［2021 - 05 - 17］. https：//archive. ifla. org/IV/ifla62/62 - liuy. htm.

②　National Center for Education Statistics. Library statistics cooperative program［EB/OL］.［2021 - 05 - 17］. https：//nces. ed. gov/pubs97/97407. pdf.

③　Institute and Museum and Library Services. Public libraries survey［EB/OL］.［2021 - 05 - 17］. https：//www. imls. gov/research - evaluation/data - collection/public - libraries - survey.

用户需求与体验并收集用户咨询速度相匹配的绩效、用户满意度数据①。此外，CIPFA 自 1993 年起每三年开展一次用户调查，利用在线和纸质问卷方式调查英国成人用户对图书馆的态度，编制公共图书馆用户调查报告②。

  20 世纪 90 年代末，澳大利亚、德国、荷兰、芬兰与俄罗斯等国家发布全国公共图书馆统计数据，这些国家大多建设了开放数据库，用户可以选择特定的年份、项目或地区等字段检索数据。自 1997 年起，澳大利亚每个州每年协同收集关于公共图书馆服务的数据，由澳大利亚与新西兰国家与州立图书馆联合会（National and State Libraries Australasia，简称 NSLA）汇总数据并制定《澳大利亚公共图书馆数据报告》（*Australian Public Libraries Statistical Report*）。1999 年之前，该报告中的数据囊括服务、馆藏资源、包括流动图书馆在内的服务点、支出、员工五个维度，每一维度都包含人均项目。如"馆藏资源"这一项除了设置图书馆资料数量、图书馆资料总支出、近五年所购资源占比，还有人均资料、人均资料支出③。从 1999 年起，德国图书馆能力网络（Kompetenznetzwerks für Bibliotheken，简称 KNB）负责德国图书馆统计数据（Deutschen Bibliotheksstatistik，简称 DBS）项目④，通过问卷调查，从"一般信息""用户""媒体提供和使用""支出""员工能力和服务"五个层面收集德国全国图书馆的数据。其中，一般信息包含图书馆总面积，员工能力和服务包含的项目较少，即活动、展览和导游⑤。芬兰除了奥兰群岛外的所有公共图书馆和地区国家行政机构都参与了信息收集工作。自 1999 年起，芬兰教育与文化部（Ministry of Education and Culture）负责维护图书馆统计数据库，关键统计项目包括馆藏、服务点、馆藏获取、借出、期刊、电子资料、馆藏剔除、顾客、活动和用户培训、人员与经济⑥。同年起，荷兰中央统计局（Central Bureau voor de Statistics，简称 CBS）提供有关图书馆组织、馆藏、借阅、用户及人员和资金的数据⑦。自 2000 年起，俄罗斯的各联邦管理部门填写关

① CIPFA. Public library profiles［EB/OL］.［2021 – 05 – 17］. https：//www. cipfa. org/services/comparative – profiles/public – libraries.

② CIPFA. Public Library User's Survey［EB/OL］.［2021 – 05 – 17］. https：//www. cipfa. org/services/research/public – library – users – survey.

③ National and State Libraries Australasia. Measuring the immeasurable［EB/OL］.［2021 – 05 – 17］. https：//www. nsla. org. au/news/measuring – immeasurable.

④ Hbz. Bibliotheksstatistik［EB/OL］.［2021 – 05 – 17］. https：//www. hbz – nrw. de/produkte/bibliotheksstatistik.

⑤ Deutsche Bibliotheksstatistik. Deutsche bibliotheksstatistik（DBS）［EB/OL］.［2021 – 05 – 17］. https：//www. bibliotheksstatistik. de/konkordanzvj？ art = bix&jahr = 1999&fb = OEB.

⑥ Suomen yleisten kirjastojen tilastot. Visualisation［EB/OL］.［2021 – 05 – 17］. https：//tilastot. kirjastot. fi/？ lang = en.

⑦ CBS. Openbare bibliotheken［EB/OL］.［2021 – 05 – 17］. https：//opendata. cbs. nl/statline/#/CBS/nl/dataset/70763ned/table.

于图书馆机构工作所有方面的资料，在信息系统中汇总关于机构活动、位置、联系方式、机构网站和工作时间、建筑与设施设备、用户数量和访问量、经费和资料等数据①。

　　总体来看，公共图书馆统计数据涵盖图书馆服务、组织管理和成本等数据，这些数据可以帮助公共图书馆从整体上了解其变化与发展趋势、审查现状并制订规划，以及有利于图书馆宣传和研究等。此外，由于全国公共图书馆统计数据采用相同的项目与标准收集单个图书馆及地区和全国图书馆的数据，因此将同一层级图书馆的统计数据进行对比，可以合理地实现图书馆对比评估。20 世纪 80 年代起，英、美两国已经积极开始对许多图书馆的数据进行比较。根据调查，基本上超过 80% 的美国公共图书馆利用 PLSD 的人均项目数据、输入项目数据、产出项目数据、项目百分比数据或者项目中位或平均数进行对比评估②。1981 年，英国图书馆研究与发展部还出版了《图书馆间的比较：公共图书馆的试点比较》③。

　　在各种使用公共图书馆统计数据开展评估的方法中，图书馆评分体系（Library Rating System）是利用复核数据分数（Composite Statistical Score）的一种特殊方法。图书馆评分体系支持将绩效项目合并为单一分数来实现对图书馆绩效的总体描述④。在行政区域创建图书馆评分体系的构想早在 1982 年就已出现。D. O. O'Connor 建议公共图书馆简单使用"图书馆评分"之类的标准分数进行评估，新泽西州 300 多个公共图书馆的数据可以从百分比分数转换为标准分数，再转换成图书馆评分分数，从而对图书馆的规划和绩效进行公正的评估⑤。1992 年，德国贝塔斯曼基金会（Bertelsmann Foundation）与 18 个公共图书馆发起为期 5 年的图书馆比较研究项目。该项目可以改变公共部门缺乏竞争的状况，并推动持续改进。在试点研究的成果基础上，贝塔斯曼基金会决定与德国图书馆协会（Deutsche Bibliotheksverband，简称 DBV）合作，从 1999 年开始基于 DBS 创建全国性图书馆评分体

---

①　Портал Открытых Данных Министерство Культуры Российской Федерации. Библиотеки сводные данные статистическая информация［EB/OL］.［2021 – 05 – 17］. https：//opendata. mkrf. ru/opendata/7705851331 – stat_library_summary_data#a：eyJ0YWIiOiJidWlsZF90YWJsZSJ9.

②　LIU Y Q，DOUGLAS L Z. The use of national public library statistics by public library directors［J］. The library quarterly：information，community，2001，71（4）：467 – 497.

③　HONG H J，LEE Y N. 공공도서관의 성과평가에 관한 이론적 연구［J］. 한국문헌정보학회지，1999，33（2）：45 – 68.

④　LYONS R. Understanding the methodological foundations of public library national rating systems［C］//HEANEY M. Library statistics for the twenty-first century world：Proceedings of the conference held in Montréal on 18 – 19 August 2008 reporting on the Global Library Statistics Project. München：K. G. Saur，2009：136.

⑤　HONG H，LEE Y. 공공도서관의 성과평가에 관한 이론적 연구［J］. 한국문헌정보학회지，1999，33（2）：45 – 67.

系——图书馆指数（Der Bibliotheksindex，简称 BIX）①，每年为参评图书馆评分并划分等级。1999 年，美国图书馆咨询师 T. J. Hennen 基于 PLSD 数据创建了亨能美国公共图书馆评价系统（Hennen's American Public Library Rankings，简称 HAPLR），每年为图书馆评分，结果由 ALA 公示。除了将公共图书馆统计数据作为评估数据来源，1998 年韩国创建的文化基础设施管理运营评估（문화기반시설관리운영평가）为图书馆评分体系提供了一个新思路，通过书面评估及实地访查方法获取全国公共图书馆的详细数据，每年根据数据与评分标准为参评图书馆评分与评奖。

同一时期，成效评估得到初步发展。成效评估源于 20 世纪 70 年代末高等教育界，并在高等教育机构图书馆兴起及蓬勃发展。20 世纪 90 年代公共图书馆成效评估才获得较多关注。该阶段西方国家出现了一些关于公共图书馆影响（impact）、价值（value）与效益（benefit）的理论研究和评估实践，这与当时的政治发展、经济环境紧密相关。在资源缩减和问责要求的背景下，图书馆需要展示资金利用的成果。实质上，资助者还想要确定：图书馆是否进一步实现所属社区与机构的目标，使用图书馆是否为用户的学习和研究、专业工作或社区生活带来便利。因此，图书馆除了需要展示产出（output），还要展示成效（outcome）②，即图书馆服务的影响。图书馆、专业机构与学者开展了大量公共图书馆社会影响的研究项目，证实了图书馆产生多种影响，包括基本素养、商业、信息素养、就业、赋权、健康福祉、个人发展、社会融合与创新等。研究手段十分多样，包括问卷、访谈、焦点小组、观察等③。此外，自 20 世纪 90 年代以来，由于经济社会环境的急剧变革，特别是网络化和数字化技术的进步，西方国家开始尝试定量化图书馆价值评估研究，即把图书馆置于社会经济活动中，全面衡量图书馆及其服务对用户、地区乃至整个社会的经济贡献和影响，以货币的形式表现评估结果，向政府和公众报告④。例如，美国圣路易斯公共图书馆开展了长达三年的成本效益分析，通过调查消费者剩余、应急估价、机会或时间成本的方法来衡量纳税人年度投资的直接回报，确定图书馆服务对居民的价值。研究发现，用户每花费 1 美元，至少可以获得价值 4 美元的福利。这项研究的目的还包括编

① MUNDT S. BIX—the bibliotheksindex: statistical benchmarking in German public libraries [C] // HEANEY M. Library statistics for the twenty-first century world: proceedings of the conference held in Montréal on 18 – 19 August 2008 reporting on the Global Library Statistics Project. München: K. G. Saur, 2009: 188.

② ROSWITHA P. Impact/outcome measures for libraries [J]. LIBER quarterly, 2003, 13 (3): 329 – 342.

③ DEBONO B. Assessing the social impact of public libraries: what the literature is saying [J]. Australasian public libraries and information services, 2002, 15 (2): 80 – 95.

④ 贾国柱，熊伟. 国外图书馆价值评估研究述评 [J]. 图书情报工作，2011，55 (1): 84 – 88.

写一本手册，使所有公共图书馆能以这种方式评估服务①。

纵观19—20世纪国外公共图书馆的评估实践，从宏观层面而言取得较好的进展，主要体现在评估目的与目标、评估对象、评估频率、评估实施范围四个方面，具体如下：①20世纪60年代之前的评估由少数图书馆自发开展，调查与评估的目的是了解用户需求与提高图书馆运行效率与服务质量等。在NPW运动及问责制兴起后，评估实践大多出于履行行政职责的需要，评估目的转变为提高运营与服务效率、节省资金及完善发展规划、争取政府资金等。②评估对象从图书馆投入资源、活动与业务拓展至从内外部考察图书馆运营的绩效，前期集中为馆藏等投入资源、参考咨询服务、馆藏建设等基础业务，后期产出评估成为重心，并且关注用户满意度与态度。③20世纪60年代之前的评估实践呈现松散无序、频率低的特点，20世纪80年代之后在问责制压力下图书馆评估呈现常态化与稳定化的发展趋势。④图书馆评估的实施范围从个体图书馆、行政区域图书馆的评估拓展到国家层面的评估。20世纪末形成了两种全国性图书馆评估模式，即评估与计划目的结合评估模式、图书馆评分体系评估模式。

从微观层面而言，国家经济、政治环境、信息技术等推动公共图书馆评估实践的发展。每个国家的经济与社会环境不同，因此各国评估实践发展水平参差不齐。大约从20世纪70年代开始，美国、英国、加拿大、澳大利亚等以英语为母语的国家率先开展绩效评估实践并探索、发展与建构绩效评估体系，产生了大量实用手册与理论著作。随后，绩效评估在德国、芬兰、意大利、法国、俄罗斯等欧洲国家蔓延，并且扩散到了日本、韩国等亚洲国家。欧洲和亚洲国家开始翻译、借鉴与学习率先开展绩效评估的英语国家的相关理论与经验，还进行了本土的评估研究与实践。然而，20世纪拉丁美洲②③、非洲④⑤的国家，由于政治动荡、经济衰败，图书馆的数量、资金、员工、馆藏稀少，服务水平低，图书馆在国家发展中发挥的作用较小，未成为至关重要的社会服务机构，政府的关注点未放在公共图书馆及其评估上。

①　CAMBELL S. Calculating the benefits from public library services ［J］. APLIS, 1999, 12 (3)：135.

②　WILLIAMS K, SHAW C, PERKHOUNKOVA Y, et al. Public libraries in the Dominican Republic ［J］. investigación bibliotecológica；índice acumulativo, 2010, 24 (52)：117 – 143.

③　UNESCO, DIVISION DES STATISTIQUES. Library statistics in Latin America and the Caribbean ［J/OL］. ［2021 – 05 – 17］. https：//origin – archive. ifla. org/IV/ifla60/60 – unes. htm.

④　NOEDSTROM G. Libraries in Ethiopia：a review of recent literature ［J/OL］. ［2021 – 05 – 17］. http：//worldlibraries. dom. edu/index. php/worldlib/article/view/304/260.

⑤　LORP J. A distant mirror：the story of libraries in South Africa ［J］. Books, bricks, and bytes, 1996, 125 (4)：235 – 265.

二、国外全国/地区性公共图书馆评估

（一）评估时间及目的

20 世纪 90 年代末，英格兰、韩国、美国与德国创建了全国/地区图书馆评估体系，以统一的目标与项目持续地评估全国/地区公共图书馆。英格兰、韩国于 1998 年分别推出 ALP 与韩国文化基础设施管理运营评估，美国、德国于 1999 年分别启动 HAPLR 与 BIX。此后这四个国家/地区基本每年开展一次全国评估活动。这些评估活动对 21 世纪公共图书馆评估体系发展及图书馆事业推进具有重大意义。

尽管 BIX、HAPLR 与韩国文化基础设施管理运营评估都是评分体系，但目的有所不同。BIX 的重心在于绩效评估，HAPLR 与韩国文化基础设施管理运营评估则关注图书馆间的比较与竞争。具体来说，BIX 旨在以简明扼要、有意义的方式描述图书馆的绩效，使图书馆的情况变得透明，帮助图书馆加强与行政部门、公众、政治家的沟通①。T. J. Hennen 出于对公共图书馆进行比较的兴趣创建了 HAPLR，不以衡量图书馆的绩效为直接目标，尽管该体也可以达到此目标②。韩国文化基础设施管理运营评估旨在增进文化生产力和提高竞争力③。此外，英格兰为鼓励图书馆当局改进计划和问责机制创建 ALP，但实质上 ALP 没有像创建者预想的那样使计划与绩效评估产生直接联系④。

（二）评估主体与评估客体

从评估主体（evaluation subject）上看，四个评估体系的评估主体不尽相同。其中，ALP 与韩国文化基础设施管理运营评估的主要评估主体为政府部门。英国文化、媒体和体育部（Department of Culture，Media and Sport，简称 DCMS）肩负监督和促进政府对公共图

---

① DBV. BIX—Bibliotheksindex［EB/OL］.［2021 – 05 – 17］. https：//www. bibliotheksverband. de/dbv/projekte/archiv/bix – bibliotheksindex. html.

② FIGYELŐ K. A közkönyvtárak mérése, rangsorolása, paramétereik összevethetősége. Kísérletek és eredmények（amerikai és európai példák）［EB/OL］.［2021 – 05 – 17］. http：//ki2. oszk. hu/kf/2011/07/a – kozkonyvtarak – merese – rangsorolasa – parametereik – osszevethetosege – kiserletek – es – eredmenyek – amerikai – es – europai – peldak/.

③ JOUNG H T. 공공도서관 관리운영평가 6 년의 성과와 과제 – 1998 년 – 2003 년 문화관광부 관리운영평가 결과분석［J］. The journal of library and information science, 2004, 15（1）：69 – 89.

④ Department for Culture, Media and Sport. Comprehensive, efficient and modern public libraries—standards and assessment［EB/OL］.［2021 – 05 – 17］. http：//nppl. ir/wp – content/uploads/30. – DCMS – Public – library – service – standards – 2. pdf.

书馆服务改进，以及确保理事会履行其职能的职责①。ALP 由该部门负责实施，由公共金融研究有限公司评估年度计划②。韩国文化和旅游部主导文化机构管理运营评估，包括公共图书馆的评估。韩国文化和旅游部委托韩国文化政策开发研究所于 1999 年开始设定评估的基本方向并负责评估研究，还委托相关领域的教授等学界人士进行管理运营评估③。此外，HAPLR 由拥有超过 30 年公共图书馆工作经验的 T. J. Hennen 担任评估专家。BIX 的评估主体最为多样且分工明确：贝塔斯曼基金会和 DBV 制定了项目体系，北莱茵 – 威斯特伐利亚大学图书馆中心负责数据收集、索引计算和合理性检查，出版商 B. I. T. Online 负责年度 BIX 杂志的编辑和图形设计④等。

从评估客体（evaluation object）上看，只有 ALP 评估了全国/地区所有的公共图书馆，HAPLR、韩国文化基础设施管理运营评估与 BIX 评估的公共图书馆数量依次递减。英格兰所有的伦敦自治市镇、都市自治区、一元行政单位、郡，共 144 个行政区域图书馆都参与了评估，提交了年度图书馆计划⑤（由于非都市区隶属于郡，郡图书馆参与计划，非都市区无须参与）。HAPLR 的评估对象是美国大多数公共图书馆，具体来说是参与 FSCS 公共图书馆调查并汇报所需数据的图书馆。HAPLR 按照服务人口将参评图书馆进行分组，将服务人口相似的图书馆进行组内比较。自 1999 年 9 月开始，HAPLR 将评估对象以服务人口分为 10 组：50 万以上、25 万—50 万、10 万—25 万、5 万—10 万、2.50 万—5 万、1 万—2.50 万、0.50 万—1 万、0.25 万—0.50 万、0.25 万—0.10 万、0.10 万以下⑥。韩国文化基础设施管理运营评估对象为志愿参评的公共图书馆，并按照大、中、小城市及郡等不同服务区域规模将参评图书馆进行分组评估⑦。BIX 同样采用志愿评估方式，由于参评图书馆需要

① Department of Culture, Media and Sport. Libraries as a statutory service [EB/OL]. [2021 – 05 – 17]. https：//www. gov. uk/government/publications/guidance – on – libraries – as – a – statutory – service/libraries – as – a – statutory – service.

② Department for Culture, Media and Sport. Appraisal of annual library plans 2000—report on outcomes and issues [R]. London：Department for Culture, Media and Sport, 2001.

③ 엔구진.전국문화기반시설관리운영평가 개선방안연구 [M/OL]. [2021 – 05 – 17]. https：//www. cultureline. kr/webgear/board_pds/6794/D001392. PDF.

④ XALTER S. Der "Bibliotheksindex"（BIX）für wissenschaftliche Bibliotheken—eine kritische Ausein-andersetzung [J/OL]. [2021 – 05 – 17]. https：//publikationen. uni – tuebingen. de/xmlui/handle/10900/43853.

⑤ HONG H, LEE Y. 공공도서관의 성과평가에 관한 이론적 연구 [J]. 한국문헌정보학회지, 1999, 33（2）：45 – 67.

⑥ Hennen Library. Frequently asked questions about HAPLR 1.0 [EB/OL]. [2021 – 05 – 17]. https：//hennenlibrary. wordpress. com/haplr – overview/haplr – 1 – 0 – faq/.

⑦ JOUNG H T. 공공도서관 관리운영평가 6년의 성과와 과제—1998 년 –2003년 문화관광부 관리운영평가 결과분석 [J]. The journal of library and information science, 2004, 15（1）：69 – 89.

交费①，其评估客体只有德国一小部分图书馆②。与 HAPLR 相似，BIX 按图书馆服务人口将图书馆分为五个组：10 万以上、5 万—10 万、3 万—5 万、1.5 万—3 万、1.5 万以下③。

（三）数据来源、评估项目与权重

从数据来源上看，HAPLR、BIX 分别采用 FSCS 统计数据、DBS 作为评估数据源。而英格兰由各行政区域图书馆收集、整理数据并提交年度计划。韩国文化基础设施管理运营评估首先由参评图书馆提交纸质问卷，通过问卷收集有效数据，根据评估项目进行初次评分。随后，由评估委员和研究人员组成的评估团队对初次评分为各分组前 10% 的目标图书馆进行实地检查和访谈，不仅确认书面调查的数据，并且收集图书管理员的意见和他们遇到的困难情况，发掘公共图书馆优秀项目运作案例④。

HAPLR 与 BIX 的评估体系相对简单，由 15 项定量项目构成，大多是相对项目，如人均项目，适用于不同规模的图书馆。ALP 与韩国文化基础设施管理运营评估的项目数量更多，涵盖图书馆运营管理的多个方面，有定性与定量项目。以上四个评估体系都包括投入、产出项目。其中，投入项目在 HAPLR 评估体系中占比为 40%，BIX 中为 53.33%，ALP 中约 48%，韩国文化基础设施管理运营评估中超过 50%，基本覆盖了资金、馆藏、空间设施和人员四个方面。20 世纪末以来，网络环境影响着传统图书馆的发展，投入资源也发生了变化。ALP 专门增加了 IT 系统、ICT 系统两个有关现代信息技术的项目，韩国文化基础设施管理运营评估增加可用于用户信息检索的电脑拥有情况这一项目。评估体系常见产出项目包括用户借阅、访问、参考咨询等基础性服务项目。ALP 除了考虑普通用户的需求，还考虑特定人群的需求，专门设置了面向成人、儿童、特殊人群的服务项目，并且设置了 ICT 服务、商业服务等专业服务项目。ALP 通过问卷调查，获取成年人满意度情况，从用户角度评估图书馆服务的质量。此外，韩国文化基础设施管理运营评估也设置了文化和教育项目这一专业服务项目。

HAPLR 与 BIX 对各项目设置了权重，权重在 0.5—3 之间，数值越大表示相应项目越重要。图书馆馆藏、面积、资料支出、访问、流通、服务人员数量等项目的权重原则上数

① ③ BIX. Projektinfos［EB/OL］.［2021 - 05 - 17］. http：//bix - bibliotheksindex. de/projektinfos/vergleichsgruppen/oeffentliche - bibliotheken. html.

② FIGYELÖ K. A közkönyvtárak mérése, rangsorolása, paramétereik összevethetösége. Kísérletek és eredmények（amerikai és európai példák）［EB/OL］.［2021 - 05 - 17］. http：//ki2. oszk. hu/kf/2011/07/a - kozkonyvtarak - merese - rangsorolasa - paramatereik - osszevethetosege - kiserletek - es - eredmenyek - amerikai - es - europai - peldak/.

④ JOUNG H T. 공공도서관 관리운영평가 6 년의 성과와 과제—1998 년 -2003년 문화관광부 관리운영평가 결과분석［J］. The journal of library and information science, 2004, 15（1）: 69 - 89.

值越大越好，因此这些项目的权重设置为正数并且将各图书馆按其项目分数从高到低排序。诸如每次参观图书馆的运营支出、开放每小时的工作人员的工作时间总和等则是数值越小表示效率越高，因此可能设置为负数，要求各图书馆按项目分数从低到高排序。此外，韩国文化基础设施管理运营评估也为各项目设置了权重，权重在 1—4 之间，并给予各项目明确的评分。具体评估项目与权重见表 3 – 1。

表 3 – 1　2000 年前的部分国家地全国性公共图书馆评估体系

英格兰年度图书馆计划（ALP）[①]	评估时间	1998 年开始，分 A、B 两个部分。A 部分每三年提交一次，B 部分每年提交一次。2002 年起不再实施
	评估目的	促进图书馆开展全面及有效的服务
	评估主体/客体	DCMS/行政区域图书馆
	评估项目与权重	2000 年 A 部分包括：使命说明（总体使命说明、子目标/拓展使命）、背景（地方政府特征简述、联合目标、该计划与总体及其他计划的联系、图书馆与其他服务的组织关系、图书馆服务范畴）、服务提供（访问、成人借阅服务、儿童服务、特殊群体借阅服务、参考及信息服务、商业服务、ICT、代理服务、其他服务、更广泛的社区使用）、资源（财务、建筑、移动图书馆、员工、图书和资料、IT 系统、ICT 系统、合作资源、馆藏保存）、用户反馈（用户调查、公众咨询、市场研究、投诉和表扬、质量评估、图书馆服务、服务是否有专门标志、图书馆是否有特许经营资格）、绩效评估（主管检查员审查、人员部署、使用、响应、所使用的资源）、分组对比（服务等级、资源问题、有效性和效率、上一次评估数据是否得到充分使用）。B 部分包括：三年中期战略（IT 战略、服务改善与变化的目标、管理与使用资源目标、战略是否解决服务水平问题、战略是否涉及资源问题、战略是否涉及效果和效率问题、战略与细节是否相匹配、是否有历史和文化资料的数字化计划、是否依据管理服务质量拟定战略、评估成本影响）、上一年的审查（上一年度行动计划的完成情况、绩效评估、是否制定了比较标准草案、识别不符合计划的目标与结果、审查计划时是否考虑了所有标准）、外部及当地影响（响应国家倡议、对当地影响的回应、是否有计划参与网络及联盟）、未来计划（本年度及下一年度的行动计划、第三年行动计划、更新绩效目标、可衡量的目标）
韩国文化基础设施管理运营评估[②]	评估时间	1998 年开始，一年评估一次，2003 年结束
	评估目的	通过考核管理和给予奖励，推动扩建文化基础设施和提升运营效率，刺激政府制定中长期政策
	评估主体/客体	韩国文化和旅游部、韩国文化政策开发研究所/图书馆、博物馆、美术馆、文艺会馆、文化之家等全国文化设施及地方政府

续表

	评估项目 与权重	书面调查、实地访问及评估委员会审查。2000 年与 2002 年的评估架构类似，只对部分问题做出修改和改变权重。由于 2000 年评估项目数据缺失，此处使用 2002 年数据。2002 年公共图书馆评估项目、权重与分值如下： （一）目标和愿景，50 分。（1）制订三年以上中长期发展规划并推进业务工作，权重为 2，10 分。（2）制订并实施管理创新计划，权重为 4，20 分。（3）制定卓越服务和运营改进案例，权重为 4，20 分。 （二）组织和人员，100 分。（4）组织构成及分工规定，权重为 1，5 分。（5）馆长的专业技能及对外活动，权重为 4，20 分。（6）图书馆工作人员情况，权重为 2，10 分。（7）每 1000 人拥有的图书管理员人数，权重为 2，10 分。（8）图书管理员按工作类别进行划分的情况，权重为 1，5 分。（9）图书管理员法定达标率，权重为 2，10 分。（10）是否有增进专业技能的教育培训体系，权重为 3，15 分。（11）外部专业人员是否参与决策，权重为 3，15 分。（12）是否有志愿人员和实习生制度，权重为 2，10 分。 （三）资金，25 分。（13）预算规模和结构，权重为 1，5 分。（14）资料购置费用占比，权重为 2，10 分。（15）发展资金和利用外部资助资金，权重为 1，5 分。（16）财政稳健，权重为 1，5 分。 （四）设施，50 分。（17）图书馆的设施状况，权重为 2，10 分。（18）各图书室座位数，权重为 2，10 分。（19）是否为残疾人提供便利设施，权重为 2，10 分。（20）藏书保护设施，权重为 2，10 分。（21）可用于用户信息检索的电脑拥有情况，权重为 1，5 分。（22）定期检查，权重为 1，5 分。 （五）馆藏，75 分。（23）藏书构成情况，权重为 2，10 分。（24）最近三年内是否对藏书进行检查，权重为 1，5 分。（25）每年购买和接受、交换藏书的数量，权重为 2，10 分。（26）服务人口人均藏书数，权重为 2，10 分。（27）过去一年的藏书年增长率，权重为 3，15 分。（28）连续出版物质量法定达标率，权重为 2，10 分。（29）过去一年利用的资料百分比，权重为 2，10 分。（30）是否有成文的藏书开发指南，权重为 1，5 分。 （六）服务，100 分。（31）对主要用户的了解程度，权重为 1，5 分。（32）过去一年的开放天数，权重为 1，5 分。（33）服务人口人均借出资料数，权重为 2，10 分。（34）服务对象人口人均流通，权重为 1，5 分。（35）是否实施馆际互借，权重为 2，10 分。（36）是否创建、维护与参考服务相关的记录，权重为 1，5 分。（37）参考服务请求数量及已完成提供参考服务的数量，权重为 2，10 分。（38）是否实现电话预约、网络服务等多种参考服务形式，权重为 2，10 分。（39）是否实施文化和教育项目，权重为 2，10 分。（40）有无检索列表，权重为 1，5 分。（41）业务电子化程度，权重为 1，5 分。（42）是否有电脑网页运营，权重为 2，10 分。（43）是否经营流动图书馆（或借阅文库），权重为 2，10 分。 （七）交流合作，100 分。包括：1. 宣传，分为（44）图书馆宣传活动积极性，权重为 2，10 分；（45）是否出版简报及刊物，权重为 1，5 分；（46）图书馆是否公开各项规定，权重为 1，5 分。2. 市场营销，分为（47）年度用户结构，权重为 2，10 分；（48）服务对象人口中会员登记者比率，权重为 1，5 分；（49）是否实施图书馆使用培训计划，权重为 1，5 分；（50）图书馆是否开展自我评估，权重为 2，10 分；（51）是否实行用户意见收集制度，权重为 2，10 分。3. 合作关系，分为（52）是否支持区域内各种图书馆，权重为 1，5 分；（53）是否参加图书馆线上合作联盟，权重为 1，5 分；（54）与区域内的跨文化机构是否建立合作关系，权重为 2，10 分；（55）当地居民对图书馆配套设施的使用情况，权重为 2，10 分；（56）图书馆内是否举办用户参与会，权重为 2，10 分[③]

续表

亨能美国公共图书馆评级体系（HAPLR）④	评估时间	1999 年 1 月开始评级，同年 9 月开展第二次评级。此后基本一年评估一次，2010 年停止评估
	评估目的	提供一个比较评级系统，馆员、受托人和公众可以使用它改进扩展服务⑤
	评估主体/客体	T. J. Hennen/参与 FSCS 调查并汇报所需数据的图书馆
	评估项目与权重	参考 FSCS 数据，2000 年评估项目包括投入与产出项目。（一）投入项目：（1）人均支出，权重为 3；（2）当前的资料预算，权重为 2；（3）人均资料支出，权重为 2；（4）每 1000 人所拥有的全职员工数量，权重为 2；（5）每 1000 个居民所拥有的期刊数量，权重为 1；（6）人均册数，权重为 1。（二）产出项目：（7）人均流通花费（从低到高排序），权重为 3；（8）人均访问量，权重为 3；（9）馆藏周转，权重为 2；（10）每位全职员工一小时流通量，权重为 2；（11）人均流通量，权重为 2；（12）人均参考咨询量，权重为 2；（13）每小时流通量，权重为 2；（14）每小时访问量，权重为 1；（15）每次访问流通量，权重为 1
德国图书馆指数（BIX）⑥	评估时间	1999 年发起，2000 年后每年评估一次，2015 年停止评估
	评估目的	以简明扼要、有意义的方式描述图书馆的绩效
	评估主体/客体	贝塔斯曼基金会和 DBV、北莱茵 - 威斯特伐利亚大学图书馆中心、BIT. On. line 等/部分公共图书馆、学术图书馆⑦
	评估项目与权重	参考 DBS⑧，以下为 2000 年左右 BIX 的评估项目⑨：一、任务完成情况，包括：（1）人均馆藏持有量，权重为 1.0；（2）人均占有的图书馆面积，权重为 0.5；（3）人均享有的服务人数，权重为 1；（4）续借率，权重为 1.5。二、关注客户情况，包括：（5）居民人均访问量，权重为 1.5；（6）居民人均借阅量，权重为 1.0；（7）借阅量，权重为 1.5；（8）开放时间，权重为 1.0。三、成本效益，包括：（9）每次借阅的经济预算，权重为 - 0.5；（10）开放每小时的工作人员工作时间总和，权重为 - 0.5；（11）开放每小时的访问量，权重为 0.5；（12）每次参观图书馆的运营支出，权重为 - 0.5。四、员工发展，包括：（13）员工进修，权重为 0.2；（14）员工训练，权重为 0.2；（15）个人支出，权重为 - 0.2

资料来源：课题组整理。

注：①Department for Culture，Media and Sport. Appraisal of annual library plans 2000—report on outcomes and issues［R］. London：Department for Culture，Media and Sport，2001；②이용남. 우리나라 공공도서관 평가의 적실성 제고를 위한 연구：봉사대상인구 적용 문제를. 중심으로.［J］. 한국문헌정보학회지，1999，34（2）：5 - 20；③엉구진.전국문화기반시설관리운영평가 개선방안연구［M/OL］.［2021 - 05 - 17］. https：//www. cultureline. kr/webgear/board_pds/6794/D001392. PDF；④Hennen Library. Frequently asked questions about HAPLR 1. 0［EB/OL］.［2021 - 05 - 17］. https：//hennen library. wordpress. com/haplr - overview/haplr - 1 - 0 - faq/；⑤Wayback Machine. Hennen's American public library rating index［EB/OL］.［2021 - 05 - 17］. https：//web. archive. org/web/19991122074421/http：//haplr - index. com/.；⑥DBV. BIX - Bibliotheksindex［EB/OL］.［2021 - 05 - 17］. https：//www. bibliotheksverband. de/dbv/projekte/archiv/bix - bibliothek-sindex. html.；⑦Bix - bibliotheksindex. BIX，the Bibliotheksindex – Nine Years of Statistical Benchmarking of Public Libraries in Germany［EB/OL］.［2021 - 05 - 17］. http：//bix - bibliotheksindex. de/. fileadmin/user_upload/Media/Artikelsammlung/Mundt_IFLA_Montreal_BIX_2008. pdf；⑧Bix - bibliotheksindex. Der Bibliotheksindex BIX［EB/OL］.［2021 - 05 - 17］. http：//bix - bibliotheksindex. de/fileadmin/user_upload/Projektinfos/BIX_Flyer. pdf；⑨Bix - bibliotheksindex. Projekt "BIX - der Bibliotheksindex" Treffen der Steuerungsgruppe［EB/OL］.［2021 - 05 - 17］. https：//www. yumpu. com/de/document/read/39789545/treffen - steuerungsgruppe - 08121999 - bix - bibliotheksindex.

（四）计分方法与评比形式

从计分方法上看，HAPLR 与 BIX 都采用加权评分法，并且将各图书馆在分组中关于各项项目的排名作为计算基础，排名方式如上文所述。HAPLR 的计分步骤为：①分组内的图书馆数量减去各项项目中图书馆的排名，再乘以权重得出各项项目加权分数；②将 15 个项目的加权分数相加获得加权统计数值；③15 个项目加权总分除以总权重，获得加权平均分；④将加权平均分除以分组内的图书馆数量，再乘以 1000 得到评级指数①。BIX 的计分步骤为：①计算每所图书馆在同组同个二级项目中的百分序位；②将一级项目中所有二级项目的百分序位加总后，除以一级项目权重总数，得出四个分数②。韩国基础文化设施管理运营评估的计分方法相对简单，根据每个项目对应的标准给出各项评分结果后一一相加，得到的分数即各馆最终得分。ALP 与 HAPLR、BIX、韩国基础文化设施管理运营评估的计分方法有显著差异，ALP 由评估小组直接评分，不需要计算分数。

从评比形式上看，美国、德国、韩国、英格兰根据各图书馆得分高低分别评选出百强图书馆、星级图书馆、最佳与优秀图书馆及等级图书馆。HAPLR 将评级分数从最低往最高排列，各分组中前十的高分图书馆成为年度百强图书馆③。BIX 以评选星级图书馆方式进行，即将各分组排名分为三等份：分数排在各分组前三分之一的图书馆，获得一颗星；分数排在各分组三分之一到三分之二之间的图书馆，获得半颗星；分数排在各分组后三分之一的图书馆，获得零颗星。将四个分数所获得的星相加，得出各所图书馆的总星数，荣获四颗星的图书馆为最优秀图书馆④。韩国将各分组内分数最高的图书馆评选为最佳图书馆，将分数较高的图书馆评为优秀图书馆，并且只要是被列入参观考察评估对象的图书馆，即初评分为各分组前 10% 的目标图书馆，全部授予鼓励奖。与其他评分体系不同的是，ALP 的评比对象是公共图书馆年度计划文本而非图书馆的运营管理与服务。由包含馆长在内的 4 位评估小组成员为图书馆计划的 B 部分（ALP 分为 A、B 两个部分）评分。为降低主观性，各份计划由多名成员阅读。评估小组还设置一位"质量控制员"审查所有的评估环节，以检查评分的内部一致性及审阅者意见的一致性。1999—2000 年，ALP 根据 B 部分的完整与详细程度，按从低到高的顺序将参评图书馆

---

① Hennen Library. Frequently asked questions about HAPLR 1. 0 ［EB/OL］. ［2021 - 05 - 17］. https：//hennenlibrary. wordpress. com/haplr - overview/haplr - 1 - 0 - faq/.

②④ BIX. Projektinfos ［EB/OL］. ［2021 - 05 - 17］. http：//bix - bibliotheksindex - de/projektinfos/vergleichsgruppen/oeffentliche - bibliotheken. html.

③ NELSON E. Library statistics and the HAPLR index ［J/OL］. ［2021 - 05 - 17］. https：//journals. tdl. org/llm/index. php/llm/article/view/1665.

评为一级、二级与三级①。

（五）数据公开与对外宣传

HAPLR 与 BIX 有专门网站，公布了从评估准备到评估结果及评估意见的信息，图书馆、公众及研究员等可以轻松地获取信息，了解完整的评估流程。HAPLR 建设了网站 haplr-index.com，展示评级方法、计分卡、百强图书馆、特殊报告（包括付费同行比较和同区域及同个州概况的报告）、联机计算机图书馆中心（OCLC）演讲、新闻报道、问题、评论等信息②。BIX 有专门的网站与杂志。BIX 网站展示了完整的信息，包括维度、项目、比较组、指数计算、调查手册与参与项目信息、BIX 评估工作小组、新闻③。每年 7 月初，BIX 网站开放交互式在线数据库，提供详细情况和允许所有图书馆进行跨数据的、同一图书馆跨年份的比较分析。此外，BIX 杂志刊登参与评估的图书馆完整的排名和分数，以及解释性文本、获奖图书馆的简介、关于最佳实践的文章和故事及其他主题新闻④。英格兰各行政区域政府在官网公示当地图书馆年度计划。所有的图书馆计划都通过 libecon 网站提供，可供所有人查看，有助于传播有关图书馆计划的信息，鼓励推广良好做法。DCMS 约 80 页关于年度计划的最终报告可以通过 libecon 网站下载。每年韩国文化和旅游部联合韩国文化政策研究所发布《全国文化基础设施管理运营评价改进措施研究》，该文件详细记录了公共图书馆的评估目的、方法和流程、评估结果及评估数据分析等。

在对外宣传上，HAPLR 与 BIX 做出了良好示范，它们通过广泛宣讲，以及通过报纸、杂志、电视等多种媒体展示评估体系产生的良好效应，有效提高了图书馆及评估体系的公众知名度与影响力。HAPLR 通过美国各地的报纸、杂志和电视多方报道，创始人 T. J. Hennen 在美国各州和加拿大若干省的专业图书馆协会发表演讲加以宣传⑤。BIX 专门将其杂志大量派发给政治家、行政机构、媒体和其他对评估结果感兴趣的目标群体，并且为了吸引这些利益相关者的注意，每年邀请一个受欢迎的人物进行封

①③　Department for Culture, Media and Sport. Comprehensive, efficient and modern public libraries—standards and assessment［EB/OL］.［2021-05-17］. http：//nppl. ir/wp-content/uploads/30. - DCMS - Public - library - service - standards - 2. pdf.

②　Wayback Machine. Hennen's American public library rating index［EB/OL］.［2021-05-17］. https：//web. archive. org/web/19991122074421/http：//haplr-index. com/.

④　MUNDT S. BIX—The Bibliotheksindex：statistical benchmarking in German public libraries［M］// HEANEY M. Library Statistics for the Twenty-First Century World. Hague：IFLA, 2009：188-195.

⑤　HAPLR. Hennen's public library consulting［EB/OL］.［2021-05-17］. https：//web. archive. org/web/20041216094828/http：//haplr-index. com/Hennen's%20Public%20Library%20Consulting. htm.

面专题采访①。此外，BIX 小组多次受邀在欧洲、亚洲、北美洲的会议上开展讲座和演讲②。韩国文化和旅游部每年召开全国文化基础设施管理负责人大会并举办颁奖典礼，韩国文化和旅游部负责人出席典礼并为优秀文化机构颁奖③。颁奖典礼会在博客、在线新闻网站进行报道，对提高韩国图书馆界乃至全体国民对评估的关注度有重要意义。

（六）评估不足与终止原因

20 世纪，国外全国/地区公共图书馆评估体系的案例不多，主要致力于开发能够从多方面评估图书馆绩效的数据统计项目，重点研制统计数据的收集与分析工具。但由于缺乏评估经验，早期的评估体系不可避免地存在较多缺陷。

HAPLR 自首次发布评级结果以来，引来关于评估目的、分组依据、项目设定、计算方法、评估价值及影响等多方面的批判与抨击，包括：①缺乏明确的评估目的；②按人口数量分组不太合理，忽视了其他人口统计数据；③项目数量过少；④使用 FSCS 收集的数据过于简便，没有研究与说明为什么选择这些项目；⑤项目权重设置不合理，加权系统没有数学依据；⑥没有解决当地的需求与问题，仅进行没有意义的比较④⑤；⑦增强了图书馆之间的竞争，对一些图书馆造成了损害，如评估结果较差的图书馆资金可能受限等⑥。

德国 BIX 在项目与评比形式等方面存在不足：①BIX 未花费精力收集数据，并且要在各类型图书馆内最大限度地保持可比性，因此不能全面地反映图书馆的绩效；②已列出的项目不恰当，如不考虑读者满意度；③以等级和星数表示结果并不完全符合图书馆的实际表现⑦；④在与表现较好的图书馆进行比较时，缺乏这些图书馆的背景资料⑧等。

①　MUNDT S. BIX—The Bibliotheksindex：statistical benchmarking in German public libraries ［M］// HEANEY M. Library Statistics for the Twenty – First Century World. Hague：IFLA，2009：188 – 195.

②　BIX. Projektinfos ［EB/OL］.［2021 – 05 – 17］. http：//bix – bibliotheksindex. de/projektinfos/ver-gleichsgruppen/oeffentliche – bibliotheken. html.

③　제5회전국문화기반시설관리책임자 대회 ［EB/OL］.［2021 – 05 – 17］. https：//culturelive. tistory. com/15944032.

④　NELSON E. Library statistics and the HAPLR index ［J/OL］.［2021 – 05 – 17］. https：//jour-nals. tdl. org/llm/index. php/llm/article/view/1665.

⑤　HENNEN T J. Great American public libraries：HAPLR ratings，2000 ［J］. American Libraries，2000，31（10）：50 – 54.

⑥　SHAO H，HE Q，CHA G，et al. Comparison of the assessment systems of public libraries in the United States and China ［J］. Journal of the Australian Library and Information Association，2019，68（4）：1 – 16.

⑦　BERGNER U，GOEBEL E. The ne(x)t generation—das angebot der bibliotheken ［M］. Wien：Vere-inigung österreichischer bibliothekarinnen und bibliothekare，2009：66 – 67.

⑧　XALTER S. Der "Bibliotheksindex"（BIX）für wissenschaftliche Bibliotheken—eine kritische Ausein-andersetzung ［J/OL］.［2021 – 05 – 17］. https：//publikationen. uni – tuebingen. de/xmlui/handle/10900/43853.

此外，笔者认为 HAPLR 与 BIX 的评估体系基本采用了既有的全国公共图书馆统计数据，不仅限制项目构建，而且评估使用的数据存在滞后性，导致结果与当下情况不能完全适用。例如，第四版 HAPLR 评估结果在 2002 年 5 月发布，但数据来源是 1999 年的 FSCS 数据①。

韩国文化基础设施管理运营评估在数据收集、评估意义上存在较多缺陷：评估问卷填写要求苛刻且繁杂，需要花费大量时间；每年都有相似的调查结果，但这种评估不会为参加的图书馆带来实际利益，不参加评估也不会产生任何不利影响等②。

ALP 最大的问题在于未实现其目标。正如上文所言，这种绩效评估与计划并没有建立直接联系，导致 ALP 仅为图书馆形成更加结构化和完善的管理方法提供了想法和灵感，但没有采取进一步的措施以推动良好管理方法的实施和服务质量的提升③。

目前，以上评估体系已不再适用。英格兰与德国评估活动终止的直接原因在于政策变动、融资问题。为使地方政府遵守新战略——《面向未来的框架》，2002 年英格兰要求地方当局提交精简的公共图书馆职位声明，自此 ALP 废除④。BIX 持续时间最长，但由于未能找到一个可持续的融资模式⑤，2015 年只能停止评估。如上文所言，HAPLR 这一评估体系存在诸多缺陷，出于对更改后的版本与之前版本不一致的顾虑，T. J. Hennen 一直未更新评级体系。HAPLR 对图书馆的评分每年都非常相似，一些图书馆失去了对评级的兴趣，HAPLR 在 2010 年发行完第 11 版后停止了评估⑥。韩国文化基础设施管理运营评估参与率同样逐年下降，对评估方式的投诉和评估申诉较为频繁，随着信息服务技术的发展，用户对新型网络信息资源的需求及对强调易用性和满意度的新评估标准和项目开发的需求愈加强烈，这些都推动着评估主体重新审查改进评估体系⑦。

①⑥　Hennen Library. Frequently asked questions about HAPLR 1.0 ［EB/OL］. ［2021 - 05 - 17］. https：//hennenlibrary. wordpress. com/haplr - overview/haplr - 1 - 0 - faq/.

②　연구진.전국문화기반시설관리운영평가 개선방안연구 ［M/OL］. ［2021 - 05 - 17］. https：// www. cultureline. kr/webgear/board_pds/6794/D001392. PDF.

③　Public Libraries News. Public library standards in England ［EB/OL］. ［2021 - 05 - 17］. https：// www. publiclibrariesnews. com/useful/documents/public - library - standards - in - england.

④　House of Commons Culture，Media and Sport Committee. Public libraries ［EB/OL］. ［2021 - 05 - 17］. https：//publications. parliament. uk/pa/cm200405/cmselect/cmcumeds/81/81i. pdf.

⑤　Bit Online. BIX 2015 Der Bibliotheksindex - eine Beilage von b. i. t. online ［EB/OL］. ［2021 - 05 - 17］. https：//www. unisg. ch/ - /media/dateien/unisg/bibliothek/ueberuns/bix2015. pdf.

⑦　JOUNG H T. 공공도서관 관리운영평가 6 년의 성과와 과제—1998 년 - 2003 년 문화관광부 관리운영평가결과분석 ［J］. The journal of library and information science，2004，15（1）：69 - 89.

第二节　国外公共图书馆评估现状

一、图书馆评估的国际标准

21 世纪，图书馆成效评估实践日益增多，成效评估理论体系构建取得良好的进展。国外发布了大量公共图书馆成效评估的案例研究集、报告、工具包（书）、手册与指南。图书馆界已意识到成效评估与绩效评估的内容、方法、成果不同，只有互相补充、相辅相成才能较全面地揭示图书馆的质量。绩效评估与成效评估发展成为图书馆质量评估的两大体系。从 1998 年至 2021 年，国际图书馆界制定了一系列关于公共图书馆绩效评估、成效评估的国际标准（见图 3 - 1）。

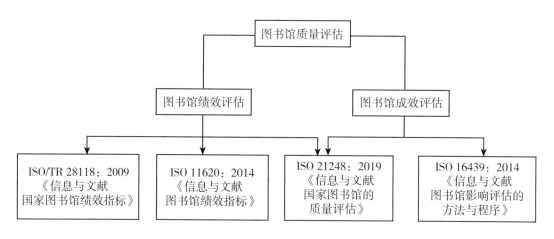

图 3 - 1　关于图书馆评估的国际标准

现行的国际标准有以下四种。

（一）ISO/TR 28118：2009《信息与文献　国家图书馆绩效指标》（*Information and Documentation—Performance Indicators for National Libraries*）（第 1 版，2009 年 4 月）①。

（二）ISO 11620：2014《信息与文献　图书馆绩效指标》（*Information and Documentation—Library Performance Indicators*）（第 3 版，2014 年 6 月）②。ISO 11620 第 1 版为 ISO 11620：1998，补充本为 ISO 11620：1998/Amd. 1：2003。21 世纪初，网络和数字环境改

---

① ISO/TR 28118：2009. Information and documentation—Performance Indicators for National Libraries [S]. Geneva：International Organization for Standardization，2009.

② ISO 11620：2014. Information and Document—Library Performance Indicators [S]. Geneva：International Organization for Standardization，2014.

变了图书馆利用方式和方法，图书馆除了提供传统图书馆服务，还提供电子图书馆服务。随着电子服务发展迅猛并产生巨大的影响，ISO 在 2003 年专门发布了 ISO/TR 20983：2003《电子图书馆的服务绩效项目》。2008 年发布的第 2 版 ISO 11620：2008 将上述三个标准中的传统图书馆绩效评价项目和电子图书馆绩效评价项目整合为一体，同时替代了 ISO 11620：1998、ISO 11620：1998/Amd. 1：2003 和 ISO/TR 20983：2003，成为能够统筹兼顾传统图书馆和电子图书馆质量评估的绩效项目体系①。

（三）ISO 16439：2014《信息与文献　图书馆影响评估的方法与程序》（*Information and Documentation—Methods and Procedures for Assessing the Impact of Libraries*）（第 1 版，2014 年 4 月）②。

（四）ISO 21248：2019《信息与文献　国家图书馆的质量评估》（*Information and Documentation—Quality Assessment for National Libraries*）（第 1 版，2019 年 3 月）③。

ISO/TR 28118：2009 与 ISO 11620：2014 是图书馆绩效评估的项目体系标准。ISO/TR 28118：2009 专门为国家图书馆设计，ISO 11620：2014 适用于所有类型图书馆，两者项目有交叉。ISO/TR 28118：2009 从 ISO 11620：2014 中选择适合国家图书馆的绩效指标，并加入国家图书馆已使用或测试过的新性能项目，涵盖了 ISO 11620：2014 未考虑的主题。以上标准所规范的绩效项目对同一参评图书馆进行历时比较具有重要意义，并且在特定因素情况下可作为工具用来比较不同图书馆的服务绩效与效率。ISO/TR 28118：2009 从建设国家馆藏、编目、简易方式、使用、电子化、提供参考咨询服务、发展与潜力、馆藏保存、有效管理 9 个方面，规范了资源采访中的国家出版物百分比、用户请求中国家出版物标题百分比、国家书目中新条目百分比、可通过网络目录获取的珍本百分比等 30 个绩效项目。ISO 11620：2014 采用平衡记分卡方式，以资源途径与设施、使用、效率、发展与潜力项目为基本框架，根据馆藏、访问、设施、人员和一般 5 个服务或资源领域进一步分类，规范了请求项目的有效性、请求项目在馆藏中的百分比、拒绝访问的百分比、馆藏中每 1000 份文件中的数字化文件数量，以及机构知识库中母体机构出版物的百分比等绩效项目。

为响应全球对规范图书馆影响评估的需求，2014 年首份图书馆成效评估的国际标准

---

① 李玲，初景利.《信息与文献　图书馆绩效项目》国家标准解读［J］. 图书情报工作，2013，57（14）：27－31，44.

② ISO 16439：2014. Methods and procedures for assessing the impact of libraries［S］. Geneva：International Organization for Standardization，2014.

③ ISO 21248：2019. Quality assessment for national libraries［S］. Geneva：International Organization for Standardization，2019.

ISO 16439：2014《信息与文献 图书馆影响评估的方法与程序》发布。ISO 16439：2014将图书馆影响（impact）定义为接触图书馆服务后个体或群体的差别与变化。为更好地厘清和评估图书馆影响，ISO16439：2014 提出，在进行图书馆战略规划时应当明确图书馆对目标人群和社会产生的影响，在进行影响规划时应当支持图书馆战略目标并考虑影响的变化因素①。ISO 16439：2014 的目标在于为图书馆界提供评估图书馆影响和价值的方法，标准主体部分规范了使用最为频繁且已证实是最有效的方法，包括：①推断的证据，即系统地收集投入和产出数据，并且定期检查图书馆绩效和用户满意度，帮助识别明显对用户产生影响的活动和服务；②征集的证据，通过影响调查、访谈与焦点小组、用户自我评估与轶事证据，获取用户对图书馆的体验、从图书馆服务中获得的好处及对图书馆的总体看法；③观察，即观察感兴趣的情况并记录相关事实、动作和行为的数据收集方法，观察分为结构与非结构观察、参与者或非参与者观察、公开或隐匿观察；④组合方法，使用多种方法。标准的最后一章"评估图书馆经济影响"重点说明图书馆经济价值可通过三种方法确定，重置价值、计算时间成本和用户估值。

ISO 21248：2019 同时为国家图书馆服务质量绩效项目的使用及评估国家图书馆影响和价值提供指导，建立了一套适用于国家图书馆使命和职能的绩效项目，规定了计算和使用项目的方法，该部分遵从 ISO 11620：2014 的指导。此标准以馆藏、服务、活动与管理4 个图书馆核心职能为基本框架，以馆藏建设、编目、数字化与保存、一般业务、可获得性、参考服务等业务领域为子框架，确定了处于不变状态的馆藏所占百分比、需要保护和修复处理的珍本百分比等 25 个绩效项目。ISO 21248：2019 还规范了识别和证明国家图书馆对个人、机构和社会影响的方法，被认为是对评估国家图书馆影响最为有效的评估方法，该部分遵从 ISO 16439：2014 的指导。此外，ISO 21248：2019 确定了国家图书馆的用户人群，包括研究人员、教育者和学习者、图书馆与信息网络、出版者与作家、公共行政人员以及企业人员，规范了图书馆对这些特定目标人群的影响领域与影响评估方法。

二、国外全国性公共图书馆评估类型

21 世纪以来，美国、英国、日本、澳大利亚、新西兰与爱尔兰等国家全国性公共图书馆评估实践蓬勃发展，形成了稳定的评估流程与模式。从整体评估模式上看，本书将国外全国性公共图书馆评估分为三类：全国公共图书馆评分体系、基于全国公共图书馆目标与计划的评估、基于行政区域公共图书馆目标和计划的评估。

---

① 李玲，初景利.《信息与文献 图书馆绩效项目》国家标准解读［J］. 图书情报工作，2013，57（14）：27 - 31，44.

（一）全国公共图书馆评分体系

根据公共图书馆性质功能与作用定位、图书馆发展现状与战略计划、用户与社会需求等，评估主体构建了公共图书馆评估项目体系并且规范了数据收集方式，或者采用全国公共图书馆统计数据项目的统计项目作为评估项目并利用统计数据，此外设定了清晰的评分标准，以便评估专家按照步骤处理数据、计算各项项目所得的分数与统计总分。评分体系强调同行比较，多数情况下首先识别各方面条件较为相似的图书馆，并将相似的图书馆分为一组。大部分评分体系将总分在同组内排序，根据排名高低为参评图书馆评级与评奖，对优秀的图书馆进行表彰与鼓励。评分体系是图书馆评估的一种有效工具，除了能够评估图书馆自身运营与服务外，还可以实现参评图书馆与同行之间的比较，以了解图书馆的相对实力。国外现行的、比较典型的公共图书馆评分体系有美国 LJ 指数（LJ Index of Public Library Service and Star Library Ratings，简称 LJ Index）、韩国全国图书馆运营评估（전국도서관운영평가）、欧洲图书馆排名（Library Ranking Europe，简称 LRE）及俄罗斯文化机构服务质量评估（Оценка качества услуг учреждений культуры）。

1. 评估时间与背景

美国 LJ 指数与韩国全国图书馆运营评估于 2008 年首次开展评估活动，LRE、俄罗斯文化机构服务质量评估分别在 2014、2015 年启动，此后基本一年开展一次评估活动。

俄罗斯与韩国的全国评估具有重要的现实意义。2015 年，俄罗斯在文化领域广泛实行现代管理模式，服务实施注重竞争力和效率。日益激烈的竞争环境不仅需要文化机构自身推陈出新，还需要国家对文化机构提供的服务进行持续评估和研究[①]。俄罗斯开展的文化机构服务质量评估，为服务接受者搭建平台，为他们表达对文化组织提供的服务质量的意见提供便利[②]。2008 年，韩国社会对公共图书馆的关注度有了飞跃式的增长，由于政府加大对图书馆建设的支持力度，图书馆数量大幅增长。但与其他发达国家相比，图书馆基础设施薄弱。在这种情况下，为了进一步促进图书馆数量的增长，引导图书馆提高运营质量，加之韩国文化体育观光部继 2007 年开展评估示范性图书馆运营项目之后，于 2008 年起对全国图书馆进行整体运营评估[③]。意识到 1998—2003 年基础文化设施管理运营评估的不足，韩国全国图书馆运营评估做出改革与创新，如将统计项目与评估项目数据整合起来

① TSYBIKOV T, EMONAKOV N, TARTYGASHEVA G. et al. Независимая оценка качества работы учреждений культуры［J］. Spravochnik rukovoditelia uchrezhdeniia kul'tury, 2015, 10：26－35.

② Оценка Качества Услуг Учреждений Культуры. О Системе［EB/OL］.［2021－05－17］. http：//quality. mkrf. ru/about/.

③ 대통령 소속 도서관정보정책위원회 문화체육관광부 도서관정보정책기획단. 2008 전국 도서관 운영평가 결과보고서［R］. 세종특별자치시：대통령 소속 도서관정보정책위원회 문화체육관광부, 2008.

收集，减轻馆员每年输入评估项目和统计项目数据的工作负担并实现有效地收集数据①。

美国与欧洲图书馆评估系统的创始人深刻地认识到现有评估体系的缺陷，构建了全新的评估体系。LJ 指数舍弃了 HAPLR 的投入与产出项目模式，认为投入不能评估图书馆的绩效，应强调产出，即人们从图书馆获得的服务，基于此创建了只有产出项目的评估系统②；放弃了 HAPLR 采用的加权计算方法，转而采用标准方差计算方法这一种在统计学领域上比较成熟的方法③。LRE 创始人认为：美、英、德的绩效评估计划多是以"硬事实"（hard facts）进行评估，如图书馆财政、馆员、流通量、到访次数等量化绩效项目，偏重质量保证，所得结果很难用来改善服务，因此从市民和使用者的角度构建了新的体系。

总体而言，四个图书馆评分体系的目的可概括为：通过设立项目与评分标准，以评分及根据分数评级或评奖的形式来评估图书馆的服务或运营管理情况，促进同行对比，挖掘、宣传与表彰优秀图书馆，最终目的是鼓励、促进与指引全国图书馆的服务与运营发展。与其他三个评分体系不同的是，LJ 指数以全国公共图书馆统计数据作为数据来源，随着影响力的扩大还促进了统计数据质量的提高④。韩国全国图书馆运营评估明确指出：每年对运营评估结果进行分析，指导公共图书馆制定运营策略⑤。

2. 评估主体与评估客体

韩国与俄罗斯相关法律分别规定了主要的评估主体是图书馆信息政策委员会、国家与地区独立质量评估公共委员会。韩国《图书馆法》第 12 条第 2 款第 4 项规定：图书馆信息政策委员会负责图书馆运营评估有关事项⑥。总负责部门为韩国文化体育观光部（图书馆信息政策委员会隶属于该部门），教育部、国防部、法务部起协助作用⑦。此外，文献

① KIM H R. 공공도서관 운영평가지표의 개선 내용에 관한 연구 [J]. 한국도서관. 정보학회지, 2013, 44（2）: 77 – 95.

② HENNEN T J. Hennen's American public library ratings 2008 [J]. American libraries, 39（9）: 56 – 61.

③ SHAO H, HE Q, CHA G, et al. Comparison of the assessment systems of public libraries in the United States and China [J]. Journal of the Australian Library and Information Association, 2019, 68（4）: 1 – 16.

④ LJ. The LJ Index: frequently asked questions（FAQ）[EB/OL].[2021 – 05 – 17]. https://www.libraryjournal. com/? detailStory = stars – faq#09.

⑤ 차미경. 전국 공공도서관 운영평가의 성과에 관한 연구 – 2010 년—2013 년도를 중심으로 [J]. 한국비블리아학회지, 2015, 26（2）: 241 – 268.

⑥ 도서관법 [EB/OL].[2021 – 05 – 17]. https://www. law. go. kr/% EB% B2% 95% EB% A0% B9/% EB% 8F% 84% EC% 84% 9C% EA% B4% 80% EB% B2% 95.

⑦ 2021년도（20년 실적）전국 도서관 운영평가 계획 [R]. 세종특별자치시: 대통령 소속 도서관정보정책위원회 문화체육관광부, 2021.

情报等专业的教授与讲师也参与组建评估委员会①。俄罗斯联邦法律规定：在国家层面上，俄罗斯联邦公会从保护公民权利和利益的全俄社会组织、俄罗斯联邦和利用联邦预算提供文化服务的民间文化组织、全俄残疾人公共协会中选取代表创建公共委员会，对文化组织所提供的服务的质量进行独立评估；在地区层面上，市辖区有权从为保护公民权益而设立的社会组织、残疾人公共协会中选取代表建立市公共委员会来对市政文化组织和其他组织的服务及对各自市辖区内提供的由市政府预算拨款的文化服务进行独立评估②。LJ 指数与 LRE 分别由统计学、图书馆学专家担任评估员。LJ 指数由在图书馆等组织中担任统计学家、调查研究员的 K. C. Lance 及统计学家、系统分析师和项目经理的 R. Lyons 联合创建与运行，《图书馆杂志》（*Library Journal*）提供信息发布平台，Baker & Taylor 提供资助。LRE 由来自芬兰和瑞典拥有 40 年公共图书馆工作经验的馆长 M. Berndtson 和 M. Öström 创建与运行③。

　　LJ 指数的评估客体为符合以下条件的图书馆：①符合美国 IMLS 对公共图书馆的定义，②服务区域至少拥有 1000 人，③运行支出至少达到 1 万美元，④报告所有产出项目数据。LJ 指数评估图书馆产出，而产出与投入存在密不可分的关系，个体图书馆拥有的预算及人力等投入资源存在相当大的差异，因此为实现图书馆间的公平与合理对比，LJ 指数按照运行支出将评估客体分为 9 组，分别是：支出在 3000 万美元及以上、1000 万—2999.9999 万美元、500 万—999.9999 万美元、100 万—499.9999 万美元、40 万—99.9999 万美元、20 万—39.9999 万美元、10 万—19.9999 万美元、5 万—9.9999 万美元以及 1 万—4.9999 万美元④，同组内的图书馆进行评分比较与评级。韩国与俄罗斯由专门委员会负责图书馆评估，评估具有行政强制性。基本上所有韩国公共图书馆都参与了评估。同样，为实现图书馆间的可比性，韩国从投入资源入手为公共图书馆设置了分组的计算标准：人均总建筑面积，30 分；人均图书（印刷）资料数，30 分；人均预算（资料购入费、运营费、人工费除外），30 分；职员（全体正规职员）人均服务人数，10 分。根据评分将图书馆分组：分值在 91 分及以上、71—90 分、51—70 分、31—50 分、30 分及以下的图书

　　① 2017년도 (16년 실적) 전국도서관 운영평가 결과보고서：국고보조사업실적보고서 [R]. 세종특별자치시：대통령 소속 도서관정보정책위원회 문화체육관광부, 2017.

　　② КонсультантПлюс. "Основы законодательства Российской Федерации о культуре"（утв. ВС РФ 09. 10. 1992 N 3612 – 1）（ред. от 10. 07. 2023）（с изм. и доп., вступ. в силу с 22. 12. 2023）[EB/OL]. [2021 – 05 – 17]. http：//www. consultant. ru/document/cons_doc_LAW_1870/5012bc90bb9048c00b35d8d328da99ba6f601de7/.

　　③ Library Ranking Europe. Home [EB/OL]. [2021 – 05 – 24]. http：//libraryranking. com/.

　　④ The Star Libraries by Expenditure Category | LJ Index 2017 [EB/OL]. [2021 – 05 – 17]. https：//www. libraryjournal. com/? detailStory = the – star – libraries – by – expenditure – category – 2017.

馆依次归为 A、B、C、D、E 组①。而俄罗斯文化机构服务质量评估与 LRE 主要从用户角度对图书馆服务进行调查与评分，相对而言与图书馆的投入关系较小，因此未设置分组。俄罗斯文化部管理下的公共图书馆都参与了评估。联邦法律规定对同一文化机构的评估一年不超过一次，至少每三年一次②。LRE 的评估客体包括法国、荷兰、比利时、希腊、德国与英国等欧洲多个国家的一些公共图书馆③。

3. 评估项目、权重与计分方法

LJ 指数的主要目标是使评估尽可能简单、透明和可理解。创始人声称他们使用统计相关性分析来确定一套简明的图书馆服务项目，希望各图书馆能够审查评级所使用的一手数据。LJ 指数只设置关于人均服务产出的项目，基本项目包括图书馆访问量、流通量、所有活动出场率等。随着图书馆电子服务的发展，LJ 指数的评估重心向电子图书馆服务转移，在 2016④、2019⑤、2020⑥ 年分别增加了电子资源流通、Wi-Fi 以及电子信息检索项目。

LRE 设置 6 个维度及 41 个评估项目，项目体系的特色有：①从公民和客户的角度衡量公共图书馆的质量和标准。例如，客户一般期望有很好的途径获得图书馆的信息，LRE 据此设计关于图书馆的信息一级项目，细分为游客指南、城市地图、图书馆网站与社交媒体展示等的网络信息 3 个二级项目。②基于北欧国家公共图书馆意识形态及盎格鲁美洲国家图书馆的传统，即图书馆对民主和言论自由、信息供应、文化、教育、研究和社会发展等起着重要作用，平等及免费服务至关重要⑦。因此，除了关注普通用户的期望与需求，还考虑了残障人士、儿童、移民等弱势群体的期望与需求并为他们设置专门的项目。

与 LRE 相似，俄罗斯同样以服务接受者视角设计维度与项目。为了使用户便捷轻松地获取组织信息、在舒适的环境利用服务、残疾人无障碍通行与无障碍使用服务、享受组织员工的友好热情服务，俄罗斯文化机构服务质量评估设计了组织信息的开放性和可访问

① 국가도서관통계시스템. 2020 년도（2019년 실적）공공도서관 평가 그룹핑 ［EB/OL］.［2021 – 05 – 17］. https：//www. libsta. go. kr/libportal/openMdg/notice/getNoticeDetail. do.

② КонсультантПлюс. "Основы законодательства Российской Федерации о культуре"（утв. ВС РФ 09. 10. 1992 N 3612 – 1）（ред. от 10. 07. 2023）（с изм. и доп., вступ. в силу с 22. 12. 2023）［EB/OL］.［2021 – 05 – 17］. http：//www. consultant. ru/document/cons_doc_LAW_1870/5012bc90bb9048c00b35d8d 328da99ba6f601de7/.

③ Library Ranking Europe. Home ［EB/OL］.［2021 – 05 – 24］. http：//libraryranking. com/.

④ LYONS R, LANCE K C. America's Star Libraries, 2016：Top – Rated Libraries ［EB/OL］.［2024 – 11 – 20］. https：//www. libraryjournal. com/story/americas – star – libraries – 2016 – top – rated – libraries.

⑤ LANCE K C. America's Star Libraries ［J］. Library Journal, 2019, 144（12）：4.

⑥ LANCE K C. America's Star Libraries ［J］. Library Journal, 2020, 145（12）：32.

⑦ BERNDTSON M, ÖSTRÖM M. Library ranking Europe：a new tool ［J］. Public library quarterly, 2019, 39（4）：310 – 319.

性、提供良好的服务、残疾人服务、员工礼貌表现4个维度，最后设置服务满意度维度，以及在各维度下设置具体项目。从残疾人服务维度可以看出，残障人士是俄罗斯重点关注的弱势群体，俄罗斯文化机构服务质量评估通过设置无障碍空间设施、个性化服务项目等，保障该群体的公共文化权益。

韩国全国图书馆运营评估体系设置了5个维度及18个项目。该体系特色如下：①为敦促公共图书馆遵从综合发展计划的战略方向及行动指导，并鼓励图书馆创新服务，专门设置了第三次图书馆综合发展计划自由主题的定性评估项目，分值约占总分的25%。与其他项目不同，该项目不需要提交数据，参评图书馆根据第三次图书馆综合发展计划课题选择不多于3个主题，并准备关于这个（些）主题的创新和优秀的代表性案例材料，包括最佳实践主题、实践概述、细节落实、结果和成果等并在系统中提交。②保障条件项目占大多数，旨在从政策、人员、经费、文献方面对图书馆运营发展起保障作用。例如，2020年保障条件项目有制定中长期发展规划、高层管理人员的专业知识与技能、馆员人数与员工培训、数据采购成本与年藏书量等。③为使图书馆广泛提供新业态与均等化服务，韩国全国图书馆运营评估体系还设置了图书馆智慧服务、面向弱势群体的消除数字鸿沟活动和计划项目。目前，图书馆智慧服务项目仅停留在评估图书馆是否实施智能基础服务，包括资料检索、定题服务、电子书、归还指南、借出历史记录、资料预约、公告事项指南、SNS服务与Wi-Fi。面向弱势群体的消除数字鸿沟活动和计划项目，旨在评估图书馆为老年人、残疾人、低收入群体、多元文化家庭等提供计算机和网络教育、阅读文化服务[1]。

LJ指数采用标准方差计算法，通过6个步骤将图书馆的统计数据转换为标准分数：①计算各图书馆各项目的人均值；②计算各分组中所有图书馆各项目的人均值，并且利用人均值计算各分组中各项目人均值的标准方差；③计算各图书馆各项目的标准分；④对各图书馆所有项目标准分求和，得到该馆初步的LJ指数评分；⑤对各参评图书馆的初始LJ指数评分进行校正；⑥将校正后的LJ指数评分乘以100，四舍五入到整数，得到最后的LJ指数评分[2]，具体计算方式见表3-2。LRE采用加权评分法，6个项目有不同权重：服务占比最多，为44%；位置、可视性与途径次之，占比25%；占比最少的是馆藏内容、表达和选择自由，仅占6%。该评分体系未公示明确的评分细则，仅表示"评审专家根据项目与权重进行评分并计算总分"[3]。总体上看，韩国全国图书馆运营评估与俄罗斯文化机

① 세종특별자치시.2020년도（19년 실적）전국 도서관 운영평가 지표 ［R］. 세종특별자치시：세종특별자치시，2020.

② 李丹. 美国两类主要公共图书馆等级评价活动研究 ［J］. 中国图书馆学报，2018，44（2）：97－112.

③ Library Ranking Europe. Home ［EB/OL］.［2021－05－24］. http：//libraryranking.com/.

构服务质量评估的评分方法更直接，由专家给出各项项目评分结果，再叠加所有项目分数，即可获得各馆最终得分。从单个项目的评分上看，韩国尽量将评分项目定量化，多数情况下为项目设定梯度并确定相应梯度分值，有些项目则细化得分要项，符合一个要项即得一个分数，所有要项分数相加得该项目分数。对于难以量化的项目，设置详细的评估标准。例如，对于第三次图书馆综合发展计划自由主题的定性评估项目，设置适宜性、创意性、及时性、有效性、响应性 5 个评估标准，专家组从 5 个方面对图书馆提交的案例进行评分。与韩国全国图书馆运营评估相似，俄罗斯文化机构服务质量评估也是在评估表上细化单个项目的得分要项，并严格要求遵守俄罗斯批准用于评估文化服务领域的服务条件质量通用标准项目的统一计算程序评分。具体评估项目、权重与计分方法见表 3 - 2。

4. 评估方法与定级评奖

四个评估系统采用不同的评估方法。LJ 指数采用二手数据法，将 IMLS 发布的公共图书馆调查项目公用数据作为评估数据。韩国全国图书馆运营评估通过定量与定性评估、现场核查、最终审议工作获取图书馆数据并评分。俄罗斯文化机构服务质量评估主要是通过面向用户提问、访谈、电话调查、问卷调查及利用网络调查方法等获取评估数据。LRE 采用创新的评估方法，即神秘顾客法，由评审员匿名访问图书馆，调查项目信息①。

LJ 指数和 LRE 评选星级图书馆，韩国全国图书馆运营评估评选多个奖项。在 LJ 指数的星级图书馆评估系统的每个分组中，分数排在前 30 的图书馆中，前 10 个图书馆被评为五星级图书馆，接下来 10 个次高分为四星级图书馆，其余 10 个则被评为三星级图书馆。对于支出在 3000 万美元及以上的组，只确定分数排在前 15 名的图书馆，并继续将它们分为 3 组，每组 5 个。每个分组中星级图书馆的最低数量为 255 个。当图书馆评分并列时，落在评分范围内分数的所有并列图书馆都会被评为星级图书馆②。LRE 会根据图书馆在每个领域的得分对图书馆进行评级，将图书馆分为：极好（6 星）、卓越（5 星）、非常好（4 星）、好（3 星）、可以接受（2 星）、差（1 星）③。韩国全国图书馆运营评估实施了多元化奖励标准，除了基于图书馆总分评选一批优秀图书馆，还为进步大的图书馆及地区政府评奖，具体如下：①每个组得分最高的图书馆获得政府（总统/总理）奖，如果获得政府奖的机构在 3 年内被选为优秀图书馆，则会被授予部长奖。没有获奖历史的图书馆获得

---

① Public libraries in Europe：top and bottom［EB/OL］.［2021 - 05 - 24］. https：//princh. com/pub-lic - libraries - in - europe - top - and - bottom/#. YM7pOmgzZPb.

② LJ. The LJ Index：frequently asked questions（FAQ）［EB/OL］.［2021 - 05 - 17］. https：//www. libraryjournal. com/？ detailStory = stars - faq#09.

③ Library Ranking Europe. home［EB/OL］.［2021 - 05 - 24］. http：//libraryranking. com/.

政府奖，也会被授予部长奖。②部长奖原则上授予评选得分最高的图书馆，但还会根据上届奖项、评审组别、区域安排予以调整。③根据定性评估项目评选最佳案例奖。④与上一年相比绩效显著提升的图书馆获得奖励。⑤为图书馆发展做出贡献的地区被授予主席特别奖①。与其他三个评分体系不同，俄罗斯文化机构服务质量评估不评级与评奖，但其评分同样具有重要意义，评分结果被公示在全国与地区政府、参评图书馆及文化机构质量评估网站上。

5. 数据公开与评估结果推介、应用

四个评估系统都建立了评估数据保存与获取平台，保存自评分体系创建以来的所有评估数据，除了 LJ 指数外这些数据都免费对外开放。LJ 指数网站下设星级图书馆网页，该主题网页可查找 LJ 指数的常见问题、最新年度评估结果与所有参评图书馆的评估数据、往年评估结果与所有参评图书馆数据档案。其中，常见问题囊括了评估目的、评估客体、数据来源、评估项目设置、计算方式、解释和宣传 LJ 指数等细致的说明。每年度的评估结果展示了每个获奖图书馆所属地区、项目数据及总分，并且可以下载含有所有参评图书馆所属地区、各项目数据与总分的 Excel 表。LJ 指数网站规定非会员免费观看的网页数量有限，需要成为付费会员才可查看所有信息。LRE 网站可免费查看评估系统介绍、创始人信息、相关文章与新闻及包括图书馆照片、项目审查与最终评分在内的评估数据。韩国全国图书馆运营评估的历年评估数据都保存在文化体育观光部全国图书馆统计系统平台下的"开放式平台"，包括运营评估通知、使用评估系统的指南文本与视频、评估分组、定性评估表格、输入结果确认与更正请求、重新确认的项目、评估时间表、评估数据 Excel 表、如何访问韩国全国图书馆运营评估结果页面等，信息非常全面。俄罗斯文化机构服务质量评估网站保存俄罗斯联邦文化部下属的文化机构评估系统简介、各种类型文化机构的服务评估、机构与地区的评分、相关链接及问题与解答。其中，机构评分可按照地区、机构类型、年份字段查找特定公共图书馆的基本信息、用户问卷与评分。该网站中的相关链接包括规范性法律文件、评分规范材料、独立评估公共委员会、关于独立评估结果的信息。俄罗斯各地区还会在各地区政府网站公示地区评估委员会组成、评估客体、评估统计数据、评估结果等信息。

LJ 指数、LRE 与韩国全国图书馆运营评估结果在全国图书馆界得到广泛推介与应用。星级图书馆采取在图书馆出入口悬挂"欢迎来到您的 ×星图书馆"横幅并在网站主页设置相同标语的模块，在年报、明信片上印制星级标识，以及通过本地新闻媒体进行专题报道

---

① 문화체육관광부. 2021년도（20년 실적）전국 도서관 운영평가 계획［R］. 세종특별자치시：대통령소속 도서관정보정책위원회 문화체육관광부，2021.

等方式，向图书馆董事会、基金会、图书馆之友等利益相关者进行广泛宣传，为图书馆进一步争取经费等。同时，LJ 指数评级结果也被图书馆用于研究改进本馆工作，在 2009 年的一项调查中，已有图书馆称其在本馆的战略规划中应用了 LJ 指数评级的结果①。韩国全国图书馆运营评估组织并举办颁奖典礼，由总统、总理及文化体育观光部部长为获奖图书馆颁发奖状，进行在线直播与大量新闻报道。获奖图书馆可以悬挂带有优秀图书馆认证的牌匾。并且，韩国全国图书馆运营评估从定性评估中遴选和挖掘图书馆管理创新、设施环境改进、服务创新的优秀事例，出版全国图书馆运营评估最佳实践案例集以宣传优秀实践案例②，用于改进公共图书馆运营发展战略规划与设定战略方向。此外，俄罗斯要求参评图书馆基于每年的独立评估结果制订并公示改进图书馆活动的行动计划，帮助图书馆及时采取措施提高活动效率。

表 3 – 2　21 世纪的国外全国性公共图书馆评分体系

	评估时间	2008 年开始，每年评一次
美国 LJ 指数（LJ Index）①	评估目标	①表彰与促进美国图书馆发展，②帮助改善全国图书馆服务质量，③鼓励自评
	评估主体	K. C. Lance 与 R. Lyons
	评估客体	满足 4 个条件的公共图书馆
	评估项目与权重、计算方式	2020 年的评估项目包括实体流通、电子资料流通、Wi-Fi 及电子信息检索、图书馆访问、所有活动出场率、公共网络电脑使用。 计算步骤如下：①单一项目的数据除以服务区域人口获得单所馆单一项目的人均值。②各分组中所有图书馆的单一项目人均值总和除以所有图书馆的服务区域人口总和，获得各分组中所有图书馆各项目的人均项目值。利用各馆单一项目的人均值、各分组中所有图书馆同一项目的人均项目值，计算出各分组中每个项目的标准方差。③单所馆单一项目的人均值减去各分组中所有图书馆单一项目的人均项目值，再除以每个项目的标准方差，获得单所馆单一项目的标准分（Z-score）。④将单所馆所有项目的标准分相加获得初步的 LJ 指数评分。⑤对各馆的初步 LJ 指数评分进行校正，添加校正因子，得出校正后的 LJ 指数评分，使所有图书馆的 LJ 指数评分都不为负。⑥将校正后的各馆 LJ 指数评分乘以 100，然后四舍五入到整数，获得该所图书馆最终的 LJ 指数分数②

---

① 李丹. 美国两类主要公共图书馆等级评价活动研究［J］. 中国图书馆学报，2018，44（2）：97 – 112.

② 문화체육관광부. 2018—2019 년 전국도서관 운영평가 우수사례집［EB/OL］.［2021 – 05 – 17］. https：//www. mcst. go. kr/kor/s_policy/dept/deptView. jsp？ pSeq = 1321&pDataCD = 0417000000&pType = .

韩国全国图书馆运营评估③	评估时间	2008 年开始，每年评估一次
	评估目标	分析项目标准值，提出图书馆强项和弱项，以此来提高图书馆运营效率，保持持续的服务创新
	评估主体	图书馆信息政策委员会
	评估客体	公共图书馆
	评估项目与权重、计算方式	2020 年公共图书馆评估维度、项目与分值： 1. 图书馆管理，共 160 分。（1）计划/政策联动，100 分。包括：①开展当地社区满意度调查并将在政策上体现调查结果，50 分；②制定与图书馆综合发展规划挂钩的中长期发展规划，50 分。（2）交流合作，60 分。包括：③与其他类型图书馆合作，30 分；④与社区合作并举办活动，30 分。 2. 人力资源，共 145 分。包括：①高层管理人员的专业知识与技能，50 分；②馆员人数（含馆员人数较上年增加情况），40 分；③员工培训，55 分。 3. 信息资源，共 220 分。（1）馆藏，165 分。包括：①数据采购成本（含数据采购成本较上年增长情况），50 分；②年藏书量（含购书量较上年增长情况），50 分；③馆藏发展政策制定及执行结果，65 分。（2）信息资源协作，55 分。包括：④信息资源协作服务，55 分。 4. 图书馆服务，共 245 分。（1）信息服务，115 分。包括：①借书数量（含借书数量较上年增加情况），50 分；②各项信息服务实施情况及结果，35 分；③图书馆智慧服务，30 分。（2）阅读文化/消除数字鸿沟，130 分。包括：④阅读文化项目，60 分；⑤读书会运营与效果，30 分；⑥针对弱势群体的消除数字鸿沟活动和计划的情况，40 分。 5. 一般，共 230 分。第三次图书馆综合发展计划自由主题的定性评价④。 满分 1000 分，各项评分相加得出图书馆总分
欧洲图书馆排名（LRE）⑤	评估时间	2014 年起基本每年都有评估
	评估目标	促进欧洲公共图书馆的基准测试和质量发展
	评估主体	M. Berndtson，M. Öström
	评估客体	欧洲国家城市及镇（郡）图书馆
	评估项目与权重、计算方式	1. 关于图书馆的信息（6%）：游客指南、城市地图、图书馆网站与社交媒体展示等的网络信息。 2. 位置、可视性与途径（25%）：富有创意的建筑、在市/镇的位置、公共交通、供行人和骑自行车者使用的设施、停车场、入口、无障碍入口、通往城市图书馆的标志、建筑物标志、营业时间、残障人士友好、建筑物标志。 3. 服务与提供（44%）：所有人（当地居民与客人）都可访问、收费、免费服务、不同载体的馆藏、馆藏公开、报纸与期刊馆藏、展

续表

		览与舞台、咖啡厅/餐厅、洗手间、专用空间（会议、学习、实验室等）、可识别的员工、员工服务、信息与科技交流、儿童、青年、移民、特殊服务（中小企业、消费者、游客等）、项目活动与讲座。 4. 设施（13%）：美观、灯光、座位数、安静的地方、社交领域、儿童与青年区。 5. 馆藏内容（6%）：多功能性/多样性。 6. 表达和选择自由（6%）：引发争议的书与作者
俄罗斯文化机构服务质量评估	评估时间	2015 年开始，每年评估一次
	评估目标	向服务接受者提供有关文化组织服务的质量信息及提高活动质量[6]
	评估主体	国家与地区独立质量评估公共委员会
	评估客体	公共图书馆[7]
	评估项目与权重、计算方式	图书馆适用的一般标准： 1. 信息的开放性和可访问性，共 100 分，占总分的权重为 20%。（1）公开发布的活动信息合乎监管法律法规要求，权重 30%，30分。（2）在官方网站上提供远程反馈方式和与服务接受者互动的功能，30%，30 分。（3）对发布在信息平台、互联网网站等的活动信息开放性、完整性和可访问性感到满意的服务接受者占比（占接受调查的服务接受者总数的百分比，下同），40%，40 分。 2. 提供良好的服务，共 100 分，占总分的权重为 20%。（1）确保提供良好的服务：是否有一个舒适的休闲区、导航的可用性和清晰度、饮用水供应、卫生设施的可用性和可及性（场所的清洁度及肥皂、水、卫生纸等的可用性）等、场所的卫生状况、预订服务的可能性/预约服务的可用性（通过电话、官方及个人访问等），权重 50%，50分。（2）对服务舒适度感到满意的服务接受者占比，50%，50 分。 3. 残疾人服务，共 100 分，占总分的权重为 20%。（1）附近的设施与设备是否考虑残障人士的可用性：入口是否配备坡道或升降平台；是否为残疾人车辆提供专用停车场；提供适用的电梯、扶手、加宽的门口；轮椅；有专门配备的卫生间和卫生设施，权重 30%，30 分。（2）确保残疾人在与其他人平等的基础上获得无障碍服务，包括：为有听力和视力障碍的人提供声音和视觉信息；用盲文制作的铭文、标志和其他文字和图形信息；为有听力障碍的人提供手语翻译服务；在互联网上为视障人士提供该盲文版网站；受过培训（指导）的员工提供的帮助（员工陪同的可能性）；远程或上门提供服务，40%，40 分。（3）对为残疾人提供的服务感到满意的服务接受者占比（占接受调查的残疾人服务接受者总数的百分比），30%，30 分。 4. 员工礼貌表现，共 100 分，占总分的权重为 20%。（1）服务接受者对初步向其提供服务的组织员工（信息台工作人员、收银员等）在礼貌表现方面感到满意的比例，权重 40%，40 分。（2）对直接提

续表

		供服务的机构员工在礼貌表现方面感到满意的服务接受者占比，40%，40 分。（3）通过远程交互形式（电话、电子邮件等）占比，20%，20 分。 5. 服务满意度，共 100 分，占总分的权重为 20%。（1）准备向亲友推荐的服务接受者占比，权重 30%，30 分。（2）对组织的工作安排感到满意的服务接受者占比，20%，20 分。（3）对服务提供条件普遍满意的服务接受者占比，50%，50 分[8]。 满分 500 分，各项评分相加得出图书馆总分

资料来源：课题组整理。

注：①LJ. The LJ Index：frequently asked questions（FAQ）［EB/OL］．［2021 – 05 – 17］．https：//www. libraryjournal. com/? detailStory = stars – faq#09；②LJ. The LJ Index：score calculation algorithm［EB/OL］．［2021 – 05 – 24］．https：//www. libraryjournal. com/? detailStory = americas – star – libraries – score – calculation – algorithm；③대통령 소속 도서관정보정책위원회 문화체육관광부 도서관정보정책기획단 . 2008 전국 도서관 운영평가 결과보고서［R］．세종특별자치시:대통령 소속 도서관정보정책위원회 문화체육관광부, 2008；④세종특별자치시. 2020 년도전국 도서관 운영평가 지표［R］．세종특별자치시:세종특별자치시, 2020；⑤Library Ranking Europe. Home［EB/OL］．［2021 – 05 – 24］．http：//libraryranking. com/. ；⑥ "Основы законодательства Российской Федерации о культуре"（утв. ВС РФ 09. 10. 1992 N 3612 – 1）（ред. от 30. 04. 2021）［EB/OL］．［2021 – 05 – 17］．http：//www. consultant. ru/document/cons _doc _LAW _1870/5012bc90bb9048c00b35d8d328da99ba6f601de7/；⑦Оценка качества услуг учреждений культуры. О Системе［EB/OL］．［2021 – 05 – 17］．http：//quality. mkrf. ru/about/；⑧Управление культуры Белгородской области. Методиканезависимой оценки качества условий оказания услугорганизациями культуры［EB/OL］．［2021 – 05 – 17］．https：//belkult. ru/media/site_platform_media/2019/7/10/metodika – otsenki – kachestva – uslovij2581e6042cf54260deb58675de05cc9e. pdf.

（二）基于全国/地区公共图书馆目标与计划的评估

全球有多个国家/地区制定了规范，对全国/地区公共图书馆服务与运营的标准与战略计划进行了规定。公共图书馆标准与计划通常设定了目标、计划与预设的图书馆对用户的价值、成效等，研制行动策略并且为测量图书馆是否达到目标构建了多项项目与标准。其中，有一些国家/地区的图书馆标准与计划致力于构建系统的评估标准体系，如《威尔士公共图书馆标准质量框架》（*The Quality Framework of Welsh Public Library Standards*），英格兰《全面高效及现代化的公共图书馆——标准与评估》（*Comprehensive, Efficient and Modern Public Libraries—Standards and Assessment*）（2001 年开始实施并持续更新，2008 年不再施行），《澳大利亚公共图书馆指南、标准与成效评估》（*Guidelines, Standards and Outcome Measures for Australian Public Libraries*）、《卢旺达共和国图书馆服务全国性政策》（*Republic of Rwanda National Policy for Library Services*）、爱尔兰 "公共图书馆战略计划" 与《公共图书馆标准与基准》（*Public Library Standards and Benchmarks*）、《新西兰公共图书馆战略框架》（*Public Libraries of New Zealand Strategic Framework*）等。其中，爱尔兰公共图书馆的战略目标与绩效项目不在同一份文件中。其战略计划确定了愿景、价值与理想，并拟定了战略项目。为持续监测和评估战略行动的进展，爱尔兰制定了一系列绩效评估项目，生成

《公共图书馆标准与基准》。

全国/地区公共图书馆标准与计划的评估，总体评估思路可以总结为以目标与计划为导向的评估。具体来说，以全国/地区公共图书馆的目标与计划为导向设计并公示评估项目与标准框架，由图书馆管理机构，通常是行政区域图书馆当局，根据评估框架收集管辖区域内的图书馆数据并与目标比较，可以确定管辖区域内图书馆服务或活动的质量及活动与服务实现既定目标和计划的程度。大多数国家/地区强制要求图书馆管理机构定期按照标准与计划开展评估并向政府递交审查评估报告，如英格兰、威尔士、爱尔兰与卢旺达。有些国家/地区鼓励图书馆管理者使用公共图书馆标准与计划，如澳大利亚。将目标与绩效评估联系起来，公共图书馆可以不断改进服务与管理。图书馆还可以调整措施，更新标准与计划，以更好地满足当地社区需求。本书主要基于延续性与效力选取了威尔士、爱尔兰、新西兰与澳大利亚的标准与计划进行重点考察。

1. 标准与计划制定主体、时间与依据

全国/地区公共图书馆标准与计划的制定主体分为两种：一是国家政府与地方当局，二是全国图书馆协会。前者如《威尔士公共图书馆标准质量框架》由威尔士政府及地方当局联合制定，爱尔兰"公共图书馆战略计划"由爱尔兰农村和社区发展部（Department of Rural and Community Development，简称 DRCD）、郡市管理协会（County and City Management Association，简称 CCMA）和地方政府管理局（Local Government Management Agency，简称 LGMA）制订，《公共图书馆标准与基准》由爱尔兰社区与地方政府部门（Department of the Environment，Community and Local Government，简称 DECLG）、CCMA 与 LGMA 制定。后者如新西兰的《新西兰公共图书馆战略框架》由新西兰公共图书馆协会（Public Libraries of New Zealand，简称 PLNZ）制定，《澳大利亚公共图书馆指南、标准与成效评估》由澳大利亚图书馆和信息协会（Australian Library and Information Association，简称 ALIA）和公共图书馆咨询委员会（Public Libraries Advisory Committee，简称 PLAC）制定。

四个国家/地区的标准或计划的首次发布时间各不同，近年来基本每隔 3—5 年更新一次。澳大利亚最早在 1990 年发布《迈向优质服务：澳大利亚公共图书馆的目的、目标和标准》（*Towards a Quality Service：Goals，Objectives and Standards for Public Libraries in Australia*），此后 20 年标准一直未做修订，直至 2011 年与 2012 年发布了第二版标准与其修订版之后，每 4 年更新一次。1998 年，爱尔兰 DECLG 制订了首份战略计划《拓展：一种全新的公共图书馆服务》（*Branching Out：A New Public Library Service*），2008 年发布第二版战略计划①，此后每 5 年更新一次。《威尔士公共图书标准质量框架》的首发时间为 2001 年，每 3 年审查并更新一次。新西兰于 2006 年发布首份战略框架《2006—2016 年新西兰公共图书馆战略框架》（*Public Libraries of New Zealand Strategic Framework 2006 to 2016*），6 年后外部环境变化导致该战略框架适用性下降，2012 年新西兰重新发布了《2012—2017 年新西兰公共图书馆战略框架》（*Public Libraries of New Zealand Strategic Framework 2012 – 2017*）。两份战略框架强调策略重心与成果未放在评估上。2020 年新西兰发布的《2020—2025 年新西兰公共图书馆战略框架》（*Public Libraries of New Zealand Strategic Framework 2020 – 2025*）新增了均值（means）与杠杆（leverage）项目。

全国/地区公共图书馆标准与计划以政府发展规划、国家公共图书馆法规标准、国际图书馆规范标准等为重要的制定依据，以保证其合理与科学性。以《互联互通与野心勃勃的图书馆：2017—2020 年威尔士公共图书馆第六个质量标准框架》为例，其将政府的《未来世代福祉法案》（*Well-being of Future Generations Act*）7 个目标融入核心权利和质量项目，列出了图书馆服务促进法案目标实现的案例，并且将威尔士政府于 2015 年发布的社区管理的图书馆指南融入社区图书馆标准中。1964 年《公共图书馆与博物馆法案》（*Public Libraries and Museums Act*）规定公共图书馆应履行"提供全面和有效的服务"及"评估威尔士公共图书馆服务"的职责继续遵守这两条条款。澳大利亚指南与标准遵守《IFLA/UNESCO 公共图书馆宣言》（*IFLA/UNESCO Public Library Manifesto*）原则、联合国的可持续发展目标。

2. 评估主客体、周期与形式

标准与计划的制定主体很大程度上决定了标准与计划的权威与效力。《威尔士公共图书馆标准质量框架》与爱尔兰《公共图书馆标准与基准》由政府主导制定，强制要求地方当局执行。威尔士规定评估主体是博物馆、档案与图书馆部（Museums, Archives and Libraries Division, 简称 MALD）以及地方当局和用户，评估客体是各行政区域公共图书馆。爱尔兰的评估主体主要是 DECLG、LGMA 与地方公共图书馆服务机构等，评估客体是地方公共图书馆。澳大利亚标准质量框架与新西兰战略框架由协会制定，主要起引导与促进的作用，并未明确评估主客体。ALIA 仅是鼓励图书馆和利益攸关方结合实际情况使用这些标准。新西兰战略框架旨在告知地方理事会（council）与公共图书馆合作，联合摸索区域和国家通用的一些事项，由 PLNZ 作为全国专业机构，主持全国图书馆评估工作。

---

① The Library Association. 80 Years of professional education branching out achievements 1997 – 2007 [EB/OL]. [2021 – 05 – 24]. https：//www. libraryassociation. ie/wp – content/uploads/2018/11/17_3_An-Leabharlann. pdf.

澳大利亚对评估周期与形式未做说明，威尔士、爱尔兰与新西兰基本是一年评估一次，评估结果多以报告形式呈现。每年初夏，威尔士地方当局根据质量框架向 MALD 提交书面报告。多数项目一年评估一次，少数项目三年评估一次，譬如用户调查项目①。类似的，爱尔兰要求每个公共图书馆服务机构每年第一季度末通过全国图书馆服务审计项目提交年度报告②。新西兰 PLNZ 借助国家数据收集项目持续观察全国公共图书馆的影响力并展示图书馆的成果③。

3. 评估项目的设计、内容

如上文所言，四个国家和地区均从目标与计划出发设计评估项目。总体上看，评估项目以投入与产出项目为主。为考虑用户满意度，威尔士还专门设计了成效评估项目。这些项目基本上是定量标准，也有些是定性标准，并可能分层考量。以下介绍并分析各国/地区公共图书馆的评估项目。

《互联互通与野心勃勃的图书馆：2017—2020 威尔士公共图书馆第六个质量标准框架》以图书馆为威尔士人民带来的 6 项成效与影响为目标，提出了 12 项核心权利并设计了 16 个质量项目来评估图书馆关于这些成效的实现程度，具体分为 4 个评估领域：满足用户需求、途径与使用、设备与服务、专业知识与能力④。核心权利用于地方当局自评，评估图书馆是否完全满足、部分满足或不满足核心权利内容，并且图书馆需要添加适当的描述与解释。16 个质量项目是评估的重点，根据评估内容分为：①投入项目。该类项目数量最多，主要涉及图书馆为威尔士公民在关键领域提供什么服务以实现核心权利。这类项目包括最新和合适的阅读资料、威尔士语资料、员工水平与专业等。②产出项目。产出项目涉及用户使用情况，与投入项目一起考虑，它们可以展现服务的效率。这类项目包括用户参与图书馆活动、图书馆使用、在线访问等。③结果和影响项目。结果和影响项目衡量的是图书馆服务对用户和社区的直接或间接影响。这类项目包括发挥作用、支持个人发

---

① Welsh Government. Connected and ambitious libraries：the sixth quality framework of Welsh public library standards 2017－2020［EB/OL］.［2021－05－24］. https：//gov. wales/sites/default/files/publications/2019－07/connected－and－ambitious－libraries－the－sixth－quality－framework－of－welsh－public－library－standards－2017－to－2020. pdf.

② Govie. Public library standards and benchmarks［EB/OL］.［2021－05－24］. https：//www. gov. ie/pdf/？file＝https：//assets. gov. ie/8247/e1d04d52611a46798c6c873a5a505aa4. pdf#page＝1.

③ Public Libraries of New Zealand. Public libraries of New Zealand strategic framework 2020［EB/OL］.［2021－05－24］. https：//publiclibrariesofnewzealand. wildapricot. org/resources/Documents/PLNZ% 20Strategic% 20Framework_Final. pdf.

④ Vale of Glamorg Council. Welsh Public Library Standards performance 2019－2020［EB/OL］.［2021－05－24］. https：//www. valeofglamorgan. gov. uk/Documents/_Committee% 20Reports/Scrutiny－LC/2021/21－04－15/Welsh－Public－Libraries－Standards. pdf.

展、健康支持类项目。其中 10 个质量项目设置了有特定目标的标准。例如，健康支持项目规定图书馆应确保在每周开放 10 小时以上的静态服务点提供以下项目：威尔士处方图书计划、图书计划、健康专题馆藏、更健康的生活方式和健康行为的相关信息等。此外，健康支持项目对服务点位置规定具体数值标准：人口密度在每公顷①20 人及以上，至少95% 的家庭在 2 英里②内找到静态服务点；每公顷超过 1 人但不到 20 人，至少75% 的家庭在 2.5 英里（或 10 分钟公共交通出行时间）范围内找到静态服务点，或在 0.25 英里范围内找到移动图书馆站点；每公顷 1 人及以下，至少70% 的家庭在 3 英里（或 15 分钟公共交通出行时间）范围内找到静态服务点，或在 0.25 英里范围内找到移动图书馆站点。有些质量项目未设置目标，收集项目数值是用于同一机构不同时间及不同机构之间的绩效监测与基准测试。例如，用户满意度项目下设 5 个二级项目：①成人用户认为他们在图书馆里选择的书"非常好"或"好"的人数百分比；②成人用户认为他们所使用的图书馆客户关怀标准"非常好"或"好"的人数百分比；③成人用户认为他们使用的图书馆提供的 IT 设施"非常好"或"好"的人数百分比；④成人用户认为图书馆使用体验总体上"非常好"或"好"的人数百分比；⑤16 岁及以下用户图书馆使用体验的平均总评分（满分 10 分）。威尔士在用户满意度项目中除了对 5 个二级项目进行评估外，还列出了各参评图书馆上一年的项目数值作为对比，并且公示参评图书馆在所有 22 个行政区域图书馆中单一项目的排名③。

爱尔兰《公共图书馆标准与基准》基于战略计划的总体目标，从战略与规划、图书馆物理建筑、核心原则、核心服务/服务提供、最佳开放时间、人员、服务提供、服务绩效 8 个方面设计了绩效评估标准与基准。标准是图书馆要达到的特定服务质量水平，基准是一个可衡量的参考点。标准和基准可能独立设置，或者一个标准可能有一个或多个与之相关的基准。例如，爱尔兰《公共图书馆标准与基准》在人员方面的目标有：①进一步提供有效、以用户为中心的公共服务，使图书馆成为社区和国民生活的一部分；②培养工作人员领导能力、有效的管理和服务提供技能；③确保工作人员具备现代图书馆信息和知识及专业技能；④利用绩效管理与发展系统和能力框架流程来促进工作人员持续学习和发展；⑤培养协作工作、服务评估和规划及持续创新和改进的技能。根据目标设置了劳动力规划与劳动

---

① 1 公顷 = 10 000 平方米。

② 1 英里 ≈ 1609 米。

③ Welsh Government. Connected and ambitious libraries: the sixth quality framework of Welsh public library standards 2017 - 2020 [EB/OL]. [2021 - 05 - 24]. https://gov.wales/sites/default/files/publications/2019 - 07/connected - and - ambitious - libraries - the - sixth - quality - framework - of - welsh - public - library - standards - 2017 - to - 2020. pdf.

力发展的标准，未设置具体基准。劳动力规划标准包括：每个公共图书馆服务机构将根据公共图书馆的全国劳动力计划指南实施劳动力计划。劳动力发展标准包括：①每个公共图书馆服务机构将持续参与全国图书馆管理者领导力发展计划；②将参与公共图书馆工作人员的全国学习和发展计划，并持续投资和支持图书馆员的训练与学习；③将支持公共图书馆工作人员的持续专业发展，以适应服务及其运营环境不断变化的需求；④将全力参与全国图书馆工作人员培训项目。而在核心原则方面，爱尔兰全国的图书馆的目标包括：到 2017 年，通过提供免费核心服务，为所有人提供平等使用权。随着免费核心服务的引入，爱尔兰图书馆为所有儿童提供自动注册公共图书馆通用会员资格。为实现此目标，设置了 3 项标准：①尽可能以最公平、民主和可访问的方式为个人和社区提供核心服务；②在所有战略、服务和服务实践中始终遵循包容性政策；③服务将被纳入地方政府的社会包容政策中，同时爱尔兰图书馆设置了三项基准，包括每个公共图书馆将在 2017 年前为所有类别的成员免费提供核心服务，每个公共图书馆将在 2017 年之前参与到为爱尔兰所有公共图书馆服务提供通用会员系统中，每个公共图书馆将在 2017 年前参与到为所有儿童提供自动注册会员资格行动中①。

《2020—2025 年新西兰公共图书馆战略框架》有 4 个项目，包括阅读、联系、练习、记忆，每个主题下设置具体目标、潜在发展方向，为了评估是否实现目标，还设计成效、均值与杠杆项目。譬如，在阅读项目中，目标是全民扫盲、读书为乐。预设了 6 点成效，包括提高智识、儿童生活最好的起点、公平与公正的访问途径、数字包容和网络安全、更明智的决策、更多地使用毛利语与手语。相应的 8 项均值与杠杆项目，包括每年新会员和活跃会员的人数、人均会员数量、人均借出项目（实体和数字馆藏）、人均馆藏的规模与支出、信息素养项目的数量与参与人数、信息素养项目的满意度、电子资源在线使用的增量、馆藏周转率②。

《澳大利亚公共图书馆指南、标准与成效评估》采用循证（evidence-based）方法，以 NSLA 每年收集与整理的各州和各领地的统计数据作为依据，通过数据分析制定了切合实际情况、可以实现的公共图书馆标准。2020 年，《澳大利亚公共图书馆指南、标准与成效评估》的评估项目大多是投入、产出的定量项目，评估标准从目标、术语定义与诠释三方

① Govie. Public library standards and benchmarks［EB/OL］.［2021 – 05 – 24］. https：//www. gov. ie/pdf/？file = https：//assets. gov. ie/8247/e1d04d52611a46798c6c873a5a505aa4. pdf#page = 1.

② Public Libraries of New Zealand. Public libraries of New Zealand strategic framework 2020［EB/OL］.［2021 – 05 – 24］. https：//publiclibrariesofnewzealand. wildapricot. org/resources/Documents/PLNZ% 20Strategic% 20Framework_Final. pdf.

面说明。例如，图书馆运行标准有图书馆支出、人员、开放时长三方面的标准。其中，图书馆支出的评估目标是为社区提供公平、可访问、经济和高效的图书馆服务，提供合适的图书馆服务，以满足当地社区的需求。评估目标部分还记录了评估项目与标准。人均图书馆支出评估标准为：①图书馆服务人口在 10 万人及以上，人均支出中位数为 45 美元，合适的范围为 36—53 美元；②服务人口在 20 000—99 999 人，人均支出中位数为 48 美元，合适的范围为 39—62 美元；③服务人口在 5000—19 999 人，人均支出中位数为 56 美元，合适的范围为 43—73 美元；④服务人口少于 5000 人，人均支出中位数为 63 美元，合适的范围为 37—114 美元。术语定义部分规定支出的范围、来源、人口群体的范围。诠释部分说明人口少的地区人均支出高的原因、人口多的地方可能服务效率更高、图书馆大小与平均支出的相关性等。除了定量标准之外，《澳大利亚公共图书馆指南、标准与成效评估》还提供定性的指南。每个指南都包含一个目标、一系列特定指南，以及图书馆实现目标的要点。例如，社区参与的相关标准规定了以下目标：确保公共图书馆服务范围、服务提供满足当地社区的需要，并帮助塑造个人和社群能力。系列指南包括图书馆通过其分支机构、移动电话、社区和外联服务点及在线手段，提供免费的图书馆会员资格和免费获取服务和资源的途径，图书馆制定具体策略，为不同的用户群体提供适当的服务、材料和资源等。需要考虑的要点有让社区参与塑造图书馆服务、反映社区的需求和愿望、确保社群普遍获得图书馆服务等。为方便公共图书馆评估服务绩效，除文字说明外，标准与指南还提供了指南检查表，将一系列指南分点列出，设置了 Y（完全符合）、P（部分符合）与 X（不符合）三个程度供图书馆自行考核[①]。具体评估项目与内容见表 3 – 3。

4. 评估结果处理、推介与公示

威尔士与新西兰重点提到评估结果的处理、推介与应用。威尔士地方当局提交书面报告后，MALD 根据《威尔士公共图书馆标准质量框架》建立的模式对报告进行审查，具体由一名独立审查员（reviewer）和一名同行参考小组（peer reference group）成员审查报告的完整性。之后，独立审查员准备一份正式的书面反馈报告，涵盖框架的要素、所有质量项目和阐述要素，以及时解决服务流程规划提出的问题。报告将在秋季正式返回给图书馆管理首席执行官、地方理事会领导、监督官员或绩效经理及图书馆服务经理。独立审查员每年准备一份摘要概述，依据核心权利与质量项目对威尔士图书馆整体绩效和这些绩效呈现的重大趋势进行分析，条件允许的情况下威尔士将计算最高、最低和中位数绩效项目，

---

① ALIA. APLA – ALIA Standards and Guidelines for Australian Public Libraries，December 2020［EB/OL］. ［2021 – 05 – 24］. http：//read. alia. org. au/apla – alia – standards – and – guidelines – australian – pub-lic – libraries – december – 2020.

并且在年度研讨会期间将总体分析报告发放给所有地方当局。MALD 网站公布所有年度报告与整体绩效报告①。新西兰图书馆影响评估结果在年度全国图书馆论坛上分享，参会的图书馆可以与其他馆沟通。并且，PLNZ 开展年度全国意识树立活动（Awareness Building Campaign），庆祝图书馆成功发挥了其影响作用，帮助确定公共图书馆定位，表彰公共图书馆在社会中发挥的关键作用②。

表 3 - 3　基于全国/地区公共图书馆目标与计划的评估

国家/ 地区	项目	内容
威尔士①	名称	"威尔士公共图书馆标准质量框架"
	创建与更新	威尔士政府 2001 年创建了首版标准质量框架，此后每隔 3 年审查并更新标准，截至 2021 年 12 月更新到第六版
	评估目的	此标准主要用于威尔士公共图书馆服务的绩效评估框架，最初创建目的是为威尔士各地公共图书馆提供服务绩效信息，提高服务一致性，推动服务改进，并帮助识别影响绩效的任何潜在因素②
	评估时间	自 2002 年起，地方当局每年初夏向博物、档案馆与图书馆部提交年度报告
	评估主体/客体	博物馆、档案与图书馆部、地方当局、用户/各行政区域公共图书馆
	评估内容	《互联互通与野心勃勃的图书馆：2017—2020 年威尔士公共图书馆第六个质量标准框架》包括以下三个相互关联的重要部分。为实现图书馆成效与影响，对核心权利、质量项目进行评估。 1. 成效与影响：（1）威尔士人可以获得关于图书馆的知识与技能；（2）威尔士人能参与阅读及其他文化活动；（3）威尔士人在使用图书馆服务时感到宾至如归；（4）威尔士人使用图书馆服务可以把握数字世界的机会；（5）威尔士人使用图书馆可以增强个人健康；（6）威尔士人利用图书馆设施可以更好参与地方事务。 2. 核心权利：（1）威尔士图书馆将免费对所有人开放；（2）友好、知识渊博和合格的工作人员将在现场提供帮助；（3）将提供一系列服务、活动和高质量资源，以支持公民终身学习、个人福祉和发展、文化和娱乐、社

①　Welsh Government. Connected and ambitious libraries：the sixth quality framework of Welsh public library standards 2017 - 2020［EB/OL］.［2021 - 05 - 24］. https：//gov. wales/sites/default/files/publications/2019 - 07/connected - and - ambitious - libraries - the - sixth - quality - framework - of - welsh - public - library - standards - 2017 - to - 2020. pdf.

②　Public Libraries of New Zealand. Public libraries of New Zealand strategic framework 2020［EB/OL］.［2021 - 05 - 24］. https：//publiclibrariesofnewzealand. wildapricot. org/resources/Documents/PLNZ% 20Strategic% 20Framework_Final. pdf.

国家/地区	项目	内容
		区参与；（4）将为有特殊要求的个人和团体提供适当的服务、设施和信息资源，（5）将提供安全、有吸引力和可访问的物理空间和合适的固定开放时间；（6）将免费提供借阅图书服务，并免费提供信息，包括每天24小时提供在线信息资源；（7）将提供免费使用的互联网和电脑，包括Wi-Fi；（8）将用威尔士语提供服务和高质量的资源并举办相关文化活动；（9）将合作共享书目，并促进获得所有威尔士图书馆的资源；（10）将与一系列合作伙伴合作，向不同受众推广和提供服务，使更多人从这些服务中受益；（11）威尔士的图书馆将定期收集用户反馈，以了解他们对服务的看法以及他们不断变化的信息需求；（12）将通过线下和线上方式以适合社区的各种语言提供图书馆服务战略、政策、目标和愿景的信息。 3. 质量项目：（1）发挥作用，（2）用户满意度，（3）支持个人发展，（4）健康支持，（5）用户培训，（6）用户参与图书馆活动，（7）服务点位置，（8）图书馆使用，（9）最新和合适的阅读资料，（10）威尔士语资料，（11）在线访问，（12）咨询回应，（13）员工水平与专业，（14）运营支出，（15）每次访问的花费，（16）开放时长
爱尔兰③	绩效管理框架	（1）爱尔兰"公共图书馆战略计划"设定未来几年的行动项目，（2）与行动项目相对应，"公共图书馆标准与基准"制定了绩效项目，（3）地方当局根据标准与基准评估图书馆绩效
	计划与标准	"公共图书馆战略计划"、《公共图书馆标准与基准》
	创建及过程	2015年，爱尔兰农村和社区发展部、郡市管理协会和地方政府管理局制定了《2013—2017年爱尔兰公共图书馆战略计划》，爱尔兰社区与地方政府部门制定《公共图书馆标准与基准》，与《2018—2022年爱尔兰公共图书馆战略计划》匹配的标准与基准至今还未公示
	评估主体/客体	爱尔兰社区与地方政府部门、地方政府管理局及地方公共图书馆服务机构/地方公共图书馆
	评估达标时间	采用3年过渡阶段，地方当局必须逐步实现标准和基准
	评估项目	《公共图书馆标准与基准》 1. 战略与规划。 2. 图书馆物理建筑：（1）访问，（2）大小，（3）位置。 3. 核心原则。 4. 核心服务/服务提供：（1）为快乐和知识而阅读，（2）信息，（3）当地研究，（4）素养和学习，（5）公共图书馆为学校提供的服务，（6）商业与企业服务，（7）科技途径与支持，（8）社区支持。 5. 最佳开放时间。 6. 人员：（1）劳动力规划，（2）劳动力发展。 7. 服务提供：（1）服务提供框架，（2）网页服务，（3）移动图书馆服务。 8. 服务绩效

续表

国家/地区	项目	内容
新西兰④	名称	2020—2025 年新西兰公共图书馆战略框架
	创建及过程	公共图书馆协会于 2020 年创建
	评估主体/客体	未明确
	战略项目、目标、成效与评估项目	1. 阅读。目标：全民扫盲、读书为乐。成效：（1）提高智识，（2）儿童生活最好的起点，（3）公平与公正的访问途径，（4）数字包容和网络安全，（5）更明智的决策，（6）更多地使用毛利语与手语。均值与杠杆项目：（1）每年新会员和活跃会员的人数，（2）人均会员数量，（3）人均借出项目（实体和数字馆藏），（4）人均馆藏的规模与支出，（5）信息素养项目的数量与参与人数，（6）信息素养项目的满意度，（7）电子资源在线使用的增量，（8）馆藏周转率。 2. 联系。目标：人们与知识及其他人互联。成效：（1）充满活力的公民和城镇中心，（2）更强的社会凝聚力和减少孤立，（3）一个更宽容和包容的社会，（4）社区互联与民主增强。均值与杠杆项目：（1）人均空间，（2）社区拓展，（3）年度客户满意度，（4）协同地方政府管理者协会的福利项目框架。 3. 练习。目标：创造性学习，终身实践。成效：（1）改善了年轻人和失业者的就业前景，（2）学习新技能，增加新的机会，（3）参与学习人数增加，（4）服务不足的社区增强对图书馆使用度。均值与杠杆项目：（1）学习项目的参与人数，（2）用户对学习项目的满意度，（3）用户对技术选择的满意度，（4）细分社区用户，满足多样性的需求。 4. 记忆。目标：重视过去，启示未来。成效：（1）归属感和身份认同，（2）遗产保护，为后代提供访问途径，（3）更明智的决策，（4）更多理解和宽容。均值与杠杆项目：（1）每年数字化项目数量，（2）添加的项目与原计划的比较，（3）使用网页的用户数量增长百分比、个人用户数量、文物页面浏览量和下载，（4）适当储存和保存原始资料，（5）使用馆藏的用户调查
澳大利亚⑤	名称	澳大利亚公共图书馆指南、标准与成效评估
	创建与更新	进入 21 世纪以来，2011 年 ALIA 和 PLAC 图书馆咨询私人有限公司 Libraries Alive! Pty Ltd 发布第一版标准，2012 年发布第二版。自 2012 年起每 4 年更新一次
	标准与评估	标准为问责制提供评估机制和标杆管理工具
	评估主体/客体	未明确
	评估项目	《澳大利亚公共图书馆指南、标准与成效评估》（2020 年）： 1. 图书馆标准：（1）图书馆运行标准：①图书馆支出，②人员，③开放时长。（2）馆藏与服务标准：④图书馆资料支出，⑤馆藏规模，⑥馆藏新旧，⑦公共技术访问。（3）服务使用标准：⑧注册为会员的居民人口所占百分比，⑨人均图书馆访问次数，⑩人均借阅数量，⑪每年人均每项实体

续表

国家/ 地区	项目	内容
		馆藏的借阅次数，⑫电子服务使用，包括每年人均访问图书馆次数、每年人均使用图书馆设备的时长（小时）、每年人均使用图书馆 Wi-Fi 的次数、每年人均使用图书馆 Wi-Fi 的时长（小时），⑬项目参与，评估每年人均参加图书馆项目数量，⑭用户满意度。 2. 指南：（1）社区参与。（2）图书馆治理。（3）图书馆管理，包括政策与计划、人力资源、财政与资产、技术资产与基础设施、危机管理、营销与推广、监测和评估。（4）馆藏，包括馆藏发展与管理、馆藏内容、用户访问馆藏途径（包括馆际互借）、当地研究与历史馆藏。（5）信息和参考服务。（6）项目。（7）科技途径。（8）方位与空间。（9）针对年轻人、老年人、文化多元化群体和其他群体的目标服务，包括未成年人服务、老年人服务、为文化和语言多样化的社区提供服务、为土著居民和托列斯海峡岛民提供的服务、为残疾人提供的服务、素养服务、上门服务。（10）服务点，包括图书馆建筑、流动图书馆、开放时长、网页与在线服务、延伸服务及其他服务点。（11）员工。（12）资金。（13）合作。（14）客户服务。 3. 其他定量项目：（1）藏书发展与管理，（2）会员，（3）馆藏使用，（4）信息和参考服务，（5）项目，（6）技术访问与使用，（7）图书馆设施，（8）人员，（9）社区参与与促进

资料来源：课题组整理。

注：①Welsh Government. Connected and ambitious libraries：the sixth quality framework of Welsh publiclibrary standards 2017 – 2020 ［EB/OL］．［2021 – 05 – 24］．https：// gov. wales/sites/default/files/publications/2019 – 07/connected – and – ambitious – libraries – the – sixth – quality – framework – of – welsh – public – library – standards – 2017 – to – 2020. pdf；②Vale of Glamorgan Council. Welsh public libraries standards ［EB/OL］．［2021 – 05 – 24］．https：//www. valeofglamorgan. gov. uk/Documents/_Committee% 20Reports/Scrutiny – LC/2021/21 – 04 – 15/Welsh – Public – Libraries – Standards. pdf；③Govie. Public library standards and benchmarks ［EB/OL］．［2021 – 05 – 24］．https：//www. gov. ie/pdf/？ file = https：//assets. gov. ie/ 8247/e1 d04 d52611 a46798 c6c873 a5 a505 aa4. pdf#page = 1；④Public Libraries of New Zealand. Public libraries of New Zealand strategic framework 2020 ［EB/OL］．［2021 – 05 – 24］．https：//publiclibrariesofnewzealand. wildapricot. org/resources/Documents/PLNZ% 20Stra tegic% 20Framework_Final. pdf；⑤ALIA. APLA – ALIA Standards and Guidelines for Australian Public Libraries，December 2020 ［EB/OL］．［2021 – 05 – 24］．http：//read. alia. org. au/apla – alia – standards – and – guidelines – australian – public – libraries – december – 2020.

（三）基于行政区域公共图书馆目标和计划的评估

治理多样性导致每一个国家标准或指导方针并非在所有图书馆环境都完全适用。鉴于各行政区域公共图书馆的管理与运营存在较大差异，政府难以制定适合所有行政区域的标准，一些国家放弃设置全国统一的标准与计划，转而由行政区域图书馆自行设置目标和计划，并且基于这些自设目标与计划进行评估，评估自身是否达到预设目标与计划。其评估思路与基于全国公共图书馆目标与计划的评估类似，可以说都是以目标与计划为导向的评估，代表性国家为日本、美国。

1. 由都道府县、市町村立自行设置目标和计划的日本公共图书馆评估

日本行政区域分为都道府县、市町村立两个层级，不同层级乃至同一层级的行政区域在人口数量与结构、经济发展、社会教育设施系统等方面也存在差距，相应地，各区域公共图书馆在服务人口数量、投入资金、运营形态等方面存在差异。由此可见，预设的、统一的全国目标与计划在日本并不适用，于是，日本采用按行政区域自行评估的方式。具体来说，日本从行政管理的合理化和效率化的角度出发，引入由"计划"（Plan）、"执行"（Do）、"评估"（Check）、"改善"（Act）组成的管理循环（简称"PDCA 循环"）模式。PDCA 循环就是在计划中设定目标，根据计划进行实践，评估目标的实现程度，对不能实现的目标进行改进，并在下一个计划中体现出来的行政活动。

（1）法律与标准条例

日本法律规定公共图书馆承担评估其经营状况的义务。《社会教育法》第三十二条指出："公共场所应当对其经营状况进行评估，并根据评估结果，努力采取必要措施改善公共场所的经营状况。"[1]《图书馆法》7 - 3 条规定："图书馆对经营状况进行评估，并以此为依据，必须努力采取必要的步骤来改善图书馆的运作。"[2]

日本文部科学省《公共图书馆的设置及运营的理想标准》（以下简称《理想标准》）为基础性行政区域层级（即市町村立）的图书馆提供了检查运行状况评估的标准。该标准不仅明确要求实施 PDCA 循环模式，而且要求评估常态化、引入第三方评估、信息公开，对日本当前的评估实践产生深刻影响。《理想标准》2012 年修订版包括如下方面：①市町村立图书馆确保按照基本运行方针运行，为提高业务水平、图书馆服务等，图书馆每年必须重视检查并根据目标和业务计划的实现情况自行评估图书馆的运营状况；②市町村立图书馆除前款规定的检查、评估外，视情况由图书馆理事会采用其他方法，邀请参与学校教育或社会教育的人、开展有助于改善家庭教育活动的人、具有图书馆业务学术经验的人、图书馆用户、居民及其他关联方、第三方对市町村立图书馆进行评估；③市町村立图书馆应当根据前两项规定的检查评估结果，努力采取必要措施，改善图书馆的运行状况；④市町村立图书馆通过互联网及其他先进信息通信网络等多种媒体，对第一项、第二项的检查评估结果和前项措施的内容进行通报及公示[3]。

---

① 社会教育法（昭和二十四年法律第二百七号）［EB/OL］.［2021 - 05 - 24］. https：//elaws. e - gov. go. jp/document？lawid = 324AC0000000207.

② 図書館法（昭和二十五年四月三十日法律第百十八号）［EB/OL］.［2021 - 05 - 24］. https：//www. city. kobe. lg. jp/documents/16648/1 - 1. pdf.

③ 文部科学省. 図書館の設置及び運営上の望ましい基準（平成 24 年 12 月 19 日文部科学省告示第 172 号）［EB/OL］.［2021 - 05 - 24］. https：//www. mext. go. jp/a_menu/01_l/08052911/1282451. htm.

（2）评估时间与目的

从历年图书馆评估调查可知，21 世纪日本行政区域公共图书馆评估由最初的零散项目评估，逐步发展成以行政区域公共图书馆自设目标和计划为基准的评估模式，该模式已成为日本公共图书馆评估的主导模式。具体来说，2003 年日本国家教育政策研究所、社会教育实践研究中心开展的图书馆和图书管理员的实际情况调查表明：图书馆自我评估实施率很低。图书馆欠缺运营标准、振兴政策及现场自评等重要参考资料，在这种情况下图书馆仅进行项目评价的可能性很高①。2010 年瑞穗情报研究所株式会社开展的图书馆评估和运营状况的报告显示：43.1% 的都道府县在 PDS（Plan-Do-See，PDCA 的雏形）或 PDCA 管理中使用评估，但市町村立的使用比例仅为 16.7%②。2015 年文部科学省委托图书馆流通中心有限公司开展的全国公共图书馆实际情况调查显示：1427 个被调查馆正在检查和评估目标和业务计划的实现程度，实现程度约为 60%③。从评估频率上看，在《理想标准》的指导下，公共图书馆引入基于目标与计划的评估模式，基本上每年根据运营方针与计划评估一次图书馆运营状况，持续推动运营改进。但个别图书馆的评估也存在中断情况。

日本各行政区域公共图书馆评估目的可总结为：通过评估图书馆运营情况，以达到改进服务、实现运营与管理的目标。并且，评估是图书馆遵循与践行《图书馆法》与《理想标准》的举措。此外，还有一些其他评估目的，如日野市立图书馆还提到提供图书馆运营状况信息，加深对市民或用户及其他相关利益方的了解，促进合作，获得市民或用户的信任④。

（3）评估主体及评估方法

日本行政区域公共图书馆评估主体呈现多元化的特点。2015 年日本公共图书馆的实际调查情况显示：评估主体按由高到低的频率排列依次为图书馆自身、图书馆理事会、用户、第三方及图书馆理事会以外的理事会（如用户理事会等）等⑤。图书馆理事会由学校教育、社会教育等相关领域的专业人士及与本馆无直接关联的图书馆学、业界人士组成。

①　国立教育政策研究所，社会教育実践研究センター. 図書館及び図書館司書の実態に関する調査研究報告書［R/OL］.［2021 – 05 – 24］. https：//www. nier. go. jp/jissen/chosa/houkokusyo1 – 15. htm.

②　みずほ情報総研株式会社. 図書館の自己評価、外部評価及び運営の状況に関する情報提供の実態調査［R/OL］.［2021 – 05 – 24］. https：//www. mext. go. jp/a _ menu/shougai/tosho/shiryo/1284904. htm.

③⑤　株式会社図書館流通センター. 平成 27 年度「公立図書館の実態に関する調査研究」報告書［R/OL］.［2021 – 05 – 24］. https：//www. mext. go. jp/a_menu/shougai/tosho/houkoku/1378719. htm.

④　日野市立図書館. 日野市立図書館の運営の状況に関する評価書［EB/OL］.［2021 – 09 – 30］. https：//www. lib. city. hino. lg. jp/library/hyouka/index. html.

日本《图书馆法》规定：图书馆理事会是负责回应馆长关于图书馆运营的咨询，就图书馆提供的服务向馆长提出意见的机构①。在一定程度上，图书馆理事会在图书馆运营中起着外部指导、调节的作用。各行政区域图书馆的评估主体通常不止一种，常见的是图书馆与图书馆理事会共同作为评估主体来开展内部与外部评估。图书馆结合业务计划、具体数值目标及根据现有的业务成绩参考评估标准进行自评，图书馆理事会则审查自评结果，由委员会成员陈述意见并加以总结，提出需要改进的地方。用户与非用户也是重要的评估主体。通常公共图书馆向用户与非用户派发调查问卷，了解居民对图书馆所提供服务的需求和意识，并重点关注用户满意度，从而从用户角度获知图书馆服务与运营的状况。日本有些图书馆已形成专业的评估组织，如埼玉市立图书馆自 2009 年开始学习开展评估的方法，2010 年试评，2011 年至 2021 年依据其基本方针评估上一年的业务成绩，并在常态化评估中设立图书馆评估小组委员会专门审查各项目标的指标和指标数值②。

综上所述，基于行政区域公共图书馆目标和计划的评估方法步骤可概括为：依据图书馆方针、业务计划、愿景等政策文本，提取其中的目标、基本准则、优先行动项目等，构建达成这些目标和准则的具体指标，设置合理的指标数值，设定表示达成率的"评估标准"，包括确定评分前提、设定计算目标达成率的公式、划分评分层级，最终由图书馆依据达成率与评分标准客观地评估实际目标的达成情况。

（4）评估项目、评估标准

各行政区域设定的评估项目数量不同，从 20 项到 50 项不等。如上文所言，评估项目是基于图书馆方针、业务计划、愿景等的目标与优先项目产生，确切来说，是为了实现图书馆运营计划与目标而设置的具体、细化的评估项目。这些评估项目通常是定量指标，如参观人数、图书借出数量、注册人数、资料周转率等统计型指标。明确的数值目标设置使整体评估更为简洁客观，如青森县立图书馆与埼玉市立图书馆。有些评估项目未设置量化目标指标，可能保留原始的目标与优先项目，由图书馆描述该评估项目相关的年度业务进展，往往要求附有案例说明、数据统计、整体发展与变化及其背后的原因与解释等较详细的信息，如苫小牧市中央图书馆、鹿儿岛县立图书馆。

在定量评估项目中，通过计算实际业绩、目标业绩之间的比率可以清晰地得知业绩实现程度，即达成率，比率数值越高说明目标与计划实现度越高。在定性评估项目中，几乎

① 図書館法（昭和二十五年四月三十日法律第百十八号）[EB/OL].［2021 - 05 - 24］. https：//www. city. kobe. lg. jp/documents/16648/1 - 1. pdf.

② さいたま市図書館. さいたま市図書館評価［EB/OL］.［2021 - 09 - 30］. https：//www. lib. city. saitama. jp/contents? 0&pid = 107.

不采用数据计算的方式显示目标与计划的实现程度，而是通过客观的判断、审查，确定是否实现标准。不管是定量还是定性评估项目，最后都根据目标达成情况设置评分标准，一般分为三至五个层级，普遍使用英文字母 A、B、C、D、E 作为评估分值；也有采用文字说明对评估项目的实现程度与成效予以评估，如青森县立图书馆采用"达成""基本达成""未达成"，宫城县立图书馆采用"顺利""基本顺利""稍显滞后""滞后"进行评估。具体评估项目与标准见表 3－4。

表 3－4　日本六个行政区域公共图书馆基于自设目标和计划的评估案例

地区	图书馆名称、评估频率、最新评估年份	评估目的	评估主体	评估方法	评估项目（及评估标准）	评估结果利用
北海道	苫小牧市中央图书馆[①]、每年一次、2021 年	加强图书馆管理	图书馆、图书馆理事会		自评项目：（1）业务计划完成度，包括①是否根据业务计划的内容妥善管理和运营设施？②是否提高了设施利用率、增加使用者数量、提高用户便利性？③是否实现设施设置目的，独立业务是否按计划进行？④是否努力与社区、相关组织、志愿者等合作？（2）用户满意度，包括①用户满意吗？②是否正确获取用户的意见或要求？③用户的意见、要求和投诉是否得到充分回应并迅速采取行动？（3）管理运营效率，包括①是否在努力降低成本？②某些操作的成本是否合理？另外，是否做出努力来减少开支？③有没有努力增加收入？（4）适当管理和操作，包括①人员配置和工作人员管理是否适当？②是否通过培训等努力提高员工的能力？③是否妥善处理设施使用的问题？（包括减免使用费和退款）。④用户的个人信息是否得到妥善管理？⑤收支情况是否有不当之处？财务处理是否恰当？⑥是否依法对设施设备进行检查和维护？⑦文件和设备是否得到妥善管理？⑧安全措施（事故预防	

续表

地区	图书馆名称、评估频率、最新评估年份	评估目的	评估主体	评估方法	评估项目（及评估标准）	评估结果利用
					等）是否足够？⑨是否按照法律和协议进行了适当的管理？（5）是否努力为社区做出贡献？ 项目自评分数（以英文字母 A、B、C、D、E 为评估分值）及评分标准如下：A. 正在努力超越目标和业务计划，管理和运营状况非常好。B. 正在按照目标和业务计划努力，管理和运营状况良好。C. 正在按照目标和业务计划进行，管理和运营状况正常，没有特别的问题。D. 未能达成全部目标和业务计划，管理和运营需要改进。E. 远未达成目标和业务计划，管理和运营中相当多的部分需要改进②	
东北	青森县立图书馆③、不定时评估、2008 年	根据《图书馆法》第 7－3 条规定评估图书馆的运营状况并改进其运营	图书馆、用户与非用户	通过设定表示达成率的"评估标准"，客观评估目标达成情况	县立图书馆运营方针事项：（1）收集、保存和提供材料，下设20项评估项目；（2）馆际互借，下设16项评估项目；（3）支持学习和研究，下设10项评估项目；（4）地方文化资料的收集、保存和提供，下设 5 项评估项目；（5）加强作为支持地区的信息场所的功能，下设11项评估项目。 近代文学馆运营方针事项：（1）资料收集和储存，下设11项评估项目；（2）资料展示，下设 6 项评估项目；（3）营造文学活动环境，下设14项评估项目。 设定表示达成率的"评估标准"，客观地评估目标的达成情况。计算公式：达成率＝年业绩/年目标值×100%。达成：超过 100%；基本实现：95%—100%；未达成：低于95%	根据评估结果确定需要改进的事项，并于进一步管理工作中进行改进，例如设定下一数值目标

地区	图书馆名称、评估频率、最新评估年份	评估目的	评估主体	评估方法	评估项目（及评估标准）	评估结果利用
	宫城县立图书馆④、每年一次、2020年	参考《图书馆法》与《理想标准》，对运营状况进行评估，并根据评估结果采取必要的措施来改善图书馆的运营	图书馆、图书馆理事会		措施指南：（1）加强与市图书馆的合作，加大支持力度；（2）提高图书馆工作人员的素质和能力，开展有效培训；（3）推进与学校图书馆的合作，加大支持力度；（4）营造促进儿童阅读活动的环境；（5）在提供各种资料和信息的同时，努力成为一个支持民众解决问题的图书馆；（6）志愿者发挥积极作用，发挥他们的力量提供各种服务；（7）从公平和长远的角度，广泛收集民众所需的材料，妥善组织、储存和有效利用它们；（8）努力维护安全可靠的设施，提高用户使用设施的便利程度；（9）加强组织管理，培养有创造力、独立行动的人才；（10）促进本地文献材料收集、保存、修复和利用；（11）收集东日本大地震的记录，并努力将它们传递给后代。 自我评估的标准：考虑到必要性、有效性和效率，从目标指标的实现情况、社会经济状况、业务的实际表现和成果等方面，对自我评估结果做出以下分类：①顺利：被判断为成果充分，进展顺利；②大致顺利：被判断为有一定成果，进展大致顺利；③稍显滞后：被判断为成果不多，进度稍显滞后；④落后：被判断为没有成果，进度落后	努力改进评估整理出的问题，不定期地检讨目标项目等，以达到目标的项目等，并加以完善

续表

地区	图书馆名称、评估频率、最新评估年份	评估目的	评估主体	评估方法	评估项目（及评估标准）	评估结果利用
关东	日野市立图书馆、每年一次、2020 年	提供图书馆运营状况信息，加深对市民、用户及其他相关方的了解，促进合作，获得市民、用户信任，旨在促进图书馆有效管理	图书馆、图书馆理事会	将拟评估项目、图书馆活动和自我评估结果上报图书馆理事会，听取图书馆理事会成员的意见	2020 年的主要举措：①努力预防新型冠状病毒感染，②实施第三图书馆基本计划推进项目，③实施第四届少儿阅读活动推广计划推广项目，④实施残障服务业务，⑤地区行政资料数字化。 基于图书馆基本计划的 2020 年优先努力的内容：①以成为"地方文化基地"为目标，②成为市民的互动休闲场所，③促进公民阅读活动，④为所有公民提供图书馆服务，⑤收集、提供和储存当前和未来公民所需的材料和信息，⑥维护保养馆内基础设施	识别业务问题和提出改进措施
	埼玉市立图书馆、每年一次、2020 年	对图书馆运行情况进行检查评估，包括图书馆服务、项目目标和成果情况等，改进并公布评估结果	图书馆评估小组委员会、图书馆理事会	根据《埼玉市立图书馆运营状况评估实施指南》，每年评估图书馆的运营状况。依据"埼玉市立图书馆愿景"及在该地区"四个目标"下的 22 项基本方针，在评估中，为每个目	基本政策 1：满足求知欲的图书馆。①目标：普及图书馆使用、加强交流并加强信息传播；项目：新注册人数、借出材料总数、参观人数、借出使用者人数、每个公民的借出数量、交流数量。②目标：收集和储存各种计划材料。项目：资料周转率。③目标：利用 ICT（信息和通信技术）提高服务质量；项目：互联网用户总数。 基本政策 2：支持国民生活质量提高的图书馆。①目标：举办文化项目；项目：讲座等的次数、参加讲座等的人数、电影放映数量、参加电影节目的人数、举行观览次数。②目标：加强对每代人的服务；项目：主题材料展览次数、为每一代人制作图书介绍材料。③目标：加强参考服务；项目：接受的参考咨询数量、举办的工	根据评估结果努力改进图书馆管理

地区	图书馆名称、评估频率、最新评估年份	评估目的	评估主体	评估方法	评估项目（及评估标准）	评估结果利用
				标设定指标和目标值，并评估达成状况	作人员参考培训次数。④目标：提升无障碍服务质量；项目：面对面阅读次数、送货上门服务次数。⑤目标：加强多元文化服务；项目：与多元文化服务相关的展览。⑥目标：支持儿童阅读活动并与学校图书馆合作；项目：为儿童举办的活动次数，关于阅读和书籍的讲座、会议，制定儿童指南。 基本政策3：与市民同行的图书馆。①目标：与市民的合作。项目：与志愿者合作的项目数量、与志愿者合作项目的延续。②目标：与相关组织（公共机构/私营部门与机构/非营利组织）的合作；项目：合作项目及合作机构的数量、接受工作经验的次数。 基本政策4：公民方便使用的图书馆。①目标：提高员工素质和能力；项目：内部培训次数、派遣培训人数。②目标：专业人员配备；项目：增强专业知识培训。③目标：可持续稳定的图书馆管理；项目：稳定的财政收入并减少不必要支出。 指标评估标准：将各指标设定的目标值，即目标达成率，分A到D四个等级。A、B、C、D，分别对应能够达到目标值、几乎达到、很难达到、无法达到，相应获得分数3、2、1、0。目标评估标准：根据各指标达成率的平均分数，目标评估分为A、B、C、D四个等级	

续表

地区	图书馆名称、评估频率、最新评估年份	评估目的	评估主体	评估方法	评估项目（及评估标准）	评估结果利用
中部	滨松市立图书馆⑤、每年一次、2019 年	（1）为图书馆运营和服务提供设定目标值，并验证是否已妥善实施。（2）在规划、实施、评估、改进的循环中改进图书馆服务	图书馆、用户、附属组织理事会成员	自评、外部评估、用户满意度评估	评估项目：图书馆主页访问次数、每个人的借出件数、外语资料借出件数、利用残疾人材料的用户总数、使用问卷调查的满意度。有两种评估方法：一种是设置评估量表，计算方式：达成率＝年度业绩/年度目标×100%，设置五个等级，分别为超过 105%、100% 以上至 105%、95% 以上至 100% 以下、90% 以上至 95% 以下、90% 及以下；另一种是根据各项目的评分进行评估，划分 A、B、C 三个等级，分别对应：目标达到，有足够的成果；目标基本实现，取得了一些成果；目标没有实现，无法取得足够的成果	识别未来挑战
四国	香川县立图书馆⑥、每年一次、2020 年	提高图书馆服务和管理水平	图书馆、图书馆理事会、用户		优先目标 1：图书馆资料的改进，评估指标：藏书册数、本地资料接收数量。优先目标 2：强化图书馆服务；评估指标：到馆人数、新注册人数、个人借出册数、合借图书数量、儿童团体借出的学校支援平装书数量、访客满意度。优先目标 3：加强阅读推广活动；评估指标：主页访问次数、展览数量等。优先目标 4：促进文化活动；评估指标：活动、讲座、工作坊等举办次数。对项目给予评估，分别对应：A. 数值目标达成（达成率 100% 以上）；B. 数值目标基本实现（实现率 80% 以上且小于 100%）；C. 低于数值目标（完成率低于 80%）	提出今后发展方向

续表

地区	图书馆名称、评估频率、最新评估年份	评估目的	评估主体	评估方法	评估项目（及评估标准）	评估结果利用
九州	鹿儿岛县立图书馆⑦、不定时评估、2020年	根据评估结果，改进操作			基本目标1：鹿儿岛县立图书馆致力于为民众提供多样化的服务，在谋求与县立奄美图书馆合作的同时，努力构筑网络，充实馆藏，成为支撑研究、研修的图书馆。优先行动项目：加强对县立图书馆的支持，还有网络建设、图书馆管理研究中心建设、图书馆理事会管理等项目。 基本目标2：鹿儿岛县立图书馆作为县的信息据点，为了支援民众和促进地区课题的解决，努力收集、保存资料，提供信息，满足民众日益提高的多元化需求，成为一个"有用"的图书馆。优先行动项目：加强用户服务、问题解决、学习支持及地方资料（地域资料）的综合收集与数字化、图书馆资料的系统维护。 基本目标3：鹿儿岛县立图书馆致力于创造一个便于民众交流知识、智慧和信息的舒适场所，成为一个"连接"的图书馆。优先行动项目：营造连接地方和人、人和人、信息和人的环境。 基本目标4：鹿儿岛县立图书馆积极推动民众的阅读活动，努力提供一个了解当地历史与文化的平台，成为一个"滋养"人民的图书馆。优先行动项目：儿童阅读活动的推广、成人阅读活动的推广、对当地历史与文化的理解和传承。	提出未来努力方向

续表

地区	图书馆名称、评估频率、最新评估年份	评估目的	评估主体	评估方法	评估项目（及评估标准）	评估结果利用
					四个评估等级：A. 非常好，按计划实施，取得了很好的效果；B. 好，按计划进行；C. 差强人意，几乎可以按计划实施；D. 不好，无法按计划实施	

资料来源：课题组整理。

注：①苫小牧市中央図書館．図書館協議会［EB/OL］．［2021 – 05 – 24］．https：//www. tomakomai – lib. jp/about1/；②苫小牧市．セルフモニタリング報告書（令和 2 年度分）［EB/OL］．［2021 – 05 – 24］．https：//www. city. tomakom-ai. hokkaido. jp/files/00004900/00004935/s17toshokan. pdf；③青森県立図書館．青森県立図書館自己評価［EB/OL］．［2021 – 09 – 30］．https：//www. plib. pref. aomori. lg. jp/top/guid/hyouka. html；④宮城県図書館．宮城県図書館振興基本計画本文ダウンロード［EB/OL］．［2021 – 09 – 30］．https：//www. library. pref. miyagi. jp/about/shinkoukihonkeikaku/shinkou – kihon. html；⑤浜松市立図書館．浜松市立図書館評価について［EB/OL］．［2021 – 09 – 30］．https：//www. lib – city – hamamatsu. jp/outline/evaluation. html；⑥香川県立図書館．基本方針・重点目標（令和三年度）［EB/OL］．［2021 – 09 – 30］．https：//www. library. pref. kagawa. lg. jp/about/eval；⑦鹿児島県立図書館．5 図書館協議会について［EB/OL］．［2021 – 09 – 30］．https：//www. library. pref. kagoshima. jp/honkan/？p = 32935.

（5）评估结果的公布与应用

在《理想标准》的指导下，日本公共图书馆评估结果多在网站上公示，有些馆在网站上建立了评估导航，汇总评估介绍、历年评估操作指南、评估指标、评估结果与相关调查问卷问题、调查结果等信息，如青森县立图书馆、日野市立图书馆与滨松市立图书馆；也有些馆将评估结果放在理事会等其他相关网页中，如苫小牧市中央图书馆。日本图书馆强调评估的应用性，且评估结果应用已形成稳定的模式，可简要概括为：根据评估结果找出图书馆运营存在的问题、需要改进的项目。这些问题与发现为进一步的管理改进工作设定下一年业务目标，提供思路与方向。

2. 基于各州标准的美国公共图书馆评估

美国图书馆界达成以下共识：由于不同地区的图书馆在规模、预算和各种方面存在巨大差异，一套标准无法做到各州适用。因此，美国不设定全国通用的标准，各州图书馆的决策者和财务管理人员自行设定标准，作为当地设施、人员配备和预算决策的基础。当前每个州均制定了一套标准①。各州公共图书馆的标准可以帮助管理者决策、规划图书馆未来发展，并且标准具有客观性、可考察性的特征，展现最低或者理想型图书馆服务与管理水平，因此标准也用作衡量图书馆是否成功完成期望使命和目标的辅助工具。

（1）标准制定或修订时间、主体与依据

早在 20 世纪 80—90 年代，美国有多个州制定了公共图书馆标准，21 世纪以来，一部分州图书馆标准更新不及时，依然沿用十年前的标准，标准适用性逐年降低。但也有少量图书馆对标准维持稳定、持续的更新。例如，威斯康星州公共图书馆的标准于 1987 年首次出版，并于 1994 年、2000 年、2005 年、2010 年持续更新，最新版本为 2018 年版。总体上看，州公共图书馆标准呈现稳定性、语言简洁易懂、标准可量化等发展趋势。

州公共图书馆标准的修订主体大多是州图书馆协会与州立图书馆。由于图书馆标准需要长期更新，推动了专门组织即标准委员会的建立。标准委员会通常由该州各种规模图书馆的领导者、图书馆与信息学专家代表等构成。此外，标准修订通常征求标准应用主体的反馈意见，从而形成从管理者、从业者、学者与实践者多视角修订标准的形式，增强图书馆标准的专业性与适用性。例如，俄勒冈图书馆协会公共图书馆部与俄勒冈州立图书馆建立标准委员会，共同承担更新俄勒冈州公共图书馆标准的责任。标准委员会每年鼓励各图书馆馆长和经理提供反馈并审查标准②。各州图书馆法是图书馆标准遵循的首要依据，标准也重点考虑 ALA 法规、美国及各州建筑设施与弱势群体保护等相关法规，因此标准也具有合法性、科学性的特点。

（2）评估与衡量项目、辅助工具

美国州图书馆标准文件呈现"基本维度 – 细分维度 – 标准或基准（即评估与衡量项目）"的架构。从基本维度上看，美国州图书馆标准普遍设置治理、财务、馆藏、设施、服务与人力资源等维度，涵盖图书馆运营服务发展需要事项。各州的评估与衡量项目数量不一，大多数兼有定量与定性评估项目。尽管定性评估项目不能像定量指标那样通过统计数值来确认是否达标，但也是具体化且可以考察的。譬如，北卡罗来纳州图书馆在"行政"这一基本维度下的"规划"子维度设置了基准：图书馆管理部门有一个现行全面的、深思熟虑的长远计划，包括：①确定图书馆的使命、愿景和战略，根据社区需求实现目标（目的）和利益；②将定期的数据收集和分析作为关键要素等，图书馆可以明确判断自身

---

① South Carolina State Library. Standards for South Carolina Public Libraries ［EB/OL］. ［2021 – 09 – 30］. https：//guides. statelibrary. sc. gov/ld. php？ content_id = 2852017.

② Oregon Library Association. Public library standards ［EB/OL］. ［2021 – 09 – 30］. https：//www. olaweb. org/assets/PLD/PLDStandards/PLD – Standards – 091718. pdf.

是否满足基准。此外，大部分州把评估项目分两到三个层次设置，增强评估的灵活性与适用性。第一层次通常是要求最低的标准，即该州内所有公共图书馆应该达到的标准，第二层次是更高层次的标准，第三层次是最佳的标准，鼓励图书馆向高层次标准靠拢。具体评估与衡量项目见表3-5。

各州图书馆标准文本无疑是粗糙的评估工具。部分州图书馆为方便开展评估，开发了检查表、报告卡、选项表等辅助评估的便捷工具。如南卡罗来纳州立公共图书馆早在2012年基于标准和各种因素开发了公共图书馆报告卡（Public Library Report Card），图书馆可以利用此报告卡衡量自身优势和劣势。科罗拉多州每个标准有简短的介绍，后附清晰的检查表。佐治亚州则在每个标准旁设置了"是/否"栏，为图书馆提供一种简单的方法来评估其实现目标的进度。

（3）达标与获取资助

州公共图书馆标准在州立图书馆、图书馆协会等网站展示，并号召公共图书馆评估绩效和效率时遵守。这些标准大多预设评估主体为图书馆管理者。由于各州没有强制要求提交评估报告，基于各州标准的评估未得到全面执行。

部分州要求州图书馆必须满足其标准才能获得国家或州政府资助，因此依据图书馆标准的评估有一定必要性。如科罗拉多州公共图书馆的标准指出，科罗拉多公共图书馆基于《科罗拉多图书馆法》的规定建立和维护图书馆，该法提供了公共图书馆的基本定义，若符合这些定义，图书馆可以获得资助。

表3-5 美国十个州公共图书馆标准与评估

现行标准名称、制定修订主体、最新制定/修订时间	标准与评估的关系	审查项目	达标是否获取资助
科罗拉多州公共图书馆标准[①]、科罗拉多州立图书馆、2016年	提供了图书馆检查当前服务，并为当地社区提供实现提升服务水平目标的发展标准	1. 馆藏。成果：图书馆将长期提供有用信息，帮助社区成员在福祉和提高生活质量的最重要领域做出决策。 （1）关于馆藏的基本检查清单：①有效管理馆藏的政策和程序已经到位，并反映了图书馆的战略计划和社区需求。馆藏管理计划包括以下政策和程序：确定和取消、保护措施、申请材料复议的处理程序、礼物和捐赠的管理程序等；②每三年审查一次馆藏管理计划；③收集材料并向用户提供各种信息的访问权限……⑩确保所有用户都可以访问所有资料，除非受到图书馆政策或其他法律限制的限制。	是

现行标准名称、制定修订主体、最新制定/修订时间	标准与评估的关系	审查项目	达标是否获取资助
		（2）关于馆藏面向未来的检查清单：①为社区成员提供参与资料选择的流程，包括提供馆藏主题选择的专业知识；②根据馆藏管理计划和其他指导图书馆活动的计划，分配购买材料的资金支出；③确保馆藏反映社区的种族、文化和语言多样性；④根据反映人均收藏和流通统计数据和周转率及年度报告和规划所需的统计数据，跟踪报告有关货币及其相关的各种格式的统计数据……⑧如果图书馆收藏了地方历史文化，参考美国档案工作者协会的最佳实践进行操作。2. 社区参与。3. 设施。4. 财务。5. 治理。6. 人力资源。7. 营销和宣传。8. 规划。9. 资源共享。10. 服务和项目。11. 技术的成果、概述、基本检查清单与面向未来的检查清单、指南	
佐治亚州公共图书馆标准[②]，标准委员会、公共图书馆咨询委员会，2015 年	是进行有意义的图书馆评估和衡量的重要依据	1. 运营服务标准。（1）行政管理：①计划包含描述图书馆在社区中的使命陈述；计划展现在不超过三年的时间内实现的目标，并且概述实现目标的具体行动；计划每年由图书馆理事会和馆长审查、修订和更新标准，图书馆关于计划目的、目标和时间表的进展评估也包括在审查中；图书馆将开展社区研究作为其规划工作的一部分。②图书馆馆长提供财务和统计报告供图书馆董事会会议审查，并就影响政策的事项与董事会成员沟通。③图书馆馆长和（或）其他图书馆董事会成员为每位新董事会成员开展迎新活动。④图书馆或其资助机构应始终保留至少一个月的费用。（2）人员。（3）馆藏发展与评估。（4）公共服务与周转服务。（5）技术服务。（6）路径与设施的具体标准。2. 主要服务标准。3. 物理设施标准的标准	较之前版本，当前版本省略了国家资助年度申请要求的项目
2020—2024 年堪萨斯州公共图书馆标准[③]、堪萨斯州公共图书馆标准委员会、2020—2024 年	旨在帮助图书馆衡量其当前的图书馆服务水平，并帮助他们改进项目、馆藏和信息获取权。图书馆理事会应定期审查图书馆标准	1. 结构和治理，包括：（1）图书馆由任命或选举产生的图书馆委员会管理，行使州法规规定的权利，包括但不限于维护图书馆委员会作为法人团体和政治实体的法律地位，并有权力制定图书馆政策和法律；雇佣图书管理员并规定其报酬；管理收到的赠款和礼物；支付为图书馆运营而筹集的资金；章程规定的其他董事会权力。（2）图书馆委员会在适当的预算和财务程序下运作；根据	否

续表

现行标准名称、制定修订主体、最新制定/修订时间	标准与评估的关系	审查项目	达标是否获取资助
		KSA 12－1226 的要求，董事会财务主管；在每次董事会会议上向董事会提供财务报告；遵守图书馆账户审计的法定要求；实施适当的内部财务控制程序。此类程序要求至少有两个人审查和批准图书馆资金的支付。（3）图书馆董事会聘用一名带薪图书馆馆长，并在图书馆董事会批准的政策和预算范围内将图书馆的管理委托给图书馆馆长。（4）图书馆董事会批准并实施书面人事政策。为所有图书馆工作人员确定聘用率或范围及工作描述。图书馆馆长管理人事政策和程序。（5）图书馆的责任保险由图书馆董事会或图书馆的上级政府机构（市、乡或县）负责，现有保险单的副本在图书馆存档。（6）图书馆财务记录在图书馆存档，可根据堪萨斯开放记录法案的要求提供……（12）图书馆为图书馆董事会的所有成员提供堪萨斯图书馆协会和堪萨斯图书馆受托人协会的当前会员资格。2. 规划、营销和社区参与。3. 图书馆资金和预算。4. 图书馆服务和资源。5. 自动化与技术。6. 图书馆人员。7. 物理设施的标准	
2010 年路易斯安那州公共图书馆标准④、路易斯安那州图书馆协会公共图书馆部、标准修订委员会、2010 年	为图书馆员和图书馆董事会成员提供评估依据，从而衡量图书馆	1. 规划、管理和财务。（1）规划：①图书馆至少每五年完成一次正式研究以确定社区的服务需求（五年战略计划），②图书馆利用从社区研究中获得的信息制订长期计划，③每年对长期计划进行审查和更新，④图书馆制订维护图书馆设施的总体规划，⑤图书馆制订设施管理和维护计划。（2）管理：①图书馆员毕业于 ALA 认可的图书馆，并完成信息研究课程的学习；②图书馆管理员已根据 LA RS 25：215 的要求获得并保持州认证……⑧图书馆馆长及时提交路易斯安那州立图书馆要求的报告。（3）财务。（4）材料。（5）人员。（6）继续教育和员工发展。（7）预算的标准。2. 图书馆服务途径。3. 服务。4. 馆藏。5. 技术。6. 设施的具体标准	否

续表

现行标准名称、制定修订主体、最新制定/修订时间	标准与评估的关系	审查项目	达标是否获取资助
密苏里州公共图书馆标准⑤、公共图书馆标准委员会、2012 年	图书馆馆长和受托人应计划花一年时间研究标准并根据本文件评估其图书馆，提升服务质量	1. 结构、治理和行政。标准：（1）图书馆区是根据密苏里州修订法规第 182 章建立和运作的。（2）图书馆区有一个管理委员会，其任命和成员任期符合州法规。对任命机构的建议应反映图书馆区所服务人口的人口统计数据。（3）董事会的首要任务是确保图书馆区的所有居民都能获得税收支持的公共图书馆服务。（4）董事会制定书面章程，概述其宗旨、运营程序并解决利益冲突问题……（16）全体董事会成员参加继续教育活动。指南：（1）将图书馆区合并以形成区域图书馆系统。（2）董事会制定和维护章程，并定期对其进行审查……（34）图书馆有一项董事会批准的政策，允许在特定情况下提供顾客的隐私和机密信息。2. 财务。3. 人员。4. 公共图书馆服务。5. 图书馆规划与评估。6. 馆藏和资源管理。7. 物理设施。8. 技术。9. 技术服务。10. 社会参与。11. 营销的标准与指南	是
内华达州的最低公共图书馆标准⑥、政府、2010 年	提供检查表⑦	最低标准：1. 图书馆必须按照 NRS 379、NAC 379、NRS 380. 153 和 NAC 380. 010 合法建立和运营，包括制定管理图书馆董事会和图书馆的书面章程和政策。2. 图书馆董事会书面的总体规划，未来五年适用，但必须至少每两年更新一次。该计划及其更新版将在图书馆委员会通过后的次年 1 月 31 日前提交给内华达州立图书馆和档案馆。3. 图书馆负责收集、提供和协调根据国家认可的分类系统组织的馆藏资料。4. 图书馆确保通过馆藏、在线资源、与其他机构的合作协议来获取法律材料……11. 不符合上述一项或多项标准的公共图书馆应向 NSLA 提交"最低标准豁免请求"表格，其中包括豁免原因、行动指南以及预计遵守的日期与标准	是

续表

现行标准名称、制定修订主体、最新制定/修订时间	标准与评估的关系	审查项目	达标是否获取资助
2012 年北卡罗来纳州公共图书馆标准[⑧]， 州立图书馆发展委员会、北卡罗来纳州公共图书馆馆长协会、北卡罗来纳州图书馆协会公共图书馆部， 2012 年	作为评估参考	1. 行政。（1）规划。公共价值：将图书馆建成有效管理的社区资源，通过有效管理公共资金提供高服务价值。基准：①建立符合《北卡罗来纳州一般法规》第 153A 章第 14 条的规定；②根据适用的州和联邦法律向支持图书馆的政治辖区内所有居民提供图书馆服务。成果：社区可以使用免费的公共图书馆服务。（2）理事会组织。基准：①有一套书面和批准的章程，用于召开董事会会议；②每年向北卡罗来纳州立图书馆提交理事会章程，并至少每三年审查一次；③根据《北卡罗来纳州公开会议法》，每年至少举行四次董事会会议；④通过州立图书馆、北卡罗来纳州图书馆协会或其他相关组织提供的研讨会和继续教育计划，为受托人提供培训支持；⑤为每位理事会新成员开展迎新活动。成果：社区成员有一个与图书馆管理部门交流和参与图书馆规划和发展的平台。（3）理事会沟通。（4）问责。（5）拥护。（6）公共关系。（7）规划。（8）操作。（9）政策。（10）资金。（11）补充资金。（12）评估。（13）沟通的具体公共价值、基准与成果略。2. 设施。3. 人力资源。4. 资源。5. 服务	否
（俄勒冈州）公共图书馆标准、俄勒冈图书馆协会的公共图书馆部与州立图书馆、2018 年	2017—2018 年标准委员会创建、评估、指导发展优质图书馆服务	最低要求：（1）图书馆提供以下一种或多种形式的实物资料馆藏：书籍和媒体资料；（2）图书馆每周至少开放 20 小时；（3）图书馆遵守《ALA 道德准则》以及其他相关道德准则、规则或指南；（4）图书馆提供免费公共上网服务……（11）图书馆设有符合美国残障人士要求的专用空间，残障人士在空间内可以使用资料和服务。1. 治理标准。（1）服务和领导，指标一：社区可以使用合法建立的公共图书馆。基本型指标：图书馆符合俄勒冈州公共图书馆的最低标准，没有提升性和示范性指标。指标二：社区成员可以安全地在图书馆行使他们的知识自由权利，这是美国《宪法权利法案》和《俄勒冈宪法》条款赋予他们的权利。基本指标：①除了《ALA 道德准则》外，图书馆还采用了《图书馆权利法案》、《图书馆记录保密声明》和《未成年人免费访问声明》；②为了支持其对知识自由和言论自由的承诺，图	否

现行标准名称、制定修订主体、最新制定/修订时间	标准与评估的关系	审查项目	达标是否获取资助
		书馆在其馆藏的管理和保密方面做出努力，没有提升性和示范性指标……指标五：社区了解图书馆的作用及其未来计划。基本型指标：①图书馆有书面的使命宣言；②图书馆至少每五年更新一次书面战略计划；③图书馆至少每三年更新一次书面技术计划……（2）政策与流程的基本、增强、模范型指标略。2. 人员标准。3. 资料标准。4. 服务与项目标准。5. 科技标准。6. 社区参与与拥护。7. 设施	
2012 年南卡罗来纳公共图书馆标准[⑨]；南卡罗来纳州立图书馆赞助，南卡罗纳公共图书馆协会制定，咨询委员会修订；2012 年	州立图书馆鼓励公共图书馆在评估其绩效和效率时遵守这些标准。根据标准对图书馆的持续评估使图书馆决策者能够看到进展，并确定需要改进的领域	1. 管理与资金。（1）基本标准：①图书馆委员会由在任期内任职的受托人组成；②图书馆有活跃的图书馆之友支持小组；③图书馆制定了服务、馆藏、人员、用户行为、用户与员工互动以及操作方面的基本政策，这些政策每五年审查一次；④图书馆管理者全面参与图书馆运营的各个方面，了解并能够解释当前的预算，根据需要定期提供报告和数据……⑧每年对图书馆的财务进行全面审计。（2）目标：①图书馆预算为图书馆委员会发展提供资金。受托人参加全州范围内的专业图书馆活动。②图书馆在图书馆之友理事会设置一名联络员。③政策每两年审查一次，工作人员提出意见。④图书馆管理者鼓励并领导图书馆寻求合作伙伴关系……⑦该州积极寻求多种渠道为图书馆增加资金。2. 人员。3. 资料与馆藏。4. 服务。5. 设施的基本标准与目标	否
第六版威斯康星公共图书馆标准；由公共图书馆发展团队主导，指导小组、治理和行政小组等参与；2018 年[⑩]	自评工具	一级标准：（1）治理。图书馆理事会有权聘用和评估图书馆馆长、确定馆长和馆员的工资和报酬、制定图书馆预算、监督花费并批准图书馆支出、制定和采用图书馆运营政策、参与图书馆战略规划的制定、对图书馆的运营进行全面监督和管理。以下标准与公共图书馆治理相关：①图书馆的董事会制定章程，概述其目的及其操作程序，并解决利益问题。②图书馆委员会采用书面政策来运营图书馆。所有政策都可供员工使用并供公众检查。每项政策后面的项目是对政策可能涵盖的内容的建议。注意：如果图书馆向公众提供会议室空间，则还必须包括会议室使用政策。③如果图书	否

续表

现行标准名称、制定修订主体、最新制定/修订时间	标准与评估的关系	审查项目	达标是否获取资助
		馆选择过滤互联网内容，其互联网政策中须有说明，并且有一个程序允许读者不经过滤访问。④图书馆董事会每年召开会议的次数不少于十次（有图书馆馆长出席），时间和地点对董事会和社区来说都方便。（2）图书馆管理。馆长负责所有图书馆的日常运作，包括聘用和解散图书馆雇员、准备预算并向董事会提交、推荐和执行图书馆通过的政策、推荐和执行图书馆服务计划、拥护图书馆。（3）资金。（4）人员配备。（5）馆藏和资源。（6）计划和服务。（7）使用权。（8）设施的具体标准。 二级标准、三级标准	

资料来源：课题组整理。

注：①Colorado State Library. Colorado public library standards［EB/OL］.［2021 – 09 – 30］. https：//www. cde. state. co. us/cdelib/colibrarystandards；②Georgia Public Library. Georgia Public Library standards—2015［EB/OL］.［2021 – 09 – 30］. https：//georgialibraries. org/trustee_files/appendix/GPLS%20Library%20Standards%202015%2005112015. pdf；③Standards for Kansas public libraries. 2020 – 2024［EB/OL］.［2021 – 09 – 30］. https：//www. sckls. info/home/showpublished-document/796/637552812120370000；④State library of Louisiana. Standards for Louisiana public libraries 2010［EB/OL］.［2021 – 09 – 30］. https：//www. state. lib. la. us/files/Library_Development/standards_2010（3）. pdf；⑤Missouri Secretary of State. Public library standards［EB/OL］.［2021 – 09 – 30］. https：//www. sos. mo. gov/CMSImages/Library/LibStandards. pdf；⑥Nevada State Library，Archives and public records. Minimum standards［EB/OL］.［2021 – 09 – 30］. https：//nsla. nv. gov/minimum – public – library – standards；⑦Minimum public checklist 2020［EB/OL］.［2021 – 09 – 30］. https：//legistarweb – production. s3. amazonaws. com/uploads/attachment/pdf/490973/minimumpublicchecklist2020. pdf；⑧State library of North Carolina. 2012 North Carolina public library standards［EB/OL］.［2021 – 09 – 30］. https：//statelibrary. ncdcr. gov/media/122/download? attachment；⑨South Carolina State Library. Standards for South Carolina Public Libraries［EB/OL］.［2021 – 09 – 30］. https：//guides. statelibrary. sc. gov/ld. php? content_id = 2852017；⑩Wisconsin Department of Public Instruction. Wisconsin public library standards sixth edition［EB/OL］.［2021 – 09 – 30］. https：//dpi. wi. gov/sites/default/files/imce/pld/pdf/wisconsin_public_library_standards_6th_edition_2018_final. pdf.

第三节　国外公共图书馆评估的经验及对我国的借鉴

一、将评估嵌入公共图书馆管理周期

从国外公共图书馆的评估实践来看，威尔士与爱尔兰基于全国/地区公共图书馆标准与计划开展评估，日本公共图书馆基于都道府县、市町村立自行设置目标和计划开展评估，这些基于目标和计划的评估模式，预先设立服务运营标准与规划并公开发布、投入使

用，其后基本按照这些标准与规划开展评估，评估结果推动了新目标和计划的产生。俄罗斯文化机构服务质量评估与韩国全国图书馆运营评估评分体系，尽管侧重于评分与评比，鼓励图书馆朝着"更高的分数""更好的同行榜样"发展与进步，但两国尤其是韩国，依据全国图书馆规划方向及行动设计了大量评估指标，实际上评估已达到检验规划践行效果的目的，最后总体评估结果服务于规划的完善甚至是设定战略方向。由此可见，这

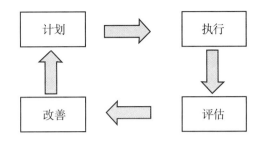

图 3 - 2　PDCA 循环

资料来源：须贺千绘. 図书馆经营の评价［EB/OL］.［2024 - 10 - 06］. https：//www. jla. or. jp/Portals/0/data/iinkai/% E7% A0% 94% E4% BF% AE% E4% BA% 8B% E6% A5% AD% E5% A7% 94% E5% 93% A1% E4% BC% 9A/resume2017 - 2/5suga2017 - 2. pdf.

些国家采用了 PDCA 循环，即通过重复计划（Plan）→执行（Do）→评估（Check）→改善（Act）四个步骤，以达到持续改进运营的效果（见图 3 - 2）。

正如美国著名图书馆员 S. Hiller 和 J. Self 所言："从评估到管理"，将评估和效率提升问题与发展战略计划的各个部分联系起来的重要性①。独立设置评估这一管理活动是不可取的，不然评估会丧失实质意义，造成评估结果无实质应用的消极结果。应该将评估嵌入管理周期中，使评估成为一种管理工具，与规划和目标这一前提牢牢相连，以强化评估实际价值与成效，并切实改进服务及业务。我国六次公共图书馆评估，同样以政策法律作为保障，以全国图书馆发展规划为基础，通过评估定级来督促公共图书馆进行自我管理②，但是对评估结果应用于全国发展规划或者地方发展规划的修订方面还未受到足够重视。安徽省、广东省、天津市、武汉市等地方图书馆总结了评估中取得的成绩、暴露的不足，提出了图书馆存在的问题，明确了图书馆的发展方向。此外，中国图书馆学会编纂了《全国公共图书馆评估上等级图书馆全集（第五次）》，以收录评估上等级图书馆的有关资料、照片等内容，记述上等级图书馆评估相关维度的详细史实③，但未能切实将评估数据与结果应用在各地图书馆的规划和决策中，缺少对整体评估结果详细的总结分析与记录，未阐明各时间段图书馆业务与事业取得的成效，未解决发展的阻碍与困惑，未指明正确方向，

①　POMAHOB П С. Cовременные тенденции в оценке эффективности и качества работы зарубежных библиотек［J］. Informatsionnyi biulleten' RBA，2008，49：81 - 83.

②　柯平，张海梅，张蓝. 公共图书馆事业管理的"三驾马车"——政策法律、发展规划与评估定级［J］. 图书馆理论与实践，2019（8）：32 - 38，69.

③　江苏省图书馆学会. 关于做好《全国公共图书馆评估上等级图书馆全集（第五次）》组稿工作的通知［EB/OL］.［2021 - 09 - 30］. http：//www. jslib. org. cn/pub/njlib/njlib_zzjg/njlib_tsgxh/njlib_xh-gg/201405/t20140530_127573. htm.

因此不能充分用于下一时期包括规划方向确定、规划细则修改的全国图书馆发展规划的拟定。

二、在政策、人员、技术、资金上形成保障

总体而言，国外图书馆评估在政策、人员、技术与资金上形成评估保障。在政策保障上，国外大部分公共图书馆法律强制要求公共图书馆参与评估，对评估开展、评估责任主体做出明确的规定，如韩国、俄罗斯与日本法律。俄罗斯法律还规定文化机构评估的周期、资金，日本的公共图书馆《理想标准》对图书馆评估流程与模式、信息公开等做出更为详细的要求。我国《中华人民共和国公共图书馆法》对图书馆评估未做任何明确规定，仅是第五条指出"国务院文化主管部门负责全国公共图书馆的管理工作"。理论上来说管理工作包括评估工作，应由文化主管部门担任评估责任主体。当前，我国正逐步形成稳定的公共图书馆评估机制，基于此，本书建议在图书馆法案中增设关于图书馆评估的条例，从评估主体、周期等方面做出明确规定，并且考虑由文化主管部门制定公共图书馆评估的专门政策和有效文件，提高评估的规范性。

在人员保障上，有些国家的公共图书馆评估主体多元，强调外部主体的参与。评估主体分为以下几类：①政府机构。绝大多数公共图书馆评估的责任主体都是管理图书馆的政府机构。由政府机构作为公共图书馆评估的主体可以引起相关部门的重视，提高评估响应率。②图书馆学界与业界专家。这一类评估主体如图书情报领域的讲师及教授、图书馆管理者、拥有多年工作经验的馆员等，这些专家有图书馆管理运营的专业知识，他们构建科学的评估指标、参与实地评估并且解答各馆在运营发展过程存在的困惑等。③图书馆协会。图书馆协会是指导图书馆业务发展的专业机构。图书馆协会关心图书馆事业的发展，参与图书馆评估，对图书馆的发展有指导作用。④专业研究团队。专业研究团队对评估进行研究，利用科学研究指明评估方向、分析总结评估流程与结果等。⑤统计学专家、出版商、基金会及其他协会成员等，在评估所需的数据统计分析、评估资料出版发布与资金等方面提供知识与物资帮助。⑥用户。由用户参与的公共图书馆评估可以从用户视角客观探究图书馆运营发展现状。我国前五次图书馆评估的评估主体较为单一，主要是行业内部，即由公共文化司负责对省、副省级城市、计划单列市图书馆的评估进行统一部署安排，各省（区、市）文化厅（局）负责组织对所属市、县级图书馆进行评估，并委托中国图书馆学会与地方图书馆学会参与评估指标制定等工作。内部评估主体单一存在以下弊病：评估主体的工作量大；相对封闭的主体评估体系使得图书馆评估标准的制定、执行和检查都站在同一角度（图书馆机构角度），缺乏客观性；缺乏横向比较，不利于发现问题

和不足①。在第六次评估中，评估主体趋向多元化，文化部、各省（区、市）文化厅（局）、新疆生产建设兵团文化广播电视局组织评估，政府委托中国图书馆学会开展评估，华博胜讯信息科技（北京）有限公司提供技术支持，组建专家委员会开展评估宣讲工作等，各部门职责分明。并且自第三次评估起，读者已成为图书馆的评估主体，对图书馆环境、服务质量、服务效果等提出了意见与建议。可见，当前评估主体呈现多元化的发展趋势，但仍存在有待改善之处：在读者评估中，读者数量较少，多类型读者未能共同参与，读者在其中发挥的作用有限；外部评估主体数量不足。本书建议：在评估中增加诸如老年人、未成年人、流动人群等各类读者群体的数量；参考 ISO 16439：2014《图书馆影响评估的方法与程序》，通过影响调查、访谈与焦点小组、用户自我评估与轶事证据等多种方法，获取用户对图书馆的体验、从图书馆服务中获得的好处及对图书馆的总体看法；根据评估需要引入专业研究机构、调查咨询公司、统计学专家等主体，提供公共文化评估、统计领域的专业知识、技能帮助构建评分体系及更好地开展数据处理，减轻评估主体工作量，提高专业性，增强评估客观性；与媒体合作，拓展公共图书馆与评估宣传渠道。

在技术保障上，自 20 世纪 80 年代起国外多个国家提供了在线数据系统。这些数据系统的运作模式大体相同：行政区域机构根据统计项目以统一格式在数据平台输入调查数据，此后在平台整合、处理数据，最后公示公用数据，包括美国 ALA 采用的 PLDS 数据服务系统、教育部的 FSCS 系统、IMLS 的网络报告系统，德国 DBS 数据系统，韩国全国图书馆评估系统等。这些数据平台关注数据公开，提供了 XLSX、JSON、JSONS、CSV、XML、PDF 等多种格式的公开数据文档。此外，俄罗斯提供在线数据表供用户查询，用户可选取地区或联邦区的名称、报告年度末图书馆和分馆总数、报告年度收到的文件总数、报告年度已发布文件等字段获取特定条件的数据；芬兰提供在线统计数据库及可视化工具，除了根据字段获取数据，还可以利用数据生成可视化图表，提高了数据可读性和可用性，增强了直观性。在数据公开过程中，各国采取个人数据保护措施，例如：德国 DBS 设置数据保护官，发布数据保护声明，对图书馆统计数据中的个人数据实施多项技术和组织措施②；IMLS 的网络报告系统编码或汇总调查数据，确保删除可以识别的个人数据，提供公用的数据文件。与国外图书馆相比，我国很晚才建成信息化平台（Information Platform）。我国全国公共图书馆评估自 1994 年开始，采用的是手工操作，直至 2017 年第六次评估才启用评估定级系统。参评图书馆在评估服务平台报名、通过审核后，网上填报指标数据、上传

①　贾东琴，金胜勇. 我国公共图书馆评估主体研究［J］. 图书与情报，2011（2）：35 – 39，52.

②　Datenschutzerklärung Deutsche Bibliotheksstatistik（DBS）［EB/OL］.［2021 – 09 – 30］. https：//www. bibliotheksstatistik. de/img/DatenschutzDBS. html.

佐证材料。图书馆完成指标填报后，可进行自评工作，图书馆数据或者业务有特殊情况的也可以在评估报告里进行说明①。信息化平台不仅可以实现数据录入，数据整理、统计、分析，还可实现在数据平台公布最后的排名。总之，当前我国评估定级系统的数据公开不够，未来除了公布排名，还应加强对评估方数据的处理与公开，因此后期还需对数据脱敏、展示界面设计、数据可视化处理、数据维护等技术加以关注与应用。

在资金保障上，评估责任或者主导主体不同导致公共图书馆评估资金来源不同。国外图书馆评估资金有两种来源，即政府和赞助商。相对而言，政府资金具有稳定性、持续性的特点。例如，俄罗斯政府主导公共文化机构评估，以俄罗斯联邦预算系统的相关预算为基础，成立公共委员会以评估文化组织服务条件的质量②。而美国 LJ 指数由 Baker & Taylor 长期赞助。德国 BIX 的发展经验说明：一个长效、可持续的融资模式是图书馆评估得以持续生存的基本条件。当前，我国的评估是在中央财政支持下，由中国科学技术协会设立专项，为每个评估试点培育项目承担单位拨付专项资金。项目经费重点用于中国图书馆学会建立健全工作体制机制、完善运营模式和监管机制、加强专业团队业务能力建设、建立数据库、制定业务规程和技术标准等方面，可见我国公共图书馆评估有较固定、专门的经费。

三、构建稳定的评估流程并公示评估信息

虽然各国公共图书馆评估流程存在差异，但总体来看，都是评估主体、客体遵循评估步骤与时间安排开展评估实践，基本一年评估一次。长期、可持续的评估形成了稳定、清晰的评估流程。这种常态化、持续性的评估保证了对图书馆运营的持续监督和推进。在这些国家中，韩国公共图书馆评估流程与我国最为相似，其评估流程大致分为四个阶段：第一阶段是定量评估，由图书馆方输入定量绩效评估的数据，在评估年 6 月或 7 月的若干天内完成。选定分数排在前 300 名的图书馆为定量评估中的优秀机构（考虑分组和各种奖励等级），并通知各优秀机构。第二阶段是定性评估阶段，由优秀机构提交定性数据和支撑材料，通常要求在比第一阶段更短的时间内完成。所有书面评估结束后，公示书面评估数据并且接受申诉与重新计算分数。第三阶段是现场考察阶段，实地调查组前往第一、二阶段评估中表现优异的机构（这些机构的数量约为最终获奖机构的两倍）进行实地考察评

---

① 中国图书馆学会．评估定级系统平台介绍和网上填报注意事项［EB/OL］．［2021 – 05 – 24］. http：//www. lsc. org. cn/d/2017 – 05/11/201705110933106. pdf.

② Минтруд России. Федеральный закон № 392 – ФЗ от 5 декабря 2017 г．［EB/OL］．［2021 – 05 – 24］．https：//mintrud. gov. ru/docs/laws/126.

估，现场核实书面评估数据。第四阶段是委员会审议阶段，在综合所有评估结果后，评审委员会进行最终审议，从各类图书馆中遴选出优秀图书馆①②。我国公共图书馆的评估流程大致可分为：一是网络预评，由参评方录入数据并报送，时长为 2—3 个月；二是实地考评，包括地级市、县级、（副）省级实地评估、审核数据，各需 1—2 个月；三是专家终评，约 1—2 个月。与其他国家的公共图书馆评估有明显差异的是，我国每四年开展一次评估，比其他国家的一年一次评估周期长，与相似的评分体系相比，单一阶段耗费时间长，主要原因是数据录入与统计等工作繁重。当前我国一些专家呼吁评估常态化，建议将评估周期改为一到两年一次。而要实现常态化，日常服务数据收集与组织是一个重要的突破口。正如课题组开展的专家访谈③中，李培（天津图书馆馆长）提出"图书馆方方面面的数据，都有人在采集"，王惠君（广东省立中山图书馆馆长）提出"这种大考核与平常的常态化的评估和工作能够结合起来"。

多个国家在评估信息公开、评估主客体交互方面做出努力。这些国家在专门网页公开评估目的、法律依据、评估主体、评估客体、评估所参考的指标及标准与计划、评估流程安排、评估结果及评估数据分析、新闻报道、问题、评论等详细信息，评估过程公开透明。此外，公共图书馆评估主体积极与评估客体沟通互动，有些国家通过研讨会、复议、问答与反馈等多种途径与参评方沟通联系，如韩国举办统计指标、统计数据和大数据利用等的研讨会。评估主体在特定时间段支持图书馆方提出关于图书馆和地方政府的问题以及就书面评分提出申诉、疑问与异议并且在较短时间内受理。PLA 衡量、评估和评价委员会主席，IMLS 图书馆统计工作组成员 L. Hofschire 博士指出，仅制定新的数据项目并发布项目定义是没有意义的，需要为州数据协调员和其他协助当地图书馆收集、报告和使用此类数据的人员提供更多培训和支持④。中国图书馆学会官网公布评估标准细则、评分表、培训动态、评估排名、问答等相关信息，但每次评估发布的信息较零散。我国第六次公共图书馆评估建立了专门平台，设置了通知公告、工作动态、评估标准与评估平台专门栏目，并将评估信息放置在栏目导航下，方便获取信息。当前，关于评估目的、法律依据等基本信息，专家评委、参评图书馆评估数据、总体数据分析等未披露。基于此，本书建议：今

---

① 국가도서관통계시스템. 2016년도（'15년 실적）전국 도서관 운영평가 추진계획 [EB/OL]. [2021 – 05 – 24]. https：//www. libsta. go. kr/libportal/openMdg/notice/getNoticeDetail. do.

② 국가도서관통계시스템. 2019년도（'18년 실적）공공도서관 운영평가 설명회 자료집 [EB/OL]. [2021 – 05 – 24]. https：//www. libsta. go. kr/libportal/openMdg/resourceRoom/evaluationRsc/getEvaluationRscDetail. do.

③ 本书中访谈专家的职务均为访谈时职务。

④ LJ. Data Centered：A Q&A with Linda Hofschire | LJ Index 2018 [EB/OL]. [2021 – 05 – 24]. https：//www. libraryjournal. com/? detailStory = ljx181101Stars2018HofschireQA.

后在评估平台上公开这类数据，并且可以探讨是否学习俄罗斯、威尔士、日本等国家和地区在各馆网站平台上公示评估数据；在与评估客体交互方面，我国主要通过培训会、问答反馈、评估平台问卷调查与参评图书馆沟通，未来应针对图书馆数据统计与评估人员开展更多数据统计与应用培训，并在官网公示培训资料与工具包，在与图书馆的交互中应留意基层与欠发达地区图书馆的声音，以确保评估顺畅开展。

四、改进分组标准，权衡指标更新和参评图书馆便捷性

评估分组与指标设置对图书馆评估体系来说至关重要。评估分组主要在全国公共图书馆评分体系中应用，当前国际对评估客体分组没有一个最优标准，基本上所有分组标准都很难确认环境特点和机构内部条件相似的图书馆群组，有些国家在不断优化改进分组指标。美国 HAPLR 按服务人口分组，批判者指出分组标准忽略了其他人口特征，因此 LJ 指数转而按图书馆支出为图书馆分组。从 1998 年起，韩国开始对公共图书馆进行评估，由于评估对象来源广泛，难以客观、深入地评估，2003 年起按照大、中、小城市分组评估图书馆①，近年来一个新分组思路出现：按照建筑、图书、预算与职员四个基本保障计算分数，将分数相近的图书馆分组。可见，韩国经历了不分组、单一标准分组和考虑多维度分组的分组历程。而我国将评估客体按省、市、县级图书馆三个级别进行分类，考虑了不同级别图书馆的差异设置标准，但还未探讨副省级城市的图书馆②，并且忽视了国家区域发展不平衡问题③，虽然第六次评估将东、中、西部的省级、副省级城市、市与县级图书馆分开设组，设定分层参评条件，而在具体评估中仍然采用省、市与县级评估指标，实质上未真正触及这两个问题。我国整体国情复杂，在今后的评估中仍需考虑副省级图书馆的定位与性质、实际发展，比较其与省级和市级图书馆的差异，并适度调整欠发达地区图书馆评估指标与标准，在评估实践中逐步修正。

设计评估体系的出发点是评估目标，参考依据有各国图书馆定位与价值、图书馆战略计划、相关政策、图书馆发展现状和用户需求等，由于各国国情不同，评估指标体系存在较大差异。从指标数量上看，有些国家的指标简洁明了，只有几项或十几项，如 HAPLR、LJ 指数与 BIX。有些国家为了较全面、科学地对图书馆做出评估，指标体系庞大，指标数

---

① 이소연. 지역사회 주민을 위한 공공도서관의 문화 서비스 활성화 방안 [J]. 한국문헌정보학회지 제，2004，38（3）：23-43.

② 张雅琪，柯平，包鑫，等. 公共图书馆评估中的副省级图书馆定位问题研究 [J]. 情报资料工作，2021，42（4）：20-27.

③ 柯平，刘旭青，陈占强，等. 区域差异背景下我国公共图书馆常态化评估路径研究 [J]. 情报资料工作，2021，42（4）：14-19.

量多达几十项，如 ALP、韩国文化基础设施管理运营评估与澳大利亚图书馆评估标准。从指标内容上看，大体分为两类：一类是从图书馆的角度进行评估的绩效评估指标，另一类是基于用户角度制定的成效评估指标。大多数国家的评估聚焦于图书馆的角度，尤其是 2000 年前的评估体系。以图书馆角度为主的评估指标分为：①投入评估指标，包括资金、馆藏、空间、设施与设备、人员、管理这几个主要方面投入资源的指标。②产出评估指标，包括用户借阅、流通、访问、参考咨询、网页与在线服务、特殊群体服务等服务相关指标。其中，LJ 指数全部采用产出评估指标。成效评估指标关注的是图书馆对用户的影响。从 20 世纪起，ALP 设置用户满意度指标，21 世纪，威尔士、新西兰与澳大利亚评估指标都包括用户满意度。特别是《互联互通与野心勃勃的图书馆：2017—2020 年威尔士公共图书馆第六个标准质量标准框架》在质量项目中设置"发挥作用""用户满意度"两个项目。此外，LRE、俄罗斯文化机构服务质量评估突破传统的绩效评估模式，评估对象不包括图书馆投入与产出资源的定量指标，而是从用户视角评估图书馆服务、设施、馆藏与人员等的质量。我国第六次公共图书馆评估指标超过 110 项，聚焦于绩效评估，涵盖评估政策、经费、馆藏与人力资源等方面的投入及基本服务、特殊群体服务、阅读推广与社会教育、信息咨询服务、网络资源服务与新媒体服务等服务产出。关于读者评估，仅设定读者意见处理和日常评估的读者满意度两个指标，读者参与力度弱。因此，本书建议未来可从读者角度适度评估公共图书馆在文化、教育、科学与经济发展等方面的作用，并且借鉴威尔士的经验以定性案例形式收集这部分数据。

总体来看，国外根据环境变化与图书馆动向对评估体系进行灵活的更新调整，较多体现在数字与信息化建设、服务均等化方面。如上文所言，LJ 指数在 2016 年、2019 年、2020 年分别增加了电子资源流通、Wi-Fi 及电子信息检索项目，BIX 2008 年的评估指标相较 2000 年增加了人均图书馆电脑工作站开放时长、网络服务指标。此外，相较于 20 世纪的评估体系，当前韩国应用的评估体系增加了对弱势群体的消除数字鸿沟活动和计划，这些弱势群体有多元文化家庭、低收入群体与老年人等。可见，评估体系应考虑未来公共图书馆发展趋势。我国环境趋向法治化、管理多元化、转型立体化、行业融合化，评估体系也应与时俱进、适当优化①。评估指标重要的设置原则还包括便捷性原则，即应尽可能地减轻参评方参评的投入与负担。总体来说国外公共图书馆评估指标体系重视延续性，每次仅做出个别调整，指标体系呈现稳定性，并且大多数国家指标数量精减，将数量控制在几十项内。此外，一些国家将评估指标与统计项目结合，减轻参评的工作量，如美国 HAP-

---

① 柯平，袁珍珍，彭亮，等. 后评估时代公共图书馆评估环境研究［J］. 情报资料工作，2021，42（4）：6-13.

LR 与 LJ 指数、德国 BIX 与韩国全国公共图书馆运营评估。前三个评估体系数据来源是基于现有的统计数据集，无须参评图书馆额外提交评估数据，韩国全国公共图书馆运营评估体系与统计系统联动，有些评估数据直接从统计系统导入，图书馆无须填写①。当前在指标稳定性上，我国前五次评估相对变化较小，第六次评估在整体框架上做出较大创新与调整，出现了指标理解与认识方面的问题，对此访谈专家提出保持指标稳定性的建议。在专家访谈中，陈卫东（广东图书馆学会秘书长）清晰地指出："从第六次评估标准公布后的培训和宣传情况看，各地对指标理解不一，细则也一改再改，专家们对有些指标的解释也不太一致，在基层造成一定混乱。"黄如花（武汉大学信息管理学院教授）提出："跟上一次评估变化不要太大，保持图书馆对指标的适应性。"陈卫东还提出："建议保持评估体系框架的基本稳定，未来的评估标准制定在核心指标上应保持相对稳定。"同时本书提出，建议识别并削减非核心指标、删减得分普遍高的指标、合并交叉与重复的指标。并且通过比对已有的数据统计项目，调整相似评估项目以实现利用已有统计数据的目的。

五、利用奖惩手段提高评估客体的积极性，重视宣传

图书馆评估建立奖惩机制可以提升评估客体对评估项目的重视度，还能避免图书馆出现消极状态，发挥优秀图书馆的引领示范作用。国外图书馆评估的奖励手段有：①荣誉奖励。国外评分体系普遍根据评分高低评选具有突出引领作用的图书馆并授予荣誉称号，包括百强图书馆、星级图书馆、最佳与优秀图书馆、等级图书馆，或者根据相较前一年评分的改变、服务案例整体质量评选特别奖及最佳案例奖等其他奖项，国外公共图书馆通常在网页公示获奖结果，也可能制作获奖图书馆宣传片、举办授奖典礼及授予奖状、证书、牌匾等。②资金奖励。少部分国家将绩效评估与政府资助挂钩，如美国部分州公共图书馆对达到本州绩效标准的图书馆给予州政府资助。③其他奖励。如韩国对获奖图书馆的馆员给予海外研修与培训奖励等。由国家政府引导的行政评估通常向评估结果低于标准、违背评估规定的地方当局采取惩罚措施，具体有：①警告，DCMS 对 ALP 结果进行审查，要求部分地区政府修改年度计划，对试图减少服务的地方政府发出警告文件②；②削减或取消资助，威尔士政府会慎重考虑并执行威尔士政府审查地方报告后的回馈建议，对于无视建议或提供不符合要求回应的地方政府，不提供公共图书馆服务的额外资金；③转移职能，在

① 국가도서관통계시스템. ［긴급］공공도서관 운영평가 입력 안내［EB/OL］. ［2021 – 05 – 24］. https：//libsta. go. kr/libportal/openMdg/notice/getNoticeDetail. do.

② Current Awareness Portal. CA1261 – 英国政府、公共図書館の最低基準を作成中 / 松井一子［EB/OL］. ［2021 – 05 – 24］. https：//current. ndl. go. jp/ca1261.

图书馆质量指标表现较差、公众不满情况严重的情况下，威尔士政府可以取消地方政府运行图书馆的权利①，将管理权利移交给另一地方政府。

目前，我国公共图书馆评估的奖励手段单一，主要是评选上等级图书馆并授予牌匾。这存在两点关键性问题：一是未触及资金与拨款根本性利益，二是惩罚措施缺失。至于改善措施，多位访谈专家皆提出关于奖励经费与表扬、削减或取消经费及通报批评的建议，陈卫东（广东图书馆学会秘书长）提出："未来应建立相应的奖惩机制，对达标升级的图书馆给予经费或政策上的奖励，如增加免费开放经费、当地配套经费补贴等；对降级或未上等级图书馆给予通报批评、扣除当年免费开放补贴和其他补助经费等。"历力（新疆维吾尔自治区图书馆馆长）提出："建立评估的奖惩机制，对达标升级的图书馆给予经费或政策方面的奖励，对于降级和未上等级的图书馆给予批评或经费减少等方面的惩罚，进一步调动各地应对评估工作的积极性和主动性。"刘淑华（赤峰图书馆馆长）提出："建立质性激励措施。建议文化和旅游部对一、二、三级公共图书馆采取'以奖代补'的方式给予一定的资金奖励，或者根据评估级别，拉开免费开放资金比例，鼓励争创一级图书馆。"根据本书的研究，我国还可以丰富奖励手段，学习韩国设置诸如提供海外考察、国内免费培训的奖励，并且针对在评分上有较大进步的图书馆设置进步奖，对在特定领域有良好表现的图书馆予以鼓励等。

在政策、人员、技术、资金的多重保障下，确定公共图书馆评估目的、分组与评估标准，执行评估流程并得出评估结果，对表现优异者、逊色者分别予以奖励或惩戒，这些是评估的重要事项，而面向公共图书馆评估的宣传是比较容易忽略的问题。HAPLR、BIX、LJ指数、韩国全国公共图书馆运营评估都在图书馆评估宣传上做出较大努力，提高了社会知晓度，甚至在国外也拥有较高知名度。一是宣传渠道多样化，包括网页、电视、广播、纸质出版物、纸质传单与横幅及讲座、培训等，如网页宣传采用文字、图片与宣传视频等形式，纸质出版物则通过期刊、图书等多种媒介载体。二是宣传内容多元化，包括评估总体介绍、评估主体、评估工作进程、获奖报道、获奖图书馆事迹、评估结果展望、评估影响与益处等。我国已开展全国公共图书馆评估近二十年，还没有举办公共图书馆评估宣传活动的意识，社会公众认识程度低，甚至一些图书馆员也不了解图书馆评估实况，不关心评估结果。未来，本书建议我国图书馆应提高对评估宣传的重视程度，运用多种网络媒体发布评估信息，如在图书馆建筑内部悬挂等级图书馆牌匾并展示相关事迹，鼓励和安排图书馆员在合适的场合宣讲图书馆评估事项与取得的成绩，提高评估工作知晓度。

---

① Welsh Government. How good is your public library service? ［EB/OL］. ［2021 - 05 - 24］. https：//democracy. caerphilly. gov. uk/documents/s27603/Caerphilly％20County％20Borough％20Library％20Services％20Annual％20Welsh％20Government％20Standards％20Assessment％202017 - 18％20App％20. pdf？ LLL = 0.

第四章 公共图书馆绩效评估理论研究

我国自 1994 年至 2017 年已进行了六次公共图书馆评估，在评估标准研制和评估实践上取得了巨大的成绩和丰富的经验。虽然第六次评估开始考虑应用绩效评估理论，并构建公共图书馆绩效评估模型，但整体上看图书馆评估缺乏深度的理论研究。国外图书馆绩效评估的方式由以投入为基础的评估转向以产出为基础的评估，现已形成强调以成效和质量为基础的评估。相比国外发达国家的图书馆评估研究，我国图书馆绩效评估研究还有待进一步深入，我国有关公共图书馆评估的理论研究和实践均处于发展阶段，面对公共图书馆评估的现实需求，迫切需要加强公共图书馆绩效评估相关研究。本章从公共图书馆绩效评估的背景和重要性入手，探讨公共图书馆绩效评估的理论研究，分析影响我国公共图书馆绩效评估的因素，并展望其未来的发展方向，希冀丰富与发展公共图书馆绩效评估理论，为公共图书馆评估研究提供相应的理论支撑，指导未来评估标准的研制和评估实践。

第一节 公共图书馆绩效评估的背景及其重要性

一、公共图书馆绩效评估的背景

20 世纪 40 年代，芝加哥大学图书馆学院将公共管理理论引入图书馆管理，并撰写《公共管理与图书馆》等著作，管理学的理论和方法相继被引进或移植到图书馆管理实践中，《图书馆管理》（R. D. Stueart）等专著[①]先后出版，体现出图书馆管理由经验管理向科学管理转变。20 世纪 70—80 年代，国外兴起的新公共管理运动促使公共机构开始关注绩效管理，绩效评估作为其中的重要部分，引起公共图书馆的重视。由于"3E"理论[②]能够分析理解系统面临的复杂问题，并提出现实可行的解决方案，因而广泛适用于公共组织评估中[③]。

---

① 潘寅生. 图书馆管理工作 [M]. 北京：北京图书馆出版社，2001：7.

② CHECKLAND P B. Towards a system – based methodology for real – world problem solving [J]. Journal of system engineering, 1972（3）：87 – 116.

③ 张远凤. 社会创业与管理 [M]. 武汉：武汉大学出版社，2012：333.

问责制的兴起又进一步推动了公共部门的绩效评估①。问责制具体来说是公众对支出等行为的关注。公众想知道他们的钱去哪儿了，为什么到那里去，买了什么，要求政府官员对税收、协议和支出方式负责。而公共资金支持公共图书馆运行，图书馆需要展示其支出如何使公众受益②。

国外图书馆绩效评估的发展首先注重衡量投入（input），其次是衡量产出（output）。其中，研究型图书馆的图书馆投入评估可追溯到 1908 年，20 世纪 90 年代大部分图书馆都开始了产出评估。然而，在 20 世纪的大部分时间里，图书馆并没有从用户的角度系统地衡量质量（quality）或成效（outcome）。虽然图书馆一直在努力评估资源使用的影响力，但往往只考虑当地的情况，且鉴于当时技术发展的限制，很难通过大规模合作和协调来开展图书馆评估活动③。

图书馆绩效评估的理论研究也在不断发展，美国 F. W. Lancaster 分别于 1977 年和 1998 年出版《图书馆服务的测评与评估》（*The Measurement and Evaluation of Library Services*）和《如果你想要评估你的图书馆》（*If You Evaluate Your Library*）。同时，图书馆界通过绩效标准的制定来促使图书馆评估工作标准化。国际指标方面，1998 年国际标准化组织发布 ISO 11620：1998《信息与文献　图书馆绩效指标》；国家指标方面，1990 年英国发布《成功的关键：公共图书馆绩效指标——绩效测评和指标手册》。图书馆评估最初主要是基于投入的评估，20 世纪 80 年代转向基于产出的评估，特别表现为以产出为中心的业绩指标，随后由于认识到产出评估的不足，基于用户和影响的评估在 20 世纪 90 年代开始被重视④，并逐渐转向与价值相关的测量⑤。

20 世纪 90 年代初，我国图书馆绩效评估研究以引进国外图书馆界的绩效评估理论为主。2000 年前主要以介绍国外图书馆绩效评估的理论成果和实践经验为主。之后的 10 年时间里，随着我国图书馆绩效评估体系的构建，图书馆绩效评估开始引起广泛的关注并逐步成为图书馆界研究的热点问题，可以说 2000 年至 2010 年为我国图书馆绩效评估的发展

①　MAGUIRE C，WILLARD P. Performance measures for libraries：statistical，organizational and cosmetic ［J］. Australian academic & research libraries，1990，21（4）：262 –273.

②　INTNER S S，FUTAS E. Evaluating public library collections：why do it，and how to use the results ［J］. American libraries，1994，25（5）：410 –412.

③　KYRILLIDOU M. From input and output measures to quality and outcome measures，or，from the user in the life of the library to the library in the life of the user ［J］. Journal of academic librarianship，2002，28（1）：44.

④　YU L，HONG Q，SONG G，et al. An epistemological critique of gap theory based library assessment：the case of SERVQUAL ［J］. Journal of documentation，2008，64（4）：511 –551.

⑤　TOWN J S. Value，impact，and the transcendent library：progress and pressures in performance measurement and evaluation ［J］. The library quarterly：information，community，policy，2015，81（1）：111 –125.

阶段①。ISO 11620：2008《信息与文献　图书馆绩效指标》，有力地指导了图书馆的绩效评估工作。从我国绩效评估的实践背景来看，1987 年，中共中央宣传部、文化部、国家教育委员会、中国科学院联合发布《关于改进和加强图书馆工作的报告》，各级地方政府积极开展图书馆的评估活动②。我国于 1994 年、1997 年、2004 年、2009 年、2013 年、2017年和 2022 年先后进行了七次全国县以上的公共图书馆评估定级工作。整体而言，我国公共图书馆的前五次评估更多关注投入规模。第六次评估标准参考 ISO 11620 国际标准，将公共图书馆绩效评估划分为三个维度，即政府投入、图书馆内部效率及社会大众外部满意③。第六次评估后，我国公共图书馆面临着法治化、管理多元化、转型立体化与行业融合化等新环境④，图书馆的绩效评估也面对新的关键问题。

二、公共图书馆绩效评估的重要性

（一）提升公共图书馆工作的标准化

标准化是图书馆科学管理的先决条件。鉴于不同图书馆之间的工作和服务标准的不一致，以及图书馆实际情况的差异性，图书馆按照统一的绩效评估的理念和标准有益于管理图书馆和开展业务工作。一方面，绩效评估有助于图书馆对投入、人员、资源、设备和服务等进行统一管理，实现馆内与馆际间横向和纵向的对比，加强馆内历年来纵向数据比较的有效性和图书馆之间横向数据比较的有效性。另一方面，绩效评估的指标有助于反映图书馆的管理水平和服务质量，能让管理者发现图书馆工作的优势与不足，并有针对性地改进图书馆工作。总之，绩效评估能有效推进图书馆工作的规范化、科学化和标准化。

（二）促进图书馆界的交流与合作

绩效评估为图书馆界的交流搭建了桥梁，提供了契机，并有效地促进了图书馆学术界和实践界的合作。一方面，理论指导实践，实践促进理论的发展。绩效评估的理念、原则及指标的制定需要理论的指导，但是不能脱离实际。绩效评估的指标体系由专家制定，需要专家与图书馆实践工作者交流，因此为图书馆学术界和实践界提供了互相了解的机会。

---

① 徐华洋. 图书馆绩效评估［M］. 北京：中国建材工业出版社，2016：7.

② 中央四部委院关于改进和加强图书馆工作的报告［EB/OL］.［2021 - 10 - 15］. http://www.docin. com/p - 1117977966. html.

③ 宫平，柯平，段珊珊. 我国公共图书馆服务绩效评估研究：基于五次省级公共图书馆评估标准的分析［J］. 山东图书馆学刊，2015（6）：28 - 32.

④ 柯平，袁珍珍，彭亮，等. 后评估时代公共图书馆评估环境研究［J］. 情报资料工作，2021（4）：6 - 13.

同时，图书馆绩效评估的实践又在一定程度上为绩效评估理论的发展提供了实践检验和经验借鉴。另一方面，绩效评估有利于实践界的业务交流和借鉴。绩效评估工作的开展为图书馆之间的工作交流提供了机会，如评估培训会议等绩效评估经验的交流有助于图书馆工作者的经验互鉴和交流。

（三）实现公共图书馆事业的高质量发展

秉承以评促建的原则，绩效评估有助于图书馆发现管理和服务方面的不足以进一步促进图书馆事业的高质量发展。一方面，绩效评估有助于图书馆的管理水平提高。图书馆的整体评估结果和专项评估结果让图书馆的管理者和工作者掌握图书馆的发展状况，与过往的评估数据进行对比，找出发展规律，为图书馆以后的工作开展和战略规划提供科学指导。另一方面，绩效评估有助于图书馆的服务水平提高。绩效评估的结果在一定程度上能反映出图书馆服务水平的高低。图书馆通过绩效评估找出影响服务过程和手段的重要因素，能够有效地提高服务水平。

（四）提高公共图书馆的社会影响力

绩效评估反映图书馆服务和设施的效益、效率和效果，让社会和民众认识到图书馆的价值。一方面，绩效评估有助于彰显图书馆对经济发展的贡献。公共图书馆通过绩效评估体现其产出的价值，引起当地政府的重视，从而增加当地政府对公共图书馆的投入，包括图书馆经费的支持、资源的丰富和优化、设备设施的更新和人才队伍的扩充，进一步促进图书馆对经济发展的贡献。另一方面，绩效评估有助于体现图书馆对社会发展的贡献。公共图书馆的评估结果反映出图书馆对民众的生活、学习和工作的支持和帮助，让社会认识到图书馆是社会发展中不可或缺的一部分。

第二节　公共图书馆绩效评估的理论研究

理论是开展公共图书馆绩效评估的基础，也是公共图书馆开展绩效评估的有力指导，更是得出正确、科学的绩效评估结果的重要前提。本节分别从绩效评估的概念、理论基础和理论模型展开论述。

一、相关概念的界定

（一）图书馆绩效与绩效评估

从管理学角度来看，绩效是指组织以提高个人绩效和组织绩效为基本目标，为个人积极性的提高和创造性的发挥提供空间，并以组织服务对象的满意度为衡量指标的一种新的衡量①。绩效评估包括对组织、部门和个人绩效的三个层次评估②。公共部门绩效评估就是根据管理的效率、结果、效益、公共责任和社会公众满意程度等方面的判断，对政府公共部门管理过程中投入、产出、中期成果和最终成果所反映的绩效进行评定和划分等级③。政府绩效的要素结构包括经济、效率、效果、质量、公平、责任、回应等④。从财务绩效来看，财政项目绩效评估强调依据设定的绩效目标，对项目支出的经济性、效率性、效益性和公平性进行客观、公正的测量和分析及评判，绩效指标包括项目的产出数量、质量、时效、成本及经济效益、社会效益、生态效益、可持续影响、服务对象满意度等⑤。由此可见，管理学的绩效评估指标主要包括产出数量、效率、结果、效益和社会公众满意程度，评估内容为投入、产出和成果中所反映的绩效。

从图书馆的相关研究来看，绩效评估是对图书馆服务或设备的效果（effectiveness）与效率（efficiency）进行测评的过程⑥。本书有关绩效及绩效评估的定义参考国际图书馆绩效标准 ISO 11620：2014《信息与文献　图书馆绩效指标》。该标准对图书馆绩效的解释为"图书馆提供服务的效果和提供服务过程中资源配置及利用的效率"，对绩效指标的定义是"从图书馆统计数据和用于代表图书馆绩效的数据中派生出来的数字、符号或文字表达"，对评估的定义是"对图书馆服务或设施的效果、效率、利用率和相关性的评价过程"⑦。由此可见，政府、公共部门绩效及绩效评估的内涵更加丰富，而图书馆绩效评估的重心在于效率和效果。

（二）相关术语的界定

1. 投入、过程和产出

国外图书馆的行业标准对投入、过程和产出等概念有清晰的界定，有代表性的是 ISO 21248：2019《信息与文献　国家图书馆的质量评估》，投入为"支持图书馆的资源，包括资金、人员、集合、空间、设备"，过程为"一组相互关联或相互作用的活动，将投入转换为产出（如编目量、外借量、参考咨询）"，产出为"图书馆过程的产物（如编目、借

①③　胡税根. 公共部门绩效管理　迎接效能革命的挑战［M］. 杭州：浙江大学出版社，2005：2.

②　方振邦. 战略性绩效管理［M］. 北京：中国人民大学出版社，2014：222.

④　卓越. 政府绩效管理导论［M］. 北京：清华大学出版社，2006：254.

⑤　关于印发《项目支出绩效评价管理办法》的通知［EB/OL］.［2021 - 06 - 02］. http：//www. gov. cn/zhengce/zhengceku/2020 - 03/02/content_5485586. htm.

⑥　褚树青，粟慧. 公共图书馆绩效与价值评价研究［M］. 北京：国家图书馆出版社，2016：3.

⑦　ISO 11620：2014 Information and Documentation—Library Performance Indicators［EB/OL］.［2021 - 06 - 02］. https：//www. iso. org/standard/56755. html.

阅、电子资源下载量、参考咨询、活动）"①。

通常存在一种隐含的简单化假设，即投入与产出直接相关，而产出又与质量和成效相关。但是有这样一种情况是例外，投入方面的测量，如馆藏、连续订阅、支出和员工，产出方面的测量考虑到外借、流通量、馆际互借、书目推荐等方面，投入和产出测量不一定完全相关，因为每个地区的具体安排、限制和环境使得图书馆的测量存在误差，误差的出现让图书馆的产出指标变得毫无意义，但是很多情况下投入和产出是相关联的，如从以馆藏规模为代表的投入指标和以流通量为代表的产出指标之间存在的关系来看，资源可用性的提高会影响资源的使用②。

张红霞认为，投入指的是"图书馆项目募集到的原始资源，包括资金、空间、馆藏、设备和人员，即所谓财力、物力和人力"，产出为"所做工作的数量，如图书馆流通的册数、编目的中枢，参考咨询量、产出评估对物力配置水平的决策、安排图书馆运行时间等是有价值的"③。由此可见，投入、过程和产出形成一个完整的评估流程，三者紧密相连，其中，过程将投入转换成产出。

2. 效果、效率与效益

学者提出图书馆活动的绩效不够明确，仅靠投入、产出等评估远远不能呈现图书馆所产生的效果、效率和效益。效果指的是衡量给定目标的实现程度，如果一项活动能最大限度地发挥它所产生的结果，那么它就是有效果的。效率指的是测量给定目标的资源利用率。如果一项活动能最大限度地减少资源的使用，或者能产生更好的效能，那么它就是有效率的。绩效和效率有联系也有区别，效率注重的是投入产出比，绩效的概念更广泛，包括了经济、效率和效益的综合性含义；效率是指一种活动或一个组织的产出及其投入之间的关系，效益是指产出对最终目标所做的贡献的大小④。

从具体的绩效指标来看，所需文献的可获得性、所需文献占总馆藏的百分比、主题目录检索成功率、排架准确性、馆际互借的速度、馆际互借成功率等绩效指标体现的是图书馆资源和服务的效果；数据库访问的平均成本、内容单元下载的平均成本、到馆服务的平均成本、文献采访的中位时间数等绩效指标反映的是图书馆资源和服务的效率。

---

①　ISO 21248：2019 Information and documentation—quality assessment for national libraries ［S/OL］.［2024-11-27］. https：//www. iso. org/standard/70233. html.

②　KYRILLIDOU M. From input and output measures to quality and outcome measures，or，from the user in the life of the library to the library in the life of the user ［J］. Journal of academic librarianship，2002，28（1）：44.

③　张红霞. 图书馆统计与绩效评价系列国际标准的形成与衍变 ［J］. 大学图书馆学报，2010，28（5）：90-95.

④　卓越. 公共部门绩效评估 ［M］. 北京：中国人民大学出版社，2004：6.

二、绩效评估的理论基础

第四代评估方法论运用社会建构主义方法，具体操作方针是基于解释学辩证循环原则和自然主义调查方法论的基础建立[①]。绩效评估是绩效管理的重要部分，绩效管理的方法论和本体论对绩效评估具有一定的借鉴作用。绩效管理立足于"多元的、建构的、整体的、分歧的本体论，将绩效管理看作是一个组织学习和文化互动过程，以及一个主体间的交互对话过程……并充分考虑知识、权力、利益、资源、意识形态等因素的影响，研究不同话语主体和修辞策略对绩效管理鸿沟的理解、认知与影响"[②]。因此，社会建构主义方法论和多元、整体的、分歧的本体论可以指导绩效评估。除此之外，"4E"理论、全面质量管理理论、目标管理理论和卓越绩效管理理论都可以作为公共图书馆绩效评估的理论基础。

（一）"4E"理论

20世纪80年代，英国学者切克兰德提出基于产出（efficacy）、效率（efficiency）和效果（effectiveness）的"3E"理论[③]。另一种说法是著名学者芬维克于1995年提出了"3E"评价准则，分别是经济（economy）、效率（efficiency）、效果（effectiveness），1997年福林在"3E"的基础上增加了公平性（equity）原则，正式提出"4E"理论。公平性主要关注的是政府在进行公共管理时对各群体是否能做到一视同仁，尤其关注弱势群体是否能得到更多的支持与帮助[④]。而绩效审计的"5E"理论是在"3E"理论的基础上增加了公平性和环境性（environment），公平性指各方群体和资源利用的公平合理性等，环境性指将生态环境的可持续发展观念作为日常工作需要注意的原则底线[⑤]。经济性指标是指以最低投入获得最大收入即是否节约成本。效率性指标是指工作组织方式和成本投入方式是否有效和合理。效果性指标是指服务结果是否达到预期目标，是否产生作用[⑥]。"3E"和"4E"理论已经普遍得到图书馆界的认可，并得到应用，如"3E"理论与图书馆绩效评估高度契合，可以从系统论角度将图书馆系统分为资源（投入）、服务（产出）和效果三个核心要素[⑦]。

① 古贝，林肯. 第四代评估 [M]. 秦霖，蒋海玲，等译. 北京：中国人民大学出版社，2008：185.

② 董静，尚虎平. 政府绩效管理鸿沟：问题识别、形成逻辑与研究展望 [J]. 上海行政学院学报，2020，21（5）：80－88.

③ 吴文光. 基于"3E"理论的图书馆绩效评价研究 [J]. 河南图书馆学刊，2020，40（8）：93－94.

④ 佘立中，唐莎. 基于"4E"理论的PPP模式下合同制治理绩效评价研究 [J]. 建筑经济，2018（12）：37－42.

⑤ 王涵冰. 医疗设备专项资金绩效审计评价指标体系研究 [D]. 北京：北京交通大学，2019.

⑥ 刘利. 政府购买公共图书馆服务绩效评估指标体系研究 [D]. 保定：河北大学，2018：18.

⑦ 刘晓英. 基于"3E"理论的图书馆绩效评价研究 [J]. 图书情报知识，2016，172（4）：54－59，68.

考虑到公平性是公共文化服务均等化的主要体现，公共图书馆服务也是公共文化服务的重要组成部分，柯平等在"3E"的基础上强调公平性，基于"4E"理论建构了公共图书馆服务绩效评估模型①。

（二）全面质量管理理论

全面质量管理理论在发展中，除了全面质量管理的 ISO 9000 族系列标准外，比较重要的管理方法是六西格玛管理法，即以严格的数据采集和统计分析为基础，追求完美的质量管理方法。六西格玛模型包括识别、定义、评估、改进和控制、扩展②。

许多图书馆都采用全面质量管理的方法，并通过 ISO 9001 质量管理体系认证。图书馆全面质量管理概念可以表述为对服务的全过程实行有效控制，从而以最低消耗生产和提供用户满意的信息产品与信息服务，并可持续改进以不断提高服务质量的一种管理方式③。基于 PDCA 循环的图书馆绩效管理体系包括以下四个阶段：①计划阶段（Plan）——绩效目标制定和绩效指标设计；②执行阶段（Do）——绩效指导与强化；③强化阶段（Check）——绩效考核；④改善阶段（Action）——绩效反馈和结果应用④。国际图书馆界实施全面质量管理，并开发和制定了图书馆绩效指标系列国际标准⑤。

基于全面质量管理理论，图书馆的服务质量评估提到的 SERVQUAL + 五个方面的质量指标，分别是有形性、可靠性、响应性、保证性、移情性⑥。在 SERQUAL + 的基础上，ALA 提出的 LibQUAL + 更适应图书馆的环境，LibQUAL + 包含四个层面：服务影响、图书馆整体环境、信息获取和自我应用的能力⑦。这几个层面都注重读者对图书馆服务的感知和客观评估。图书馆全面质量管理的七个要素为持续改进、关注用户、全民参与、协同合作、领导重视、教育和培训、绩效测量⑧。用户始终是图书馆非常关注的一个方面。全面质量管理不仅能够改善图书馆业务流程和工作质量，而且能够在图书馆建设"质量第一、读者至上"的文化。国外图书馆全面质量管理模型的内容包括战略规划、组织文化、关注

①　柯平，宫平．公共图书馆服务绩效评估模型探索［J］．国家图书馆学刊，2016（6）：3－7．

②　齐二石．公共绩效管理与方法［M］．天津：天津大学出版社，2008：205－206．

③　陶冶．全面质量管理——21 世纪图书馆管理改革的方向［J］．图书馆工作与研究，2002（1）：6．

④　陈颖仪．基于 PDCA 循环的公共图书馆绩效管理体系［J］．河南图书馆学刊，2015，35（3）：16－18．

⑤　张红霞，詹长智，黄群庆．国际图书馆界全面质量管理二十年述评——走向卓越服务的历程［J］．图书馆论坛，2008（3）：12－14，11．

⑥　于良芝，谷松，赵峥．SERVQUAL 与图书馆服务质量评估：十年研究述评［J］．大学图书馆学报，2005（1）：51－57．

⑦　李梅．信息时代背景下图书馆服务功能的优化与创新研究［M］．长春：吉林出版集团股份有限公司，2017：154．

⑧　罗曼．图书馆全面质量管理［M］．合肥：安徽大学出版社，2003：47－51．

读者、团队参与、培训交流等。图书馆全面质量管理体系包括信息服务质量管理、信息资源质量管理、人力资源质量管理①。绩效测量或绩效评估是全面质量管理非常重要的一个步骤。从全面质量管理理论来看，图书馆的服务绩效测量可分为功能质量和技术质量，包括服务的投入、过程、产出和结果②。

图书馆在开展绩效评估时，应充分考虑全面质量管理的要求和原则。本书认为战略规划、组织文化、读者是绩效评估应特别关注的要素，提高图书馆服务质量的同时，图书馆应了解读者真正的需求，重视读者满意度评估，并且图书馆应秉承"质量第一，读者至上"原则考虑图书馆投入、过程、产出和结果的绩效。

（三）目标管理理论

目标管理理论由管理大师德鲁克提出，该理论的根本在于"成果"，即组织的总体目标完成情况③。组织和员工共同参与总体目标的分解，清晰知晓目标在每个环节的实施情况。目标管理法不仅是一种绩效评估方法，还具有一种强制性，要求目标的达成必须是雇员的技术、知识和态度综合作用的结果。运用目标管理法进行绩效评估的步骤包括"第一，建立每位评估者所应达到的目标；第二，制定被评估者达到目标的时间框架；第三，将实际达到的目标与预先设定的目标相比较；第四，制定新的目标以及为达到新的目标而可能采取的新的战略"④。

目标管理是一种将组织达到的目标同组织各项管理工作和组织每个成员的任务与职责结合在一起的管理方法，适用于图书馆领域进行科学管理。因此，目标管理在图书馆中也得到了应用。图书馆在使用目标管理确立目标时，要以本馆自身条件为依据。目标制定者要对本馆文献资源状况、现代技术手段、设备条件、经费情况及人员的结构和素质进行客观的分析和评估⑤。图书馆实施目标管理的基本原则包括激励原则、竞争与协作相统一原则、统一指挥与参与管理相结合原则、权利与责任对等原则⑥。

已有相关研究是在目标管理的基础上构建馆员的绩效考核研究体系，坚持管理目标和评估体系相一致，达到评估对图书馆的质量要求⑦。故本书认为图书馆的绩效评估可以借鉴目标管理理论，把绩效评估的指标设计与图书馆的管理目标相结合，并且让图书馆管理

① 赵香玲. 图书馆全面质量管理体系研究 [D]. 保定：河北大学，2010：5 - 18.
② 罗曼. 图书馆全面质量管理 [M]. 合肥：安徽大学出版社，2003：65.
③ 金铭. 吉林省森林公安局 A 分局绩效管理问题研究 [D]. 长春：长春工业大学，2021：9.
④ 李敏. 绩效管理理论与实务 [M]. 上海：复旦大学出版社，2015：48 - 56
⑤ 杨启秀. 高校图书馆管理与服务创新研究 [M]. 北京：国家行政学院出版社，2018：62 - 75.
⑥ 杨杰清. 现代图书馆管理实务 [M]. 北京：现代出版社，2019：123.
⑦ 岳勇. 基于目标管理的 ZKD 银川学院图书馆馆员绩效考核研究 [D]. 银川：宁夏大学，2018.

层、员工参与绩效评估指标的制定和分解，同时将绩效评估结果与战略规划目标相比较，获得图书馆某一环节或部分目标实施情况，对图书馆的不足进行调整，从而采取新的战略，促进图书馆的良性发展。

（四）卓越绩效管理理论

卓越绩效管理理论来源于质量管理理论，提供的是一种自我评估的方式。2008 年 6 月，深圳市龙岗区成立区长公共服务质量奖课题研究小组，采用欧洲"通用评估框架"（Common Assessment Framework，简称 CAF），并以此为基础制定了兼有科学性和本土性的评定标准——《公共服务卓越绩效评价准则》，该准则为区长公共服务质量奖的评定依据及实施公共服务卓越绩效模式的标准。《公共服务卓越绩效评价准则》是一套指引公共服务机构持续改进的评估标准，从领导力、战略规划、员工、伙伴关系和资源、流程管理、公民/顾客导向的结果、员工结果、社会结果、关键绩效结果九个方面为参评者打分。卓越绩效管理的八大原则为"注重结果""关注顾客""领导力和目标坚守""通过过程和事实进行管理""员工发展和参与""持续学习、改进和创新""发展合作伙伴关系""共同承担社会责任"[1]。我国东莞图书馆和龙岗图书馆已经成功使用卓越绩效管理促进图书馆的发展，证明卓越绩效管理理论适用于图书馆绩效评估。

三、第三方绩效评估

新公共管理理论、公共选择理论、治理理论、委托代理理论、绩效管理理论等都可以作为公共部门第三方评估的理论基础[2]。政府绩效评估中的第三方评估是由政府以外的第三方机构（如学术机构、媒体、咨询公司、智库、国际组织等）实施的评估[3]。国外的第三方是指不同于第一方（评估对象）和第二方（服务对象）之外的一方[4]。在我国，"第二方"和"第三方"被赋予了不同于国外的多种理解。例如，包国宪等认为，第二方评估是指政府系统内上级组织对下级的评估，在实际中常常由代表上级的考核办公室或评估办公室组织实施[5]。第三方评估包括独立第三方评估和委托第三方评估。考虑到评估资料

①　卢向东，陈鹏飞，潘金辉．公共图书馆卓越绩效管理——以深圳龙岗图书馆为例［M］．武汉：武汉大学出版社，2015：4－8.

②　叶学平．全面深化改革第三方评估的理论与实践［M］．北京：经济科学出版社，2019：7－35.

③　马亮．第三方评估、绩效排名与政府循证管理［M］．南京：江苏人民出版社，2021：1－5.

④　徐双敏，李跃．政府绩效的第三方评估主体及其效应［J］．重庆社会科学，2011（9）：118－122.

⑤　包国宪，周云飞．政府绩效评价的价值载体模型构建研究［J］．公共管理学报，2013（2）：101－109，142.

的可及性和便利性，委托第三方评估的方式一般更为容易。中国政府绩效外部评估项目的评估方案由独立性、相关性、效度、信度、易懂性和功能性六个维度组成，独立性包括人事和财务独立性，相关性指评估项目是否反映了政府和公众所关注的紧要和重要的公共管理问题，效度指评估在多大程度上反映了评估对象的真实绩效水平，信度包括可比性和透明度，易懂性指外部绩效评估的价值取决于绩效信息的使用者在多大程度上可以理解和消化评估结果，功能性指评估结果在多大程度上被目标全体接受和使用。教育部门的第三方评估主体也各不相同，美国高等教育认证委员会（Council for Higher Education Accreditation，简称 CHEA）为社会非政府民间机构，日本的第三方评估主体具备专业性、权威性、多样性的特征①，如日本世界一流大学重点建设项目均采用了基于新公共管理的第三方评估进行监管，坚持目标导向和成果产出导向②。《"十四五"公共文化服务体系建设规划》提出："持续推行第三方绩效评估，建立以公众参与为基础、群众需求为导向的公共文化服务机构绩效考核和反馈机制。"③ 第三方评估有很多问题有待探讨，比如，第三方评估的评估对象只是评估图书馆还是政府也要包括在内？第三方评估的评估主体由哪些机构或个人组成及如何确定这些评估主体均值得考虑。以第三方评估主体来说，学者们存在不同的看法，有的学者认为第三方是独立于政府之外的组织或个人，还有的学者认为第三方仅仅指个人。图书馆学领域的第三方评估研究还在探索中。黄如花等将图书馆评估主体分为政府机构、图书馆行业协（学）会、各类图书馆、用户和第三方机构五种类型，第三方机构包括科研机构和商业机构等，将图书馆行业协（学）会排除在第三方机构之外④。谢燕洁认为第三方评估机构有专业咨询公司、图书馆行业协（学）会、高校图书情报学专业相关院系等⑤。有研究指出，第三方评估内容包括服务项目规划阶段的需求评估、服务项目执行阶段的过程评估和结果评估，第三方评估流程包括评估项目的准备阶段、方案制订阶段、组织实施阶段、评估结果运用阶段⑥。但有关评估周期、结果及使用、评估的保障和

---

① 王报平，仇鸿伟. 高等教育第三方评价：美国与日本的启示与借鉴［J］. 科研管理，2015（S1）：6.

② 李润华. 日本一流大学重点建设项目的第三方项目评价机制——基于相关理论依据与运作案例的探讨［J］. 中国高校科技，2021（11）：5.

③ 文化和旅游部关于印发《"十四五"公共文化服务体系建设规划》的通知［EB/OL］. ［2024-05-29］. https：//www.gov.cn/zhengce/zhengceku/2021-06/23/content_5620456.htm.

④ 黄如花，宋琳琳. 论图书馆评价的主体［J］. 中国图书馆学报，2010（3）：34-44.

⑤ 谢燕洁. 我国开展公共图书馆第三方评估的必要性和可行性研究［J］. 图书馆研究，2018（4）：21-24.

⑥ 易斌，郭华. 政府购买图书馆服务第三方评估机制研究［J］. 图书馆学研究，2020，479（12）：32-36，81.

监督还有待进一步研究①。

在项目效果评估方面，英国图书馆经济价值评估选用公司作为评估主体，美国《图书馆服务和技术法案》选用与政府和相关利益者无关的专家学者作为评估主体，亨氏美国公共图书馆评级系统和美国星级图书馆评价系统等评估主体是商业机构。我国广州市公共图书馆的第三方评估取得了一定成绩，有效提升了广州市公共图书馆的服务效能。从政府视野来看，第三方评估实现了对公共图书馆治理模式的调整，打通了公共文化服务"最后一公里"，有助于服务链责任机制的健全；从公共图书馆视野来看，第三方评估充分发挥了行业学会的作用，推进总分馆体系的建设②。《广州市公共图书馆第三方评估管理办法》就是其经验成果。

四、内部绩效评估

从政府绩效评估来看，内部评估相当于自我评估，与外部评估相对应。但从图书馆绩效评估来看，自我评估和内部评估既相互联系又相互区分。一般而言，自我评估和第三方评估相对应，内部评估和外部评估相对应。图书馆对自己的评估为"自我评估"，属于内部评估的一种。图书馆的内部评估分为两种：一种是第一方评估，即图书馆内部组织的自我评估；另一种是第二方评估，即图书馆上级组织实施的评估③。有时内部评估也会引入一部分外部评估机制。例如，第七次全国县以上公共图书馆评估定级工作就属于体系内部评估，虽然在第六次评估的评估指标体系中"社会化和管理创新"指标也引入第三方评估机制，但仍以内部评估为主。图书馆的自我评估常与目标责任制、平衡积分卡④等相结合构建绩效评估指标。此外，馆员考核也是自我评估的重点，如360度绩效评估极大地引导和改善馆员的服务意识，提高服务水平⑤。

五、区域绩效评估

区域评估是对区域发展模式的公共图书馆进行评估。一方面，不同区域公共图书馆的管理等方面存在较大差异，全国统一的评估标准难以适合所有区域的需求，如美国每个州

①　杨涛，陈深贵，陈丽纳，等. 公共图书馆第三方评估办法制定：以广州为例［J］. 图书馆论坛，2019，39（7）：23－33.
②　蔡豪源. 公共图书馆开展第三方评估的必要性及其意义——以广州市公共图书馆为例［J］. 图书馆研究与工作，2018，168（6）：9－12.
③　吴庆珍. 引入第三方评价完善图书馆绩效评估体系［J］. 图书馆理论与实践，2012（6）：4－8.
④　胡丕志. 平衡计分卡在公共图书馆绩效管理中的应用研究［D］. 长沙：中南大学，2005.
⑤　文利情. 公共图书馆流通岗馆员360度绩效考核体系研究——以广东省立中山图书馆为例［J］. 图书馆工作与研究，2019（S1）：46－49.

都有自己独立的评估标准来自主开展区域评估，日本按区域开展评估，而不是采用全国性统一评估。我国存在区域发展不平衡（东、中、西部地区经济发展差异大）的情况。在县以上公共图书馆评估定级工作中，东部、中部和西部的差异化是通过设置不同的分值来解决的。在以后的研究中，城乡地区等不同区域之间的差异化也应进一步考虑。另一方面，我国公共文化服务体系建设更强调服务一体化，因此区域评估的重点集中在图书馆之城、总分馆评估。图书馆之城的服务绩效评估受到学者的关注，涉及"图书馆之城"建设和良性运转的核心指标被列入基层政府年度工作实绩的考核范畴，基层政府还设立专项考核机制来确保各项建设任务如期高质量完成①。"图书馆之城"的广州模式和深圳模式是最典型的实践案例，其绩效评估也在向成效评估转变②。关于总分馆制度下的公共图书馆评估，现有研究主要集中在分馆建设标准③、绩效评估指标体系构建④、总分馆评估模型的探索等方面，如对建立总分馆模式下的公共图书馆绩效评估模型⑤和构建"区县级—地市级—副省级—省级"四级总分馆标准体系及关键指标的探讨⑥，以有效提高总分馆的服务效能。

六、专项绩效评估

上述介绍的评估理论和方法都是从整体角度评估图书馆，除整体评估之外，图书馆绩效评估还包括专项评估，即按照某一个要素对图书馆进行评估，如数字图书馆、智慧图书馆、事业发展水平、服务、空间、技术、用户满意度等专项绩效评估。例如，国内外对数字图书馆服务绩效评估的研究主要集中在数字资源使用统计、评估指标体系构建等方面⑦，对智慧图书馆的评估研究主要涉及智慧图书馆馆藏资源评估、评估对象与方法、图书馆智慧水平评估、智慧馆员能力评估、智慧图书馆服务模式评估及相关标准建设等⑧。

---

① 李保东．粤港澳大湾区的"图书馆之城"建设［J］．图书馆论坛，2022，42（4）：48－56.

② 吕浩航．图书馆之城的建设成效评估研究——以广州为例［J］．图书馆研究与工作，2020，194（8）：24－29，65.

③ 陈贝．关于县级公共图书馆分馆建设标准的思考［J］．四川图书馆学报，2019（6）：24－28.

④ 李晓辉．集群管理模式下图书馆体系服务绩效评估指标体系研究［J］．四川图书馆学报，2014（4）：48－52.

⑤ 谭凯波，任晓丹．基于总分馆模式的公共图书馆绩效评估研究［J］．图书馆理论与实践，2022，255（1）：45－50.

⑥ 彭亮，尹静，柯平，等．公共图书馆体系高质量发展背景下总分馆评估标准研究［J］．国家图书馆学刊，2021，30（5）：28－36.

⑦ 李新霞．中外数字图书馆绩效评估的比较研究［J］．图书馆学研究，2013（7）：34－41.

⑧ 胡娟，柯平，王洁，等．后评估时代智慧图书馆发展与评估研究［J］．情报资料工作，2021，42（4）：28－37.

图书馆事业发展水平的绩效评估包括整体图书馆发展事业评估和部分图书馆发展事业评估两个方面。整体图书馆发展事业评估是指构建了包括图书馆事业的投入、产出、发展环境、发展效益和发展新技术利用的逻辑评估系统，并对图书馆整体事业发展水平指数进行测度[①]。部分图书馆发展事业为某个省或者某个区域公共图书馆的事业发展水平，具体评估方法有灰色聚类方法[②]、因子分析法等[③]。图书馆事业发展水平评估有助于发现图书馆事业发展过程中的优势和劣势，指导图书馆的战略规划。

服务绩效评估是评估主体对图书馆服务部门在提供服务方面或服务项目方面的评估[④]。兰开斯特的专著《如果你想评价你的图书馆》第一次全面论述了图书馆服务绩效评估的问题。20 世纪 60 年代，国外服务绩效评估开始，阮冈纳赞指出图书馆服务绩效评估的实质——以用户为中心、以满足用户需求作为评估图书馆服务绩效和服务质量的标准；20 世纪 80 年代以后，SERVQUAL 理论盛行；20 世纪 90 年代以后，ARL 开始实行 LIBQUAL + 项目[⑤]。我国借鉴公共文化服务绩效评估的相关理论和 CIPP（content evaluation，input evaluation，process evaluation，product evaluation）评估模式，从"服务能力—服务过程—服务结果"构建我国公共图书馆服务绩效评估理论模型，体现图书馆服务的经济性、效率性、效果性和公平性[⑥]。此外，我国学者还关注具体的服务项目，如阅读推广的绩效评估[⑦]。

有学者认为图书馆空间评估分为空间服务过程的质量评估和空间服务结果的价值评估[⑧]，也有学者提出空间绩效评估围绕空间的可达性和公平性来展开[⑨]，使用通勤时间[⑩]

① 张垒. 中国图书馆事业发展综合水平指数测度研究 [J]. 大学图书馆学报，2018，36（3）：14 – 21.

② 杨海玲. 区域公共图书馆事业发展水平评价 [J]. 图书馆理论与实践，2015，（11）：72 – 76.

③ 李健宁. 我国区域图书馆事业发展水平的统计分析 [J]. 情报杂志，2007（10）：90 – 91，95.

④ 胡军，吴承健. 服务采购管理 [M]. 北京：中国物资出版社，2011：164.

⑤ 金小璞，韩广峰，徐芳. 范式演变时期图书馆服务绩效评估研究 [J]. 情报资料工作，2008，161（2）：90 – 93.

⑥ 柯平，宫平. 公共图书馆服务绩效评估模型探索 [J]. 国家图书馆学刊，2016，25（6）：3 – 8.

⑦ 谢玫玫，雍静. 公共图书馆阅读推广绩效评估的实证探讨——基于广西壮族自治区图书馆的阅读推广实践 [J]. 图书情报导刊，2019，4（2）：6 – 11.

⑧ 李大林. 基于 Library Cube 的图书馆空间价值评估研究：以美国田纳西大学图书馆 Library Cube 空间价值评估实践为例 [J]. 图书馆学研究，2015（6）：12 – 14.

⑨ CHENG W T，WU J H，MOEN W，et al. Assessing the spatial accessibility and spatial equity of public libraries' physical locations [J]. Library & information science research，2021，43（2）：2 – 7.

⑩ PRITCHARD J P，TOMASIELLO D B，GIANNOTTI M，et al. Potential impacts of bike – and – ride on job accessibility and spatial equity in Sao Paulo，Brazil [J]. Transportation research part A：policy and practice，2019（121）：386 – 400.

和距离[①]来测量空间可达性，使用图书馆空间中小于 18 岁的人口[②]、少数民族人口[③]和贫困线以下的人口[④]来测量空间的公平性。空间可达性包括读者可以选择的本地服务点的数量及读者与图书馆所在地点之间的距离[⑤]，总分馆空间布局评估，一方面要评估读者与最近的总分馆节点之间的距离，另一方面要考察可供读者选择的节点在整个总分馆网络中的空间分布，我国公共图书馆总分馆网络空间布局综合运用容积方法和覆盖方法来测评空间可达性和服务区域[⑥]。此外，创客空间评估也备受关注，主要包括以标准化考试为代表的终结性评估和注重学习过程的形成性评估[⑦]。

图书馆技术绩效评估指的是运用科学规范的标准、方法和程序，评估主体对图书馆技术应用事前、事中、事后整个生命周期中的业绩、效率和实际效果做出尽可能准确的评估，为图书馆技术选择、更替、淘汰进而服务创新提供重要依据[⑧]，结合宏观、中观、微观三个层次和投入—产出、内部—外部环境两个维度形成图书馆技术绩效评估体系框架[⑨]，并编制基于馆员的图书馆技术绩效评估量表[⑩]。

图书馆用户满意度又叫读者满意度，是读者对图书馆办馆理念、资源建设、服务行为、建筑和布局视觉满意程度的一种评估指标体系，包括资源满意度、服务满意度和环境满意度[⑪]。不同维度的感知价值变量会影响用户的满意度[⑫]，而其他评估方式也会涉及满意度评估。例如，2022 年的第七次全国县以上公共图书馆评估定级工作的评估标准对读者

① DONNELLY F P. Regional variations in average distance to public libraries in theUnited States ［J］. Library & information science research, 2015, 37 (4): 280 - 289.

② AABØ S, AUDUNSON R. Use of library space and the library as place ［J］. Library & information science research, 2012, 34 (2): 138 - 149.

③ VARHEIM A. Gracious space: library programming strategies towards immigrants as tools in the creation of social capital ［J］. Library & information science research, 2011, 33 (1): 12 - 18.

④ GIESKES L. Why librarians matter to poor people ［J］. Public library quarterly. 2009, 28 (1): 49 - 57.

⑤ GUAGLIARDO M F. Spatial accessibility of primary care: concepts, methods and challenges ［J］. International journal of health geographics, 2004, 3 (1): 3.

⑥ 李卓卓, 秦龙焜, 许炜. 公共图书馆空间可达性和服务区域测定方法研究 ［J］. 图书情报工作, 2019, 63 (24): 25 - 34.

⑦ 张晓庆, 刘青, 马来宏, 等. 公共图书馆创客空间评估模式 ［J］. 图书馆建设, 2020 (S1): 192 - 195.

⑧ 赵嘉文, 杨九龙. 图书馆技术绩效评价研究进展与反思 ［J］. 图书情报导刊, 2018 (7): 1 - 6.

⑨ 杨九龙, 阳玉堃. 生命周期视野下的图书馆技术绩效评价体系构建研究 ［J］. 图书馆论坛, 2018, 38 (11): 61 - 69, 106.

⑩ 杨九龙, 赵嘉文. 图书馆技术绩效评价馆员版量表的编制与检验 ［J］. 图书馆学研究, 2019, 445 (2): 32 - 38.

⑪ 曾宪玉. 读者满意度的内涵、构成及其提高措施 ［J］. 图书馆建设, 2007 (6): 91 - 93.

⑫ 李武. 感知价值对电子书阅读客户端用户满意度和忠诚度的影响研究 ［J］. 中国图书馆学报, 2017, 43 (6): 35 - 49.

评估采用定性和定量相结合的评估方式，分为日常评估和读者满意率两个方面。日常评估渠道包括读者意见箱、意见簿、电子邮箱、电话等，读者满意率按此次评估统一编制的"读者满意率调查表"及相关要求进行线上测评。用户满意度评估也可以独立开展，按测评主体分可分为内部测评和外部测评。内部测评主要是指图书馆自身对本馆读者满意度进行测评。测评指标、样本数量及测评过程都由公共图书馆自行制定，带有许多主观因素，读者需要表达的意见和建议未必能反映①。外部测评相当于上文提到的第三方评估。目前，我国采用内部测评法与第三方测评机制相结合的方式进行用户满意度测评。

七、其他绩效评估

其他绩效评估方法还有定量与定性评估，正式和非正式评估，短期、中期和长期评估，宏观、中观和微观评估等。国内外图书馆的绩效评估过去以定量指标为主，重视定量评估的可操作性，有效提高了图书馆管理的可操作性②。目前开始重视定性指标，采取定量和定性指标相结合的形式。公共图书馆的应急能力和危机管理能力也需要绩效评估，学者开始进行相关探索，如突发公共卫生事件下图书馆应急能力评级方法研究③。

第三节　影响公共图书馆绩效评估的因素

影响公共图书馆绩效评估的外部环境因素主要包括政治环境、文化环境和技术环境，内部运行因素包括内部资源、人才、管理、服务④。

一、外部环境因素

图书馆绩效评估的外部环境因素有三个层次：第一，绩效评估受到政治环境的影响。首先，国家公共文化服务体系日益完善，图书馆需进一步明确社会职能定位。如何更好地加强区域间公共文化服务的交流、借鉴与集群化作用的发挥是未来图书馆绩效评估应该考虑的重点。其次，图书馆行业的法治环境不断优化。"十三五"时期我国公共图书馆法制

---

①　王学贤，王日建．公共图书馆第三方评估机制研究［J］．图书馆，2014（4）：45－47.

②　郑宏，钱华宁．图书馆管理工作中定量评估的可操作性问题［J］．图书情报工作，2002（2）：19－22.

③　罗小梅，林宇菁，余高锋．突发公共卫生事件下图书馆应急能力评级方法［J］．灾害学 2022（2）：162－166.

④　方小苏．图书馆绩效评估［M］．杭州：浙江大学出版社，2008：16－22.

体系建设取得重大突破，事业建设的法治环境大为改观。出台的各类法律、法规、政策、标准和规范，涉及图书馆评估、阅读推广、总分馆建设、法人治理结构等多维度的内容，为图书馆发展提供了良好的法治环境和发展基础。此外，法人治理结构改革的推进符合国家治理体系和治理能力现代化的内在要求，党中央、国务院出台了一系列关于公共文化领域现代治理的文件，包括《关于深入推进公共文化机构法人治理结构改革的实施方案》，为图书馆建立法人治理结构的顶层设计、总体部署指明了方向，并提出完善激励机制，充分调动各方面的积极性和创造性，加强统筹管理，提高综合效益①。因此，图书馆的公共文化服务功能、法制体系、法人治理结构的推行是绩效评估需要注意的地方。

第二，绩效评估受到文化环境的影响。首先，人民对精神文化生活的需求日益增长。2014 年起，"全民阅读"连续六年被写入《政府工作报告》，2020 年的《政府工作报告》提到"倡导全民健身和全民阅读"，使全社会充满活力，向上向善。其次，文旅深度融合。文化部和旅游部的合并，使文旅融合跃升至国家重要战略之一。文旅融合制度建设为图书馆在新时期文旅融合路径的创新与积极探索创造了良好条件，图书馆要紧紧抓住机遇，紧跟时代发展步伐，更新发展思维、理念与方法，为自身的转型发展增添动能。再次，文化强国战略影响图书馆。文化强国战略是"十四五"期间图书馆所处的文化环境之一。在国家图书馆 110 周年馆庆之际，习近平总书记在给国家图书馆老专家回信中提到"坚持正确政治方向，弘扬优秀传统文化"，回信对图书馆及全国图书馆事业今后的发展提出了目标要求，是新时代图书馆工作开展的行动指南和理论指导②。图书馆的绩效评估要注意全民阅读、文旅融合等方面，体现文化创新、文化自信和文化自觉；以文化自信为引领，以繁荣中国特色社会主义文化为使命，构建起全方位的精神文化环境，满足人民精神文化需求。

第三，绩效评估受到技术环境的影响。首先，图书馆从数字时代走向数智时代，公共文化数字化建设受到重视。以 5G、人工智能、大数据、区块链等为代表的新一代信息技术正在广泛而深刻地渗透到包括图书馆在内的社会各个领域，5G 技术加速图书馆的互联互通，人工智能技术推动图书馆智能化发展，数字孪生技术重新定义图书馆空间。同时，图书馆也面临着因技术驱动所带来的用户需求和传统服务变革的压力。新技术对图书馆的业务建设和服务带来的影响是图书馆绩效评估时的新关注点。为应对新技术的发展，图书

---

① 中共中央宣传部，文化部，中央机构编制委员会办公室，等. 关于印发《关于深入推进公共文化机构法人治理结构改革的实施方案》的通知［EB/OL］. ［2021 - 07 - 26］. http：//zwgk. mct. gov. cn/zfxxgkml/ggfw/202012/t20201205_916599. html.

② 习近平给国家图书馆老专家回信强调坚持正确政治方向，弘扬优秀传统文化［EB/OL］. ［2021 - 07 - 20］. https：//www. mct. gov. cn/whzx/whyw/201909/t20190910_846744. htm.

馆绩效评估也要考虑图书馆人才队伍和管理能力的新要求。

二、内部运行因素

以下从图书馆内部资源、人才、管理、服务四个方面分析影响图书馆绩效评估的内部运行因素。第一，内部资源因素影响图书馆绩效的投入。经费是图书馆具有更高效服务的保障，资金缺乏会成为服务能力提升的障碍。馆藏、文献信息资源体系、设施设备等方面的图书馆内部资源建设都需要经费投入，如馆藏的数字化加工、文献资源共建共享机制的完善和设施设备的更新都离不开资金支持，但是图书馆的经费是有限的，如何合理利用经费，从而提升图书馆投入方面的绩效是非常重要的。

第二，人才因素影响图书馆绩效的投入。人才水平高低直接影响图书馆绩效的高低。图书馆通过引进与培养并注重优化人才结构，提高人才队伍的整体水平，建设适合图书馆事业发展和各项服务开展所需的人才队伍，包括基础人才和专业人才，这些都是图书馆人才投入绩效的考核指标。图书馆为人才发展搭建各种交流平台和训练场所，采用多种方式鼓励和促进人才成长，创造各种物质条件和精神条件以充分发挥人才作用。同时，图书馆依靠自身优势和开拓多种渠道吸纳各类型人才，为图书馆进一步建设提供人才支持，形成人才成长和图书馆发展的良性循环。图书馆不断推进馆员赋能，制订以提升全员综合素质为核心的培训计划，组织馆员积极参与多项培训教学工作，培养馆员理论与实践能力，同时为馆员交流搭建平台，完善激励机制，鼓励馆员知识创新和提高技能水平。人力资源的合理分配和培养有助于图书馆降低成本，提高馆员工作效率，最终有利于图书馆绩效的提高。

第三，管理因素影响图书馆绩效的过程。图书馆的管理因素包括管理方式、组织文化、机构职能等。从管理方式来说，图书馆的规章、制度、管理模式等管理方式应随着图书馆事业发展不断强化。从组织文化来说，党团工作、图书馆形象标识和图书馆精神等相关组织文化应随着图书馆发展不断提升。从机构职能来说，调整和完善机构设置，充分发挥各内设机构职能，完善资金管理和成本管理制度等，对图书馆的发展至关重要。但以上因素无法仅靠量化数据来评估，还需要多种绩效评估的方法来测量，从而使图书馆工作规范化和专业化。

第四，服务因素影响图书馆绩效的产出。服务包括服务的理念、技术、手段和方式等。如何通过服务来提高图书馆的绩效，是一个值得重点考虑的问题。图书馆需要不断更新服务理念，推动服务创新，提高服务专业化水平，探索形式多样、内容广泛的服务模式，开展多种形式的延伸服务，开发特色化、个性化的服务品牌，并且不断加强服务的宣传和推广，提高图书馆服务的品牌效益，通过服务质量提高不断丰富用户体验。服务绩效的着眼点是服务的效果和用户的满意度等，不像经费投入那样直接明确，所以无法通过简单的数字来体现，而是需要通过科学的调查来评估服务的绩效。

第四节　公共图书馆绩效评估的发展方向

一、公共图书馆绩效评估理念的导向性

正确的绩效评估理念能对图书馆整体事业发展起指导性作用。评估的指标直观体现了评估的理念，我国第六次公共图书馆评估中关于数字化、创新的指标等都是为了推动图书馆业务的发展，选择那些对图书馆事业发展、对图书馆业务有很强的促进和指导作用的指标，让指标在评估中发挥关键作用[1]。很多专家对图书馆绩效评估的理念提出了新的建议和期待，如广东省立中山图书馆学术研究部主任刘洪提出："改变评估对象和内容。以前评估对象在制度设计时，主要是面向政府的投入和建设。随着现代图书馆体系全覆盖，图书馆发展的外部支撑条件已经得到颠覆性改变，并将继续优化，评估对象应转向图书馆本身，评估内容应转向图书馆服务效能，其中包括图书馆管理体制和机制，以提升图书馆效益。"有关评估的对象、内容、指标等都要体现出以用户为导向和提高图书馆服务质量的理念。

二、公共图书馆绩效评估标准的个性化

目前公共图书馆的绩效评估只有普遍标准，体现不出评估标准的个性化。一方面，评估标准要适应地区的差异性。虽然有东、中、西部的标准，但即使东部城市的内部也有发展不平衡的。新时期的评估标准应与时俱进，体现出区域不平衡之处。另一方面，评估标准要体现出时代的变化。在公共文化服务均等化和标准化、文旅融合、高质量发展的背景下，标准需要不断更新和修改。广东省立中山图书馆馆长王惠君建议"精准施策。目前缺少个性化标准。进一步细分标准，体现时代特征，目前注意以人为中心的高质量发展的评级指标，特别是均等化和一体化建设"。武汉大学信息管理学院教授黄如花提出"公共图书馆在'十四五'规划当中高质量的发展和提升有两个层面，分别是深层次的服务和基本公共服务要全覆盖。新技术是最显著的一个时代特点，数字基础设施，数字资源的建设和

---

① 周雅倩，魏梦婷．用指标撬动图书馆转型——柯平教授谈公共图书馆评估的现状与未来 [J]．四川图书馆学报，2021（1）：1-5．

数字信息服务都要特别强调的一个部分，绩效评估标准要注意与图书馆息息相关的技术，特别是在深层次的一些服务"。并且，她也提出应"①设立系列相关的数字化、智慧化指标；②设立用户体验指标，包括与用户体验相关的空间、设备指标，如数字阅读等，人工智能相关指标包括虚拟现实、增强现实；③交流与合作指标；④开放科学环境下的开放资源等指标"。所以，图书馆绩效评估的标准既要考虑地区的差异性，也要考虑到时代的变化，尤其是新技术的应用。

三、公共图书馆绩效评估工作的常态化

公共图书馆绩效评估工作的常态化有助于评估工作的可持续发展。公共图书馆绩效评估工作的常态化可通过以下措施来保证：评估专门政策的制定，图书馆及地方文化部门做好数据统计工作，减少被评者和评估专家的负担，建立灵活的评估机制。其中，建立灵活的评估机制可将年度评估与定期评估结合起来，建立临时评估机制，供有需求的图书馆申请临时评估。此外，绩效评估工作的常态化还包括评估形式的常态化：一是发布每年的评估报告（事业发展报告）。广东图书馆学会秘书长陈卫东提出通过"每年的评估报告使社会民众能更多地参与到公共图书馆的绩效评估中。公共图书馆的绩效评估目前只限于各馆自身所做的项目绩效，整体绩效评估未有成规模成体系的实践案例"。二是图书馆将评估工作和日常工作相结合。天津图书馆长李培希冀"常态化评估跟业务的无缝衔接，肯定是一个必然的趋势。就不用图书馆再专门去花时间和精力去应对评估"。三是评估形式的多样化支持评估工作的常态化。新疆维吾尔自治区图书馆原馆长历力接受访谈时提出，"公共图书馆可以积极尝试开展常态化评估工作，引入自我评估、地方评估、专项评估等方式"。馆内自评和馆外评估结合、全国性评估和地方性评估结合、综合性评估和专项评估结合都可以成为以后常态化评估的探索方向。

第五章 公共图书馆绩效评估案例分析

评估是为了提升公共图书馆决策能力，以制订科学合理的规划，进而为人员、馆藏和服务决策提供依据，以获取最大的收益。有效的评估手段可以提高公共图书馆的运行水平，为读者提供更为优质和高效的服务，从而提高公共图书馆在公共事业、政府单位及用户中的价值与地位①。公共图书馆评估由个体评估、区域评估走向全国评估经历了一定的发展历程，这是公共图书馆评估发展的一大趋势。特别是20世纪90年代以来，为建立高效率低成本的政府服务机制，西方发达国家公共图书馆领域纷纷开始重视图书馆评估、战略规划等工作。从宏观层次来看，在全国性评估之外，区域评估、个体评估、第三方评估、自我评估四种类型是较有代表性的公共图书馆绩效评估形式。本书以国内外的不同研究视角，分别选取了四个典型案例作为四种评估类型的代表。

第一节 伊利诺伊州公共图书馆区域评估

美国公共图书馆区域评估标准的制定主体包括三种类型：在国家图书馆的支持下制定/修订、由国家图书馆与公共图书馆协会共同制定/修订、由当地的图书馆协会制定/修订。此外，部分州的图书馆法或管理规则包含区域评估标准。在区域评估方面，美国很多州都发布了各自公共图书馆评估标准，以评估本区域公共图书馆事业发展情况。其中，伊利诺伊州公共图书馆评估体系与评估标准可以作为美国区域公共图书馆评估的典范，该标准是由伊利诺伊州图书馆协会制定、发布的，评估的对象是州内公共图书馆，评估内容涵盖人力资源、设施、服务项目设计等核心指标②。

一、美国公共图书馆区域评估模式

相对于我国公共图书馆绩效评估，发达国家在此领域起步较早，且积累了较多的实践经验。众多国外公共图书馆联盟构建了自身的评估机制，并设有相应的工作组和委员会，

---

① 陈同丽. 追求卓越：美国公共图书馆的绩效评估 [J]. 山东图书馆学刊，2010（6）：9－14.
② 刘燕. 中美公共图书馆评估制度的比较 [J]. 中外企业家，2014（36）：270－271.

以实现对联盟图书馆各项活动的评估与监测。发达国家也启动了专门的评估项目，可以通过成员馆调查、用户调查、电子邮件等方式收集手机用户及成员馆的相关信息①。

美国全国性的图书馆评估在全球有着一定的代表性，有多种全国性的公共图书馆绩效评估模式。例如：America's Star Libraries，即"美国星级图书馆"；Hennen's American Public Library Ratings（简称 HAPLR），即"亨能美国公共图书馆评价系统"；U. S. Institute of Museum and Library Services and National Center for Education Statistics，即"美国联邦博物馆暨图书馆服务总署与国家教育数据统计中心"；Public Library Data Service Statistical Report，即"公共图书馆数据服务统计报告"；The Public Library Service：IFLA/UNESCO Guidelines for Development，即"公共图书馆服务：国际图联/联合国科教文组织发展准则"②。

从整体来看，美国公共图书馆评估主体可分为国家机构、行业协（学）会、大学图书馆和第三方机构等多种类型，《公共图书馆服务成效评估：规范化操作手册》（*Output Measures for Public Libraries：A Manual of Standardized*）是具有全国性质的公共图书馆评估标准，各州图书馆协会分别负责制定适合本州的评估标准，并组织实施评估工作③。自 20 世纪 60 年代开始，随着美国图书馆事业的发展与变化，图书馆界逐渐认识到公共图书馆在区域发展水平上存在的差异，以全国统一标准评估公共图书馆难以适应图书馆发展的客观需求。因此，美国 PLA 于 1996 年发布了《美国公共图书馆系统的最低标准》（*American Minimum Standards for Public Library Systems*），同时停止更新全国性的公共图书馆定量标准，鼓励各州制定适合本地区的公共图书馆评估标准。根据 2003 年 Mosaic 知识工程公司的 Hamilton 的调查结果，除阿拉斯加州、阿桑娜州、阿肯色州、加利福尼亚州、特拉华州、夏威夷州、马里兰州、密西西比州、华盛顿州、怀俄明州 10 个州外，其余各州均已建立本区域内的公共图书馆评估标准④。随后，未建立本州评估标准的区域陆续在此领域得到完善。到 2024 年为止，美国 50 个州中，绝大部分已制定了本州公共图书馆评估标准，并且根据本州实际设置了"等级标准"（tier standards）⑤。

美国公共图书馆区域评估标准中大都设立了"最低标准"，如罗得岛州在《罗得岛州

①　李晓辉. 集群管理模式下图书馆体系服务绩效评估指标体系研究 ［J］. 四川图书馆学报，2014（4）：48 – 52.

②　陈同丽. 追求卓越：美国公共图书馆的绩效评估 ［J］. 山东图书馆学刊，2010（6）：9 – 14.

③　赵迎红. 中美图书馆绩效评估体系的比较研究 ［J］图书情报工作，2012（9）：83 – 88.

④　PENNELL C H. Publiclibrary standards：a review of standards and guidelines from the 50 states of the U. S. for the Colorado，Mississippiand Hawaii State Libraries ［R/OL］.［2022 – 08 – 01］. http：//www. cosla. org/documents/kb/Public_Library_Standards_July03. doc.

⑤　李丹. 美国两类主要公共图书馆等级评价活动研究 ［J］. 中国图书馆学报，2018，44（2）：97 – 112.

公共图书馆最低标准》（*Minimum Standards for Rhode Island Public Libraries*）中提出了"追求卓越就可以超过它们"的要求，这是对州内所有独立的公共图书馆的最低要求。同时，不同州根据区域内部的不同发展实际，分别设有不同的层级，如阿拉巴马州所划分的核心级、金星级、蓝丝带级，佛罗里达州划分的基本级、增强级和杰出级等。伊利诺伊州更是将标准划分为四个层级，即最低级、增长级、建立级、高级，并且将各层级进一步划分为"核心标准"和"补充标准"，大大提升了标准的涵盖面和灵活性①（见表5-1）。

表5-1 美国部分州公共图书馆区域评估标准等级设置

序号	州	等级			
		一	二	三	四
1	伊利诺伊州	最低级	增长级	建立级	高级
2	艾奥瓦州	无层级	层级一	层级二	层级三
3	威斯康星州	基本级	中等级	增强级	优秀级
4	印第安纳州	基本级	增强级	杰出级	
5	缅因州	基本级	核心级	模范级	
6	得克萨斯州	基本级	增强级	模范级	
7	亚拉巴马州	核心级	金星级	蓝丝带级	
8	弗吉尼亚州	A级	AA级	AAA级	
9	乔治亚州	最低级	基本级	最优级	
10	肯塔基州	基本级	增强级	模范级	
11	路易斯安那州	基本级	增强级	综合级	
12	佛罗里达州	基本级	增强级	杰出级	
13	俄勒冈州	基本级	增强级	模范级	
14	南达科他州	基本级	增强级	模范级	
15	南卡罗来纳州	基本级	目标级		
16	堪萨斯州	最低级	最佳级		

资料来源：课题组根据李丹《美国两类主要公共图书馆等级评价活动研究》一文整理。李丹. 美国两类主要公共图书馆等级评价活动研究［J］. 中国图书馆学报，2018，44（2）：97-112.

二、伊利诺伊州公共图书馆评估实践历程

伊利诺伊州是美国公共图书馆事业较为发达的州，以2016年伊利诺伊州公共图书馆为例，共有621个公共图书馆、馆员5424人、计算机1.55万台、服务项目22.59万个、

---

① 殷剑冰，冼君宜. 国外图书馆标准规范体系研究——以美国及日本为例［J］. 图书馆，2017（9）：17-24，38.

参与人次达 509 万，儿童项目达 13.37 万个，占总项目数的 59.2%①。伊利诺伊州公共图书馆评估在区域评估模式中具有一定的代表性，该州公共图书馆评估工作是在州图书馆协会的组织下实施的。

伊利诺伊州是美国公共图书馆事业发展的先驱，州政府一直按照相对稳定的基准向州公共图书馆提供资助②。该州公共图书馆网络协作一直处于美国各州前列，并且是最早将州评估标准与协会工作评估方法相结合的州之一。在 1982 年 10 月，伊利诺伊州推出了新的州公共图书馆评估标准——"优质之路"（Avenuesto Excellence），以此取代了 1971 年的"质量检验"（Measures of Quality）标准。而"优质之路"评估标准也是一个过渡性的标准，是为了引导伊利诺伊州公共图书馆评估从传统的绩效评估（input measures）转向成效评估（output measures）。1982 年的"优质之路"评估标准采用了美国 PLA 成效评估的 12 条核心指标：人均借阅率、人均馆内阅览率、人均到馆率、人均参考咨询率、人均服务项目利用率、题录满足率、参考满足率、阅览满足率、主题和作者索引满足率、人均持证读者率、馆藏利用率、服务反馈时间。

伊利诺伊州图书馆协会（Illinois Library Association，简称 ILA）是一个代表本州图书馆和数百万图书馆人的专业会员组织，由 9 个基于会员制的分系统构成③。协会于 1896 年正式成立，截至 2024 年，由代表全州各类图书馆的 3000 名会员组成，涵盖了近 2000 名个人和 500 多名机构成员，包括公共、学术、学校和特殊图书馆，以及图书馆员、图书馆助理、受托人、学生和图书馆供应商，协会属于非营利性的教育和慈善组织。

伊利诺伊州图书馆协会的领导机构是执行理事会，该理事会由 16 人组成，包括主席、副主席、理事、顾问等。该协会是美国第三大州图书馆协会，也是 ALA 的一个分会。伊利诺伊州图书馆协会的第一次会议于 1881 年 11 月 22 日至 23 日举行，该协会最初称为西部图书馆协会（Western Library Association，简称 WLA），1881 年和 1884 年分别在伊利诺伊州举行了两次会议，威廉·弗雷德里克·普尔（William Frederick Poole）是其首任会长。西部图书馆协会于 1885 年停止运营。10 年后，芝加哥图书馆俱乐部的成员提议成立州图书馆协会，并在斯普林菲尔德举行会议，正式成立伊利诺伊州图书馆协会。多年来，这些早期创始成员——凯瑟琳·夏普（Katherine Sharp）、珀西·F. 比克内尔（Percy

---

① 袁华萍，方军，朱永凡. 美国公共图书馆效率评价研究及对我国的启示——基于三阶段 DEA 模型的分析 [J]. 新世纪图书馆，2019（11）：75-80.

② 高华. 公共图书馆标准与州政府的资助挂钩——美国伊里诺斯州公共图书馆的实践 [J]. 黑龙江图书馆，1990（1）：65-66.

③ 张广钦，刘璇，张丽，等. 美国公共图书馆建设标准核心要素分析 [J]. 中国图书馆学报，2009，35（1）：18-25，70.

F. Bicknell）、G. E. 威尔（G. E. Will）等人所倡导的公共图书馆愿景和精神得到了很多国际图书馆协会成员和领导人的支持和提倡。发达国家图书馆往往引入图书馆理事会制度，此制度可追溯至 1848 年的美国马萨诸塞州，此后很快得到同业单位的认可，并迅速普及。截至 2019 年，美国有近 95% 的图书馆遵循图书馆理事会制度①，并且以伊利诺伊州等为代表的大部分州都出台了配套的法律、法规来保证理事会制度的实施。伊利诺伊州《服务公众：伊利诺伊州公共图书馆标准》（*Serving Our Public：Standard for Illinois Public Libraries*）中就有 "图书馆须由州议会专门设立的理事会来管理" 等相关的明确要求。

伊利诺伊州图书馆（The Illinois State Library）是伊利诺伊州公共图书馆的中心馆，主要职能表现在通过财政拨款促进该州公共图书馆发展，通过拓展合作满足用户需求。具体职能涵盖图书馆建设、资源共享、在线获取、信息素养、继续教育等。伊利诺伊州数字档案馆（Illinois Digital Archives）是该州图书馆的机构知识库，馆藏主要包括政府文件、报纸、地图、照片、草稿、信件、海报、口述史、明信片、视频、幻灯片、玻璃底片等。

2012 年 6 月，伊利诺伊州图书馆发布了联邦图书馆的长期使用计划，以及 2013—2017 财年服务和技术法案资金计划。2017 年 3 月，伊利诺伊州斯普林菲尔德大学法律、立法和政策研究所评估了伊利诺伊州图书馆在实现其在《图书馆长期使用计划》中确立的目标方面取得的进展。具体内容包括：为伊利诺伊州所有居民提供信息咨询，为终身学习和信息畅通提供经验支持，在伊利诺伊州创造阅读文化，利用创新及研发，为大众提供高质量的图书馆和信息服务。2013 年至 2016 年 9 月，伊利诺伊州收到了 16 318 805 美元的联邦《图书馆服务与科技法》（*Library Sevices and Technology Act*，简称 LSTA）基金，以及 8 844 168 美元州资金，财政总额为 25 162 973 美元。此项举措通过向 112 家公共图书馆、11 家学术图书馆提供 246 笔单独赠款，有效促进了伊利诺伊州图书馆、6 所学校图书馆和 2 个地区图书馆系统相关资金的合理利用②。可见，伊利诺伊州在图书馆领域的拨款项目涵盖了该州各类型的图书馆，以及与图书馆相关的文化机构。此类拨款基本属于竞争性拨款，有必要的申请程序、期限和标准。仅 2015 财年，伊利诺伊州各级各类及相关服务机构获得的拨款额度就超过 8300 万美元③。

---

① 孙红娟. 中外社区图书馆服务比较研究［D］. 哈尔滨：黑龙江大学，2019：28.

② Illinois State Library. Evaluation of Use of Library Services & Technology Act Funds FY2013 – FY2017［EB/OL］.［2022 – 08 – 01］. https：//www. imls. gov/grants/grants – state/measuring – success/grants – state – library – agency.

③ 美国伊利诺伊州立图书馆（The Illinois State Library）［EB/OL］.［2022 – 08 – 01］. https：//www. sohu. com/a/40308416_119878.

三、伊利诺伊州公共图书馆评估标准及修订

ALA 在 1933 年就公布了《公共图书馆服务标准》。随着美国公共图书馆事业的发展，1996 年之后，美国图书馆界逐渐认识到单一的国家标准并不适用于美国各区域公共图书馆的发展实际，于是各州纷纷建立本区域的公共图书馆评估体系。伊利诺伊州公共图书馆评估是由州政府授权州图书馆协会实施，并制定适合该州公共图书馆发展需求的评估标准。作为非营利教育组织，伊利诺伊州图书馆协会旨在引领该区域公共图书馆事业发展，不断提高图书馆服务水平，以保障该州居民自由平等获取信息资源的权利。

美国 PLA 所设计的评估程序和成效评估方法的核心目的之一就是为了避免过去评估标准中的生硬指标。基于此，伊利诺伊州标准发展委员会以该州公共图书馆发展实际为切入点，着重考虑该州公共图书馆评估中不适合采用成效评估方法中的某些指标因素，并不断尝试通过合理的标准设计增强标准的实用性和灵活性，从而满足该州公共图书馆发展的客观需求。所以，评估标准中的众多条款是可以选择的。

在伊利诺伊州图书馆协会的组织下，伊利诺伊州制定了该州的公共图书馆评估标准。伊利诺伊州公共图书馆评估标准是一部区域性的评估标准，主要规范的是州内的公共图书馆，具有很强的针对性，是根据该州公共图书馆的发展实际和特色来设定的相关标准和条款。此标准重点对伊利诺伊州公共图书馆服务进行介绍和规范，涵盖区域范围内各公共图书馆管理层所必备的指导文件和参考资料。此标准作为当地社区图书馆发展及维持图书馆高水平服务质量的行为准则，旨在完善图书馆的服务理念。然而，由于区域内部财富和人口分布的差异，各图书馆的服务水平呈现出明显的区别。

1971 年，伊利诺伊州图书馆协会发布了《质量测评：伊利诺伊州公共图书馆服务标准》（*Measures of Quality：Illinois Library Association Standards for Public Library Service in Illinois*），并在 1982 年、1989 年和 1995 年进行了修订[①]。到 1996 年 8 月，《服务公众：伊利诺伊州公共图书馆标准》（*Serving Our Public：Standard for Illinois Public Libraries*）[②]（以下简称为"1996 年版"）首次发布并正式生效，1997 年该标准经过了初步增订。随后陆续发布《服务公众 2.0：伊利诺伊州公共图书馆标准（2009）》［*Serving Our Public 2.0：Standards for Illinois Public Libraries*（2009）］[③]（以下简称为"2009 年版"）、《服务公众 3.0：伊

---

① 白兴勇. 美国伊利诺伊州图书馆法律制度解析［J］. 图书馆，2018（11）：9 – 16.

② Illinois Library Association. Serving Our Public：Standard for Illinois Public Libraries［EB/OL］. ［2022 – 08 – 01］. https：//www. ila. org/content/documents/serving – our – public. pdf.

③ Illinois Library Association. Serving Our Public 2. 0：Standards for Illinois Public Libraries［EB/OL］. ［2022 – 08 – 01］. http：//www. harvey. lib. il. us/Standards/00_Serving_Our_Public. pdf.

利诺伊州公共图书馆标准（2014）》［*Serving Our Public* 3.0：*Standards for Illinois Public Libraries*（2014）］①（以下简称为"2014 年版"）。截至 2024 年，最新版已更新至《服务公众 4.0：伊利诺伊州公共图书馆标准（2020）》［*Serving Our Public* 4.0：*Standards for Illinois Public Libraries*（2020）］②（以下简称为"2020 年版"）。标准中的主要内容一般涵盖核心标准及参考标准、公共图书馆的治理和管理、人力资源、图书馆设施、技术、馆藏管理和资源共享、参考和读者服务、服务项目的设计、营销和协作及伊利诺伊州成员馆的责任和制度等。2020 年版由简介、致谢、说明、正文、附录、术语六部分组成。正文是此标准的核心内容，包括核心标准、管理、人员、使用、安全、建筑基础设施和维护、藏品管理、系统成员职责与资源共享、公共服务：参考资料和读者咨询服务、规划、青年服务、技术及营销、推广和协作等（见表 5 - 2）。

表 5 - 2 伊利诺伊州公共图书馆评估标准体系演变

章节	1996 年版	2009 年版	2014 年版	2020 年版
第一章	核心标准	核心标准	核心标准	核心标准
第二章	治理与行政	治理与行政	治理与行政	管理
第三章	人员	人员	人员	人员
第四章	藏品管理	设施	设施	使用
第五章	参考文献、读者咨询和书目指导	技术	技术	安全
第六章	项目	存取	存取	建筑基础设施和维护
第七章	存取	藏品管理与资源共享	藏品管理与资源共享	藏品管理
第八章	公共关系与市场营销	公共服务：参考资料和读者咨询服务	公共服务：参考资料和读者咨询服务	系统成员职责与资源共享
第九章	设施	规划	规划	公共服务：参考资料和读者咨询服务
第十章	系统和 ILLINET 成员责任	营销、推广和协作	营销、推广和协作	规划

① Illinois Library Association. Serving Our Public 3.0：Standards for Illinois Public Libraries［EB/OL］.［2022 - 08 - 01］. https：//www. lislelibrary. org/sites/default/files/assets/Miscellaneous/Standards% 20for% 20Illinois% 20Public% 20Libraries% 203_0. pdf.

② Illinois Library Association. Serving Our Public 4.0：Standards for Illinois Public Libraries［EB/OL］.［2022 - 08 - 01］. https：//www. winnetkalibrary. org/pdf/serving_our_public_4_point_0_standards_for_illinois_libraries. pdf.

续表

章节	1996 年版	2009 年版	2014 年版	2020 年版
第十一章		系统和 ILLINET 成员责任	系统和 ILLINET 成员责任	青少年服务
第十二章			安全	技术
第十三章				营销、推广和协作

资料来源：课题组根据伊利诺伊州历次评估标准整理。

从四次评估标准体系演化中可以明显看出：第一，标准的延续性较好。伊利诺伊州公共图书馆评估标准每隔几年重新修订一次，保证了标准的及时更新，可将本区域公共图书馆的发展通过标准反映出来。第二，标准中章节的内容范围呈现出不断拓宽的趋势。其中核心标准、管理和人员三大章节在内容和顺序上均有较强的稳定性。营销、推广和协作、建筑基础设施和维护、青少年服务等均是在 1996 年版标准体系上陆续增加的评估指标。2020 年版由国际图书馆协会执行委员会于 2017 年组织图书馆专业人士进行了全面修订，包含图书馆申请州补助计划所需的一切必备条件，成为受托人和图书馆委员会的重要指南。第三，标准的自由度较高。伊利诺伊州公共图书馆评估中，各个公共图书馆自愿参加，并以此为参考来制定本馆的发展策略，没有行政层面的强制性。评估标准设定了一定的量化指标，每个图书馆在努力达到基本指标的基础上，可以根据本馆实际判断其所处级别，从而选择适合自身发展水平的级别作为标准和参考。第四，附录具有较高的参考价值。例如，2020 年版评估标准设立了 11 项附录，涵盖伊利诺伊州法规、保留和处置的记录、建议纳入董事会章程的主题、为新受托人介绍推荐的主题、人员配置水平建议、图书馆政策建议公众使用的主题、按人口分列的建议服务时间、为集合管理策略推荐的主题、收藏管理工作表、新设施规划、设施管理清单。

在图书馆基础资源方面，经费投入是公共图书馆可持续发展的必备条件。伊利诺伊州在《地方图书馆法》的保障下通过税率的浮动来调整图书馆的经费保障额度[①]。2014 年版明确规定了"至少12%的图书馆经费用于购买馆藏资源"。美国各州公共图书馆确定其馆藏总量的方法比较灵活，伊利诺伊州的典型做法是将本州人口按照数量划分为不同等级，而每个等级有其对应的基藏数量，并在此基础上将馆藏目标划分为最低级、增长级、建立级、高级四个等级，不同等级中对图书、期刊、音视频电子资源等也有不同的目标总量设定[②]。以 1996

① 夏立新，李成龙，孙晶琼．多维集成视角下全民阅读评估标准体系的构建［J］．中国图书馆学报，2015，41（6）：13－28.

② 张广钦，刘璇，张丽，等．美国公共图书馆建设标准核心要素分析［J］．中国图书馆学报，2009，35（1）：18－25，70.

年版中图书资源为例，该标准就对基藏基础上的人均册数做出了明确设定（见表5－3）。

表5－3　伊利诺伊州人口因素与馆藏图书资源数量表

序号	人口数/人	基藏（册/件）	基藏基础上的人均册数/册			
			最低级	增长级	建立级	高级
1	1000	2000	5	7	11	17
2	1000—2499	6000	2	3	7	13
3	2500—4999	10 000	1.75	2.75	5	9
4	5000—9999	18 000	1.25	2.50	4	7.50
5	10 000—14 999	35 000	0.60	2	2.75	6
6	15 000—24 999	45 000	0.60	2	2.75	5.50
7	25 000—49 999	70 000	0.50	2	2.75	5.25
8	50 000—74 999	110 000	0.50	2	2.50	4.75
9	75 000—99 999	150 000	0.40	1.75	2.25	4.50
10	100 000	220 000	0.40	1.75	2.25	4

资料来源：Illinois Library Association. Serving Our Public：Standard for Illinois Public Libraries［EB/OL］. ［2022－08－01］. https：//www.ila.org/content/documents/serving－our－public.pdf.

　　关于阅览座席数量的设定，世界各国有着不同的测算方法，但主体流行的方式是以千人拥有的座席数作为测量的基准，即图书馆服务人口中每千人拥有的座席数量。此外，部分学者指出按照馆藏资源数量来测算阅览座席数量，其基本思路与千人拥有的座席数量的思路是一致的。伊利诺伊州公共图书馆评估标准是千人拥有座席数量的典型代表，但此标准规定的座席数量仅适用于公共阅览室，而没有包含办公室、会议室、电子阅览室的座位等。具体每千人占有的阅览座席数量见表5－4。

表5－4　伊利诺伊州每千人占有阅览座席数量

序号	人口/人	推荐座席数量/个
1	999 以下	20
2	1000—4999	20（超过 1000 人后，每增加 1000 人增加 5 个座位）
3	5000—9999	40（超过 5000 人后，每增加 1000 人增加 4 个座位）
4	10 000—24 999	60（超过 1 万人后，每增加 1000 人增加 3 个座位）
5	25 000—49 999	105（超过 2.5 万人后，每增加 1000 人增加 2.5 个座位）
6	50 000—74 999	167（超过 5 万人后，每增加 1000 人增加 1.5 个座位）
7	75 000—99 999	204（超过 7.5 万人后，每增加 1000 人增加 1 个座位）
8	100 000 以上	229（超过 10 万人后，每增加 1000 人增加 1 个座位）

资料来源：Illinois Library Association. Serving Our Public：Standard for Illinois Public Libraries［EB/OL］. ［2022－08－01］. https：//www.ila.org/content/documents/serving－our－public.pdf.

伊利诺伊州公共图书馆评估的方法灵活多样。在数据采集方面，该馆综合运用问卷调查法、焦点小组法、观察法、访谈法等，同时十分注重评估项目中与公众的沟通技巧，通过有效的面谈、电话和电子邮件等方式，取得了较为理想的效果。

伊利诺伊州为了提高该州公共图书馆服务水平，通过立法将州政府的资助与该州公共图书馆的评估标准相联系，并得到良好落实。美国是世界上在图书馆领域立法最早、最完善的国家之一，1984年新罕布什州通过了美国第一部州图书馆法，并相继出台一系列条例、标准、规则等①。具体到伊利诺伊州，《州图书馆法》（*State Library Acts*）、《伊利诺伊州地方图书馆法》（*Illnois Local Library Act*）、《伊利诺伊州图书馆系统法》（*Illinois Library System Act*）等构成了该州图书馆法律体系的主体，其中有关图书馆政策、信息收集、开放时间、馆员培训、经费预算等条款均与公共图书馆评估密切相关。2020年版指出了公共图书馆最基本的运行条件：必须遵守本州图书馆法、有组织地收集信息、由图书馆理事会批准书面图书馆政策、在固定位置公布对外开放时间、由训练有素且有薪酬的图书馆员开展馆藏建设及服务、部分或全部由公共资金支持、有专门的购书预算。在以上基本条件下，具备评估标准中的24项核心指标。州图书馆协会是本区域图书馆立法的倡议者，在提高本州图书馆法治水平方面发挥了重要作用。州图书馆协会通过制定具体的评估标准来确保本州图书馆法的顺利实施。

评估标准是法律的延伸，并且比法律更具有操作性，法律条文也需要在标准的辅助下发挥作用。伊利诺伊州在"服务公众：伊利诺伊州公共图书馆标准"系列标准之外，同时发布有《伊利诺伊州公共图书馆金融手册》（*Financial Manual for Illinois Public Libraries*）、《理事会事实档案》（*Trustee Facts File*）等，以更好地指导本州公共图书馆建设。

此外，博物馆和图书馆服务研究所（Institute of Museum and Library Services，简称IMLS）开展有"州图书馆管理机构拨款计划五年评估项目"（Grants to State Library Administrative Agencies Program Five-Year Evaluation），并发布了《"五年"评估指南（2008—2012）》（2008 – 2012 *Guidelines for "Five-Year" Evaluation*）。从评估目的上看，第一，在五年计划结束之前，对伊利诺伊州的图书馆的相关活动进行独立评估。第二，对伊利诺伊州图书馆五年计划中设定的目标进行标准，旨在帮助图书馆在其未来的五年规划中做出有效的资源分配决定。之前的评估内容更多地侧重图书馆实践，为了将评估结果与未来五年规划更好地结合，IMLS制订了新的评估方案。《"五年"评估指南（2008—2012）》明确了以下核心问题：强调过去的有效做法；确定实施计划中活动的工作流程，包括对规划、

---

① 黄苑，汪聪. 中美公共图书馆服务规范比较研究［J］. 图书馆学研究，2016（16）：17 – 21.

决策和管理的绩效测量；从过去五年的评估中得出关键结论和建议，以纳入下一个五年规划周期。

四、公共图书馆区域评估总结与启示

美国伊利诺伊州的公共图书馆评估作为区域评估的代表，对我国乃至全球公共图书馆绩效评估均具有一定的借鉴意义。

第一，逐步推进公共图书馆评估数据采集的标准化。数据是公共图书馆绩效评估的重要基础，英、美等发达国家在此领域起步较早，形成了较为完善的数据采集体系。我国公共图书馆评估工作在政府、读者、公共图书馆等方面均有很大的提升空间，应借鉴美国公共图书馆区域评估中数据采集的相关经验，制定数据采集细则、提高数据采集意识、推动数据客观采集、建设自动数据采集共享平台。例如，美国公共图书馆调查（PLS）数据涉及美国 9000 多个图书馆①，这些数据由美国博物馆和图书馆协会通过国家图书馆管理机构（State Library Administrative Agencies，简称 SLAAs）管理。PLS 采用的是逐级汇总的方式，国家统计数据是基于各州数据的汇总，而各州的数据源于各图书馆。具体到区域评估，各州可以充分借鉴和利用此类数据。以伊利诺伊州为代表的公共图书馆区域评估，往往将评估数据在网站、报告中予以公示、共享，以满足不同区域、层次、规模的公共图书馆的需求，进而实现监督和跟踪公共图书馆运行的目的，从多个角度对公共图书馆绩效评估进行合理控制。由于美国公共图书馆从绩效评估向成效评估转变，在数据采集方面更加注重反映图书馆效能的指标②。

第二，转变图书馆服务理念，勇于探索与变革公共图书馆服务与管理方式。在伊利诺伊州公共图书馆评估中，图书馆的从业者与管理者往往是构建评估体系的积极倡导者和参与者，这样就很好地引导了管理部门与从业者重新认识公共图书馆社会评估的意义与价值。可见，此种方式促使读者与社会团体参与公共图书馆的评估工作，为最大限度地提升公共图书馆服务水平发挥了作用，更有利于实现图书馆发展与读者使用图书馆服务的共赢。

第三，注重指标体系的延续性和创新性。伊利诺伊州很早就开始了本州的公共图书馆评估，其特色鲜明的评估标准一直在全国公共图书馆评估领域独树一帜。通过上文对伊利

---

① Public Libraries Survey [EB/OL]. [2022 – 08 – 01]. https：//www. imls. gov/research – evaluation/data – collection/public – libraries – survey.

② 李卓卓，孙东. 面向效能评估的英美公共图书馆数据采集及启示 [J]. 国家图书馆学刊，2019，28（4）：48 – 59.

诺伊州历次公共图书馆评估标准体系的比较，可以发现伊利诺伊州特别注重标准的延续性，但又十分注重在不同时代背景下评估标准的创新，以适应社会、读者对公共图书馆发展的新需求。在指标的设立上，评估体系会受到多重因素的影响。从评估具体指标的设置上可以明显看到价值取向的影响、民众需求的影响和社会发展程度的影响。在公共图书馆发展水平较高的国家，价值取向、价值评估是公共图书馆评估体系的深层追求，是整个评估体系和结构设立的灵魂。图书馆价值应该通过评估被客观地反映出来，评估可以帮助公共图书馆彰显其社会公益性文化价值取向，积极引导用户树立积极、有利于社会发展的价值理念，凸显公共图书馆服务的社会价值。

第四，区域发展不平衡是影响公共图书馆发展的一大重要因素，这种差异可以通过评估来展现，也可以通过评估来优化。相对于我国的公共图书馆区域评估标准，美国区域评估在标准制定上有着更为宽泛的权利，在标准细则的设置上也更加翔实，而我国地方标准往往偏重宏观描述①。区域发展不平衡可以体现在评估主体对公共图书馆的认知与利用方面，因此在指标设定时应该因地制宜，在服务项目拓展、服务质量确定、评估工具选择等方面体现出一定的差异性②。

第五，构建区域公共图书馆绩效评估战略规划。公共图书馆区域评估容易受某一年经费不足、人事变动等外部原因而中断，评估的持续开展无疑是区域评估面临的一大重要问题，伊利诺伊州的评估标准在很大程度上起到评估规划的作用，为其动态绩效评估工作的开展描绘了科学的蓝图，保证了区域评估工作的有效进行。有助于决策者在宏观上把握公共图书馆绩效水平，从而以科学、发展的眼光制定、改进图书馆的发展策略。

第六，完善与区域评估相关的法律和制度。从美国公共图书馆区域评估的相关内容中可以发现，美国公共图书馆不仅是一个单纯由服务驱动的组织，还在法律层面对读者需求进行保障，部分公共图书馆的相关评估标准得到了法律条款的支持。重视特殊群体需求与服务是美国公共图书馆评估中的标志性主题，例如为儿童、残障人士等的服务是图书馆评估标准中的重点，相关标准与法律也为特殊群体服务提供了制度保障③。

---

① 黄苑，汪聪．中美公共图书馆服务规范比较研究［J］．图书馆学研究，2016（16）：17－21．

② 郝丽梅．国内外公共图书馆评估现状与对策分析［J］．科技情报开发与经济，2015，25（14）：33－35．

③ 殷剑冰，冼君宜．国外图书馆标准规范体系研究——以美国及日本为例［J］．图书馆，2017（9）：17－24，38．

第二节　澳大利亚国家图书馆个体评估

个体评估可以是上级对一个馆的评估，可以是外部评估，也可以是自我评估，同时相关学术协会、商业咨询公司等也可以对个体展开评估。一般来说，外部评估相对于自我评估更为客观，因此外部评估的指标和方法具有统一性。外部对某一个体图书馆的评估一般是由政府部门或上级组织为了衡量图书馆的服务水平和效率而进行的，最终会影响图书馆获取的财政支持力度及相关的政策方针。通过对图书馆的绩效评估，实现有限的财政经费支持，监督、促进图书馆发挥其应有的职能①。个体评估的代表性案例往往是在规模、馆藏、服务水平、影响力等方面较为突出的图书馆，也只有此类图书馆有能力落实个体评估。本书以澳大利亚国家图书馆作为个体评估的案例代表。

一、澳大利亚公共图书馆评估概况

澳大利亚是发达国家中较早制定国家层面公共图书馆评估标准的国家之一。评估标准化在助推澳大利亚公共图书馆快速发展及效能提升方面发挥了重要作用。1990 年，澳大利亚图书馆与信息协会就发布了《迈向优质服务：澳大利亚公共图书馆的目的、目标和标准》的国家标准。其后，该协会分别在 1994 年、2011 年、2012 年对此标准进行了修订②。2016 年，澳大利亚图书馆与信息协会发布的《澳大利亚公共图书馆评估指南、标准与成效评估》，是澳大利亚国家层面的公共图书馆评估标准。此版标准包括了 16 项指南、15 个量化指标和 6 个领域的产出评估。2021 年，澳大利亚图书馆与信息协会发布了最新版的《澳大利亚公共图书馆标准和指南》（*Standards and Guidelines for Australian Public Libraries*）③，这是对之前版本的延续和创新。最新标准包括图书馆业务标准、收藏和服务标准、服务使用标准三大标准领域，社区参与治理，图书馆管理，收藏，信息和参考服务，方案，技术获取，场所和空间，针对青年、老年人、文化团体等的目标服务，服务点，人员

---

① 吕庆元. 澳大利亚公共图书馆绩效评估理论与实践研究［J］. 现代情报，2010，30（10）：126-132.

② 王秀香.《澳大利亚公共图书馆评估指南、标准与产出评估》标准解读［J］. 河北科技图苑，2020，33（2）：80-86.

③ Australian Library and Information Association. Standardsand Guidelines for Australian Public Libraries［EB/OL］. ［2022-08-01］. https：//read. alia. org. au/apla-alia-standards-and-guidelines-australian-public-libraries-may-2021.

配置，供资，伙伴关系和合作，客户服务十三项指南范围。从澳大利亚国家图书馆绩效评估的关注点上可以看出，发达国家公共图书馆绩效评估的重点从对定量的数据评估逐渐转向对服务内容和成效的评估，并将重心放在了服务结果的评估上。

社区参与	公共图书馆			个人和社区的成效
	服务管理	服务提供	服务交付	
公共图书馆积极与社区合作，提供符合服务需求的服务，并建设个人和社区能力 让社区参与塑造图书馆服务 反映社区需求和愿望 确保普遍获得图书馆服务 倡导社区独特的文化特征 建立和培育伙伴关系，增强社区和个人的适应力及能力	**治理** •战略决策 •战略规划 •宣传 **管理** •政策和规划 •人力资源管理 •财务和资产管理 •技术管理 •公共关系和促销 •监测和评估	**内容/收藏** •普通和专家 •当地研究、遗产、文化 •数字 **信息和参考服务** **程序** •识字 •学习 •创意、文化 •数字素养 **技术访问** •计算机 •互联网和无线网络 **地点（物理和数字）** •阅读并放松 •学习和工作 •会面并建立联系 •协作和创新 **为以下群体提供有针对性的服务** •儿童和青年 •老年人 •文化团体 •土著	**服务点** •分行（包括营业时间） •移动图书馆 •网站和在线服务 •外联服务 **人员配备** •人员配备水平 •技能、资质 **基金** •操作 •资本 •可持续性 **伙伴关系与协作** •社区 •政府 •教育和商业 •图书馆部门 •志愿者 **客户服务**	有效的图书馆计划和服务有助于个人提高知识和技能，有助于社区更具包容性、生产力和创造力 识字和终身学习 数字包容性 个人发展和幸福 经济和劳动力发展 更强大、更有创造力的社区 知情和有联系的公民

图 5-1　澳大利亚公共图书馆框架

资料来源：Australian Library and Information Association. *Standards and Guidelines for Australian Public Libraries* [EB/OL]. [2022-08-01]. 网址为 https：//read. alia. org. au/apla-alia-standards-and-guidelines-australian-public-libraries-may-2021.

从澳大利亚公共图书馆框架（见图5-1）中可以发现，该框架整体包含了服务管理、服务提供、服务交付三大板块，此外还涉及社区参与与个人和社区成效两大模块，这些均是澳大利亚公共图书馆评估关注的核心内容。具体到个体评估，是对具体图书馆展开的，通过评估个体对社会的贡献，证明其存在的意义和价值。同时，经过与国内外图书馆的比较，从中找出自身的不足和差距，力求提升服务效能。整体来看，个体评估也逐渐成为澳大利亚公共图书馆日常评估中的一部分。在图书馆自动化技术快速发展的今天，大量评估数据可以从服务后台轻松调取，便利获取的本馆工作数据与读者访谈、调查相结合，保证了绩效评估数据的质量。

二、澳大利亚国家图书馆概况

澳大利亚国家图书馆（National Library of Australia）是澳大利亚目前最大的图书馆，前身是 1901 年成立的澳大利亚联邦议会图书馆，当时位于首都墨尔本。澳大利亚联邦议会图书馆主要是为议会服务，同时也服务于政府各部门及相关学术机构。随着 1927 年国家首都迁往堪培拉，澳大利亚联邦议会图书馆也随之搬迁。1960 年出台的澳大利亚《国家图书馆法案》将国会图书馆与国家图书馆正式分开，位于堪培拉的澳大利亚国家图书馆于 1968 年 8 月正式开馆。1960 年，澳大利亚《国家图书馆法案》规定了国家图书馆的任务、财政管理和图书馆管理框架①。1994 年澳大利亚《国立图书馆规章》规定了用户进入图书馆、使用图书馆资料及财产的相关内容②。根据 1960 年澳大利亚《国家图书馆法案》，澳大利亚国家图书馆设立国家图书馆委员会（Council of the National Library of Australia），委员会成员包括一名由参议院选举出来的议员、一名由众议院选举出来的议员、七名由总督任命的委员，委员会成员任期为三年，可连任③。

澳大利亚国家图书馆承担着建设、开发和维护全国信息资源的任务，并向全国提供信息服务。因此，澳大利亚国家图书馆十分注重数字资源的长期保存、开发、共享和利用，启动了大规模的数字图书馆先导研究计划，曾制定《澳大利亚国家图书馆数字化发展战略（2000—2004 年）》④，启动了古登堡计划、潘多拉计划（PANDORA）、Libraries Australia 等系列项目⑤。在澳大利亚政府大量资金的支持下，有关增强数字能力的计划取得了丰硕成果。澳大利亚国家图书馆的数字卓越计划支撑了国家的强大服务，并激励了世界各地的图书馆。2020—2021 年，无论是通过其在线平台 Trove，还是通过非常受欢迎的数字教室，乃至通过为研究人员和专业人士精心策划的一系列网络研讨会，澳大利亚国家图书馆很好地惠及了居住、工作或学习的澳大利亚人。Trove 是澳大利亚国家图书馆提供数字化服务的最主要的渠道，但图书馆的其他数字服务使用人数也不断增长。2020—

---

① 刘莎莎. 澳大利亚国家图书馆与国家图书馆法 [J]. 山东图书馆季刊, 2006 (4): 27 - 29.
② 李怡锐. 浅析澳大利亚国家图书馆用户隐私政策 [J]. 科技情报开发与经济, 2014, 24 (12): 156 - 160.
③ 顾蒳. 澳大利亚国家图书馆的机构设置人事管理和工资待遇 [J]. 北京图书馆馆刊, 1996 (1): 91 - 101.
④ 左少凝, 胡燕菘. 澳大利亚国家图书馆数字化发展战略 (2000—2004) [J]. 现代情报, 2005 (5): 94 - 95, 113.
⑤ 王瑛, 张良蓉. 湖北省数字图书馆的建设: 从澳大利亚国家图书馆的数字化建设谈起 [J]. 情报探索, 2010 (8): 52 - 54.

2021 年，澳大利亚国家图书馆的注册读者增加了近 30%，授权数据库的使用增加了一倍，数字教室的覆盖率增加了 81%①。从澳大利亚国家图书馆 2020—2021 年游客到达数据可以看出，数据涵盖了现场参观图书馆展览和活动、现场和网上书店、学习和学校教育计划、图书馆捐赠者和朋友等。在比例分布上，主要城市占比达 73.7%②。

从最新的统计数据来看，澳大利亚国家图书馆共 354 名工作人员，这些工作人员的平均年龄为 47 岁，61.86% 的在职员工在图书馆工作超过 5 年，澳大利亚国家图书馆有 52 名注册志愿者，大约有 1623 个国家图书馆之友（Friends of the National Library）注册会员。其收藏的物理载体达 1025 万件，数字化资源达 2.65 PB，其中包含 25 572 个以数字格式获取的新项目。此外，澳大利亚国家图书馆在访问和使用、社会化媒体等方面均有十分可观的数据。

三、澳大利亚国家图书馆个体评估的方法

图书馆的绩效评估是一个比较的评估过程，包含了比较"怎样"与"应怎样"之间的差别，并以科学的方法分析这种差别。同时，图书馆的绩效评估也是一个判断的过程，此过程通过对收集数据的有效性分析，实现对评估数据的科学理解，从而更加准确地发现图书馆存在的问题。澳大利亚国家图书馆绩效评估的目的可以从多个角度展开论述，通过评估为读者和用户提供更为及时的信息资源，促进对现有信息产品、更新信息产品及其服务的高效使用，确定优先服务和事项以满足特定学科、群体的学术交流，提供有效的信息协商机制以明确用户的信息需求，通过优质的管理提升图书馆资源和技术的服务与应用，鼓励和发展具有高水平和高能力的图书馆员致力于图书馆发展。通过分析澳大利亚国家图书馆的绩效评估，可以得到上述目的是否达成的明确回复，以明确下一步的发展方向③。

（一）平衡记分卡管理模式在澳大利亚国家图书馆的有效实施

早在 2000—2001 年，澳大利亚国家图书馆就着手建立并实施平衡记分卡管理框架④。平衡记分卡管理模式源于企业管理领域的绩效管理，是领导者在战略、人员、流程、执行四个领域全面统筹的关键要素，以平衡企业发展的长期战略与短期计划、内部矛盾和外部

---

①② National Library of Australia Annual Report 2000—2001 ［EB/OL］. ［2022 - 08 - 01］. http：//www. nla. gov. au/policy/annrep01/nla_annrep01. pdf.

③ 吕庆元. 澳大利亚公共图书馆绩效评估理论与实践研究 ［J］. 现代情报，2010，30（10）：126 - 132.

④ National Library of Australia Annual Report 2000—2001 ［EB/OL］. ［2022 - 08 - 01］. http：//www. nla. gov. au/policy/annrep01/nla_annrep01. pdf.

问题，从而保证企业的可持续发展。澳大利亚国家图书馆借助平衡记分卡制定了多项有利于自身战略发展与评估的计划，其成为向国家图书馆委员会报告绩效评估结果的一项基本工具。基于平衡计分卡的绩效评估报表，一方面为图书馆领导团队提供了重要的监测工具，另一方面有效帮助管理者识别资源、服务的重点领域和优先事项。澳大利亚国家图书馆为确保平衡记分卡能充分反映当下战略的重点和方向，每年都会对计划和指标进行评估，同时构建新的指标以合理反映绩效。利用此方法，一些关键性问题在国家图书馆得到共识，如图书馆的承诺、与外部合作伙伴之间的关系、读者的价值、图书馆的工作流程及整个组织的运作、财务方面的义务和责任等。平衡记分卡是一种非常有效的绩效评估方法，可以适用于十分复杂的信息交流。通过实践证明，此方法在提升澳大利亚国家图书馆绩效及确保图书馆应对未来挑战方面取得了很好的成绩，得到澳大利亚国家图书馆委员会、员工等利益相关者的广泛认可[1]。

（二）落实系统的年报制度

依据《2013年公共治理、绩效和问责制法案》的规定，澳大利亚国家图书馆指定国家图书馆委员会向艺术部长提交年度报告，并且按照要求定期对年报进行公示。澳大利亚国家图书馆网站公布的数据显示，自2005年发布第一份年报，至2021年从未间断，年报公开制度逐渐走向成熟。年报公开、信息自由体系、政府信息公开等，为完善我国公共图书馆绩效评估的年报制度提供了启示和借鉴。年报公开是公共图书馆绩效评估和管理中的重要内容，目的是通过公开图书馆的各项资源、服务数据提高图书馆的管理水平，让公众对图书馆实行有效监督，保障公众的知情权[2]。根据澳大利亚国家图书馆2020—2021年年报显示，虽然新冠疫情限制了许多澳大利亚人无法参加"想象的国家"和"澳大利亚梦"等美丽的展览，为成人和儿童举办的精彩节目不得不全部修改或取消，但图书馆全年接待了3000多万人。澳大利亚国家图书馆是根据《图书馆计划和投资组合预算报表》（*Corporate Plan and Portfolio Budget Statements*）进行绩效考评得出的年报数据。

（三）国家图书馆战略规划中绩效评估的落实

澳大利亚国家图书馆有明确的战略规划。继《国家图书馆2012—2014年战略方向声

---

① 张收棉，李丹，程鹏，等. 世界级国家图书馆关键成功因素分析［J］. 图书馆建设，2011（8）：10－14.

② 颜运梅. 澳大利亚国家图书馆年报公开制度研究［J］. 晋图学刊，2018（6）：8－15.

明》后，澳大利亚国家图书馆制定了《国家图书馆 2015—2019 年规划》①，目前最新版的
战略规划为《澳大利亚国家图书馆 2021—2022 年规划》②。最新版战略规划比较成熟和完
善，是对国家图书馆各项工作的五年远景规划，反映出图书馆最新的变革趋势和发展动
向。从战略规划的定位来看，国家图书馆参与和促进知识创造，不仅提供丰富、多元的馆
藏，而且教育、激励和愉悦澳大利亚读者③。面对数字环境的挑战，战略规划强调国家图
书馆要适应大数据、云计算、物联网时代用户需求的变化。澳大利亚国家图书馆根据《绩
效问责法案》和《公共治理》的相关要求，完成对各项绩效评估指标的全面审查。因此，
澳大利亚国家图书馆制定了一系列定量、定性指标和措施，以期更加合理地评估国家图书
馆的绩效和影响。在战略规划中，国家图书馆已经确立的各项指标将给委员会、工作人员
及利益相关者的绩效提供相关概述。根据战略规划的要求，国家图书馆将评测此类绩效指
标的实用性，不断对现有及过时的指标和措施进行必要的调整。可见，澳大利亚国家图书
馆为了实现自身的愿景和规划，以很强的原则性、合理的制度保障及高水平的员工培训为
基础，对战略规划的落实过程及取得的效果进行及时跟踪，建立起一套既有基准测试又有
科学评估的保障体系。最新版的战略规划中制定了四个战略优先事项：收集——今天收集
明天重要的东西；连接——与社区建立联系，并将社区与其国家收藏品联系起来；合
作——与其他人合作，最大限度地发挥文化收藏的国家影响力；能力——建立能力，最大
限度地提高国家对图书馆的投资回报。四个战略优先事项均在年报中得到体现，并以绩效
评估的方式展示了图书馆的各项评估数据（见表 5 –5）。

表 5 –5　澳大利亚国家图书馆战略优先事项

年份	战略重点一	战略重点二	战略重点三	战略重点四
2020—2021 年	收集	连接	合作	能力
2019—2020 年	收集	连接	合作	能力
2018—2019 年	收集	连接	合作	能力

---

① National Library of Australia Corporate Plan 2015—2019 ［EB/OL］. ［2022 – 08 – 01］. https：//www.
nla. gov. au/about – us/corporate – documents/corporate – plans/corporate – plan – 2015 – 2019.
② National Library of Australia 2021 – 22 Corporate Plan ［EB/OL］. ［2022 – 08 – 01］. https：//www.
nla. gov. au/sites/default/files/2021 – 08/National% 20Library% 20Corporate% 20Plan% 20final% 20 – % 2021 –
22. pdf#：~：text = The% 20Corporate% 20Plan% 20is% 20the% 20principal% 20planning% 20document，for%
20Communications% 2C% 20Urban% 20Infrastructure% 2C% 20Cities% 20and% 20the% 20Arts.
③ 颜运梅. 澳大利亚《国家图书馆 2015—2019 年规划》解析 ［J］. 新世纪图书馆，2017（1）：
85 – 91.

续表

年份	战略重点一	战略重点二	战略重点三	战略重点四
2017—2018 年	建立国家记忆	实现访问	领导，合作者，连接	
2016—2017 年	建立国家记忆	实现访问	领导，合作者，连接	
2015—2016 年	建立国家记忆	实现访问	领导，合作者，连接	
2014—2015 年	收集和保护澳大利亚的文献遗产	让所有澳大利亚人都能使用图书馆的藏品和服务	发挥国家领导力	实现组织卓越
2013—2014 年	收集和保护澳大利亚的文献遗产	让所有澳大利亚人都能使用图书馆的藏品和服务	发挥国家领导力	实现组织卓越
2012—2013 年	收集和保护澳大利亚的文献遗产	让所有澳大利亚人都能使用图书馆的藏品和服务	发挥国家领导力	实现组织卓越
2011—2012 年	收集和保存	提供访问权限	合作	
2010—2011 年	收集和保护澳大利亚的文献遗产	提供对国家图书馆藏品的访问	在国内外开展合作	
2009—2010 年	收集和保护澳大利亚的文献遗产	提供对国家图书馆藏品的访问	在国内和国际上开展合作	
2008—2009 年	藏品	信息服务	合作服务	
2007—2008 年	藏品	信息服务	合作服务	
2006—2007 年	藏品	信息服务	公共项目	澳大利亚图书馆网络服务
2005—2006 年	藏品	信息服务	公共项目	澳大利亚图书馆网络服务

资料来源：课题组根据澳大利亚国家图书馆历年年报整理。

澳大利亚国家图书馆评估以结果为导向，并秉承了严谨、细致的优良传统。首先，澳大利亚政府对国家图书馆及图书馆事业十分重视，可以从澳大利亚成熟、有效的图书馆立法上得到验证。澳大利亚是颁布图书馆法最早的国家之一，1960 年出台的澳大利亚《国家图书馆法案》是一部较为完善的图书馆专门法，成为澳大利亚图书馆事业繁荣发展的保证。依据此项法律，国家图书馆形成了一个独立的实体。在此法律的指导和调解下，澳大利亚国家图书馆逐渐形成了具有自身特色的馆藏和服务，在世界各国国家图书馆中具有很强的代表性。其次，澳大利亚国家图书馆在图书馆体系中引领与合作效力的灵活运用。国家图书馆一般担负着传承民族文化的责任，同时也是全国图书馆事业的调节控制中枢。由澳大利亚国家图书馆牵头的全国层面的馆际互借、联合采购等工作为全国信息资源共建共享打下了深厚基础。并且，澳大利亚国家图书馆十分注重与相关信息机构的沟通合作，这有利于全国信息基础结构领域关键性问题的协调、解决。澳大利亚国家图书馆开发的PANDORA系统成为全球网络信息资源保存的代表项目。

四、澳大利亚国家图书馆个体评估标准体系

个体价值评估和社会价值评估是公共图书馆价值评估的两大方向。个体评估具有很大的灵活性，澳大利亚国家图书馆个体评估并非采用一套统一、不变的标准体系。评估标准涉及的领域一般比较宽泛。首先，在文献资源保障方面，澳大利亚国家图书馆包含了专著、连续出版物、口述历史记录、乐谱、地图、航空照片及数字化藏品等。澳大利亚国家图书馆将其所藏文献资源分为公开、未公开及海外收藏等三大集合。其中，公开集合包含了书籍、连续出版物、政府出版物、地图、音乐、海报、网站等公开发布的文献；未公开集合包含了手稿和档案、图片、口述历史和民间文艺录音等；与其他海外国家合作建立的为澳大利亚国家图书馆的世界级收藏，包括了与本国历史、社会、艺术和文化、政治和经济等相关的文献资源。其次，在服务效能方面，主要包括了读者访问服务、参与公众和学校计划等。再次，在影响贡献分析方面，主要涉及图书馆的社会贡献及社会影响。社会贡献主要针对图书馆展开的战略合作及大型合作项目，社会影响主要指图书馆的社会媒体关注程度及受到捐赠的情况。最后，在绩效评估指标方面，主要包含访问该组织网站的总次数、访客互动即对组织的访问总数、提供学校学习计划的数量、参与公共和学校计划次数、支出组合数量、访客满意度、其他支出总数、集合管理和访问次数等多个方面。评估中，澳大利亚国家图书馆以事先设定的绩效指标作为目标值，同时在各大一级指标下设定多个评估维度，不同维度设有不同的目标值，并通过比较该年各指标实际完成情况与该年预计目标，对该年图书馆服务绩效进行评估[1]。

本书根据澳大利亚国家图书馆的目的和任务，对绩效评估的相关指标作出如下总结（见表5-6）：

---

[1]　马袁燕. 国外国家级图书馆服务绩效评估及其对国内图书馆服务的启示［J］. 中华医学图书情报杂志，2017，26（12）：34-40.

表 5 - 6   澳大利亚国家图书馆绩效评估指标体系

一级评估指标	质量/数量/成本	二级评估指标
馆藏建设	质量	被调查用户过去一年受到国家图书馆服务或馆藏影响的比例
		政府拨款
		其他收入来源
		呈缴本占应缴图书比例
		规定时间内对入藏图书编目、索引的比例
		重点馆藏按时入藏比例
	数量	馆藏数量
		馆藏分类标引比例
	成本	馆藏建设成本
信息服务	质量	其他收入来源
		对信息服务的用户满意度
		符合服务标准的服务比例
	数量	文献传递数量
		图书馆网站浏览量增加比例
		图书馆用户访问量
	成本	信息服务成本
协同服务	质量	政府拨款
		其他收入来源
		达到或超过联邦协同服务宣言标准的注册图书馆的数量
		满足协同服务标准和时间表的图书馆比例
	数量	由协同服务参与图书馆提供的馆藏数量
	成本	协同服务成本

资料来源：课题组根据澳大利亚国家图书馆历年年报整理。

　　在馆藏发展方面，实施澳大利亚国家图书馆 2020—2021 年和 2023—2024 年的馆藏战略及 2020 年馆藏发展政策，以建立一个反映澳大利亚社会全面多样性的馆藏。扩大数字收藏，包括通过优化国家寄存服务（澳大利亚国家和州图书馆建立合作伙伴关系，建立、保存澳大利亚数字出版物共享收藏并提供在线访问），提升网络存档基础设施和社交媒体收藏能力。表5 -7有关馆藏收集的数据表明，澳大利亚国家图书馆重点关注的是正式出版物、非正式出版物及海外文献，并同时注重对此三类数字文献的收集。从历年统计数据来看，每一年度的数据会相应设立目标值，以对收集成果进行评估。

表5－7　澳大利亚国家图书馆馆藏收集评估与成果

绩效衡量标准	状态	2020—2021 年实际情况	2019—2020 年实际情况	2018—2019 年实际情况
收藏的澳大利亚正式出版作品数量，包括数字作品	可利用	32 565（目标：30 000）	37 168（目标：30 000）	30 454（目标：33 000）
收藏的澳大利亚非正式出版物的数量，包括数字作品	不适用	58 014（目标：未设置）	43 747（目标：未设置）	322 365（目标：未设置）
海外文献收藏数量，包括数字作品	不适用	3809（目标：未设置）	9831（目标：未设置）	14 279（目标：未设置）

资料来源：课题组根据澳大利亚国家图书馆历年年报整理。

　　在有关国家图书馆与社会的连接方面，通过广泛的平台和交付机制，为所有年龄段的澳大利亚人提供高质量的学习体验和推广计划，扩大与语言和文化多样性社区的接触。2020—2021 年，澳大利亚国家图书馆实施首个"和解行动计划"，设立土著参与部门，与土著居民发展真正的相互尊重关系。国家图书馆的慈善战略持续十年后，利用政府种子基金与社区成员合作，特别是通过大规模馆藏数字化工作，增加了国内外对澳大利亚文化的了解。由表5－8统计数据可见，在线互动、现场合作、数字藏品的使用等服务形式的数值均呈现下降的趋势，这无疑是受2020年新冠疫情的影响。其在一定程度上影响了图书馆与社会的联系程度，尤其是线下形式的访问。此外，在定性评估方面，澳大利亚国家图书馆针对的人群是 Trove 社区用户，并对文献收集和服务方面的案例进行定性评估。

表5－8　澳大利亚国家图书馆社会连接评估与成果

绩效衡量标准	状态	2020—2021 年实际情况	2019—2020 年实际情况	2018—2019 年实际情况
与图书馆的在线互动次数	未实现	16 656 427（目标：19 000 000）	18 796 600（目标：19 000 000）	18 794 996（目标：18 500 000）
与图书馆的现场合作次数	未实现	148 616（目标：230 000）	145 381（目标：370 000）	356 531（目标：470 000）
数字藏品的使用增加百分比	部分实现	－3%	12%	15%

资料来源：课题组根据澳大利亚国家图书馆历年年报整理。

　　在图书馆合作方面，目的是最大限度地发挥文化收藏在全国的影响力。澳大利亚国家图书馆在此领域考虑的优先事项为：巩固 Trove 伙伴关系基础，以扩大和深化 Trove 内容和基础设施，增加澳大利亚人参与国家收藏的机会。随着2019年5月澳大利亚"国家数字出版物法定缴存网络"（National Edeposit Network，简称 NED）的实施，澳大利亚国家图书馆探索进一步分享澳大利亚国家级数字遗产收集、存储、保存和访问的机会。第一，扩展 Trove 合作模式，将管理澳大利亚独特藏品的非图书馆部门组织纳入合作范围。第二，制定国家数字基础设施战略计划，以重新设计的 Trove 的优势为基础，支持为澳大利亚国家数字文化提供有效的国家解决方案，并支持 Trove 协作服务的高效交付。第三，领导澳大利亚国家网络和社交媒体存档的基础设施建设，在国际互联网保护联盟中代表澳大利亚的利益。从社会合作的评估与结果看，"图书馆每年参与的合作伙伴数量"指标是2020—2021 年新增加的指标，并未设立目标值。此类数据的来源是国家图书馆系统与 Trove 合作服务伙伴签订的记录协议。评估方法也较为直接，即简单计算截至 2021 年 6 月末的合作伙伴数。由于这是一个新的衡量标准，因此没有比较基准。从"将图书馆确定为受信任利益相关者百分比"的数据来看，2019—2020 年的数据达到了 100%，超出了自身设定的目标值，另外两个时间段的数据也基本达到了预设值（见表 5 - 9）。

表 5 - 9　澳大利亚国家图书馆社会合作评估与成果

绩效衡量标准	状态	实际情况	实际情况	实际情况
图书馆每年参与的伙伴关系数量	不适用	896（目标：未设置）		
认为图书馆是值得信赖的合作者所占的百分比	部分实现	89%（目标：90%）目标群体：非大都市地区的 Trove 合作伙伴	100%（目标：90%）目标群体：NSLA 图书馆	88%（目标：90%）目标群体：澳大利亚研究委员会资助的合作伙伴（ARC）

资料来源：课题组根据澳大利亚国家图书馆历年年报整理。

澳大利亚国家图书馆的能力指标评估，旨在最大限度地提高国家图书馆的投资回报率。侧重点包含以下几方面：维护国家图书馆基于遗产的建筑和国家藏品，并确保资金满足持续的物理存储需求；确保国家图书馆的技术基础设施和能力可持续且价格合理、可信且安全、有弹性且高度可靠；保持和发展高水平的领域专业知识，对于实现图书馆所有机构和国家目标至关重要；发展工作实践现代化的能力，灵活和创新地应对工作性质的变化，特别注重培养一支善于与土著居民和社区接触的杰出人才团队；以完全成本回收模式为基础，维持并提升图书馆提供的国家服务。从评估数据与结果看，澳大利亚国家图书馆增加了对图书馆能力的支持和评估，在支持的时间内所有图书馆和藏书馆网站均可用、根据国家标准保持网络安全成熟度水平、完成土著能力计划的图书馆工作人员所占的百分比等，均是最新增加的指标（见表 5 - 10）。同样由于指标的创新性，并没有往年数据可以作为参考和比较。

表 5–10 澳大利亚国家图书馆能力指标评估与成果

绩效衡量标准	状态	2020—2021 年实际情况
在提供服务的时间内，所有图书馆和 Trove 网站的可用性	实现	99.84%（目标：99.5%）
根据国家标准保持网络安全成熟度	未实现	62.5%
完成土著能力计划的图书馆工作人员所占的百分比	超过	84%（目标：75%）

资料来源：课题组根据澳大利亚国家图书馆历年年报整理。

此外，澳大利亚国家图书馆十分注重图书馆的综合收益，与我国公共图书馆强调公益性略有区别。以最新的数据为例，2020—2021 年澳大利亚国家图书馆的总收入为 7234.9 万美元，比 2019—2020 年的 6780.4 万美元增加了 454.5 万美元。2020—2021 年收入的增加主要是由于政府资金的增加，慈善活动的捐款高于预期，以及图书馆屋顶损坏的保险索赔收入。在支出方面，总支出从 2019—2020 年的 7664 万美元增加到 2020—2021 年的 24 452.6 万美元，增加了 16 788.6 万美元[①]。

五、个体评估总结与启示

针对上文对澳大利亚国家图书馆绩效评估的分析，可以得到有益于我国公共图书馆绩效评估的实践经验。

第一，公共图书馆绩效评估应该立足于图书馆个体的目标与定位。图书馆的发展目标应该与绩效评估的目的相吻合，评估方法应与其性质与定位相适合。个体评估可以更好地实现评估的常态化，不能将绩效评估视为一种单纯的考核而去应付。因此，需要将评估的目的融入图书馆全体成员的日常工作，提升绩效评估的价值认同。此外，公共图书馆绩效评估应该立足于准确、丰富、可量化的调查数据。在明确绩效评估指标的前提下，评估数据的获取应该遵循科学数据获取的一般原则，尽量做到评估数据的可获取、可量化。

第二，关注对个体公共图书馆产出评估的方法与内容。澳大利亚国家图书馆及澳大利亚公共图书馆领域的评估标准增加了对定性指标的描述，如传统评估多注重图书馆活动参与人数、到馆人数等定量指标，以衡量图书馆的服务效率。但此类标准并不能全面衡量图书馆服务的效果和影响，服务效果一般体现在帮助读者提升自身知识、技能、行为、态度，并因此所获得的特殊收益、利益。服务效果更多体现在对人的关注，而非图书馆本

---

① NATIONAL LIBRARY OF AUSTRALIA 2021—22 Corporate Plan［EB/OL］.［2022 - 08 - 01］. https：//www. nla. gov. au/sites/default/files/2021 - 08/National% 20Library% 20Corporate% 20Plan% 20final% 20 - % 2021 - 22. pdf #：～：text = The% 20Corporate% 20Plan% 20is% 20the% 20principal% 20planning% 20document，for% 20Communications% 2C% 20Urban% 20Infrastructure% 2C% 20Cities% 20and% 20the% 20Arts.

身。因此，新型标准会增加"产出评估"部分，以明确的数据来说明公共图书馆服务对用户生活产生的影响及价值。此外，关注公共图书馆的社区价值。国外公共图书馆评估一个典型的特色，即关注公共图书馆对社区发展的战略意义，评估标准中多处提到对社区及居民发展的价值，这与我国公共图书馆评估相比，是一个鲜明的区别。因此，本书建议在我国公共图书馆评估标准中吸纳社区价值、支持居民终身学习等相关内容，转变评估指标的关注领域，改变单纯强调馆藏、设施等硬件条件的考核，提升对用户体验、满意度指标的重视程度。经历六次县以上公共图书馆评估定级工作后，我国公共图书馆绩效评估对"软件"类评估指标的重视虽有所提升，但仍远远不够，目前的评估标准重点还是放在了"硬件"指标的评估。应当说，这与绩效评估的最终目的是不相符的，也不符合当前国际社会图书馆绩效评估的发展趋势。

第三，公共图书馆应注重对专题、突发事件等的信息采集与资源建设。澳大利亚国家图书馆建设有自己的国家记忆项目，并取得了傲人的成绩。此外，在国家图书馆层面，日本国立国会图书馆收集管理地震记录、美国国会图书馆成立美国记忆项目，这些专题收录均形成了特色馆藏，以期实现对国民文化教育、增强国家意识的作用①。澳大利亚国家图书馆的绩效评估十分注重对某一领域的专题评估，进一步促进了特色、专题资源的建设。

第四，强化对特殊群体服务的关注力度。在澳大利亚国家图书馆评估标准体系中，特殊群体服务标准占有重要位置。与此相关的还有 ALIA 的《澳大利亚家庭图书馆服务标准》《图书馆残障人士服务标准与指南》，此外以昆士兰州等为代表的公共图书馆发展水平较高的区域还出台了《残障人士服务标准》《青少年服务标准》《读写服务标准》《多元化服务标准》等。在标准制定中，应该吸纳特殊群体代表参与标准设计和规划；在评估及服务反馈信息征集中，应充分尊重特殊群体的意见。特别是在澳大利亚国家图书馆评估标准中，十分注重对土著居民群体、文化多元化的社区居民等的关注。针对土著群体及土著人口较多的区域，图书馆服务应特别注重保护其传统文化、口述历史文化，保障土著居民的精神文化权利。

第五，常态化评估是个体评估的一大发展方向。一般情况下，图书馆的个体评估带有很大的随意性和临时性，虽然在一定程度上助推了本馆发展，但非常态化的评估方式并不能从根本上达到促进馆内服务和工作提升的目的②。从澳大利亚国家图书馆每年提供的各类投入与产出数据来看，此项工作已作为一项常规性的内容，这既有利于对图书馆服务和

---

① 马袁燕. 国外国家级图书馆服务绩效评估及其对国内图书馆服务的启示［J］. 中华医学图书情报杂志，2017，26（12）：34 – 40.

② 吴治蓉. 中美公共图书馆等级评价之比较［J］. 图书馆理论与实践，2013（5）：86 – 88.

工作随时进行监督和检查，又有利于本馆的长效发展。

第六，逐步建立并完善公共图书馆绩效评估的法律保障体系。在国际层面，图书馆事业发展较好的国家，图书馆评估已经长期化、制度化、常态化。我国公共图书馆评估虽是全国性评估，但是间隔时间为四年，对图书馆领域的新变化、新业态反应速度较慢，并不利于通过评估调整其工作方法和方向。完善的法律保障体系可以保障评估工作的有效进行，解决我国公共图书馆评估中政府责任不到位、缺少评估主体、评估机制不规范等一系列问题①。

第三节　广州图书馆第三方评估

许多发达国家在推行图书馆自我评估过程中发现，要保证评估结果科学有效，必须引入第三方专业机构参与评估工作，发挥其专业优势来弥补馆内评估的不足。多年来，随着政府绩效评估实践的发展及评估主体多元化的提出，第三方评估的独立性、客观性、公正性、专业性和权威性等优势体现出来，使第三方评估得到了国内外各界的认同和推崇。目前，我国政府机关第三方绩效评估的理论与实践已较为成熟，但图书馆第三方评估的研究和实践起步相对较晚。我国公共图书馆第三方评估仍处于探索阶段，部分公共图书馆在政府购买公共服务第三方制度建设方面进行了积极探索，对第三方评估的原则、考核指标、考核方式、考核结果应用等方面进行了规定。

一、公共图书馆的第三方评估

(一) 公共图书馆第三方评估内涵

第三方评估起源于西方国家。第三方评估的概念是与政府绩效管理、政府绩效评估联系在一起的。对于第三方评估，我国目前没有统一的定论，学者们看法不一，但从国内外实施"第三方评估"的经验来看，所谓的"第三方"通常是与政策制定者、执行者不具有行政隶属关系的评估机构或者研究机构。从评估主体看，是独立于政府及其部门之外的第三方组织。2017 年 8 月，广州市文化广电新闻出版局颁发的《广州市公共图书馆第三方评估管理办法》中明确规定："本办法所称第三方评估，是指受市文化行政主管部门委托的第三方评估主体，按照评估标准和程序，应用科学的方法对公共图书馆进行评价的活

---

① 李新霞. 中外数字图书馆绩效评估的比较研究 [J]. 图书馆学研究，2013 (7)：34－41.

动。"因此，承担第三方评估的主体组织可以是学术研究性组织、官方智库、高校相关专业研究机构、市场专业性咨询公司、民意调查机构、行业社团组织。而参与评估的组织与个人可以是社会舆论公司、有相关资质的中介组织和个人等。

（二）公共图书馆第三方评估意义

第三方评估是一种集监督、咨询和引导于一体的多目标行为，是图书馆绩效评估的重要途径，对于图书馆自身发展具有重要的意义和价值，能为图书馆提供常规考核和自身运转所无法发现的绩效信息，了解图书馆各项关键指标、年度指标等各项指标的完成落实情况，更加全面地诊断问题、识别差距和瞄准方向，为图书馆优化决策和改进绩效提供全面客观的参考依据。作为重要的知识来源，第三方的专业知识也能弥补图书馆自身专业性的不足，通过外部力量和新鲜血液的引入，使管理层和图书馆员能够获取新的视角、观念、技术和知识，促进知识学习，推进知识创新。

（三）广州图书馆第三方评估开展基础

早在2010年，广州市便出台了《广州市政府购买社会服务考核评估实施办法（试行)》等，具体规定了考核评估的范围、主体、标准、办法和程序等内容。《广州市公共图书馆条例》（以下简称《条例》）于2015年5月1日正式实施，第三十二条规定："市文化行政主管部门应当制定公共图书馆考核标准，建立第三方评估机制。市、区文化行政主管部门应当定期对公共图书馆的设立、管理与服务情况进行考核。"2015年7月，中共广东省委办公厅、广东省人民政府办公厅在联合印发的《关于加快构建现代公共文化服务体系的实施意见》中提出："建立由购买主体、服务对象和第三方评估机构组成的现代公共文化服务体系综合性评估机构"。2017年8月，广州市文广新局印发了《广州市公共图书馆第三方评估管理办法》（以下简称《评估办法》），包含对评估对象、第三方及第三方评估的界定，第三方的资质与产生方法，评估内容，评估流程，评估周期，评估结果及使用，评估标准等内容。公共文化服务及公共图书馆的相关法规为广州图书馆第三方评估开展提供了保障。

二、广州图书馆第三方评估实践

截至2022年，广州图书馆共进行了五次用户满意度的第三方评估，一次全市层面的广州市公共图书馆第三方评估。在前文梳理国内国际公共文化服务领域第三方评估理论与实践基础上，本节以广州图书馆第三方评估为案例研究对象，围绕第三方评估主体遴选、第三方评估流程、评估结果公布与应用等环节进行阐述，系统介绍和解析广州图书馆首次第三方评估实践，以期分析第三方评估发挥作用的独特路径和不同情景，明晰第三方评估提升图书馆绩效的条件与情境，总结公共图书馆第三方评估经验，提炼公共图书馆第三方评估模式。本节立足案例研究，深化对图书馆领域运用第三方进行绩效评估的认识，为解释和理解图书馆第三方评估提供参考与借鉴。

（一）明确第三方评估机构选择

明确的评估机构选择有利于保障评估工作规范、有序开展，确保评估结果、质量的真实可靠。明确的第三方评估机构的条件与资质要求能为引入第三方评估机构提供可操作的标准。《评估办法》对公共图书馆第三方评估机构的资质、受委托评估机构的责任义务、评估报酬及交付形式等做出明确界定，如有固定的场所，拥有掌握评估相关知识，含图书馆学专家在内相对稳定的专业化队伍，具备评估所需的数据采集、分析、决策和咨询能力，与市文化行政主管部门和被评估对象之间没有直接或间接利害关系等①。市文化行政主管部门在进行第三方评估机构选择时需按照政府购买服务相关规定，遵照《评估办法》要求，依法依规公开择优选聘第三方评估机构并签订购买服务合同。

根据《中华人民共和国政府采购法》和《广州市文化广电旅游局采购管理办法》有关规定，广州市文化广电旅游局于 2019 年 5 月 13 日就"广州市公共图书馆第三方评估"项目进行了竞争性谈判，共有三家单位参与竞标。根据政府采购法律法规相关规定，在同年 5 月 24 日，经评审会综合评定，广州市文化广电旅游局审核小组审核同意，确定此次竞争性谈判综合评分第一名的广州零点有数科技有限公司（以下简称"零点公司"）作为此项目服务商，并在官网进行公示②。

广州图书馆满意度的第三方评估基本是同样流程。广州图书馆首先根据自身需求制定项目需求书之后进行招标，由第三方公司根据馆方提供的项目需求制订实施计划进行投标，在多家公司进行报价竞标后，广州图书馆根据政府采购程序经综合评定最终确定一家第三方公司。

（二）制订第三方评估实施方案

第三方评估的起始环节是受委托的第三方评估机构制定评估实施方案，并报市文化行政主管部门审核。制订评估实施方案是便于第三方评估机构向委托人阐述其对此次第三方评估背景和目标的理解，方案内容需包含评估项目团队人员的构成、介绍开展第三方评估的思路、评估流程及方法、评估时间（周期）、项目预算及评估结束后拟提交的项目成果。

① 广州市公共图书馆第三方评估管理办法［EB/OL］．［2022－05－21］．https：//www. gzlib. org. cn/policiesRegulations/154047. jhtml.

② 广州市文化广电旅游局关于确定"广州市公共图书馆第三方评估"项目服务商的公告［EB/OL］．［2022－05－21］．http：//wglj. gz. gov. cn/xxgk/gzdt/tzgsgg/content/post_7187872. html.

评估实施方案直接体现了第三方机构对本次评估的理解是否深刻，是否符合《评估办法》的要求和委托方的期望。因此，评估实施方案的科学与否，直接影响评估过程是否独立专业、评估结果是否真实可靠。必须严肃认真加以重视。

（三）建立双方协作与沟通机制

广州图书馆在 2017 年开始的用户满意度第三方评估中同样也是经过招投标、竞争性谈判最终确定了零点公司作为第三方评估主体，后续一直与该公司保持合作关系，在前期信任关系建立、经验积累及专业化水平的加持下，后续的年度满意度第三方评估工作一直由该公司承担。在每年项目启动伊始，广州图书馆便成立项目小组，协助零点公司做好调研工作。双方建立了沟通协调的工作微信群，紧密联系，充分沟通。在双方协作与沟通下，广州图书馆为零点公司提供如图书馆年报、年度指标、活动年度汇总与简介等相关资料，并且对项目进展情况进行实时跟进，协助其邀请广州图书馆读者委员会的读者参与座谈等。

由于第三方评估公司业务范围比较广泛，服务对象除了图书馆外，还包括很多企事业单位，所以在专业知识领域把控方面，还需要与图书馆进行磨合和较多的沟通协调，从而实现第三方公司评估专业知识、方法应用与图书馆专业知识相互融合，真正实现第三方评估公司提供的服务与图书馆业务需求的准确对接。简而言之，图书馆与第三方评估机构是取长补短的关系，在评估实施过程中，虽然依托第三方机构，但不能完全置身事外，要全程跟进、紧密连接、及时沟通。

（四）设计第三方评估指标体系

目标和任务完成情况是评估的一项重要内容。广州图书馆主要是通过建立科学的指标体系并运用专业的评估方法进行目标完成情况及效能的第三方评估，对图书馆的战略目标、关键绩效目标、重点绩效目标等完成情况及完成效果进行充分地定性与定量的综合分析。

1. 评估指标体系设计

广州图书馆参与的全市层面第三方评估指标体系运用的是《评估办法》配套制定的评估标准——《广州图书馆第三方评估指标体系》。而广州图书馆实施的用户满意度第三方评估使用的评估指标体系则主要由零点公司设计，该公司初步设计后向广州图书馆进行指标体系的意见征询，进行指标的优化。

在全市层面的第三方评估中，对广州图书馆的评估从定性和定量两个角度进行，零点公司设计出由 3 个一级指标、26 个二级指标和 51 个三级指标组成的指标体系。在评估过程中，严格将《广州图书馆第三方评估指标体系》作为广州图书馆的评估标准，按照公共图书馆设立、管理和服务三大指标体系维度对广州图书馆开展评估。第三方评估在全面评估上，将重点放在广州图书馆的馆舍建设及建筑面积、馆藏纸质信息资源人均拥有量、中心馆建设等方面。服务评估更重点关注阅读推广、网络资源服务、用户评估等。

2017 年，满意度评估主要从馆藏满意度、图书馆环境满意度、网络服务满意度、馆员满意度、网络服务平台满意度、设施满意度、设备满意度七个方面进行。后续广州图书馆开展的年度用户满意度调查，会在上年度用户满意度调查指标体系基础上，征询图书馆相关部门意见，结合各指标对应的实际建设情况，以可改善的问题为导向，进一步修改完善指标体系，既有一直延续使用的指标，也存在由于调研数据收取渠道、社会及图书馆发展等原因对指标进行的删减、新增与调整的情况。

2. 评估指标变化情况

由于在广州市公共图书馆第三方评估中，广州图书馆的评估指标主要是依据《广州图书馆第三方评估指标体系》，而且截至 2022 年，该指标体系暂未有更新修订变化，故此次主要就广州图书馆用户满意度评估指标在过去五年的评估中指标的变化情况进行简要说明。在广州图书馆用户满意度评估指标中，设备水平的七项指标最为稳定，从 2017 年到 2021 年一直延续使用（2018 年未进行满意度评估调查），未有变化，指标包括读者使用计算机终端、自助办证设备、图书检索终端、自助借还书设备、数字阅读终端、复印打印机、图书消毒设备。网络服务平台满意度（微信、微博、app、官网）与活动水平的具体指标相较其他变化最大，详见表 5 – 11。

其他用户满意度指标新增等变化情况：馆藏建设与服务水平的馆藏资源种类的齐全度、各类馆藏资源的流通数量、馆藏资源的更新速度、数字资源的丰富程度、公共检索目录的全面性与准确性、馆藏资源布局合理性六项指标在 2017 年与 2019 年指标表述一致，2020 年与 2021 年指标表述有稍微变动，馆藏资源改为了馆藏文献资源，齐全度改为了丰富度，数字资源改为了数字信息资源，公共检索目录去掉了公共二字；环境水平中的空间布局合理度、环境干净整洁程度、整体美观程度、场馆秩序这四个指标未变化，设施环境（温度、照明、通风、桌椅）舒适度从 2019 年改为环境舒适度；馆员服务水平中仪容仪表、业务能力、服务态度指标四年未有变化，新增了服务效率指标；设施水平中指引、标识设置清晰度，无障碍设施，洗手间，茶水间四项指标在四次评估中保持不变，2021 年指引、标识设置清晰度变为设施设置清晰度（指引、标识），无障碍设施变为无障碍设施设置完备性，洗手间与茶水间两项指标合并为设施卫生情况（茶水间、洗手间等），调整新增了设施空间布置和舒适程度（桌椅、书架）指标。

在用户满意度指标取消方面，环境水平中的声音环境指标从 2020 年开始取消；馆员服务水平中对读者意见、投诉的处理和对读者个人隐私的保护两项指标从 2021 年开始取消；设备水平中设备齐全度指标从 2020 年开始取消，无线网络指标从 2019 年开始取消；设施水平中的阅览座席、设施齐全度和电梯两项指标从 2020 年开始取消。

表 5 – 11　网络服务平台满意度与活动水平评估指标

指标	2017 年	2019 年	2020 年	2021 年
网络服务平台满意度（微信、微博、app、官网）	微信平台服务	微信平台	信息推送（更新）及时	网络平台信息推送（更新）及时性
	微博平台服务	微博平台	页面布局清晰	网络平台页面布局清晰度
	移动图书馆	app	服务功能多样性	网络平台服务功能多样性
	数字图书馆（主页）	广州图书馆官网	操作便捷、易懂	网络平台操作便捷、易懂
			信息推送内容丰富，满足我的需求	网络平台信息推送内容丰富
活动水平				活动频率（新增）
		宣传渠道多样性	宣传渠道多样性	
		宣传效果	宣传效果	活动宣传
		时间安排合理性	时间安排合理性	活动安排
		组织有序性	现场秩序	活动秩序
		主题吸引度	主题吸引度	
		内容丰富度	内容丰富度	活动内容
		活动氛围	活动氛围	活动效果
		活动收获	活动收获	

资料来源：课题组根据广州图书馆提供材料整理。
注：2018 年满意度评估调查未进行。

（五）第三方评估的组织与实施

评估实施是图书馆第三方评估的核心环节，主要任务是根据评估的目的、原则、方法等，参照评估指标体系与标准，利用各种有效手段全面收集绩效评估的有关信息，运用有关的评估方法，对所获得的评估信息进行整理、加工和处理。

1. 评估进度安排

从广州图书馆整体评估来看，继广州市文化广电旅游局对外发出关于第三方开展广州市公共图书馆第三方评估工作服务的招标公告后，2019 年 5 月广州市文化广电旅游局正式委托第三方开展广州市公共图书馆第三方评估工作，评估方案由市文化行政主管部门委托相关专家审议并经领导审核同意。2019 年 7 月，广州市文化广电旅游局正式印发《关于开展广州市公共图书馆第三方评估工作的通知》，决定开始在全市范围内开展广州市公共图书馆第三方评估工作。该通知明确了评估范围、评估标准和方式、相关主体的职责分工、评估工作步骤及时间安排，并提出相关工作要求。2019 年 7—10 月为评估正式实施阶段，2019 年 12 月底至 2020 年初，第三方评估机构向委托方报送《广州市公共图书馆第三方评估报告》并由委托方组织专家评审，2020 年 8 月，广州市文化广电旅游局在官网公布了第三方评估的评估结果①。

在满意度评估方面，由于第一季度图书馆的很多项目处于开展阶段，所以考虑到图书馆的实际工作开展与时间跨度的均匀分布情况，广州图书馆用户满意度的第三方评估调查基本会从每年第二季度（大概 5 月或 6 月）启动，然后按照程序进行项目报批，由物业管理部按照程序进行招标。竞价确定第三方评估公司后，由第三方评估公司着手开展满意度调查，时间大约在每年的 6—11 月，均匀分布在后三个季度，调查基本贯穿整个评估项目过程，10—11 月进行报告的撰写，之后会进行项目报告的修改与评估验收。

2. 评估调研方法

评估方法是评估活动的重要工具，合理使用评估方法是图书馆第三方评估的关键环节，也是图书馆第三方评估流程中最为专业的部分，选择科学有效的评估方法有助于提高图书馆评估的准确性。

广州图书馆的第三方评估机构——零点公司，在评估调查中采用了定量、定性相结合的方式，以定量调查为基础，定性调查作为补充。具体来看，满意度评估与全面评估的定量方法都主要采用用户满意度问卷调查，调研对象主要是图书馆的读者，综合使用拦截访问和网络问卷两种方式。拦截访问由访问员持问卷在图书馆附近人流量比较大的地方进行，网络问卷则由场馆协助在馆内宣传与收集数据；场馆内部入口设置可直接扫描的二维码，请场馆工作人员协助收集数据，同时借助零点公司专业信息采集和反馈工具——"答对数据采集系统与智能服务"实现线下采集信息和数据、线上动态管理。针对在调研中发现分数比较低的一些问题，零点公司会进行低满意度回访，从用户视角进行深层次的原因挖掘与探寻。

除了问卷调查，满意度调查定性方法方面主要运用了体验式调查的方法，如陪同体验、深度访谈、活动参与式评估、沉浸式观察和迷你工作坊，其中活动参与式评估、沉浸式观察均以第三方视角为主，迷你工作坊以读者为主，更深入地了解用户对广州图书馆的满意度情况。满意度评估 2017 年与 2019 年更多偏向在线下进行，从 2020 年开始，线下调研开始逐渐转至线上，尤其受疫情影响，2021 年调研转为以线上为主。随着评估调查经验的积累与双方合作默契度的提升，2021 年与 2022 年定性方法如座谈、沉浸式体验等数量逐渐增多。

①　广州市文化广电旅游局关于公布 2019 年度广州市公共图书馆第三方评估结果的通知［EB/OL］.［2022－05－21］. http://wglj. gz. gov. cn/zwgk/shgysyjs/content/post_6503533. html.

在广州市公共图书馆第三方评估中，零点公司对广州图书馆在评估过程中组织开展了实地走访核查。现场走访主要分为现场核验、公众调查与实地暗访三项工作同步实施开展，公众调查主要涉及指标体系中的用户满意率评估，还包括广州市民对公共图书馆的认知情况、使用情况、服务评估和需求意愿等数据，并对不同背景人群的评估与需求特征进行结构化分析，为总体分析与其他指标分析补充论据。实地暗访工作采用"巡查宝"，实现线下采集信息和数据、线上动态管理，可为实地核查和读者调研提供工作任务分配、调查结果的上传和后续技术分析，还可实时查看评估进度和结果，及时把握执行进度与问题，做出及时调整，及时掌握存在问题，帮助结论产出①。除了以上方法，还通过活动参与式评估、座谈交流、专家咨询、深入访谈等多种方式进行信息采集。

（六）第三方评估收集数据分析

用户满意度评估主要借助因素重要性推导模型，从指标的满意度和重要性两个维度来考量各级细项指标，通过对短板的重要性进行分析确定改进优先级。模型中满意度，即服务受众对各二级或三级指标的评估得分；重要性是指各环节与各指标的标准化权重。因素重要性推导模型将各个二级指标分为四个象限，分别为首要改进区、次要改进区、锦上添花区和优势巩固区（详情见图5-2），通过分析读者行为、读者需求，从服务过程中存在的问题入手，为广州图书馆的服务优化提出建议。

图5-2　因素重要性推导模型

资料来源：课题组根据广州图书馆提供的材料绘制。

① 陈深贵．公共图书馆第三方评估的广州实践：探索与总结［J］．图书馆学研究，2021，495（4）：17-22．

（七）提交第三方决策评估报告

第三方决策形成的评估报告，能够科学客观地分析决策实施成效，决定决策的施行、调整或终止；更好地配置政策资源，提高政策运行的科学性和准确性，实现政策运行和决策的科学化。评估报告要针对性强，分析要透彻。尤其是提出足够证据，以便整改。评估报告既要简洁，又要保证提供足够的细节和事实，便于专业人员、非专业人员能够阅读。在报告修改阶段，开展修改意见征求工作，广泛听取图书馆负责人的意见和建议，组织专家论证，充分吸收各方提出的意见建议，进一步修改完善评估报告，提交图书馆第三方的评估报告定稿。

三、广州图书馆第三方评估结果的验收应用

评估报告的形成并不是评估的最终点。评估结果运用是评估过程中最重要的一环，也是图书馆第三方评估的目的所在、动力之源。第三方评估对图书馆绩效能否产生影响，至关重要的是评估结果能否得到有效的运用。

（一）评估结果的把关验收

评估结果包含了对一段时期工作成果的汇总、工作进度的展示。根据评估结果，寻差距、找经验，促进图书馆提高绩效，对图书馆工作的进一步推进具有重要的指导作用。广州图书馆研究发展部负责项目的初评把关验收，前几年评估工作的项目验收主要以报告为主，后面随着经验积累与项目优化，在广州图书馆要求下，项目验收新增添了幻灯片展示讲演环节。

（二）深层解读评估报告

第三方评估不应仅被视为一项单纯的评估活动，要建立好第三方评估的应用机制，即第三方评估是如何促进图书馆提升绩效，提高管理与服务质量的，要高度重视图书馆第三方评估的评估报告，对第三方评估报告进行深层次解读，落实评估报告的可操作性建议，针对存在问题制定改进措施，对专业改进意见进行研究，并敦促相关业务部门认真对待评估结果并加以改进，用立行立改的实际行动来推动图书馆改进政策与落实计划，推动评估实现评估设计、评估实施、评估改进、评估反馈的良性循环。

零点公司最终提供的广州图书馆用户满意度评估报告字数大约在3—4万字，就主要内容来看，第一部分是调研背景介绍，包括调研思路、调研方法、核心发现等；第二部分是调研结果，包括具体数据分析、读者行为分析、读者需求分析、满意度分析；第三部分是改进建议；第四部分是相关附件，包括数据处理说明、方法介绍、调查问卷展示、问卷调查受访者基本情况等；第五部分是问题清单、座谈会的简单记录等。

（三）评估结果公开与结果合理利用

公开性是指起点公开、过程公开、结果公开。其中，评估起点公开，即对被评估部门、评估项目在网上公开招标、公平进行。过程公开，是要体现新闻舆论、公众等其他外部力量的参与和监督。《评估办法》第十三条至十五条对评估结果的公布和应用均作出明确规定，评估结果在市文化行政主管部门网站公开，自觉接受社会和公众监督等，上述规定充分发挥评估活动"以评促建"的效用，不将评估作为目的，而是将评估活动作为改进与提升图书馆管理与服务的有利契机。前文讲道，广州图书馆无论是在满意度评估还是在整体评估中，均按照规定进行了招投标的公示与评估的通知，2020年8月，广州市文化广电旅游局公布了第三方评估结果。

将评估结果对外公布是评估结果运用的第一步。第三方评估项目通过评审会议验收，发布研究成果，接受社会监督。在肯定评估成果、回应问题的同时，广州图书馆认真总结经验，通过对比评估结果和目标来评估效果，明确工作过程中存在的不足及问题，寻找原因，制定对策，重新审视战略、目标、方案等并对其做出相应的调整与修订，对实施过程加强监督与改进，自觉、主动、科学地将评估结果运用到工作实践中。

四、广州图书馆第三方评估经验总结

在广州图书馆第三方评估实践的基础上，笔者试图总结公共图书馆在第三方评估中的评估经验，为公共图书馆在充分发挥信息获取方便、导向性强的优势情况下，积极引入第三方评估机制开展内部评估，并将其制度化、规范化、科学化，提出一定的经验借鉴。

（一）建立完善第三方评估制度保障

完善的制度保障是开展第三方评估的前提与基础，是保障第三方评估能有效、健康、持续发展的长效机制。只有完善第三方评估规则与基本评估程序，才能使评估工作有法可依、有章可循。图书馆管理层对第三方评估的关注与支持，在很大程度上左右着评估成败，并对图书馆产生真实的影响；其对第三方评估的态度与行为直接关系着得出的结果和提出的建议能否落地与奏效，进而影响着图书馆效能的发挥。因此，图书馆的第三方评估需要在评估目的、领导支持、评估参与和评估结果使用等方面提供足够的组织支撑，建立客观、公正、权威、科学的第三方评估机制。

（二）科学设计第三方评估指标体系

对第三方评估机构而言，应该根据不同的评估内容，从专业的角度来设计评估指标体系，将图书馆复杂的战略目标和量化明确的评估指标合二为一，认真考虑评估指标设计中的具体问题，如指标体系设计的依据、总分的设定、各项指标的权重和具体分值设定、评估流程、自评材料真实性如何核实、评估的性质、评估结果的有效期和如何应用等，也包括适合作为图书馆第三方评估的主体有哪些等理论问题。通过科学明晰的评估标准和评估程序，可以对决策加以修正，制定应急预案，减轻决策执行阻力，提高决策执行效率。第三方机构在评估工作开始之前，应对指标体系进行充分的研读与分解，并将指标对应到各类评估方法上，以达到最优的评估效果。

（三）评估机构与图书馆间密切合作

第三方评估是一项周期长、涉及面广、调研工作量大，需耗费大量人力和物力的工作，其中有些工作，如评估方案的设计、评估数据的处理及部分信息收集等，评估机构可以独立完成，但还有一些工作，如提供资料和数据、接受访谈和调查，乃至评估方案的设计和调整等，则需要参评图书馆的配合。

参评图书馆的参与方式与程度，会影响第三方评估对图书馆绩效的作用，特别是管理层的关注和支持。第三方评估机构非常依赖图书馆内部提供的信息和资源，第三方评估结果的真实性和公正性直接取决于图书馆及各相关方提供信息的全面性与客观性。如果信息缺失，第三方评估机构在进行定性分析与提供问题解决意见时，容易造成理解不到位、供求不匹配的局面。只有双方密切合作与沟通才能逐步推进第三方评估机构对图书馆专业领域问题的深入理解，使第三方评估机构提供的评估方案与处理意见更加契合图书馆的需求。因此，评估机构和被评图书馆间的相互信任，是决定评估成败及其绩效影响的关键因素。

在评估实施过程中，广州图书馆提供足够的背景材料、完整详细的数据资料供第三方评估机构参考，并积极沟通；第三方评估机构充分发挥自身所长，运用多种专业、科学的方法组织实施评估，以实际情况为基础，独立完成评估工作，通过系统深入的调查，分析得出客观公正的评估结论。双方在密切合作中推动评估的顺利实施。

（四）推进评估对象参与机制的建立

作为图书馆重要的外部绩效反馈机制，第三方评估应当接受通过公众、专家、新闻媒体、专业机构等参与的外部渠道监督，有利于评估得到更多的关注和重视，充分发挥评估对象参与制定评估结果使用标准的积极性，同时增强评估主体与评估客体贯彻执行评估制度的自觉性与主动性。在广州图书馆的用户满意度评估过程中的座谈环节，图书馆组织读者委员会的读者发表意见和观点，畅通读者用户参与渠道。在广州市进行的第三方评估中，要求第三方评估机构项目团队成员包含图书馆行业专家，并由专家对评估指标体系提出专业意见、参与部分指标的资料论证工作、在评估报告撰写中提出专业思路与宝贵意见①。引入评估对象参与机制使第三方评估形成了更强的评估氛围，提高了第三方评估质量，强化了第三方评估对图书馆改进的作用。

（五）坚持科学规范与注重实效原则

评估过程的组织实施实质是信息的搜集、筛选、加工、输出、反馈的过程。无论是单方面针对用户的满意度第三方评估，还是从全市层面依据《广州图书馆第三方评估指标体系》对广州图书馆进行的全面第三方评估，均需确保对相关问题的判断建立在科学、严谨和实事求是的调查研究之上，即第三方评估方法、评估指标设计要科学规范，数据采集要深入细致，分析论证要严谨可靠，评估活动流程要缜密规范，要充分听取群众各方面意见建议。

此外，第三方评估还应突出问题导向和实践导向，认真查找政策实施中的突出问题，科学总结实际成效，努力提出专业化、建设性、切实有用的对策建议，通过以评促建促进图书馆改进工作方法，提高政策执行水平。

五、第三方评估的评估模式

无论是单项的评估还是整体的评估，公共图书馆的第三方评估都应该是针对整个流程的评估，需认真对待从评估目标设立到评估指标选择，再到评估结果运用等全流程的每个环节。构建由独立、客观的第三方组织作为评估主体对公共图书馆服务整个流程进行评估的评估体系。注重业务与项目实施全过程的评估，将评估活动贯穿图书馆服务活动的始终，从需求评估到服务过程评估，到最后的服务效益评估。科学、准确地完成评估的各个环节，从专业的角度提出针对性的整改措施和科学的完善方案，帮助图书馆取得理想效果。在总结广州图书馆第三方评估实践基础上，本书提炼了公共图书馆第三方评估的模式，为其他公共图书馆第三方评估的评估实践提供一定参考，详见图5-3。

开展第三方评估的图书馆，首先应健全评估的制度环境，建立并完善第三方独立评估机制，形成全面、客观、专业的评估保障，为第三方评估的顺利实施奠定基础。

其次是确定评估项目和目标。确定评估项目是指要明确评估的问题，既可以是图书馆单项的评估，也可以是图书馆整体的评估。例如，广州图书馆在第三方评估实践中，既有针对用户群体满意度的单项评估，也有参与全市层面的针对整个广州图书馆设立、管理与服务等的整体评估。图书馆第三方评估目标和定位对评估具有引领作用，在很大程度上决

---

① 陈深贵.公共图书馆第三方评估的广州实践：探索与总结［J］.图书馆学研究，2021，495（4）：17-22.

定评估基调和走向，并会影响评估效果。因此，要在双方合作中明确评估目的、评估内容，并界定所期望的结果。

第三方评估机构是评估工作的具体执行者与核心参与者，对评估结果的信度和效度具有巨大影响力。因此，要根据政府采购法律法规条款等的相关规定，开展公共图书馆第三方评估招标，经评审会综合评定与审核小组审核同意，选定第三方评估项目的服务商，并在官方网站上公告。

第三方评估主持了从制订评估方案、建立协作机制、设计评估指标、发布评估通知、组织实施评估方案（提供评估信息、资料审核、实地考核、确定评估方法）、处理评估数据、交付评估报告及最后公布评估结果的全过程，从而保证了评估结果的公正、客观。

如果图书馆不能合理运用评估结果，不仅会造成浪费，图书馆的第三方评估也将流于形式，不利于图书馆战略目标的达成、绩效管理水平的增强与服务能力的提升。因此，评估后落实与应用也是第三方评估整个流程非常关键的环节。充分运用评估结果并将其落到实处，也是第三方评估价值的体现。图书馆主管部门与图书馆管理层应当重视第三方评估结果的运用，推进图书馆评估水平与能力的全面提升。

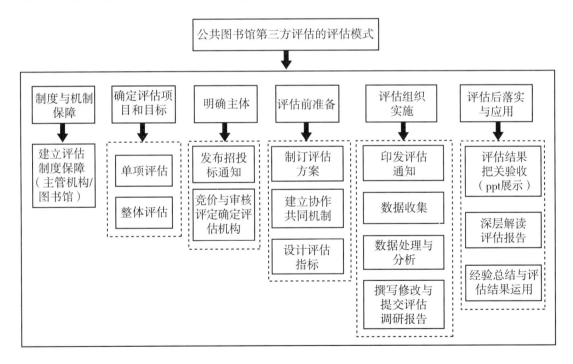

图 5 - 3　公共图书馆第三方评估的评估模式

资料来源：课题组绘制。

第四节　东莞图书馆卓越绩效自我评估

一、公共图书馆卓越绩效自我评估

（一）图书馆的自我评估

图书馆的自我评估是指图书馆从自身实际需求出发，由图书馆利益相关者（包含第三方评估机构）对图书馆功能进行全面的扫描、分析和判断，以不断改进和完善图书馆决策的过程①。它是一项内需式的自我改进活动，是为满足自身需求和发展愿望而开展的，其根本目的是更好地了解图书馆自身存在的问题，并提出有针对性的改进对策和建议，从而不断改进图书馆的建设和服务，推动图书馆发展。

自我评估是一种非常实用而有效的评估形式，但传统图书馆评估固有的外部性、行政性、静态性的缺点，备受一线图书馆工作者诟病。受质量管理理论启发，20 世纪初，一些企业的自我评估理论和方法逐渐被引入图书馆领域，并逐渐形成了图书馆自我评估理论的雏形。经过一个世纪的发展，英国、德国和日本等国家的图书馆都建立了完善的图书馆自我评估体系，并在图书馆评估的实践中占据了十分重要的地位②。

（二）卓越绩效模式与公共服务卓越绩效模式

随着全面质量管理的发展，世界各个国家和地区纷纷设立质量奖以促进全面质量管理的普及和提升企业的管理水平及企业竞争力。卓越绩效模式，也称为卓越绩效评价准则，指由日本"爱德华·戴明质量奖"、美国"马尔科姆·波多里奇国家质量奖"和"欧洲质量奖"三大质量奖的评奖准则所体现的一套综合化、系统化的管理方式，是当前国际上广泛认同的一种组织综合绩效管理的有效方法和工具，是对全面质量管理的标准化、规范化与具体化。

1998 年，欧洲质量管理基金会开发卓越模型并将其引入公共部门。2000 年，欧洲质量管理基金会为统一"质量"术语，开发能够普遍应用的绩效评估模型，发布设计了通用评估框架。2006 年对通用评估框架进行了最新修订，该框架是受欧盟各国推崇的、先进的、系统的、适用于公共组织的公共服务卓越绩效管理模式，是当前国际上广泛认同的一种组织综合绩效管理标准。公共服务卓越绩效模式是一种自我评估框架。作为一种先进的、通过自评来改进绩效的全面质量管理方法，近年来在公共服务组织中得到了广泛的推广和应用。

---

① 陈誉，许宝元. 高等学校图书馆评估实践与研究［M］. 上海：华东师范大学出版社，1996：45.

② YAMASAKI T. Academic research library assessment activities，with a focus on the nature of library self：evaluation sand reports［J］. Addiction，2003，98（11）：1483 – 1486.

（三）东莞图书馆自我评估基础及卓越绩效模式导入

从 20 世纪 90 年代末期开始，我国部分公共图书馆便开始了全面质量管理研究，并以 ISO 9000 标准为基础探索其在图书馆的应用。卓越绩效管理提供的全面质量管理的标准准则，适用于包括公共图书馆在内的各行各业[①]。

2001 年起，我国在研究借鉴卓越绩效模式的基础上，启动了全国质量管理奖评审，卓越绩效模式开始被正式引入。2003 年，我国开始引入欧洲通用评估框架，并进行了试点工作。2004 年，在充分学习借鉴世界先进国家地区成功经验的基础上，中华人民共和国国家质量监督检验检疫总局和国家标准化管理委员会正式颁布了国家标准 GB/T 19580—2004《卓越绩效评价准则》和标准化指导技术文件 GB/Z 19579—2004《卓越绩效评价准则实施指南》。2012 年颁布新版 GB/T 19580—2012《卓越绩效评价准则》和 GB/Z 19579—2012《卓越绩效评价准则实施指南》[②]。

2009 年 5 月 25 日，第十三次东莞市党政领导班子联席会议批准设立东莞市政府质量奖，开始推广和应用卓越绩效管理模式，东莞是全省地级市中率先设立政府质量奖的城市。同年 12 月 7 日，东莞市人民政府印发《东莞市政府质量奖评审管理办法》。

为优化自身公共服务管理体系，最大限度地满足社会各界和广大读者日益增长的阅读需求，更好地为全市广大市民开展优质、高效的图书馆服务，2011 年，在以用户为中心、重视过程管理、关注绩效评价、持续改进理念等先进理念的指引和第三方机构的指导下，东莞图书馆循序渐进地引入了卓越绩效模式，于 2012 年成功获得东莞市政府质量奖，成为国内首个获得政府质量奖的公共图书馆。东莞图书馆以用户为中心、以需求为导向，建立完善组织管理机制，从领导力打造、战略发展、用户服务、资源激活、过程管理、绩效考核和评价、服务效益输出七个方面落实卓越绩效管理路径[③]。并在卓越绩效模式落实过程中，立足图书馆工作实际，经过不断实践与整合建立了内部运营和外部服务的自我评估与分析制度，构建了从图书馆服务过程到服务结果的自我评估与改进机制。

考虑到图书馆行业的特殊性，东莞图书馆认识到不能生搬硬套绩效评价准则，因此自主组建研究团队开展了公共图书馆卓越绩效管理科研，探索公共图书馆卓越绩效管理模式及其标准化。"公共图书馆卓越绩效管理模式研究"获得广东省"十二五"哲学社会科学

① 李映嬙. 卓越绩效模式下公共图书馆绩效指标体系构建：以东莞图书馆为例［J］. 河南图书馆学刊，2019，39（6）：18 - 20，37.

② 标准化科研［EB/OL］.［2022 - 05 - 21］. http：//www.nlc.cn/tbw/bzwyh_bzhky.htm.

③ 金武刚."读者留言东莞图书馆"故事彰显公共图书馆的场域价值［J］. 图书馆论坛，2020，40（9）：9 - 10.

规划课题立项，"公共图书馆卓越绩效管理标准化研究"获得文化部文化行业标准化研究项目立项。

二、东莞图书馆卓越绩效自我评估实践

东莞图书馆以卓越绩效模式为指导开展绩效评估与分析的实践，为我国其他公共图书馆开展绩效评估提供了实际操作的新方法与新路径，对有效提高运营效率和服务质量具有重要的启示。本节以东莞图书馆卓越绩效评估的自我评估为案例研究对象，梳理东莞图书馆通过卓越绩效管理进行自我评估的相关过程，进行系统介绍并剖析东莞图书馆自我评估实践，总结公共图书馆自我评估工作实践的经验，尝试初步建立具有广泛适用性的图书馆自我评估模型①，希望本研究能为我国公共图书馆开展自我评估提供模式借鉴。

（一）东莞图书馆绩效管理体系构建

能否构建科学的绩效指标体系和系统全面的绩效指标管理与测量体系，直接关系到卓越绩效管理的成效。绩效指标管理体系建设就是搭建绩效考核的框架，建立健全规章制度，推行标准化管理，明确考核范围与管理权责，细化考核标准，为绩效考核提供依据，包括考核的对象、考核内容及范围，质量、数量和时间进度等，确保过程管理的稳定性、有效性和可操作性②。

1. 制度支持与规则完善

完善制度政策能够保障卓越绩效测评体系各项建设指标的贯彻实施。东莞图书馆制定了《东莞图书馆工作人员考核管理办法》，明确了绩效考核小组的工作要求和职责及考核执行办法。为保证各项指标的达成，制定了面向馆长与部门负责人的《部（室）岗位目标责任书》，明确部门重点工作项目，各部门再将部门指标进行分解，形成《员工岗位责任说明书》，明确工作的内容、达到的目标和要求、完成时间和进度要求等。

2. 明确责任分工

东莞图书馆先后设立卓越绩效管理推进办公室和卓越绩效核心小组，全面实施卓越绩效管理。绩效评价及绩效改进工作由业务部和办公室两个部门共同承担，部门的绩效考核由高层领导团队根据部门年度目标责任计划书进行督导、评价和改进，个人绩效评价、改进由部门负责人对照岗位说明书进行跟进、指导。

---

① 张立滨. 基于用户发展的图书馆自我评估研究［J］. 图书馆理论与实践，2018（4）：32 - 37.
② 杨累，赵爱杰. 基于事实的管理：东莞图书馆绩效评价与过程管理的实践思考［J］. 图书馆建设，2013（7）：15 - 19.

图书馆管理者对绩效管理内容进行监管、督促、考核。在该阶段，执行机构的确定和执行制度的设立是图书馆管理者的首要任务。东莞图书馆设立了由分管绩效考核工作的副馆长任考核小组组长、各部门负责人任考核小组成员的东莞图书馆绩效考核领导小组（以下简称领导小组）。领导小组办公室设在馆行政办公室，负责考核统筹工作，每月将上述考核结果及读者投诉情况、奖惩意见汇总，每季度末提交给考核领导小组审定。

东莞图书馆规定部门成员由部门负责人负责全程考核，每月上报考核结果和奖惩意见；领导小组针对考核内容每周不定期抽查，每月汇总；学习型组织建设及课题项目每半年通报进度，年终汇总评审。在上述制度实施过程中，被考核人每月要自行填写"月度工作记录表"，如实记录工作情况，针对存在问题提出工作分析和建议，并提交上级负责人提出考核意见并进行客观评价，每月底以部门为单位提交办公室汇总。

3. 建立绩效评价指标体系

绩效指标设计直接关系到自我评估体系的评价效果、真实性与可信性。图书馆应当根据自身的业务范畴、流程与特点建立相应的绩效评估指标体系。在实践中，东莞图书馆非常重视绩效指标体系建设，通过识别成功所需的关键要素和业务重点，围绕使命、愿景、价值观及战略目标，构建系统、全面、完整的自我评价体系，包括基于全馆层面设定的系统、全面、贯穿于整个卓越绩效管理过程的关键战略绩效指标，基于部门级别的以战略、年度计划目标、业务工作为主线，选择、识别出的能监测战略规划进展情况的重点绩效指标，以及专项经费使用三大指标①②。东莞图书馆通过这些绩效指标的设置及分析、改进，实现对全馆的战略支撑③，为图书馆的绩效评价提供了有效手段。就具体指标来看，东莞图书馆围绕组织的战略目标及用户需求，运用平衡计分卡的原理，从资源设施（14 个指标）、利用与服务（70 个指标）、效率效能（25 个指标）、影响与发展（28 个指标）四个方面来构建绩效指标体系，共设计了 137 个绩效指标，主要关注图书馆环境对用户的吸引和满足程度，图书馆利用情况和效益产出，图书馆各项工作、服务和管理过程的绩效及图书馆成长、发展与事业影响力④。

---

① 杨晓伟. 公共图书馆推行卓越绩效模式应用研究：以东莞图书馆为例［J］. 新世纪图书馆，2021（7）：26 - 32.

②④ 杨累，赵爱杰. 基于事实的管理：东莞图书馆绩效评价与过程管理的实践思考［J］. 图书馆建设，2013（7）：15 - 19.

③ 李正祥，杨晓伟. 关注组织和个人的学习：东莞图书馆人力资源建设实践与思考［J］. 图书馆建设，2013（7）：11 - 14，24.

过程绩效是过程管理的重要内容，指业务过程中有关质量、效率、成本、周期时间、应变能力等方面的绩效输出，每一业务过程都有对应的过程绩效指标，可以针对各项业务过程，策划、设定绩效指标，从而进行过程绩效的评价。在东莞图书馆卓越绩效管理实践中，确定了 4 个主要价值创造过程（文献采访、文献组织、文献典藏、用户服务）和 6 个关键支持过程（人事管理、财务管理、采购管理、资源设备管理、信息管理和业务研究）①，建立了东莞图书馆过程管理体系。在主要价值创造过程中，用户服务是东莞图书馆工作核心，其直接支撑战略目标的实现，它包括读者发展、文献借阅服务、数字资源服务、参考咨询服务、社会教育与阅读推广、地方文献保存开发与利用、总分馆服务共 7 个子过程。

（二）根据绩效计划与绩效指标进行全面评估

设定绩效指标后，就进入了绩效评估的中心环节——进行全面评估。建立多维度的评估机制，有利于获得相对全面、准确、客观的结果。

1. 指标分解与责任落实

东莞图书馆将规划目标进行了分解，把责任落实到具体部门，确认详细实施步骤。在执行过程中，通过对关键战略绩效指标的分析，结合各部门工作职责及指标对战略达成的影响程度，对指标进行分级，确定每个指标的重要程度，将全馆关键战略绩效指标体系中的关键战略绩效指标分解到各职能部（室）、重点岗位和骨干个人。然后，根据上年的指标完成量，核算出当年的目标，将其落实到相应的责任部门，形成各部门关键绩效指标和"年度工作目标责任制一览表"。由馆长与部门负责人签订《部（室）岗位目标责任书》、部门负责人与部门成员签订《员工岗位责任书》，通过这种层层分解的方式，确保各种绩效指标的责任落实②。

2. 构建绩效测量系统

实施自我评估要建立绩效测量系统及持续优化机制。构建绩效测量系统主要包括选择、收集绩效指标及相关数据，并对这些信息进行管理。对图书馆的绩效指标进行测量、跟踪，及时发现问题。"测量、分析、改进"是卓越绩效模式"基于事实的管理"核心价值观的具体化，也是图书馆管理和实现战略目标过程的"神经中枢"。图书馆的绩效输出是否为读者

① 杨累，赵爱杰. 基于事实的管理：东莞图书馆绩效评价与过程管理的实践思考［J］. 图书馆建设，2013（7）：15 - 19.

② 杨晓伟. 卓越绩效模式下城市图书馆绩效管理研究：以东莞图书馆为例［J］. 福建图书馆学刊，2021，4（2）：21 - 26.

创造了价值，是否让读者感到满意，是否提升了读者的忠诚度，都需要依靠建立在"测量、分析、改进"基础上的绩效管理体系来监测，这也是图书馆推行卓越绩效模式的基础。

3. 绩效数据收集

东莞图书馆绩效数据收集按照专人负责、系统收集的方式进行。内部数据的收集、整理由馆领导统筹，综合部门负责，职能部门分担，内部日常业务的数据由办公室负责，各部门通过内部信息和业务管理系统（如 Interlib 集群系统、OA 系统等）收集，并按数量、质量、效率等不同类别进行整理，形成月度绩效报表。针对外部数据，如外部环境、学习标杆、供应商、读者、上级主管机构等相关信息，业务部通过行业协会、杂志、年报、官方网站、媒体报道等渠道收集和整理①，东莞图书馆根据以上信息源，综合分析和评估图书馆服务的效果和社会效益。

4. 绩效指标测量分析

管理体系落地的关键在于测量，能否有效地测量，是管理体系实施的先决要素。在设定好一套符合图书馆战略需求的绩效指标体系后，就要对绩效指标进行测量和分析，通过定期的自我评价来明悉优势和不足。图书馆开展绩效分析主要包括绩效分析数据确定、绩效分析方式确定，以及绩效指标评审；绩效测量的内容包括整体绩效和日常运营绩效，还包括这些绩效指标与标杆的对比信息。

东莞图书馆组织的绩效测量、分析与改进工作，采取绩效测量采用定向督办、统筹执行、分工承担的机制，由馆领导班子统筹、综合部（室）负责、各职能部（室）分工承担，从领导层、部（室）层两个层次展开实施②。馆长定期评审组织的关键绩效指标，而馆领导层的绩效则直接与这些图书馆整体绩效评审的结果挂钩。绩效指标库的指标和关键绩效指标将分解到各职能部（室）和重点岗位，并做好指标描述，设定测量周期，采取周期评价、内外结合的方式，由职能部（室）和骨干个人按照"日—周—月—季—半年—年度"不同的时间维度与周期评估，对各项指标数据进行收集与测量，通过日常随机工作检查、周末值班馆长巡查的日志、工作检查小组随机检查、业务统计报表和图书馆基本情况年报等内部自查机制，以及读者满意度调查、读者投诉与建议处理外部绩效监督机制，分析图书馆内部运营和对外服务工作的绩效。具体指标类别对应的分析方式、主持与参与人员及运用的分析方法详情见表 5 - 12。

表5-12 东莞图书馆绩效分析的频率、方式、参与部门与主要绩效分析方法

分析周期	指标类别	分析方式	主持人员	参与人员	分析方法
日	日常运营	部门统计	部门负责人	部门成员	统计法
月		部门运营			对比分析法、趋势分析法
	过程绩效	部门业务讨论会、服务效果分析会			因果分析法
季	全馆战略目标	管理团队例会	馆长	馆领导、中层干部	趋势分析法、文献调查法
	过程绩效	财政预算及采购专题会	办公室	分管副馆长、各财政预算及采购小组成员	趋势分析法、对比分析法
		业务讨论会（借阅服务、分馆建设等），服务效果分析会	业务职能部（室）业务	相关部（室）	
		重大项目专题会（读书节、公共服务体系等）	分管副馆长	各相关部门中层干部、业务骨干	文献调查法、趋势分析法
半年	全馆战略目标	馆情通报会、服务效果总结会	馆长	馆领导、中层干部	趋势分析法、对比分析法
		管理团队研讨会			趋势分析法
全年		年度战略研讨会（馆长办公会议）		馆领导	PEST分析法、对比分析法
		年度财政预算分析会		馆领导、办公室、各专项预算负责人	趋势分析法
	过程绩效	全馆干部职工大会馆领导全馆	馆领导	全馆工作人员	对比分析法、趋势分析法
		业务考核总结分析	业务部	全馆专业技术人员	对比分析法、趋势分析法

资料来源：李映嫱．卓越绩效模式下公共图书馆绩效指标体系构建——以东莞图书馆为例［J］．河南图书馆学刊，2019（6）：18-20，37；杨晓伟．卓越绩效模式下城市图书馆绩效管理研究——以东莞图书馆为例［J］．福建图书馆学刊，2021（2）：21-26．

　　东莞图书馆根据战略规划目标及业务研究的主要要求，从工作纪律、岗位责任及目标、业务研究、学习型组织创新、职业道德、服务环境6个方面进行设计，制定了一系列规章制度规范，通过灵活的考核周期，针对不同的考核对象，设定不同的考核人定期进行

统计分析，详见表 5 – 13。

表 5 – 13　东莞图书馆业务绩效考核框架

考核内容	考核范围	考核周期	考核对象	考核人	考核依据
工作纪律	考勤	每天	全体工作人员	部门负责人	《东莞图书馆工作人员考勤管理办法》
	岗位纪律				
	形象要求				
岗位责任及目标	岗位责任	每月	部门	分管馆长	《员工岗位责任书》
	岗位目标	每季			《部（室）岗位目标责任书》
业务研究	课题项目	每年	申报课题人员	业务部	《东莞图书馆项目管理办法》
	规定性业务研究成果完成情况		具备职称的专业技术人员		《东莞图书馆专业技术人员科研考核办法》
学习型组织创新	业务学习落实情况		部门		《东莞图书馆业务学习和培训管理办法》
	内部刊物《图书馆工作》投稿情况				年度统计，根据稿件录用数量进行奖励
职业道德	读者投诉情况	每季	全体工作人员	办公室	《东莞图书馆工作人员考核管理办法》
	馆员投诉情况				
服务环境	是否整齐清洁	每周	部门	考核小组	
	安全管理措施落实情况				

资料来源：李映嬅．公共图书馆绩效管理探索与实践——以东莞图书馆为例［J］．高校图书馆工作，2012（1）：33 – 36.

5. 过程监测机制

卓越绩效评估提供的是系统性评价方法，以结果和过程为依据，因此，图书馆必须树立和加强绩效指标监测和数据管理意识，做好信息和数据的收集、整理与分析工作，为进行自我评估提供"证据"[①]。

对战略规划实施过程及其目标值，进行实时监测和定期评估，监测战略总体进度及是否同预期目标偏离，以便及时调整和修正具体目标。根据政府要求、公众需求和其他现实情况，及时调整年度计划、具体目标值，甚至是整体发展思路。通过分解规划目标、实时

---

① 赵爱杰，杨累，冯玲．公共图书馆卓越绩效管理模式的构建［J］．图书馆论坛，2015，35（8）：44 – 51.

监测、定期检查、中期评估和修订等机制，实现监控和测量战略实施绩效的目的，如馆内各部门提供相关业务数据和服务数据的月报表、季报表，在员工大会上通报阶段性目标的完成进度、工作进展和存在问题等。

（三）绩效评估结果运用

绩效评估结果运用是图书馆自我评估系统的最后一环，也是评估效果显现的重要环节。在使用评估结果时，图书馆内部人员可以发挥本职工作的优势，对问题进行深入透彻的分析，同时以评估结果为依据，通过评估图书馆服务的效果和社会效益，充分考虑实际情况，调整和修改图书馆的工作任务、战略规划和工作计划，促进图书馆工作的持续改进。

在改进的策划中，东莞图书馆遵循 PDCA 循环，即计划（Plan）、执行（Do）、评估（Check）和改善（Act）。在改进的具体实施工作中，东莞图书馆建立了不同主管级别、不同改进层次、不同改进方式的"自上而下、层层改进"的全方位的绩效改进与创新机制，详见表 5 - 14。若改进效果不佳则进入下一轮，进行持续改进的循环，确保各个层级绩效改进的可靠性、准确性和可持续性。

具体来看，东莞图书馆通过各类会议、统计报表、邮件通知、公文流转等渠道与各部（室）、员工沟通绩效测量、分析与改进的结果，并据此实施绩效奖励，将改进成果和经验通过管理规章、研究论文、培训课件、规范标准、平台系统等方式进行知识固化、转化、分享和推广[①]。

表 5 - 14　图书馆绩效改进与创新的实施

主导级别	改进层次	改进方式	改进目标	改进周期	参与人员
馆领导	全馆级	卓越绩效	改进发展战略	季度	馆领导、中层干部
	小组级	专题小组	创新服务项目	不定期	馆领导小组成员
部门层	部门级	部门绩效分析会	促进战略达成	月	部门主管及员工
	个人级	合理化建议	提高服务满意度和工作效率、质量	实时	部门成员、读者

资料来源：杨晓伟. 公共图书馆推行卓越绩效模式应用研究：以东莞图书馆为例［J］. 新世纪图书馆，2021（7）：26 - 32.

三、东莞图书馆通过卓越绩效管理进行自我评估经验总结

通过卓越绩效管理进行自我评估，应当是在全方位、多层面、广泛参与前提下的评

---

① 杨累，赵爱杰. 基于事实的管理：东莞图书馆绩效评价与过程管理的实践思考［J］. 图书馆建设，2013（7）：15 - 19.

价，在实践过程中，应关注过程，不断优化系统，突破瓶颈，改进管理机制；在自我评估过程中应坚持短期绩效考核与长期数据测算并进，全面服务于图书馆的能力提升。

（一）健全考核制度

在落实绩效考核时，应考虑绩效考核制度和考核细则是否合理，能否保证数据的有效性、准确性，测量流程是否合理等问题，并且及时收集反馈信息，便于考核制度的修订和改进，最终形成周期性和可操作性强的评估制度。

（二）广泛参与与科学求证

除了保证提供的服务符合相关公共政策之外，在制定服务目标、年度计划和规章制度时，其中的指标设置可通过请示汇报、广泛调查、交流沟通等方式了解各利益相关方的需求和期望，进行意见和建议的征求，跟踪他们不断变化的需求，开展定期评估，以达到可实时获取利益相关方的需求及内外部环境变化信息的目的。如为确保绩效测量系统的及时有效，图书馆应定期邀请外部相关专家对绩效测量系统进行评估，召开座谈会，了解外部的需求，不断对绩效评价系统进行分析并加以改进①。

（三）绩效指标设计与指标体系搭建

绩效指标设计要与战略目标一致，考核必须覆盖整个工作过程且所有重大的工作职责都应该纳入考核（包括行为和结果）范围。评估指标要有较好的可操作性，便于执行操作，难易程度合理且具有可持续性。图书馆在选取绩效指标时，要重视指标是否能够反映图书馆业务工作的效率，各指标的等级是否合理，是否为关键指标、具备实用性等，注意可以量化的指标尽量量化，不能量化的指标要细化职位描述，便于衡量考核结果。在数据选择上，可选择读者服务、图书馆财务、外部环境、内部管理数据及学习标杆等。考核内容、标准与指标应根据事业的发展和实际要求不断调整变化，并根据工作重点进行修改和增删。

评估指标体系不仅要以《图书馆卓越绩效准则》为评估依据，还应根据图书馆各部（室）不同的业务性质和实际岗位情况，分析部（室）内各岗位的职责、权限，明确各岗位的价值定位，将各项业务工作逐级细分，对不同的业务和岗位提出不同的数量和质量要求，形成一套详细的实施细则和评估方法体系。绩效指标体系搭建还可借鉴企业管理利器，如平衡计分卡、品管圈、PDCA 循环等。在战略指标的规划和部署中，还可采用标杆对比、定标比超、PEST 分析、SWOT 分析等方法。

（四）开展绩效指标测量分析

开展绩效指标测量分析，要严格按评估规定的统计要求进行数据统计，能实测的以

---

① 杨晓伟. 公共图书馆推行卓越绩效模式应用研究：以东莞图书馆为例［J］. 新世纪图书馆，2021（7）：26－32.

实测为准，抽样调查的要保证抽样的科学合理性与客观真实性，避免主观性与随意性。针对绩效评估的标准和方法很多，因此应当灵活广泛地学习利用内外部多种统计技术和方法。例如，可以采用趋势分析、比较分析、因果分析及相关分析等监控和测量战略实施绩效，将图书馆的工作成绩、战略目标落实情况、年度计划执行情况及人力和财务资源状况与图书馆所处的社会环境、技术环境相匹配，找出图书馆当前绩效管理水平与社会要求之间的差距①；利用问卷调查、报表分析、趋势分析等，对各类数据信息和知识进行分析，支持各部门在业务创新、运营管理等方面进行绩效的改进和提升；采用问卷调查、趋势图来调查和分析读者需求，开展读者满意度调查等进行读者服务的过程管理②。

（五）搭建完善的沟通机制

充分沟通是图书馆自我评估的重点，应贯穿自我评估全过程。图书馆管理者要与员工通过充分的交流和研讨，使各责任部门和责任人明确任务目标，使全馆上下在绩效目标、业绩辅导和业绩评价等方面达成充分的共识。考核过程强调双向沟通和动态调整，被考核部门可提出绩效目标和指标的修改建议，经业务部及办公室研究、高层领导团队通过后采纳，以保证图书馆的绩效测量系统能适应业务的需要，积极应对内外部的变化，与业务需要和服务战略目标保持一致。

（六）智能化评估技术运用

基于用户发展的图书馆自我评估参与方的交互还需要运用到各种先进的信息技术和手段，实现线上线下的交互协同，如建立以绩效评估指标为依据的事实数据库填报系统和建立具有协同评价功能的图书馆综合绩效评估系统平台，促进评估信息的高效流通。通过建立协同式、信息化、智能化的评估平台，推动图书馆利益相关者充分利用碎片化时间开展评估，进而保证图书馆自我评估持续、常态化推进③。

（七）自评报告撰写

自评阶段的最后环节是撰写自评报告。自评报告的内容一般包括本馆的基本情况、自评工作情况、自评结果存在的问题、今后的改进措施等。自评报告应该中肯，如实反映评估的实际情况。

四、图书馆自我评估的模式总结

卓越绩效模式为公共图书馆提供了一整套体系化的评估准则与科学的改进工具，对现

① 杨晓伟. 卓越绩效模式下城市图书馆绩效管理研究——以东莞图书馆为例 [J]. 福建图书馆学刊，2021，4（2）：21-26.

② 杨晓伟. 公共图书馆推行卓越绩效模式应用研究——以东莞图书馆为例 [J]. 新世纪图书馆，2021（7）：26-32.

③ 张立滨. 基于用户发展的图书馆自我评估研究 [J]. 图书馆理论与实践，2018（4）：32-37.

有的公共图书馆行业评估手段和方法而言是一种有益补充，极大地弥补了以往图书馆绩效改进与绩效评估手段和方法的不足，促使公共图书馆绩效评估从原来的符合性评估阶段逐步向成熟度评估阶段发展，为各级各类图书馆提高服务绩效提供了新的思路和有益的借鉴①。

如何从图书馆管理实践出发，遵循科学的原则和流程，采用合理的评估和测量方法，构建完善的理论和模型，并研制出行之有效的评估办法和工具，以不断改进图书馆自我评估，促进图书馆与用户共同发展，是图书馆评估的研究者和实践者面临的重要问题。东莞图书馆以组织的发展为目标导向，立足于图书馆工作实际，通过确定关键战略绩效指标，制定内部运营和外部服务的绩效评估与分析制度，建立绩效测量系统及持续优化机制，形成了合理的绩效考核与评估机制。本节通过对东莞图书馆卓越绩效模式下实施的自我评估实践的分析论述，试总结出了图书馆的自我评估模式（见图 5-4），以期为其他公共图书馆在自我评估实践中提供借鉴。

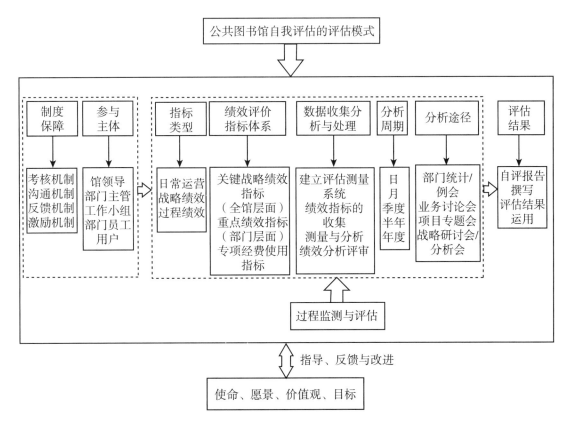

图 5-4　公共图书馆自我评估的评估模式

①　李东来. 东莞图书馆卓越绩效管理探索与实践 ［J］. 图书馆建设，2013（7）：1.

　　图书馆自我评估是提高图书馆科学管理水平的有效途径，是推动图书馆服务变革的重要手段。新形势下，图书馆可以引入先进的自我评估体系，在科学体系下针对自身情况进行自我评估实践，进而不断提高自我管理水平，提高服务质量和优化资源配置，完善图书管理与服务工作，推动新时代背景下图书馆服务和图书馆事业的高质量发展。

下篇 实践篇

第六章　我国第一次公共图书馆评估定级研究

在上篇理论篇中，本书首先对国内外图书馆评估历史及现状进行了全方位的回顾；其次深入阐释了评估相关的绩效和成效，以此为基础构建了公共图书馆评估理论模型。自本章起，公共图书馆评估进入下篇实践篇。仅有理论研究难以支撑起如此大体量的图书馆评估工作，理论与实践相辅相成，缺一不可。实践篇详细研究了历次我国公共图书馆的评估定级工作，指明了图书馆评估的未来。本章对第一次全国县以上公共图书馆评估定级（以下简称"第一次评估"）工作进行回顾研究，并对 20 世纪 90 年代我国开展公共图书馆评估工作的环境背景进行分析，指明公共图书馆评估的重要性和必要性，在回顾中总结不足，以期为未来的评估工作积累经验。

第一节　公共图书馆评估定级的缘起与意义

20 世纪 90 年代以来，图书馆所处的政治、经济、文化、科技等社会环境不断发展变化，极大地加快了图书馆尤其是公共图书馆转型发展的进程。

一、背景

（一）经济与社会环境

1992 年初，邓小平视察南方发表重要讲话，中国掀起了新一轮改革开放的高潮；同年 10 月，党的十四大召开，会议确定了经济体制改革的目标是"建立社会主义市场经济体制，提出用邓小平建设有中国特色社会主义理论武装全党的战略任务"，阐述了建设有中国特色社会主义理论，明确提出建设社会主义市场经济体制，加快改革开放步伐。

1993 年 11 月，中共十四届三中全会通过《中共中央关于建立社会主义市场经济体制若干问题的决定》，将党的十四大确定的经济体制改革目标系统化、具体化，提出要在 20 世纪末初步建立社会主义市场经济体制，并为社会主义市场经济体制设计基本框架。

社会主义市场经济体制的确立，不仅让我国经济和社会焕发新的活力，为我国图书馆事业的发展奠定了坚实的经济基础和物质基础，更推动了图书馆从传统向现代转型，摒弃旧有观念，将开放观念、效益观念、竞争观念及协作观念引入图书馆事业中，让图书馆的工作和服务更有针对性和实践性①。

20 世纪 90 年代以来，互联网和 IT 产业的兴起推动了信息服务业的诞生与发展，服务手段、服务内容、服务理念抑或是服务模式都发生了根本变革，信息服务业成为世界各国近十几年来经济增长的重要驱动力。

我国社会主义市场经济的蓬勃发展和信息化浪潮的冲击，促使 20 世纪 90 年代我国的信息服务业发展，信息市场逐渐形成，各类以开发信息资源、服务经济建设为宗旨的信息相关机构蓬勃兴起，成为图书馆在社会市场和信息市场中的有力竞争者。同时期，我国大众传媒也取得了举世瞩目的成就，借着信息化发展的这股"东风"，网络媒体以其交互性强，集文字、图像、声音于一体，和超越时空限制等自身特色和优势快速崛起②，与报纸、书刊等传统媒体在信息市场中"抢占地盘"。以数据库行业为例，1993 年万方数据公司成立，随后维普资讯公司及 CNKI 工程集团等专门从事数据库开发制作的商业公司逐渐出现。这些新兴的信息公司拥有雄厚的资金、人才、技术及信息优势，对图书馆的信息服务地位造成巨大冲击，促使图书馆不得不在管理体制、服务理念、服务技术、馆藏结构等方面进行改革，积极从过去的以印刷型文献为收藏管理内容、以手工操作为服务手段的形态转向以数字化信息管理为工作内容、以自动化技术为服务手段、以网络为平台的图书馆形态，寻求自身发展突破，适应新的信息环境的要求。

（二）技术环境

信息技术的突破始于计算机的发明，20 世纪 80 年代初的个人计算机革命是全球范围内信息革命的一次高潮，进入 20 世纪 90 年代，信息化浪潮则更为强劲，信息技术的快速发展夯实了图书馆转型的科学技术基础。1993 年 9 月，美国总统克林顿把兴建信息高速公路作为美国的一项国策，制定了"国家信息基础设施行动"（National Information Infrastructure，简称 NII）计划，即大名鼎鼎的"信息高速公路"计划，旨在以因特网为雏形兴建信息高速公路，使所有的美国人都可以便利地共享海量的信息资源。这一设想的提出和实践掀起了新一轮信息技术革命的高潮。值得注意的是，美国政府所提出的"NII"计划特别强调了"全民服务"的概念，当这一计划完成时，不仅要做到"法律面前人人平等"，更要做到"信息面前人人平等"，要求在 2000 年时把美国的"每一间教室、每一家医院的诊室以及每一家图书馆"联结起来。1994 年 9 月，美国提出"全球信息基础结构"（Global Information Infrastructure，简称 GII）的倡议，建议将各国的 NII 联结起来，搭建世

---

① 韩永进. 中国图书馆史：现当代图书馆卷［M］. 北京：国家图书馆出版社，2017：267－270.
② 李献东. 论我国九十年代大众传媒发展的总体特征［D］. 武汉：华中师范大学，2002.

界级的信息高速公路，实现全球信息共享①。

1993 年 3 月 2 日，中国科学院高能物理研究所租用 AT&T 公司的国际卫星信道接入美国斯坦福线性加速器中心（Stanford Linear Accelerator Center，简称 SLAC）的 64k 专线正式开通，这是我国部分连入因特网的第一根专线。同年 12 月，国家计划委员会组织对世界银行贷款项目中关村地区教育与科研示范网络中国国家计算机与网络设施（The National Computing and Networking Facility of China，简称 NCFC）主干网工程完工，采用高速光缆和路由器实现了北京大学、清华大学和中国科学院三个单位间的网络互连。1994 年 1 月，美国国家科学基金会同意了 NCFC 正式接入因特网的要求，3 月开通并测试了 64kbps 专线。同年 4 月 20 日，NCFC 工程通过美国 Sprint 公司连入因特网的 64k 国际专线开通，正式实现了与因特网的全功能连接，并设立了中国的最高域名（CN）。从此我国被国际上正式承认为有因特网的国家。此后的 5 年时间里，我国先后建成中国科学技术网（CSTNET）、中国公用计算机互联网（ChinaNet）、中国教育科研计算机网络（China Education and Research Network，简称 CERNET）、中国金桥信息网（ChinaGBN）和中国联通互联网（UNINet）五大网系并与因特网连通②。

全球范围内信息技术的快速发展，尤其是 Internet 的突飞猛进，不仅改变了整个社会对知识和信息的需求及获取方式，也提高了图书馆的自动化、网络化和信息化水平，加速了信息资源的传播和共享。科学技术的发展是图书馆发展强大的驱动力。20 世纪 90 年代缩微技术、多媒体技术等现代信息技术的发展和图书馆自动化集成管理系统的开发为我国图书馆事业带来了革命性的变化。

自 1992 年起，我国开始由计划经济向社会主义市场经济转型，同时伴随着信息技术的迅猛发展和信息服务业的异军突起，改变了过去以图书馆为单一信息服务机构的格局，导致图书馆处在极为激烈的社会竞争环境中。这一切都促使图书馆必须改变传统的服务模式，实现图书馆从内容到质量、从业务到服务、从方式到手段、从效益到质量的全面跃升。

（三）政策支持

国家对图书馆事业的重视和宏观管理是图书馆发展的重要条件和支撑力量。1990 年 9 月，第七届全国人民代表大会常务委员会第十五次会议通过了中华人民共和国第一部著作权法《中华人民共和国著作权法》，并于 1991 年 6 月 1 日正式实施。该法对图书馆文献资

---

① 王子先. 信息技术革命对全球经济贸易的影响及选择 [J]. 经济工作者学习资料，2001（14）：11 - 24.

② 韩永进. 中国图书馆史：现当代图书馆卷 [M]. 北京：国家图书馆出版社，2017：267.

源建设与服务作出法律性限制，规定图书馆等为陈列或者保存版本的需要，可以复制本馆收藏的作品。1992 年，我国颁布了《实施国际著作权条约的规定》等文件。20 世纪 90 年代，国家新闻出版署发布一系列文献资源管理的相关规定，包括《关于认定、查禁非法出版物的若干问题的通知》（1991 年）、《图书馆质量管理规定（试行）》（1992 年）、《关于加强电子出版物管理的通知》（1994 年）等规章性文件。

二、公共图书馆评估定级的出发点

改革开放以来，我国的图书馆事业发生了翻天覆地的变化，一方面，图书馆内部深化改革，扩展业务领域和服务范围，在两个文明（"社会主义精神文明"和"社会主义物质文明"）建设中发挥着重要的作用；另一方面，与此同时，图书馆事业也受到了馆舍面积被挤占、人员人才流失严重、经费短缺等各方面的冲击。在此形势下，图书馆如何突破难关应对挑战，加强图书馆事业的发展和管理，使图书馆事业沿着健康的轨道前进，推动公共图书馆良性发展，成为各级主管部门和图书馆最首要也是最重要的问题。有关部门就图书馆事业管理进行了各种探索，虽取得了相应的效果，总结出一些经验，但运用到实际中却成效甚微，直至评估开始之前仍未找到一个比较成型的、便于宏观控制的较为有效的管理方式。

评估为我们提供了实现途径。它本质上是根据一定的标准、指标和目标，运用一定的方法和途径对评估对象进行的一种价值判断[①]，是以图书馆评估标准及其指标体系为依据，全面系统地收集图书馆的各种相关信息，对图书馆实现预期目标的条件、行为及其状态做出客观的价值判断的过程。其目的在于改进图书馆工作，让图书馆开展更优质、更符合读者需求的服务。它把管理者的意志和被管理者的行为，图书馆事业发展的宏观目标和微观目标，上级的指导性和工作人员的可操作性，客观标准和主观上前进努力的方向有机结合在一起，是行之有效的方法[②]。通过图书馆评估，一方面可以判断图书馆的绩效水平，掌握图书馆的运行现状，发现其中存在的各种问题；另一方面可以根据绩效状况预测其变化方向是否与图书馆的最终发展目标相吻合；还可以根据当前的绩效状况和变化趋势及图书馆发展需要调整发展策略。因此，评估是图书馆提高发展效益、实现发展目标不可或缺的手段。

公共图书馆评估定级是政府文化主管部门领导和组织的，由主管部门领导和图书馆专

---

① 郭丽娟. 图书馆评估促进作用的取向分析 [J]. 图书馆界，2006（4）：76 - 78.
② 战春光. 关于评估工作对促进图书馆事业建设的思考 [J]. 中国图书馆学报，1995（5）：50 - 52.

家共同参与，按照一定的评估标准和评估办法，对全国县以上公共图书馆进行评估、定级。评估之后，由当时的文化部命名为一、二、三级图书馆。

三、公共图书馆评估定级的意义

进入20世纪90年代以后，文化部在全国范围内组织开展了第一次评估定级工作。时任文化部副部长刘德有在总结首届全国公共图书馆评估定级工作时指出："我国图书馆界当前和今后一个时期的中心任务是使现有的各级公共图书馆发挥应用作用，提高办馆效益，更紧密、更有效地参加并服务于社会主义现代化建设。在县以上公共图书馆普遍进行一次评估、定级工作，正是为此而采取的一项措施。通过评估，全面分析一个图书馆办馆条件与工作状况，找出存在的问题和差距并加以逐步解决，由此促进工作水平和服务质量的提高，进而达到公共图书馆整体素质和水平的提高，这就是评估所要达到的目的。"这一目的就是公共图书馆评估定级工作的重心[①]。公共图书馆评估定级既是重要的，更是必要的，也是适应我国图书馆事业的发展形势和未来努力方向的有力举措。评估定级工作的开展在公共图书馆界乃至整个文化界都引起了极大反响，成为当时的焦点话题之一。政府主管部门把评估定级作为管理和推动我国公共图书馆事业的方法之一，既符合我国行政管理体制的方式，又起到了全面指导公共图书馆乃至整个图书馆界业务工作的积极作用，对公共图书馆来说，评估定级工作是契机，也是考验；是保障引领，也是约束规范；既可借助这一活动正视、整改自身存在的问题，在评估过程中逐渐加强图书馆的服务保障能力，同时也可向上争取到更多扶持和帮助[②]，提高办馆效益。

此外，评估定级工作体现了我国对公共图书馆事业的宏观调控和指导，评估从整体上对各级公共图书馆的业务、行为和服务进行规范，对馆内研究课题的方向进行引导，对有创新性业务的公共图书馆进行奖励；打破了以往因地区限制而导致的欠发达地区公共图书馆事业难以发展的困境，加强了地区间公共图书馆的合作与交流，同时将竞争激励机制引进图书馆工作中，提高了我国公共图书馆的整体水平，提高了公共图书馆的社会影响力，是对我国公共图书馆事业的一次全方位检阅。

（一）公共图书馆评估定级工作的重要性

1. 提高图书馆事业整体发展水平

时任文化部副部长刘德有指出，"要充分认识图书馆事业在社会主义现代化建设中的地位与作用。图书馆是一个重要的文化、科学和社会教育机构，它在保存人类文化遗产、传播科学文化知识、开展社会教育、传递文献信息等方面对社会具有不可替代的重要作用。图书馆事业的发展与国家的经济、文化、科学、教育的发展和社会进步息息相关，图书馆已成为一个国家或地区经济发展和文明程度的标志之一。图书馆事业是我国社会主义文化事业中非常重要的组成部分，是一种知识内涵最丰富的文化类型"①。

公共图书馆评估定级工作的开展就是对图书馆工作现状的一次全面系统的价值判断，评估定级的整个过程就是对图书馆管理过程的全面监督和检验。迎接评估的过程也是公共图书馆争优的过程，评估定级工作促使图书馆深化改革，提高服务质量：①许多图书馆以评估为契机，建立健全规章制度，完善内部运行机制，深化人员制度，逐步加强了图书馆队伍建设；②各级图书馆通过评估更加重视读者在图书馆事业中的作用，继续坚持"读者第一，服务至上"的工作原则，让本馆的读者服务更上一个台阶；③每一次的评估都是各馆重新回顾、整理和总结自上一次评估后的这几年本馆的工作绩效和工作效果，回顾总结的过程和评估定级的过程都可以让图书馆更加了解自身的优势和不足，从而下力气整顿和建设基础业务工作，争取在下一次评估中取得更好的分数和等级。评估指标的设计、评估标准的制定及每一次评估活动的开展，其目的在于发现差距、肯定成绩、分析问题，并制订新的工作计划和对策，从而促进公共图书馆业务工作和图书馆事业整体向前发展，有利于图书馆这项社会化、整体化的事业更加科学化、细致化、制度化。

从国家和政府对公共图书馆评估定级这项工作的投入不难看出，评估标准的出台和评估工作的开展加强了行政部门领导对图书馆事业的重视和支持，为扩大馆舍面积、改善馆舍条件、加大经费投入力度创造了有利条件。对图书馆而言，评估可以使图书馆员增强宣传意识并促使各图书馆加大宣传力度，馆内树立信心提高业务能力，馆外树立形象吸引更多读者，有助于各图书馆的宗旨、使命和愿景真正落地，促进图书馆工作的改革，提高图书馆的办馆效益，规范图书馆的业务建设，推动图书馆的事业发展真正进入良性循环②。

2. 指明图书馆发展方向和前进目标

每一次全国公共图书馆评估定级工作的展开和评估定级标准的制定都充分考虑了当时的时代背景对我国图书馆的要求、图书馆自身的规律性及馆内各业务环节的内在联系等特点，每一次的评估实践都对各个图书馆进行了综合性的评估和考察。一个图书馆的领导和成员，寄予评估工作的最大期望莫过于借其东风，促使本馆工作上等级、上层次。多年

---

① 晓明. 回顾·激励·展望——全国公共图书馆评估工作总结会综述 [J]. 图书馆，1995 (1)：1－4.

② 徐力文，张青. 以评估定级为契机 促进图书馆事业发展——对省级公共图书馆评估标准的分析与思考 [J]. 江西图书馆学刊，2004 (4)：30－31.

来，图书馆工作者的无私奉献精神有目共睹，为本馆的业务发展尽职尽责。但各环节的工作质量如何，本馆的特色优势是什么，薄弱环节和劣势又是什么，本馆在本地区图书馆行列中又处于一个什么位置，由于在评估之前图书馆界缺少一个相对统一的评估和比较的依据，这些问题一直没能很好地解决。公共图书馆评估可以使各馆领导和成员对以上问题有明确的认知和答案，并且振奋图书馆工作人员的信心和提升工作热情，在以后的工作中便可继续发扬本馆优势，巩固本馆特色，对薄弱环节和业务进行针对性的投入，明确工作重点和目标，制定发展规划，力求将本馆提高到新的层次和水平①。

评估标准的出台让各个公共图书馆知道自己的努力，而不是像以前如"无头苍蝇"一样，对自己的发展水平、努力方向和前景并不了解，对其他各馆的发展状况也不清楚，"摸黑走路"。可以说，图书馆评估标准的制定指明了图书馆未来的发展方向或者至少是下一个四年的发展方向，而图书馆评估指标则是图书馆办馆方向的"指示灯"，图书馆事业发展的"领航员"②。

3. 推动图书馆总分馆服务体系建设

总分馆制是欧美国家普遍采用的一种公共图书馆的组织模式和运行机制。普遍均等的公共图书馆服务要求每个人都能方便、快捷地获得资源，因此，总分馆服务体系被认为是实现这种服务体系建设的最佳模式③。近年来，我国各级公共图书馆和少年儿童图书馆都大力推进总分馆服务体系建设，这对有效整合文化资源，提高图书馆的服务效能，扩宽图书馆的服务范围有着重要作用。公共图书馆评估定级在一定程度上推动了图书馆的总分馆服务体系建设和图书馆服务的延伸。前三次公共图书馆的评估细则并未直接包含有关总分馆建设的考核项目，仅在基层辅导中提到基层图书馆建设内容，直至 2008 年的第四次评估细则中关于总分馆的考察项目增多，第五次、第六次评估细则中有关总分馆体系指标的制定才逐渐完善④。总分馆体系的推广和运用是目前我国公共图书馆建设过程中的一项重要工作，从历次评估指标体系的变化中可以看出，有关总分馆建设考核的项目逐渐增多，分值比重也呈增加趋势，在考核时也越来越注重服务效能。这说明公共图书馆评估标准对总分馆服务体系的建设有一定的推动作用，总分馆制的不断发展反过来促进了评估指标和评估工作的不断完善，既是样本也是示范。

①②　郭丽娟. 图书馆评估促进作用的取向分析 ［J］. 图书馆界，2006（4）：76 – 78.

③　张娟，倪晓建. 我国公共图书馆总分馆体系建设模式分析 ［J］. 图书与情报，2011（6）：17 – 20.

④　蔡琼娜. 关于公共图书馆总分馆建设的几点思考——从历次全国县级以上公共图书馆评估标准谈起 ［J］. 河南图书馆学刊，2019，39（2）：18 – 20.

4. 明确图书事业发展的统一衡量标准

自 20 世纪 90 年代以来，公共图书馆评估定级工作的开展是图书馆界建立规范的一次突破性尝试。在此之前，公共图书馆的硬件和软件设施、业务工作能力并没有统一的评判标准，不同地区的政府领导和馆方对它的理解也并不一致，使我国公共图书馆业务的推进相对缓慢。在此情况下，公共图书馆评估标准的制定和全国范围内评估定级工作的开展建立了一个相对统一的图书馆业务规范，图书馆可以在实际工作中根据评估标准和定级结果不断检验和改进，积累经验、思索和总结。要坚持科学、统一的标准去评估各馆的藏书、服务质量等，通过评估便于政府了解全国各地区图书馆的状况，从而起到正面引导和促进的作用，成为图书馆健康发展的有力保障。

首先，中华人民共和国成立以后，我国图书馆事业有了较大发展，尤其是党的十一届三中全会以后，图书馆界重整旗鼓，业务工作有了较快发展，新的图书馆如雨后春笋般出现在全国各地，许多图书馆短期内达到相当规模。但是，由于各地经济、文化发展不平衡，导致图书馆事业发展极不平衡。落后地区图书馆事业与发达地区的图书馆事业相比有较大差距；其次，人员管理水平和科学发展水平的差异使得各馆业务建设和事业发展的规模不尽相同；最后，在 20 世纪 90 年代信息技术快速发展的时代，我国图书馆仍然保留着过去的手工劳动形式，这严重制约了业务规范化、标准化和现代化的实现。对各馆的工作成绩、整体工作水平和发展规模也缺少权威性的统一依据。因此，评估定级标准的制定、评估工作的开展，为评估一个具体图书馆的工作水平，评估某一地区图书馆事业的发展状况提供了统一的衡量尺度和标准，也为各地图书馆争取政府部门对图书馆的投入和支持提供了权威性的依据①。

5. 传播"图书馆概念"，唤醒"图书馆意识"

公共图书馆的评估定级工作传播了"图书馆概念"，唤醒了有关党政决策机关和文化主管部门的"图书馆意识"，普及了"建设和发展图书馆也是政府责任"的理念，让上级有关部门充分理解到图书馆的社会价值，增强其建设和发展图书馆的主体责任意识。

我国《中华人民共和国宪法》明确规定："国家发展为人民服务、为社会主义服务的文学艺术事业、新闻广播电视事业、出版发行事业、图书馆博物馆文化馆和其他文化事业，开展群众性文化活动。"这项法律条款明确了图书馆的地位和重要性。但在评估开始之前，政府主管部门对图书馆的关注度不高，将其作为"软任务"来发展，忽略了真正应该投入和扶持的图书馆事业的发展。

评估让各级政府都产生了较为强烈的"图书馆意识"，提高了各级政府和主管部门对

---

① 陈秀英. 关于全国公共图书馆评估工作的几点思考［J］. 图书馆论坛，1996（4）：32 - 33，27.

图书馆工作及其事业发展的重视程度，为公共图书馆争取到了更大的扶持力度，落实到行动上就是把图书馆纳入当地的地区发展规划，加大经费投入力度以改善图书馆的办馆条件，因而各地兴起了建设图书馆新馆的高潮。图书馆人趁势而上，积极探索现代图书馆的发展模式，一个强有力的例子就是由深圳模式、东莞模式、佛山模式和广州模式等汇聚而成的"岭南模式"，对我国图书馆起到了示范和引领作用。对欠发达地区而言，图书馆评估让当地政府慢慢形成"图书馆意识"，逐渐加大对图书馆的资金投入，使图书馆逐渐成为城市文化地标，随之创新服务遍地开花，深受市民喜爱。从此，图书馆就像"柴米油盐"，成为市民的必需品，其业务发展迈向规范化。

6. 促进图书馆向现代化转变

在 2017 年《中华人民共和国公共图书馆法》出台以前，各种"规章""规程""条例"或多或少都起到了一定的规范作用，但力度相对较小。全国范围内的公共图书馆评估定级工作的开展让规范作用力度大增，成为图书馆向现代化方向转变和图书馆现代化管理的有力杠杆。

首先，评估指标是"法"的细则，更难能可贵的是真正落地实施。由政府部门组织实施的公共图书馆评估定级工作具有权威性，能够起到强制规范的作用，达到有序转变的目的。

其次，传统图书馆重"藏"。现代化的图书馆重视文献和各类信息资源的利用，管理更加追求科学性和先进性。合理正确的评估发挥了牵头导向的作用，各指标体系层层论证，既吸收了较为先进和成熟的理论、技术，又有符合当下实际情况的现代化要求，本身具有较好的导向性。

最后，现代化的管理需要充满生机和活力的氛围。评估定级工作规范了图书馆的办馆条件，充实了馆力，增强了活力，同时提出了包含竞争和效益因素的图书馆水平要求，并增加压力，让其变成驱动力。

对图书馆来说，走向现代化才能更好地发挥作用。走向现代化离不开评估，同时评估也需要走向现代化，否则无法更好地发挥评估的作用和意义。因此，公共图书馆评估定级是促进图书馆向现代化转变的强大动力，现代化的公共图书馆也为下一次的评估标准制订和修改提供了前提和依据①。

（二）公共图书馆评估定级工作的必要性

我国的公共图书馆事业是在十分薄弱的经济、文化和社会基础上发展起来的。1949 年

---

① 陈大广. 现代化与图书馆评估［J］. 图书馆界，1997（3）：4 - 9.

全国仅有 55 所公共图书馆，到 1993 年，我国县以上公共图书馆已达 2579 所，在改革开放政策实行的十五年里我国图书馆事业的发展可以说达到了历史的最高水平。20 世纪 80 年代以后，我国图书馆有了很大的变化和发展，具体表现为以下四方面：①各地开始创立图书馆学会和创办相关学刊；②学界对图书馆事业的调研成果纷纷涌现；③出现了大量呼吁对图书馆工作进行评估的文章，如有马泽民 1982 年发表在《图书与情报》第二期的《试论我国高等院校图书馆的评价问题》；④图书馆管理机构发布了一系列的条例和规程。这四方面的变化为我国图书馆事业的改革和全国范围内的图书馆评估定级创造了客观条件①。1992 年底，我国县级图书馆普及率为 88%，大中城市的图书馆实现了全面普及。虽然继续普及图书馆和发展图书馆网点仍是主要任务，但提高现有图书馆的整体水平和素质，让各级图书馆发挥应有作用，提升办馆效益，加快过去传统图书馆向现代化图书馆的转变，增强图书馆活力，适应当时经济和社会发展的整体水平和信息技术发展的速度则是更为迫切的中心任务。

1. 衡量图书馆工作效果

有投入就要有产出，任何工作都讲究效率和效果，作为公共文化服务设施的图书馆也不例外。在 20 世纪 90 年代第一次评估定级工作开展前，我国一直缺乏一个统一衡量图书馆工作效果的标准；图书馆的领导体制分散也导致了图书馆工作长期缺乏统一的领导和监督；各地区的相关部门主管领导对图书馆工作的认识和重视程度不同，所能提供的经费、人力支持也有所差别，以致长期以来难以衡量图书馆的工作效果。因此，为了充分发挥图书馆的积极作用，加强主管部门对图书馆的纵向监督与指导，增加图书馆间的横向联系与帮助，提高图书馆的绩效和工作效果，提升图书馆的社会地位等显然有必要开展图书馆评估。

2. 推进图书馆改革发展

近年来，图书馆也在积极进行改革，并取得了一定成绩。但由于种种历史和现实原因，图书馆内在活力仍较为缺乏，改革进展缓慢，所取得的成果难以巩固、推广和发展。另外，在改革的广度和深度上，不同地区的图书馆间乃至同地区内的图书馆间存在着极大的不平衡。公共图书馆评估定级工作的开展使得文化行政主管部门全面、细致地了解了本地区图书馆事业发展现状，得到了更为详细、具体、全面的地区及全国三级图书馆的一手资料，为以后的工作决策提供了可靠依据，在一定程度上推动了图书馆业务建设和服务改革。换言之，这项工作本身就是图书馆改革深入发展的一个重要标志。

---

① 朱庆祚，黄恩祝. 评估工作与中国图书馆事业 [J]. 图书馆杂志，1994（2）：13 – 16.

3. 鼓励图书馆协同竞争

协同和竞争是辩证统一的客观存在，缺少竞争就会缺少活力，没有竞争的协同往往是消极的协同。对图书馆进行评估定级，就是在加强图书馆事业协同发展的同时鼓励图书馆间展开竞争，充分发挥图书馆内的主观能动性。因此开展评估、鼓励竞争就是主管领导部门对图书馆进行宏观指导和加强管理的重要方面①。

公共图书馆评估定级工作具有重要的政治意义、导向意义和实践意义。中共十九届五中全会提出 2035 年要建成文化强国，《"十四五"文化产业发展规划》中提到"十四五"时期我国文化产业仍处于大有可为的重要战略机遇期。展望 2035 年，我国将建成社会主义文化强国，国家文化软实力显著增强。而公共图书馆作为"滋养民族心灵，培育文化自信"的重要场所，作为城市中居民休闲交流和继续学习的第二起居室，满足了社会对文化娱乐的需要，丰富了人民群众的文化生活，在精神文明建设和文化强国过程中起到了不可磨灭的作用。随着评估工作近 20 年的持续开展，全国范围内公共图书馆数量不断增加，新馆舍建设规模日益庞大，高质量图书馆层出不穷，我国公共图书馆整体水平持续提高，发展势头迅猛。由此可见，评估工作对全国各地的公共图书馆事业发展起到了巨大的推动作用。公共图书馆评估定级工作得到了各地政府的重视和配合，其结果也为当地政府带来了一定程度的积极影响，表明此项工作有着极为深刻的政治意义。公共图书馆评估定级工作对公共图书馆事业发展起到了导向作用。很多图书馆根据评估指标体系、对照相关发展指标进行服务布局和业务规范。随着评估工作的深入开展，各项评估指标体系设置呈现出总体科学、逻辑性强、具有超前意识等特点，对未来的工作产生了指导意义和导向作用。自 1994 年评估定级工作开始，公共图书馆评估标准已经成为省、市、县级公共图书馆工作和服务的一个标杆和标准，成为图书馆申请相应经费、提高办馆条件的重要依据，其指标体系也成为图书馆事业发展的风向标。自第一次评估定级之日起，评估标准和指标一直作为全国公共图书馆开展工作的一个行业标准为图书馆实践提供指导。

公共图书馆评估定级工作也是推进我国公共图书馆事业发展的重要手段。第一，作为一项由政府最高文化行政主管部门所领导的评估工作，得到各省、市、县政府的高度重视，从而提高了政府对当地公共图书馆事业的关注程度和支持力度；第二，评估标准的制定包括了保障、业务和效能等各方面，推动了图书馆办馆条件的改善、经费投入的增长及人员队伍素质的提升，更促进了图书馆服务质量的提高及图书馆业务的规范化和标准化；

---

① 官树源. 组织评估，促进图书馆事业的发展 [J]. 图书馆理论与实践，1987（2）：32 - 35.

第三，与时俱进的评估理念、逐步完善的评估内容及持续深入的评估工作都对我国图书馆事业的发展起到了积极、正面导向作用，特别是对缩小我国东中西部地区公共图书馆事业发展的差距、提高我国公共图书馆事业和公共文化设施的整体水平起到了更为直接和深刻的影响作用。

第二节　第一次公共图书馆评估定级回顾

公共图书馆评估定级是政府文化主管部门领导和组织的，由主管部门领导和图书馆专家共同参加，按照一定的评估标准和评估办法，利用现代科学管理的方法对全国县以上公共图书馆的工作全面系统地进行考核、评估与定级的工作。

1994 年，我国开展了第一次全国性的公共图书馆评估定级工作，这一工作客观反映了当时我国公共图书馆工作现状，并对我国图书馆事业健康平稳发展和公共文化服务的宏观调控起到积极有效的推动作用。

"全国公共图书馆首次评估、定级工作是在邓小平同志建设有中国特色社会主义理论指引下，为适应改革开放的现代化建设深入发展形势，进一步发展图书馆事业，充分发挥图书馆在两个文明中的作用，增强图书馆活动而进行的。这项工作从 1992 年 12 月在全国公共图书馆工作会议上的动员、部署试点开始，到全面评估、定级结束，历时一年零十个月，经历了动员、部署、试点评估、全面评估和定级总结 4 个阶段。"①

一、成人图书馆动员部署阶段

1992 年 12 月 15 日至 18 日，文化部在广西柳州召开全国公共图书馆工作会议，会上交流了 20 世纪 90 年代以来各地公共图书馆所开展的达标工作和开放性服务工作②，并回顾了 1985 年以来我国图书馆事业在科技开发和现代化管理的指导下取得的各类成就。辽宁省、黑龙江省等几个公共图书馆事业及发展做得较好的省份分别介绍了此前对图书馆管理的经验，会议认为图书馆开展评估达标是加强图书馆管理的重要手段，除此之外，会议就此后的评估工作和图书馆改革工作进行了动员③。

---

① 刘德有 . 乘评估东风，迈上新台阶［J］. 中国图书馆学报，1995（2）：3－9，25.
② 全国公共图书馆工作会议将在柳州召开［J］. 江西图书馆学刊，1992（4）：26.
③ 晓明 . 加快改革步伐　服务经济建设——全国公共图书馆工作会议综述［J］. 图书馆，1993（1）：7－10.

在全国公共图书馆工作会议上，文化部图书馆司副司长鲍振西就县以上图书馆开展评估定级工作进行了部署，文化部分别制定了省、市、县三级图书馆评估定级标准，其中对省级图书馆只进行评估，市、县级图书馆则先评估、后定级，探索经验，以检验标准是否可行[3]。

二、成人图书馆试点评估阶段

科学准确的评估依据和评估方法是决定评估工作质量的重要因素。为了验证评估标准的合理性和可行性，预判真正评估实施过程中可能出现的问题，同时摸索总结评估工作开展的程序和有序组织的经验，1993 年文化部图书馆司和各省（自治区、直辖市）文化厅（局）分别组织进行了对省级图书馆、地市级图书馆、县级图书馆的评估试点工作，为后续正式评估工作积累经验。

为了使试点工作具有一定的代表性，试点要求涵盖不同类型和不同情况的图书馆，参加试点评估工作的图书馆数量要占到全国图书馆总数 20% 左右，并按照好、中、差各占 1/3 的要求选定。据统计，5 个省级公共图书馆、4 个计划单列市级公共图书馆、70 多个地（市）级公共图书馆和 300 多个县级公共图书馆进行了试点评估①。

试点评估阶段验证了评估标准和具体的实施方案基本可行，进一步提高了上级主管部门和政府领导对图书馆工作的重视和支持程度，有力促进了图书馆工作质量和服务水平的继续提高②，对公共图书馆的工作产生了积极的指导作用。根据试点评估得到的反馈，对评估标准和实施方案做了进一步的修改调整和检验，使标准更趋向于科学和合理，使实施方案更加贴合实际，更具有可操作性和可比性。同时，通过试点评估，摸索出了一套方法和程序，为后来顺利开展大规模的、正式的评估定级工作打下了坚实基础。

试点评估工作是检验和修订评估标准的有力手段，使其更具有科学性、合理性和可操作性。同时，试点评估工作的开展确定了正式评估时的程序和方法。文化部根据各级图书馆的任务和服务范围，分别制定了《省级图书馆评估标准》《地级图书馆评估标准》《县级图书馆评估标准》③。

三、成人图书馆全面评估阶段

1994 年 3 月 7 日，文化部下发《关于在县以上公共图书馆进行评估定级工作的通知》

---

① 刘德有 . 乘评估东风，迈上新台阶［J］. 中国图书馆学报，1995（2）：3－9，25.
② 董绍杰 . 黑龙江省公共图书馆评估定级试点工作结束［J］. 图书馆建设，1993（6）：73.
③ 韩永进 . 中国图书馆史：现当代图书馆卷［M］. 北京：国家图书馆出版社，2017：274－276.

（文图发〔1994〕10 号）①。此通知主要包含评估标准、方法与步骤、提高认识与加强领导三方面内容。"评估标准"部分首先说明了评估定级工作的主要内容是各级图书馆的基本工作条件和工作质量，其次公布了《省级图书馆评估标准》《地级图书馆评估标准》《县级图书馆评估标准》，各标准中包含办馆条件，基础业务建设，读者服务工作，业务研究、辅导、协作协调，管理，表彰奖励六大部分，最后说明少年儿童图书馆的评估标准需另行制定，并通知此次评估暂不包括少年儿童图书馆的决定。"方法与步骤"部分主要包括两方面内容：其一说明了各级图书馆评估工作的组织事宜；其二说明了评估工作的时间安排，即县以上公共图书馆的评估工作于该年 7 月底之前结束，"评估结果报表""汇总表"与评估工作总结等于 7 月底报送文化部图书馆司，8 月至 9 月，文化部将对各地的评估工作进行审查，并根据评估结果确定地、县级图书馆的等级。"提高认识与加强领导"部分说明了评估的重要性，呼吁各地文化厅（局、文管会）对评估工作加强重视与领导，公布了评估定级工作领导小组成员分工，要求各省（自治区、直辖市）文化厅（局、文管会）在 4 月底前将领导小组名单及工作计划报送文化部图书馆司。《关于在县以上公共图书馆进行评估定级工作的通知》为全面评估工作提供了政策基础，预示着公共图书馆的全面评估定级工作即将展开。

为加强评估的组织领导，文化部成立了公共图书馆评估定级工作领导小组，组长由文化部副部长刘德有担任，副组长由图书馆司司长杜克担任，日常工作由图书馆司负责。文化部要求各省（自治区、直辖市）文化厅（局、文管会）成立相应的领导机构负责组织这项工作。

1994 年 3 月，文化部图书馆司在湖北武汉召开全国公共图书馆评估工作座谈会，对试点评估工作进行小结并对全面评估定级工作进行部署。

1994 年 4—7 月，公共图书馆评估工作在除西藏外的 30 个省（自治区、直辖市）全面展开，共有 2189 所图书馆参加本次评估定级工作，占县以上公共图书馆的 85%。

按照分级负责的原则，文化部负责省级公共图书馆和计划单列市级公共图书馆的评估工作，省级文化行政主管部门则负责地市级、县级公共图书馆的评估。地市级图书馆一般由省文化厅直接组织评估组进行评估。县级图书馆的评估既有省里直接组织评估组分头评估，又有由地市级文化局组织评估，省文化厅组织评估组抽查验收。一般来说，省级文化厅（局）统一组织的评估相对来说更能保证对评估标准的理解和评估实施过程及结果的一

---

① 文化部关于在县以上公共图书馆进行评估定级工作的通知［EB/OL］.［2021 - 05 - 12］. http：//www. law - lib. com/law/law_view1. asp? id = 57694.

致性。

在全面评估过程中，由各级文化行政主管部门组织的专家评估组起着至关重要的作用。专家评估组一般来说是由具有丰富图书馆工作经验或从事图书馆学研究的图书馆学家构成，具有较高的学术权威性。评估组里的专家对待工作严谨负责，是评估工作组不可忽视的存在。在评估过程中，专家针对发现的问题进行耐心的讲解，给出相应的解决方案，有些专家还出具了业务辅导报告。所有这些都对提高图书馆内业务人员的水平、增强工作人员的"图书馆自信"起到了正面示范作用，受到广泛欢迎和好评。文化部在组建省级图书馆评估组时从北京图书馆和各省市选调专家，在此过程中得到了有关图书馆和文化行政主管部门的理解和支持，为评估工作的顺利开展做出了重要贡献。

评估过程中各评估组力求实事求是、客观、公正、全面地评估每一个图书馆。每到一个图书馆首先要全面细致地了解该馆的基本情况。听取被评估馆的汇报之后，对照评估标准逐项进行考察和测评，并和相关工作人员进行深入交谈了解更多情况。在做出评估结论时，坚持一分为二的原则，既肯定已取得的成绩和长处，又指出存在的问题和不足，并提出了相关见解和建议。对那些因各种客观条件所限，工作困难较大的图书馆，要更加注意肯定他们在困难条件下所取得的成绩，鼓励他们的工作热情和积极性。

评估过程中大多数图书馆都积极配合评估组的工作，事先做了较为充分的准备。省级公共图书馆大都准备了详细全面的书面汇报材料，给评估组的工作带来了极大方便。并且本次评估所采用的方法得当，评估小组采取了听汇报、实地检查、测试测算、分析汇总、情况反馈等方式，方法科学实用，评估过程全透明，清晰可见，真实可信。

经过几个月的评估工作，省、地、县三级图书馆的实地检查和评估打分工作已经结束。各省（自治区、直辖市）文化厅（局）和文化部图书馆司在对评估结果做了大量审核、汇总和分析而写的报告中，总结了公共图书馆事业发展的成绩，分析了存在的普遍性问题及其产生的原因，提出今后应当采取的对策。这部分材料是此次评估工作的重要成果，对今后工作任务、规划、方针、政策的制定都具有极为重要的参考价值。

四、成人图书馆定级总结阶段

评估完成后，文化部图书馆司在对省级图书馆和地、县级图书馆评估结果进行审核和一系列汇总分析后，制定了定级标准。定级标准的制定具有较强的指导性和政策性，考虑到全国地区发展不平衡的基本情况，既要鼓励先进地区奋发向上，又要保护好欠发达地区的积极性，从实际出发，定适当的标杆，要较好地体现现阶段公共图书馆事业发展的各个层次。由此确定了"一级图书馆的标准要严一些，三级图书馆的标准要宽一些"的方针。

经过多次讨论、反复比较和评估工作领导小组的审定，最终确定了地、县级图书馆级别设置和定级标准。

1994 年 12 月 13 日，文化部发布文件《文化部关于命名一、二、三级图书馆的决定》（文图发〔1994〕69 号）。本次公共图书馆评估定级工作评出一、二、三级图书馆共 1144 个，占到参评总数的 53%。其中，一级图书馆 68 个，占参评图书馆总数的 3%（其中地市级图书馆 19 个，县级图书馆 49 个）；二级图书馆 451 个，占参评图书馆总数的 21%（其中地市级图书馆 66 个，县级图书馆 385 个）；三级图书馆 625 个，占参评图书馆总数的 29%（其中地市级图书馆 62 个，县级图书馆 563 个）。文化部为一、二、三级图书馆颁发标牌和证明，并在文件中提出了要求和希望："希望荣获三级以上图书馆称号的各图书馆，发扬成绩，克服不足，再接再厉，更上一层楼；希望尚未达到三级以上图书馆标准的各图书馆，对照评估标准，继续努力奋斗。图书馆评估、定级的目的是促进改革，促进事业建设与发展，因此，图书馆评估将作为一项制度长期进行下去。希望各级文化主管部门、图书馆和广大图书馆工作者，在邓小平同志建设有中国特色社会主义理论指导下，继续努力，开拓进取，不断开创图书馆工作的新局面，为两个文明建设做出更大贡献。"①

五、少年儿童图书馆评估定级

由于 1994 年 12 月结束的公共图书馆定级只是完成了公共图书馆的定级，并不包括少年儿童图书馆。为了加强对少年儿童图书馆的管理，提高少年儿童图书馆的工作水平和服务质量，促进少年儿童图书馆事业的发展，文化部于 1995 年启动了首次对全国独立建制的县以上少年儿童图书馆的评估定级工作。

1995 年 5 月 15 日，文化部下发《关于在县以上公共系统少年儿童图书馆进行评估、定级工作的通知》（文图发〔1995〕21 号），公布了《省级少年儿童图书馆评估标准》《地、市级少年儿童图书馆评估标准》《县级少年儿童图书馆评估标准》。文化部对这次评估非常重视，专门成立了公共系统少年儿童图书馆评估、定级工作领导小组，由文化部副部长刘德有担任组长，图书馆司负责日常工作。各省（自治区、直辖市）文化厅（局、文管会）成立了相应的领导机构负责这项工作。

根据文化部部署，省级少年儿童图书馆、计划单列市（包括原计划单列市）少年儿童图书馆评估工作由文化部图书馆司直接组织实施。各省（自治区、直辖市）文化厅（局、

---

① 国家图书馆研究院. 我国图书馆事业发展政策文件选编（1949—2012）［M］. 北京：国家图书馆出版社，2014：140.

文管会）负责组织对所属地、市、县级少年儿童图书馆进行评估，各计划单列市所属区、县少年儿童图书馆评估工作的组织，由省文化厅与市文化局协商安排。

此次少年儿童图书馆评估，分为准备、正式评估和定级三个阶段。

准备阶段，各图书馆准备评估档案，主要是准备有关的原始记录、档案和统计数据，统计数据均为 1994 年度的。

正式评估工作于 1995 年 9—10 月进行。被评估的图书馆根据评估标准的内容、范围进行全面的工作汇报，评估组逐项进行检查。然后评估组打分总结。

评估结束后进入定级阶段。1996 年 5 月，文化部下发文件《关于命名一、二、三级少年儿童图书馆的决定》。

第三节　第一次公共图书馆评估标准分析

图书馆评估是采用定性和定量的方法对图书馆实现其目标和满足读者需求的程度所作的评估测度和价值判断。定量评估能使目标明确化，使较为模糊的概念清晰化，采用定量指标可以避免评估过程中的主观随意性。但是对公共图书馆这一较为复杂的社会系统，有些工作很难量化，仅采用定量指标难以衡量完全，这时就需要用到定性评估。定性指标可以弥补那些难以量化的工作和指标，是通过人的大脑对难以量化指标的分析和判断，能够解决量化指标不能解决的许多复杂问题。包括少年儿童图书馆评估标准在内的 6 个《图书馆评估标准》（以下简称为《标准》）均包括六大部分，总分都为 1000 分，几乎涵盖了当时公共图书馆和少年儿童图书馆的所有工作，是一个有机整体，体现了评估体系的科学性、整体性和系统性。第一次《标准》注重量化指标，占总指标的 60% 以上，这部分采用分档计分的方式，可测性和适应性都较强，全国无论是发达地区还是欠发达地区的公共图书馆都能在这一部分得到相应的分值，避免了定性评估中可能存在的是非有无的"一刀切"弊端，大大增强了评估的可操作性。分档计分部分给尚处于较低水平的公共图书馆找出了与其他馆之间的差距，为其指明了今后努力的方向。总的来说，第一次《标准》具有很强的借鉴意义、实际操作意义和导向性[①]。

一、评估指标体系

第一次评估指标体系详见表 6 - 1、表 6 - 2。

---

① 沈小丁. 论评估［J］. 图书馆学研究，1995（2）：13 - 15.

表 6 - 1　第一次公共图书馆（成人图书馆）评估指标体系

一级指标	二级指标及指标数量（括号内）		三级指标数量
办馆条件	省（5）	设施（4）；运用计算机并实现业务环节全部或部分自动化管理（2）；经费（2）；人员（5）；藏书量（1）	14
	地（4）	设施（4）；经费（3）；人员（5）；藏书量（0）	12
	县（4）	设施（5）；藏书（1）；经费（3）；人员（4）	13
基础业务建设	省（4）	藏书建设（6）；文献标引与著录（8）；目录设置、组织、管理（3）；藏书管理与保护（3）	20
	地（4）	藏书建设（4）；文献标引与著录（4）；目录体系与管理（3）；藏书组织与管理（2）	13
	县（4）	藏书建设（4）；文献标引与著录（4）；目录体系与管理（3）；藏书组织与管理（2）	13
读者服务工作	省（9）	发放借书证数（万个）（0）；年流通总人次（万人次）（0）；年外借册次（万册次）（0）；年检索、咨询数量（条）（0）；年读者活动次数（次）（0）；年读者活动人次（万人次）（0）；年编印二、三次文献（0）；获奖课题数（项）（0）；服务成果（0）	0
	地（3）	书刊借阅（8）；书刊宣传与读者活动（4）；参考咨询服务（4）	16
	县（3）	书刊借阅（8）；读者活动（4）；参考咨询服务（2）	14
理论研究、业务辅导、协作协调（地市级与县级为：业务研究、辅导工作与协作协调）	省（3）	理论研究（3）；业务辅导（3）；协作协调工作（1）	7
	地（3）	业务研究（2）；业务辅导（4）；协作协调工作（0）	6
	县（3）	辅导工作（2）；协作协调工作（0）；业务研究（1）	3
管理	省（7）	规章制度建设（0）；环境管理（0）；岗位责任制（0）；档案工作（0）；统计工作（0）；创收纯收入（万元）（0）；创收补充事业经费占创收纯收入（%）（0）	0
	地（6）	规章制度建设（0）；档案工作（0）；统计工作（0）；环境管理（0）；创收纯收入/职工人数（元/人）（0）；表彰（0）	0
	县（6）	规章制度建设（0）；环境管理（0）；档案工作（0）；统计工作（0）；创收纯收入（万元）（0）；表彰、奖励（0）	0
提高指标	省（0）	无二级指标	0
	地（0）	无二级指标	0
	县（0）	无二级指标	0

资料来源：课题组整理。

表6-2 第一次少年儿童图书馆评估指标体系

一级指标		二级指标及指标数量（括号内）	三级指标数量
办馆条件	省（4）	设施（5）；经费（3）；人员（7）；藏书（1）	16
	地（4）	设施（5）；经费（3）；人员（6）；藏书（1）	15
	县（4）	设施（3）；经费（3）；人员（6）；藏书（1）	13
基础业务建设	省（4）	藏书建设（4）；文献标引与著录（4）；目录设置、组织、管理（3）；藏书管理与保护（2）	13
	地市（4）	藏书建设（1）；文献标引与著录（4）；目录设置、组织、管理（3）；藏书管理与保护（2）	10
	县（4）	藏书建设（1）；文献标引与著录（4）；目录设置、组织、管理（3）；藏书管理与保护（2）	10
读者服务工作	省（4）	书刊借阅（8）；书刊宣传与读者活动（6）；大型读者活动（3）；参考咨询与二、三次文献编印（2）	19
	地市（3）	书刊借阅（8）；书刊宣传与读者活动（6）；大型读者活动（0）	14
	县（3）	书刊借阅（8）；书刊宣传与读者活动（6）；大型读者活动（0）	14
业务研究、业务辅导、协作协调	省（4）	业务研究（3）；业务辅导（3）；网络建设（0）；协作协调（0）	6
	地市（3）	业务研究（1）；业务辅导（3）；协作协调（0）	4
	县（3）	业务研究（1）；业务辅导（3）；协作协调（0）	4
管理	省（6）	规章制度建设（0）；档案工作（0）；统计工作（0）；环境管理（0）；创收纯收入（万元）（0）；表彰（0）	0
	地市（6）	规章制度建设（0）；档案工作（0）；统计工作（0）；环境管理（0）；创收纯收入（万元）（0）；表彰（0）	0
	县（6）	规章制度建设（0）；档案工作（0）；统计工作（0）；环境管理（0）；创收纯收入（万元）（0）；表彰（0）	0
提高指标	省（0）	无二级指标	0
	地市（0）	无二级指标	0
	县（0）	无二级指标	0

资料来源：课题组整理。

（一）指标体系构建原则

图书馆评估的核心和首要问题是如何构建评估的指标体系。指标体系是依据评估内容要求而形成的各项评估指标所构成的系统。一个合理的指标体系必须照顾到图书馆工作和服务的方方面面，既有硬件设施的衡量指标，也要有对软件服务的打分标准，指标体系要体现图书馆工作的价值、质量和效益。

第一次评估定级工作受到全国上下、社会各界的重视，因此，评估标准的制定要更能体现评估的核心思想，明确评估的指导性原则。

1. 科学性原则

一个合理的评估指标体系必须体现科学的理论指导思想，遵循科学的制定标准，所确立的指标体系必须是能够通过观察、检测等方式得出明确结论的定性和定量指标，可以较为客观真实地反映公共图书馆事业的演化发展状态，也能从不同角度对图书馆的工作进行全方位的衡量，把握图书馆的发展规律，统筹兼顾，科学合理地设置每项指标的比重，指标体系太严格（很难达到）或太放松（很轻易）都不利于做出正确的评估和定级工作。因此，制定指标体系的首要也是最重要的一个原则就是科学性原则。

2. 客观性原则

客观性原则也称真实性原则，在图书馆评估指标体系中指从选项设置到实际研究都要有科学依据，从我国公共图书馆的实际出发，实事求是，不可带有随意性和主观性。客观性是评估工作的基本要求，如果从指标体系构建这一步就缺乏客观性，那么评估就会失去其意义。

3. 层次性原则

层次性就是指指标体系自身的多重性。公共图书馆评估是全国性的，包括省、市、县三级图书馆，同时图书馆内工作业务的层级和侧重也各有不同，总体而言图书馆评估这项工作具有层次性，因此指标体系的设置也要遵循多层次结构，反映出不同层次的特征，能从不同角度、不同方面和不同层次反映出我国各级公共图书馆的实际情况。把握好层次性原则：一是要设置一些指标从整体层次上把握评估定级的目标，以保证评估结果的可信度和全面性；二是要按照层层递进的原则，通过一定的梯度，设置能够反映层次递进关系的二级、三级和四级指标，充分落实层次性原则，这样既能体现指标的科学性，又能消除指标间的相似性。

4. 可行性原则

可行性原则是衡量评估工作和决策正确性的重要标准，是基础原则之一，是指设置的评估指标体系必须是切实可行的，任何一项指标最终都要落实到实际的实施工作中。这项原则要求指标体系应与主客观条件相匹配，要符合当前实际，不能一味地追求过高和不切实际的指标。图书馆评估的指标体系要既能真实反映图书馆事业和图书馆工作的实际，又能促进图书馆事业和图书馆工作的整体优化。

5. 系统性原则

系统性原则要求坚持全局意识、大局观念。公共图书馆是一个巨大的系统工程，是多维、多向、多因素、多层次纵横交错的立体网络结构。图书馆属于上级主管部门的子系统，具体图书馆又属于图书馆整体的子系统，图书馆事业的整体又属于社会整体的子系统，而图书馆本身又是一个独立的系统，图书馆内根据各自的业务范围和特点设计了流通信息子系统、系统管理子系统、期刊子系统和检索子系统等多个系统，涵盖了图书馆的几大主要业务工作。图书馆自身的管理应该是一个闭环系统，而对于社会，它又应该是一个开放的开环系统，同社会交换信息和能量，同时图书馆还需要各个环节的反馈系统①。因此，在设置评估的指标体系时必须考虑到这些特点，将大系统分解成小系统，小系统又分解成几个子系统，根据各系统和子系统的目标要求，相互作用的方式等各方面内容，把图书馆视为一个系统问题，并基于多因素、多角度进行评估。

6. 整体性原则

图书馆评估作为一项系统性、综合性和整体性极强的工作，是由内部和外部、硬件和软件等多个要素构成的综合体。这些要素之间联系紧密，仅依靠单一要素无法做出全面正确的分析判断。因此，指标体系的制定要考虑周全，从联系出发，注重每一项之间的关系以求得最佳评估效果。

（二）指标体系制定过程

1. 调查研究和系统分析阶段

这一阶段的主要任务：一是大规模收集相关业务主管部门印发的标准、规范及各类指导性文件和历年的工作数据；二是收集全国各地区公共图书馆的软硬件数据、业务工作等年度报告，再对省、市、县级公共图书馆中具有代表性的图书馆进行实地调查研究，在此基础上，对图书馆的各项业务和相关因素进行分析，对各类统计数据进行分析。

2. 初步设计和讨论修改阶段

以上一个阶段的工作为基础，初步设计制定各项指标体系，形成评估指标体系初稿，请图书馆学专家、图书馆工作人员和有关部门主管领导进行讨论，得出修改意见，然后根据意见对评估指标重新修改，经过多轮讨论、修改，最终形成《公共图书馆评估指标体系（试行版）》（以下简称《试行版》）。

3. 试点评估和检验定稿阶段

选取不同层次和类型的有代表性的地区和公共图书馆，以《试行版》为标准对其进行试点评估，用实践检验指标体系是否科学合理，根据试点评估中出现的问题进一步进行论证、修改、完善和检验，最终确定正式的公共图书馆评估指标体系。

---

① 蒋金保. 关于确立图书馆评估指标体系基本原则的思考 ［J］. 图书馆理论与实践，1995（1）：24－26.

（三）一级指标特点

省、市、县图书馆评估标准的指标体系设置中，一级指标均为 6 个部分，具体如表 6 - 1 所示。指标体系的设置以 1986 年全国图书情报工作指导委员会颁发的《评估指标体系征求意见稿》的基本指标为理论依据，包括服务工作、藏书工作、管理水平、队伍建设、条件设施和附加指标六大项。设置的指标要最能反映图书馆工作和图书馆事业的本质特征。

1. 办馆条件

20 世纪 80 年代以来，我国图书馆事业发展取得了巨大成就。事业规模的不断扩大、各类工作条例与意见的出台及对图书馆事业的愈发重视，影响着图书馆指标的设立与分值的设定。结合当时社会环境及图书馆事业发展进度，可以说，办馆条件这一部分是公共图书馆在评估中最易计分的项目，且分数的评定相对来说客观准确；但同时这一部分也是较难得高分的项目，设施和经费都需要政府投入大量资金支持，藏书量的增加也要依靠经费作为后盾，人员管理、服务水平与业务提升的培训都需要上级主管部门的批准，而恰恰这些问题都不是图书馆自身所能解决的。作为我国第一次评估所制定的标准的第一个部分，与其说"办馆条件"是评估图书馆，不如说是衡量当地政府对图书馆的重视和支持力度。

2. 基础业务建设

"基础业务建设"的考核对象同样也是图书馆的硬件设施，是衡量图书馆是否具备向社会传递文献信息的能力和能力大小的定量指标。该指标是具体可量化的"动态硬件"，"动态"是指它要求从事基础业务工作的人员在既定的模式或程序中工作，这一部分是与"办馆条件"这一"静态硬件"的根本区别[①]。而"硬件"指的是这部分的指标涵盖了图书馆内日常的基础业务工作内容。这一部分的指标多考察具体日常工作，平时没做或做得较少的工作，一时半会儿也很难补上，所以设立这部分的评估计分更能客观反映一所图书馆的实际情况。

3. 读者服务工作

1981—1989 年，各地区、各系统图书馆均积极召开会议就读者工作进行研讨，为进一步开展好读者服务工作奠定基础。进入 20 世纪 90 年代，国家体制改革的逐步深入影响图书馆的传统办馆模式发生了根本性的变化，作为图书馆的重要业务工作，读者服务有助于图书馆对不同读者进行有针对性的服务，有利于提高图书馆的服务质量和效率。"读者服务工作"是方法、手段和过程，是衡量图书馆向社会传递文献信息能力的量化指标。相对于"办馆条件"和"基础业务建设"来说，"读者服务工作"更多的是软件指标。图书馆

---

① 沈小丁. 论评估 [J]. 图书馆学研究，1995 (2): 13 - 15.

服务的核心内容就是读者服务工作，最终目标是读者满意，图书馆的各项业务都是围绕这一部分展开和持续深化。图书馆的社会价值贯穿读者服务过程。一般来说，一个图书馆的服务质量越高，越能吸引更多读者进馆，图书馆也就越能发挥作为公共文化设施的作用。因此在公共图书馆评估标准中，读者服务工作占到了很大一部分比重。

4. 理论研究、业务辅导、协作协调

公共图书馆一般比较重视研究辅导，会安排业务能力较强的人员在这些岗位上。图书馆作为公共文化机构，业务研究是图书馆的核心业务，研究为业务赋能。因此设置业务研究指标衡量图书馆工作的独立性。

5. 管理

管理是"软件"，是图书馆工作的重中之重。1980 年 5 月，《图书馆工作汇报提纲》"建议"首先解决管理体制问题，结合图工委颁发的《评估指标体系征求意见稿》，第一次评估指标中设立管理部分的定性指标，以期在评估检查的短时间内了解一个公共图书馆真正的管理水平。

6. 提高指标

与前 5 类指标体系的设置不同，提高指标项专指表彰和奖励两项，并未设立专门的二级和三级指标。20 世纪 90 年代初期，我国自行研发的图书馆自动化管理系统大大小小上百种，分别适用于大、中、小及各种微型计算机，基本上可以覆盖图书馆工作的各个环节。在此背景下，公共图书馆评估标准的第六部分"提高指标"衡量的便是计算机在公共图书馆中的应用。

1979 年前，我国独立建制的少年儿童图书馆只有 7 所，1981 年全国县以上公共图书馆中，大约只有 5% 设有专门的少年儿童阅览室，总数不超过 80 个，阅览座位不超过4000 个，以当时 3 亿青少年计算，平均 7.5 万个少年儿童拥有一个座位。1981 年文化部、教育部和团中央召开全国少年儿童图书馆工作会议，着重讨论发展少年儿童图书馆事业，改善少年儿童图书馆阅读条件，加强对少年儿童阅读指导等问题，是少年儿童图书馆事业发展史上的里程碑。从 1981 年到 1982 年，短短 1 年时间省辖市级以上专门的少年儿童图书馆发展到 29 所，儿童阅览室从只有 70—80 个发展到 682 个，少年儿童图书馆购书经费也从8.5 万元增长了 9 倍左右。到 1989 年，我国省、市、县级独立的少年儿童图书馆 67 所，县级图书馆附设的少年儿童阅览室近千个，为少年儿童图书馆的评估定级奠定了基础。

（四）二级指标特点

二级指标介于一级指标和三级指标之间，是一级指标的具体分解，又是三级指标的指导大纲，是连接一级和三级指标的桥梁。二级指标的设置，使指标体系归类更明确，层次更分明，有利于评估工作的顺利进行①。同时，二级指标是对上级指标的解释，便于相关部门领导、评估组成员和被评估图书馆理解一级指标。对二级指标项目名称和指标数量梳理后得出，二级指标体系的设置整体较为均衡，除去部分指标仅在省级图书馆评估中设立，其余各项指标都能涵盖当时图书馆的工作。

从表 6 – 1 和表 6 – 2 中不难看出，成人图书馆与少年儿童图书馆在省、市、县三级指标体系分布较为均衡，指标数量除"提高指标"项中没有二级指标外，其余五个一级标准下均设置 3 到 6 个二级指标项，具体分析如下。

（1）公共图书馆与少年儿童图书馆的"办馆条件"部分指标项设置相同，省、地市、县均设置了设施、经费、人员及藏书 4 项硬指标，其中省级公共图书馆（成人图书馆）中增加一项"运用计算机并实现业务环节全部或部分自动化管理"的评估指标，是具体可量化的、相对稳定的"静态硬件"②，都是图书馆的基础服务设施。1982 年 12 月，文化部颁发《省（自治区、市）级图书馆工作条例》（以下简称《条例》）规定图书购置和业务活动经费应逐年增加，购书费占总经费比例的 40% 及以上；图书馆的主要业务工作包括藏书与目录建设，要求省级图书馆建成具有地方特色和符合当地读者需要的藏书体系，加强藏书管理并切实做好安全防护，20 世纪 80 年代中国图书馆学会召开了藏书建设的全国会议；省级图书馆大专以上文化程度的工作人员应逐步占到全馆人数的 40% 以上，自恢复高考以来，图书馆学的教育模式也迅速增多，专修和业余教育也体现出这一时期图书馆学教育的多层次发展。1980 年 11 月，文化部图书馆事业管理局与北京图书馆联合，在北京师范大学举办以省、自治区、直辖市图书馆馆长为对象的第一期图书馆研究班，图书馆学业务短期培训也在这段时间举办起来。同年 10—11 月文化部图书馆事业管理局委托华东师范大学图书馆学系在全国范围内举办少年儿童图书馆业务人员训练班；自计算机技术引入我国后，20 世纪 80 至 90 年代的图书馆自动化建设开展得如火如荼，省级及各高校图书馆纷纷引入新技术，在 20 世纪 80 年代众多的图书馆计算机集成管理系统中，由深圳图书馆牵头，湖南、湖北、甘肃、四川、江苏、广东、辽宁和黑龙江图书馆八个省级公共图书馆的技术人员参与研制和开发的图书馆自动集成系统（Integrated Library Automation System，简称 ILAS）是国内实用性最强、用户数量最多、推广面最宽的图书馆自动化集成系统，1986—1987 年间，北京图书馆等单位研制的自动化系统相继通过技术鉴定。但囿于政治、经济及技术的限制，省级图书馆研发的 ILAS 在当时普遍运用于省级公共图书馆（成人图书馆）中，也因此在二级指标设立中，省级图书馆单独增添"运用计算机并实现业务环节全部或

① 彭绮文. 图书馆评估的指标体系 [J]. 中山大学学报（社会科学版），1996（2）：135 – 138.
② 沈小丁. 论评估 [J]. 图书馆学研究，1995（2）：13 – 15.

部分自动化管理"的评估指标，地市、县级图书馆并无该指标项的设立与评估①。

（2）基础业务建设：公共图书馆基础建设发展迅速，藏书量很大，公共图书馆的发展不仅体现在数量上，更体现在能力的提升上。

（3）读者服务工作：《条例》规定省级图书馆应设置读者目录，以备读者检索书刊资料使用，要求加强读者服务工作，文明礼貌服务，借阅开放时间每周不得少于 56 个小时，对读者活动次数、人次都有了更为具体的要求。

（4）理论研究、业务辅导、协作协调：第四部分二级指标项的设立仍同《条例》相关。《条例》指出，图书馆研究、辅导与协作是省级图书馆的主要业务工作。

（5）管理：1980 年 8 月 5 日，《图书馆工作汇报提纲》在第二部分指出，根据当时实际情况，图书馆事业规模亟待发展，但有些主管部门不重视图书馆工作；该提纲在第三部分工作意见中提出，各地要把发展图书馆事业当作一件大事来抓。因此二级指标中包括图书馆工作的各项工作和各个部门。图书馆虽为公益机构，但由于当时学界和业界的倡导，以及时代发展迫使图书馆变被动为主动，进行经济开发，主动创收，于是便有二级指标中创收纯收入（万元）指标的评估。

（五）三级指标特点

成人图书馆与少年儿童图书馆在三级指标的数量设置上并无较大差异，三级指标涉及的均是被评估的具体项目和实际工作内容。图书馆的工作内容细致繁多，在指标体系设置中不可能也没办法面面俱到地设置相应项目，评估过程也不可能毫无侧重。因此，三级指标体系只能选取各公共图书馆的工作要点和普遍存在的工作业务。三级指标体系的分值设定根据省、市、县三级的实际情况而定，此外部分指标分值不固定，所提供的只是最低分值，若工作出色可再给高分。

从数量上看，办馆条件和读者服务工作中所囊括的三级指标数量最多，意味着这两项指标评估的项目内容更为细致和烦琐。

二、各级图书馆评估标准特征

（一）成人图书馆评估标准分值特征

第一次评估标准中"办馆条件"和"基础业务建设"两大部分分值最高（见表 6 - 3、表 6 - 4），是评估的核心内容，考核对象是图书馆的硬件设施，定量指标居多。这部分指标的分值大多需要依靠政府拨款才能提高，有人将其称为"艰难指标"。并且在实际评估过程

---

① 韩永进. 中国图书馆史：现当代图书馆卷［M］. 北京：国家图书馆出版社，2017：235 - 238.

中，即使是评估后总分达到同一水平的图书馆，最后决定其等级排名的仍是这两大指标。例如，在馆舍面积这一项中，倘若一馆比另一馆多几十平方米，即使是同等水平，馆舍面积大的图书馆排名会更靠前。文化部对于一级图书馆等级的确定而提出的几项硬指标均出自"办馆条件"和"基础业务建设"这两大项。由此可见，无论是在标准的制定中，还是实际评估过程中，乃至最后等级结果的审核，都是围绕着两大项指标进行的，它们的分值多多少少影响着一个图书馆最终等级的确定。纵然一个公共图书馆的办馆条件和基础业务建设在图书馆工作中占据着重要地位，但并不能够成为决定图书馆等级的核心指标。过分强调硬件设施偏离了评估工作的初心，有把图书馆工作引入误区的可能性，仿佛只有做好这两项指标中的工作才能证明图书馆的工作和价值。在 6 个一级指标中，办馆条件、基础业务建设和读者服务工作三项所占分值最高，占总分的 70% 以上。其中的基础业务建设和读者服务工作作为衡量一个图书馆好坏的重要标准和图书馆的中心工作，这两项分值总和又占总分的一半以上。

表 6 – 3　第一次各级成人图书馆评估指标分值情况

图书馆层级		办馆条件	基础业务建设	读者服务工作	理论研究、业务辅导、协作协调	管理	表彰、奖励
成人图书馆	省级	205	255	255	135	100	50
	地级	230	230	270	105	130	35
	县级	295	240	255	70	120	20

资料来源：课题组整理。

表 6 – 4　第一次各级少年儿童图书馆评估指标分值情况

图书馆层级		办馆条件	基础业务建设	读者服务工作	理论研究、业务辅导、协作协调	管理	表彰、奖励
少年儿童图书馆	省级	240	200	275	95	140	50
	地级	250	286	315	80	139	30
	县级	255	180	310	80	145	30

资料来源：课题组整理。

（二）少年儿童图书馆评估标准分值特征

总体来看，少年儿童图书馆的分值设置与成人图书馆大体相似，读者服务工作指标占分值比重最高，其次则是办馆条件与基础业务建设部分。与成人图书馆相区别的是，在省、地市、县三级图书馆中，管理指标分值的设置均高于成人图书馆，理论研究、业务辅导、协作协调指标分值则整体低于成人图书馆。究其原因可能是少年儿童图书馆的发展整体滞后于成人图书馆，管理水平相对较低、管理人员相对较少；同时由于用户群体的区别，少年儿童图书馆更重视办馆条件和服务模块，以期为儿童带来更好的体验感和参与感，而不是在理论研究、业务辅导、协作协调上做出与成人图书馆相等或相似的贡献。

第四节　第一次公共图书馆定级标准与评估结果

一、1990—1994 年我国公共图书馆基本情况

第一次评估定级实际上是对 1990—1994 年我国公共图书馆工作情况和效果的评估，因此本节对 1990—1994 年 5 年间我国公共图书馆的基本情况进行说明总结，更方便读者对 20 世纪 90 年代初我国公共图书馆的状况有一个直观概念，也方便理解评估标准的制定和定级结果（见表 6 – 5、表 6 – 6、表 6 – 7 和表 6 – 8）。

表 6 – 5　1990—1994 年全国公共图书馆设施情况

年份	图书馆数量	公共房屋建筑面积/万平方米	书库面积/万平方米	阅览室面积/万平方米	座席数/万个
1990 年	2527	326.0	98.4	76.1	32.1
1991 年	2535	349.0	104.2	80.0	32.9
1992 年	2565	363.6	105.3	84.3	34.4
1993 年	2579	379.9	108.5	85.0	34.3
1994 年	2596	409.1	113.6	85.7	34.8

资料来源：韩永进. 中国图书馆史：现当代图书馆卷 [M]. 北京：国家图书馆出版社，2007：281.

表 6 – 6　1990—1994 年全国公共图书馆文献收藏量变化

项目	1990 年	1991 年	1992 年	1993 年	1994 年
总藏量/亿册	2.91	3.06	3.12	3.14	3.23
比上年增长率/%		5.15	1.96	0.64	2.87
书刊数量/亿册	2.91	2.99	3.05	3.07	3.17
比上年增长率/%		2.75	2.01	0.66	3.26

资料来源：韩永进. 中国图书馆史：现当代图书馆卷 [M]. 北京：国家图书馆出版社，2007：281.

表 6 – 7　1990—1994 年全国公共图书馆新购图书变化

项目	1990 年	1991 年	1992 年	1993 年	1994 年
新购图书/万册	895	771	744	631	556
年增长率/%		– 13.85	– 3.5	– 15.19	– 11.9

资料来源：韩永进. 中国图书馆史：现当代图书馆卷 [M]. 北京：国家图书馆出版社，2007：282.

表 6 - 8　1990—1994 年全国公共图书馆经费收支变化

年份	收入/万元			支出/万元		
		其中：财政补助/万元	财政补助年增长率/%		其中：购书费/万元	购书费年增长率/%
1990 年	32 328	29 296		30 271	8474	
1991 年	36 764	32 593	11. 25	34 388	8927	5. 35
1992 年	45 354	39 037	19. 77	41 132	9916	11. 08
1993 年	50 935	42 975	10. 09	48 211	10 698	7. 89
1994 年	74 586	60 639	41. 10	63 295	9252	- 13. 52

资料来源：韩永进. 中国图书馆史：现当代图书馆卷 [M]. 北京：国家图书馆出版社，2007：282 - 283.

二、定级标准

评估定级标准（见表 6 - 9）由文化部图书馆司在评估完成后，依照图书馆的馆舍、经费、人员文化程度构成、年入藏量和现代化管理制度等评估结果进行制定。定级标准的制定从实际出发，较好体现了当时公共图书馆事业发展的各个层次，体现了较强的政策性和指导性。同时考虑当时全国发展水平不平衡的情况，定级条件既要鼓励先进地区奋发向上，又要保护欠发达地区的积极性①。

地级图书馆的级别设一、二、三级。一级图书馆的标准为：①评估总得分 850 分以上；②馆舍面积 6000 平方米（区馆为 3000 平方米）以上；③总经费 40 万元以上；④具有大专以上学历人员占职工总数 45%（区馆达 40%）以上；⑤年图书入藏种数占当年全国图书出版种数的 8% 以上；⑥总藏量 40 万册（区馆 25 万册）以上；⑦图书采编或外借工作实行计算机管理。

县级图书馆的级别也设一、二、三级。一级图书馆的标准为：①评估总得分 850 分以上；②馆舍面积 2500 平方米（区馆为 1500 平方米）以上；③总经费 12 万元以上；④总藏量 10 万册（区馆 8 万册）以上；⑤年增新书 5000 册以上。二级图书馆评估总得分为700—849 分。三级图书馆评估总得分为 500—699 分。

表 6 - 9　定级必备条件（地、县一级）

指标	地级	县级
馆舍面积	6000 平方米（区馆为 3000 平方米）以上	2500 平方米（区馆 1500 平方米）以上
经费	40 万元以上	12 万元以上

① 刘德有. 乘评估东风，迈上新台阶 [J]. 中国图书馆学报，1995（2）：3 - 9，25.

续表

指标	地级	县级
人员	具有大专以上学历人员占职工总数45%（区馆达40%）以上	
入藏量	入藏种数占当年全国图书出版种数的8%以上	
总藏量	40万册（区馆25万册）以上	10万册（区馆8万册）以上
图书采编或外借	实行计算机管理	
总分	850分以上	850分以上

资料来源：课题组整理。

三、评估结果

参加本次评估定级工作的公共图书馆共有2189个，其中省级和计划单列市级图书馆35个，地级公共图书馆238个，县级公共图书馆1916个。评估结果统计见表6－10。

表6－10　第一次评估（成人图书馆）定级结果　　　　单位：个

省（自治区、直辖市）	一级图书馆数量	二级图书馆数量	三级图书馆数量	合计
北京	2	11	4	17
天津	0	7	7	14
辽宁	4	23	38	65
上海	13	11	0	24
江苏	12	46	21	79
浙江	3	26	28	57
福建	2	17	14	33
山东	3	31	36	70
广东	13	24	35	72
河北	2	23	26	51
山西	0	5	20	25
吉林	0	23	8	31
黑龙江	0	7	30	37
安徽	0	6	22	28
江西	1	15	41	57
河南	1	5	20	26
湖北	3	54	25	82
湖南	1	38	33	72

续表

省（自治区、直辖市）	一级图书馆数量	二级图书馆数量	三级图书馆数量	合计
海南	0	2	4	6
内蒙古	0	3	30	33
广西	2	18	28	48
四川	3	26	43	72
贵州	1	4	18	23
云南	1	11	41	53
陕西	0	4	14	18
甘肃	0	2	18	20
青海	0	1	4	5
宁夏	1	6	7	14
新疆	0	2	8	10
合计	68	451	623	1142

资料来源：课题组根据《中国图书馆年鉴1996》附录整理。《中国图书馆年鉴》编委会. 中国图书馆年鉴2016［M］.
北京：北京图书馆出版社，1997.
注：文件三级图书馆625个，总计1144个。

全国共有一级图书馆68个，占参加评估的地县级图书馆总数的3%（其中地级19个，县级49个，分别是参评地级公共图书馆总数的7.6%、参评县级公共图书馆总数的2.6%）；二级图书馆共451个，占参加评估的地县馆总数的21%（其中地级66个，县级385个，分别是参评地级公共图书馆总数的20%）；三级图书馆共625个，占参加评估的地县级图书馆总数的29%（其中地级62个，县级563个，分别是参评地级公共图书馆总数的26.5%、参评县级图书馆总数的29.4%）；一、二、三级图书馆合计1144个，是参加评估的地县级图书馆总数的53%（其中地级图书馆147个，占参评地级图书馆总数的62%，县级图书馆997个，占参评县级图书馆总数的52%）。

本次评估定级中，共有18个省、自治区、直辖市拥有一级图书馆，分别是北京市、河北省、辽宁省、上海市、江苏省、浙江省、福建省、江西省、山东省、河南省、湖北省、湖南省、广东省、广西壮族自治区、四川省、贵州省、云南省、宁夏回族自治区，其中拥有一级图书馆数量最多的分别是广东省和上海市，各有13个，其次是江苏省，有12个一级图书馆。

第一次评估定级工作全国共有300多个地县级图书馆因各种各样的原因经省级文化行政部门批准后未参加评估，少年儿童图书馆因有其自身的特色和特点，需要制定另外的标准，也未参加本次评估。得分最高的公共图书馆为885分，最低的为352分；达600分以上的有22个馆，约为参评图书馆总数的2/3；本次评估对省级和计划单列市级、原计划单列市级公共图书馆不再评定等级。

从整体来看，第一次评估定级的结果较为真实、全面、客观地反映了参评图书馆的实际情况，不同地区的评估结果也基本反映了本地区经济社会发展水平和基本公共文化服务、图书馆事业的整体状况。

第五节　第一次公共图书馆评估定级工作的思考

一、第一次公共图书馆评估定级的社会历史地位

1994 年文化部启动的全国公共图书馆评估定级工作是对改革开放 16 年来图书馆工作的一次总的检阅，是我国图书馆界乃至整个公共文化界的一次开天辟地的新实践，对壮大我国图书馆事业起到极大的推动作用。全国公共图书馆评估定级工作最初是作为推动我国图书馆事业发展的一种手段来实践，后逐渐作为制度延续至今。作为史无前例的一次经验性评估，第一次评估定级工作开辟了新领域、提出了新观点、实践了新方法，为后来我国公共图书馆的几次评估定级工作奠定了理论基础，提供了实践依据。第一次的评估定级工作对提高全国公共图书馆的整体工作质量和服务水平、促进图书馆事业的改革与发展起到了积极的推动作用。而这一切都得益于 1993 年文化部制定的《省级图书馆评估标准》《地级图书馆评估标准》和《县级图书馆评估标准》，它是中华人民共和国成立以来图书馆界第一次从上到下按照一定的标准来衡量图书馆的实践活动，从某种意义上来说，在 2017 年《中华人民共和国公共图书馆法》出台前，在 20 世纪 90 年代至 21 世纪初，该标准就相当于一部图书馆法。该标准以其严谨、周密的科学性、系统性和规范性成为当时全国图书馆统一标准和统一规范的依据，在评估定级之外也完全可以作为图书馆平时工作的准则，对整个图书馆事业的建设和发展起到了积极作用①。目前来说，评估定级工作仍是公共图书馆实施范围最广、影响最大的评估活动。

二、第一次公共图书馆评估定级存在的问题

1994 年的公共图书馆评估定级工作规模宏大，牵动上下。从整体来说，文化部主管的全国首次公共图书馆评估定级活动是非常成功的。但作为图书馆行业管理的全新尝试，由于在此之前没有可供借鉴参考的经验，此次评估定级虽测试出了各图书馆具备传递文献信

---

① 陈红涛. 浅谈评估标准对图书馆工作的导向 ［J］. 江西图书馆学刊，1998（3）：9－11.

息的能力，却没有测试出图书馆在其中所发挥的效益[1]。换言之，本次评估侧重条件和能力，对结果和目的重视程度不够，评估标准的制定和评估工作的实施仍存在以下问题[2]。

（一）缺少对馆风的要求

馆风建设是图书馆建设的重要组成部分，它体现出图书馆全体成员共同拥有的价值观念和行为准则，良好的馆风是一个图书馆的灵魂。但在第一次评估标准中，"管理"大项缺少"馆风建设"这一子项，缺失对领导班子成员作风和协调能力的评判标准，以及受表彰馆员占全国参与评估定级工作的图书馆馆员数量的比例和违法违纪情况的考察和佐证。

（二）缺少对馆舍外观形象的要求

在重点开展业务工作之余，图书馆馆舍的外观形象也应得到馆内领导班子一定程度上的重视。每一个图书馆都要维护好本馆的馆舍形象。馆舍形象是直接向社会展示的图书馆的客观存在，读者和用户也往往以直观印象判断一个图书馆的工作水平和发展规模，而本次的评估定级标准缺少了对图书馆馆舍外观形象的要求，缺少一个相对统一的标准。

（三）缺少"藏书增长速度"项

藏书建设是图书馆业务建设中极其重要的环节。全国性的评估工作，不应仅是对最终馆藏总量的考核，还应充分考虑一个图书馆的馆藏增长速度，这样新馆和老馆才能处在同一起跑线上。若在评估定级标准中增加"平均每年藏书增长量"一项，不仅可以使标准更趋向公平合理，而且可以充分肯定藏书增长速度较快的图书馆的成绩和当地政府做出的努力，以调动其积极性。

（四）有部分图书馆未参加第一次公共图书馆评估定级

根据有关资料，全国范围内有15%的公共图书馆未参加第一次评估定级工作。这次评估定级工作是我国有史以来的第一次，从文化部有关领导的决策、制定评估定级标准、宣传动员、试点评估到全面实施，是一个"牵一发而动全身"的大工程。开展本次评估定级工作的目的是"全面分析一个图书馆的办馆条件与工作状况，找出存在问题并加以解决，由此促进工作水平和质量的提高，由每个图书馆的工作水平提高进而达到公共图书馆整体素质和水平的提高"。申请并获准不参加评估的图书馆大概属于"条件不成熟"之列，条件不成熟又超然于本次评估之外，如何找到差距并加以解决存在的问题，没有评估给他们的压力，动力也很难产生，也就很难促进图书馆工作水平的提高。

① 沈小丁. 论评估 [J]. 图书馆学研究，1995（2）：13-15.
② 陈秀英. 关于全国公共图书馆评估工作的几点思考 [J]. 图书馆论坛，1996（4）：32-33，27.

第七章 我国第二次公共图书馆评估定级研究

我国于 1996—1998 年完成了第二次公共图书馆评估定级（以下简称"第二次评估"）工作，这次评估定级工作是第一次评估定级工作的延伸与发展，基本确立了每四年一次的评估周期。作为承接第一次评估的重要参照对象，第二次评估在公共图书馆评估活动溯源、评估标准演化发展及中国图书馆事业发展史研究上具有重要意义。但是由于年数久远，有关第二次评估定级工作的研究较少。面对公共图书馆评估的现实需求，需要进一步加强这方面的研究。本章阐述了第二次评估定级工作的背景，回顾了第二次公共图书馆评估定级工作的过程，综合比较第一次与第二次评估定级的标准，指出评估定级的成果并以佛山市图书馆作为实例进行评估成效分析，最后总结出第二次评估定级的影响与不足。希望能够对未来评估标准的研制与评估实践起到一定借鉴作用，并为相关研究者研究第二次评估提供一定的参考。

第一节 第二次公共图书馆评估定级背景

第一次评估定级后，公共图书馆发展环境迎来了巨大变化。各级公共图书馆对比标准，在业务、管理、技术和人员等方面查漏补缺，以争取在下一次公共图书馆评估中取得优异成绩。公共图书馆评估定级给图书馆事业发展引领了方向、带来了动力，国家发展也需要图书馆贡献力量，公共图书馆发展的政策环境、经济环境、社会环境和技术环境有了新变化、新情况，这使公共图书馆发展迎来了巨大机遇期，同时也使公共图书馆面临一些风险和挑战。

一、政策环境

公共图书馆是公益性文化事业的重要组成部分，其发展变化深受政府政策和法律法规等影响。政策环境对公共图书馆发展至关重要，公共图书馆为谁发展，朝哪里发展，怎么发展，这都需要国家政策方针的指引。20 世纪 90 年代中后期，国家政策和方针对于公共图书馆的快速发展起了重要的支撑和引导作用。

（一）文化政策繁荣

改革开放以后，全党把工作重点转移到现代化建设上来，中共中央曾多次郑重指出：我们在建设高度物质文明的同时，一定要努力建设高度的社会主义精神文明。这是建设社会主义的一个战略方针。

公共图书馆是社会主义精神文明建设中的重要组成部分和关键一环，加强公共图书馆建设是党和国家的重要任务，也是实现社会主义精神文明的重要手段。1996 年 1 月，中央确定把精神文明建设主要是思想道德文化建设作为中共十四届六中全会的主要议题。1996年 10 月，中共十四届六中全会审议并通过了《中共中央关于加强社会主义精神文明建设若干重要问题的决议》。在决议中指出，切实增加精神文明建设的投入，对于政府兴办的图书馆、博物馆、科技馆和文化馆、革命历史纪念馆等公益性事业单位，应给予经费保证；在城市建设中，要配套搞好公共文化设施，大中城市应重点建设好图书馆、博物馆，县、乡应主要建设综合性的文化馆、文化站①。这是党和国家对于公共图书馆建设的纲领性指导意见，对于公共图书馆的经费支持、建设重点等做出了明确指示，极大地助推了公共图书馆的快速发展。

1997 年 9 月，中国共产党第十五次全国代表大会在北京召开。党的十五大第一次提出中国特色社会主义文化建设，并提出文化建设的目标和任务，这些目标的实现和完成要靠社会主义文化各个组成部分的共同努力。中国特色社会主义文化建设的提出，是公共图书馆发展的又一针强心剂，有力助推了公共图书馆快速发展。江泽民同志在党的十五大报告中指出："全党必须从社会主义事业兴旺发达和民族振兴的高度，充分认识到文化建设的重要性和紧迫性"，这不仅要求公共图书馆转变思想，树立"读者至上"的服务理念，还要公共图书馆加快开放，服务社会主义现代化建设。

党和国家还专门针对公共图书馆出台了相应政策，助推公共文化事业繁荣发展。1997 年 2 月，文化部出台《文化事业发展"九五"计划和 2010 年远景目标纲要》的通知，明确指出图书馆现存的问题："六五"就提出的"县县有图书馆、文化馆，乡乡有文化站"的目标仍未实现，图书馆购书经费严重短缺，新书入藏品种和数量连年下降；文化设施不足，现有设施相当一部分破旧落后。通知要求，"九五"期间，图书馆要在填平补齐、扩大规模的基础上，以图书馆现代化建设为中心，注重提高质量，优化藏书结构，促进资源共享，增强服务能力，扩大图书馆的服务区域和信息市场占有率，使文献资源信息成为国家信息高速公路的主信息流和经济、科技、文化发展的重

①　中共中央关于加强社会主义精神文明建设若干重要问题的决议 ［EB/OL］. ［2021 - 07 - 24］. https：//www. chinanews. com/2002 - 05 - 22/26/187599. html.

要支柱①。这是对公共图书馆进一步发展的宣言书，明确了当前公共图书馆发展存在的问题，为公共图书馆发展确定了目标和路径。文化部图书馆司于 1997 年把以文献信息资源的开发利用为重点的建设"中国图书馆信息网"（即"金图工程"）作为今后工作的重点，推动了中国图书馆的网络化发展。

（二）法律法规健全

第一次评估标准将公共图书馆的管理规范作为评估定级的重要考核指标。因此，第一次评估过后，相应的法律法规、图书馆自身管理规范等也陆续出台，使公共图书馆发展更加规范和有序。

公共图书馆相关的法律和行政法规。1994 年 7 月，全国人民代表大会常务委员会《关于惩治侵犯著作权的犯罪的规定》出台，规定指出，出版他人享有专有出版权的图书的情形是犯罪行为。1994 年 7 月，国务院发布《关于进一步加强知识产权保护工作的决定》，强调要切实加强知识产权保护工作，保障法律贯彻实施。1994 年 8 月，国务院发布《音像制品管理条例》，第十二条规定音像出版单位应当自音像制品出版之日起 30 日内向国家版本图书馆缴送样品。1994 年 9 月，最高人民法院《关于进一步加强知识产权司法保护的通知》出台，要求严肃执法，依法保护知识产权，并对知识产权保护提供指导性意见。1995 年 3 月，《中华人民共和国教育法》公布，第五十条规定图书馆等社会公共文化体育设施以及历史文化古迹和革命纪念馆（地），应当对教师、学生实现优待，为受教育者接受教育提供便利。1997 年，新闻出版署发布《电子出版物管理规定》，在第 35 条规定"电子出版物出版单位在电子出版物发行前，应当向北京市图书馆、中国版本图书馆和新闻出版署免费送交样本"。

地方图书馆管理规章和条例。虽然公共图书馆相关法律法规和地方性管理法规已经逐渐丰富，但统一的公共图书馆法在这个时期还没有出台，公共图书馆的发展还处于摸着石头过河的阶段，发达地区的公共图书馆先行，为图书馆发展起到了榜样和示范作用。1996 年 11 月，上海市人民政府发布《上海市公共图书馆管理办法》（以下简称《管理办法》），自 1997 年 1 月 1 日起实施。《管理办法》对公共图书馆的管理与设置、书刊资料的收藏、工作人员、设备与经费等进行了较为详细的规定。《管理办法》是 20 世纪 90 年代以来，我国最早的地方性公共图书馆法律文件，对公共图书馆的发展具有里程碑的意义。1997 年 7 月，深圳市第二届人民代表大会常务委员会第 16 次会议通过了《深圳经济特区公共图书馆条例（试行)》（以下简称《条例》）。与我国前期颁布的有关图书馆的政策和法规相

---

① 文化事业发展"九五"计划和 2010 年远景目标纲要［EB/OL］．［2021－07－24］．http：//www.law－lib.com/law/law_view1.asp? id＝64188.

比,《条例》在对图书馆、读者、上级主管机关的权利与义务方面的规定上,在对图书馆事业发展的规划上,更精细化并具有操作可能,首次为图书馆事业发展营造了"有法可依、执法必严、违法必究"的法律环境①。

(三)建立健全管理体制机制

1989 年,文化部将图书事业管理局改为图书馆司。1994 年,国务院办公厅《关于印发文化部和国家文物局职能配置、内设机构和人员编制方案的通知》规定,文化部是国务院主管全国文化艺术工作的职能部门,其职责之一就是"综合管理全国图书馆事业,调查研究图书文献资源的建设、开发和利用,组织推动图书馆事业标准化、网络化、现代化建设,促进各类图书馆相互合作、协调发展,指导、管理文化系统报刊、书籍出版工作",下设文化部图书馆司,主要职责是"综合管理全国图书馆事业,调查研究图书文献资源的建设、开发和利用,制订并监督执行图书馆工作的方针、政策和法规,研究制订全国各类图书馆事业发展规划,组织图书馆之间的协作,推进图书馆事业网络化、标准化、现代化建设,负责图书文献古籍保护工作"。文化部图书馆司是全国图书馆事业管理的对口部门,可见,图书馆管理体制得到了进一步完善和发展。

1998 年,文化部进行机构调整,图书馆司与其他两个司合并,改为文化部社会文化图书馆司,简称社图司,内设图书馆处。

二、经济环境

20 世纪 90 年代以来,我国改革开放进一步深化,社会安定有序,经济发展迅速,我国政府对于公共图书馆的财政支持屡创新高,对建设中国特色社会主义文化的支持力度进一步加强。我国经济稳定发展和国家对公共图书馆建设发展的重视,给公共图书馆发展创造了一个良好的经济环境。

(一)经济发展水平提高

1994 年,我国国内生产总值达到 48 637.5 亿元,人均国内生产总值为 4081 元;1997 年国内生产总值达到 79 715.0 亿元,人均国内生产总值为 6481 元;1999 年国内生产总值达到 90 564.4 亿元,人均国内生产总值为 7229 元。从 1994 年到 1999 年,我国国内生产总值保持较高增速增长,从 1994 年 48 637.5 亿元到 1999 年 90 564.4 亿元,六年间实现国内生产总值增长 1.8 倍多,人均国内生产总值增长 1.77 倍(见表 7 - 1)。改革开放以来,

① 王冰. 图书馆立法刍议:以《深圳经济特区公共图书馆条例》为例 [J]. 中国图书馆学报,2001 (5):74 - 76.

我国经济发展迅速，尤其是 20 世纪 90 年代以来，我国经济发展的良好局面为社会文化发展奠定了坚实的经济基础。

表 7－1　1994—1999 年我国我国国内生产总值和人均生产总值情况

年份	国内生产总值/亿元	人均国内生产总值/万元
1994 年	48 637. 5	4081
1995 年	61 339. 9	5091
1996 年	71 813. 6	5898
1997 年	79 715	6481
1998 年	85 195. 5	6860
1999 年	90 564. 4	7229

资料来源：国家统计局资料。

（二）公共图书馆经费投入增加明显

随着我国经济高速增长及党和国家对公共图书馆的重视，从 1995 年开始，公共图书馆的收入增长迅速，从 1995 年的 79 685 万元到 1999 年的 137 430 万元，1999 年比 1995 年收入增长约 72%，财政补助收入增长约 76%。公共图书馆是政府兴办的公益性事业单位，政府补助仍是公共图书馆收入的主要来源。正是因为国家对公共图书馆的大力支持，公共图书馆经费迎来大增长，这使得公共图书馆办馆条件得到根本性改善，图书馆服务质量得到快速提升（见表 7－2）。

表 7－2　1995—1999 年我国公共图书馆经费收支情况

年份	收入/万元	其中：财政补助/万元	收入比上年增长率/%	支出/万元	支出年增长率/%
1995 年	79 685	65 829	—	74 080	—
1996 年	93 235	76 582	17. 00	88 963	20. 09
1997 年	114 004	93 177	22. 28	113 927	28. 06
1998 年	129 082	107 521	13. 23	127 032	11. 50
1999 年	137 430	115 830	6. 47	135 826	6. 92

资料来源：中国图书馆学会. 中国图书馆年鉴 2006 [M]. 北京：现代出版社，2006：503.

图书馆办馆经费的增加，带来最显著的变化就是图书馆馆舍数量增长、公共房屋建筑面积及书籍馆藏量的快速增加。

图书馆数量方面，1999 年全国共有公共图书馆 2767 个，与 1994 年 2596 个相比，六年新增公共图书馆 171 个。由于国家提出"县县有图书馆"的目标，这一时期在各地区地方政府的努力下，公共图书馆数量增长较快。公共房屋建筑面积方面，从 1994 年的 409.1 万平方米到 1999 年的 506.0 万平方米，六年新增公共房屋建筑面积 96.9 万平方米。图书馆基础设施得到较大改善，为读者提供良好的馆舍环境。在这一时期，比较有代表性的新图书馆有：1996 年 7 月西藏图书馆落成，建筑面积 1.1 万平方米；1997 年南山图书馆竣工，建筑面积 1.6 万平方米；1997 年建成的内蒙古自治区图书馆新馆，建筑面积 2 万平方米；1998 年浙江图书馆新馆开馆，建筑面积 3.1 万平方米。书刊数量方面，1999 年书刊数量为 3.54 亿册，比 1994 年 3.17 亿册增长约 11.67%，总体藏书量稳定增长（见表 7 - 3）。

表 7 - 3　1994—1999 年公共图书馆发展概况

项目	1994 年	1995 年	1996 年	1997 年	1998 年	1999 年
图书馆数量/个	2596	2615	2630	2661	2731	2767
公共房屋建筑面积/万平方米	409.1	415.5	441.4	471.5	492.5	506.0
书刊数量/亿册	3.17	3.22	3.29	3.35	3.44	3.54

资料来源：韩永进. 中国图书馆史：现当代卷 [M]. 北京：国家图书馆，2017：281 - 282.

三、社会环境

社会环境的变化深刻影响着公共图书馆的发展，主要体现在人口增长和素质发展、读书求知的社会氛围日渐浓厚和中外图书馆交流频繁等，这给图书馆发展创造了一个良好的社会氛围。

（一）人口增长和素质发展矛盾突出

1994 年我国总人口为 119 850 万人，到 1999 年底，全国总人口 125 786 万人（见表 7 - 4），五年总人口增长近 6000 万人。这一时期我国人口数量始终处于高位水平，使得居住环境、城市卫生、自然资源、就业、交通、教育等负担不断加重。我国人口基数大，人口增长速度较快，人民群众整体文化水平较低，与我国社会主义现代化的建设步伐不协调。因此，我国不仅需要继续实施计划生育政策，更需要提高人口素质。除了基础性文化教育，社会教育在提升人口素质方面的重要作用也不容忽视。而公共图书馆在社会教育中的作用举足轻重，然而我国人均图书馆数量远低于发达国家，图书馆的社会教育作用没有发挥应有的价值。此外，我国农村人口仍占总人口的较大比重，虽然开辟了一批乡村图书馆和文化站等，但是乡村图书馆覆盖率和书籍的利用率仍较低，图书馆促进农民素质、促进乡村发展的作用仍有待提升。

表 7 – 4　1994—1999 年全国人口数量情况

年份	总人口/万人	城镇人口/万人	乡村人口/万人
1994 年	119 850	34 169	85 681
1995 年	121 121	35 174	85 947
1996 年	122 389	37 304	85 085
1997 年	123 626	39 449	84 177
1998 年	124 761	41 608	83 153
1999 年	125 786	43 748	82 038

资料来源：国家统计局资料。

（二）读书求知的社会氛围日渐浓厚

1997 年 1 月，中宣部、文化部、国家教委、国家科委、广电部、新闻出版署、全国总工会、共青团中央、全国妇联联合发出《关于在全国组织实施"知识工程"的通知》，提出了实施"倡导全面读书，建设阅读社会"的"知识工程"。这是以公共图书馆为关键支撑，倡导读书、传播知识、推动社会文明与进步的一项社会文化系统工程。图书馆发挥自身价值，推广实施"知识工程"，加强阅读推广，为经济发展、社会进步做出了巨大贡献。比如，太原市图书馆在 1998 年举办了"百馆万人阅读百部爱国主义教育图书馆"活动。太原市图书馆通过图书馆报告会、征文比赛、演讲比赛等形式吸引人们阅读经典。据有关统计，该活动吸引了 147 个基层图书馆的约 23 万人参加，在全市形成了"爱读书、读好书"的阅读氛围，激发人们学习新知识、传播新知识，具有实践意义和推广意义。

党和国家领导人重视图书馆在阅读推广的重要作用，1998 年 12 月江泽民同志视察北京图书馆（国家图书馆前身）时作出重要批示："要在全社会倡导人们多读书，大兴勤奋学习之风，读书的人越来越多，大家的知识水平提高了，就会变成强大的物质力量，我们国家的富强和民族的振兴就大有希望。"在国家政策的引导与个人求知的双重驱动下，全社会形成了一股浓厚的学习氛围，社会主义精神文明取得长足进步。

（三）中外图书馆交流频繁

国内公共图书馆在加强自身建设的同时，也积极与国外图书馆进行沟通、交流和学习。中国图书馆界积极向世界图书馆界传递中国声音，共同探索学习图书馆发展的规律并探讨图书馆发展的实践。

20 世纪 90 年代中后期，我国图书馆界和国外交流频繁，学习交流成果较多，扩大了图书馆的社会影响力。1996 年 8 月，由中国图书馆学会、北京图书馆、美国图书馆协会、美国国家情报委员会及华美图书馆员协会联合举办的"第一届中美合作会议—全球的信息存取：挑战和机遇"在北京图书馆举行。1996 年 8 月，第 62 届 IFLA 大会在北京召开，这是在中国举行的第一次 IFLA 大会。参加此届大会的有 93 个国家和地区的近 3000 名代表，其中外国代表约 2000 人。我国国务院总理李鹏代表政府在此次国际大会上专门发表关于图书馆事业的讲话，这在我国图书馆史上是极其重要和意义非凡的，体现了党和国家领导人对图书馆事业的重视。与会代表围绕"变革的挑战：图书馆与经济发展"会议主题进行了广泛交流，形式丰富多彩，成果丰硕。1998 年 10 月，北京图书馆和澳中理事会合作建立的"中澳电子信息中心"在北京图书馆成立。

四、技术环境

20 世纪 90 年代中后期，我国公共图书馆在加强自动化、网络化建设，数据库建设，数字图书馆建设方面取得了重要进展。

（一）图书馆自动化、网络化逐渐普及

技术是图书馆快速发展的重要支柱，第一次评估之后，更多的公共图书馆开始采纳新技术，图书馆自动化、网络化发展迅速。在这个阶段，我国出现了许多较为成熟的图书馆自动化集成管理技术和软件，公共图书馆中比较有代表性的有：北京图书馆的"文津图书馆管理系列软件"、深圳图书馆的"图书馆自动化集成系统"（ILAS）、广东省立中山图书馆的"中国图书馆电脑集成系统"。全国大部分省、地市级公共图书馆和经济发达地区一半以上的县级图书馆基本实现了业务管理自动化，建立了电子阅览室或多媒体阅览室[①]。1995 年 1 月，广州中南电子图书馆作为我国首家电子图书馆开馆，包括电脑操作室、网络总控室、电子书刊阅览室等部门。1995 年 2 月，北京图书馆开设了电子阅览室，该室的职能以收藏电子出版物为主，汇集了国内外光盘、数据库达数十种，数据量近亿条。1997 年 1 月，广东省立中山图书馆建成全国第一家网络化多媒体阅览室，共有 20 台多媒体计算机，可允许 20 名读者同时上网操作。

1994 年，中国通过一条 64k 的国际专线，全功能接入国际互联网，中国的互联网时代从此开启，中国互联网迈入加速发展时期。与此同时，图书馆网络建设也快速发展，一些重点的公共图书馆网络也随之建设。在国家层面，文化部图书馆司牵头组织实施"中国图书馆信息网络"建设工程，即金图工程，其目标是建立各级图书馆的图书馆网络，并与国家信息主干网联网，最后实现与因特网联网，为社会公众提供信息服务。在地方层面，比较有代表性的有广东省公共图书馆自动化网络、山东省图书馆网络、福建省图书馆自动化

---

① 韩永进. 中国图书馆史：现当代图书馆卷［M］. 北京：国家图书馆出版社，2017：284.

网络、上海市地区图书馆自动化网络。1999 年，北京图书馆正式更名为国家图书馆，成为中国第一家采用千兆因特网的图书馆。

（二）数据库建设加速

数据库建设是图书馆工作的核心之一，因为只有建立标准、统一的数据库，才能使图书馆资源得到充分开发利用与共享。图书馆采取自建或者购买的方式，在数据库建设方面成绩丰硕。

在自建数据方面，这一时期比较有代表性的数据库为：上海图书馆研制的"中文社科报刊篇名数据库"、维普资讯有限公司研制的"中文科技期刊篇名数据库"、万方数据集团研制的"中国学术会议论文数据库""中国学位论文数据库"、中国人民大学复印报刊资料全文数据库等。中国自建数据库数量较多，数据库容量也较大，为社会大众提供了较为方便的信息查询服务，下面介绍两种影响较大的数据库系统。

清华大学 1996 年 12 月出版的《中国学术期刊（光盘版）》是我国第一部大规模集成化学术期刊全文电子检索系统，入编期刊达 3000 余种，通过在各地建立中国学术期刊文献检索咨询站，形成了全国性的学术期刊文献检索服务网络。经国家教委鉴定，达到国际先进水平。

1998 年 8 月，由文化部和北京图书馆牵头组织，上海图书馆、广东省立中山图书馆、深圳图书馆参加研制的"中国国家书目回溯数据库（1949—1987）"通过鉴定。数据库包含 1949—1987 年出版的 40 余万种书的书目记录。

（三）数字图书馆兴起

数字图书馆是一种拥有多种媒体内容的数字化信息资源，能够为用户提供方便、快捷、高水平的信息化服务机制。20 世纪 90 年代末，我国图书馆界开始了一批数字图书馆建设项目，摸索数字图书馆建设的路径与方法，如上海图书馆的"试验性数字图书馆项目"和广东省立中山图书馆的"新世纪电子图书馆项目"。

1997 年，由国家计划和发展委员会立项，北京图书馆、上海图书馆、广东省立中山图书馆、辽宁省图书馆、南京图书馆、深圳图书馆等 6 家公共图书馆参与的"中国试验型数字式图书馆项目"正式启动。该项目的实施是中国数字图书馆建设开始的标志。该项目在数字图书馆的总体建设框架、标准规范、资源建设和应用系统开发等方面取得了相应的成果，为中国数字图书馆工程奠定了基础。1998 年 8 月，文化部成立"中国数字图书馆工程"筹备领导小组，负责工程的研究、设计、论证、立项和组织实施工作。

第二节　第二次公共图书馆评估定级回顾

1993—1994 年第一次评估后对各入级的馆均颁发了标牌与证书。各入级图书馆在经过第一次评估后，获得了荣誉，而未进入定级名单的，也有了具体的榜样，通过调研入级的馆，研究评估标准，确立奋斗目标，从而确定并实施一系列改善办馆条件、提升业务建设和读者服务水平的具体措施。这是第一次评估所带来的积极影响。从客观上讲，第一次评估留给各地图书馆改造自身的准备时间较少，其目的也是对全国图书馆建设情况进行摸底。由于没有经验可供参考，各地图书馆处于摸着石头过河的状态，获评入级的各市县图书馆很大程度上也是由于之前的基础比较好。但是在第二次中，各图书馆除了靠基础，更在评估的准备过程中投入了远超第一次评估的努力。

本节主要是对第二次评估定级活动进行回顾，通过参与评估的老专家组成员的回忆得到这次评估的第一手资料，结合文献，从评估准备阶段、正式评估阶段、定级阶段来多角度呈现这一次评估的细节。

一、评估准备阶段

第二次评估作为一项文化部牵头，专家学者研究论证，各级图书馆与图书馆主管部门直接参与的一项大事，准备阶段是比较充分的。

1997 年 7 月 8 日，文化部下发《关于 1998 年对县以上公共图书馆进行评估定级工作的通知》（文图发〔1997〕57 号），正式宣布第二次评估定级工作在 1998 年开始。考虑到第一次评估的时间是在 1994 年，这形成了公共图书馆评估每间隔 4 年举行一次的惯例。

之后，文化部于 1997 年 7 月 8 日下发《文化部关于印发省、地、县级图书馆评估标准和省、地、县级少年儿童图书馆评估标准的通知》（文图发〔1997〕78 号），公布了1998 年评估工作中需要遵照执行的 6 套新的评估标准：《省级图书馆评估标准》《地级图书馆评估标准》《县级图书馆评估标准》《省级少年儿童图书馆评估标准》《地级少年儿童图书馆评估标准》《县级少年儿童图书馆评估标准》。

在接到通知后，有部分省市的图书馆主管部门相当重视，如笔者查阅《中国图书馆年鉴 1998》发现，1998 年 3 月 9 日至 11 日，河南省文化厅在河南省图书馆举办了"河南省公共图书馆评估定级培训班"，河南省各地市文化局局长或科长、图书馆馆长及有关业务人员 60 余人参加了培训①。

但是，《中国图书馆年鉴 1998》中有关各省市准备第二次评估的记录仅此一条，而有关正式评估过程的内容也仅有两条，分别是福建省文化厅组织省厅领导与省图书馆专家对全省地、县级图书馆进行评估和文化部社会文化图书馆司副司长周小璞率文化部省级图书馆评估组对陕西省图书馆进行评估。原因可能是在年鉴中将有代表性的同类型事件选取一件典型来进行报道，而对其他事件进行了省略处理；也可能是公共图书馆评估定级工作才刚开展一次，影响力相对滞后。但可以确定的是，有了第一次评估的经验，在第二次评估过程中，各级单位逐渐确定了组织、准备、实施公共图书馆评估的流程。

（1）首先反复进行研究推敲论证，制定科学合理的、符合时代发展变化的评估指标体系。这个过程需要对之前一次的评估经验做出总结，确定前一次评估指标的变化及在达到指标后，图书馆的改革成效是否显著，是否真正满足了读者的需求，是否具有可持续性——换言之，是否符合图书馆发展的客观规律；同时，还要求制定标准的专家学者有足够的洞见，能够把握未来图书馆的发展趋势；也要有敢于尝试创新的胆魄，在明晰基层图书馆的客观现状和问题后提出能破局的新指标。例如，在访谈中，专家刘洪（广东省立中山图书馆学术研究部主任）说："第二次评估是 20 世纪末开展的。那些年公共图书馆事业发展受困，普遍存在经费不足、设施落后、工资福利低的情况。随着党的十四大提出建立社会主义市场经济体制改革目标，全民下海成为普遍现象，图书馆不仅要重视社会效益，更要追求经济效益成为一股潮流，图书馆在市场经济浪潮中走向商海，办实体，搞创收，以解决经费问题。"在国家经济困难，公共图书馆经费捉襟见肘，同时全民下海创业创收的背景下，第二次评估指标在"经费"一项中增加了"创收指标"这一评估细则，在省、市、县三级图书馆评估中都有该指标，以鼓励图书馆创收。虽然以后来的眼光看，图书馆毕竟是公共事业，做好公共文化服务才是核心，开公司搞创收可以作为一种尝试，但不能成为主业，事实上图书馆也赚不到多少钱，反倒会产生"既然图书馆可以赚钱，那就不用拨款"这样的社会偏见，对图书馆发展产生不利影响。但是在当时的社会历史背景下，摸着石头过河给了全社会试错的机会，图书馆事业也不例外。除此之外，为更全面地了解各级图书馆现况，还需要到全国各地基层图书馆进行调研，收集信息。总之，评估中的指标体系是图书馆事业建设的晴雨表，反映了图书馆的发展趋势与方向，对以评促建起到基石作用。

（2）组织成立评估工作专家领导小组，这部分精干力量主体由省、市级图书馆馆长和图书馆有关专业领域专家组成，主要负责对公共图书馆评估进行行动规划、人员部署、实地评估和经验总结，但领导还是需要从中央政府主管部门中选取，以获得地方政府的重视

①　中国图书馆学会，国家图书馆 . 中国图书馆年鉴 1998 ［M］. 北京：国家图书馆出版社，1999：512.

与配合（比如第一次到第五次评估定级的领导均是从文化部选取的）。在访谈中，专家李培（天津图书馆馆长）认为："图书馆评估对图书馆发展具有保障作用的原因在于，图书馆评估由文化部领导的话，与地方上创文创卫工作相挂钩就有了合理的依据和坚实的基础（创文创卫工作是一个对地方政府政绩的评价和考核机制），如果地方政府能够重视这一块，那便会着力投入资源，同时也会加强对图书馆行业的监督，去了解县区、街道、乡镇等不同层级图书馆的定位职责，在地方层面上对它的服务进行标准设定，这会促进图书馆体系化的建设。"回顾第二次评估，当时的文化部图书馆司司长杜克也在全国公共图书馆信息资源建设座谈会暨全国公共图书馆管理工作会议上发表了讲话，为第二次评估定调："之所以要对各级图书馆进行评估，也是通过实践认识到的，这是加强图书馆工作的一项切实的措施。这项工作首先在一些地区经过实践之后，很有效。而这种评估当时也确实符合90年代以后图书馆事业的实际。现在全国百分之九十的县有独立建制的图书馆，就算基本上实现县县有馆的目标。事业规模达到了一定程度以后，如何使已有的图书馆提高服务效率、管理水平，必须找出一个切实有效的办法。有几个地区对图书馆进行评估。我们觉得这是一个办法。因此在全国图书馆和少儿图书馆进行了一次全面的评估，产生的影响确实非常积极。评估是一个尺度，评估之前对照评估标准来改进工作，这本身就是一个提高。所以这次评估以后，同志们对于工作该怎么做，劲往哪儿使，标准是什么，心里就比较有数了。对地方主管部门来说，对怎么加强图书馆的领导、投入、支持心里也有数了。所以说对这次评估工作，大家一致认为效果很好。因此文化部决定明年进行第二次评估。"①

（3）在制定好评估标准，确定领导和专家后，需要对落实评估的工作人员进行培训，使其领会评估精神，掌握评估标准与方法；同时进行宣传动员，使各级领导和图书馆工作者明确评估的目的，为评估工作的开展做好思想、制度和组织方面的准备。比如，河南省在评估期间，为提高工作的效果，增进各级图书馆间的了解，交流各地图书馆建设方面的先进经验，省文化厅还专门编写了《河南省图书馆评估工作简报》。

二、正式评估阶段

正式评估阶段分为两部分：自评阶段和统评阶段。

（1）自评阶段。这是各地区图书馆在完成第一次评估工作后所取得的宝贵经验。在自评阶段，各地区图书馆根据评估指标体系所规定的指标项目，全面如实地收集各种原始资料、统计数据和档案材料，并按评估要求规定，逐项计算各指标的得分，以检查并判定本

---

① 杜克. 文化部图书馆司司长杜克在全国公共图书馆信息资源建设座谈会暨全国公共图书馆管理工作会议上的讲话（一九九七年十一月十二日）[J]. 江西图书馆学刊, 1997（4）: 5.

馆客观条件和主观努力程度。然后依据各项得分状况，形成对本馆的总体评价，并写出自评报告。这样做的目的有三个：第一个是为了对存在的问题进行排查，做到心中有数，对于暴露出来的小问题，能改就改，争取不丢分；第二个是为了提前准备好各项业务档案资料、统计台账、文字记录，包括全馆的规章制度汇编、业务辅导档案、课题服务档案、解答咨询记录、总括登记账、个别登记账、各种统计资料、公开发表的论文、上级对本单位的奖励证书等①，形成台账数据与证据，以减轻正式评估时的工作负担；第三个是着眼于本馆长远发展，在发现长期重难点问题后拟出改进方案，也方便与正式评估的专家一起研究，请专家帮忙分析改进方案的可行性，提出建议。在第二次评估中，河南省各馆比较重视自评阶段的工作，河南省文化厅厅长杨永霖在工作会议中总结：在评估开始之前，不少图书馆邀请省馆的专家前去讲课、辅导，对近几年来的图书目录进行重新核查整理，有的图书馆还从高校请一些专家进行"预检"，帮助他们找出差距，共同研究整改方案。各级公共图书馆形成了比学习、比技能的良好风气②。以天津图书馆为例，在访谈中，访谈专家郭英（天津图书馆研究馆员）回忆道："给我感触比较深的是我们公共馆的评估过程。我们天津图书馆在第二次评估中取得了一个很好的成绩，也就是全国第二名。在这次评估中，在馆领导的领导下，大伙齐心协力，每一个人都发挥了最大力量，给我感触特别深。当时我是在采编部，采编部里头有中文目录，还有一个外文目录。中文目录中至少是分4类，就是题名、主题、分类，还有责任者。以题名为例，第二次评估中统一按照汉语拼音分类，更正之前的分类方法。那么之前是怎么分类的你得懂，你得重新分类，这个量我估计一下怎么也得几十万卡片，太大了。这个工作主要是落实到采编部人员，当时我们是加班加点，大伙也没有怨言，就是一切为了评估。我的感触就是，评估是一个新鲜事物，得认真对待。后来的评估我们虽然也参与了，但印象最深的还是第二次评估，因为之后的评估相对来讲没有第二次评估那么轰轰烈烈，也可能是因为我们取得了不错的成绩，让人印象深刻。"

通过前文可以发现，相对于第一次评估，第二次评估因为更加完善的评估标准指标，更加细腻的评估流程，以及获得认可的评估表彰与荣誉，从自评阶段开始就激发了全国图书馆的迎评热情。

（2）统评阶段。在自评阶段完成后，各级评估工作领导与专家小组进驻图书馆进行下一步评估。统评阶段的主要任务就是要实地核查各馆的自评结果，与实际状况进行验证，实事求是地给出分数，进行定级。具体来说分三步③：第一步按要求审查自评报告，查阅

① 张东. 怎样做好评估、定级的准备工作 [J]. 图书馆学研究，1998（2）：99.

② 杨永霖. 以评估为契机 全面推进我省公共图书馆事业健康发展——在全省公共图书馆评估定级工作总结会议上的讲话 [J]. 河南图书馆学刊，1999（4）：7.

③ 张树华，张久珍. 20 世纪以来中国的图书馆事业 [M]. 北京：北京大学出版社，2008：343.

业务档案，核实各项统计数据，实地检查工作质量，测算各种比率，要通过召开包括读者在内的评估相关人员参加的各种形式的座谈会，同时也通过其他形式和途径，全面了解实际状况，要严格对照评估指标体系与实际测评结果，逐项检查自评结果，并慎重地提高或下调被评馆的得分，然后形成统评结果。第二步由专家组对统评结果进行综合分析，评议被评估馆的各项工作，并形成评估意见。评估组的专家在评估过程中，针对发现的问题，耐心地进行讲解，有的专家还作了业务辅导报告。评估意见要实事求是，既充分肯定成绩，又恰如其分地指出不足，并提出改进工作的意见和建议。第三步采取一定方式向被评估馆的领导和主管部门通报评估结果。

在第二次评估中，得益于第一次评估定级的经验，全国各馆基本上做好了充分的自评准备，为统评阶段打下良好的基础，但是也有一些现实问题在统评阶段暴露出来。首先是评估专家组的现场评查时间很有限，一些数据的准确性和真实性难以核实，如馆藏量、阅览座席等，只能寄希望于地方馆发挥实事求是的作风；其次是有些馆在接待统评专家组时接待标准偏高，扰乱了专家组的工作重心，可能影响统评的公正性。当然在之后几次评估中，对于统评的流程越发正规，这些现象也得以消除，总体上第二次评估工作的统评阶段还是比较成功的。

三、定级阶段

在统评工作阶段完成后，就需要进行定级工作，并予以公布，同时对评估工作的全过程进行认真的总结，并形成评估工作总结报告。在第二次评估定级中，这一阶段工作的重点有三个：第一，在确认前期统评工作的信度后，对得到的统评结果进行必要的检查，计算出各馆的等级并通过行政主管部门予以公布，这样可以保障评估工作的公正性和权威性。第二，对被评估的图书馆进行比较分析，找到共性缺陷，推广先进经验。这样方便各馆共同学习，寻找对标对象，取长补短，同时也促进了图书馆界的互相交流，便于图书馆学术界寻找新的研究课题推动改进图书馆工作。第三，复盘整个评估工作，优化评估模式，进一步完善评估标准及指标体系，进一步加强行政主管部门对图书馆工作的了解和支持。

1999 年 8 月，文化部发布《关于命名一、二、三级图书馆的决定》，公布了第二次评估工作定级结果。资料显示，此次评估后达到等级标准要求的图书馆共 1551 个，为参评图书馆的 66%，其中，县以上图书馆总数占 57%①。

---

① 1551 馆在第二次全国公共图书馆评估定级中获命名［J］. 图书馆理论与实践，2000（2）：37.

第三节　第二次公共图书馆评估标准分析

本节主要是对第一次与第二次评估标准进行展现，从多角度对比分析两次公共图书馆评估中省、市、县三级公共图书馆及省级的公共图书馆与少年儿童图书馆评估标准之间的差异，并分析其原因与影响。

一、第二次公共图书馆评估指标体系

表7-5　第一次、第二次公共图书馆（成人图书馆）评估指标体系对比表

一级指标	二级指标（指标数量）		三级指标数量	与第一次标准相比	
				新增三级指标	删除三级指标
办馆条件	省(5)	设施（3）；现代化技术设备（4）；经费（5）；人员（4）；总藏量（0）	16	设施：1. 书库面积 现代化技术设备：1. 计算机设备（万元）； 2. 视听设备（万元）； 3. 复印设备（台）； 4. 缩微设备 经费：1. 补助经费（万元/年）； 2. 新增藏量购置费/财政补助收入（%）； 3. 创收纯收入； 4. 事业收入/创收收入（%）； 5. 年捐赠收入（万元） 人员：1. 开展馆内业务培训和计算机知识与技能培训情况	现代化技术设备：1. 是否具有一定规模、规范的书目数据库； 2. 有无声像设备、缩微设备及利用； 经费：1. 总经费（万元）； 2. 购书经费/总支出（%） 人员：1. 专业； 2. 职工教育、岗位培训实施情况
	地市(4)	设施（5）；经费（4）；人员（5）；总藏量（0）	14	设施：1. 设立少儿阅览室 经费：1. 补助经费（万元/年）；2. 购书经费/财政补助收入（%）；3. 创收纯收入（万元）	设施：1. 设立儿童阅览室 经费：1. 总经费（万元）；2. 购书经费/总支出（%）
	县(4)	设施（5）；经费（4）；人员（6）；总藏量（1）	16	经费：1. 补助经费（万元/年）；2. 购书经费/财政补助收入（%）；3. 创收纯收入（万元） 人员：1. 领导班子状况	经费：1. 总经费（万元）；2. 购书经费/总支出（%） 人员：1. 馆长

续表

一级指标	二级指标及指标数量（括号内）		三级指标数量	与第一次标准相比	
				新增三级指标	删除三级指标
基础业务建设	省（6）	文献入藏（6）；文献标引与著录（3）；目录设置、组织、管理（3）；自建数据库（3）；藏书组织管理（3）；自动化、网络化建设（2）	20	文献入藏：1. 图书年入藏数量（万种）；2. 图书入藏核查（%）；3. 期刊入藏核查（%）；4. 工具书入藏核查（%） 文献标引与著录：1. 汉文普通图书分编误差率（%）；2. 古籍分编误差率（%）；3. 外文图书分编误差率（%） 自建数据库：1. 数目型数据库（万条）；2. 全文型数据库（MB）；3. 数据库应用（%） 藏书组织管理：1. 藏书排架误差率（%）；2. 普通书刊保护；3. 特藏、古籍保护 自动化、网络化建设：1. 计算机业务管理；2. 网络建设	文献入藏：1. 年新增藏量（万种）；2. 图书入藏率（%）、年购图书藏种数/当年全国图书出版种数；3. 报刊入藏率（%）、年购报刊入藏种数/当年全国报刊出版种数；4. 重要、常用工具书收藏率（%） 文献标引与著录：1. 汉文普通图书标引误差率（%）；2. 汉文普通图书著录误差率（%）；3. 外文图书标引误差率（%）；4. 外文图书著录误差率；5. 古籍的标引误差率（%）；6. 古籍的著录误差率（%）；7. 连续出版物的标引误差率（%）；8. 连续出版物的著录误差率（%） 目录设置、组织、管理：1. 公务目录 藏书组织管理：1. 图书管理：图书入库排列误差率（%）；2. 图书保护；3. 古籍保护
	地市（6）	文献入藏（8）；文献标引与著录（4）；目录设置、组织、管理（3）；藏书组织管理（2）；馆藏机读书目数据数量（万条）（0）；计算机业务管理（0）	17	文献入藏：1. 图书年入藏数量（种）；2. 报刊年入藏数量（种）；3. 电子文献年入藏数量（件）；4. 视听文献年入藏数量（件）；5. 期刊入藏核查（%）；6. 工具书入藏核查（%） 馆藏机读书目数据数量（万条）；计算机业务管理为新增二级指标	文献入藏：1. 图书入藏率（%）、年购图书藏种数/当年全国图书出版种数；2. 报刊入藏率（%）、年购报刊入藏种数/当年全国报刊出版种数
	县（5）	文献入藏（4）；文献标引与著录（4）；目录设置、组织、管理（3）；藏书组织管理（3）；计算机业务管理（0）	14	文献入藏：1. 报刊年入藏数量（种） 计算机业务管理为新增二级指标	文献入藏：1. 订报刊数（种/年）

一级指标	二级指标及指标数量（括号内）		三级指标数量	与第一次标准相比	
				新增三级指标	删除三级指标
读者服务工作	省（6）	普通服务（8）；深化服务（3）；利用计算机及网络开展服务（0）；书刊宣传（种）（0）；图书馆服务宣传周（0）；知识工程（0）	11	普通服务：1. 馆外服务；2. 服务点、分馆（个）；3. 方便读者的服务措施；4. 开架书刊册数/总藏量（%）利用计算机及网络开展服务；书刊宣传（种）；图书馆服务宣传周；知识工程均为新增二级指标	读者服务工作（注：第一次标准下属均为二级指标，部分对应第二次评估的三级指标，因此这里反映的是二级指标的删减情况）：1. 年读者活动人次（万人次）；2. 服务成果
	地市（3）	书刊借阅（8）；读者活动（4）；参考咨询服务（4）	16	书刊借阅：1. 方便读者的服务措施；2. 发放借书证数（个）；3. 年流通总人次（万人次）参考咨询服务：1. 年编印二、三次文献	书刊借阅：1. 服务方式；2. 借书证数/总藏书量（个/千册）；3. 内阅人次（万人次）参考咨询服务：1. 信息服务成果（种）
	县（3）	书刊借阅（7）；读者活动（3）；参考咨询服务（2）	12	书刊借阅：1. 年流通总人次（万人次）读者活动：1. 书刊宣传（种）	书刊借阅：1. 服务方式；2. 内阅人次（万人次）；3. 书刊宣传（种）读者活动：1. 读书活动；2. 读者活动人次（人次）
业务研究与辅导	省（3）	业务研究（4）；业务辅导（3）；协作协调（1）	8	业务研究：1. 科研项目获奖	无
	地市（3）	业务研究（2）；业务辅导（3）；协作协调工作（0）	5	无	无
	县（2）	业务研究（1）；业务辅导（2）	3	无	删去"协作协调工作"二级指标

续表

一级指标	二级指标及指标数量（括号内）		三级指标数量	与第一次标准相比	
				新增三级指标	删除三级指标
管理	省（6）	人事管理（0）；设备、物资管理（0）；档案管理（0）；统计工作（0）；环境管理（0）；安全保卫（0）	0	人事管理；设备、物资管理；安全保卫均为新增二级指标	删去规章制度建设；岗位责任制；创收纯收入（万元）；创收补充事业经费占创收纯收入（％）二级指标
	地市（6）	人事管理（0）；设备、物资管理（0）；档案管理（0）；统计工作（0）；环境管理（0）；安全保卫（0）	0	人事管理；设备、物资管理；安全保卫均为新增二级指标	删去规章制度建设；创收纯收入/职工人数（元/人）二级指标
	县（6）	人事管理（0）；设备、物资管理（0）；档案管理（0）；统计工作（0）；环境管理（0）；安全保卫（0）		人事管理；设备、物资管理；安全保卫均为新增二级指标	删去规章制度建设；创收纯收入（万元）；表彰、奖励二级指标
表彰、奖励	省（0）	无		无	无
	地市（0）	在第一次评估中，表彰属于二级指标，位于"管理"下		无	无
	县（0）	在第一次评估中，表彰属于二级指标，位于"管理"下		无	无

资料来源：课题组整理。

表 7 - 6　第一次、第二次少年儿童图书馆评估指标体系对比表

一级 指标	二级指标及指标数量 （括号内）		三级指 标数量	与第三次标准相比	
				新增三级指标	删除三级指标
办馆 条件	省 （4）	设施（9）；经费 （5）；人员（7）； 藏书（1）	22	设施：1. 设立低幼儿玩具室； 2. 设立多媒体电子阅览室； 3. 设立电脑学习室；4. 计算机 设备（万元） 经费：1. 创收纯收入（万元）； 2. 年捐赠收入（万元）	无
	地市 （4）	设施（7）；经费 （5）；人员（6）； 藏书（1）	19	设施：1. 设立低幼儿玩具室； 2. 设立多媒体电子阅览室 经费：1. 创收纯收入（万元）； 2. 年捐赠收入（万元）	无
	县 （4）	设施（4）；经费 （4）；人员（6）； 藏书（1）	15	设施：1. 读者用房面积/总面 积（%） 经费：1. 创收纯收入（万元）	无
基础 业务 建设	省 （5）	文献入藏（4）；文 献标引与著录（4）； 目录设置、组织管 理（4）；藏书管理 与保护（3）；自动 化建设（1）	16	目录设置、组织管理：1. 设立 机读目录 自动化建设：1. 计算机业务 管理	无
	地市 （5）	文献入藏（3）；文 献标引与著录 （4）；目录设置、 组织管理（4）；藏 书管理与保护（3）； 自动化建设（1）	15	文献入藏：1. 连环画、低幼读 物入藏率、连环画、低幼读物 购置费/新增藏量购置费 （%）；2. 少儿声像资料入藏 率、视听文献、电子文献购置 费/新增藏量购置费（%） 目录设置、组织管理：1. 设立 机读目录 自动化建设：1. 计算机业务 管理	无
	县 （5）	文献入藏（1）；文 献标引与著录（4）； 目录设置、组织管 理（3）；藏书管理 与保护（3）；计算 机业务管理（0）	11	计算机业务管理为新增二级 指标	无

续表

一级指标	二级指标及指标数量（括号内）		三级指标数量	与第三次标准相比	
				新增三级指标	删除三级指标
读者服务工作	省（6）	普通服务（9）；馆外服务（3）；大型读者活动（4）；深化服务（2）；图书馆服务宣传周活动（0）；知识工程（0）"普通服务"对应第一次评估的"书刊借阅"与"书刊宣传与读者活动""深化服务"对应第一次评估的"参考咨询与二、三次文献编印"	18	馆外服务：1. 汽车图书馆；大型读者活动：1. 活动覆盖面、参加活动的地、市总数（%）	书刊借阅（对应普通服务）：1. 馆内服务窗口（个）书刊宣传与读者活动（对应普通服务）：1. 图书馆服务宣传周活动；2. 重点读者培养（人）
	地市（5）	普通服务（9）；馆外服务（3）；大型读者活动（4）；检索、咨询（0）；图书馆服务宣传周活动（0）	16	馆外服务：1. 汽车图书馆；大型读者活动：1. 组织机构；2. 活动安排；3. 活动方式；4. 活动覆盖面、参加活动的区、县数/区、县总数（%）	书刊借阅（对应普通服务）：1. 馆内服务窗口（个）书刊宣传与读者活动（对应普通服务）：1. 图书馆服务宣传周活动；2. 重点读者培养（人）
	县（4）	普通服务（9）；馆外服务（3）；大型读者活动（0）；图书馆服务宣传周活动（0）	12	馆外服务：1. 汽车图书馆	书刊借阅（对应普通服务）：1. 馆内服务窗口（个）书刊宣传与读者活动（对应普通服务）：1. 图书馆服务宣传周活动；2. 重点读者培养（人）
业务研究、业务辅导、协作协调	省（4）	业务研究（3）；业务辅导（3）；少儿图书馆网建设（0）；协作协调（0）"少儿图书馆网建设"对应第一次评估的"网络建设"	6	无	无

一级指标	二级指标及指标数量（括号内）		三级指标数量	与第三次标准相比	
				新增三级指标	删除三级指标
	地市（4）	业务研究（1）；业务辅导（3）；少儿图书馆网建设（0）；协作协调（0）	4	少儿图书馆网建设为新增二级指标	无
	县（3）	业务研究（1）；业务辅导（3）；协作协调（0）	4	无	无
管理	省（6）	人事管理（0）；设备、物资管理（0）；档案管理（0）；统计工作（0）；环境管理（0）；安全保卫（0）	0	人事管理；设备、物资管理；安全保卫均为新增二级指标	删去规章制度建设；创收纯收入（万元）；表彰二级指标
	地市（6）	人事管理（0）；设备、物资管理（0）；档案管理（0）；统计工作（0）；环境管理（0）；安全保卫（0）	0	人事管理；设备、物资管理；安全保卫均为新增二级指标	删去规章制度建设；创收纯收入（万元）；表彰二级指标
	县	人事管理（0）；设备、物资管理（0）；档案管理（0）；统计工作（0）；环境管理（0）；安全保卫（0）	0	人事管理；设备、物资管理；安全保卫均为新增二级指标	删去规章制度建设；创收纯收入（万元）；表彰二级指标
表彰、奖励	省（0）	在第一次评估中，表彰属于二级指标，位于"管理"下	0	无	无

续表

一级指标	二级指标及指标数量（括号内）		三级指标数量	与第三次标准相比	
				新增三级指标	删除三级指标
	地市(0)	在第一次评估中，表彰属于二级指标，位于"管理"下	0	无	无
	县(0)	在第一次评估中，表彰属于二级指标，位于"管理"下	0	无	无

资料来源：课题组整理。

第二次评估相比第一次评估，省、市、县级公共图书馆和少年儿童图书馆在各级指标上都有所变动，具体分析如下。

（一）一级指标特点

在公共图书馆评估标准中，前五项指标均与第一次评估基本保持一致，分别是：办馆条件，基础业务建设，读者服务工作，业务研究与辅导（第一次评估为业务研究、辅导工作与协作协调），管理。第四项名称有了细微的变化，一方面是出于一级指标名称简洁化的要求，另一方面则是由于该项一级指标中业务辅导的分值占比有所降低，重要性有所下降，在命名上体现出相应的改变。变化比较大的体现在第六项指标中，在第一次评估中，第六项指标为"提高指标"，而第二次评估中改为了"表彰、奖励"。结合第一次评估中各级图书馆对第六项"提高指标"的具体阐述——省级图书馆对该指标的具体解释为"1988 年以来受过省政府及文化部的表彰奖励；工作具有一定特色"；地市级图书馆为"实行采编计算机管理、实现外借计算机管理、其他"；县级图书馆为"主要业务环节实行计算机自动化管理"。

可以发现在第一次评估中提高指标重点在于实现"计算机"管理，因省级图书馆具备良好硬件设施，已经实现计算机管理自动化，因此在"提高指标"中体现为表彰奖励情况。在第二次图书馆评估时，由于各级图书馆已基本实现计算机管理自动化，因此向第一次评估的省级图书馆提高指标内容看齐，重点更改为受到主管部门、政府表彰奖励，连带将"提高指标"名称更改为"表彰、奖励"，同时删去第五项指标"管理"中有关表彰、奖励的相关二级指标，反映出对表彰奖励的重视更进一步（见表7-5）。

在少年儿童图书馆评估标准中，第二次评估相比第一次评估，有关名称的改变与公共馆一致（见表7-6）。其与公共馆的区别主要反映在第六项指标"表彰、奖励"的起算年份上，公共馆起算表彰、奖励的年份是从 1994 年开始，而少年儿童图书馆是从 1995 年开始，省、市、县各级均是如此。有关这个细节的变化目前没有相关文献给出可信解释，笔者认为可能是由于公共馆和少年儿童图书馆在参评时间方面，会有相对时间差。

（二）二级指标特点

1. 公共图书馆二级指标特点

在第二次评估中，省级公共图书馆共有 26 个二级指标，其中办馆条件 5 个，分别是设施、现代化技术设备、经费、人员、总藏量；基础业务建设 6 个，分别是文献入藏，文献标引与著录，目录设置、组织、管理，自建数据库，藏书组织管理，自动化、网络化建设；读者服务工作 6 个，分别是普通服务、深化服务、利用计算机及网络开展服务、书刊宣传（种）、图书馆服务宣传周、知识工程；业务研究与辅导 3 个，分别是业务研究、业务辅导、协作协调；管理 6 个，分别是人事管理，设备、物资管理，档案管理，统计工作，环境管理，安全保卫。对比第一次评估 29 个二级指标，变化主要体现在以下几方面。

第二个一级指标"基础业务建设"，第一次评估有 4 个二级指标，分别是藏书建设，文献标引与著录，目录设置、组织、管理，藏书管理与保护；第二次评估中的文献入藏对应的是藏书建设，藏书组织管理对应的是藏书管理与保护，并增加了自建数据库，自动化、网络化建设两个二级指标，这是由于当时处于 20 世纪 90 年代中后期，为了鼓励公共图书馆在自动化、网络化建设和数据库建设上加强投入，加入了评估指标以评促建的考虑。

第三个一级指标"读者服务工作"，第一次评估有 10 个二级指标，分别是发放借书证数（万个），年流通总人次（万人次），年外借册次（万册次），年检索、咨询数量（条），每周开馆时间，年读者活动次数（次），年读者活动人次（万人次），年编印二三次文献，获奖课题数（项），服务成果；第二次评估做了分类归纳，如将发放借书证数（万个）、年外借册次（万册次）、年流通总人次（万人次）合并入普通服务中，将年检索咨询数量（项）、年编印二三次文献、获奖课题数（项）归入深化服务中。这样使得第一次评估中的部分二级指标变为三级指标，但逻辑更为清晰明确。

第五个一级指标"管理"，变动较大。相比第一次评估，删去了"规章制度建设""岗位责任制""创收纯收入（万元）""创收补充事业经费占创收纯收入（％）"四个二级指标，其中前两个指标的删除是因为将其更为细化，拆分为了人事管理、设备物资管理；安全保卫作为新的二级指标加入第二次评估；有关创收指标的删除是因为第二次评估中将其移到第一个一级指标"办馆条件"的二级指标"经费"中，更为体现相关性。

在第二次评估中，市级公共图书馆共有 22 个二级指标，其中办馆条件 4 个，分别是设施，经费，人员，总藏量；基础业务建设 6 个，分别是文献入藏，文献标引与著录，目录设置、组织、管理，藏书组织管理，馆藏机读书目数据数量（万条），计算机业务管理；

读者服务工作 3 个，分别是书刊借阅、读者活动、参考咨询服务；业务研究与辅导 3 个，分别是业务研究、业务辅导、协作协调；管理 6 个，分别是人事管理，设备、物资管理，档案管理，统计工作，环境管理，安全保卫。对比第一次评估 20 个二级指标，变化主要体现在第二个一级指标"基础业务建设"指标馆藏机读书目数据数量（万条）中加入了两个新指标"馆藏机读书目数据数量（万条）"和"计算机业务管理"，这同样是为了鼓励公共图书馆加强自动化建设，其他二级指标"读者服务工作"和"管理"变动与上文所述省级图书馆变动相同。

在第二次评估中，县级公共图书馆共有 20 个二级指标，其中办馆条件 4 个，分别是设施、经费、人员、总藏量；基础业务建设 5 个，分别是文献入藏，文献标引与著录，目录设置、组织、管理，藏书组织管理，计算机业务管理；读者服务工作 3 个，分别是书刊借阅、读者活动、参考咨询服务；业务研究与辅导 2 个，分别是业务研究、业务辅导；管理 6 个，分别是人事管理，设备、物资管理，档案管理，统计工作，环境管理，安全保卫。对比第一次评估 20 个二级指标，指标总数虽然相同，但是第二个一级指标"基础业务建设"比第一次评估多一个"计算机业务管理"；第四个一级指标"业务研究与辅导"相比第一次评估删去了"协作协调"这一个二级指标。这应该是考虑到县级图书馆力量普遍薄弱，协作协调这一指标对市级、省级图书馆来说能够促进其帮扶其余小馆，而县级图书馆最重要的还是集中精力建设自身，协作协调的要求可能会分散其本就有限的资金人力（见表 7–5）。

2. 少年儿童图书馆二级指标特点

在省级少年儿童图书馆中，共有 25 个二级指标，办馆条件 4 个，分别是设施，经费，人员，藏书；基础业务建设 5 个，分别是文献入藏，文献标引与著录，目录设置、组织、管理，藏书管理与保护，自动化建设；读者服务工作 6 个，分别是普通服务，馆外服务，大型读者活动，深化服务，图书馆服务宣传周活动，知识工程；业务研究辅导协作协调 4 个，分别是业务研究，业务辅导，少儿图书馆网建设，协作协调；管理 6 个，分别是人事管理，设备、物资管理，档案管理，统计工作，环境管理和安全保卫。表彰奖不设二级指标。对比第一次评估 22 个二级指标，增加了"基础业务服务"项中的二级指标"自动化建设"；在"读者服务工作"中二级指标的调整与省级公共馆基本相同；在"业务辅导"中，将二级指标"网络建设"进一步明确为"少儿图书馆网络建设"，以进一步明晰发展目标；在"管理"中二级指标的变化与公共馆变化相同。

在地市级少年儿童图书馆中，共有 24 个二级指标，其中办馆条件 4 个，分别是设施，经费，人员，藏书；基础业务建设 5 个，分别是文献入藏，文献标引与著录，目录设置、组织、管理，藏书管理与保护，自动化建设；读者服务工作 5 个，分别是普通服务，馆外服务，大型读者活动，检索、咨询，图书馆服务宣传周活动；业务辅导 4 个，分别是业务研究，业务辅导，少儿图书馆网络建设，协作协调。对比第一次评估的 20 个二级指标，除增加"自动化建设"外，在"读者服务工作"中增加了二级指标"检索、咨询"和"图书馆服务宣传周活动"，其中"检索咨询"有明确的衡量指标：①有专兼职人员；②有检索、咨询记录，体现出评估对图书馆咨询检索功能的重视。而"图书馆服务宣传周活动"原本是第一次评估中的三级指标，第二次评估将其升格为二级指标，是对当时阅读推广工作的具体落实。

在县级少年儿童图书馆中，共有 22 个二级指标，其中办馆条件 4 个，分别是设施，经费，人员和藏书；基础业务建设 5 个，分别是文献入藏，文献标引与著录，目录设置、组织、管理，藏书管理与保护，计算机业务管理；读者服务工作 4 个，分别是普通服务，馆外服务，大型读者活动，图书馆服务宣传周活动。对比第一次评估的 20 个二级指标，增加了"基础业务服务"项中的二级指标"计算机业务管理"与"读者服务工作"项中的"图书馆服务宣传周活动"（见表 7－6）。

总的来说，二级指标的变动主要增加了对图书馆计算机自动化方面的要求，针对不同图书馆层级，形成从高到低的自动化发展要求。

（三）三级指标特点

在第二次评估中，各级成人图书馆与少年儿童图书馆在三级指标的数量和结构层次设计上并无重大差异，三级指标所指向的，是被评估馆具体的、具有普遍性的工作细节指标。相较第一次评估，在三级指标设置上呈现出如下特点。

1. 指标反映出从有到优的要求

在第一次评估中，部分拔高性质以区分图书馆层次的三级指标往往注重于该馆是否"具备"此条件，而在第二次评估中部分三级指标重点落在了量化考核第一次评估指标中需要具备的条件，以一定的数量累进阶梯作为评分依据。如第一次评估中"运用计算机并实现业务环节全部或部分自动化管理"二级指标下属三级指标"是否具有一定规模、规范的书目数据库""有无声像设备、缩微设备及利用"在第二次评估中变为"计算机设备（万元）""视听设备（万元）""复印设备（台）""缩微设备"，三级指标不仅更为细致，还以金额为累进单位，达到指定金额赋予指定的分数。这种转变以量化的形式指明了图书馆发展的方向，直观地展示出目前图书馆在哪方面建设还不足。

2. 指标归类更体系化和层级化

在第二次评估中，三级指标制定很大程度上结合了各馆实际工作情况，在设计层次上与第一次评估有较大不同。如第一次评估中一级指标"读者服务工作"下属均是二级指标，而第二次评估中设计了"普通服务""深化服务"两个二级指标来归纳第一次评估中的二级指标，使之成为三级指标，如"发放借书证数（万个）""年外借册次（万册次）"等。因为三级指标应反映的是最为具体的、可量化的图书馆具体工作，所以笔者认为这种层级化的指标归类更为体系化。

3. 三级指标反映当时图书馆发展方向

在第二次评估中，部分三级指标相较于第一次评估是新加入的，反映出当时图书馆发展的前沿方向。如省级图书馆的"数目型数据库（万条）""网络建设"反映出当时图书馆信息化、自动化建设的发展方向，又如所有图书馆评估指标中将"创收纯收入"二级指标下移到二级指标"经费"中，使之成为三级指标，在重要性上将其下降一个等级，这是当时在我国经济高速增长的社会背景下，党和国家对公共图书馆发展高度重视，公共图书馆经费投入增加明显使得图书馆更少地依靠自我创收所导致的必然结果。在以后的几次评估中，创收这一指标逐渐淡化乃至从图书馆评估指标中消失。

二、各级图书馆评估标准特征

第二次评估标准分为成人图书馆和少年儿童图书馆两大部分，每部分分为省级、地市级、县级三类标准，分别针对不同行政级别的图书馆。由于有了第一次评估的实践经验，第二次评估标准对省级、地市级、县级图书馆做了不同的要求，在保证公平的前提下使得不同层级图书馆的评估有所侧重，较为充分地考虑了不同级别图书馆间的差异，保证了各级图书馆进步和上升的空间。总体来看，第二次评估提高了对省级、地市级图书馆的要求，增加了办馆条件、基础业务建设、读者服务工作的评估分值，突出了对网络化、自动化、数字化的重视程度，体现了图书馆现代化发展的方向（见表7-7）。

表7-7 第二次各级公共图书馆评估指标分值情况

图书馆层级		办馆条件	基础业务建设	读者服务工作	业务研究与辅导	管理	表彰、奖励
成人图书馆	省级	230	290	265	110	90	15
	地市级	265	270	270	90	90	15
	县级	290	270	250	60	100	30
少年儿童图书馆	省级	290	215	275	95	105	20
	地市级	295	212	295	80	98	20
	县级	300	200	295	80	105	20

资料来源：课题组整理。

（一）成人图书馆评估标准特征

1. 办馆条件

总体来看，在第二次评估标准中，地市级、县级图书馆更为重视办馆条件，办馆条件分数分别为 265 分、290 分，省级图书馆办馆条件分数为 230 分，低于地市级、县级图书馆办馆条件分数。第一次评估后，许多地市级、县级办馆条件不达标，暴露了图书馆建设的短板。在评估的推动下，地方政府和文化主管部门更加重视图书馆建设，加大了经费投入，对地市级、县级图书馆办馆条件有了较大改善，尤其是一些没有县级图书馆的地方，新建馆舍、购进现代化设备等，改善了基层图书馆的条件。地市级、县级办馆条件的改善，是图书馆事业的一大进步，这也是第二次评估中办馆条件指标分值较高的原因。

在设施方面，地市级、县级图书馆办馆条件要求更高。省级、地市级、县级图书馆二级指标设施评估分数分别为 38 分、100 分、100 分，地级、县级图书馆评估分数远高于省级图书馆。在三级指标馆舍面积上，省级图书馆达到 2.5 万平方米才能符合指标要求，获得满分 25 分，而地市级图书馆达到 10 000 平方米就能获得满分 35 分，县级图书馆只需满足3000 平方米就能获得满分 40 分。例如，深圳市南山区图书馆自 1994 年开始建设，1997 年 3月正式对外开放，馆舍面积达到 1.6 万平方米。这反映了地市级、县级图书馆在馆舍面积方面有了较大进步，很多基层图书馆实现了"馆舍"从无到有的巨大突破，而省级图书馆建设较早，设施设备较为完善，进步空间不大，这就使得省级图书馆设施项设置的分值不高。

在设备方面，省级图书馆更加重视新兴信息技术的应用。省级图书馆是对"现代化技术装备"（40 分）有明确的评估要求，分别设有计算机设备、试听设备、复印设备、缩微设备等子项要求，而地市级、县级图书馆则是在二级指标设施中设有设备要求，分值均为12 分，但设备并没有成为二级指标。这与当时图书馆的发展现实情况密不可分，20 世纪90 年代中后期，各类图书馆计算机设备才逐步引进图书馆，省级图书馆作为各省的龙头馆，在先进技术的应用方面走在前列，设备使用需求也较大，例如 1997 年 1 月，广东省立中山图书馆开放了全国首个网络化的多媒体阅读室，读者可以免费上网检索信息，该阅读室自开放以来使用率极高，成为读者最喜欢的公共图书馆场所。广东省立中山图书馆是当时比较先进的图书馆，在 1997 年开放了网络化的多媒体阅读室，而其他落后地区的先进技术设备普及就更晚了。地市级、县级图书馆面临资金、人才等的限制，计算机设备并不普及，因此评估分数较低。

在人员方面，省级图书馆评估侧重高学历人才的引进、聘用、培训等，地市级、县级图书馆则侧重实用型人才的培养。在评估标准中，省级图书馆明确对"硕士以上学历人员""高级职称人数/业务人员总数（％）"有指标要求，而地市级、县级图书馆没有此项要求，这也从侧面反映了图书馆人才发展的不均衡性，省级图书馆发展较好、人才较多，地市级、县级图书馆发展较差，人才缺乏，这导致在人才评估中要求较低。

2. 基础业务建设

总体来看，省级图书馆基础业务建设评估要求更高，尤其在"自建数据库""自动化、网络化建设"等方面更有严格要求。

在文献入藏方面，省级图书馆"电子文献年入藏数量"在 400 件以上才能拿到满分，地市级图书馆"电子文献年入藏数量"50 件以上就可以拿到满分。这说明评估对省级图书馆电子文献入藏数量要求更高，对地市级要求较低，县级图书馆电子文献入藏数量较少或者根本没有电子文献，所以县级图书馆没有"电子文献年入藏数量"要求，这是由当时的图书馆发展现实决定的。为了更好促进地市级、县级图书馆的发展，其"图书年入藏数量"要求与省级图书馆也有较大差别。地市级图书馆图书年入藏数量达到 6000 种即可拿到该项的满分 30 分，县级图书馆则达到 4000 种就能拿到满分 40 分，而省级图书馆则要求 2 万种以上才能拿到满分 20 分。这种评估标准赋值分数的差异，充分表明了在文献入藏方面，对省级图书馆侧重电子化、网络化、数字化，对地市级、县级图书馆更注重纸质文献资源的建设上。

在文献标引与著录方面，地市级、县级图书馆相对省级图书馆评估要求更高，评估分数也比较高。省级、地市级、县级图书馆"文献标引与著录"评估分数分别为 35 分、50 分、60 分，地市级、县级图书馆更加看重图书标引、著录和整理的体系化、规范性。长期以来，地市级、县级图书馆在基础业务方面较落后，文献标引与著录错误颇多，图书分类混乱，造成书籍查询、入藏问题很多，制约图书服务进步。本次评估提升了地市级、县级图书馆"文献标引与著录"的评估分数，就是对图书馆基础业务的一次导向，让地市级、县级图书馆下大力气整顿，深耕基础业务，完善文献标引与著录工作。

在藏书组织管理方面，省级图书馆侧重特藏、古籍保护，地市级、县级图书馆则侧重书籍排架误差率的考核。省级、地市级、县级图书馆在"藏书组织管理"方面评估分数分别为 37 分、35 分、30 分。省级图书馆较地市级、县级图书馆多了"特藏、古籍保护"一项评估要求，是因为省级图书馆收藏了众多古籍，这些古籍也是重要的资源建设内容，对古籍进行有效的保护、传承是省级图书馆的重要使命。因此，突出了省级图书馆古籍保护的评估要求，而对地市级、县级图书馆没有进行要求。

在自建数据库和自动化、网络化建设方面，对省级图书馆的评估要求更高，对地市级、县级图书馆的评估要求较低。省级图书馆有"自建数据库"评估要求，而地市级、县级图书馆因计算机设备匮乏，电子化、数字化程度较低，不能普遍具备自建数据库的技术条件和人才，所以并没有此项要求。在"自动化、网络化建设"方面，省级图书馆则有"计算机业务管理"和"网络化建设"两项子项要求，地市级图书馆、县级图书馆仅有"计算机业务管理"一项要求，并且评估标准赋值分数较省级图书馆低。这也表明了评估的价值导向和图书馆发展程度的不同。1994 年中国首次接入国际互联网专线，开始了网络化建设步伐。文化部 1997 年开始建设"中国图书馆信息网络"工程，分阶段、分层次推动全国图书馆网络化建设，省级图书馆是最早建设网络的一批图书馆，地市级、县级图书馆网络化尚未普及，所以对省级图书馆评估有了"自动化、网络化"的要求，对地县级仅有"计算机业务管理"的要求。

3. 读者服务工作

在书刊借阅方面，省级图书馆"年外借册次"50 万册以上才能获得该项满分 25 分，地市级图书馆则是 20 万册以上获得满分 30 分，县级 10 万册以上获得满分 30 分。省级、地市级、县级不同的借阅册数要求是不同层次图书馆馆藏量的反映，省级图书馆藏书量大，相应的借阅次数要求就多，但就评估分数来看，地市级、县级此项评估标准赋值分数较高，这也体现了评估要求的导向性，地市级、县级图书馆要提高书籍的利用效率，促进知识的传播。

在读者活动方面，要求省级图书馆"书刊宣传"900 种以上才能获得满分 10 分，地市级图书馆则是宣传 600 种以上才能获得满分 10 分，县级图书馆则是宣传 400 种以上才能获得满分 10 分。省级、地市级图书馆对"书刊宣传"要求更高，一方面是书籍数量相对较多，另一方面是要发挥带头作用，促进书籍的使用率提升，发挥为书找人的作用。

在参考咨询服务方面，省级图书馆"年检索、咨询数量"要求 12 000 条以上才能获得满分 20 分，地市级图书馆则是"检索、咨询"500 条以上就能获得满分 15 分，县级图书馆则是"解答咨询"300 条以上获得满分 25 分。省级图书馆参考咨询要求数量更高，是因为省级图书馆的用户需求更多，需要更多专业解答。

4. 业务研究与辅导

在业务研究与辅导方面，省级图书馆较地市级、县级图书馆评估要求高、评估分数高，体现了省级图书馆学术研究、培训、协调的重要作用。

在业务研究方面，省级图书馆侧重学术研究，对省级以上刊物发表、专著出版有明确评估要求，对图书馆学刊物发文和科研项目获奖也有具体指标。地市级图书馆则有工作调研和省级以上刊物发表的要求，县级图书馆仅有年专业论文写作的要求。从指标要求来看，考核了省级图书馆在全省学术研究的龙头作用，省级图书馆无论在人才还是学术研究水平上，都是一省的领头羊。评估对省级图书馆业务研究的高要求，也是希望省级图书馆发挥带头作用，积极拓展图书馆的学术研究，丰富图书馆建设、发展的理论和实践成果，扩大公共图书馆界的学术影响力。

在辅导方面，省级、地市级、县级图书馆要求分别为 35 分、50 分、40 分。仅从评估分值来看，对地市级、县级的辅导要求更高。地市级图书馆要求下基层辅导时间达到 60 天以上、业务培训达到 60 人次以上才能获得该项评估满分，县级图书馆要求业务辅导 20 个以上、业务培训达到 30 人次以上才能获得评估满分。这表明了在辅导方面，地市级、县级图书馆起着承上启下的重要作用，基层图书馆人才匮乏，馆员的基本素质有待提高，需要经过系统化培训辅导以提升素养，在这一环节，地市级、县级的作用更大，这也是评估分数较省级图书馆高的原因。

（二）少年儿童图书馆

少年儿童图书馆的评估内容、评估分值、评估标准都不同于成人图书馆的要求，省级、地市级、县级少年儿童图书馆的评估内容又各有侧重。总体来看，省级、地市级、县级图书馆评估分数在办馆条件、读者服务工作占比较高，一定程度上表明了少年儿童图书馆为少年儿童服务的宗旨，重视服务建设。

1. 办馆条件

在设施方面，省级少年儿童图书馆"馆舍建筑面积"要求达到 4000 平方米，"读者用房面积占总面积"的比重要超过 60%，"阅览座席" 400 个以上，这三项评估子项才能拿到满分；地市级少年儿童图书馆"馆舍建筑面积"则要求到达 3000 平方米，"读者用房面积占总面积"的比重要超过 60%，"阅览座席" 250 个以上，这三项评估子项就能获得满分；县级图书馆"馆舍建筑面积"则要求到达 2000 平方米，"读者用房面积占总面积"的比重要超过 60%，"阅览座席" 150 个以上，这三项评估子项就能获得满分。从这三项评估要求来看，省级少年儿童图书馆馆舍面积、阅览座席评估要求更高，这与省级少年儿童图书馆服务范围更大的要求息息相关。除此之外，省级少年儿童图书馆、地市级少年儿童图书馆有"声像室及设施""设立低幼儿玩具室""设立多媒体电子阅览室、电脑学习室"的评估要求，而县级少年儿童图书馆则没有此类评估要求，这也表明县级少年儿童图书馆馆舍的建设存在短板，数字化发展程度较低，电子化设备缺乏，故而在评估要求中没有体现。

在经费方面，省级少年儿童图书馆"补助经费"每年 100 万元以上才能获得满分 30 分，地市级少年儿童图书馆"补助经费"每年 50 万元以上才能获得满分 30 分，而县级少年儿童图书馆每年 20 万元以上就能获得满分 40 分。县级少年儿童图书馆补助经费获得 20 万元以上就能达到满分 40 分，这比省级图书馆、地市级少年儿童图书馆高 10 分，体现了鼓励地方政府尤其是基层政府加大对公共图书馆的投入，投入力度越大获得评估分数就越高，一定程度上促进了地方文化事业的繁荣。在"纯创收入"上，县级少年儿童图书馆获得 1 万元就能获得满分 40 分，而地市级少年儿童图书馆要 15 万元以上才能获得满分 25 分，省级少年儿童图书馆要 50 万元以上才能获得满分 25 分。县级少年儿童图书馆纯创收额度较省级少年儿童图书馆、地市级少年儿童图书馆要求低，评估分数更高，这也表明评估要求充分调动了基层图书馆创收的积极性，只要能获得一定的纯创收入，就能获得较高的评估分数。

在人员方面，在学历结构方面高中以上人员数占职工人数的比重要求，省级少年儿童图书馆占比 100% 才能获得 5 分，地市级少年儿童图书馆占比 90% 以上获得 5 分，县级少年儿童图书馆占比 90% 以上获得 10 分。县级少年儿童图书馆较省级少儿图书馆、地市级少年儿童图书馆馆员学历较低，学历结构不甚合理，接受过高等教育的工作人员也较少，因此评估要求更加看重县级少年儿童图书馆的学历结构，评估分数也相对较高。

2. 基础业务建设

在文献入藏方面，省级少年儿童图书馆要求"年新增藏量"8000 种以上获得满分 30 分，地市级少年儿童图书馆则要求 5000 种以上才能获得满分 35 分，县级少年儿童图书馆要求 4000 种以上获得满分 30 分。省级少年儿童图书馆服务的少儿人数更多，所以省级少年儿童图书馆年新增藏量要求更高，在评估要求中数量也最多。省级少年儿童图书馆、地市级少年儿童图书馆对连环画、低幼读物也进行了更为细致的要求，省级少年儿童图书馆连环画、低幼读物、连环画、低幼读物购置费占新增藏量购置费 20% 以上才能获得满分 10 分，地市级少年儿童图书馆连环画、低幼读物入藏率，连环画、低幼读物购置费占新增藏量购置费 8% 以上才能获得满分 15 分，而对县级少年儿童图书馆则没有这项要求。省级、地市级少年儿童图书馆每年都会保证一定低幼读物、连环画的文献资源的购进，县级少年儿童图书馆由于经费、用户群体等的限制并不能持续性购进低幼读物，所以此项评估只对省级、地市级少年儿童图书馆有考核要求。

3. 读者服务工作

在普通服务方面，省级图书馆、地市级图书馆、县级图书馆"发放借书证"的满分要求分别为 10 000 个以上、5000 个以上、2500 个以上，评估分数分别为 15 分、20 分、20 分。省级图书馆要求借书证发放人数更多，但评估分数较地市级图书馆、县级图书馆低。省级图书馆服务人群基数大，借书证发放的数量就多，而地市级图书馆、县级图书馆所面临的文化环境更为严峻，图书馆的使用率也不高，发放借书证较少。在"年馆内读者活动次数"和"年馆内读者活动人次"方面，省级图书馆和地市级图书馆要求更高，省级图书馆要求"年馆内读者活动次数"50 次以上，"年馆内读者活动人次"25 000 次以上才能获得这两个子项满分，地市级图书馆要求"年馆内读者活动次数"35 次以上，"年馆内读者活动人次"15 000 次以上才能获得这两个子项满分。对比县级少年儿童图书馆"年馆内读者活动次数"25 次以上、"年馆内读者活动人次"4000 次以上即可获得相应指标满分。省级图书馆、地市级图书馆活动次数和活动人次的高要求，表明在少年儿童图书馆活动中，省级图书馆、地市级图书馆发挥的作用更大，带动作用更明显。

在馆外服务方面，省级图书馆"课外阅读兴趣辅导活动"要求 60 次以上才能获得满分 15 分，地市级图书馆和县级图书馆则是 15 次以上就能获得满分 20 分，地市级图书馆、县级图书馆举办活动十分不易，数量要求不高，评估分数相对较高，这也是对图书馆活动开展的现实考量。

第四节　第二次公共图书馆定级标准与评估结果

一、定级标准

第二次评估相比第一次有一项重大变化，即增加了图书馆入级必备条件（见表 7 - 8）：根据文化部图书馆司图函〔1998〕4 号文件，1998 年对评估定级的省地县一、二级图书馆规定了必备条件，如省级二级图书馆标准是：①馆舍建筑面积不低于15 000平方米；②经费不低于 300 万元；③图书年入藏种数不低于 8000 种；④"自建数据库""自动化、网络化"和"利用计算机及网络开展服务"三项总得分不低于 40 分。地市级二级图书馆标准是：①馆舍面积不低于 4000 平方米；②经费不低于 40 万元；③图书年入藏种数不低于 300 种；④馆藏机读目数据数量和计算机业务二项总得分不低于 20 分。县级二级图书馆标准是：①馆舍面积不低于 1000 平方米；②经费不低于 10 万元；③总藏书量不低于5 万册；④图书年入藏数量不低于 3000 册；等等①。

表 7 - 8　第二次各级成人图书馆定级必备条件

定级	指标	省级	地市级	县级
一级图书馆	馆舍面积	—	—	—
	经费	—	—	—
	人员	—	—	—
	入藏量	—	—	—
	总藏量	—	—	—
	图书采编或外借	—	—	—
	总分	—	—	—

① 陈红涛. 浅谈评估标准对图书馆工作的导向 [J]. 江西图书馆学刊，1998（3）：10.

续表

定级	指标	省级	地市级	县级
二级图书馆	馆舍面积	>15 000 平方米	>4000 平方米	>1000 平方米
	经费	>300 万元	>40 万元	>10 万元
	入藏量	>8000 种	>300 种	
	"自建数据库""自动化、网络化"和"利用计算机及网络开展服务"三项总得分	>40 分		
	馆藏机读书目数据数量和计算机业务二项总得分	>20 分		
	藏书量			>5 万册
	年入藏量			>3000 册

资料来源：课题组整理。

这些对办馆条件的硬性限制，基本上是"办馆条件"和"基础业务建设"的核心指标，在定级时起到了一票否决的作用。因为公共图书馆事业致力每一个人都有平等享受公共图书馆服务的权利，而不受年龄、种族、性别、宗教信仰、国籍、语言或社会地位的限制，也不应屈服于商业压力（1994 年《公共图书馆宣言》提出这一理念），所以其经费、现代化建设等物质条件应该由公众来负担，在社会主义国家，就需要依靠党与政府提供必要的支持。将公共图书馆入级条件与政府必要的物质支持挂钩，而政府的部分政绩又与公共图书馆入级挂钩，这种双挂钩机制能够争取当地政府的重视以改善图书馆的办馆条件，这也是双挂钩机制设置的目的。

二、评估结果

第二次评估定级工作，全国共有 2323 个县以上公共图书馆参加。文化部于 1999 年 8 月发布了《关于命名一、二、三级图书馆的决定》。这次全国命名的一级图书馆共 215 个，其中省级图书馆 12 个，副省级图书馆 10 个，地市级图书馆 62 个，县级图书馆 131 个；二级图书馆共 581 个，其中省级图书馆 4 个，副省级图书馆 1 个，地市级图书馆 90 个，县级图书馆 486 个；三级图书馆共 755 个，其中地市级图书馆 75 个，县级图书馆 680 个。达到等级标准要求的图书馆共 1551 个，为参评图书馆的 66%，占县以上图书馆总数的 57%[①]。

一级图书馆中，省级图书馆为：上海图书馆、天津图书馆、辽宁省图书馆、广东省立中山图书馆、湖南图书馆、河北省图书馆、福建省图书馆、南京图书馆、甘肃省图书馆、湖南省少年儿童图书馆、天津市少年儿童图书馆、上海少年儿童图书馆；副省级图书馆为：大连图书馆、深圳图书馆、广州图书馆、沈阳市图书馆、长春图书馆、大连市少年儿童图书馆、沈阳市少年儿童图书馆、武汉市少年儿童图书馆、广州市少年儿童图书馆、哈尔滨市图书馆。地市级、县级图书馆一级图书馆最多的省份为江苏省，共有 26 个，其次为上海市 25 个，第三名为广东省 23 个。

第二次评估定级工作极大地促进了图书馆事业的发展。以江苏省为例，图书馆馆舍面积从 1994 年的 186 948 平方米，增加到 1998 年的 274 675 平方米，增长幅度为 45%；1994 年，图书馆藏书总量为 2369.3 万册，1998 年增加到 2528.2 万册，增长幅度为 6.7%[②]。以河南省上等级图书馆数量为例，第一次评估上等级图书馆总数为 26 个，第二次评估上等级图书达到 77 个，比第一次评估增长了 196%[③]。第二次评估定级工作促进图书馆依据标准查找不足，改善办馆条件，改进业务不足，推动了图书馆事业发展高峰的到来。

第五节　第二次公共图书馆评估定级成效与思考

一、评估定级取得的成效：以佛山市图书馆为例

本节对佛山市图书馆准备第二次评估定级时所取得的成效进行实例分析。需要注意的是，评估定级的成效是在图书馆迎接第二次评估定级的准备过程中取得的，评估定级结果是对图书馆的改进成果的肯定。而第一次评估定级工作为佛山市图书馆在准备第二次公共图书馆评估定级中指明了发展改进方向。所以在关注评估定级成效时，我们也要注意第一次公共图书馆评估定级工作对佛山市图书馆的影响。

佛山市图书馆新馆于 1993 年 1 月 8 日开馆，恰逢 1994 年全国首次开展公共图书馆评估定级工作。由于佛山市图书馆硬件较新、规模较大、队伍年轻，再加上市各级领导重视

---

① 1551 馆在第二次全国公共图书馆评估定级中获命名 [J]. 图书馆理论与实践，2000（2）：37.

② 谷峰. 江苏省公共图书馆评估工作综述 [J]. 江苏图书馆学报，1999（6）：16 – 18.

③ 杨永霖. 以评估为契机 全面推进我省公共图书馆事业健康发展：在全省公共图书馆评估定级工作总结会议上的讲话 [J]，河南图书馆学刊，1999（4）：7 – 9.

和支持，在第一次公共图书馆评估中，佛山市图书馆以 978 分成绩获一级图书馆称号和全国文明图书馆称号①。可见佛山市图书馆在第一次评估时的基础比较好，获得了最高的荣誉。但这也对佛山市图书馆迎接 1998 年评估形成了考验——其他馆逐渐认识到评估的重要性并有参照对象后，会高效地吸收优秀经验，针对性地提高自身，在这种情况下佛山市图书馆原有的基础优势会被削弱；同时佛山市图书馆在第一次评估定级中表现出色，政府部门势必抱有更多的期待，要求其在工作的各方面发挥带头引领作用，这无形中也给佛山市图书馆的领导层施加了压力。不过佛山市图书馆在对标馆比较少的情况下发挥主动探索精神，去学界乃至国外寻求先进理念与经验，在 1994—1998 年准备第二次评估时做出了成绩，在基础业务建设、人才队伍建设、社会服务、学术建设、现代化建设、对外服务等方面均取得了较大进展。

（一）在基础业务建设上取得的成效

基础业务建设主要有三块：文献入藏、规章制度建设和计算机管理。

第二次评估在第一次评估的基础上更新了评估标准，在设立计算机设备、视听设备、复印设备、缩微品入藏的指标的同时，也对文献入藏方面提出了更高的要求：原本第一次评估对文献只有数量的要求，而第二次评估通过增加《地级图书馆期刊核查目录》《地级图书馆工具书核查目录》等指导目录，对图书馆文献采购的质量有了进一步的要求。在这种情况下，佛山市图书馆把在基础业务建设中的文献入藏作为发展改革重点：1996 年佛山市图书馆成立了图书采访领导小组，制定了采访工作条例和采访协作计划，用制度规范采访业务，提升业务能力。为满足不同读者需求，方便读者查阅与图书排架，佛山市图书馆把藏书分为 3 个层次：文化娱乐型藏书、教育普及型藏书、研究发展型藏书。这是在实际工作中对《中国图书馆图书分类法》的补充，符合群众的直观经验，降低了读者的查找门槛，受到读者的欢迎。加强对新载体类型文献的收集，注重收集视听文献和电子文献，在视听文献上依据读者的喜好，收集国外获得奥斯卡奖项的碟片，以及国内的爱国主义录像片 63 部，碟片 119 部，同时年平均电子文献入藏量达 75 种。

为准备第二次评估，实现科学管理，佛山市图书馆在规章制度和组织架构上进行了完善，先后制订了《图书馆奖惩条例》《职工住房分配条例》《安全保卫条例》《财会制度》《行政办公会议制度》《各部室岗位责任制》《领导任期目标责任制》《佛山市图书馆"九五"发展规划》等规章制度，使工作有章可循，管理步入规范化、制度化；另外落实目标责任制，实现分级管理制度，佛山市图书馆领导与文化局签订三年领导任期目标责任制，

①　佛山图书馆 1998 年图书馆评估总结［EB/OL］．［2021 - 05 - 20］．http：//www.chinalibs.net/book/n0989.pdf.

使图书馆的发展与文化局总体目标相契合，强化领导责任意识，明确职责；各部（室）实行每月一次部主任例会制度，检查落实各部（室）工作进展和解决实际问题，安排布置下月工作计划，充分发挥中层领导的作用，使他们责权统一；年底从德、能、勤、绩四个方面对基层员工进行年度考核，肯定成绩，改掉缺点，弥补不足；在对图书馆资产和物料的管理上，虽然图书馆评估的标准细则中"设备物资管理"一栏要求仅规定"汇报情况，提供有关材料"，但佛山市图书馆很重视国有资产的保护，从 1995 年就实行仓库管理制度，进料和出仓都有专人管理，提高了工作效率，节约了成本；每年定期对全馆固定资产进行登记检查，做到了心中有数，避免公物丢失损毁①。

由于在 1993 年新开馆之际，佛山市图书馆就使用了计算机进行管理，所以佛山市图书馆在"计算机业务管理"这一比较依靠硬件设施的评估标准上具有先发优势。但是佛山市图书馆在完成全馆采访、分编、流通全部实现电脑化和馆藏机读书目数据量超 4 万条的指标后，选择继续挖掘计算机管理的优势，将中文图书书目数据移植到广东视聆通网，实现网上查询；在 1996 年 12 月，佛山市图书馆建立网络信息中心，投入 CPU 型号为 586 的计算机 20 台，服务器 1 台，提供全国公众电信网和国际互联网上的信息查询服务，这使佛山市图书馆服务层次跃上了一个新的台阶。

在基础业务建设上，佛山市图书馆为第二次评估做了充分的准备，在软硬件建设上成为其他馆借鉴经验的优秀对象。

（二）人才队伍建设上取得的成效

佛山市图书馆人才队伍建设的核心在于立足业务研究，同时向学术活动拓展。因为第二次评估确定了图书馆评估每 4 年一次的周期性规律，是检验图书馆阶段性成绩的试金石。因此准备第二次评估的实践过程，也是佛山市图书馆检验人才队伍建设质量，评估人才队伍培养模式的一次有益尝试。

在这次尝试中，佛山市图书馆确定了"从实践中锻炼，从研究中培养，用项目养人，以业务研究、学术活动推动队伍建设"的人才培养方针，这也符合图书馆评估活动"以评促建"的目标。针对人才队伍建设，佛山市图书馆所取得的成效主要体现在在职馆员图书馆职业素养和学术素养的提升，也在一定程度上提升了社会影响力，在全社会尺度上培养图书馆后备人才。

为提升馆员职业素养，佛山市图书馆在第一次评估后的四年里举办了各种培训班，根据馆员是否具有图书馆学专业背景，佛山市图书馆与广东省图书馆学会举办了一期图书馆

---

① 佛山图书馆 1998 年图书馆评估总结［EB/OL］．［2021－05－20］．http：//www. chinalibs. net/book/n0989. pdf.

专业理论提高班和一期非图书馆学毕业的专业知识培训班；为了配合实现图书馆工作计算机化的目标，1997 年 10 月针对性地举办了两期网络技术培训班；为了学习吸收国际国内最新的图书馆实务与研究成果，一方面邀请国外知名图书馆学专家来馆讲学，如 1995 年美国西蒙斯图书情报学院陈钦智教授到馆讲授"现代图书馆光盘技术应用"，1997 年美国俄亥俄州大学图书馆馆长李华伟博士作了"面向 21 世纪的图书馆"的报告，另一方面选送一些专业骨干前往兄弟馆取经学习，如 1997 年派两位馆员前往北京图书馆（国家图书馆）技术部学习一周①。

在馆员学术素养的提升上，佛山市图书馆一方面采取激励措施，鼓励馆员撰写学术文章；另一方面与佛山大学联合发起了首届佛山地区图书馆学术论文征文活动，向社会各界人士取经。1994—1998 年，佛山市图书馆在全国学术会议及省级刊物发表交流论文 64 篇，涉及信息学、图书馆学、档案学和计算机科学等多个方向，其中部分优秀论文获得了全国部分城市公共图书馆馆长理论研讨会一等奖、图书情报工作管理学术研讨会二等奖等奖项。馆员学术素养的提升还反哺了基础业务的开展，通过结合工作经验和前瞻视野，一系列工作调研报告出炉，如《电脑阅览室的建立》《佛山市图书馆小型机管理系统的改型调研报告》《建立专业期刊阅览室》等，这些帮助了馆领导厘清图书馆的发展思路，助力佛山市图书馆的信息化建设，使其以更为先进的面貌迎接第二次评估。

作为佛山市的中心馆，佛山市图书馆还承担起培养基层馆员的责任，发展佛山市图书馆服务网点，形成佛山市图书馆服务网络，与部队、学校等单位共建图书室 10 个，培养输送了一批人才；与教委合作规范中小学图书馆系统，做好相关人员培训工作，在 1997 年 6 月举办了佛山市中小学图书馆管理员培训班，加强学校图书馆人才队伍建设。

（三）在社会服务上取得的成效

社会服务是第二次评估的重要指标，称为"读者服务工作"，占 270 分，下设三个二级指标，分别是书刊借阅、读者活动和参考咨询服务。为了迎接第二次评估，佛山市图书馆以提高社会效益为核心，有针对性地采用优化阵地服务，拓展信息咨询服务，尝试网络服务，立足社区，打造多样的文化活动。

一级指标"读者服务工作"中二级指标"书刊借阅"指标分值变化较大，比第一次评估时提高了 15 分，因此在准备第二次评估时佛山市图书馆各部（室）创新性地开展许多工作来提升书刊的借阅量：在技术方面利用电视网、广东视聆通网等现代技术推荐新书；阅览部办起了新书推荐宣传栏；采编部根据时事形势、社会关注热点及重大历史事

---

① 佛山图书馆 1998 年图书馆评估总结［EB/OL］．［2021－05－20］．http：//www.chinalibs.net/book/n0989.pdf.

件，编辑印制专题书目。

"参考咨询服务"较第一次公共图书馆评估分值下降了 5 分，原因是获奖课题（指所服务的课题获有关部门奖励）一项较第一次公共图书馆评估下降了 5 分，但这也可以从侧面角度看出指标制定者淡化获奖要素，希望图书馆在参考咨询服务方面做到资源的平均配置，将重心放在可持续性的长期项目和基础检索咨询工作，而不是将大量人力物力投入容易获奖的短平快项目中。佛山市图书馆察觉到指标风向的转变，坚持为领导决策和地方经济建设提供有效的信息服务的宗旨不变，一方面立足本馆和兄弟馆丰富的文献信息，进行二、三次文献编印工作，编印了《新参考》《房地产信息》《金融信息》等信息刊物，既在第二次评估中相关指标取得满分，也为佛山市各行业乃至领导提供专题服务与信息参考，将图书馆信息产品纳入市场经济中，通过代译代查、跟踪服务、专家特色服务等服务形式创收；另一方面为新闻媒体（电视台、报社等）提供报道的素材，1994 年 6 月，佛山市图书馆与市电视台联网，为电视台提供信息服务，提供"新书推荐""生活小百科""文史知识""经贸信息""佛山今日""国家技术监督公布的合格产品"等板块信息①，弥补了图书馆信息发布渠道的不足，提高了图书馆的社会效益。

佛山市图书馆对于"检索、咨询"指标比较重视。为提高检索效率、加强网络化建设，用数据库检索方式逐渐替代当时的手工编制书目索引，上线馆藏中文图书数据库、奥斯卡影片数据库、全国旅游数据库、花卉数据库、佛山名人数据库、多媒体房地产信息库等 12 个数据库。可以发现，在建设好馆藏中文图书数据库的前提下，其他这些数据库均围绕当时市民比较关心的内容，涉及娱乐、经济、本地乡情等，这既提高了读者使用数据库的意愿，又大大延伸了图书馆读者服务的时空范围。

在读者活动方面，佛山市图书馆在举办大型活动时能够紧跟时事。在准备第二次评估期间，联合国教科文组织于 1995 年 4 月 23 日宣布设立"世界读书日"，这在中国产生了热烈反响，中宣部等九部委开始倡导"知识工程"，在全国掀起一股读书热，而第二次评估也专门将指标"读者活动人次（人次）"改为了"组织开展读书活动"。为了紧跟中央政策和评估细则，佛山市图书馆于 1997 年 10 月—12 月举办了佛山市首届读书节，成立了佛山市读书人俱乐部以便常态化地吸引读者参加读书活动。除了读书节以外，佛山市图书馆还举办了多种形式的活动，如征文比赛、知识竞赛、诗歌朗诵、专题讲座等，取得了良好的社会效益。

---

① 佛山图书馆 1998 年图书馆评估总结［EB/OL］.［2021 - 05 - 20］. http：//www. chinalibs. net/book/n0989. pdf.

二、第二次公共图书馆评估定级的历史地位和作用

第二次评估定级是世纪交替之际对公共图书馆事业发展的大检查、大练兵，是探索公共图书馆科学评估的里程碑事件，对于公共图书馆事业发展具有开创性、探索性意义，积累的经验和教训为以后评估工作的开展奠定了良好的基础。

第二次评估定级是文化主管部门对公共图书馆的一次宏观调控，既顺应国家对图书馆事业的管理要求，又促进了图书馆事业快速进步。

具体来讲，第二次评估定级主要发挥了以下几方面作用。

（一）政府和文化主管部门更加重视图书馆事业

公共图书馆是政府兴办的公益性事业，公共图书馆的发展离不开政府的有力支持，政府是公共图书馆建设的主体。虽然在 20 世纪 90 年代图书馆事业发展较快，但政府支持力度不够，公共图书馆建设仍处于普遍落后的状态。在访谈中，专家刘洪（广东省立中山图书馆学术研究部主任）回忆道："第二次评估是 20 世纪末开展的，那个时候公共图书馆在决策机关眼中，说起来重要，做起来不重要，这是普遍现象。公共图书馆事业发展受困，普遍存在经费不足、设施落后、工资福利低的情况。"公共图书馆受重视程度不足，社会地位不高，在这一背景下，公共图书馆评估"以评促建"的作用显著。

各级图书馆都把评估定级当作促进公共图书馆事业发展的难得机遇，努力争取政府财政支持。评估标准中规定的一些项目指标实际上是在考评各级政府对当地图书馆的重视程度和扶持力度。1994 年文化部组织的第一次评估定级工作以来，党和政府提高了对图书馆工作的重视程度，有些地方政府把图书馆发展写进当地工作发展报告中，作为重要的民生项目来推动，有些地方政府明文规定要求各区县改善图书馆办馆条件、增加经费，有些地方政府将第二次评估结果与先进文化县等评比活动挂钩，有些地方政府出台专门政策支持图书馆人才引进等，这些举措都促进了图书馆事业的大发展。除此之外，各地政府都加大了对图书馆的财政支持，许多图书馆在建设方面取得了很大进步。河南省郑州图书馆自1995 年起就为创建国家一级图书馆做准备，他们积极宣传图书馆的作用，树立图书馆的良好形象，并取得市委、市政府的支持，财政补助收入连续三年成倍增长，其购书经费 1995年只有 10 万元，到 1998 年已增加到 70 万元；河南省焦作市各级领导对第二次评估定级工作非常重视，市政府大幅度增加对图书馆的经费投入，文献购置费从 1997 年的 10 万元增至 1998 年的 33 万元①。吉林省德惠市政府为使德惠市图书馆此次评估能上二级图书馆，

---

① 杨永霖. 以评估为契机 全面推进我省公共图书馆事业健康发展——在全省公共图书馆评估定级工作总结会议上的讲话 [J]. 河南图书馆学刊，1999（4）：7 - 9.

于 1997 年增加投入 20 多万元，用于增购图书、购置计算机和维修馆舍；吉林省洮南市文化局努力筹措资金，为洮南市图书馆添置了一系列现代化设备①。

评估标准的出台，使得政府"给钱"更有依据，图书馆争取经费支持更有底气。比如关于图书馆馆舍面积的硬性条件，使得中小图书馆以此为依据争取政府新建图书馆，增加馆舍面积以满足评估要求。评估标准无异于图书馆建设发展的"规范性"条文，促使政府和文化主管部门加强重视，提高对图书馆的人力、物力、财力支持。

（二）促进图书馆业务建设全面发展

第二次评估定级的标准涉及图书馆的办馆条件、基础业务建设、读者服务工作、业务研究与辅导、管理、表彰和奖励等，对图书馆发展建设的各个方面提出了较为全面的科学指标体系和具体要求。各级图书馆如何建设、怎么建设，评估标准给了具体的指标和规范，使得图书馆事业发展更加科学和有序。图书馆评估标准要求图书馆全面建设发展，不能顾此失彼，要多方面、多层次地进行建设和发展。

第二次评估定级工作历时一年多，给了各馆对照标准、查漏补缺的时间，各馆检查以往的工作，发现自身问题，及时对照改正，促进了图书馆业务的全面发展。针对标准"办馆条件"中的馆舍面积要求，许多图书馆为了获得更好成绩争相新建或扩建图书馆，增加馆舍面积，最典型的就是上海图书馆新馆，其宏大的建筑、温馨的读书环境、精巧的布局，使得上海图书馆新馆成为上海市典型的城市名片。开封市图书馆 1994 年被认定为三级图书馆，为了在第二次评估定级工作中被认定为二级图书馆，做了大量工作。针对评估标准中"利用计算机及网络开展服务"的要求，开封市图书馆争取市文化局的支持，获得经费支持，只用了两个月时间，使图书馆自动化系统投入使用。湖南双峰县图书馆针对标准"文献标引与著录"的要求，对全馆所有藏书进行了全面清理，严格按《中图法》进行分类排架，规范著录，实现书、卡、号统一，建立了较完善的目录体系；同时对建馆以来 3 万余册杂志、200 多种报纸，进行了清理、分类、加工和装订编目，大大方便了读者②。

（三）提升图书馆服务意识

图书馆"重藏轻用"观念一直存在，服务意识普遍不强。第二次评估标准与第一次标准相比，总分、总项不变，提高了对省、地市馆的要求，增加了办馆条件、基础业务建设和读者服务工作的评估分值，减少了业务研究与辅导、表彰等图书馆内部工作的评估，突

---

① 吉林省公共图书馆评估工作总结与事业状况分析［J］. 图书馆学研究，1999（4）：96-98.
② 阳春香. 抓图书馆评估 促事业发展［J］. 图书馆，1999（6）：54-55，67.

出了对图书馆服务工作、服务标准的重视。以省馆标准为例，增设了馆外服务、方便读者服务措施、开架书刊册数/总藏量等9项内容，服务标准也提高了许多，比如周六日闭馆，每周开馆时间这项指标不得分。评估标准考察图书馆服务工作，提升馆员服务意识，注重服务实效。

为了满足评估服务标准，各地各级图书馆依据自身特色和条件，创新服务形式、完善服务方式。在服务方式上，各地图书馆延长了开馆时间，普遍实行了开架阅读、开放办证、增加服务点等。上海市图书馆在文献开放上，提出了三个方针：即收藏与展示相结合、收藏与研究相结合、收藏与开发相结合。上海市图书馆为了让更多馆藏文献与读者见面，提升馆藏文献的利用率，举办如各种讲座、展览、读书日等活动。为了扩大服务范围，连云港市图书馆领导多方奔走争取到了一部分专项资金，再加上部分馆内自筹资金，开设了汽车图书馆，把书籍送到人民群众家门口，受到了当地读者的热烈欢迎。河南省图书馆在全省建立了34个馆外借书点，有的借书点直接建在村里，极大地方便了读者；郑州市图书馆在河南省率先作出365天开放的承诺，实现了全开架阅览，并且千方百计改善读者的阅读环境。图书馆坚持"读者至上"的服务宗旨，变被动服务为主动服务、开放服务，服务意识增强，正逐渐转变为"没有围墙的大学"，服务社会、服务人民的功能定位不断凸显。

（四）全面提升图书馆的社会地位

由于长期以来图书馆整体处于保守、封闭和被动的状态，社会各界对图书馆的职能、作用和工作范围没有明确的了解和认识，对图书馆发展十分不利。

评估定级工作对图书馆社会地位提升明显，主要体现在图书馆宣传、读者活动和教育培训、咨询服务上。评估标准要求图书馆加强宣传，图书馆提高了宣传意识，加大了宣传力度，主动向社会传递图书馆声音，改善了图书馆形象。通过评估定级工作，图书馆开展了丰富多彩的读者活动和形式多样的教育培训，不仅次数远超评估标准要求，而且形成了制度化、规范化的长期活动。比如上海图书馆创办的"上海职工家庭周末读书会""双休日形势报告会"，江阴市开展的"一二三家庭读书工程"活动，南京秦淮区图书馆在江苏省开展的"状元杯十佳藏书家"评选活动，均在图书馆界产生很好的影响；佛山市图书馆每年平均举办各类读者活动60次，1997年举办86次各类读者活动，活动内容异彩纷呈，有展览、讲座、座谈会、沙龙、报告会、演示会、读书节等。在咨询服务上，图书馆依照评估标准，努力提升咨询服务的质量和水平。比如，上海图书馆和情报所进行合并，利用图书馆的资源，为上海市城市建设和政府决策提供咨询和参考服务，服务社会主义现代化建设，贡献图书馆力量和智慧；1997年佛山图书馆信息部成功为佛山市领导参加全国人大八届会议提供议案背景材料，仅用一个星期就提供了47份相关专题信息。

（五）促进图书馆队伍整体素质的提高

从目前公共图书馆的人员情况看，人员素质虽然较以往有了普遍提高。但面对新的形势，人员素质仍不适应需要。总体上看，学历较低，不少人缺乏专业学历教育，特别是硕士研究生以上的高学历人员更是匮乏。

第二次评估标准对图书馆人才的重视和培养要求进一步提高。以省图书馆标准为例，大学本科以上学历/职工人员总数（％）和高级职称/业务人员总数（％）都由过去的3分提高到5分，领导班子状况这一栏中"具有本科学历或副高职称以上的不低于3/4"这一项由过去的4分提高到8分。评估标准对图书馆整体队伍素质要求进一步提高，对图书馆工作人员的学历、职称比例、业务培训时间提出了明确要求，同时也对代表科研水平的获奖项目提出了赋分要求。这些要求对图书馆人才队伍优化、人才培养具有积极意义。为了满足第二次公共图书馆评估标准，各地区公共图书馆一方面应加大人才的引进，尤其是吸纳高学历人才，加强科研投入，积极服务社会；另一方面应加强馆内人员整体素质的提升，通过开展理论和专业知识培训，开办技术培训班，开展名师讲座等提升馆员的素质，制定相应的人才制度和规范，使得图书馆人才培养初见成效。

三、第二次公共图书馆评估的不足与缺陷

第二次公共图书馆评估定级工作推动了图书馆事业的大发展，是一次较为成功的政府宏观调控图书馆发展的活动。然而，第二次公共图书馆评估定级工作由于可借鉴经验较少、开展时间过短、各地区图书馆发展差异较大等原因，也出现了一系列问题，这值得反思和改进。

（一）评估定级宣传工作有待加强

公共图书馆评估定级工作是公共图书馆事业发展的重要一环，评估定级宣传工作至关重要。虽然在第二次公共图书馆评估定级中，中央和各省市成立了评估定级领导小组，也组织了评估定级培训会和说明会，但是宣传工作仍不到位。主要表现在参评的公共图书馆占全部公共图书馆的比重还不是很高，有相当多的图书馆没有参与这次评估定级工作，像贵州省图书馆第一、二次公共图书馆评估定级都没有参与，这是评估事业的一大损失；还有一个比较鲜明的表现就是图书馆经费不足，财政拨款虽然比以前要多，但是部分政府主管领导还没有充分认识到图书馆的重要性，对图书馆的支持力度还较弱。因此，应当提升宣传评估定级工作的重要性和必要性，提升参与评估的图书馆数量，提高图书馆评估的质量。

（二）评估定级时间未能满足整改需要

第二次公共图书馆评估定级工作从 1997 年下半年开始，1999 年 8 月基本完成，但是留给图书馆对照评估标准查漏补缺的时间严重不足。比如，图书馆办馆条件中"馆舍建筑面积指标"，要求县级图书馆最低满足 800 平方米的建筑面积，但有的县甚至连图书馆都没有，这样的图书馆需要在不到一年的时间，争取经费并且建一所满足要求的图书馆是不太现实的。评估的目的是"以评促建"，带动图书馆的建设发展，因此，评估定级要留给图书馆充足的时间，加强自身薄弱环节建设。

（三）评估定级部分标准有待商榷

第二次公共图书馆评估定级的标准存在部分问题，最重要的就是全国一个标准的问题。全国同等级的图书馆都采取一个标准，"一把尺子量到底"，是具有科学性的。但是这个尺子怎么量、评估的标准和定级的标准是否一致，都是值得探讨的。这次评估标准中办馆条件的许多评分项就存在有些发达地区的图书馆超过最高标准，有些欠发达地区的图书馆达不到最低标准的情况。这就使得图书馆积极性不高，超过标准的图书馆没有必要继续提高，达不到标准的图书馆没有能力符合标准。因此，评估定级应当在一把尺子评估的前提下，合理评估不同馆的发展水平，兼顾大馆小馆的差距、东部西部地区图书馆的差距、发达地区和欠发达地区图书馆的差距、地方特色与统一标准的差距。

然后就是评估标准"服务与业务"的占比关系。图书馆的定位是公益性事业，是服务性事业。但在评估标准中，还是偏向业务评估，服务部分赋值相对较低。图书馆评估标准修订必须重视图书馆的服务，始终坚持"用户至上、读者中心"的服务理念，加大服务的评估标准占比，用评估标准驱动图书馆提供优质的服务。

最后就是关注图书馆新技术的应用。图书馆自动化、网络化技术的普及，要有一个有力的规则引导，这也是评估的作用。然而在第二次公共图书馆评估定级中关于新技术的应用分值较低，还是侧重对传统图书馆的评估，这不利于新技术的推广应用。应当提高对新技术应用的评估分值，"以评促建"，驱动图书馆加强资源数字化、网络化、自动化，进而全面拥抱数字图书馆。用新技术进行图书馆赋能，是未来图书馆评估的重要方向。

（四）缺乏评估奖惩机制和问题督导改进机制

第二次公共图书馆评估定级缺乏奖惩机制。评估定级后，文化部公布了一、二、三级图书馆的定级名单，没有配套相应的奖惩机制。一方面，已经评上等级的图书馆没有经费奖励或是其他形式奖励，这极大降低了图书馆的积极性。对于地方馆来讲，当地政府投入较大，图书馆取得了较好成绩，却没有相应的荣誉奖励，对政府后续持续投入是大的挑战。另一方面，对于比第一次评估成绩差的图书馆没有惩罚措施，有的图书馆在发展中落后，文化部也没有出台相应的通报批评政策，这样就有可能造成一批图书馆不思进取，影响整个图书馆事业的健康发展。

第二次公共图书馆评估定级还缺少问题督导改进机制。在本次评估中，专家组在对图书馆实地评估过程中，发现了一些问题并反映给馆方。馆方在接收到反馈意见后，是否采取措施进行改正，这一后续行动并没有特定部门进行监督，评估工作缺乏闭环。一些图书馆在定级之后，会忽视存在的问题，没有针对性改正，这也不符合评估定级的目的和初心。必要的问题督导改进机制是评估定级工作尽善尽美不可或缺的一环，应当在以后的评估定级工作中补充完善。

第八章　我国第三次公共图书馆评估定级研究

2003 年，文化部决定在全国开展第三次公共图书馆评估定级工作（以下简称"第三次评估"），评估定级的对象是省、市、县（区）公共图书馆（包括少年儿童图书馆）。中国图书馆学会于 2003 年 7 月中旬制定出各级图书馆评估细则。在实施评估过程中，各级图书馆对照评估标准，寻找差距，努力整改，"以评促建"，从设施达标、布局合理、功能完善、资源丰富、服务优化角度着手，一方面积极争取改善办馆条件，另一方面努力改进图书馆各项业务工作与管理工作，不断提高服务水平。到 2005 年 5 月，国家图书馆完成文化部委托的第三次评估定级工作，完成省级、地市级、县级的各馆 4800 多个评估数据汇总统计。本章回顾第三次评估时的社会背景，评估工作实施的详细过程，就其指标体系的设立和最终定级结果进行分析，并在此基础上总结了此次评估的深远意义与存在问题，为后续评估工作提供理论与实践支持。

第一节　第三次公共图书馆评估定级背景

一、社会环境

跨入 21 世纪，中国的图书馆事业进入一个高速发展的时期。一方面，知识经济时代的到来为图书馆建设与发展带来契机。21 世纪是知识经济时代，信息成为和物质、能源并列的三大基本资源之一。为了满足人民日益增长的信息和知识需求，社会各个领域都在加大对文化信息产业的投入。图书馆作为人类知识组织、交流和使用的中介，在知识经济链条中占据重要地位，在推进知识经济的发展中发挥着举足轻重的作用。另一方面，我国的政治经济环境为图书馆的建设发展提供沃土。图书馆作为社会文化机构，其发展与所处社会的政治和经济环境是分不开的。21 世纪初，经过改革开放 20 多年的积累，我国已经初步建立社会主义市场经济体制，国民经济持续高速发展，综合国力大大增强。稳定的政治环境为图书馆的发展奠定基石；不断繁荣的经济在为图书馆的发展提供资金和物质保障的同时，也加大社会对信息的需求，促使图书馆更好地满足经济时代下的信息需求。

在这样的时代大背景与我国持续繁荣发展的政治、经济环境下，政府不断加强公共文化建设，以东莞图书馆为例，冯玲（东莞图书馆副馆长）回忆道："2004年的评估，适逢4.5万平方米的新馆建设处于筹建与规划的紧张收尾阶段，市委、市政府提出打造文化新城、建设图书馆之城的目标，为图书馆事业提供前所未有的发展环境和机遇，人员队伍也在壮大。"

与此同时，"知识工程"项目与基层图书馆的兴起也为这一阶段图书馆发展的社会环境带来巨大的影响。

（一）政府对公共图书馆财政投入明显增加

进入21世纪，随着国民经济的快速发展和各级领导对文化建设的不断重视，各地政府纷纷加大对公共图书馆的经费投入。许多图书馆除了政府拨款之外，还抓住评估的良好时机，争取到政府更多优惠政策和待遇，不少新建、扩建和改建的图书馆得到政府的财政支持，各级图书馆的馆舍面积普遍增加，馆区环境得到优化，其中不少图书馆成为城市的标志性建筑。例如，北京市各区（县）图书馆基础建设和办馆条件有了根本性的转变，各区（县）图书馆普遍新建、改建或扩建属地图书馆，使各城区、近郊区的面积分别达到5000平方米以上。远郊区、县馆的面积达到3000平方米以上，各馆年财政拨款多则四五百万元，少则百万元以上，掀起北京市区（县）图书馆基础设施建设的一个高潮。安徽省自1998年以后，省财政投入7000万元对安徽省图书馆进行改扩建；合肥市政府投资8000万元，新建15000平方米的现代化图书馆；浙江省仅2002年至2003年，兴建新图书馆约占现有图书馆数的30%①。

随着各地政府对图书馆投入的大幅增加，图书馆的设施条件明显改善，服务水平也明显提高。图书馆无须再自行创收，可以将工作重心放在社会效益上。

（二）"知识工程"为社会带来浓厚读书氛围

1997年，文化部发起"知识工程"项目，旨在"倡导全民读书，建设阅读社会"。2000年，"知识工程"领导小组组织全国各系统图书馆开展以"传播科学知识、宣传科学思想、倡导科学方法、弘扬科学精神"为主题的图书馆服务宣传周活动，并与中国图书馆学会联合举办"新世纪图书馆科普教育"系列活动，在全国公共图书馆中开展了评选"读者喜爱的图书馆"活动，并于每年12月在全国举办"全民读书月"活动②。在"知识工程"的推动下，各地读书热潮兴起，方式越发创新，影响日益扩大，全社会逐渐形成"多读书、读好书"的良好氛围和文明风尚。

---

① 李国新. 中国图书馆年鉴2006 [M]. 北京：现代出版社，2006：115－116.
② 韩永进. 中国图书馆史：现当代图书馆卷 [M]. 北京：国家图书馆出版社，2017：380.

(三) 基层图书馆兴起

进入 21 世纪以来，城市社区和农村乡镇成为国家文化工作的重点，图书馆建设重心也逐渐下移，向城市社区和农村乡镇延伸，大量基层图书馆涌现。

在城市社区图书馆建设方面，2000 年，中共中央办公厅、国务院办公厅转发《民政部关于在全国推进城市社区建设的意见》，随着全国范围内城市社区建设的不断推进和各级政府在社区文化建设中的大力投入，社区图书馆作为社区的重要文化设施得到快速发展。2002 年，北京市社区文化建设规划特别强调街道和社区图书馆建设。半年时间内，朝阳区建立起 12 个具有万册图书的社区图书馆。湖南省长沙市的社区图书馆从一开始的 10 余个猛增到 2002 年的近 200 个①。深圳从 1979 年设立经济特区到 1993 年下辖罗湖、福田、南山、宝安、龙岗五大城区，再到 1998 年设立盐田区，不断加快农村向城市化建设步伐，发展图书馆之城。1984 年建成设施条件国内领先的深圳图书馆新馆，宝安区自 1993 年至 2004 年底，市、区、街道（乡镇）、社区（村）四级政府共投资 2000 多万元，除建成 1 个区图书馆和 10 个街道（乡镇）级图书馆外，共建共享社区（村）级公共图书馆 120 个。至 2003 年末，深圳市有市、区公共图书馆 8 个，其中达到国家一级标准 4 个、基层图书馆 339 个，总藏书量超过 635 万册，户籍人口人均 4.6 册，常住户籍人口人均 1.25 册②。社区图书馆的兴起极大地丰富了居民文化生活，并在社会教育、传递信息方面产生深远影响。

在农村乡镇图书馆建设方面，2001 年，文化部发布《关于贯彻落实"三个代表"重要思想进一步加强农村文化建设的指导意见》，要求"力争在 2 至 3 年内，通过中央和地方的共同努力，实现县县有图书馆、文化馆或综合性文化中心的目标，进一步提高文化的服务能力，扩大服务范围；在地广人稀的地方，可以建集文化馆、图书馆功能于一体的综合性文化中心"，并提出将"重点对无图书馆、文化馆的县给予资助"③。各地也陆续出台有关加强农村文化建设的文件，乡镇图书馆在这一时期得到大力发展，但依然存在经费不足、"空壳化"严重的问题。2003 年，全国有 534 个县级公共图书馆没有购书费，占当年县级图书馆总数的 23.8%④。针对这一问题，"送书下乡工程"为中西部贫困地区基层图书馆采购配送图书，以支撑农村乡镇图书馆建设。

---

① 张树华，张久珍. 20 世纪以来中国的图书馆事业［M］. 北京：北京大学出版社，2008：188.
② 黄峒胜. 城市转型更需要有文化品味的图书馆［C］//中国图书馆学会. 以人为本，服务创新. 北京：北京图书馆出版社，2005：34 - 38.
③ 申晓娟. 面向公共图书馆服务体系建设的图书馆事业政策研究［D］. 武汉：武汉大学，2013.
④ 李国新. 我国公共图书馆事业进一步发展的突破口——县级图书馆的振兴与乡镇图书馆的模式［J］. 图书馆，2005（6）：1 - 5.

基层图书馆的快速发展，进一步满足了人民群众的精神文化需求，为民众尤其是乡镇居民带来更便利的借阅服务；同时，也为我国图书馆网络化建设奠定基础，促进公共文化服务均等化发展，为文化信息资源共享创造条件。

二、政策支持

（一）多项文化工程带动图书馆事业整体发展

党的十六大提出全面建设小康社会的奋斗目标，将文化建设和文化体制改革升级为国家战略，公共文化建设从文化部门行为上升为党委政府行为。以"公共文化""数字文化""资源共享"为关键词的国家公共文化服务体系制度设计工作全面开展①。

2002 年 4 月，文化部和财政部联合发布的《关于实施全国文化信息资源共享工程的通知》，是我国公共图书馆事业重视公共文化服务、推行文化均等化的开端，由此我国公共图书馆开始走上"重服务"的转型之路②。文化信息资源共享工程主要依托各级公共图书馆建设数字文化资源，形成以国家为中心，省级分中心为骨干，基层中心为服务端的数字文化信息资源服务网络。2003 年，国家中心加工的数字资源总量达到 18TB，各省级分中心也积极提供具有地方特色的数字资源，共有 15 个省级分中心向国家中心上缴数字资源③。截至 2004 年底，文化信息资源共享工程已拥有的数字资源包括：电子图书 1.2 万册、专题讲座 250 场、文艺演出 1503 场、电影电视片 430 部、美术摄影图片 2.1 万幅、文字资料 9200 万字。中央财政拨款累计达到 9500 万元，地方财政已投入文化共享工程专项资金 17 亿元。省级分中心达到 32 个，基层中心达到 1710 个，终端用户达 5 万多个，辐射人群上千万。省级分中心的资源共计 4TB④。

2002 年 5 月，文化部、财政部下发《关于印发〈中华再造善本工程实施方案〉的通知》，启动中华再造善本工程。该工程采用现代出版印刷技术，完成反映原貌、质量上乘的再造善本精品约 1000 种，并复制出版，统一装帧，统一编号，形成整套丛书，分藏于国家图书馆及各省、自治区、直辖市图书馆，方便社会公众和研究人员使用的同时，也确

---

① 胡唐明，郑建明，黄建年. 改革开放 40 年来我国图书馆事业的发展脉络与历史分期探析 [J]. 内蒙古科技与经济，2020（1）：106 - 108.

② 柯平，张海梅，张蓝. 公共图书馆事业管理的"三驾马车"——政策法律、发展规划与评估定级 [J]. 图书馆理论与实践，2019（8）：32 - 38，69.

③ 中华人民共和国年鉴编辑部. 中华人民共和国年鉴 2004 [M]. 北京：中华人民共和国年鉴社，2004：817.

④ 中华人民共和国年鉴编辑部. 中华人民共和国年鉴 2005 [M]. 北京：中华人民共和国年鉴社，2005：768.

保图书馆珍贵文献得到更好的保护。

2003 年 4 月，文化部、财政部下发《关于印发〈送书下乡工程实施方案〉的通知》，启动送书下乡工程，重点扶持中西部农村地区，解决贫困地区县图书馆、乡镇图书馆（室）藏书贫乏、购书经费短缺的问题，努力满足广大人民群众对知识、信息的需求。2003 年至 2005年国家财政每年拨款 2000 万，集中采购一批适合农村读者的图书并向农村乡镇图书馆配送。2004 年，共选出送书下乡工程专用图书 442 种，印制 1 768 000 册①，截至 2004 年底，送书下乡工程全国图书配送中心共发送图书 318.1 万册，图书总价值达到 6105 万元②。

以上重点文化工程带动我国公共图书馆事业的整体发展，其相关政策也成为我国图书馆事业政策环境中的重要组成部分，对后续图书馆事业政策乃至文化政策都产生较大影响。

（二）图书馆立法取得突破

2000 年以来，为了促进图书馆事业健康可持续发展，我国不断建立健全有关公共图书馆的各项法律法规。先是有各地方性法规陆续颁布，如 1996 年颁布的《上海市公共图书馆管理办法》《深圳经济特区公共图书馆管理条例》，2000 年颁布的《内蒙古自治区公共图书馆管理条例》《广西壮族自治区公共图书馆管理办法》，2001 年颁布的《湖北省公共图书馆条例》，2002 年颁布的《北京市图书馆条例》《河南省公共图书馆管理办法》，2003年颁布的《浙江省公共图书馆管理办法》等。

在地方立法的推动下，图书馆界及社会各界关于立法的呼声不断高涨。2001 年 4 月，在文化部的组织下，《图书馆法》专家座谈会在天津召开，图书馆立法正式成为全国人大的立法项目，《中华人民共和国图书馆法》的起草工作正式启动。但由于立法中许多认识性问题和技术性问题缺乏充足的理论研究和实践调研准备，并存在"大法""小法"之争，2004 年 6 月，立法进程停止③。

三、技术条件

科学技术是推动社会发展的强大动力，21 世纪以来，信息技术的快速发展推动着图书馆的巨大变革。

第一，图书馆资源数字化。传统图书馆以印刷型文献为主，21 世纪以后，随着电子

---

① 刘小波，温静.基层文化建设任重道远——访文化部社会文化图书馆司副司长李宏［J］.小城镇建设，2005（10）：8 - 10.

② 中华人民共和国年鉴编辑部.中华人民共和国年鉴 2005［M］.北京：中华人民共和国年鉴社，2005：768.

③ 韩永进.中国图书馆史：现当代图书馆卷［M］.北京：国家图书馆出版社，2017：367.

出版物和网上信息的不断丰富，各图书馆开始大量存储电子型文献。辽宁省图书馆将原来馆藏的资料转换为数字化形式；上海交通大学图书馆将一些民族音乐数字化，存储乐谱和乐曲，并提供五线谱到简谱的转换功能和点播服务；北京图书馆（今国家图书馆）和上海图书馆将自身馆藏的孤本、善本和古画等珍贵资料数字化。电子资源可交流程度高、传递速度快、内容形式多样、方便存储等特点正不断改变着图书馆资源的结构。

第二，图书馆形态虚拟化。21 世纪，我国积极建设各类型数字图书馆。2000 年以前我国数字图书馆建设处于起步阶段。1997 年，国家计委批准立项中国试验型数字图书馆项目。1998 年，国家图书馆提出中国数字图书馆工程。1999 年 2 月，国家图书馆千兆馆域网开通，这标志着我国图书馆的数字化建设迈出一大步。1999 年 6 月，"中国期刊网"开通仪式暨中国知识基础设施工程（CNKI）规划报告会在清华大学举行。当时，CNKI 工程集团建成世界上全文信息量规模最大的"CNKI 数字图书馆"。

2000 年后，中央财政对数字图书馆建设给予巨大的资金支持，我国数字图书馆建设也迎来转折点，迈入规模化建设阶段。2000 年 4 月，文化部组建"中国数字图书馆工程建设管理中心"，开始在全国倡导实施中国数字图书馆工程，旨在建设超大规模的优质中文信息资源库群，并通过国家高速宽带网向全国及全球提供服务，最终形成世界上最全面、最系统的网上中文信息基地和服务中心。4 月 5 日，文化部在国家图书馆主持召开"中国数字图书馆工程第一次联席会议"，这标志着筹备多年的数字图书馆工程正式进入实质性操作阶段。中国数字图书馆工程资源建设指导委员会选取国内 20 家图书文献提供机构联合制作地方文化旅游、少年儿童网上信息大世界、金融证券 3 个资源库。从 2001 年下半年起，数字资源建设的范围延伸到文艺表演团体、博物馆、美术馆等文化事业单位的特色资源，数字资源量大大增加①。2001 年 10 月，"国家图书馆二期暨国家数字图书馆基础工程"经国务院批准立项，并被列为"十五"计划的重点建设项目。该项目在国家图书馆新馆内建成"国家数字图书馆国家中心"，这是我国数字图书馆工程发展历史上极为关键的一步。数字图书馆的出现，使图书馆信息资源共享发生质的改变。用户与信息资源之间的距离缩小了，人们通过网络可以快捷地获取所需信息，实现全球信息资源共享，不再受单个图书馆资源数量的限制。

第三，图书馆管理自动化。自动化管理有利于对馆藏资源进行有效开发及充分利用，从而更好地为广大读者提供服务。2002 年 11 月 28 日，国家图书馆计算机综合管理系统——ALEPH500 系统正式进入使用阶段，国家图书馆从此开始业务整体流程自动化管理

---

① 中华人民共和国年鉴编辑部. 中华人民共和国年鉴 2002［M］. 北京：中华人民共和国年鉴社，2002：897.

时代。中国科学院图书馆、中国社会科学院图书馆等大型图书馆均使用该系统①。随后，我国图书馆自动化建设的规模不断扩大，这一点从使用图书馆自动化系统的图书馆数量就可以看出。2004 年，ILAS 系统的用户已经发展到 1700 多家，清大新洋系统的用户有 1200 多家，丹诚系统的用户有 500 多家，金盘系统的用户有 400 多家，文津系统的用户有 300 多家②。自动化建设也越来越成为现代图书馆的一个重要标志。

第四，图书馆资源共享化。信息资源共享可以节约资金，提高资源利用效率，是图书馆界共同追求的目标。2000 年前后，网络环境与数字化服务的发展为信息资源共享提供了广阔的空间，高效便捷的图书馆信息资源共享工程快速发展。1998 年 11 月，由教育部领导的中国高等教育文献保障体系（CALIS）建设项目正式启动。2000 年 6 月，由科技部牵头组建国家科技图书文献中心（NSTL）。2002 年 5 月，由文化部组织实施的全国文化信息资源共享工程国家中心在国家图书馆成立。三个信息资源共享服务体系的形成，标志着我国图书馆的协作规模与水平步入一个新的阶段。据统计，在 2000 年资源共享方面的文献仅占全年文献的 4.5%，但随后几年快速增长，在 2002 年达到 17.5%③。

以新疆维吾尔自治区图书馆为例，王曙光（新疆维吾尔自治区图书馆原副馆长）回忆说："2004 年，全疆的自动化基本处于刚起步的阶段。我印象比较深的是，当时依托共享工程的建设，在新疆的 14 个地级市、地区、自治州，以及部分的自治区直辖县级市中，应该有 20 多个县级市，建设了基本的自动化、网络化硬件设施。克拉玛依市因为经费相对充裕，实现了自动化、网络化基本覆盖。"

第二节　第三次公共图书馆评估定级回顾

为了摸清图书馆的发展现状，加强对图书馆的管理，进一步推动全国公共图书馆事业的发展，文化部决定在全国开展第三次评估定级工作，评估定级的对象是省、市、县（区）公共图书馆（包括少年儿童图书馆）。

一、评估部署

2002 年 12 月 1 日，文化部印发《关于开展 2003 年县以上公共图书馆评估定级工作

---

① 韩永进.中国图书馆史：附录卷［M］.北京：国家图书馆出版社，2017：166.
② 张树华，张久珍.20 世纪以来中国的图书馆事业［M］.北京：北京大学出版社，2008：428.
③ 张树华，张久珍.20 世纪以来中国的图书馆事业［M］.北京：北京大学出版社，2008：452.

的通知》（文社图发〔2002〕54 号），以及省级、地市级、县级公共图书馆的评估标准和各级图书馆定级必备条件等文件。为加强领导，文化部为第三次评估定级成立公共图书馆评估定级工作领导小组：由文化部副部长、中国图书馆学会理事长周和平担任组长；文化部社会文化图书馆司司长张旭和国家图书馆副馆长、中国图书馆学会常务副理事长杨炳延担任副组长；文化部社会文化图书馆司副司长周小璞和中国图书馆学会副理事长孙蓓欣担任执行副组长；成员有文化部社会文化图书馆司助理巡视员刘小琴、文化部社会文化图书馆司图书馆处副处长张小平、中国图书馆学会秘书长汤更生。文化部要求各地成立相应的领导机构，其主要职责是：制订评估工作计划；审定专家评估组名单；对评估工作进行指导；审核图书馆的评估结果和定级名单；对评估工作进行总结与分析。

评估定级工作原计划于 2003 年 6 月至 8 月对地市级、县级图书馆进行评估；8 月至 10 月对省级图书馆，以及副省级城市、计划单列市图书馆进行评估；9 月汇总各省评估结果和总结报告；10 至 11 月确定分数线和建议等级；12 月确定等级并公布。但由于 2003 年上半年非典疫情暴发，我国社会生活各个方面均受到很大影响。为避免疫情进一步扩散，各地公共图书馆先后闭馆。2003 年 6 月，文化部再次印发《文化部办公厅关于县以上公共图书馆评估定级工作的补充通知》，将第三次评估定级工作延期至 2004 年进行。

二、评估细则制定与评估培训

2003 年，中国图书馆学会积极配合文化部社图司，承担起制定《各级图书馆评估标准与细则》（以下简称《细则》）的工作。中国图书馆学会副理事长孙蓓欣亲自主持《细则》的制定，《细则》的制定得到文化部社图司领导的大力支持和具体指导。为使各级图书馆和评估小组在实施评估时，既能准确地理解和掌握《细则》各条款的要求，又符合我国公共图书馆的实际情况，中国图书馆学会以《细则》为依据，多次向各级图书馆的专家征求意见和建议，与社图司领导一起，逐条讨论，仔细推敲，反复修改、校对，先后达十余次。在充分采纳专家们建议的基础上，对省级、地市级、县级公共图书馆和少年儿童图书馆六种细则的大部分款项做了更为详细的解释和分值的细化分配，并对各级图书馆提出评估需要提供相应材料的具体要求，从而大大增强评估工作的可操作性。同时，为保证评估工作的全面性，在《细则》之外，中国图书馆学会还针对评估要求，设计了"图书馆领导班子考评表""图书馆读者调查表""读者满意率调查汇总表""图书馆消防工作考核表""图书馆保卫工作考核表""公共图书馆评估结果汇总表"①。

中国图书馆学会于 2003 年 7 月中旬制定出了省级、地市级、县级公共图书馆的评估细则。经文化部审核批准后，文件正式下发各省、自治区文化厅（局）和省图书馆学会，同时在中国图书馆学会和全国文化信息资源共享工程的网页上全文发布。

2004 年 2 月 9 日至 19 日，中国图书馆学会分别在成都、郑州、大连三地举办了"全国公共图书馆评估培训班"。图书馆界专家对来自全国各省级、地市级、县级图书馆和文化厅（局）等部门的 507 名学员进行培训辅导。

三、正式评估与定级

2004 年 4 月至 8 月，除港澳台及西藏自治区，全国 30 个省、自治区、直辖市，全面开展了评估工作，参加评估的图书馆超过公共图书馆总数的 70%。中国图书馆学会首次受到文化部的委托，组织 4 个专家评估组，对省级图书馆和副省级城市、计划单列市图书馆进行评估。各省（区、市）文化厅（局）负责组织对所属地市级、县级图书馆进行评估。专家评估组成员一般具有副研以上专业职称，熟悉图书馆评估标准，有一定的评估工作经验，公道、正派。各省（区、市）文化厅（局）业务主管部门参与图书馆评估工作，以掌握第一手资料。

随后，各级图书馆对照评估标准，寻找差距，努力整改，以评促建，从设施达标、布局合理、功能完善、资源丰富、服务优化角度着手，积极改善办馆条件，努力改进业务工作，不断提高管理和服务水平。中国图书馆学会共整理评估反馈材料近万字上报文化部，完成了 1993 个参评地市级、县级图书馆的评估结果汇总工作②。

2005 年 6 月 14 日，经过前期对省级、地市级、县级图书馆的馆 4800 多个评估数据的汇总统计，文化部发布《文化部关于命名一、二、三级图书馆的决定》（文社图发〔2005〕15 号），确认全国共有 1440 个公共图书馆被评为三级以上图书馆，其中一级图书馆 344 个、二级图书馆 412 个、三级图书馆 684 个。与前两次评估定级的比例相比，第一次评估上等级馆占参评图书馆 53%，第二次评估上等级图书馆占参评图书馆的 66%，第三次评估定级被定为一、二、三级图书馆的占参评图书馆的 71%，比例有所增加。

---

① 中国图书馆学会制定公共图书馆评估标准《细则》［EB/OL］．［2021 - 05 - 20］．http：//www. lsc. org. cn/contents/1190/14. html，2006 - 04 - 03/2021 - 07 - 20.

② 中华人民共和国年鉴编辑部．中华人民共和国年鉴 2005［M］．北京：中华人民共和国年鉴社，2005：769.

第三节　第三次公共图书馆评估标准分析

一、评估标准体系

2002 年 12 月文化部印发《文化部关于开展 2003 年县以上公共图书馆评估定级工作的通知》，以及省级、市级、县级公共图书馆的评估标准和各级图书馆定级必备条件等文件；2003 年 7 月中旬，正式下发省级、市级、县级公共图书馆及少年儿童图书馆共六种细则，这是公共图书馆评估工作首次下发标准细则。至此，第三次评估的每项指标均由指标、评估细则、标准与因素、分值四大方面构成，共同为第三次评估定级工作提供依据和尺度，具体指标体系见表 8 - 1、表 8 - 2。

表 8 - 1　第三次公共图书馆（成人图书馆）评估指标体系

一级指标	二级指标及指标数量（括号内）		三级指标数量	与第二次标准相比	
				新增三级指标	删除三级指标
办馆条件	省(5)	设施（3） 现代化技术设备（5） 经费（2） 人员（4） 总藏量（0）	14	现代化技术设备：电子阅览室计算机数量；OPAC 专用计算机数量；计算机信息节点；宽带接入 人员：业务人员岗位培训、继续教育	现代化技术设备：视听设备；复印设备；缩微设备 经费：纯创收收入；事业收入/创收收入；年捐赠收入 人员：开展馆内业务培训和计算机知识与技能培训情况
	地(5)	设施（3） 现代化技术设备（4） 经费（3） 人员（4） 总藏量（0）	14	设施：少儿阅览室座席 现代化技术设备：计算机数量；电子阅览室计算机数量；OPAC 专用计算机数量；网络对外接口 经费：新增藏量购置费 人员：业务人员岗位培训、继续教育	设施：设立少儿阅览室；藏书量/书架单层总长度；设备 经费：购书经费/财政补助收入；纯创收收入 人员：职工教育、岗位培训实施情况
	县(5)	设施（3） 现代化技术设备（2） 经费（3） 人员（4） 总藏量（0）	12	现代化技术设备：计算机数量；电子阅览室计算机数量 经费：新增藏量购置费 人员：业务人员岗位培训、继续教育	设施：书架；设备 经费：购书经费/财政补助收入；纯创收收入 人员：职工教育、岗位培训实施情况

续表

一级指标	二级指标及指标数量（括号内）		三级指标数量	与第二次标准相比	
				新增三级指标	删除三级指标
基础业务建设	省（6）	文献入藏（6） 藏书质量（5） 文献标引与著录（3） 藏书组织管理（2） 数据库建设（2） 自动化、网络化建设（2）	20	文献入藏：外文文献入藏；网上资源收集加工和利用 藏书质量：文献采选方针与执行情况；呈缴制度与执行情况；建有地方文献专藏体系 文献标引与著录：从编目中心下载上传书目数据 藏书组织管理：开架图书排架误差率；文献保护 数据库建设：馆藏书目数字化；自建数据库 自动化、网络化建设：馆内局域网；图书馆网站	文献入藏：图书入藏核查；期刊入藏核查；工具书入藏核查 文献标引与著录：外文图书分编误差率 目录设置组织管理：目录设置；目录组织误差率；目录管理 自建数据库：数目型数据库；全文型数据库；数据库应用 藏书组织管理：藏书排架误差率（闭架书库）；普通书刊保护；特藏、古籍书刊保护 自动化、网络化建设：计算机业务管理；网络建设
	地（7）	文献入藏（6） 文献采选方针及执行情况（0） 文献标引与著录（5） 目录设置、组织、管理（3） 藏书组织管理（2） 数据库建设（2） 自动化、网络化建设（3）	21	文献入藏：网上资源收集与加工 文献标引与著录：从编目中心下载上传书目数据 藏书组织管理：开架图书排架误差率 数据库建设：馆藏书目数字化；地方文献数据库 自动化、网络化建设：图书馆自动化管理；已建馆内局域网；已建图书馆网站	文献入藏：丛书、多卷书、连续出版物收藏；期刊入藏核查；工具书入藏核查 藏书组织管理：排架误差率
	县（5）	文献入藏（5） 文献标引与著录（4） 目录设置、组织、管理（4） 藏书组织管理（3） 自动化、网络化建设（4）	20	文献入藏：电子文献年入藏数量；视听文献年入藏数量 目录设置、组织、管理：设立机读目录 自动化、网络化建设：计算机业务管理；地方文献数据库建设；已建馆内局域网；已接入因特网	文献入藏：工具书收藏

续表

一级指标	二级指标及指标数量（括号内）		三级指标数量	与第二次标准相比	
				新增三级指标	删除三级指标
读者服务工作	省（6）	读者满意率（0） 普通服务（8） 检索、咨询服务（2） 信息服务（5） 读者活动（3） 社会教育与用户培训（0）	18	普通服务：弱势人群服务；送书上门、送书下乡 检索、咨询服务：年代检索课题数量；年解答咨询数量 信息服务：为领导机关决策提供信息服务；为科研与经济建设提供信息服务；为其他事业发展提供信息服务；图书馆网站利用状况（读者点击数） 读者活动：年读者活动人次	普通服务：发放借书证数；馆外服务；方便读者的服务措施 深化服务：获奖课题数
	地（6）	读者满意率（0） 普通服务（8） 检索、咨询服务（2） 信息服务（4） 读者活动（3） 社会教育与用户培训（0）	17	普通服务：弱势人群服务；送书上门、送书下乡 检索、咨询服务：年代检索课题数量；年解答咨询数量 信息服务：为领导机关决策提供信息服务；为科研与经济建设提供信息服务；为其他事业发展提供信息服务 读者活动：年读者活动人次	书刊借阅：馆内服务窗口；发放借书证数；方便读者的服务措施 参考咨询服务：完成课题；获奖课题
	县（6）	读者满意率（0） 普通服务（6） 检索、咨询服务（2） 为领导机关决策、为科研与经济建设等提供信息服务（0） 读者活动（3） 社会教育与用户培训（0）	11	检索、咨询服务：年代检索课题数量 读者活动：年读者活动人次	书刊借阅：馆内服务窗口；方便读者的服务措施 参考咨询服务：跟踪服务
业务研究、辅导、协作协调	省（4）	业务研究（4） 辅导（5） 协作、协调（5） 图书馆学会工作（0）	14	业务研究：科研立项；辅导：社区、乡镇图书馆（室）建设；共享工程基层中心建设 协作、协调：编制联合目录；网上联合目录参加单位数；网上联合目录条数；开展文献采购协调；开展文献馆际互借	业务研究：图书馆学刊物 协作、协调：协作协调情况

续表

一级指标	二级指标及指标数量（括号内）		三级指标数量	与第二次标准相比	
				新增三级指标	删除三级指标
业务研究、辅导、协作协调	地（4）	业务研究（2） 业务辅导（3） 协作协调（3） 图书馆学会工作（0）	8	业务辅导：基层辅导工作效果及业绩；基层图书馆建设协作协调；开展采购协调；开展馆际互借；编制联合目录	业务辅导：基层辅导时间；基层图书馆（室）工作辅导
	县（3）	业务研究（2） 业务辅导（3） 开展协作协调、资源共建共享（0）	5	业务研究：调查研究报告 业务辅导：基层辅导工作效果及业绩；基层图书馆建设	
管理	省（7）	人事管理（2） 财务管理（0） 设备、物资管理（0） 档案管理（0） 统计工作（0） 环境管理（0） 消防、保卫（0）	2	人事管理：实行聘用制、实行岗位管理和工作目标管理责任制；建立内部收入分配激励机制	
	地（7）	人事管理（2） 财务管理（0） 设备、物资管理（0） 档案管理（0） 统计工作（0） 环境管理（0） 消防、保卫（0）	2	人事管理：实行聘用制、实行岗位管理和工作目标管理责任制；建立内部收入分配激励机制	
	县（7）	人事管理（2） 财务管理（0） 设备、物资管理（0） 档案管理（0） 统计工作（0） 环境管理（0） 消防、保卫（0）	2	人事管理：实行聘用制、实行岗位管理和工作目标管理责任制；建立内部收入分配激励机制	

续表

一级指标	二级指标及指标数量（括号内）		三级指标数量	与第二次标准相比	
				新增三级指标	删除三级指标
表彰、奖励	省（0）		0		
	地（0）		0		
	县（0）		0		

资料来源：课题组整理。

表 8－2　第三次少年儿童图书馆评估指标体系

一级指标	二级指标及指标数量（括号内）		三级指标数量	与第二次标准相比	
				新增三级指标	删除三级指标
办馆条件	省（5）	设施（5）现代化技术设备（4）经费（2）人员（4）总藏量（0）	15	现代化技术设备：计算机数量；电子阅览室计算机数量；OPAC 专用计算机数量；网络对外接口人员：业务人员岗位培训、继续教育	设施：设立多媒体电子阅览室；设立电脑学习室；设备：计算机设备经费：购书经费单列；纯创收收入；年捐赠收入人员：职工教育、岗位培训实施情况
	地（5）	设施（5）现代化技术设备（3）经费（2）人员（4）总藏量（0）	14	现代化技术设备：计算机数量；电子阅览室计算机数量；网络对外接口人员：业务人员岗位培训、继续教育	设施：设立多媒体电子阅览室；设立电脑学习室；设备经费：购书经费单列；纯创收收入；年捐赠收入人员：职工教育、岗位培训实施情况
	县（5）	设施（6）现代化技术设备（2）经费（3）人员（4）总藏量（0）	15	设施：设立低幼儿童玩具室；设立电子阅览室；设立声像服务室现代化技术设备：计算机数量；除计算机以外的设备人员：业务人员岗位培训、继续教育	设施：设备经费：创收纯收入人员：职工教育、岗位培训实施情况

续表

一级指标	二级指标及指标数量（括号内）		三级指标数量	与第二次标准相比	
				新增三级指标	删除三级指标
基础业务建设	省（6）	文献入藏（4） 文献采选方针及执行情况（0） 文献标引与著录（5） 藏书管理与保护（3） 数据库建设（2） 自动化、网络化建设（2）	16	文献入藏：电子文献、视听文献年入藏数量 文献标引与著录：设立供读者使用的机读目录 数据库建设：馆藏书目数字化；特色数据库建设 自动化、网络化建设：馆内局域网；图书馆网站	文献入藏：少儿声像资料入藏率 目录设置、组织管理：目录设置；设立机读目录；目录组织误差率；目录管理 自动化建设：计算机业务管理
	地（6）	文献入藏（4） 文献采选方针及执行情况（0） 文献标引与著录（5） 目录设置、组织管理（4） 藏书管理与保护（3） 自动化建设（2）	18	文献入藏：报刊年入藏数量；电子文献、视听文献年入藏数量 文献标引与著录：设立供读者使用的机读目录 自动化建设：数据库建设	
	县（6）	文献入藏（3） 文献采选方针及执行情况（0） 文献标引与著录（4） 目录设置、组织管理（4） 藏书管理与保护（3） 计算机业务管理（0）	14	文献入藏：连环画、低幼读物年入藏数量；电子文献、视听文献年入藏数量 目录设置、组织管理：设立机读目录	
读者服务工作	省（5）	普通服务（6） 导读服务（4） 读者活动（4） 读者教育与用户培训（0） 深化服务（2）	16	普通服务：为特殊少儿读者服务 导读服务：阅读指导；网上导航	普通服务：发放借书证数；方便读者的服务措施 馆外服务：汽车图书馆
	地（5）	普通服务（6） 导读服务（4） 读者活动（4） 读者教育与用户培训（0） 检索、咨询（0）	14	普通服务：为特殊少儿读者服务 导读服务：阅读指导；网上导航	普通服务：发放借书证数；方便读者的服务措施 馆外服务：汽车图书馆

续表

一级指标	二级指标及指标数量（括号内）		三级指标数量	与第二次标准相比	
				新增三级指标	删除三级指标
业务研究、辅导、协作协调	县（5）	普通服务（6） 导读服务（3） 读者活动（4） 读者教育与用户培训（0） 检索、咨询服务（0）	13	普通服务：为特殊少儿读者服务 导读服务：阅读指导	普通服务：发放借书证数；方便读者的服务措施 馆外服务：汽车图书馆
	省（3）	业务研究（2） 业务辅导（4） 协作协调（0）	6	业务辅导：少儿图书馆网点建设	业务研究：少年儿童图书馆学刊物
	地（3）	业务研究（2） 业务辅导（4） 协作协调（0）	6	业务研究：参与地区或全国的学术活动 业务辅导：少儿图书馆网点建设	
	县（3）	业务研究（2） 业务辅导（3） 协作协调（0）	5	业务研究：年发表专业论文数；参与学术活动	业务研究：在省以上刊物发表论文篇数
管理	省（7）	人事管理（2） 财务管理（0） 设备、物资管理（0） 档案管理（0） 统计工作（0） 环境管理（0） 消防、保卫（0）	2	人事管理：实行聘用制、实行岗位管理和工作目标管理责任制；建立内部收入分配激励机制	
	地（7）	人事管理（2） 财务管理（0） 设备、物资管理（0） 档案管理（0） 统计工作（0） 环境管理（0） 消防、保卫（0）	2	人事管理：实行聘用制、实行岗位管理和工作目标管理责任制；建立内部收入分配激励机制	

续表

一级指标	二级指标及指标数量（括号内）		三级指标数量	与第二次标准相比	
				新增三级指标	删除三级指标
	县（7）	人事管理（2） 财务管理（0） 设备、物资管理（0） 档案管理（0） 统计工作（0） 环境管理（0） 消防、保卫（0）	2	人事管理：实行聘用制、实行岗位管理和工作目标管理责任制；建立内部收入分配激励机制	
表彰、奖励	省（0）		0		
	地（0）		0		
	县（0）		0		

资料来源：课题组整理。

根据表8-1、表8-2，与第二次评估相比，第三次评估在一级指标上保持一致，但在二、三级指标上都有所变动，具体分析如下。

（一）一级指标特点

第三次评估中，各级公共图书馆包括少年儿童图书馆在内的评估标准均设置"办馆条件""基础业务建设""读者服务工作""业务研究、辅导、协作协调""管理""表彰、奖励"六大一级指标，与第二次评估标准相比保持一致，这在一定程度上反映评估标准体系的延续性，以及一段时期内公共图书馆所承担的社会职能没有改变。

（二）二级指标特点

第三次评估标准中，各级公共图书馆包括少年儿童图书馆在内的二级指标较第二次评估标准均有所增加，这在一定程度上反映第三次评估标准不断细化，逐渐全面。其中，省级公共图书馆共有二级指标28个，较第二次评估增加2个；地市级公共图书馆29个，较第二次评估增加7个；县级公共图书馆26个，较第二次评估增加6个；省级少年儿童图书馆26个，较第二次评估增加1个；地市级少年儿童图书馆26个，较第二次评估增加2个；县级少年儿童图书馆26个，较第二次评估增加4个。总体来看，所有一级指标中"读者服务工作"一项所属二级指标变动较大，这彰显图书馆工作重心向"以人为本"转变。本书对各一级指标下二级指标变动趋势进行归纳分析，具体如下。

1. 办馆条件

在第三次评估中，除省级公共图书馆在第二次评估中就增加"现代化技术设备"外，地市级、县级公共图书馆及省级、地市级、县级少年儿童图书馆均增加二级指标"现代化技术设备"，向省级公共图书馆看齐。这表明随着计算机和网络通信等信息处理技术在图书馆的广泛应用，我们对各级图书馆在现代化技术应用程度方面的要求有了明显的提高。

2. 基础业务建设

第三次评估作为跨入21世纪后我国公共图书馆首次大规模评估，在文献信息资源方面评估标准变化较大。

首先，在延续馆藏数量评估的同时，第三次评估标准引入对馆藏质量的评估。省级公共图书馆新设二级指标"藏书质量"，对省级图书馆在"文献采选方针与执行情况""呈缴制度与执行情况""地方出版物入藏种数/地方出版物种数""建有地方文献专藏体系""多卷书连续出版物入藏完整率"五个方面提出要求。该指标的设立旨在引导各省级图书馆建设更高质量的图书馆藏，鼓励各馆突出自身文献资源建设特点，打造特色馆藏，从而更好地深化馆际资源共享，以最小的成本使资源得到更大程度的利用。

除此之外，新增的"文献采选方针及执行情况"这一指标，分别作为省级图书馆"藏书质量"下三级指标，以及地市级公共图书馆与省地县三级少年儿童图书馆二级指标，此指标一直沿用到第五次评估，且评估细则变动也不明显，主要考查采选方针文本、工作规定及其合理性，以及文献有否缺藏，工作程序是否规范、严格。

其次，省级、地市级公共图书馆与省级少年儿童图书馆均增设"数据库建设"二级指标，从数据库数量和质量两个方面进行考量，这表明随着数字图书馆的建设，数据库的建设对图书馆来说至关重要。数据库建设是自动化、网络化建设的核心部分。只有确保自建数据库的质量，才能保证自动化的建设质量①。除此之外，考核标准也由绝对数量转为相对比例，这在一定程度上使评估结果更加科学公正。

再次，省级、地市级、县级公共图书馆与省级少年儿童图书馆均增设"自动化、网络化建设"二级指标，旨在综合考察图书馆业务管理系统、办公自动化系统等运行能力，对图书馆自动化、网络化发展提出较高要求。这一指标的设立，也展现图书馆利用计算机网络开展基础业务建设的程度不断提高。

3. 读者服务工作

与第二次评估相比，"读者服务工作"指标是第三次评估标准中变动最大的。这是因为进入21世纪后，我国公共图书馆的工作重心由原来的基础业务建设不断向改善读者服

---

① 杨萍. 关于公共图书馆评估指标体系的思考 [J]. 云南图书馆，2004（1）：68－69.

务工作转移，从以书为本逐渐向以人为本转变，读者服务工作所要满足的需求也越来越高。所以，为了促进全国各级公共图书馆的读者服务工作全面拓展，第三次评估把"读者服务工作"作为一个重要的导向指标，更加强调公共图书馆的社会职能和服务水平，推动发挥公共图书馆对建设学习型社会的作用。

首先，省级、地市级、县级图书馆均新设置二级指标"读者满意率""社会教育与用户培训"。"读者满意率"要求由评估组发放调查表，从图书馆办馆条件、环境服务质量、服务效果等方面征求读者意见。这一创新点彰显图书馆从"以文献为中心"向"以读者为中心"的观念转变，要求各馆以读者作为各项服务开展的出发点和归宿点，使图书馆中各项资源能更有效地发挥作用，使它们能够真正地服务于广大读者。同时，"社会教育与用户培训"指标的设立可以推动图书馆积极承担社会教育的职责。

其次，省级公共图书馆新设"检索、咨询服务"指标，该指标由第二次评估标准中"深化服务"的三级指标提升为二级指标；由"深化服务""利用计算机及网络开展服务"两项二级指标转设成立新的二级指标"信息服务"，这一指标的设立为图书馆信息服务的发展提供明确的方向。同时，由第二次评估标准中普通服务项下的"年读者活动次数"指标转设成立"读者活动"二级指标，该指标的设立旨在引导各图书馆不断深入了解读者需求，积极开展群众喜闻乐见的文化活动，从而满足人民日益增长的文化需要，丰富广大人民的文化生活。除此之外，第三次评估删除第二次评估中二级指标"书刊宣传"，并作为三级指标并入"普通服务"一项，且将原二级指标"图书宣传服务周"作为三级指标并入"读者活动"一项。

再次，地市级、县级公共图书馆将第二次评估中二级指标"书刊借阅"整合为"普通服务"，三级指标"参考咨询服务"整合为"检索、咨询服务"。

最后，省级、地市级、县级少年儿童图书馆新增二级指标"导读服务""读者教育与用户培训"，删除二级指标"馆外服务"拆分整合至"普通服务"与"导读服务"中，将"图书馆服务宣传周活动"二级指标降级为"读者活动"下的三级指标。由此可以看出，评估体系中二级指标的设定与分类正在从图书馆视角向读者视角转变，这彰显了"以读者为中心"的观念带给公共图书馆的新发展。

4. 业务研究、辅导、协作协调

首先，省级、地市级公共图书馆新设"图书馆学会工作"二级指标，图书馆学会是图书馆及相关行业工作者自发成立的公益性、学术性的团体，在促进图书馆行业学术化、科学化、专业化、标准化方面做出了突出贡献。新指标的设立旨在督促各学会发挥作用，积极创新，以适应图书馆发展和社会服务的需要。

其次，县级公共图书馆新设"开展协作协调、资源共建共享"二级指标。2000 年以来，借助"全国文化信息资源共享工程"的东风，县级公共图书馆有效缓解因经费不足而造成的文献资源匮乏的困境。因此，第三次评估将"开展协作协调、资源共建共享"作为县级公共图书馆的新增指标，旨在提高县级图书馆资源共享水平，从而为县级图书馆发展注入新活力。

再次，省级、地市级少年儿童图书馆删除"少儿图书馆网建设"二级指标，县级少年儿童图书馆二级指标与第二次评估保持一致。

5. 管理

省级、地市级、县三级公共图书馆及少年儿童图书馆均增加二级指标"财务管理"，从制度建设、执行情况、监督机制三个方面对财务管理进行考量。同时以"消防、保卫"替换第二次评估标准中的"安全保卫"，突出消防工作的重要性，并且要求以地方消防、公安部门的考核和地方综合治理方面的评比结果为依据，更科学、客观。

6. 表彰、奖励

此方面第三次评估与第二次评估均保持一致。

（三）三级指标特点

第三次评估中，省级、地市级、县级公共图书馆及少年儿童图书馆，除省级少年儿童图书馆外，评估标准中的三级指标数量较第二次评估均有不同程度的增加，其中省级公共图书馆共有三级指标 68 个，较第二次评估增加 13 个，主要集中在读者服务方面，再一次体现以读者为中心的导向作用；地市级公共图书馆 62 个，较第二次评估增加 10 个；县级公共图书馆 50 个，较第二次评估增加 5 个；省级少年儿童图书馆 55 个，较第二次评估减少 7 个，主要集中在办馆条件方面，删除了大量落后的技术指标，对少年儿童图书馆的条件提出更高的要求；地市级少年儿童图书馆 54 个，与第二次评估持平；县级少年儿童图书馆 49 个，较第二次评估增加 6 个。具体而言，三级指标的变动有以下趋势。

1. 提高对现代化技术设备要求，推进自动化和网络化建设

1998 年第二次评估时，大多数省的地市级、县级图书馆自动化建设尚未起步，少数采用计算机管理的图书馆也仅限于开通采编子系统，技术力量单薄。随着计算机技术和网络通信技术的广泛应用，第三次评估标准对现代化技术在图书馆中的应用及应用程度的要求明显提高。

因此，"现代化技术装备"与第二次评估标准相比发生较大变动，省级公共图书馆该指标下新增 4 个三级指标，分别是"电子阅览室计算机数量""OPAC 专用计算机数量""计算机信息节点""宽带接入"，删除了"计算机设备""视听设备""复印设备""缩微

设备"。这意味着，除计算机外，其余设备均被替换为更先进的设备或技术要求。这一较大变革展现了这五年间计算机技术飞速发展，为图书馆的现代化建设带来了许多革新。

2. 淡化经济效益，强调社会效益

与第二次评估相比，"办馆条件"中"经费"这一指标相较于第二次评估标准大大简化，尤其是省级、地市级、县级公共图书馆与少年儿童图书馆均删去"创收纯收入"这一指标，这对图书馆的发展方向产生了极大影响。

从 1981 年开始，国家倡导各级文化事业单位通过"以文补文"的方式来创收，号召各文化事业单位在搞好文化事业和艺术生产的同时，利用各自的知识、艺术、技术和设备等条件，发挥自身的优势和特长，努力开展有偿服务和各种经营活动，取得一定收入，用于弥补文化单位事业经费不足的困难。但 2000 年以后，随着国家对文化事业的日益重视，各级财政对公共图书馆事业的投入也越来越大，各级图书馆不再需要自行创收。同时，党的"十六大"报告提出："发展各类文化事业和文化产业都要贯彻发展先进文化的要求，始终把社会效益放在首位。"因此，在第三次评估时，删去"创收纯收入"这一指标能更好地引导各图书馆将注意力从经济效益转向社会效益，减少出租场馆等与图书馆形象和业务不相符的创收行为，将社会效益放在首位。

除此之外，第三次评估标准对"补助经费""年新增藏量购置费"的要求均有较大幅度的增长。这表明进入 21 世纪后，随着我国经济稳定、健康、快速地发展及人们对知识需求的日益增长，各地政府更有经济实力来发展图书馆事业，也更加重视社会文化建设，不断加大对公共图书馆财政拨款的力度，这使图书馆行业有更充足的经费来提高各项服务水平。例如，天津图书馆陆行素（天津图书馆原馆长）回忆："第一次评估时，我们有130 多万元购书经费，到第三次评估的时候是 470 万元，后来我去争取了一下，达到了500 万元。"福建省图书馆也是如此，据郑慧明（福建省图书馆馆长、学会理事长）回忆："在第三次评估中，福建省图书馆购书经费从年 500 万元翻番到 1000 万元，真正实现以评促建。"

3. 全面提高服务水平，强调对弱势群体的关怀

2000 年后，图书馆为政府部门决策提供的信息咨询服务，已日益受到各级政府的欢迎和重视。各图书馆以信息文摘、剪报、数据库等方式为政府服务，为科技服务，为社会公众服务，为弱势群体服务。图书馆通过组织讲座、展览、书评、培训、科普宣传、送书下乡、流动书车、图书捐赠等多种活动，开展特色服务，广泛宣传公共图书馆对建设学习型社会的作用，使图书馆的社会影响得到空前的提升。

因此，在第三次评估中，"读者服务工作"指标全面拓展。省级、地市级、县级公共

图书馆均新增指标"为领导机关决策提供信息服务""为科研与经济建设提供信息服务""为其他事业发展提供信息服务",这比较符合图书馆以服务政府部门领导机关为重点、普遍利用剪报形式为经济建设服务的实际水平。

省、地两级图书馆新增"弱势人群服务"三级指标,各级少年儿童图书馆均新增"为特殊少儿读者服务"三级指标。这反映图书馆服务越来越人性化,注重对弱势群体的服务,更加专注于提升实际服务效果。

4. 加强基层图书馆建设,提高馆际协作协调水平

21世纪以来,社区、乡镇成为国家文化工作的重点,图书馆建设重心逐渐下移,向社区、乡镇延伸,大量基层图书馆涌现。第三次评估标准也体现了这一变化,具体表现为省级公共图书馆新增"社区、乡镇图书馆(室)建设"三级指标,地市级、县级公共图书馆新增"基层图书馆建设"三级指标,省地市级少年儿童图书馆新增"少儿图书馆网点建设"三级指标。

21世纪初,计算机技术、网络技术和数字化技术的发展使信息资源的种类和数量越来越丰富,单个图书馆的资源已经不能满足读者日益增长的信息需求。因此,图书馆间协作规模不断扩大和水平不断提高。2002年,"全国文化信息资源共享工程"开展,大部分省依托各级公共图书馆,建立各地分中心和基层服务网点,实现与全国主要城市图书馆的网络互借。

因此,在第三次评估标准中,省级公共图书馆新增三级指标"共享工程基层中心建设",这反映了当时图书馆工作中的新热点。同时,省级公共图书馆在"协作协调"二级指标下新增"编制联合目录""开展文献采购协调""开展文献馆际互借"三级指标,在"文献标引与著录"二级指标下增加"从编目中心下载上传书目数据"指标,这一调整反映了联机联合编目、馆际互借正迅速发展的状况。

李广生(天津市高校图工委秘书长)回忆:"第三次评估时有了新的发展,那个时候图书馆联盟主要体现在采书方面,联采编目、集中编目。还有了地域性的网络建设和服务的提法,包括资源共享、馆际互借、联采统编、联合编目这些方面,占的分值还是比较高的。"

5. 提升对图书馆人员素质要求

省级、地市级、县级图书馆和少年儿童图书馆均在"办馆条件"下属二级指标"人员"下新增"业务人员岗位培训、继续教育"三级指标,这是第一次把"继续教育"写入标准。这说明随着高等教育的普及与现代技术的发展,新标准对图书馆员的素质水平提出更高、更全面的要求。只有馆员队伍素质不断提升,图书馆才能更好地保证服务质量和效率,使图书馆事业可持续发展。

省级、地市级、县级图书馆和少年儿童图书馆均在"管理"下属二级指标"人事管理"下新设两个三级指标："实行聘用制、实行岗位管理和工作目标管理责任制"和"建立内部收入分配激励机制"，并将指标细化，根据不同要求分别打分，这在一定程度上降低了评估的主观性。同时，第三次评估标准明确提出"按需设岗、按岗聘用、竞争上岗、择优聘用、严格考核"的要求，这些方面正是党的十六大报告所要求的文化事业单位改革的重点领域之一；并提出建立内部收入分配激励机制，从而提高馆员工作积极性，使各项管理工作日益科学化。

二、各级图书馆评估标准特征

表8-3　第三次各级公共图书馆评估指标分值情况

图书馆层级		办馆条件	基础业务建设	读者服务工作	业务研究、辅导、协作协调	管理	表彰、奖励
成人图书馆	省级	210	260	280	135	95	20
	地市级	255	250	270	105	100	20
	县级	270	255	265	95	95	20
少年儿童图书馆	省级	245	255	270	95	105	30
	地市级	255	250	270	90	105	30
	县级	260	245	270	90	105	30

资料来源：课题组整理。

（一）成人图书馆

总体来看（见表8-3），与第二次评估标准相比，第三次评估在"办馆条件""基础业务建设"两项分值下降，在"读者服务工作""业务研究、辅导、协作协调""管理""表彰、奖励"上分值上升，由此可见，通过前期以评促建工作，当前图书馆办馆条件和基层业务建设已经得到很大的改善，接下来的这一阶段我国更加注重在读者服务工作，业务研究、辅导、协作协调，管理，表彰奖励方面的发展。

除此之外，第二次评估标准中省级、地市级公共图书馆的"基础业务建设"的分值最高，但从第三次评估开始，省级、地市级"读者服务工作"的分值最高，这表明我国公共图书馆的工作重心由原来的基础业务建设向改善读者服务工作转移，从以书为本向以人为本转变，真正做到以读者为中心，不断提高读者服务水平。

而县级公共图书馆的办馆条件分值在第二次、第三次评估中均为最高，这表明以县级图书馆为代表的基层图书馆发展重心依然保持在办馆条件方面，评估标准需要更多基础性指标保障其资源建设和发展，以督促各县级政府加大人力、财力、物力的投入，为广大读者提供舒适的场馆、更先进的设备、更专业的馆员。

从具体指标来看，首先，设施设备方面，第三次标准中"现代化技术装备"指标分值在办馆条件总分值减少的情况下依然大幅增加，省级公共图书馆总分值为 60 分，比第二次评估标准大幅增加 20 分，地市级、县级从无到有分别增加了 60 分和 50 分，这进一步表明，现代化设备在图书馆建设中发挥着重要作用，值得图书馆行业的重视。

其次，经费方面，第三次评估标准中"补助经费"的要求均有较大幅度的增长。省级补助经费项的起点值与最高值分别由 100 万元增至 300 万元、700 万元增至 1000 万元，地市级公共图书馆补助经费项的起点值与最高值分别由 30 万元增至 40 万元、80 万元增至 100 万元，县级公共图书馆补助经费项的起点值保持 5 万元不变而最高值由 35 万元增至 40 万元。纵向来看，省级、地市级、县级补助经费要求均有明显增长。这表明进入 21 世纪后，随着我国经济稳定、健康、快速发展及人们对知识需求的日益增长，各地政府更有经济实力来发展图书馆事业，也更加重视社会文化建设，不断加大对公共图书馆财政拨款的力度，使图书馆行业有更充足的经费来提高各项服务水平。横向来看，省级公共图书馆涨幅比例最大，起点值增长 200%，这表明省级图书馆在共享工程资源共建中承担更大责任，因此财政拨款向省级图书馆有较大倾斜，增长更多。

再次，人员方面。第三次评估标准中"人员指标"总分值为 50 分，比第二次评估标准增加 8 分。省级图书馆大专学历/职工人员总数满分指标值由 35% 大幅提高至 70%，地市级图书馆由 45% 提升至 60%，县级图书馆由 30% 提升至 35%，这反映馆员整体素质在不断提高，同时也反映出办馆观念的变化、核心业务领域的拓展、新技术新设备的广泛运用等对馆员素质的要求有显著的提高，要求馆员适应这种变化。

最后，文献资源方面，省级公共图书馆第三次评估标准中"总藏量"满分要求指标值未变，但分值由 20 分降到 15 分，比第二次评估标准减少 5 分。地市级、县级公共图书馆分别保持 20 分与 30 分不变，这说明省级图书馆藏书由讲规模、讲数量进入讲质量的阶段，这也引导省级图书馆将工作重心逐渐转移到馆藏的利用上，提升馆藏质量和借阅率，而不是一味追求馆藏数量的增长。

（二）少年儿童图书馆

少年儿童图书馆的服务对象与其承担的社会职能不同，自然在设施、馆藏文献、服务项目上与成人图书馆有一定差异，因此在评估标准的指标设置上与成人图书馆也会有所差异。

总体来看（见表 8−3），与第二次评估标准相比，第三次评估在"办馆条件""读者服务工作"两项上分值下降，在"基础业务建设""业务研究、辅导、协作协调""管理"

"表彰、奖励"上分值上升。这与成人图书馆变化不同，说明目前依然比较重视少年儿童图书馆在基础业务建设方面的发展。

除此之外，第二次评估标准中，省级、地市级、县级少年儿童图书馆的"办馆条件"分值最高，而在第三次评估标准中，"读者服务工作"为省级、地市级、县级少年儿童图书馆分值最高的一级指标。这一点与成人图书馆保持一致，皆反映了我国公共图书馆"以读者为中心"服务理念的转变。

具体而言，第一，办馆条件方面，省级、地市级少年儿童图书馆"设施"一项的分值较高，分别为 65 分和 70 分，远超县级少年儿童图书馆的 55 分，这说明省地市级少年儿童图书馆在这一阶段更为注重馆内设施建设，且在"设施"中"设立低幼儿童玩具室"，切实贴合读者需求。而县级少年儿童图书馆"人员"一项分值最高满分 60 分，远高于省级少年儿童图书馆的 50 分和地市级少年儿童图书馆的 55 分，说明县级少年儿童图书馆在这一阶段较为看重馆内人员的素质水平岗位培训。

第二，馆藏资源方面，与成人图书馆不同的是，少年儿童图书馆在"文献入藏"下设立特有的"连环画、低幼读物年入藏数量"三级指标，其中省级少年儿童图书馆最高分值要求 4000 册，满分 10 分，地市级少年儿童图书馆要求 2000 册，满分 15 分；县级少年儿童图书馆为新增指标，要求 800 册，满分 10 分。这项指标的设立旨在引导各级少年儿童图书馆从藏书内容的广度、深度方面选择适合少年儿童的图书，丰富馆藏。

第三，读者服务工作方面，省级、地市级、县级少年儿童图书馆均新设二级指标"导读服务"一项，满分为 45 分，并下设三级指标"书刊宣传""阅读指导""课外阅读兴趣辅导活动""网上导航"，其中"课外阅读兴趣辅导活动"为少年儿童图书馆独有三级指标，旨在倡导少年儿童图书馆为少年儿童举办各种阅读兴趣辅导班；"阅读指导"为新增三级指标，满分 10 分，要求少年儿童图书馆开展推荐好书、交流书评，举办读者报告会、讨论会等活动，从而吸引和激发广大少年儿童的读书热情和参与欲望。"网上导航"为省级、地市级少年儿童图书馆新设的三级指标，满分分别为 8 分和 5 分，县级少年儿童图书馆未设置，其原因可能是考虑到县级少年儿童图书馆计算机设备尚未配齐的实际情况。

第四，业务辅导方面，省级、地市级少年儿童图书馆新设"少儿图书馆网点建设"三级指标，满分均为 10 分，要求建立省、市、区、县、街道（乡镇）少年儿童图书馆或分馆四级网络，并开展有效工作。

第五，协作协调方面，省级、地市级、县级少年儿童图书馆分值分别为 20 分、15 分、15 分，而省级、地市级、县级成人图书馆分值分别为 45 分、15 分、15 分。地市级、县级少年儿童图书馆和成人图书馆在此方面保持一致，而省级少年儿童图书馆与成人图书馆差距较大。这是由于省级少年儿童图书馆与成人图书馆所承担的社会职能不同、定位不同而导致的。省级成人图书馆作为全省最高一级公共图书馆和公共文化服务的中心，在协作协调方面要求更高，需要编制联合目录、开展文献采购协调、开展文献馆际互借等，相比之下，少年儿童图书馆只需要与本地区或其他地区少年儿童图书馆（室）、少年儿童教育机构开展协作协调，故指标存在较大差距。

第四节　第三次公共图书馆定级标准与评估结果

一、定级标准

（一）成人图书馆

定级必备条件代表着公共图书馆评估指标体系中最关键、最重要、最必不可少的指标。第三次各级成人图书馆定级必备条件见表 8 - 4。

表 8 - 4　第三次各级公共图书馆成人图书馆定级必备条件

定级	指标	省图书馆	计划单列市、副省级市图书馆	地级市图书馆	直辖市下辖区图书馆	县图书馆	地级市下辖区图书馆
一级图书馆	馆舍建筑面积/平方米	20 000	12 000	6000	3000	2500	1500
	年补助经费/万元	700	400	80		20	
	大学本科以上学历人员数占职工总数之比（省级、计划单列市、副省级市）/%	20	15				
	大专以上学历人员数占职工总数之比（地市级、县级）/%			60		35	
	图书馆年入藏种数/种	14 000	8000	5000		2500	
	年外借册次（以计算机统计为准）/万册	50	40	20		10	
	现代化技术装备、数据库建设及自动化、网络化建设三项得分	90	80	80		50	

续表

定级	指标	省图书馆	计划单列市、副省级市图书馆	地级市图书馆	直辖市下辖区图书馆	县图书馆	地级市下辖区图书馆
二级图书馆	馆舍建筑面积/平方米	15 000	8000	4000	2000	1500	
	年补助经费/万元	500	300	60		15	
	大学本科以上学历人员数占职工总数之比（省级、计划单列市、副省级）/%	15	10				
	大专以上学历人员数占职工总数之比（地市级、县级）/%			50			
	图书馆年入藏种数/种	11 000	5000	4000		1500	
	年外借册次（以计算机统计为准）/万册	40	30	16		8	
	现代化技术装备、数据库建设及自动化、网络化建设三项得分	70	60	60		40	

资料来源：课题组整理。

首先，从指标设置来看，第三次评估的定级必备条件有馆舍建筑面积、年补助经费、大学本科以上学历人员数占职工总数之比（省级、计划单列市、副省级适用）或大专以上学历人员占职工总数之比（地市级、县级适用）图书馆年入藏种数、年外借册次及现代化技术装备、数据库建设及自动化、网络化建设六项。与第二次评估相比，增加"年外借册次"一项。图书馆要提高外借册次就必然要提高服务质量，拓宽服务范围，采取延长开馆时间、扩大开架册数、拓展馆外流动点等服务措施，由此可见这一指标内涵很丰富[①]。这一指标的增设，体现了图书馆越来越重视服务水平与办馆效益这一趋势。

其次，从层次设置来看，第二次定级必备条件只在馆舍、经费两项将省级图书馆与计划单列市、副省级城市图书馆分列，而第三次定级必备条件六项全部分列，这是对二者差距的确认，增强了标准的合理性，有利于提高这些馆的积极性。例如，"图书年入藏种数"条件，第三次定级必备条件对省级图书馆的要求提高了27%，而对计划单列市、副省级城市图书馆的要求则降低了27%；大学本科以上学历人员比例项新标准对省级图书馆的要求

① 傅文奇. 公共图书馆评估标准评析［J］. 江西图书馆学刊，2004，24（3）：20.

由不低于15%提高到20%，而对计划单列市、副省级城市图书馆要求则没有改变①。

再次，从总体要求来看，第三次定级必备条件总体要求较第二次有很大程度的提高，这表明第二次评估结束后的五年来我国图书馆事业已取得较大的发展，只有更高的要求才能更好地指引21世纪图书馆的建设。具体来说，增幅最大的是"现代化技术装备、数据库建设、自动化与网络化建设"与"年补助经费"两项。前者对省一级图书馆的要求由不低于60分增加到90分，后者由不低于500万元增加到700万元，增幅分别达到50%、40%。计划单列市图书馆、副省级城市图书馆的增幅都达到33%。此外，对计划单列市、副省级城市图书馆的馆舍建筑面积要求由不低于1万平方米提高到1.2万平方米。

进入21世纪后，随着各地经济的不断繁荣发展及计算机技术的迅猛革新，各地政府更有经济实力来发展图书馆事业，加强社会文化建设，也越来越重视对图书馆办馆条件的改善及设备的升级，如馆舍大量兴建、经费普遍增加、地方立法工作加强等，因此第三次定级必备条件对办馆条件的要求进一步提高，与我国图书馆事业的发展是相适应的。

根据统计数据，2002年全国省级公共图书馆37个，馆均馆舍建筑面积26 324.32平方米，馆均年补助经费1269.2万元，馆均年外借册次50.19万册，均高于定级必备条件中省级图书馆一级图书馆的要求。

2002年全国地市级公共图书馆416个，平均馆舍建筑面积4521.63平方米，高于定级必备条件中对应二级图书馆要求，馆均年补助经费150.82万元，高于定级必备条件中对应一级图书馆要求，馆均年外借册次16.73万册，高于定级必备条件中对应二级图书馆的要求。

2002年全国县级公共图书馆2243个，平均年补助经费21.78万元，高于定级必备条件中县级图书馆一级图书馆的要求，但平均馆舍建筑面积1252.34平方米，馆均年外借册次4.87万册，均未达到县级二级图书馆要求。这可能是由于各地区基层图书馆发展不平衡所致，欠发达地区基层图书馆建设不完备，导致全国县级图书馆平均数据偏低。但从具体数据来看，2002年杭州下辖5个县级图书馆，平均馆舍建筑面积2614平方米，最大县级图书馆馆舍建筑面积4933平方米，远超必备条件中县级一级图书馆馆舍建筑面积2000平方米的要求；南京所辖三个县级公共图书馆，馆均面积2089平方米，高于县级一级图书馆要求。除此之外，2002年安徽太湖县图书馆年外借册次23.7万册，湖北黄梅县图书馆年外借册次20万册，江苏高淳县图书馆年外借册次19.7万册，均高于必备条件中县级一级图书馆年外借册次10万册的要求。因此，必备条件中对县级图书馆的要求是可以达到的。

（二）少年儿童图书馆

与成人图书馆相比，第三次次少年儿童图书馆必备条件（见表 8－5）在指标设置方面与其保持一致，均为"馆舍建筑面积""年补助经费""大专以上学历人员数占职工总数之比""年新增藏量""年外借册次""现代化技术装备、数据库建设及自动化、网络化建设三项得分"六项。省级少年儿童图书馆并未在"大学本科以上学历人员数占职工总数之比"指标上向省级图书馆看齐，而是与其他图书馆保持一致选用"大专以上学历人员数占职工总数之比"，符合省级少年儿童图书馆发展水平现状。

表 8－5　第三次各级公共图书馆（少年儿童图书馆）定级必备条件

定级	指标	省级少年儿童图书馆	地市级少年儿童图书馆	县级少年儿童图书馆
一级图书馆	馆舍建筑面积/平方米	3000	2000	1200
	年补助经费/万元	90	50	20
	大专以上学历人员数占职工总数之比/%	55	45	35
	年新增藏量/种	7000	4000	2000
	年外借册次（以计算机统计为准）/万册	22	15	8
	现代化技术装备、数据库建设及自动化、网络化建设三项得分	80	40	
二级图书馆	馆舍建筑面积/平方米	2000	1500	800
	年补助经费/万元	80	40	12
	大专以上学历人员数占职工总数之比/%	45		
	年新增藏量/种	5000	3000	1000
	年外借册次（以计算机统计为准）/万册	18	12	6
	现代化技术装备、数据库建设及自动化、网络化建设三项得分	60	30	

资料来源：课题组整理。

从层次设置来看，少年儿童图书馆未将计划单列市、副省级、直辖市下辖区、地级市下辖区单独设置层级，是考虑到目前少年儿童图书馆数量远少于成人图书馆数量这一实际情况。

总体要求方面，少年儿童图书馆定级必备条件要远低于同级别成人图书馆。其中省级一级少年儿童图书馆在馆舍建筑面积方面的要求略高于成人图书馆县级一级图书馆，在年补助经费、大专以上人员比例、图书馆年入藏种数、年外借册次，以及现代化技术装备、数据库建设及自动化、网络化建设的要求较接近成人图书馆地级一级图书馆。

同时，少年儿童图书馆定级必备条件的要求也是依据少年儿童图书馆发展情况设定的。2002 年，全国少年儿童图书馆共 88 个，平均年补助经费 74.39 万元，高于定级必备条件中地市级少年儿童图书一级图书馆的要求，平均馆舍建筑面积 1761.36 平方米，馆均年外借册次 12.68 万册，高于定级必备条件中对应二级图书馆的要求。

二、评估结果

2005 年，《文化部关于命名一、二、三级图书馆的决定》文件下发，一、二、三级图书馆名单新鲜出炉，这昭示着全国第三次评估工作圆满完成。最终，依据公共图书馆评估定级标准，经审查和公示，确定全国 1440 个图书馆达到三级以上图书馆标准。命名首都图书馆等 344 个图书馆为"一级图书馆"称号，颁发"一级图书馆"标牌和证书；命名北京市通州区图书馆等 412 个图书馆为"二级图书馆"称号，颁发"二级图书馆"标牌和证书；命名天津市武清区图书馆等 684 个图书馆为"三级图书馆"称号，颁发"三级图书馆"标牌和证书[①]。

2003 年底，我国共有县以上公共图书馆 2708 个[②]，参加第三次评估定级的有 2038 个，参评率 75.26%。其中，有 1440 个图书馆达到三级以上图书馆标准，上等级比例达 70.7%，一级图书馆上等级比例为 16.9%、二级图书馆为 20.2%、三级图书馆为 33.6%。一级图书馆名单中，江苏省以 47 个排名榜首，广东省以 39 个位居其次，浙江省以 33 个排行第三，总体呈现出明显的东部强、中西部弱的分布局面。一、二、三级图书馆上等级数量合计来看，云南省以 94 个排名全国第一，其中三级图书馆数量为 73 个，占比 77.7%，山东省以 93 个位居第二，湖南省以 89 个排名第二[③]。值得一提的是，西藏自治区各级图书馆在第三次评估中首次参评，虽没有获得等级命名，但对西藏地区图书馆事业的发展而言已经迈出了一大步。

从第一次评估到第三次评估，在公共图书馆评估标准不断提高的条件下，参评图书馆

---

① 李国新. 文化部关于命名一、二、三级图书馆的决定 [M] //中国图书馆年鉴 2006. 北京：现代出版社，2006：563.

② 李国新. 公共图书馆事业发展历史统计 按年份各地区公共图书馆机构数 [M] //中国图书馆年鉴 2005. 北京：现代出版社，2005：626.

③ 李丹，申晓娟. 从评估定级看我国公共图书馆事业发展 20 年 [J]. 图书馆杂志，2014，33 (7)：4 - 12，23.

上等级比例一直呈稳步上升趋势，从 52.3% 到 66.8%，再到 70.7%。其中，北京、上海、天津等地的参评图书馆早在 1998 年第二次评估时就实现 100% 上等级。此外，各地区一、二、三级图书馆分布情况的变化，也反映了上等级馆办馆水平的不断提高。1994 年，第一次评估的上等级馆中，一、二、三级图书馆所占比例分别为 5.9%、39.4%、54.6%；1998 年，第二次评估时，一、二、三级图书馆所占比例分别为 13.9%、37.5%、48.7%；2003 年，第三次评估时，一、二、三级图书馆所占比例分别为 23.9%、28.6%、47.5%，一级图书馆相对二、三级图书馆的比率不断攀升，这说明各级图书馆已经越来越不满足于达标上等级，而是不断努力向更高的水平迈进。

本书试图通过对比第二次和第三次评估定级结果，了解从 1998 年到 2004 年，有许多图书馆通过自身的努力从二级图书馆跃升为一级图书馆，有哪些地区在第三次评估中实现了一级图书馆零的突破。本节选取岳阳市图书馆和陕西省公共图书馆为例进行分析。

岳阳市图书馆在第二次评估时被定为二级图书馆，但通过多年努力在第三次评估中晋升为一级图书馆。岳阳市图书馆借助第三次评估定级活动的契机，对馆舍进行维修和改造，为广大读者提供一个整洁美观的读书环境。且其重视人员素质的培养，新进人员有大专以上学历的一般要求，并且采取措施对在职职工进行职业培训。在自动化、网络化建设方面，岳阳市图书馆更是全方位提高自动化水平：一是建立电子阅览室，从采访到编目、从流通到书目检索、从参考咨询到业务辅导，全部实现自动化管理；二是建立自己的局域网，对内各子系统已实现联网，对外与互联网联通，网络对外接口达到 2 兆，不仅使读者享有该馆的馆藏资源，而且图书馆利用网上资源为读者提供深层次服务；三是官方网站建设初具规模，官方网站中网页内容包括图书馆简介、入馆指南、读者服务、少儿培训、参考咨询、地方文献、特色馆藏等栏目，通过网站的建设为读者打开图书馆的另一扇窗口；四是建成全国文化信息资源共享工程岳阳市分中心并交付使用。此外，岳阳市图书馆还在藏书建设上发力，仅 2004 年新书入藏就达 6057 种（其中捐赠 2785 种），报刊入藏 1012 种（其中捐赠 270 种），并且启动网上资源的收集与加工工作，较好地满足社会政治、经济、文化发展对文献资料的需求。在读者服务方面，岳阳市图书馆致力于为领导决策提供咨询，1999 年以来由参考咨询部主编的《决策信息》，坚持定期为各级领导决策提供高质量的信息，多次获得领导的好评。这一系列渐进的方法和措施，使岳阳市图书馆实力大大增强，最终在第三次评估中晋升等级①。

陕西省在第二次评估定级中，被评定为一级图书馆的数量为零。第三次评估中，陕西省有 3 个图书馆被评定为一级图书馆，分别为陕西省图书馆、榆林市榆阳区星元图书馆和

---

① 钟娅. 2004 年岳阳市公共图书馆建设调研［J］. 图书馆学研究，2005（11）：43－45.

安康市汉滨区少年儿童图书馆。从第二次到第三次评估，陕西省公共图书馆界付出了努力。截至 2003 年，陕西省全省公共图书馆共有工作人员 1476 人，馆舍面积 12.2 万平方米，总藏书量 8836.5 万册，阅览座位 9000 个。此外，全省共建乡镇文化站 1795 个，其中不少已达到二、三级乡镇图书馆的标准，可以说，遍布全省、市、县、乡（镇）的公共图书馆网络已初步形成。多年来，陕西省公共图书馆通过加快藏书建设，不断丰富馆藏；积极开拓新的服务领域，努力提高服务水平；加强自动化、网络化建设，全面推动图书馆现代化进程；积极开展业务培训，努力提高干部队伍素质；积极对待评估，全面推动陕西省公共图书馆事业健康发展，使处于西部欠发达地区的陕西省公共图书馆事业获得了长足的发展，规模不断扩大，办馆条件也得到不断改善①。

但需要注意的是，与我国东南沿海经济发达地区相比，西部地区仍然存在很大差距。在第二次评估定级工作中，陕西省 114 个省级、地市级、县级公共图书馆达到一级图书馆的为 0、二级图书馆 5 个、三级图书馆 21 个，合计三级以上图书馆 26 个，占全省公共图书馆总数的 22.8%。而同期广东省有 120 个省级、地市级、县级公共图书馆，达到一级图书馆的有 28 个、二级图书馆 24 个、三级图书馆 40 个，合计三级以上的公共图书馆 92 个，占广东省公共图书馆总数的 76.7%。这也印证了我国当时图书馆发展东部强、中西部弱的现实状况。

第五节　第三次公共图书馆评估定级工作总结与反思

公共图书馆评估定级工作是政府文化主管部门运用宏观调控手段，在全国范围内促进公共图书馆整体水平提高的重要举措。在访谈中，专家钟海珍（贵州省图书馆学会秘书长）提出："公共图书馆评估定级工作对于强化各级政府加大公共图书馆事业的投入，提高公共图书馆办馆条件，促进图书馆业务工作水平的科学化、标准化和规范化等方面有着十分重要的意义和作用。"第三次评估恰逢在一个深刻转折的时代，如果说第一次评估初现了群雄并起的态势，第二次评估造就了东部图书馆的崛起，那第三次评估带来的则是真正强弱的比较，对我国图书馆事业产生了深远的影响和震动。

第三次评估定级工作的开展，对于强化各级政府对公共图书馆事业的财政投入，改善各馆馆舍条件，促进公共图书馆事业的全面发展起着推动作用；对于有效地规范公共图书馆各项业务工作，提高公共图书馆馆员的整体素质，发挥公共图书馆的社会职能有

---

① 杨昌俊. 关于陕西省公共图书馆事业发展的思考［J］. 图书馆理论与实践，2003（4）：60－62.

着积极的作用。

一、第三次公共图书馆评估定级产生的影响

(一) 对公共图书馆业务工作的影响

公共图书馆评估定级工作的开展，对于强化各级政府对公共图书馆事业的投入有着积极的推动作用，极大地促进和提高了我国公共图书馆总体业务水平、科学管理水平和队伍的综合素质，极大地调动了图书馆从业人员争先创优的积极性。各级公共图书馆坚持"以评促改、以评促建、评建结合、重在建设"的原则，提高本馆硬件水平、馆员素质和服务质量。

首先，通过评估定级工作，公共图书馆争取到当地政府加大经费投入的力度，改善硬件环境。以评估为契机，公共图书馆积极争取政府及文化主管部门的支持，增加对图书馆的财政投入，改善办馆条件，焕新馆舍面貌。第三次评估标准将办馆条件作为评估考核指标的第一项，分别规定各级公共图书馆馆舍面积指标，因此引起许多政府部门对图书馆新馆建设的重视。一些地方政府意识到图书馆在一个地区经济发展和精神文明建设中的重要作用，开始加大对图书馆的投入，许多图书馆新馆建设项目应运而生，如厦门市各区级图书馆在第三次评估中总建筑面积均呈增长态势。其中，集美图书馆于 2000 年建成新馆，不仅增加了面积，而且新馆布局合理，为读者提供了一个优美的环境；湖里区图书馆通过改造扩大馆舍，面积从 500 平方米增加到 1500 平方米，2001 年底又在禾山文化中心建立分馆，面积增加了 1500 平方米，使总面积达 3000 平方米。此外，集美图书馆于 2004 年下半年动工兴建二期工程，投入 500 万元，建成后馆舍面积达到 5520 平方米；2005 年底，集美区少年儿童图书馆杏林新馆舍建设完工，其按国家一级图书馆的标准规划设计，建筑面积达 2500 平方米，是福建省区级规模最大的少年儿童图书馆[①]。

其次，通过评估定级工作，公共图书馆抓住事业发展机遇，促进图书馆现代化水平的较大幅度提高。随着网络及信息技术的飞速发展，电子出版物及声像类文献以体积小、信息量大、检索快等优点，成为馆藏文献资源的一项重要内容。因此，第三次评估在保证印刷文献入藏的同时，首次将电子文献、声像资料等非印刷型文献列入硬性指标。图书馆为了达到评估要求，开始将购书资金向非纸质文献资源倾斜，文献资源建设就呈现出多种载体并重的局面，这也在一定程度上满足不同读者的信息需求，并促使区级图书馆加快数字化进程。例如，辽宁省沈阳市铁西区图书馆电子文献购置量从第二次

---

① 吴蓉. 评估定级工作对公共图书馆建设的促进作用——以厦门市区级公共图书馆建设发展为例 [J]. 中小学图书情报世界，2004（11）：26 - 29.

评估时的 0 册到第三次评估时的 63 册，视听文献从第二次评估时的 20 册到第三次评估时的 102 册①，这充分体现评估标准对公共图书馆数字化的导向作用。对于地市级图书馆而言，第一次评估在现代化设备及管理与利用中明确要求，需要配备电子计算机、复印机、录像机、视听系统等自动化设备，从此拉开了地市级图书馆自动化建设的序幕。第三次评估，在自动化规模、图书馆管理系统升级换代、自动化服务内容等方面提出更高的要求。以天津市为例，在第三次评估前，该市 18 个区县图书馆中，有 15 家安装并使用了图书馆集成管理系统ILAS5.0，只有 3 家安装使用了网络版的 ILASII 管理软件，使用率只占 16.7%；第三次评估过后，该市 18 个区县馆中，安装使用 ILASII 管理软件的由 2003 年的 3 家升至 9 家，使用率提高到了 50.0%②。可以说，第三次评估过后，各地市级图书馆，在实现各项业务工作自动化的基础上，部分实现了工作流程的网络化管理，将公共图书馆现代化水平提升到一个新的高度。

再次，通过评估定级工作，公共图书馆完善服务工作、提高业务水平，提高办馆效益。图书馆读者服务工作是图书馆工作的起点和归宿，不同类型、不同规模及不同服务对象的图书馆，均将其摆在十分重要的位置。公共图书馆以满足社会公众的文献信息需求，全心全意做好读者服务工作为中心。评估定级工作促进公共图书馆读者服务工作的发展，使读者服务工作更加完善，更趋于合理化。读者服务工作是图书馆一切工作的中心环节，在公共图书馆第三次评估标准中占总分的 28%，如此重要的分值，促进各级图书馆对读者服务工作的全面拓展。以山东省济南市各县级图书馆为例，与第二次评估相比，部分县级图书馆增设服务网点、加强阵地服务。历城区图书馆地处东郊王舍人镇比较偏僻，该馆采取"走出去"的办法，在全区偏远乡镇设立 17 个流动借阅站，用于流动借阅的图书 2 万余册，年流动读者达到 10 万余人次。考虑到周边学校师生借阅时间不便，该馆每天开放时间增加 1 小时。章丘市图书馆实行站立微笑服务，60 岁以上老人无证阅览。槐荫区图书馆开展为老年人、残疾人送书上门的特色服务。长清区图书馆实行"免费、免证阅览"，并利用网络优势开展远程咨询服务，为读者提供更多的便利③。

最后，通过评估定级工作，公共图书馆找出差距、明确方向，全面提高工作人员整体素质，适应图书馆事业不断发展的需要。第三次评估标准对图书馆工作人员的学历、职称、岗位培训等提出更高要求，对代表业务水平层次的调研报告及论文、对业务培训等方

---

① 王敏. 评估对区级图书馆文献资源建设的影响 [J]. 图书馆学刊，2009（6）：76 - 77，110.

② 岳立春. 浅论评估标准对地市级公共图书馆现代化的导向性 [J]. 图书馆工作与研究，2005（6）：26 - 27.

③ 王俊国，王晓燕. 评估定级促进了区县图书馆事业发展 [J]. 山东图书馆季刊，2005（2）：44 - 45.

面都提出具体评估标准。这些指标体系的确立，对公共图书馆专业人才引进上、岗位技能培训上、项目研究方面均起了重要的导向作用。各级图书馆开始有了比较长远的人才培养与引进计划，从而使图书馆的人员配置进一步趋向科学合理。河南省三门峡市渑池县、陕县、卢氏县图书馆在加强岗位练兵或派员外出参加业务培训的基础上，多次请省、市图书馆专家到馆讲学指导，同时还辅以奖惩激励措施，有效地激发员工学习业务的积极性，使一批专业技术人才脱颖而出。自 1998 年至 2005 年，渑池县图书馆培养出 3 位专业技术人才，实现建馆以来专业技术人才零的突破；陕县图书馆培养出 10 位专业技术人才，比 1998 年增长了 1.25 倍；卢氏县图书馆培养出 7 位专业技术人才，比 1998 年增长了 1.16 倍①。

（二）对公共图书馆事业发展的影响

第三次评估为图书馆事业可持续发展打下坚实的基础，公共图书馆的管理水平、服务水平都有很大提高，从整体上起到了促进图书馆事业发展的积极作用。具体而言，公共图书馆评估会引起图书馆的决策者及工作者的重视，他们一方面认真执行上级的决定，另一方面本能地维护集体的荣誉，积极准备，查找自身的不足，并在短时间内弥补自身某些方面的缺陷。其结果在不同程度上促使业务经费增加、基础设施加强、人员配备更加到位等。因此，第三次评估工作在软件和硬件层面上都推动了图书馆事业的进步。同时，第三次评估工作从思想上又一次纠正了人们对图书馆认识上的偏差，促进整个社会对图书馆工作的重视，为后续的图书馆事业发展铺垫了良好基础。其对公共图书馆事业的影响主要表现在以下三个方面。

一是通过第三次评估工作，公共图书馆明确了自身的工作标准，改变工作中的盲目行为，促进图书馆行业工作的标准化和规范化。公共图书馆作为国家公益性文化事业单位，它的首要任务是满足人民群众日益增长的文献信息需求，促进人类社会的进步。2003 年 5 月 26 日，由中国图书馆学会制定并颁布的《中国图书馆员职业道德准则》虽然开始试行，但在评估标准出台前，图书馆行业缺乏统一的标准和规范，特别是缺少具体的量化标准，没有为人们普遍所接受的参照体系，加上各地政治、文化、经济背景的差异，因此出现行业发展的随意性、不规范性，影响图书馆事业的整体发展和读者对文献资料的有效利用。而评估定级工作是实现图书馆业务工作规范化的有效手段。它通过制定业务标准和行业要求，推进图书馆的规范化、标准化的发展进程，从而使图书馆工作更能适应社会发展的要求，满足人民群众日益增长的文献信息需求。第三次评估工作后，各级公共图书馆认真对

---

① 姚兰玉. 从全国公共图书馆第三次评估定级看三门峡市县级图书馆发展 [J]. 河南图书馆学刊，2005（4）：49－51.

照落实评估标准，针对不足之处进行整改和调适，无形中对各级公共图书馆的工作实行了统一规范和严格的行业要求，从而使图书馆工作更能适应社会的发展和人民群众的文化需求。

二是通过第三次评估工作，公共图书馆提高了自身知名度，提升了整体形象，引起全社会对公共图书馆事业的重视，进一步提升了公共图书馆的社会地位。评估过程实际上是一个宣传、造势的过程，呼唤人们对图书馆价值的认同和地位的肯定，引起政府和部门领导的重视和关怀，树立图书馆的自身形象，同时激发图书馆从业者的热情。长期以来，公共图书馆的对外宣传始终处于一种封闭、被动、保守的状态。由于不注重宣传，社会各界对公共图书馆的职能、作用、工作范围没有明确的认识与了解，这在某种程度上不利于公共图书馆的发展。由于第三次评估对图书馆的宣传工作进行了要求，于是，很多图书馆以此为契机，强化宣传意识，加强宣传力度，外树形象，内抓服务，受到广大读者和社会的好评。第三次评估标准适应了公共图书馆发展的需要，强化了公共图书馆的服务功能，也充分显示了国家对公共图书馆整体形象建设的高度重视。评估标准，也让各馆能够进一步清晰地了解公共图书馆的社会地位与应该承担的社会责任。第三次评估结束后，图书馆的投资砝码有所增加，服务手段更先进，环境更加优美，获得读者和社会的好评更多，从而图书馆的社会地位有所提升，自身的发展空间得到拓展。图书馆的整体形象在各级领导与图书馆人的高度重视和共同努力下得以提升，图书馆树立的良好形象也使更多的人认识、了解、走进和利用图书馆。

三是通过第三次评估定级工作，各级公共图书馆之间加强了了解，相互学习并取长补短，形成良性竞争，为争先创优提供动力。第三次评估工作规模大，涉及面广，层次深，这是前两次所不能企及的。所以，第三次评估工作为公共图书馆之间相互了解、相互学习提供良好的平台。在评估阶段和定级阶段，评委实地走访各级公共图书馆，通过听介绍、看演示等，对被评馆有了多层次、立体的了解。这样的了解无疑是比较全面、深入的，而不是浮光掠影的认识。各馆在评估过程中，通过比较发现自己的不足，虚心学习他馆的长处，并进行有效整改，从而通过相互学习获得实质性的效果。评估定级工作同样给公共图书馆界创造了一个争先创优的竞争环境。各馆通过反复对照评估标准，清晰地找出自身的优势和薄弱环节，并针对本馆实际，采取有力措施，使优势更强，使薄弱的地方得到改进，从而使全馆工作在评估的推动下，上台阶，迈大步，实现跨越式发展和进步。

（三）对公共文化服务效能的影响

构建公共文化服务体系，是满足人民群众文化需求的基本途径，是政府文化管理部门的职责所在，也是文化建设的目标方向。公共文化服务的内涵：一是生产、提供公共文化服务，二是引导、保障公共文化活动。多年来，各级文化行政主管部门和各级公共图书馆以文化体制改革为契机，以构建公共文化服务体系为目标，团结奋斗，努力工作，积极推动我国公共图书馆事业的进一步发展。第三次评估明确了公共图书馆在公共文化服务体系中的重要地位，切实考虑了社会公众对公共文化服务的需求，结合各级各地公共图书馆的特点，完善公共图书馆服务能力，以此提升公共图书馆服务效能，满足我国公共文化服务发展的需求。通过评估，全国公共图书馆在设施建设、人才队伍、业务水平、技术手段、服务方式、管理水平等方面都有了明显提高，为我国公共文化服务体系的建立奠定了良好的基础。

第三次评估，首先有利于构建文化政策规范体系。通过图书馆行业工作的标准化和规范化，保障公共文化服务体系的有效建立和可持续发展；通过加大政府财政投入，改善办馆条件，提高硬件设施水平，扶持文化建设。其次，有利于构建文化展示服务体系。通过规定图书馆的社会化服务和免费开放，建立以图书馆和社区阅览室为基础的图书借阅和学习机制传递知识，以促进文化的交流和推广。最后，有利于构建文化资源整合体系，各馆按照科学规划、合理布局，符合实际、讲求实用，科学配置文化资源要素来满足大多数的城乡人群对文化的不同需求①。

此外，从 2002 年开始，各地文化厅（局）根据有关通知精神，陆续组织、开展群艺馆、文化馆的评估工作。各地党委政府对基层文化建设重要性认识普遍提高，采取各种措施加大对文化馆等基层文化设施的投入，使基层文化设施建设上了一个新台阶。历时两年的全国范围的群众艺术馆、文化馆评估定级工作于 2004 年结束，原文化部公布了进入国家等级馆的群艺馆、文化馆名单，共确定国家一级图书馆 209 个、二级图书馆 275 个、三级图书馆 405 个②。第三次评估与全国首次群艺馆、文化馆评估时间相当。公共图书馆前两次评估效果有目共睹，引起全社会的关注与重视。公共图书馆评估经验也可为群艺馆、文化馆评估所参考，促进其评估工作的进一步完善与成熟。无论是对于公共图书馆评估还是群艺馆、文化馆评估，都在一定程度上获得了政府财政的支持，推动各馆的建设与发展，从而使公共文化服务水平得到提高、取得进步。

二、第三次公共图书馆评估定级特点

在"以评促建"思想的指导下，三次评估不断推进全国各地公共图书馆建设与事业的

---

① 骆威. 构建完善的公共文化服务体系 [N]. 中国文化报，2005 - 12 - 08（7）.

② 关红雯，陈彬斌. 首次群艺馆文化馆评估定级揭晓 [N]. 中国文化报，2004 - 06 - 17（1）.

发展，评估定级工作取得了显著的成效。第三次评估相较于 1994 年第一次评估和 1998 年第二次评估，准备阶段更为充分，评估材料更为全面、细致，指标体系的确立也更加与时俱进。原文化部颁布的省各级图书馆评估标准较前两次而言具有三大新的特色，整个评估定级工作也体现出实用性、保障性和激励性三大鲜明特点。

（一）三大特色

第三次评估标准具有淡化经济效益指标、注重社会效益；高度重视自动化、网络化建设；对图书馆人员的素质要求更高、更全面三大特色①。党的十六大报告强调"发展各类文化事业和文化产业都要贯彻发展先进文化的要求，始终把社会效益放在首位"。前两次颁布的评估标准都将"创收纯收入"列为重要的评估指标，一方面，的确鼓励图书馆直接参与经济建设，开展"以文补文"的经营活动，促进图书馆发展。但另一方面不少图书馆为了增加创收，采用挤占服务场地、扩大出租范围的办法，从事与图书馆业务无关的经营活动，干扰了图书馆的正常工作，损害了图书馆的形象。因此，第三次评估对此进行了纠正。同时第三次评估标准顺应以计算机和远程通信设备为代表的现代化设施兴起的潮流，将电子阅览室计算机数量、OPAC 专用计算机数量、馆内局域网等纳入指标体系。这些设施成为推动现代图书馆发展的重要因素，它们及其所应用的技术不仅改变了图书馆的传统工作方式，而且优化了工作人员的知识结构和专业技能。此外，随着高等教育的普及，此次评估标准对地市级图书馆人才的起点要求也相应提高。人是图书馆建设的关键因素，馆员队伍素质高才能保证图书馆可持续发展。

（二）三大特点

第三次评估具有实用性、保障性和激励性三大鲜明特点②。一是实用性。第三次评估在实践和完善评估指标过程中，兼具指标的科学性和系统性，并注重评估指标的实用性、操作方式的简捷性、工作速度的高效性，最大限度确保评估定级工作的切实可靠。二是保障性。公共图书馆评估可以形成完善的保障机制，并用制度形式固定下来，在日常工作中予以规范。同时，各馆参与评估定级工作时也会建立相应的组织机构，对日常工作按时评估，将评估工作融于日常工作中。三是激励性。评估的最终目的是推动图书馆工作，促进图书馆事业的全面发展。每一次评估定级工作都让各馆及时发现问题、纠正偏差，形成科学决策。并且评估结果往往与实际工作岗位挂钩，与工作人员的利益联系，长此以往会建立一种奖优罚劣的激励机制，使评估定级工作落到实处。

---

① 傅文奇. 公共图书馆评估标准评析［J］. 江西图书馆学刊，2004（3）：20－21.
② 杨萍. 关于公共图书馆评估指标体系的思考［J］. 云南图书馆，2004（1）：68－70.

三、第三次公共图书馆评估定级工作的不足

不可否认，第三次评估促进了图书馆事业的发展，但事物都有两面性，无论是评估中的标准体系还是评估定级工作的运作形式，仍存在一些缺陷和问题。找出不足，总结经验，能够为日后公共图书馆评估定级工作的开展提供理论和经验支持。

（一）基础性投入仍然不足

公共图书馆长期存在由于经费短缺导致基础条件薄弱的"贫血"现象。截至2002年底，全国共有733个公共图书馆无购书费，占公共图书馆总数的27.20%，而全国公共图书馆人均购书费仅仅0.29元，人均占有书0.3册[①]。2005年1月4日，《光明日报》"华夏时讯"报道，青海省的多家图书馆严重"贫血"。因此，第三次评估后全国普遍存在的"经费短缺""有舍无书"问题仍未得到很好解决。

评估反映出的问题虽然很多，但最主要的还是政府投入不足的问题，特别是对于公共图书馆自动化投入不足。以湖南省为例，"据2004年《湖南省公共图书馆评估工作简报》，湖南全省还有三分之二的公共图书馆（绝大部分为县馆）没有实现业务自动化管理，在未来几年或者说到第四次评估时，要争取更多的图书馆实现自动化管理系统，困难仍然不小"[②]。

图书馆作为公益事业，虽说不能简单套用市场经济追求效益最大化的运行模式，但不能不考虑投入与产出、成本与效益的关系。评估条例明确规定馆舍、业务经费、人员、馆藏、电脑、阅览座位等的达标要求。这些都是办馆的必备条件，都是投入。问题在于当这些条件得到一定程度满足之后，有些图书馆没有发挥好作用，没有把这些资源转化为生产要素、转化为社会智力支持。这个问题在评估条例中没有得到适当重视，仅是轻描淡写一笔带过，所给的分值也不高。众所周知，图书馆的真正价值在于吸引多少读者，传播多少知识，为社会文明做出多大贡献，而不是拥有多少藏书、多少员工。图书馆要致力于用，要着眼于产出。

（二）质量重视不够

评估指标量化为评估定级工作提供了切实的可操作性，但有些评估指标的制订重数量而轻质量，影响评估效果。例如，在办馆条件中的"111项建筑面积"，只是数量上的指

---

① 张廷银. 由公众阅读状况看图书馆的人文精神状况［C］//中国图书馆学会. 以人为本，服务创新. 北京：北京图书馆出版社，2005：19－23.

② 雷树德. 公共图书馆评估论商［C］//中国图书馆学会. 以人为本，服务创新. 北京：北京图书馆出版社，2005：513－523.

标，对其内在功能区域的划分及各功能区域占全部馆舍的比例、阅览座席与服务人口的比例等均未反映出来。再如，"352 项年读者活动人次"，更只是一个单纯的数量要求，而且可操作性差，因为有些读者活动人数的数量很难准确量化，如图书馆服务宣传周活动、文化下乡活动及一些大型的社会宣传活动，参与读者人数很多，但读者是流动的，没有办法统计准确的数字，也就是说没有准确的数据来源来证明该项得分的具体指标，所以在准备本馆评估材料及到县（区）馆评估时，对该项指标的打分都难以有充分的原始资料来证明得分标准的严谨性。重数量不重质量最突出的表现在对文献资源的评估上。公共图书馆评估条例不论是对纸质文献资源，还是对电子版文献资源的数量都进行了规定，并且按量得分。毫无疑问，公共图书馆评估对文献数量规定是必要的，如果没有一定量的文献作基础，公共图书馆评估将失去一个重要的依据。但是我们在重视文献数量的同时，也应当对文献质量加以关照，不能顾此失彼。固然文献的数量容易规范，而文献的质量难以把握，但不能因为难以把握就视而不见，就不作为评估的要素。图书馆藏书的质与量历来都是相辅相成的，量中求质，质中求量，质与量相互映衬。一流的图书馆必须配备一流质量的藏书，而不是只求量上的达标。

（三）评委会组成的片面性

公共图书馆评估一般是主管部门委托本系统专家对下辖的图书馆办馆条件和办馆水平进行综合评估。不言而喻，这些专家既成为评估条例的制定者，同时又充当执行者，评委们自始至终都是站在同一视角审视整个公共图书馆评估的过程。这样的评估难免在认识上出现片面性，有的评委出于利益的考虑不愿也不敢揭自家的短。因此，在系统评估的范畴内，应当融进社会评估的要素，就是邀请系统之外的专家学者进入评委会的行列，让他们从横向角度对图书馆评估体系进行评判，这样的评估才有可能带有相对普遍标准。此外还可以邀请部分读者参与评估，组成读者评委会，从使用者角度对图书馆评估指标的内容进行评判，提出建议。读者对评估是有发言权的，没有读者参与的评委会是不完整的评委会①。

（四）忽略区域条件不均衡问题

中国幅员辽阔，区域之间差别较大，是否采用统一的标准来评估成了历次评估争论的焦点。图书馆界也对此持有两种不同的观点。一种观点认为全国范围那么大，经济条件、自然条件差别较大，都按经济发达地区的标准来评估，那么经济欠发达地区的图书馆就永远也与一、二级图书馆无缘，要求按不同地区类别设置不同的评估标准；另一种观点认

---

① 阮孟禹. 图书馆评估的意义与缺失 ［J］. 图书馆建设，2006（2）：102 - 103.

为，既然是全国性的评估，就应该有统一的标准，不要强调客观因素，达不到要求就得承认未能达标。两种意见的严重分歧，多年来在全国评估的实践中一直未能得到解决。显然，"一刀切"的办法往往会挫伤一部分馆的积极性，进一步扩大公共图书馆之间的差距。比如经济欠发达地区、西部地区，可能他们的办馆条件，即人们通常说的"硬件"不如经济发达地区、东部沿海地区，但并不等于这些地区图书馆的基础工作、服务工件等"软件"就差。同样的付出，同样的努力，仅仅因为办馆的硬件条件较差，就把这些馆拒之一级图书馆、二级图书馆的门外，似乎有点不太符合实际，没有体现以人为本的精神。很明显的例子，新疆、西藏、内蒙古地区面积大，人口稀少，若要求这些馆与北京、天津、上海有一样规模的馆舍，一样总量的藏书显然是不合实际的；还有其他的"年外借册次（万册）""年流通总人次（万人次）""年读者活动人次（万人次）"等，都是无法相比的，也就是说，这些是属于受自然条件制约的不可比因素①。东部地区省级图书馆在经费划拨、馆舍建设、人员知识结构、藏书结构（包括数据库资源）、计算机管理及网络化水平等方面均显示出巨大领先优势。在建设规模上，东部地区地市级图书馆与中西部地区省级图书馆旗鼓相当已不是个别现象。第三次评估指标在设置时未充分考虑我国经济发达与欠发达地区，东部与中、西部地区之间的差距，没有实质性地解决这一问题。

（五）缺乏法律法规方面的权威性和制约性

评估定级工作对政府加大对图书馆投入的约束力有待考证。只有加大评估定级工作的力度，把评估结果列入评估政府和主管部门政绩的指标体系，使公共图书馆评估定级行为变成政府行为，明确制定各级图书馆的经费标准并加以保障，才能从实质上推动图书馆的发展。因为有些评估指标如办馆条件及与此相关的涉及经费的某些标准，是图书馆自身无力解决的，是再努力也很难达到标准的。如果公共图书馆评估定级工作成为既是对公共图书馆业务的评估，也是对政府和主管部门政绩的评估，这样才能使公共图书馆评估定级工作的可操作性更强②。

---

① 林庆云. 工欲善其事　必先利其器——写在第四次全国县级以上公共图书馆评估之前［J］. 图书馆论坛，2007（3）：43－45.

② 王淑秋. 公共图书馆评估标准体系及评估工作运作形式之管见［J］. 图书情报通讯，2007（1）：17－18.

第九章　我国第四次公共图书馆评估定级研究

本章对第四次全国以上公共图书馆评估（以下简称"第四次评估"）情况进行了系统性的回顾与反思，首先介绍了第四次评估的社会、政策环境，梳理还原第四次评估的文化、技术、政策层面的规划纲要、标准、指导思想等，纵向与横向对比分析第四次评估指标体系的指标设置、分值权重及评估定级结果，深入探讨第四次评估的意义、公共图书馆在评估中凸显的问题及第四次评估工作的不足。

第一节　第四次公共图书馆评估定级背景

第四次评估恰逢中华人民共和国成立 60 周年、改革开放 30 年的重要历史时期，公共图书馆事业在经济与社会快速变迁的时代背景下也实现了跨越式的发展。文化部对全国县以上公共图书馆开展的三次评估定级工作，有效地推动了全国公共图书馆事业的发展，实现了基础设施、业务建设及服务水平的大幅度提高。在科学发展观和党的十七大精神引领下，图书馆事业有了新的发展方向与使命，为更好地发挥图书馆在全面建设小康社会和构建社会主义和谐社会中的作用，原文化部在 2009 年 6 月 19 日发布通知，决定开展县以上公共图书馆第四次评估定级工作①。

一、社会环境

（一）文化环境

"十一五"期间，我国古籍保护工作加速发展。为使古籍保护有章可循，2006 年 8 月 5 日，文化部发布中华人民共和国文化行业标准 WH/T 24—2006《图书馆古籍特藏书库基本要求》②。2007 年 1 月，国务院办公厅发布《国务院办公厅关于进一步加强古籍保护工作的意见》，提出要"加强古籍保护工作的指导思想、基本方针和总体目标；突出重点，

---

①　文化部. 文化部通知开展县以上公共图书馆第四次评估定级［EB/OL］. ［2021 - 06 - 04］. http：//www. gov. cn/gzdt/2009 - 06/19/content_1344678. htm.

②　韩永进. 中国图书馆史：现当代图书馆卷［M］. 北京：国家图书馆出版社，2017：497，500.

科学规范地开展古籍保护工作；建立古籍保护工作协调机制，在资金、人才、监管、宣传方面着手，共同做好古籍保护工作"①。2007 年 2 月 28 日，文化部召开全国古籍保护工作会议，全面启动古籍保护工作，并组织开展建立《国家珍贵古籍名录》和"全国古籍重点保护单位"的申报工作。收藏古籍较多的系统和地区制定了古籍保护规则，如 2008 年 1 月 17 日，国家民委、文化部发出《关于进一步加强少数民族古籍保护工作的实施意见》。为保护我国珍贵古籍资源、传承中华民族传统文化发挥了重要的指导与保障作用。

2007 年 8 月，文化部印发《文化标准化中长期发展规划（2007—2020）》，指出"加强公共文化服务体系等的标准化建设"②，保障文化事业的繁荣发展。2008 年，《公共图书馆建设标准》和《公共图书馆建筑用地指标》颁布实施，更加注重所服务的人口因素在建馆中的作用，为各级公共图书馆建设规模、建设选址、总体布局、建筑功能设计等方面提供了标准化指导。

（二）技术条件

21 世纪，我国图书馆自动化建设的规模不断扩大，图书馆自动化网络建设进入深入发展阶段③。网络化、自动化技术的持续发展为图书馆服务及业务管理带来重要变革，图书馆的发展也对自动化系统提出新的要求。为满足因图书馆网络化发展而产生的集群化管理需求，适合总分馆制度管理的自动化管理系统应运而生，对图书馆自动化、网络化、数字化建设和资源共享产生重大的战略意义。得益于自动化系统的应用，广东省流动图书馆成为建设文化大省的一项重要举措，至 2007 年广东省流动图书馆已有 40 个分馆。此外，2006 年 7 月，深圳图书馆新馆在全国率先全面应用 RFID 技术，实行多种自助服务；2006 年 10 月，深圳图书馆馆外"自助还书机"正式投入使用；2007 年，东莞图书馆引入图书馆 ATM 机；越来越多图书馆实现无线网络的覆盖，使得读者不再受时间、空间约束，随时随地享受信息服务。技术的发展与运用大力地推动图书馆的数字化变革，图书馆所应用的各类自动化系统更加体现以用户为中心的服务宗旨。

技术发展的同时推动了全国文化信息资源共享的步伐。为充分利用先进的科学技术手段，丰富文化供给形式与内容，保障广大人民群众的文化权益，2002 年 4 月，文化部、财政部下发通知，组织实施全国文化信息资源共享工程，明确要求到 2010 年基本建成覆盖

① 国务院办公厅 . 国务院办公厅关于进一步加强古籍保护工作的意见［EB/OL］. ［2021 - 06 - 04］. http：//www. gov. cn/zwgk/2007 - 01/29/content_511825. htm.

② 文化部 . 文化部印发文化标准化中长期发展规划 2007 - 2020［EB/OL］. ［2021 - 06 - 04］. http：// www. gov. cn/gzdt/2007 - 08/06/content_707569. htm.

③ 张树华，张久珍 . 20 世纪以来中国的图书馆事业［M］. 北京：北京大学出版社，2008：428，441 - 442.

城乡的文化信息资源共享工程服务网络①。2002 年 6 月，文化部印发《全国文化信息资源共享工程管理暂行办法》，切实保障全国文化信息资源共享工程的顺利实施②。

二、政策支持

2005 年 10 月，党的十六届五中全会提出"加大政府对文化事业的投入，逐步形成覆盖全社会的比较完备的公共文化服务体系"③，自此，公共文化服务体系建设在党中央、国务院高度重视下稳步推进。2006 年 9 月，中共中央办公厅、国务院办公厅联合印发的《国家"十一五"时期文化发展规划纲要》强调："坚持公共服务普遍均等原则，兼顾城乡之间、地区之间的协调发展。"④ 2007 年 8 月，中共中央办公厅、国务院办公厅发布《关于加强公共文化服务体系建设的若干意见》，以加快建立覆盖全社会的公共文化服务体系。

2007 年 10 月，党的十七大将文化建设提高到前所未有的高度，提出"到 2020 年确保实现小康社会的奋斗目标"，其目标之一即"覆盖全社会的公共文化服务体系基本建立"，并"积极推进和注重实现基本公共服务均等化"以推进区域协调发展，会议还强调，"坚持把发展公益性文化事业作为保障人民基本文化权益的主要途径"，要"建设全民学习、终身学习的学习型社会，把我国建设成人力资源强国"⑤。

党的会议及政策文件精神为图书馆事业的管理与图书馆工作水平的提升发挥了重要的引领作用，为公共图书馆加快构建公共文化服务体系提供了有力指导。

第二节　第四次公共图书馆评估定级回顾

一、评估总体安排

为深入贯彻落实科学发展观和党的十七大精神，进一步加强对图书馆事业的管理，推

---

①　中国经济网.2010 年文化共享工程将覆盖全国（图）［EB/OL］.［2021 - 06 - 04］. http：//dis-covery. cctv. com/20070918/109078. shtml.

②　文化部. 文化部关于印发《全国文化信息资源共享工程管理暂行办法》的通知［EB/OL］.［2021 - 06 - 04］. http：//www. gov. cn/gongbao/content/2003/content_62632. htm.

③　中共中央关于制定国民经济和社会发展第十一个五年规划的建议［EB/OL］.［2021 - 06 - 05］. http：//www. gov. cn/ztzl/2005 - 10/19/content_79386. htm.

④　国家"十一五"时期文化发展规划纲要［EB/OL］.［2021 - 06 - 05］. http：//www. gov. cn/jrzg/2006 - 09/13/content388046. htm.

⑤　胡锦涛在中共第十七次全国代表大会上的报告［EB/OL］.［2021 - 06 - 05］. https：//www. chinanews. com/gn/news/2007/10 - 24/1058426. shtml.

动图书馆事业的发展，提高图书馆的工作水平，更好地发挥图书馆在全面建设小康社会和构建社会主义和谐社会中的作用，2009 年 5 月 15 日，文化部办公厅下发《关于开展县以上公共图书馆第四次评估定级工作的通知》（办社图发〔2009〕8 号），决定 2009 年在全国开展第四次评估定级工作。

按文件要求，评估定级工作由文化部社会文化司负责组织对省、副省级、计划单列市图书馆进行评估。各省（区、市）文化厅（局）负责组织对所属地市、县市级图书馆的评估定级工作，其主要职责是：制订评估计划，组织专家评估组，对评估工作进行指导；审核地市、县市级图书馆的评估结果和定级名单，报送文化部；对评估工作进行总结。专家评估组成员一般应具有副研以上专业职称，熟悉图书馆评估标准，有一定的评估工作经验，公道、正派。2009 年 6 月底前，各省（区、市）将本省（区、市）的评估安排报送文化部社会文化司。

2009 年 7 月 23 日，文化部社会文化司下发了《关于印发县以上公共图书馆评估细则的通知》（社文函〔2009〕8 号）。除公布包括成人图书馆和少年儿童图书馆 6 套评估标准细则，还公布了"图书馆读者调查表""读者满意率调查汇总表""地市级、县市级图书馆评估结果汇总表"。

第四次评估定级工作于 2009 年 8—12 月全面铺开。具体评估工作步骤为：2009 年 8—10 月对地市级、县级图书馆进行评估；2009 年 10—12 月对省、副省级、计划单列市图书馆进行评估；2009 年 10 月底前，各省（区、市）文化厅（局）将地市级、县级图书馆的评估结果和总结报告报送文化部社会文化司；2009 年底，经文化部审核并征求各省（区、市）文化厅（局）意见后，确定评估定级结果，并命名一、二、三级图书馆①。

二、多主体协同开展迎评准备工作

第四次评估工作自启动以来得到各级政府的高度重视，各级公共图书馆也积极投身评估准备工作中。以武汉市为例，第四次评估启动后，武汉市委、市政府专门下发《武汉市第四次公共图书馆评估工作实施方案的通知》，对评估标准、评估方式、评估工作步骤及评估工作要求进行明确的部署。武汉图书馆制定《武汉图书馆迎接第四次全国公共图书馆评估工作方案》，成立武汉图书馆迎评促建工作领导小组，下设评估工作小组，创建机构评估办公室，明确职责分工与工作安排。市文化局领导多次深入武汉图书馆实地了解和指

---

① 文化部.文化部通知开展县以上公共图书馆第四次评估定级［EB/OL］.［2021-06-04］.http：//www.gov.cn/gzdt/2009-06/19/content_1344678.htm.

导迎评工作，且划拨了 400 多万元专项经费用于改善其办馆条件①。武汉市文化局还下发《关于开展第四次区级公共图书馆评估工作的通知》，内容涵盖评估工作组成员、评估工作安排、有关要求及时间安排等。此外，武汉图书馆为帮助各区图书馆更好地迎接评估检查，特举办评估工作培训班，解答评估标准及评估前的相关工作。

三、评估方式的优化

评估作为优化公共图书馆建设的有效工具，需根据时间、空间环境的变化使评估方式、手段不断优化。在访谈中，专家钟海珍（贵州省图书馆学会秘书长）指出，"1994、1998、2004 年的第一至第三次评估中，均根据文化部的要求，地、州、市文化局组织对县级图书馆的评估，省文化厅组织专家对地市级图书馆进行评估，并抽查 1 至 2 个县级图书馆"。2009 年开展第四次评估定级工作时，省文化厅采纳钟海珍的建议，采取与前三次评估不同的方式，由贵州省文化厅组建专家组，对贵州省各地、市、州、县图书馆进行全面评估。钟海珍设计了《贵州省公共图书馆情况调查表》，由各专家组评估期间带给各馆填写，以借助评估定级对全省各级公共图书馆进行一次拉网式摸底调查，使贵州省文化厅能较真实地和全方位地掌握本省各级公共图书馆的情况。

第三节　第四次公共图书馆评估标准分析

一、评估指标体系

评估指标体系是评估内容的外在评估形式和载体，能够反映出评估内容是否具备科学性、系统性与完整性。"评估指标体系的科学建构是保证评估工作顺利开展的基础，是连接图书馆评估理论与评估实践的桥梁，受到外部信息技术环境的变化和图书馆事业自身科学发展使命的驱动，每次评估体系在继承以往的同时都会增加全新指标，这些以创新性和导向性为目标的全新指标的增加反映了整个公共图书馆事业的发展走向和趋势"②。

---

① 中华人民共和国文化部社会文化司．全国公共图书馆第四次评估资料汇编：下册［G］．北京：中华人民共和国文化部社会文化司，2010：309．

② 中国图书馆学会．图书馆学学科发展报告 2018—2019［M］．北京：中国科学技术出版社，2020：114．

表 9 – 1　第四次公共图书馆（成人图书馆）评估指标体系

一级指标	二级指标及指标数量（括号内）		三级指标数量	与第三次标准相比	
				新增三级指标	删除三级指标
办馆条件	省级（5）	设施（3）；现代化技术设备（6）；经费（2）；人员（4）；总藏量（1）	16	122 提供读者使用的计算机数量（台）；126 存储容量；131 财政拨款	122 电子阅览室计算机数量（台）；131 补助经费
	地市级（5）	设施（3）；现代化技术设备（4）；经费（2）；人员（4）；总藏量（0）	13	122 提供读者使用的计算机数量（台）；124 宽带接入；131 财政拨款	122 电子阅览室计算机数量（台）；124 网络对外接口；131 补助经费；132 购书经费单列
	县级（5）	设施（3）；现代化技术设备（3）；经费（3）；人员（4）；总藏量（0）	13	122 提供读者使用的计算机数量（台）；123 网络对外接口；131 财政拨款	122 电子阅览室计算机数量（台）；131 补助经费
基础业务建设	省级（7）	文献入藏（5）；藏书质量（4）；文献标引与著录（3）；联合编目工作（2）；藏书组织管理（2）；古籍保护（5）；自动化、数字化（2）	23	233 中文报刊编目规范程度；241 参加全国性联合编目中心；242 组织本地区联合编目工作；261 建立古籍保护机制；262 古籍普查；263 古籍保护条件；264 古籍修复工作；265 古籍保护研究与利用；271 自动化、网络化建设；272 数字化建设	216 网上资源收集、加工和利用；224 建有地方文献专藏体系；233 从编目中心下载、上传书目/分编总数（%）；261 馆内局域网；262 图书馆网站
	地市级（7）	文献入藏（4）；藏书质量（2）；文献标引与著录（3）；联合编目工作（2）；藏书组织管理（2）；数据库建设（3）；自动化、网络化建设（3）	19	231 汉文普通图书编目规范程度；232 中文报刊编目规范程度；241 参加地区联合编目；242 承担本地区联采统编工作；261 馆藏中文图书书目数字化（%）；262 馆藏中文期刊目录数字化（%）；272 馆内局域网；273 图书馆网站	231 文献标引与著录标准；232 图书标引误差率（%）；233 图书著录误差率（%）；235 从编目中心下载的书目数据/分编总数（%）；241 目录设置；242 目录组织误差（%）；243 目录管理；261 馆藏书目数字化（%）；272 已建馆内局域网；273 已建图书馆网站

续表

一级指标	二级指标及指标数量（括号内）		三级指标数量	与第三次标准相比	
				新增三级指标	删除三级指标
读者服务工作	县级（6）	文献入藏（5）；文献标引与著录（4）；目录设置、组织、管理（4）；藏书组织管理（3）；自动化、网络化建设（4）；数据库建设（3）	23	221 汉文普通图书标引与著录标准；251 图书馆自动化管理；252 馆内局域网；253 图书馆网站；254 参加地区联网服务；261 建设规划；262 馆藏中文图书书目数字化（%）	221 图书标引与著录标准；251 计算机业务管理；253 已建馆内局域网；254 已接入因特网
	省级（7）	免费开放程度（0）；读者满意率（0）；普通服务（9）；信息服务（3）；数字资源服务（5）；读者活动（5）；社会教育与用户培训（0）	21	332 通借通还与馆际互借；334 普通图书、报刊实行开架借阅；337 分馆、服务点、流通站（个）；338 送书上门、送书下基层服务；339 为特殊群体、弱势人群服务；341 为领导机关决策与社会事业发展提供信息服务；343 为社会大众提供信息服务；351 图书馆网站；352 网上服务项目；353 数字资源的利用；365 图书馆服务宣传	323 开架书刊册数/总藏量（%）；326 服务点、分馆（个）；327 为弱势人群服务；328 送书上门、送书下乡服务；345 图书馆网站利用状况（读者点击数）；341 为领导机关决策提供信息服务；343 为其他事业发展提供信息服务；353 图书馆服务宣传周
	地市级（6）	免费开放程度（0）；读者满意率（0）；普通服务（8）；信息服务（4）；读者活动（5）；社会教育与用户培训（0）	17	333 普通图书、报刊实行开架借阅；336 分馆、服务点、流通站（个）；337 送书上门、送书下基层服务；338 为特殊群体、弱势人群服务；341 为领导机关决策与社会事业发展提供信息服务；343 为社会大众提供信息服务；344 网上服务项目；352 展览（次）；353 其他形式的读者活动（次）；355 图书馆服务宣传	323 开架书刊册数/总藏量（%）；326 服务点、分馆（个）；327 为弱势人群服务；328 送书上门；送书下乡服务；331 年检索课题（项）；332 年解答咨询数量（条）；341 为领导机关决策提供信息服务；343 为其他事业发展提供信息服务；344 年编制二、三次文献；353 图书馆服务宣传周

续表

一级指标	二级指标及指标数量（括号内）		三级指标数量	与第三次标准相比	
				新增三级指标	删除三级指标
	县级（6）	免费开放程度（0）；读者满意率（0）；读者服务（7）；信息服务（3）；读者活动（4）；社会教育与用户培训（0）	14	336 服务点、流通站（个）；337 为特殊群体、弱势人群服务；341 为领导机关决策与社会事业发展提供信息服务；343 为社会大众提供信息服务；354 图书馆服务宣传	326 服务点（个）；331 年检索课题（项）；332 年解答咨询数量（条）；353 图书馆服务宣传周
业务研究、辅导、协作协调	省级（4）	业务研究（4）；业务辅导（2）；协作、协调（3）；图书馆学会工作（0）	9	431 参与全国性协作协调工作；432 组织本地区协作协调工作	422 社区、乡镇图书馆（室）建设；423 "共享工程"基层中心建设；424 调查研究报告；431 编制联合目录；432 网上联合目录参加单位数（个）；434 开展文献采购协调；435 开展文献馆际互借
	地市级（4）	业务研究（2）；业务辅导（3）；协作、协调（2）；图书馆学会工作（0）	7	411 在省级以上刊物或专业会议上发表论文（篇）；423 基层业务培训工作及效果；431 参与本省协作协调工作；432 组织本地区协作协调工作	412 在省以上刊物或国际会议上发表论文篇数；423 基层业务培训（人次）；431 开展采购协调；432 开展馆际互借；433 编制联合目录
	县级（3）	业务研究（2）；业务辅导（3）；开展协作协调、资源共建共享（0）	5	411 在省级以上刊物或专业会议上发表论文（篇）；423 基层业务培训工作及效果	411 年发表专业论文数（篇）；423 基层业务培训（人次）
文化共享工程建设	省级（9）	省级分中心设备配置（0）；经费投入（0）；资源建设（0）；资源传输渠道（0）；技术培训（0）；指导支中心与基层点建设（0）；服务活动（0）；共建共享（0）；制度建设与管理（0）	0		

续表

一级指标	二级指标及指标数量（括号内）		三级指标数量	与第三次标准相比	
				新增三级指标	删除三级指标
	地市级（4）	地级支中心建设（0）；技术培训（0）；指导基层点建设（0）；面向社会服务活动（0）	0		
	县级（4）	县级支中心建设（0）；技术培训（0）；指导基层点建设（0）；面向社会服务活动（0）	0		
管理	省级（7）	人事管理（1）；财务管理（0）；设备、物资管理（0）；档案管理（0）；统计工作（0）；环境管理（0）；消防、保卫（0）	1	611 实行岗位设置管理，建立分配激励制度	511 实行聘用制；实行岗位管理和工作目标管理责任制；512 建立内部收入分配激励机制
	地市级（7）	人事管理（1）；财务管理（0）；设备、物资管理（0）；档案管理（0）；统计工作（0）；环境管理（0）；消防、保卫（0）	1	611 实行岗位设置管理，建立分配激励制度	511 实行聘用制；实行岗位管理和工作目标管理责任制；512 建立内部收入分配激励机制
	县级（7）	人事管理（1）；财务管理（0）；设备、物资管理（0）；档案管理（0）；统计工作（0）；环境管理（0）；消防、保卫（0）	1	611 实行岗位设置管理，建立分配激励制度	511 实行聘用制；实行岗位管理和工作目标管理责任制；512 建立内部收入分配激励机制
表彰、奖励	省级（1）	表彰、奖励（0）	0		
	地市级（1）	表彰、奖励（0）	0		
	县级（1）	表彰、奖励（0）	0		

资料来源：课题组整理。

表 9 – 2　第四次少年儿童图书馆评估指标体系

一级指标	二级指标及指标数量（括号内）		三级指标数量	与第三次标准相比	
				新增三级指标	删除三级指标
办馆条件	省级（5）	设施（4）；现代化技术设备（5）；经费（3）；人员（4）；总藏量（0）	16	114 低幼儿童玩具室面积；124 声像服务设备（台）；131 财政拨款	114 设立低幼儿童玩具室；115 设立声像服务室；131 补助经费
	地市级（5）	设施（4）；现代化技术设备（5）；经费（2）；人员（4）；总藏量（0）	15	114 低幼儿童玩具室面积；123 OPAC 专用计算机数量（台）；124 声像服务设备；131 财政拨款	114 设立低幼儿童玩具室；131 补助经费
	县级（5）	设施（4）；现代化技术设备（4）；经费（2）；人员（4）；总藏量（0）	14	114 低幼儿童玩具室面积；122 读者使用计算机数量（台）；123 声像服务设备（台）；124 网络对外接口；131 财政拨款	114 设立低幼儿童玩具室；115 设立电子阅览室；116 设立声像服务室；122 除计算机以外的设备；131 补助经费；132 购书费单列
基础业务建设	省级（6）	文献入藏（4）；文献采选方针及执行情况（0）；文献标引与著录（5）；藏书管理与保护（3）；数据库建设（2）；自动化、网络化建设（3）	17	211 图书年入藏数量（种）；243 文献保护；252 数字资源建设；261 图书馆自动化管理	211 年新增藏量（种）；243 图书保护；252 特色数据库建设
	地市级（6）	文献入藏（4）；文献采选方针及执行情况（0）；文献标引与著录（4）；目录设置、组织管理（4）；藏书管理与保护（3）；自动化、网络化建设（3）	18	242 设立读者使用的机读目录；253 文献保护；261 图书馆自动化管理；262 馆内局域网；263 图书馆网站	242 设立机读目录；253 图书保护；261 计算机业务管理；262 数据库建设
	县级（6）	文献入藏（3）；文献采选方针及执行情况（0）；文献标引与著录（3）；目录设置、组织管理（4）；藏书管理与保护（3）；自动化、网络化建设（3）	16	242 设立读者使用的机读目录；253 文献保护；261 图书馆业务管理；262 馆内局域网；263 图书馆网站	242 设立机读目录；253 图书保护

续表

一级指标	二级指标及指标数量（括号内）		三级指标数量	与第三次标准相比	
				新增三级指标	删除三级指标
读者服务工作	省级（7）	免费开放程度（0）；读者满意率（0）；普通服务（6）；导读服务（4）；读者活动（4）；读者教育与用户培训（0）；深化服务（2）	16	351 读者活动次数（次）；354 图书馆服务宣传；372 编印二、三次文献（种）	331 年馆内读者活动次数（次）；334 图书馆服务宣传周活动；352 年编制二、三次文献（种）
	地市级（7）	免费开放程度（0）；读者满意率（0）；普通服务（6）；导读服务（4）；读者活动（4）；读者教育与用户培训（0）；检索、咨询（0）	14	354 图书馆服务宣传	334 图书馆服务宣传周活动
	县级（7）	免费开放程度（0）；读者满意率（0）；普通服务（6）；导读服务（3）；读者活动（4）；读者教育与用户培训（0）；检索、咨询（0）	13	354 图书馆服务宣传	334 图书馆服务宣传周活动
业务研究、辅导、协作协调	省级（3）	业务研究（2）；业务辅导（4）；协作协调（0）	6		
	地市级（3）	业务研究（2）；业务辅导（4）；协作协调（0）	6	412 参与地区性学术活动（次）；421 辅导工作	412 参与地区或全国的学术活动；421 辅导工作业绩
	县级（3）	业务研究（2）；业务辅导（3）；协作协调（0）	5	411 在省级以上刊物发表论文数；412 参与地区性学术活动；421 辅导工作；	411 年发表专业论文数；412 参与学术活动；421 辅导工作业绩

续表

一级指标	二级指标及指标数量（括号内）		三级指标数量	与第三次标准相比	
				新增三级指标	删除三级指标
文化共享工程建设	省级（3）	宣传、指导（0）；资源建设（0）；服务活动（0）	0		
	地市级（2）	专用设备（0）；服务活动（0）	0		
	县级（2）	专用设备（0）；服务活动（0）	0		
管理	省级（7）	人事管理（1）；财务管理（0）；设备、物资管理（0）；档案管理（0）；统计工作（0）；环境管理（0）；消防、保卫（0）	1	611 实行岗位设置管理，建立分配激励制度	511 实行聘用制；实行岗位管理和工作目标管理责任制；512 建立内部收入分配激励机制
	地市级（7）	人事管理（1）；财务管理（0）；设备、物资管理（0）；档案管理（0）；统计工作（0）；环境管理（0）；消防、保卫（0）	1	611 实行岗位设置管理，建立分配激励制度	511 实行聘用制；实行岗位管理和工作目标管理责任制；512 建立内部收入分配激励机制
	县级（7）	人事管理（1）；财务管理（0）；设备、物资管理（0）；档案管理（0）；统计工作（0）；环境管理（0）；消防、保卫（0）	1	611 实行岗位设置管理，建立分配激励制度	511 实行聘用制；实行岗位管理和工作目标管理责任制；512 建立内部收入分配激励机制
表彰、奖励	省级（1）	表彰、奖励（0）	0		
	地市级（1）	表彰、奖励（0）	0		
	县级（1）	表彰、奖励（0）	0		

资料来源：课题组整理。

（一）一级指标特点

第四次评估设置 7 个一级指标，即办馆条件，基础业务建设，读者服务工作，业务研究、辅导、协作协调，文化共享工程建设，管理，表彰、奖励（见表 9-1、表 9-2）。相较于第三次评估，第四次评估指标增加了一级指标"文化共享工程建设"。

"文化共享工程作为我国数字图书馆建设的早期形态，为我国未来数字图书馆的发展在建设模式、服务内容与服务形式等方面做了有益的探索"①，为"十二五"期间，数字图书馆的快速发展打下了坚实的基础。文化共享工程的建设旨在利用先进的科学技术手段，"将文化信息资源传输给城乡基层文化网点，送到群众身边，并通过文化共享工程的实施与图书馆事业发展紧密结合起来"，《关于实施全国文化信息资源共享工程的通知》强调"要依托现有的文化设施网点，以各级公共图书馆为实施主体""将其实施纳入文化事业建设整体规划，在设备、人员、资金等方面统筹考虑，给予保障。各级公共图书馆要加强文献信息资源建设和自动化、网络化建设，加强对专业技术人员的培养，为实施文化共享工程打好基础"②。

"文化共享工程"指标的增加旨在落实全国文化信息资源共享工程，推动各级公共图书馆参与资源共享工程建设，并以此为契机提升图书馆服务效能。

（二）二级指标特点

相较第三次评估标准，第四次评估指标有诸多调整。第四次各级成人图书馆二级评估指标数量分别为 40、34、32，相较第三次评估的 28、29、26，分别增加了 12、5、6 个指标。第四次各级少年儿童图书馆二级指标数量分别为 32、31、31，相较第三次评估的 26、26、26，分别增加了 6、5、5 个指标。

在各级成人图书馆中，省级评估标准的二级指标增加了"24 联合编目工作""26 古籍保护""31 免费开放程度""35 数字资源服务""51 省级分中心设备配置""52 经费投入（万元）""53 资源建设""54 资源传输渠道""55 技术培训""56 指导支中心与基层点建设""57 服务活动""58 共建共享""59 制度建设与管理"指标；删除了"25 数据库建设"指标；原"26 自动化、网络化建设"改为"自动化、数字化"内容包含原"271 自动化、网络化建设，272 数字化建设"。地市级成人图书馆二级指标增加了"22 藏书质量""31 免费开放程度""51 地级支中心建设、52 技术培训、53 指导基层点建设、

---

① 李耀华. 谋求新跨越：湖北省公共图书馆事业建设与发展研究［M］. 北京：国家图书馆出版社，2012：105.

② 文化部关于实施全国文化信息资源共享工程的通知［EB/OL］.［2021-06-10］. http://www.ynlib.cn/Item/76170.aspx.

54 面向社会服务活动"；删除了"33 检索、咨询服务"；原"24 目录设置、组织、管理"调整为"24 联合编目工作"。县级成人图书馆二级指标增加了"26 数据库建设""31 免费开放程度""51 县级支中心建设""52 技术培训""53 指导基层点建设""54 面向社会服务活动"；原"32 普通服务"调整为"33 读者服务"，"33 检索、咨询服务"调整为"34 信息服务"，原"43 开展协作协调、参与资源共享"调整为"43 开展协作协调、资源共建共享"。在各级少年儿童图书馆中，省级评估标准增加了"31 免费开放程度""32 读者满意率""51 宣传、指导""52 资源建设""53 服务活动"指标。地市级少年儿童图书馆增加了"31 免费开放程度""32 读者满意率""51 专用设备""52 服务活动"；原"26 自动化建设"调整为"26 自动化、网络化建设"指标。县级少年儿童图书馆增加了"31 免费开放程度""32 读者满意率""51 专用设备""52 服务活动"；原"26 计算机业务管理"调整为"26 自动化、网络化建设"。

二级指标的调整主要有以下四个方面原因。

其一，根据"文化共享工程建设"一级指标的增设和各级公共图书馆的职能定位，制定相应的二级评估指标。省级公共图书馆评估标准中下设 9 个二级指标，承担着基础设施的搭建、资源的保障、基层建设指导、制度建设等重要工作。地市级图书馆在文化共享工程中成为地级支中心，是资源建设的重要节点，起到重要支撑作用，同时发挥对基层点建设的指导作用。"54 面向社会服务活动"指标的设置凸显地市级公共图书馆以服务为中心的职能定位，依托文化共享工程资源，通过多种形式的服务活动真正将文化资源输送到基层，满足基层群众的文化需求。县级公共图书馆是公共图书馆体系中数量庞大的部分，作为文化共享工程县级支中心，通过基础设施搭建，加之培训、指导、服务这种"1＋3"模式，推动文化共享工程建设。

其二，旨在加强公共图书馆对古籍资源的保护力度。古籍是记录人类文明的重要载体，对于以传承人类文明为使命的图书馆，对古籍的保护有义不容辞的责任。同时古籍资源的稀缺性及脆弱性也决定了公共图书馆将古籍收藏作为特色资源建设的重中之重。省级公共图书馆是省域文献资源中心，发挥重要的文化资源保障作用。其具有的政策、资源等优势决定了省级公共图书馆在古籍资源保护中的重要角色与作用。第四次评估在一级指标"基础业务建设"中增加了二级指标"26 古籍保护"，分值为 50 分，占"基础业务建设"总分的 20%。二级指标下设"261 建立古籍保护机制、262 古籍普查、263 古籍保护条件、264 古籍修复工作、265 古籍保护研究与利用"5 个三级指标以引导、规范省级公共图书馆古籍保护工作的开展，更好地发挥省级公共图书馆在省域古籍资源保护中的作用。

在相关政策指导及第四次评估的推进下，湖北省图书馆以新馆落成为契机，"建设湖北省图书馆古籍大馆，即将特藏部打造成古籍大馆，成为馆中之馆"，"以省馆为龙头，发挥省古籍保护中心职能，大力推进全省古籍保护工作，建立古籍分级保护制度，积极推进古籍标准数据库建设，科学、稳步地开展全省古籍普查工作，此外，建立国家级古籍修复中心，加强对古籍保护的宣传"[①]，多措并举，实现湖北省图书馆古籍保护工作的高速发展。

其三，提升服务保障能力。免费开放是公共图书馆践行平等理念、满足群众基本文化需求的重要标志。联合国教科文组织在 1994 年《公共图书馆宣言》中明确了公共图书馆免费开放的基本原则[②]，保证每一个人都有平等享受图书馆服务的权利。在第四次评估标准体系中，各级公共图书馆评估的一级指标"读者服务工作"均增设二级指标"31 免费开放程度"。"免费开放程度"评估指标的设立有助于推动各级公共图书馆加大免费开放力度，保证群众资源获取，进一步保障群众的基本文化权益，提升群众的文化获得感。此外，"读者满意率"指标第一次出现在各级少年儿童图书馆的评估调查表中，对图书馆办馆条件、环境、服务质量、服务效果等征求读者意见，有助于推动图书馆的服务转向以读者为中心，提高读者在图书馆建设、资源储备、服务提供内容与方式等方面的参与度。

其四，重视数字资源建设。数字技术为公共图书馆带来新的发展动能，推动公共图书馆迈向数字化建设新阶段，数字资源建设越发成为公共图书馆资源建设的重要组成部分。第四次评估指标中，省级公共图书馆部分在一级指标"基础业务建设"中增加了二级指标"自动化、数字化"部分，省级少年儿童图书馆部分在一级指标"基础业务建设"中增加了二级指标"25 数据库建设"。省级图书馆发挥着省域数字资源保障中心的作用，对省级公共图书馆数字资源建设具有量与质的双重要求。同时，访谈专家郑智明（福建省图书馆馆长）指出，"新增数字资源服务相关指标，（旨在）考查公共图书馆能否满足读者日益增长的对数字资源的需求"。指标间的匹配使数字资源建设与服务有效对接。

（三）三级指标特点

相较第三次评估标准，第四次评估指标有诸多调整（增减指标详见表 9 - 1、表 9 - 2）。第四次各级成人图书馆三级评估指标数量分别为 70、57、56，相较第三次评估的 68、61、50，省级、县级分别增加了 12、6 个指标，地市级减少了 4 个指标。第四次各级少年儿童图书馆三级指标数量分别为 56、54、49，相较第三次评估的 55、54、49，仅省级增加了 1 个指标。

---

① 李耀华. 谋求新跨越：湖北省公共图书馆事业建设与发展研究［M］. 北京：国家图书馆出版社，2012：150 - 151.

② 柯平. 法治化环境下公共图书馆信息公开制度［J］. 国家图书馆学刊，2018，27（5）：10 - 20.

三级指标的调整主要有以下三个方面原因。

其一，强化自动化、网络化建设和数字化建设。相较于第三次评估，第四次评估时期，图书馆自动化与网络化技术推动了图书馆业务流程与管理的转型，大幅度提高了服务效率，更加注重文献标引与著录的标准化程度，更加重视区域间、区域内的联合编目，因此，在这两个方面增加了一些规范化、联合化指标。随着资源数量的增加，图书馆数字化建设任务随之增加，如"262 馆藏中文期刊目录数字化（%）"这一三级指标，进一步强化了对地市级公共图书馆的期刊数据统计要求，更有利于读者快速、便捷地获取中文期刊资源。同时，资源的增加也带来数字化难度的增大，一些难以实现的指标被替换，如馆藏资源数字化工作量随着馆藏资源的增加而增大，原有"馆藏书目数字化（%）"被"馆藏中文图书书目数字化"代替。

在第四次评估指标中，县级公共图书馆还增设"123 网络对外接口""251 图书馆自动化管理""253 图书馆网站""254 参加地区联网服务"等指标，通过网络设施接入、自动化管理、资源建设等，保障读者的网络需求。"图书馆自动化管理"指标考查采访工作、编目工作、流通工作、书目检索 4 个方面的自动化管理。这有助于推进县级公共业务管理流程与服务的自动化水平。网站建设有助于图书馆扩大影响力，有助于读者了解图书馆，从而提升对图书馆的使用率。"参加地区联网服务"是指可支持联合借阅，使读者体验借阅的便捷性，进而提升读者的黏性。

其二，扩大公共图书馆基层服务的覆盖面。公共图书馆的基层服务是图书馆服务向街道、乡镇，社区、村的有效延伸，是"兼顾城乡之间、地区之间的协调发展""推进实现基本公共文化服务均等化"的必然要求。"分馆、服务点、流通站""送书上门、送书下基层服务"等指标扩大了原有指标的服务范围，不局限在下乡服务，而是涵盖城市的街道、社区等。由三级指标"422 基层图书馆（室）建设"下新增的四级指标"街道、乡镇图书馆覆盖率（%），社区、村图书馆覆盖率（%）"便可见一斑。对基层图书馆覆盖率的量化要求更加有效地将基层图书馆的建设纳入地市级公共图书馆的业务范围，通过地市级公共图书馆有针对性的业务辅导，推动市域内基层图书馆的建设，提升基层服务的可及性。

其三，提高读者服务质量。第四次评估指标在多个方面考察图书馆的读者服务质量：①在服务保障方面，强化对图书馆的财政投入保障，评估指标"131 财政拨款"替代了第三次评估中的"131 补助经费"。此外，指标设置的延续性保障了服务质量的提高，如少年儿童图书馆"114 低幼儿童玩具室面积"取代第三次评估中"114 设立低幼儿童玩具室"。②在读者服务意识层面，评估指标突出"读者"，如成人图书馆"122 提供读者使用的计算机数量"替换了第三次评估中"122 电子阅览室计算机数量"。此外，图书馆的服务群体范围进一步扩大，县级图书馆的一级评估指标"读者服务工作"下设的二级指标"33 读者服务"中增加了"337 为特殊群体、弱势人群服务"。该指标指公共图书馆利用图书资源，为残疾人、青少年、老年等群体开展有针对性的服务，践行公共图书馆的公益性职能。③在服务能力提升上，各级成人图书馆二级评估指标的"34 信息服务"中除"341 为领导机关决策与社会事业发展提供信息服务""342 为科研与经济建设提供信息服务"外，增加了"343 为社会大众提供信息服务"指标。

"图书馆评估指标体系的构建有四个原则，一是以满足社会文献信息需求的能力为评估主要标尺；二是过程评估与结果评估相结合；三是充分考虑资源的共建共享；四是要体现各评估指标间的逻辑关系。"① 以此标准来考量第四次评估指标体系的设置：其一，此次评估指标较好地满足了社会文献信息需求。"基础业务建设""读者服务工作""文化共享工程建设"三部分评估内容覆盖了"静态资源""动态服务""数字支撑"。多样态、多渠道的文献信息供给进一步满足读者的文献信息需求。其二，此次评估指标设置一定程度上将过程评估与结果评估相结合，在评估标准与因素中，加入对过程与结果的考量。例如，省级公共图书馆评估指标"56 指导支中心与基层点建设"中注明要考察"下基层的次数；对基层网点指导的内容及效果"。其三，资源共建共享水平进一步提高。此次评估加强对网络化、数字化建设的考核，更加入考核"文化共享工程建设"指标，为文化共建共享提供重要基础。此外，省级公共图书馆评估指标"332 通借通还与馆际互借"及"业务研究、辅导、协作协调"中也都体现了资源共建共享的内容。其四，评估指标呈现一定的逻辑关系。此次评估指标体系在延续第三次评估指标体系主体框架基础上增加了"文化共享工程"，主要覆盖基础设施、业务建设、读者服务、协调管理等公共图书馆要素，结构相对完整、清晰。

二、各级图书馆评估标准特征

指标的分值是按照指标内容划分等级并量化而来，按照指标的性质可分为定量指标与定性指标，如省级公共图书馆标准中"15 总藏量（万册、件）""364 读者活动人次（万人次）"为定量指标，"2724 数字资源质量""339 为特殊群体、弱势人群服务"为定性指标。指标的分值权重设置能体现出相应评估内容在公共图书馆现阶段发展中的重要程度，从某种程度来讲，分值占比越高，相应内容越重要。在第四次评估指标体系中（见表9-3），读者服务指标分值在各级公共图书馆中均居首位，彰显公共图书馆以读者为中心的使命，服务读者的职能。成人图书馆部分指标排名依次为"读者服务工作""基础业务建设"

① 金胜勇，刘雁. 图书馆评估指标体系的逻辑构建［J］. 中国图书馆学报，2003（4）：87-89.

"办馆条件""业务研究、辅导、协作协调""管理""文化共享工程建设""表彰、奖励"。"读者服务工作"与"基础业务建设"在各级公共图书馆中均为重要的工作内容。从各级公共图书馆的指标分值差异来看，省级公共图书馆在"业务研究、辅导、协作协调""文化共享工程建设"指标赋值更高，与省级图书馆引领、辅导、协调全省图书馆事业开展的定位相关，如在"文化共享工程建设"中省级公共图书馆承担着"资源建设（10分）""资源传输渠道（15分）""共建共享（5分）"等更多方面的任务；地市级公共图书馆侧重考察"读者服务工作""业务研究、辅导、协作协调""管理方面"，地市级公共图书馆直接面向市民读者，是服务的第一线，如"年外借册次（30分）""书刊宣传（15分）""为特殊群体、弱势人群服务（20分）"赋值均比省级（分别为20分、10分、10分）、县级（30分、10分、10分）高。县级公共图书馆在"办馆条件""基础业务建设"指标上赋值较大，这说明县级图书馆侧重考察基础设施设备、财政投入服务人员、文献资源等图书馆建设与发展的最基本条件。

少年儿童图书馆部分，排名存在不一致的情况，省级少年儿童图书馆将读者服务与业务建设放在前面，重视读者的服务与资源保障、技术引领等工作内容；地市级、县级少年儿童图书馆将办馆条件放在第二位，着力加强馆内基础设施、资源建设，夯实办馆基础条件，将基础业务建设分别设置为第三位及并列第二位，注重提高业务建设水平，在量的基础上增质，加强对资源的有效管理与利用。从各级少年儿童图书馆的指标分值差异来看，省级在"基础业务建设""读者服务工作""文化共享工程建设"上分值赋值更大；地市级在"办馆条件""业务研究、辅导、协作协调"指标上赋值更大；县级在"办馆条件""基础业务建设""读者服务工作"指标上赋值更大。在具体指标上，如"连环画、低幼读物年入藏数量（册）"，省级的赋值为10分，地市级的赋值为15分，县级的赋值为10分，这说明地市级少年儿童图书馆作为服务广大市民的前沿阵地在低幼儿童资源提供方面相较省级、县级少年儿童图书馆更为重要。

表 9 - 3　第四次各级公共图书馆评估指标分值情况

图书馆层级		办馆条件	基础业务建设	读者服务工作	业务研究、辅导、协作协调	文化共享工程建设	管理	表彰、奖励
成人图书馆	省级	180	250	270	120	80	80	20
	地市级	180	220	310	120	50	100	20
	县级	240	255	260	90	50	85	20

续表

图书馆层级		办馆条件	基础业务建设	读者服务工作	业务研究、辅导、协作协调	文化共享工程建设	管理	表彰、奖励
少年儿童图书馆	省级	215	235	290	110	50	80	20
	地市级	240	230	280	110	20	100	20
	县级	240	240	290	90	20	100	20

资料来源：课题组整理。

第四节　第四次公共图书馆定级标准与评估结果

一、定级标准

相较于第三次成人图书馆定级必备条件，第四次增加了三个指标，即"文化共享工程建设""古籍保护""读者满意率"；相较于第三次少年儿童图书馆定级必备条件，第四次增加了两个指标，即"文化共享工程建设""读者满意率"。"文化共享工程建设""古籍保护"指标是第四次评估中省级成人图书馆的重要评估内容，必备条件的设置是对两项任务的重要推进。此外，"读者满意率"必备条件的设置是对各级图书馆的服务效果的重视。从第四次成人图书馆评估指标分值的设置来看，除"年外借册次"与第三次分值一致，其余指标分值均有所提升。

从第四次评估必备条件可以看出（见表9-4、表9-5），相较于地市级、县级公共图书馆，省级公共图书馆在资源、经费、人力、服务方面投入更多，在文化共享工程建设方面发挥着更为重要的作用，可见省级图书馆发挥着重要的省域资源建设与服务保障的作用。地市级、县级图书馆则围绕市域、县域范围建设资源，提供服务。

表9-4　第四次各级成人图书馆定级必备条件

定级	指标	省级	计划单列市、副省级	地市级	直辖市下辖区	县级	地级市下辖区
一级图书馆	馆舍建筑面积/平方米	25 000	15 000	8000		3000	2000
	财政拨款/万元	1200	900	100		30	
	大学本科以上学历人员数占员工人员总数之比/%	25	20				

续表

定级	指标	省级	计划单列市、副省级	地市级	直辖市下辖区	县级	地级市下辖区
一级图书馆	大专以上学历人员数占员工人员总数之比/%			60		30	
	图书年入藏数目/种	20 000	15 000	5000		3000	
	年外借册次（以计算机统计为准）/万册	50	40	20		10	
	"现代化技术装备""自动化、网络化建设""数字资源服务"三项得分/分	100	90	80		50（前两项得分）	
	文化共享工程建设/分	60		35		35	
	古籍保护/分	30					
	读者满意率/%	80		80		80	
二级图书馆	馆舍建筑面积/平方米	20 000	10 000	6000	4000	2000	1500
	财政拨款/万元	900	600	80		20	
	大学本科以上学历人员数占员工人员总数之比/%	20	15				
	大专以上学历人员数占员工人员总数之比/%			50			
	图书年入藏数目/种	15 000	10 000	4000		2500	
	年外借册次（以计算机统计为准）/万册	40	30	16		8	
	"现代化技术装备""自动化、网络化建设""数字资源服务"三项得分/分	70	60	60		40（前两项得分）	
	文化共享工程建设/分	40		30		30	
	古籍保护/分	20					
	读者满意率/%	70		70		70	

注：表内数值为最低值。

表9-5　第四次各级少年儿童图书馆定级必备条件

定级	指标	省级	地市级	县级
一级图书馆	馆舍建筑面积/平方米	4000	2500	1200
	财政拨款/万元	100	60	19
	大专以上学历人员数占员工人员总数之比/%	60	55	30

续表

定级	指标	省级	地市级	县级
一级图书馆	年新增藏量/种	6000	4000	2500
	年外借册次（以计算机统计为准）/万册	25	15	10
	"现代化技术装备" "自动化、网络化建设" "数据库建设" 三项得分/分	90	70（前两项得分）	
	文化共享工程建设/分	30	10	10
	读者满意率/%	80	80	80
二级图书馆	馆舍建筑面积/平方米	3000	2000	1000
	财政拨款/万元	90	50	16
	大专以上学历人员数占员工人员总数之比/%	50	50	
	年新增藏量/种	5000	3000	1000
	年外借册次（以计算机统计为准）/万册	22	12	8
	"现代化技术装备" "自动化、网络化建设" "数据库建设" 三项得分/分	70	50	
	文化共享工程建设/分	10	10	10
	读者满意率/%	70	70	70

注：表内数值为最低值。

二、评估结果

2010 年 1 月 29 日，文化部向全国各省、自治区、直辖市文化局下发《文化部关于公布一、二、三级图书馆名单的通知》。在第四次评估中，全国有 1784 个图书馆达到三级以上图书馆标准，其中一级图书馆 480 个、二级图书馆 410 个、三级图书馆 894 个。相比第三次评估，一级图书馆增加 136 个，二级图书馆减少 2 个，三级图书馆增加 210 个，总数增加 344 个。

为更深入地理解第四次评估定级结果，笔者选取一些公共图书馆评估结果数据，从公共图书馆的发展速度与发展水平角度对结果进行分析。从公共图书馆发展速度来看，山东省一级图书馆数量增加 22 个，江苏省增加 16 个，浙江省增加 14 个，四川省增加 8 个，福建省、河南省、广东省各增加 7 个，北京市、天津市、重庆市各增加 6 个，辽宁省、湖南省各增加 5 个，云南省、陕西省各减少 1 个。从图书馆发展水平来看，江苏省一级图书馆数量为 63 个，浙江省为 47 个，山东省为 48 个，广东省为 46 个，上海市、湖北省各为 28 个，海南省、西藏自治区、青海省各为 0 个。无论是发展速度还是发展水平，山东省、江苏省、浙江省公共图书馆均位于前列。而云南省、陕西省的一级图书馆数量出现了负增长，海南省、西藏自治区、青海省一级图书馆数量为 0。

按照《中华人民共和国文化和旅游部 2017 年文化发展统计公报》① 确定的我国东、中、西部地区划分标准，将东、中、西部地区一级图书馆的数量进行加总求均值，发现东部地区一级图书馆数量平均为 34 个，中部地区为 13 个，西部地区为 5 个。以此结果来看，公共图书馆的发展速度与发展水平与当地经济发展水平、社会文化环境密切相关，第四次评估呈现出东部地区省份公共图书馆发展明显快于中部、西部地区省份的结果。

第五节　第四次公共图书馆评估定级的思考

一、第四次公共图书馆评估的效果

（一）评估发挥引擎驱动作用

评估体现图书馆发展方向，成为图书馆建设与人才培养的强力引擎。

其一，评估指标发挥了对图书馆工作的重要导向作用。访谈专家刘小琴（文化部公共文化司巡视员）指出，"图书馆通过评估工作的开展，更好地体现了对图书馆事业发展的这个总体方向的把握。换句话来说，就是评估对图书馆事业发展起到了很强的指导作用。比如说推动了公共图书馆公共数字文化工程的实施，古籍保护工程等一些重点工作的推进。把这样的重点工作纳入评估指标体系，就充分释放了这样一个信号，就是说这是我们当前的重点工作，是方向性的工作"。

其二，驱动馆舍建设、业务组织与服务水平的全面升级及经费投入的增加。以重庆图书馆为例，在第三次评估定级中，因为馆舍落后，图书馆排名倒数第二。重庆市人民政府和文化主管部门由此看到了公共图书馆事业的短板，下定决心启动新馆建设，投资 3 亿元，建成占地面积 3 万平方米，建筑面积 5 万平方米的新馆并于 2007 年 6 月对外开放。在第四次评估定级中，该馆一跃而起，多项评估考核指标均在西部省级图书馆中居首②。这次评估定级，全国各地公共图书馆馆舍都发生了变化。访谈专家冯玲（东莞图书馆副馆长）指出，"第三次评估，东莞图书馆处于新馆建设的重要阶段，评估促进其进一步思考和实践如何打好基础、融入社会、创新发展，努力推进东莞市图书馆事业进入新的轨道。

---

① 中华人民共和国文化和旅游部. 中华人民共和国文化和旅游部 2017 年文化发展统计公报 ［EB/OL］. ［2021 - 05 - 01］. http：//zwgk. mct. gov. cn/zfxxgkml/tjxx/202012/t20201204_906475. html.

② 任竞. 守正创新，砥砺前行的四十年——从评估定级看中图学会发展 ［C］//中国图书馆学会. 中国图书馆学会成立 40 周年纪念文集. 北京：国家图书馆出版社，2019：129 - 136.

2009 年的评估，新馆已开馆四年，各项业务工作和服务的不断深化开展，在硬件设施、技术支撑、人才队伍、读者服务、业务组织、体系建设、学术研究等方面都取得了较大进展，创造了多项第一，从普通地市级图书馆迈入一流图书馆行列"。评估有效促进了政府主管部门对图书馆的经费投入，实现了图书馆馆藏数量与质量的提高。访谈专家陆行素（天津市图书馆原馆长）指出，"第四次评估以后，天津图书馆的购书经费由第三次的 500 万增长到了 800 万"。访谈专家李培（天津图书馆馆长）指出："天津图书馆在第四次评估之前，都是按大类标来管理图书，并没有按索书号将每一本书进行贴标并支持 OPAC 系统找书。评估时专家组就提出，作为藏书量、服务面积、读者量这么大的省馆应该提升对图书的管理。可以说评估直接推动了天津图书馆图书管理的系统性转变。"

其三，评估促进图书馆人才培育工作。专家钟海珍（贵州省图书馆学会秘书长）提出："第四次评估，贵州省评估工作专家组吸纳了高校图书馆专家，这不仅使贵州省高校图书馆专家对本省公共图书馆尤其是基层图书馆现状及问题有了较深的了解，并由此促成了贵州民族大学图书馆学本科专业的开设。"

（二）评估助推基层图书馆的发展

公共图书馆评估有助于将基层图书馆的声音向上传递，并通过多主体的努力，促进基层图书馆事业的发展。访谈专家冯玲（东莞图书馆副馆长）指出："东莞有着不设区县的特殊行政架构，直辖的 32 个镇街的经济总量、人口规模、社会形态等很多方面都已经达到甚至超过许多县的水平。2004 年，东莞基层图书馆就实施总分馆制，东莞图书馆作为中心馆，加大体系化建设，乡镇、街道图书馆按县级图书馆发展的条件和标准进行管理和运作，在基础设施、现代技术应用、服务活动开展、文化共享工程实施、专业队伍建设等方面都达到了一定水平。囿于全国评估定级仅针对县以上公共图书馆，东莞图书馆在 2009 年的第四次评估中为乡镇、街道图书馆争取评估定级。省文化厅高度重视，派出评估检查验收组对 4 个乡镇图书馆进行实地验收，对基层图书馆事业的发展给予了充分肯定，对参加评估定级工作给予了具体指导。此次评估虽没有定级，但为东莞乡镇、街道图书馆参照县级图书馆评估要求进行评估定级奠定了基础。评估有效提升了基层公共图书馆建设、管理和服务水平，促进全市公共图书馆事业的发展。"基层图书馆是公共图书馆体系的薄弱环节，而西部地区基层图书馆的发展则更加滞后。评估工作通过发掘基层图书馆发展内力并发挥引领图书馆发展的外力共同促进基层图书馆的发展。访谈专家钟海珍（贵州省图书馆学会秘书长）指出："评估专家到基层去，能了解到很具体的情况。曾经有一个专家组到遵义正安县，了解到一位馆长是工伤致残的消防队转业军人。他到这个馆发现什么都没有，书都没有。他就背着背篓，每天到局机关单位去收当天看完的报纸及一些不要的书，他还把这些报纸做成简报，分类为养殖的、种植的，被读者称为背篓馆长。县政府了解这件事后，开始重视图书馆，给他们经费。该馆长成为我们的榜样人物。所以通过评估，我们也很能够发现一些值得宣传的事情。此外，还有一个重要作用是指导基层图书馆业务工作。很多馆员没有受过专业培训，专家可以发挥指导作用。"

（三）志愿者行动助力图书馆事业发展

志愿者行动虽不是直接由公共图书馆评估而来，却同评估工作一起推动了图书馆事业的发展。访谈专家钟海珍（贵州省图书馆学会秘书长）指出："第四次评估前，中国图书馆学会开展了志愿者行动。由柯平、范并思、李超平三位教授及两位馆长组成的志愿者服务支队到达贵州后，在原本志愿者行动内容基础上，额外为基层公共图书馆、贵阳市及周边的市图书馆、贵州省图书馆的馆员及一些高校图书馆馆员做了一场讲座。与基层公共图书馆馆员座谈期间，三位教授在了解到望谟县20年购书经费短缺后，为望谟县图书馆捐出一台带光盘刻录功能的电脑。作为残疾人的馆长深受感动，一台电脑不仅让他可以做更多的事情，同时坚定了他守护基层图书馆的信念，更燃起了基层图书馆发展的希望之火。时任贵州党委书记在听闻此事后，要求新闻出版局拿出640万的专款，给每个县级公共图书馆配了约4000册书。在第四次评估中，全省的县级公共图书馆的藏书量指标全部拿满分。志愿者行动的意义除了传授专业知识外，还让大家了解了基层图书馆，重要的是鼓舞了图书馆人的士气，更推动了图书馆事业的发展。"

（四）评估传递图书馆精神

公共图书馆评估是各级政府主管部门、图书馆业界、学界协同，以公共图书馆评估标准为抓手，促进公共图书馆行业交流的重要契机，也是传递公共图书馆精神的重要契机。参与公共图书馆评估的专家秉持促进公共图书馆事业发展的初心付出了艰苦的努力。访谈专家王曙光（新疆维吾尔自治区图书馆原副馆长）指出："新疆的评估只有一个评估组，评估历时最少40天。虽然很辛苦，但是考虑到各地自治区内发展的不均衡，如果分成两个组，不同的组对指标有不同的理解，可能评出来的标准相对会有一些差别。所以当时就形成了一个评估组，也是对全自治区有一个总体的了解。"访谈专家刘洪（广东省立中山图书馆学术研究部主任）指出："第四次对广东省立中山图书馆评估时，评估组白天前往粤北地区考察广东流动图书馆对欠发达地区民众阅读权利的保障情况，评估组不惧山高路远、舟车劳顿，下基层，把握老百姓的图书馆需求和满足情况；晚上返回广州，评估组继续查看材料，进行谈话，连线基层电子阅览室，查看读者利用图书馆的情况。评估组的事业心、责任心令人感动，正是图书馆业界、学界的这些奋斗场景激励着我和同事们，更加热爱图书馆事业，在工作中以评估组为榜样，更尽心，更努力。"

二、第四次评估中公共图书馆凸显的问题

评估工作有助于公共图书馆发现自身的短板与不足，使发展中的问题得以凸显。本书通过对《全国公共图书馆第四次评估资料汇编》中东、中、西部地区的 9 个省、自治区、直辖市的评估工作报告中"存在问题"部分的梳理与深入分析（见表 9-6），管窥我国公共图书馆在第四次评估阶段发展中的不足。

（一）图书馆事业发展区域间不平衡

从调研的 9 个省、自治区、直辖市的公共图书馆来看，我国公共图书馆的发展存在省域内、省域间的不平衡。其一，省域内公共图书馆发展存在各地区间的不平衡，且这种不平衡更多地体现在东、中部地区。依赖政府投入的公共图书馆的发展与所在地区经济、社会发展水平有着天然的联系。东、中部地区省会城市、沿海城市的公共图书馆，以及省级、副省级等较高等级的公共图书馆往往获得更多的经费投入。以广东省为例，经济发展的不平衡导致粤东西北地区公共图书馆与珠江三角洲经济发达地区差距较大，且差距在不断扩大。其二，全国公共图书馆发展存在地域、省域间的不平衡。相比东、中部地区致力于发展高标准、现代化的公共图书馆，西部地区的公共图书馆普遍处于经费投入不足、基础设施薄弱、科技应用滞后的发展阶段。公共图书馆发展不平衡的现象在全国范围内较为普遍，评估是我国公共图书馆事业均衡化发展的重要引擎。

（二）基础设施与馆藏建设有待强化

在第四次评估中，地方财政投入普遍偏低，公共图书馆的基础设施与馆藏资源建设普遍比较薄弱。馆舍等基础设施及一定数量与质量的馆藏是公共图书馆提供服务的基础与保障，而这些极大地依赖地方的财政投入，因此，东部地区公共图书馆的基础设施建设要明显优于中西部地区。青海省图书馆馆舍面积、馆藏总量远远不达标，"参评的 28 所县级图书馆，有 19 所达不到评估标准 800 平方米的最低下限，同样有 19 所图书馆馆藏总量均达不到评估标准 4.5 万册（件）的最低下限"，此外，青海省购书经费严重不足，"7 所地市级图书馆的年购书经费平均不到 2 万元，与评估标准中年新增馆藏购置费 30 万元的最低下限相距甚远，导致很多馆新增馆藏量基本为零"[①]。

全国文化信息资源共享工程对全国公共图书馆数字化建设发挥了强有力的推动作用。自 2002 年文化信息资源共享工程实施到 2009 年第四次评估，公共图书馆在参与建设过程

---

① 中华人民共和国文化部社会文化司. 全国公共图书馆第四次评估资料汇编：上册［G］. 北京：中华人民共和国文化部社会文化司，2010：238.

中一些问题逐渐暴露，东、中部地区的县级图书馆存在共享工程建设经费投入不足、现代化技术装备落后等问题。西部地区公共图书馆存在数字化建设工作滞后、信息化建设困难的问题。这些问题阻碍了传统图书馆向数字化图书馆的转型。

（三）业务管理与统计有待加强

评估对公共图书馆业务管理与统计的规范化提出更高的要求。其一，业务管理工作有待加强。对照标准，一些图书馆存在"周开放时间不达标、开馆时间机关化、分类标引差错率高、著录不够规范、参考咨询工作缺乏深度、自动化管理水平不高"等业务管理问题。其二，业务统计工作待提升。公共图书馆的评估工作是基于图书馆提供的评估材料展开的。这就要求公共图书馆注重资源、服务等数据的积累与统计，注重业务档案的管理工作。历经三次公共图书馆评估，公共图书馆业务统计能力虽得到普遍提升，但在第四次评估中，仍存在业务统计工作不规范、业务档案管理不完善等问题。一些图书馆"注重'做'而忽视'记'，档案统计分析薄弱"，一些图书馆存在"流动性服务状况统计薄弱，活动开展原始材料保存不系统，评估业务档案与原始记录档案不一致"等情况。访谈专家王慧君（广东省立中山图书馆馆长）提出："对于基层图书馆来说，评估材料的组织是评估中最大的困难，要耗费大量精力。图书馆活动多，很多图书馆平时不注重积累，不注重档案的收集，不注重活动项目的经验总结，这导致评估档案资料非常欠缺。所以，很多精力花在对标准进行评估材料的查漏补缺上。"评估进一步促进图书馆业务管理与统计的规范化。

（四）馆员服务能力有待提升

馆员是图书馆业务管理的主体，也是图书馆服务的提供者，馆员的素质直接影响图书馆的发展。在第四次评估中，馆员素质成为制约图书馆发展的重要因素，高素质的专业人才成为东、中、西部地区图书馆的普遍诉求。这种诉求主要体现在专业人才的数量与质量上。例如，福州市各县（市、区）图书馆存在编制不断缩减，工作人员严重不足，专业人才奇缺等问题。此外，公共图书馆人才分布极不均衡。例如，广东省高中级图书馆专业人才主要集中在珠江三角洲地区，粤东西北专业人才极其匮乏。同时，在自动化技术与数字资源建设发展较快的上海对馆员的能力提出更高的要求，馆员的服务能力与水平还不相适应，需要馆员具备不断学习的能力，通过"技术＋能力"提升服务质量与效益。此外，馆员的服务能力也受到办馆理念与管理水平的影响。一些图书馆以用户为中心的服务意识较弱，服务内容与方式创新不足，馆长存在"等靠要"的思想，缺乏开拓精神等同样制约了馆员服务能力的提升。

表 9 – 6　评估中部分地区公共图书馆存在的问题

地区		存在问题
东部	上海	1. 办馆理念需进一步提升 2. 现代化自动化技术和数字资源的建设发展较快，但馆员的服务能力与水平还不相适应，彰显不出较高的服务效益 3. 持证读者数量相对较少，基本阵地的流通量还不够高 4. 藏书建设还缺少统筹规划
	福建	1. 全省图书馆发展不平衡，一些县市经费投入不足，制约了公共图书馆事业的发展 2. 县级图书馆现代化技术装备总体上比较落后，共享工程建设经费投入不足 3. 基础业务工作仍需加强，专业人才队伍素质有待进一步提高
	广东	1. 事业发展不平衡，差距越来越大 2. 人才相对缺乏，队伍整体素质不高 3. 图书馆馆长的领导水平和管理能力需进一步提高 4. 购书经费不足 5. 业务工作不规范，服务质量不够高
中部	吉林	1. 办馆条件有所改善，但整体办馆条件差 2. 地（州）级图书馆中心馆作用增强，但各地区之间发展更不均衡 3. 员工队伍的学历、职称远超过评估标准，但整体素质却难以适应图书馆现代化发展要求 4. 共享工程促进了基层图书馆自动化、网络化发展进程，但需向地（州）级馆加大倾斜力度
	安徽	1. 地方财政投入偏低，购书经费和运行维护费严重不足 2. 地区发展不平衡，现代化技术设备作用发挥不充分 3. 人才是制约图书馆事业发展的瓶颈 4. 业务档案管理工作亟待加强
	湖北	1. 全省公共馆事业发展不平衡 2. 事业经费总体仍然不足 3. 人员素质有待进一步提高 4. 业务统计工作需规范和完善
西部	青海	1. 馆舍面积远远不达标 2. 馆藏总量仅能达到评估标准的三分之一 3. 购书经费极其拮据 4. 新增馆藏量基本为零
	西藏	1. 专业人才严重短缺，阻碍了图书馆事业的快速发展 2. 购书经费严重不足，成为读者流失的重要因素 3. 数字化建设工作严重滞后，成为传统图书馆向数字化图书馆转变的掣肘因素

续表

	地区	存在问题
西部	广西	1. 基础设施还比较薄弱 2. 全区市、县级图书馆购书经费严重不足 3. 市级图书馆信息化建设困难

资料来源：课题组根据《全国公共图书馆第四次评估资料汇编：上册》整理。中华人民共和国文化部社会文化司. 全国公共图书馆第四次评估资料汇编：上册［G］. 北京：中华人民共和国文化部社会文化司, 2010.

三、第四次公共图书馆评估的不足

（一）评估指标的设置未充分考虑地区差异

我国不同地区公共图书馆发展差异较大，受地域因素影响显著。第四次评估指标体系的设置仅延续前几次评估对各层级图书馆进行的区分，对评估对象的划分没有考虑地域因素。东、中、西部地区经济发展水平、人口数量差异巨大，同时教育水平、文化氛围也存在一定差异。各地区政府对公共图书馆的财政投入，现代化建设水平，员工素质，读者需求均对当地图书馆发展产生重要影响，进而使馆舍建设、资源数量、服务能力、管理水平等产生巨大差异。而抛开这些因素，采用统一的评估标准对衡量处于东、中、西部地区的图书馆建设水平，不仅有失公平，不能有效激发东部地区图书馆发展热情，还会挫伤中西部地区图书馆发展的积极性。尊重地区发展的差异性，在分区分级的基础上不断细化、优化评估标准，这对带动全国图书馆事业共同发展具有重要意义。

（二）以读者为中心的评估理念较弱

第四次评估指标中，读者的意见参与仍然较弱，读者的评估意见仅体现在"读者满意率"（20 分）这一个指标上。通过问卷调查的方式获取读者对图书馆办馆条件、环境、服务质量、服务效果的意见，这种统计结果容易流于表面，不利于读者深层次需求及意见的显现。此外，读者满意率也是来馆读者"用脚投票"的结果，对潜在读者意见的调研也较为重要。读者（包括潜在读者）是公共图书馆的服务主体。图书馆应让读者参与评估指标拟定、评估数据采集等流程，重视读者意见数据的多渠道采集，如读者访谈、意见反馈箱、基层调研，尤其重视潜在读者的意见，以读者的需求为中心，让读者真正参与图书馆发展。

（三）评估机制缺少弹性

标准统一的刚性评估指标体系优势在于整齐划一，便于操作，有效提高评估效率，但没有为公共图书馆"扬长"提供良好的环境，这使得图书馆将精力放在"补短"上，进而导致特色的流失。评估是一种促进图书馆建设、提升管理能力的有效途径，为图书馆的发展提供指导与引领。从省级公共图书馆评估指标来看，虽然第四次较第三次指标数增加12个，分值档次增加34个，进一步细化了评分细则，提升了评估的精细与精准程度，但终究是刚性有余而弹性不足。此外，标准更应该保护图书馆发展的"个性"，如第六次评估标准中增设加分项，并设定多级评分档次，制定详细的细则，在保证刚性的同时加入弹性机制，更有利于图书馆事业的可持续发展。

（四）绩效评估模式有待完善

从第四次评估指标来看，指标体系的构建与评分细则仅在一定程度体现"绩"，没有反映出"效"。在进行馆藏资源评估时，使用"总藏量""数字资源总量""图书年入藏量""电子文献年入藏量"这样的指标，侧重总量的增长。在资源总量不断刷新的情况下，对"效"的追问就凸显了出来，资源的投入是否有效益，资源增加是否满足了读者的需求，对于这部分的考察并未体现在第四次评估指标体系中。2014年，国际标准化组织发布的 ISO 11620：2014《信息与文献 图书馆绩效指标》提出"人均到馆次数""人均参与培训次数""读者空间利用率""人均投入"等相对指标[①]。因此，应有效融入绩效管理思维，用读者人均相对指标取代总量绝对指标，用读者服务效果指标补充服务内容指标。

（五）个别指标存在偏差或分散情况

框架清晰、结构合理、指标科学的评估指标体系不仅能够有效提升评估效果，实现评估目的，还有助于评估对象及相关群体的理解。第四次评估指标中，存在一些无效指标。例如，"2009年县级公共图书馆评估标准中，'报刊年入藏量'指标的最低得分值为100种/年，远超出青海（31.1种/年）、河北（49.4种/年）等多地的当年平均入藏量。又如，省级公共图书馆评估标准中，'存储容量'指标满分值为12TB，远低于全国47家副省级以上图书馆的平均存储容量（57.5TB）"[②]。这种"不及"与"超出"均为不能实现有效评估的无效指标。此外，一些同类指标分散在不同评估部分中，缺乏整体性。例如，"总藏量"为"办馆条件"的下位指标，而"文献入藏"为"基础业务建设"的下位指标，二者都是对馆藏的评估，却分布在不同评估部分中。

---

① ISO 11620：2014. Information and Documentation—Library Performance Indicators ［S/OL］. ［2021 - 05 - 29］. https://www.iso.org/standard/56755.html.

② 李丹，申晓娟，王秀香，等. 新起点 新视野 新任务——第五次全国公共图书馆（成人馆部分）评估定级标准解读［J］. 中国图书馆学报，2013，39（2）：4 - 17.

（六）评估指标及工作安排未能促进图书馆长效建设

评估是促进公共图书馆事业发展的重要手段，应助力公共图书馆长效发展机制形成。第四次省级图书馆评估标准中增加"26 古籍保护"二级指标，虽有效推动省级图书馆的古籍保护工作，但也存在一些可持续性不足的隐患。以湖北省副省级市图书馆古籍保护工作为例，"2009 年湖北省一副省级图书馆增加 50 万元古籍保护专项经费，而 2010 年没有续加"①。图书馆的古籍保护工作，乃至馆藏资源建设是持续累积的过程，不能一蹴而就。因此，指标的设置应试图规避可预见的"昙花一现"，可在下位类指标中设置"年均经费投入""经费投入年增长率"等长效评估指标。第四次评估标准于 2009 年 6 月下发，并于同年 8 月启动评估工作，中间两个月左右的评估准备期，容易产生为追求评估成绩而出现"临时抱佛脚"式迎评，不利于图书馆的长远发展。针对这一问题，专家李静霞（武汉图书馆馆长）建议："将评估的检查指标前置为发展指标，结合《中华人民共和国公共图书馆法》和《中华人民共和国公共文化服务保障法》，周期性出台公共图书馆的发展指标，一个周期末进行评估检查，再根据评估结果制定下一周期的评估指标，形成促进图书馆发展的良性循环，有利于真正实现两法落地实施，使图书馆朝专业化方向发展。"

---

① 李耀华. 谋求新跨越：湖北省公共图书馆事业建设与发展研究［M］. 北京：国家图书馆出版社，2012：32.

第十章 我国第五次公共图书馆评估定级研究

第五次全国公共图书馆评估（以下简称"第五次评估"）在我国图书馆发展过程中起到了重要的作用，在一定时期内对文化主管部门掌握图书馆发展现状、科学管理图书馆、促进图书馆事业发展具有重要意义。同时，本书从评估定级工作的开展、评估指标体系构建、评估定级标准解读、评估定级结果、评估定级工作思考等方面对第五次评估中存在的问题进行回顾反思，总结评估经验与评估不足，能够为未来公共图书馆评估工作提供参考。

第一节 第五次公共图书馆评估定级背景

对全国公共图书馆评估工作的研究不应脱离图书馆事业发展的时代背景，而应该通过对时代背景的理解来分析公共图书馆评估工作，不断改进评估标准，推动公共图书馆评估定级工作不断改进。分析第五次评估时我国公共图书馆事业发展面临的环境能够准确把握图书馆事业发展的时代脉搏，获取公共图书馆事业发展的社会语境与现实需求，全面掌握第五次评估情况，为评估经验的总结和评估不足的反思提供借鉴①。与前四次评估相比，第五次评估时，我国公共图书馆事业发展在政策与技术两个方面有了明显变化。

一、政策环境

1994 年 3 月，文化部发布《关于在县以上公共图书馆进行评估定级工作的通知》，这标志着我国公共图书馆评估定级工作的全面启动②。历次公共图书馆评估都考虑了与相关政策法规的衔接，充分发挥政策法规对公共图书馆评估的环境作用。第五次评估时，相关政策法规主要包括以下文件。

---

① 李丹，申晓娟，王秀香，等. 新起点 新视野 新任务——第五次全国公共图书馆（成人馆部分）评估定级标准解读 [J]. 中国图书馆学报，2013，39（2）：4-17.
② 柯平，张海梅，张蓝. 公共图书馆事业管理的"三驾马车"——政策法律、发展规划与评估定级 [J]. 图书馆理论与实践，2019（8）：32-38，69.

（一）对公共图书馆软硬件基础设施与基础业务建设的规范与要求

2002 年 4 月，文化部和财政部联合发布《关于实施全国文化信息资源共享工程的通知》①，这标志着我国公共图书馆事业开始推行文化均等化。2003 年 6 月，《公共文化体育设施条例》② 的颁布标志着我国公共图书馆事业发展对于基础文化设施的重视。2003 年的《关于印发〈送书下乡工程实施方案〉的通知》③、2007 年的《关于印发全国"十一五"乡镇综合文化站建设规划的通知》④，都体现了我国公共图书馆事业发展对于乡镇基层公共文化服务的重视。2007 年，《国务院办公厅关于进一步加强古籍保护工作的意见》⑤ 的出台体现了我国公共图书馆事业对于古籍保护工作的高度重视。2011 年 2 月，文化部、财政部发布《关于推进全国美术馆、公共图书馆、文化馆（站）免费开放工作的意见》⑥，该文件为我国公共图书馆，特别是基层公共图书馆的免费开放与服务提供了政策支持。上述文件为图书馆资源、设施设备、场馆建设、基础业务提供了政策支持，对图书馆特别是基层图书馆的建设起到了指导和推动作用。

（二）地方性图书馆法规条例

地方性图书馆法规为一个地区公共图书馆的法制化建设提供相应保障，如《深圳经济特区公共图书馆条例（试行）》（1997）⑦、《内蒙古自治区公共图书馆管理条例》（2000）⑧《湖北省公共图书馆条例》（2001）⑨、《北京市图书馆条例》（2002）⑩、《四川省

---

① 文化部、财政部关于实施全国文化信息资源共享工程的通知［EB/OL］.［2021 – 06 – 29］. http：//www. 110. com/fagui/law_141330. html.

② 公共文化体育设施条例［EB/OL］.［2021 – 06 – 29］. http：//www. gov. cn/banshi/2005 – 08/21/content_25154. htm.

③ 送书下乡工程［EB/OL］.［2024 – 05 – 30］. https：//baike. baidu. com/item/% E9% 80% 81% E4% B9% A6% E4% B8% 8B% E4% B9% A1% E5% B7% A5% E7% A8% 8B/4152183？fr = ge_ala.

④ "十一五"全国乡镇综合文化站建设规划［EB/OL］.［2024 – 05 – 30］. https：//www. ndrc. gov. cn/fzggw/jgsj/shs/sjdt/200710/t20071016_1122419. html.

⑤ 国务院办公厅关于进一步加强古籍保护工作的意见［EB/OL］.［2021 – 06 – 29］. http：//www. gov. cn/zwgk/2007 – 01/29/content_511825. htm.

⑥ 关于推进全国美术馆公共图书馆文化馆（站）免费开放工作的意见［EB/OL］.［2024 – 05 – 30］. https：//www. gov. cn/zwgk/2011 – 02/14/content_1803021. htm.

⑦ 深圳经济特区公共图书馆条例（试行）［EB/OL］.［2021 – 06 – 20］. http：//www. maoming. gov. cn/zwgk/zwzl/zdlyxxgkzl/tsgwgk/zcfg/qtdqtsgbzhjstl/content/post_552766. html.

⑧ 内蒙古自治区公共图书馆管理条例［EB/OL］.［2024 – 05 – 30］. https：//www. nmg. gov. cn/zwgk/zfgb/2000n_5210/200009/200009/t20000901_308802. html.

⑨ 湖北省公共图书馆条例［EB/OL］.［2021 – 06 – 20］. http：//www. pkulaw. cn/fulltext_form. aspx？Db = alftwotitle&Gid = def7baa9c9d588b8c688c55653a198fdbdfb.

⑩ 北京市图书馆条例［EB/OL］.［2024 – 05 – 30］. https：//whlyj. beijing. gov. cn/zwgk/zcfg/law/2021fggz/202112/t20211209_2557095. html.

公共图书馆条例》（2013）① 等。

（三）公共文化服务体系建设的指导与要求

2005 年，党的十六届五中全会提出，"逐步形成覆盖全社会的比较完备的公共文化服务体系"②；2007 年，中共中央办公厅、国务院办公厅下发的《关于加强公共文化服务体系建设的若干意见》③，体现了公共文化服务的全域推进与体系化建设。2011 年 1 月，文化部、财政部颁发了《关于开展国家公共文化服务体系示范区（项目）创建工作的通知》④，启动了第一批示范区（项目）创建工作。2011 年 5 月，第一批创建示范区（项目）名单公布，共有 31 个单位获得示范区创建资格。在公共文化服务深入发展的背景下，2011 年 9 月，十七届六中全会进一步将"覆盖全社会的公共文化服务体系基本建立，努力实现基本公共文化服务均等化"纳入 2020 年文化改革发展战略目标⑤。2012 年 11 月，党的十八大提出"完善公共文化服务体系，提升服务效能"的明确要求。随着公共文化服务的纵深发展，对公共文化服务体系化与全覆盖的要求应运而生，相关政策能够为公共文化服务体系化的发展提供指导。

（四）图书馆法人治理改革相关政策

图书馆法人治理结构是我国推进事业单位分类改革背景下，公共图书馆开展的自身重大改革措施。2011 年 7 月，国务院办公厅下发《关于印发分类推进事业单位改革配套文件的通知》⑥。2013 年 11 月，党的十八届三中全会明确提出，要"推动公共图书馆、博物馆、文化馆、科技馆等组建理事会，吸纳有关方面代表、专业人士、各界群众参与管理"⑦。上述政策为图书馆推进法人治理改革提供了较为明确的政策支持和工作指导。

---

① 《四川省公共图书馆条例》将于 10 月 1 日起施行［EB/OL］．［2024 – 05 – 30］．https：//www.mct. gov. cn/whzx/qgwhxxlb/sc/201309/t20130930_790801. htm.

② 中国公共文化服务体系在改革中日益发展完善［EB/OL］．［2021 – 06 – 20］．http：//www. chinanews. com/cul/2010/08 – 10/2458752. shtml.

③ 关于加强公共文化服务体系建设的若干意见［EB/OL］．［2024 – 05 – 30］．http：//www. shandong. gov. cn/art/2008/1/17/art_2267_18714. html？rsv_upd =1.

④ 关于印发《中央支持地方公共文化服务体系建设补助资金管理办法》的通知［EB/OL］．［2024 – 05 – 30］．https：//www. gov. cn/zhengce/zhengceku/2023 – 01/20/content_5738185. htm.

⑤ 中共中央关于深化文化体制改革推动社会主义文化大发展大繁荣若干重大问题的决定［EB/OL］．［2021 – 06 – 16］．http：//www. gov. cn/jrzg/2011 – 10/25/content_1978202. htm.

⑥ 国务院办公厅关于印发分类推进事业单位改革配套文件的通知［EB/OL］．［2024 – 05 – 30］．https：//www. ln. gov. cn/web/zwgkx/lnsrmzfgb/2011n/qk/2011n _ dsqq/gwybgtwj/6997AD6DB194496C967E12D868F18743/index. shtml.

⑦ 建立公益性文化事业单位法人治理结构 落实法人自主权［EB/OL］．［2021 – 06 – 20］．http：//politics. people. com. cn/2015/0119/001 – 26408086. html.

（五）《图书馆法》立法工作的不断推进

在学习国外图书馆立法经验和我国地方政策法规的推动下，社会各界和图书馆界立法的呼声不断高涨。2001 年初，《图书馆法》的制定工作在文化部的组织下实质性启动。2005 年 9 月，《图书馆法》立法工作重新启动。2006 年 9 月，《国家"十一五"时期文化发展规划纲要》提出要"立足我国国情，借鉴国外有益经验"加强文化立法。2008 年底，《图书馆法》立法工作正式启动。2009 年 2 月 17 日，图书馆法立法工作正式列入全国人大"十一五"重点立法项目。2009 年 9 月，文化部形成《图书馆法》征求意见稿。

一系列公共文化服务相关政策法律文件的颁布与实施体现了我国对公共图书馆事业发展的重视，为公共文化服务的开展提供了良好的政策环境与法律保障，也为图书馆的发展提供了良好的机遇。对政策法律文件的分析可以看出，我国公共文化服务体系建设工作持续推进、逐渐深入，公共图书馆体系发展日趋完善。

二、技术环境

第五次评估时，正值数字图书馆建设与发展的关键时期，因此，数字图书馆技术与服务的进一步推广为第五次评估工作提供了数字化技术环境。第五次评估前，我国已经初步形成一个由国家级数字图书馆、行业性数字图书馆和各区域数字图书馆组成的数字图书馆建设与服务体系①。

2011 年 5 月，文化部、财政部联合下发了《关于实施"数字图书馆推广工程"的通知》②，期望通过"十二五"期间数字图书馆推广工程的全面实施，整体提升我国各级图书馆的服务能力和服务水平，促进公共文化服务新业态的形成；2011 年 10 月，党的十七届六中全会进一步提出"完善国家数字图书馆建设"的明确要求③；2011 年 11 月，文化部、财政部发布《关于进一步加强公共数字文化建设的指导意见》④，对各级图书馆的数字资源建设和网络服务提供，以及配套的设施设备提出明确要求。

数字化技术与网络技术的发展，使公共图书馆的建设迎来新的机遇与挑战。技术的变

---

① 李丹，申晓娟，王秀香，等. 新起点 新视野 新任务——第五次全国公共图书馆（成人馆部分）评估定级标准解读［J］. 中国图书馆学报，2013，39（2）：4 - 17.

② 文化部、财政部联合部署数字图书馆推广工程建设［EB/OL］. ［2021 - 06 - 20］. http：//www. gov. cn/gzdt/2011 - 06/07/content_1878829. htm.

③ 中共中央关于深化文化体制改革推动社会主义文化大发展大繁荣若干重大问题的决定［EB/OL］. ［2021 - 06 - 16］. http：//www. gov. cn/jrzg/2011 - 10/25/content_1978202. htm.

④ 关于进一步加强公共数字文化建设的指导意见［EB/OL］. ［2021 - 06 - 20］. http：//www. mof. gov. cn/zhengwuxinxi/zhengcefabu/201112/t20111209_614350. htm.

革对图书馆的资源、人员、服务、空间等各方面提出新的要求，也为公共图书馆评估工作带来新的内容。

三、标准化环境

图书馆的快速发展对工作标准化有了更高的要求。为了推进图书馆标准化工作，2007年，国家图书馆牵头申请成立"全国图书馆专业标准化技术委员会"，2008年12月9日，全国图书馆标准化技术委员会成立，负责图书馆管理、服务，图书馆古籍善本的收藏、定级、维修、保护，图书馆环境等领域的标准化工作。

全国信息和文献标准化技术委员会（TC4）是由出版界、图书馆、档案馆、情报研究机构等联合组成，专门从事文献工作标准化的机构，直接与国际标准化组织（ISO）第46技术委员会（ISO/TC 46）对接。全国信息和文献标准化技术委员会与全国文献影像技术标准化技术委员会分别在文献信息领域与文献影像技术领域制订、修订一批国家标准。

此外，国家图书馆和中国图书馆学会也参加了较多国家标准制订工作。2004年后，国家图书馆组织、参与制定了《公共图书馆建设标准》《公共图书馆定级必备条件和标准》《古籍定级标准》《古籍普查规范》《图书馆古籍特藏书库基本要求》《古籍特藏破损定级标准》等多项国家和行业标准。北京大学数字图书馆研究所也制定了一系列数字图书馆相关领域的标准、规则。

图书馆标准化工作的推进使图书馆各项业务走向统一和规范，不断提高图书馆工作效率与工作质量，促进图书馆现代化发展与高质量提升。

四、行业环境

2002年4月，文化部和财政部联合印发《关于实施全国文化信息资源共享工程的通知》和《全国文化信息资源共享工程实施方案》。2003年6月正式启动"全国文化信息资源共享工程"。"全国文化信息资源共享工程"充分利用现代高新技术手段，将中华民族几千年来积淀的各种类型的文化信息资源精华及贴近大众生活的现代社会文化信息资源，进行数字化加工处理与整合；建成互联网上的中华文化信息中心和网络中心，并通过覆盖全国所有省、自治区、直辖市和大部分地（市）、县（市）及部分乡镇、街道（社区）的文化信息资源网络传输系统，实现优秀文化信息在全国范围内的共建共享①。2000年6月

---

① 全国文化信息资源共享工程［EB/OL］．［2021－06－20］．https：//baike. sogou. com/v7741956. htm？fromTitle = % E5% 85% A8% E5% 9B% BD% E6% 96% 87% E5% 8C% 96% E4% BF% A1% E6% 81% AF% E8% B5% 84% E6% BA% 90% E5% 85% B1% E4% BA% AB% E5% B7% A5% E7% A8% 8B.

21 日，上海市召开文献资源共建共享工作会议，开通上海市文献资源共建共享协作网；2006 年 9 月 27 日，宁夏图书馆和宁夏大学图书馆签订文献资源共享合作协议；2008 年 1 月 21 日，山东省图书馆与山东大学图书馆签订文献资源共建共享合作协议；2008 年，吉林省启动吉林省图书馆联盟；2008 年 11 月 5 日，湖南图书馆与湖南大学图书馆签署联盟建设合作协议；2009 年 5 月 28 日，天津市文化、教育、科研系统图书馆资源共享启动仪式在天津图书馆举行①。

图书馆行业中信息资源的共建共享与图书馆联盟的发展，将一个地区甚至全国范围内的图书馆连接起来，在扩大信息资源体量的同时，提升信息资源质量，降低信息资源采购、建设与服务的成本，更好地满足读者需求，实现多个图书馆的互惠互利、合作共赢。

第二节　第五次公共图书馆评估定级回顾

一、评估定级目标

公共图书馆评估定级工作的意义在于"以评促建"，各级政府文化主管部门通过图书馆评估工作行使图书馆事业管理职责，加强其对图书馆事业的宏观管理和具体指导，从而为制定图书馆事业相关政策、法规和发展规划提供依据，促使图书馆不断提高建设水平、服务水平、管理水平和学术水平，全面推动图书馆事业繁荣发展。

（一）促进各级政府主管部门对图书馆工作的重视

访谈专家许大文（嘉兴市图书馆副馆长）认为，公共图书馆评估对图书馆的办馆条件等硬件设施提出要求，而图书馆相应设施的采买配备依赖于图书馆的经费支持。因此，公共图书馆评估工作在一定程度上有效调动了地方各级政府主管部门建设和发展图书馆事业的积极性，引起政府对图书馆工作的重视，增强政府对图书馆的支持力度，对全国公共图书馆基础设施建设、业务建设和服务水平的提高起到推动作用。访谈专家郑智明（福建省图书馆馆长）认为，将公共图书馆是否为二级图书馆纳入了文明城市评比、公共文化服务体系示范区创建的刚性指标要求，更是促进了各级政府对公共图书馆评估定级工作的重视，进而加大对公共图书馆事业建设的投入力度，在图书馆与社会的共同努力下，实现以评促建的活动实效。

（二）掌握公共图书馆建设与发展现状

评估定级标准涉及图书馆资源、人事、管理、服务、技术、网络等各个方面，通过评

---

① 韩永进．中国图书馆史：现当代图书馆卷［M］．北京：国家图书馆出版社，2017：386.

估定级工作对全国县以上公共图书馆进行全面考察，能够帮助文化主管部门全面掌握本地区公共图书馆事业的建设与发展现状，确定图书馆发展的优势与不足，制定未来发展计划，为图书馆未来发展指明方向。

（三）提升公共图书馆服务社会的能力

访谈专家许大文（嘉兴市图书馆副馆长）认为，公共图书馆的评估标准对图书馆各方面业务与服务提出量化的标准和要求，为图书馆不断提升服务能力提供具体指导，能够帮助图书馆正确认识自身发展短板，不断改善图书馆办馆条件，增强服务能力，同时也对总分馆体系化建设与总分馆服务能力建设提供指导，促进图书馆加强地区性合作，共建共享、联合服务。

（四）推进公共图书馆工作标准化与规范化

公共图书馆评估标准不仅作为评估全国各级图书馆的理论依据，同时也为指导图书馆建设与服务提供了定性与定量标准，能够帮助图书馆不断推进标准化与规范化工作，以标准化促进图书馆各项工作的开展，为图书馆不断提升服务质量、改进管理、更新技术、引进人才提供量化的数据标准。

（五）促进图书馆总分馆制建设

总分馆制下，图书馆文献信息资源能够统一采购、统一编目、统一配送、统一服务政策、统一服务标准与业务标准、统一管理系统与服务平台、通借通还①，降低了图书馆的服务成本，提高了图书馆的服务效率与服务质量。访谈专家唐承秀（天津财经大学图书馆馆长）认为，公共图书馆评估对于总分馆制的要求促进了图书馆总分馆制的建设与发展。

（六）加强社会公众对公共图书馆的认识

公共图书馆是为社会公众提供公共文化服务的窗口阵地。对其服务社会的能力进行评估，有助于图书馆积极推广服务，吸引更多社会公众进入图书馆，帮助社会公众认识图书馆的资源与服务，提高图书馆资源与服务的利用率，从而强化图书馆的辐射范围与服务能力，提升图书馆的价值。

（七）鼓励图书馆创新，挖掘图书馆潜力

访谈专家刘小琴（文化部公共文化司巡视员）认为，评估有利于鼓励图书馆积极创新，发挥潜力。评估指标体系里有专门针对创新的指标，如延长开馆时间、扩大服务的项

----

① 公共图书馆总分馆制［EB/OL］．［2021 - 07 - 02］．https：//baike. baidu. com/item/% E5% 85% AC% E5% 85% B1% E5% 9B% BE% E4% B9% A6% E9% A6% 86% E6% 80% BB% E5% 88% 86% E9% A6% 86% E5% 88% B6/18034159.

目、延伸服务等。此外，将一些指标列为加分项，在鼓励图书馆新技术的研发和应用方面也具有一定作用，如新技术的快速普及发展、线下线上的融合和服务。

二、评估定级过程

为深入贯彻党的十八大精神，进一步加强对图书馆事业的管理，推动图书馆事业的发展，提高图书馆的工作水平，更好地发挥图书馆在全面建成小康社会和构建社会主义和谐社会中的作用，文化部决定于 2013 年在全国开展第五次评估定级工作。评估定级工作由文化部公共文化司负责组织实施，各省（区、市）文化厅（局）负责组织本地区的评估定级工作。2012 年 11 月 16 日，文化部办公厅发布《关于开展县以上公共图书馆第五次评估定级工作的通知》（办公共函〔2012〕534 号），要求在全国范围内开展第五次评估定级工作，并正式发布第五次评估标准，其中包括公共图书馆和少年儿童图书馆两个系列，共计八个文件，分别是省、市、县三级公共图书馆评估标准和定级必备条件，以及省、市、县三级少年儿童图书馆评估标准和定级必备条件。第五次评估标准由文化部委托国家图书馆研究院在 2009 年第四次评估标准的基础上修订而成。该系列标准对于客观评估各级公共图书馆的建设水平和服务能力，进一步发挥公共图书馆评估工作对图书馆事业发展的引导和推动作用具有重要意义。

2013 年，第五次评估定级工作按五个阶段在全国范围内全面铺开。

第一阶段：3 月底前各地按文化部办公厅文件要求，将本省（区、市）评估工作安排报送文化部公共文化司。

第二阶段：4—5 月，各省（区、市）文化厅（局）组织对本地市、县两级图书馆进行评估。

第三阶段：6—7 月，由文化部公共文化司组织对全国各省、副省级市、计划单列市图书馆（包括少年儿童图书馆）开展评估。公共文化司成立 14 个评估组，每个评估组评估时间一般不超过 6 天，评估组的任务，除负责省级图书馆评估外，对中、西部省（区、市）视情况抽查部分市、县公共图书馆评估情况，考察评估工作效果，听取基层图书馆对评估工作的意见和建议。此外，评估组还有两项任务：一个是调研各省（区、市）公共图书馆事业发展的总体情况，包括成绩和经验、困难和问题等，并听取对今后事业发展的建议；另一个是对各省（区、市）有关重点文化工程实施情况开展督导，包括全国文化信息资源共享工程、数字图书馆推广工程、公共电子阅览室建设计划及中华古籍保护计划。

第四阶段：7 月底前，各省（区、市）文化厅（局）将市、县图书馆的评估结果和总结报告报送文化部公共文化司。

第五阶段：2013 年底前，经审核并征求各省（区、市）文化厅（局）意见后，确定上等级图书馆名单，并命名一、二、三级图书馆，11 月在上海浦东举行的 2013 年中国图书馆年会上对评估定级工作进行总结并为上等级图书馆授牌。

第三节　第五次公共图书馆评估标准分析

第五次评估标准由国家图书馆研究院受原文化部委托研制。国家图书馆研究院在对第四次评估标准进行修订的基础上，制定了第五次评估标准。该标准包括设施与设备、经费与人员、文献资源、服务工作、协作协调、管理与表彰、重点文化工程七个部分，在第四次评估标准的基础上有了较大的调整。

第五次评估标准的制定总结了前四次评估工作的经验和不足，并结合当前事业发展面临的新形势和新任务，借鉴国内外已有相关研究和实践成果，并广泛征求业界和学界的意见。修订重点包括：强化与相关政策法规的链接；调整定级必备条件；调整评估指标体系框架和分值；增加、删除、修订部分指标内容；调整部分指标分值；细化指标的备注说明①。

一、评估指标体系特征分析

第五次全国省级、市级、县级公共图书馆评估指标体系设置情况，见表 10 – 1、表10 – 2。

表 10 – 1　第五次公共图书馆（成人图书馆）评估指标体系

一级指标	二级指标及指标数量（括号内）		三级指标数量	与第四次标准相比	
				新增三级指标	删除三级指标
设施与设备	省（2）	建筑条件（4）；现代化技术条件（7）	11	114 少儿阅览室座席（个）；123 读者服务区无线网覆盖范围（%）；127 图书馆自动化管理系统	123 OPAC 专用计算机数量（台）

① 李丹，申晓娟，王秀香，等. 新起点　新视野　新任务——第五次全国公共图书馆（成人馆部分）评估定级标准解读［J］. 中国图书馆学报，2013，39（2）：4 – 17.

续表

一级指标	二级指标及指标数量（括号内）		三级指标数量	与第四次标准相比	
				新增三级指标	删除三级指标
	市（2）	建筑条件（3）；现代化技术条件（6）	9	123 读者服务区无线网覆盖范围（%）；125 存储容量（TB）	123 OPAC 专用计算机数量（台）
	县（2）	建筑条件（3）；现代化技术条件（5）	8	122 提供读者使用的计算机数量（台）；123 宽带接入（Mbps）；124 存储容量（TB）；125 图书馆自动化管理系统	122 电子阅览室计算机数量（台）
经费与人员	省（2）	经费（5）；人员（5）	10	212 财政拨款年增长率与当地财政收入增长率的比率（%）；214 电子资源购置费占资源购置费的比例（%）；215 免费开放本地经费到位情况	
	市（2）	经费（5）；人员（5）	10	212 财政拨款年增长率与当地财政收入增长率的比率（%）；214 电子资源购置费占资源购置费的比例（%）；215 免费开放本地经费到位情况	
	县（2）	经费（4）；人员（5）	9	211 财政拨款总额（万元/年）；212 财政拨款年增长率与当地财政收入增长率的比率（%）；214 免费开放本地经费到位情况	131 补助经费（万元/年）；132 购书费单列
文献资源（7）	省	总藏量（0）；电子文献藏量（2）；文献入藏（5）；藏书质量（3）；文献编目（4）；藏书组织管理（3）；数字化建设（4）	21	354 视听文献编目；362 剔旧工作；371 数字资源建设	271 自动化、网络化建设；272 数字化建设

续表

一级指标	二级指标及指标数量（括号内）		三级指标数量	与第四次标准相比	
				新增三级指标	删除三级指标
	市（7）	总藏量（0）；电子文献藏量（0）；文献入藏（4）；藏书质量（2）；文献编目（3）；藏书组织管理（3）；数字化建设（3）	15	334 地方文献入藏；342 多卷书、连续出版物入藏完整率（%）；353 视听文献编目；371 数字资源总量（TB）	213 电子文献年入藏量（种）；222 地方文献专藏；242 承担本地区联采统编工作；262 馆藏中文期刊目录数字化（%）；272 馆内局域网
	县（7）	总藏量（0）；电子文献藏量（0）；文献入藏（4）；藏书质量（0）；文献编目（3）；藏书组织管理（4）；数字化建设（3）	14	351 普通图书文献编目；352 期刊、报纸文献编目；353 视听文献编目；371 数字资源总量（TB）；372 馆藏中文文献书目数字化（%）	213 电子文献年入藏数量（件）；221 图书标引与著录标准；222 图书标引误差率（%）；223 图书著录误差率（%）；233 目录组织误差率（%）；241 闭架图书排架误差率（%）；251 计算机业务管理；253 已建馆内局域网；254 已接入因特网
服务工作	省（8）	免费开放（2）；普通服务（8）；为领导机关决策提供信息服务（0）；参考咨询服务（0）；为特殊群体服务（0）；数字资源服务（5）；社会教育活动（5）；读者满意率（0）	20	411 公共空间设施场地的免费开放；412 基本服务项目健全并免费提供；425 馆外流动服务点（含流动图书车、自助图书馆等）书刊借阅册次（千册次/年）；426 人均年到馆次数（次/人）；428 政府公开信息服务；463 年网站访问量（万次/年）；464 新媒体服务；473 阅读推广活动（次/年）；474 每万人年均参与活动次数（次/万人）	331 年检索课题数（项）；332 年解答咨询数量（条）；333 年流通总人次（万人次）；337 分馆、服务点、流通站（个）；338 送书上门、送书下基层服务；342 为科研与经济建设提供信息服务；343 为社会大众提供信息服务；344 年编制二、三次文献；363 其他形式的读书活动（次）；364 读者活动人次（万人次）

续表

一级指标	二级指标及指标数量（括号内）		三级指标数量	与第四次标准相比	
				新增三级指标	删除三级指标
	市(8)	免费开放（2）；普通服务（8）；为领导机关决策提供信息服务（0）；参考咨询服务（0）；为特殊群体服务（0）；图书馆网站建设与服务（0）；社会教育活动（5）；读者满意率（0）	15	411 公共空间设施场地的免费开放；412 基本服务项目健全并免费提供；423 馆藏资源利用情况；424 馆际互借；425 馆外流动服务点（含流动图书车、自助图书馆等）书刊借阅册次（千册次/年）；426 人均年到馆次数（次/人）；428 政府公开信息服务；473 阅读推广活动（次/年）；474 每万人年均参与活动次数（次/万人）	331 年外借册次（万册次）；332 年流通总人次（万人次）；336 分馆、服务点、流通站（个）；337 送书上门、送书下基层服务；343 为社会大众提供信息服务；353 其他形式的读者活动（次）；354 读者活动人次（万人次）
	县(7)	免费开放（2）；普通服务（7）；参考咨询服务（0）；为特殊群体服务（0）；图书馆网站建设与服务（0）；社会教育活动（5）；读者满意率（0）	14	411 公共空间设施场地免费开放；412 基本服务项目健全并免费开放；423 馆藏利用情况；424 馆外流动服务点（含流动图书车、自助图书馆）书刊借阅册次（千册次/年）；425 人均年到馆次数（次/人）；427 政府公开信息服务；462 展览（次/年）；463 阅读推广活动（次/年）；464 每万人年平均参与活动次数（次/万人）	322 年流通总人次（万人次）；326 服务点（个）；351 年读者活动次数（次）；352 年读者活动人次（万人次）
协作协调	省(5)	跨省、跨系统协作协调工作（2）；本地区图书馆服务网络建设（3）；基层辅导（2）；图书馆学会工作（0）；联合编目工作（2）	9	521 本地区服务网络建设规划与效能；522 参与服务网络的基层图书馆的比例（%）；523 服务网络内的资源共享情况	422 基层图书馆（室）建设；433 网上联合目录条数（万条）

续表

一级指标	二级指标及指标数量（括号内）		三级指标数量	与第四次标准相比	
				新增三级指标	删除三级指标
	市（5）	参与跨地区、跨系统协作协调工作（0）；服务网络建设（3）；基层辅导（2）；图书馆学会工作（0）；参加地区性/全国性联合编目工作（0）	5	521 本地区服务网络建设规划与效能；522 参与服务网络的基层图书馆的比例（%）；523 服务网络内的资源共享情况	432 组织本地区协作协调工作；422 基层图书馆（室）建设
	县（4）	参与上级图书馆组织的协作协调工作（0）；本地区图书馆服务网络建设（3）；基层业务辅导工作（0）；基层业务培训工作（0）	3	521 本地区图书馆服务网络建设规划与效能；522 本地区街道、乡镇、社区、村图书馆参与服务网络建设的比例（%）；523 本地区图书馆服务网络内的资源共享情况	
管理与表彰	省（9）	事业发展规划（0）；财务管理（0）；人事管理（0）；志愿者管理（0）；设备、物资管理（0）；档案管理（0）；统计工作（0）；环境与安全管理（2）；上级表彰（0）	2		611 实行岗位设置管理，建立分配激励制度
	市（9）	年度计划（0）；财务管理（0）；人事管理（0）；志愿者管理（0）；设备、物资管理（0）；档案管理（0）；统计工作（0）；环境与安全管理（2）；上级表彰（0）	2		511 实行聘用制；实行岗位管理和工作目标管理责任制；512 建立内部收入分配激励机制；611 实行岗位设置管理，建立分配激励制度
	县（9）	年度计划（0）；财务管理（0）；人事管理（0）；志愿者管理（0）；设备、物资管理（0）；档案管理（0）；统计工作（0）；环境与安全管理（2）；上级表彰（0）	2		

一级指标	二级指标及指标数量（括号内）		三级指标数量	与第四次标准相比	
				新增三级指标	删除三级指标
重点文化工程	省（4）	文化共享工程（8）；数字图书馆推广工程（9）；公共电子阅览室建设计划（5）；中华古籍保护计划（6）	28	711 专门机构；712 设备达标；714 人员；717 社会服务；721 经费投入（万元）；722 制度建设与管理；723 专门机构和专职人员；724 基础平台建设；725 资源建设；726 信息服务；727 人员培训；728 宣传推广；729 标准规范建设；731 设施建设；732 资源建设；733 技术支撑；734 制度建设与管理；735 服务；741 古籍书库达标；742 经费投入；743 古籍保护宣传 744 人才培养；745 协调组织本地区的古籍保护工作；746 工作完成情况	261 建立古籍保护机制；262 古籍普查；263 古籍保护条件；264 古籍修复工作；265 古籍保护研究与利用
	市（4）	文化共享工程（9）；数字图书馆推广工程（9）；公共电子阅览室建设计划（5）；中华古籍保护计划（9）	32	711 专门机构；712 设备达标；713 经费投入（万元）；714 人员；715 制度建设与管理；716 资源建设；717 社会服务；719 共享工程网站；721 经费投入（万元）；722 制度建设与管理；723 专门机构和专职人员；724 基础平台建设；725 资源建设；726 信息服务；727 人员培训；728 宣传推广；729 标准规范建设；731 设施建设；732 资源建设；733 技术支撑；734 制度建设与管理；735 服务；741 专门机构；742 古籍书库达标；743 经费投入；744 专职人员；745 制度建设与管理；746 古籍保护宣传；747 人才培养；748 协调组织本地区的古籍保护工作；749 工作完成情况	

续表

一级指标	二级指标及指标数量（括号内）	三级指标数量	与第四次标准相比	
			新增三级指标	删除三级指标
县（3）	文化共享工程（8）；公共电子阅览室建设计划（5）；中华古籍保护计划（8）	21	711 专门机构；712 设备达标；713 经费投入（万元）；714 人员；715 制度建设与管理；716 资源建设；717 社会服务；718 指导支中心与基层点建设；721 设施建设；722 资源建设；723 技术支撑；724 制度建设与管理；725 服务；731 古籍书库达标 732 经费投入；733 专职人员；734 制度建设与管理；735 古籍保护宣传；736 人才培养；737 协调组织本地区的古籍保护工作；738 工作完成情况	

资料来源：课题组整理。

表 10 - 2　第五次公共图书馆（少年儿童图书馆）评估指标体系

一级指标	二级指标及指标数量（括号内）	三级指标数量	与第三次标准相比	
			新增三级指标	删除三级指标
设施与设备	省（2）	建筑（4）；现代化技术装备（4）	8	122 读者用机数量（台）；123 互联网接口；124 图书馆自动化建设	122 电子阅览室计算机数量（台）；123 OPAC 专用计算机数量（台）；124 声像服务设备（台）；125 网络对外接口
	市（2）	建筑（4）；现代化技术装备（4）	8	122 读者用机数量（台）；123 互联网接口；124 图书馆自动化建设	122 电子阅览室计算机数量（台）；123 OPAC 专用计算机数量（台）；124 声像服务设备；125 网络对外接口
	县（2）	建筑（4）；现代化技术装备（4）	8	123 互联网接口；124 图书馆自动化建设	123 声像服务设备（台）；124 网络对外接口

一级指标	二级指标及指标数量（括号内）		三级指标数量	与第三次标准相比	
				新增三级指标	删除三级指标
经费与人员	省(2)	经费（3）；人员（6）	9	213 免费开放专项经费	
	市(2)	经费（3）；人员（5）	8	213 免费开放专项经费；225 职工在省级以上刊物发表论文数（篇）	
	县(2)	经费（3）；人员（5）	8	213 免费开放专项经费	
文献资源	省(6)	总藏量（0）；新增藏量（4）；文献采选（3）；文献编目（5）；藏书管理与保护（2）；数字资源建设（2）	16	333《全国少年儿童图书馆基本藏书目录》入藏率（册/件）；341 图书标引规范化；342 图书著录规范化；343 当年新入藏图书编目率（%）；351 藏书管理；361 数字资源总量（TB）；362 自建数据库	231 图书标引；232 图书标引误差率（%）；233 图书著录误差率（%）；241 闭架藏书排架误差率（%）；242 开架藏书排架误差率（%）；251 馆藏书目数字化（%）；261 图书馆自动化管理；262 馆内局域网
	市(5)	总藏量（0）；新增藏量（4）；文献采选（3）；文献编目（5）；藏书管理与保护（2）	14	321 图书新增藏量（种/年）；333《全国少年儿童图书馆（室）基本藏书目录》入藏率（册/件）；341 图书标引规范化；342 图书著录规范化；343 当年新入藏图书编目率（%）；351 藏书管理	211 新增藏量（种/年）；231 图书标引；232 图书标引误差率（%）；233 图书著录误差率（%）；241 目录设置；243 目录组织误差率（%）；244 目录管理；251 闭架藏书排架误差率（%）；252 开架藏书排架误差率（%）；261 图书馆自动化管理；262 馆内局域网
	县(5)	总藏量（0）；新增藏量（4）；文献采选（3）；文献编目（5）；藏书管理与保护（2）	14	321 图书新增藏量（种/年）；322 报刊订数（种/年）；333《全国少年儿童图书馆（室）基本藏书目录》入藏率（册/件）；341 图书标引规范化；342 图书著录规范化；343 当年新入藏图书编目率（%）；351 藏书管理	211 年新增藏量（种）；231 图书标引；232 图书标引误差率（%）；233 图书著录误差率（%）；241 目录设置；243 目录组织误差率（%）；244 目录管理；251 闭架藏书排架误差率（%）；252 开架藏书排架误差率（%）；261 图书馆业务管理；262 馆内局域网

续表

一级指标	二级指标及指标数量（括号内）		三级指标数量	与第三次标准相比	
				新增三级指标	删除三级指标
服务工作	省（9）	免费开放程度（0）；普通服务（6）；网络服务（2）；社会教育服务（3）；专题咨询服务（0）；读者教育与用户培训（0）；服务宣传（0）；流动服务（3）；读者满意率（0）	14	425 到馆图书上架服务时间（工作日）；482 流动网点（含分馆）书刊借阅人次；483 流动网点（含分馆）书刊借阅册次	336 服务点、分馆（个）；354 图书馆服务宣传；371 检索、咨询 372 编印二、三次文献（种）
	市（9）	免费开放程度（0）；普通服务（6）；网络服务（2）；社会教育服务（3）；咨询服务（0）；读者教育与用户培训（0）；服务宣传（0）；流动服务（3）；读者满意率（0）	14	425 到馆图书上架服务时间（工作日）；432 网站访问量（万次/年）；443 阅读指导与推广；482 流动网点（含分馆）书刊借阅人次；483 流动网点（含分馆）书刊借阅册次；521 组织本地区少儿图书馆、室开展协作协调；522 与本地区其他图书馆开展协作协调；524 与其他地区少儿图书馆、少儿教育机构开展协作协调	336 服务点、分馆（个）；343 网上导航；354 服务宣传活动；422 调查研究报告（篇）
	县（9）	免费开放程度（0）；普通服务（5）；网络服务（2）；社会教育服务（2）；咨询服务（0）；读者教育与用户培训（0）；服务宣传（0）；流动服务（3）；读者满意率（0）	12	432 网站访问量（万次/年）；442 阅读指导与推广；481 流动网点（含分馆）建设（个）；482 流动网点（含分馆）书刊借阅人次；483 流动网点（含分馆）书刊借阅册次	336 服务点、分馆（个）；353 大型读者活动；354 图书馆服务宣传
协作协调	省（2）	业务辅导和培训（2）；其他协作协调（4）	6	511 业务辅导；521 组织本地区少儿图书馆、室开展协作协调	412 组织地区性学术活动（次）；421 辅导工作业绩
	市（2）	业务辅导和培训（2）；其他协作协调（4）	6		412 参与地区性学术活动（次）；422 调查研究报告（篇）

一级指标	二级指标及指标数量（括号内）		三级指标数量	与第三次标准相比	
				新增三级指标	删除三级指标
	县（5）	本地区少儿图书馆协作协调（0）；与本地区其他图书馆协作协调（0）；与本地区少儿教育机构协作协调（0）；与其他地区少儿图书馆（室）协作协调（0）；参加省、地市少儿图书馆的协作协调（0）	0		412 参与地区性学术活动；421 辅导工作；422 调查研究报告；423 业务培训工作
管理与表彰	省（8）	人事管理（0）；财务管理（0）；设备、物资管理（0）；档案管理（0）；统计管理（0）；环境管理（0）；安全管理（0）；表彰、奖励（0）	0		611 实行岗位设置管理，建立分配激励制度
	市（8）	人事管理（0）；财务管理（0）；设备、物资管理（0）；档案管理（0）；统计管理（0）；环境管理（0）；安全管理（0）；表彰、奖励（0）	0		611 实行岗位设置管理，建立分配激励机制
	县（8）	人事管理（0）；财务管理（0）；设备、物资管理（0）；档案管理（0）；统计管理（0）；环境管理（0）；安全管理（0）；表彰、奖励（0）	0		611 实行岗位设置管理，建立分配激励机制

续表

一级指标	二级指标及指标数量（括号内）		三级指标数量	与第三次标准相比	
				新增三级指标	删除三级指标
重点文化工程	省(2)	文化共享工程（0）；其他重点文化工程（3）	3	721 数字图书馆推广工程；722 公共电子阅览室计划；723 本地政府文化工程	
	市(2)	文化共享工程（0）；其他重点文化工程（3）	3	721 数字图书馆推广工程；722 公共电子阅览室计划；723 本地政府文化工程	
	县(2)	文化共享工程（0）；其他重点文化工程（3）	3	721 数字图书馆推广工程；722 公共电子阅览室计划；723 本地政府文化工程	

资料来源：课题组整理。

（一）一级指标特点

第五次评估中，评估标准共分为 7 大部分，第一部分为设施与设备，是图书馆办馆的硬件基础设施；第二部分为经费与人员，是图书馆建设与发展的软件基础；第三部分为文献资源，是图书馆开展服务的资源基础；第四部分为服务工作，是图书馆的目标所在与价值体现；第五部分为协作协调，考察图书馆参与社会协作，建立社会网络的情况；第六部分为管理与表彰，将第四次评估中"管理"和"表彰、奖励"进行合并，评估图书馆的管理工作水平与获得的荣誉奖励；第七部分为重点文化工程，是对第四次评估标准中"文化共享工程"的扩充，反映文化主管部门对文化共享工程、数字图书馆推广工程、公共电子阅览室建设计划、中华古籍保护计划四个重点文化工程的重视。

前四次评估标准基本指标框架是办馆条件—基本业务建设—读者服务工作—业务研究、辅导、协作协调—管理—表彰、奖励，围绕公共图书馆的设施与资源建设、业务工作和研究、人员管理等方面展开。第五次评估标准的一级指标设计参考 2012 年发布的国家标准《公共图书馆服务规范》①。从整个评估标准的组成可以看出，第五次评估标准基于图书馆的基础建设及工作流程进行划分。《公共图书馆评估指标》系列文化行业标准中的其他五个部分的结构与上述第一部分一致，都是以图书馆的基础建设及工作内容为中心，

① 《公共图书馆服务规范》发布 5 月 1 日起正式实施 [EB/OL]．[2021 - 07 - 02]．http：//www. gov. cn/gzdt/2012 - 01/20/content_2050157. htm.

呈现出"图书馆开展了哪些工作，就评估哪些工作"的现象①。

在我国第一次与第二次评估中，办馆条件与基础业务建设占据比分较大，这说明在20世纪90年代，我国图书馆软硬件基础设施与基础业务建设较为薄弱，需要通过评估工作促进相关政府部门对公共图书馆软硬件基础设施建设的重视，推进图书馆基础设施建设步伐。而就五次评估整体来看，服务工作所占比例呈现上升趋势，这更加体现了公共图书馆"以人为本，服务至上"的理念在不断强化。

（二）二级指标特点

1. 成人图书馆二级指标

在第五次（成人图书馆）评估定级标准中，省级图书馆评估标准包含37个二级指标，相比第四次评估在数量上减少3个二级指标；市级图书馆评估标准包含37个二级指标，相比第四次评估在数量上增加3个二级指标；县级图书馆评估标准包含34个二级指标，相比第四次评估在数量上增加2个二级指标。在内容上：①将原"经费"与"人员"从"办馆条件"中独立出来，成为一级指标，这充分体现"经费"与"人员"在图书馆发展中的重要作用；②将原"办馆条件"中的"总藏量"移动到"文献资源"中，新增"电子文献藏量"指标，这体现第五次评估对"文献资源"评估的优化与对电子馆藏建设的重视，同时契合如火如荼开展的"数字图书馆推广工程"背景；③将原"读者活动"合并到"社会教育活动"中，并新增"参考咨询服务"与"为特殊群体服务"，这体现图书馆对特殊群体的关注与图书馆服务的平等；④新增"跨省、跨系统协作协调工作"与"本地区图书馆服务网络建设"两个二级指标，正值图书馆共建共享联盟成立高潮，对区域内图书馆网络建设与共建共享情况进行了评估；⑤将原"管理"与"表彰、奖励"合并为"管理与表彰"，并新增"事业发展规划"与"志愿者管理"，这体现评估对图书馆事业战略规划的重视与志愿者参与图书馆服务的规范化管理；⑥原"文化共享工程建设"扩展为"重点文化工程"，下设"文化共享工程""数字图书馆推广工程""公共电子阅览室建设计划"与"中华古籍保护计划"等二级指标，这体现文化工程项目的进一步扩展推进与文化主管部门对文化知识技术普及的重视。

2. 少年儿童图书馆二级指标

在第五次（少年儿童图书馆）评估定级标准中，省级图书馆评估标准包含31个二级指标，相比第四次评估在数量上减少1个二级指标；市级图书馆评估标准包含30个二级指标，相比第四次评估在数量上减少1个二级指标；县级图书馆评估标准包含33个二级

---

①　柯平，苏福. 基于功能定位的公共图书馆评估［J］. 图书馆，2016（8）：1-4.

指标，相比第四次评估在数量上增加 2 个二级指标。在内容上：①将原"经费"与"人员"从"办馆条件"中独立出来，成为一级指标，这充分体现"经费"与"人员"在图书馆发展中的重要作用；②将原"办馆条件"中的"总藏量"移动到"文献资源"中，删除"自动化、网络化建设"指标，新增"新增藏量"指标，这体现第五次评估对"文献资源"评估的优化；③将原"导读服务""读者活动"合并到"社会教育活动"中，并新增"服务宣传"与"流动服务"，这体现图书馆少儿服务走出去、多网点的发展过程；④将原"管理"与"表彰、奖励"合并为"管理与表彰"；⑤原"文化共享工程建设"扩展为"重点文化工程"，下设"文化共享工程""其他重点文化工程"两个二级指标，这体现文化工程项目的进一步扩展推进与文化主管部门对于文化知识技术普及的重视。

（三）三级指标特点

第五次评估中，省级图书馆（成人图书馆）评估标准包含 101 个三级指标，相比第四次评估的 70 个三级指标，在数量上增加 31 个。市级图书馆（成人图书馆）评估标准包含 88 个三级指标，相比第四次评估的 57 个三级指标，在数量上增加 31 个。县级图书馆（成人图书馆）评估标准包含 71 个三级指标，相比第四次评估的 56 个三级指标，在数量上增加 15 个三级指标。三级指标的变化反映了公共图书馆评估的时代背景与公共图书馆发展特征。第五次评估相较第四次评估，加强了对数字资源、免费开放服务、流动服务点、图书馆网络建设、重点文化工程的评估，时代背景特征较为明显。

1. 数字资源馆藏评估

2011 年 5 月，文化部、财政部联合下发《关于实施"数字图书馆推广工程"的通知》①；2011 年 10 月，党的十七届六中全会进一步提出"完善国家数字图书馆建设"的明确要求②；2011 年 11 月，文化部、财政部发布《关于进一步加强公共数字文化建设的指导意见》③。第五次评估时，正值数字图书馆建设与发展的关键时期，因此，数字图书馆的进一步建设完善为第五次评估工作提供数字化技术环境。因此，第五次评估中，省、市、县级成人图书馆评估标准均新增"视听文献编目""数字资源建设"指标，重点强调视听资源和数字资源的评估，这充分体现数字图书馆建设如火如荼开展的大背景下，评估工作对数字资源建设的重视。

---

① 文化部、财政部联合部署数字图书馆推广工程建设 [EB/OL]. [2021 – 06 – 20]. http：//www. gov. cn/gzdt/2011 – 06/07/content_1878829. htm.

② 中共中央关于深化文化体制改革推动社会主义文化大发展大繁荣若干重大问题的决定 [EB/OL]. [2021 – 06 – 16]. http：//www. gov. cn/jrzg/2011 – 10/25/content_1978202. htm.

③ 关于进一步加强公共数字文化建设的指导意见 [EB/OL]. [2021 – 06 – 20]. http：//www. mof. gov. cn/zhengwuxinxi/zhengcefabu/201112/t20111209_614350. htm.

2. 免费开放服务评估

2011 年 1 月，财务司发布《文化部、财政部关于推进全国美术馆、公共图书馆、文化馆（站）免费开放工作的意见》①；2012 年 9 月，财务司发布《文化部关于三馆一站免费开放督查工作情况的通报》②；2013 年 7 月，文化部发布关于印发《中央补助地方美术馆 公共图书馆 文化馆（站）免费开放专项资金管理暂行办法》的通知③。上述文件对公共图书馆免费开放的意义、目标、内容、实施步骤、具体举措、保障机制、实施情况、存在困难、经费使用等情况进行了具体的规定和说明，为图书馆免费开放的具体实施提供指导。第五次评估标准新增"免费开放专项经费""免费开放本地经费到位情况""公共空间设施场地的免费开放""基本服务项目健全并免费提供"指标，对公共图书馆免费开放经费、免费开放场地、免费开放项目进行了具体的评估。

3. 流动图书馆建设评估

2013 年 1 月，文化部发布的《全国公共图书馆事业发展"十二五"规划》中，明确强调要"推进流动图书馆设施建设，开展流动服务"④，为公共图书馆的服务动起来、知识活起来提供政策指导。对此，第五次评估标准新增"馆外流动服务点（含流动图书车、自助图书馆等）书刊借阅册次（千册次/年）""流动网点（含分馆）书刊借阅人次""流动网点（含分馆）书刊借阅册次"指标，对公共图书馆的流动服务效果进行量化评估。

4. 图书馆网络建设评估

2008 年 4 月，长春 13 家公共图书馆、高校图书馆和科研系统图书馆共同发起成立吉林省图书馆联盟⑤。2012 年 3 月，首都图书馆联盟成立，国家图书馆加入联盟并与首都图书馆签署战略合作协议⑥。2013 年 5 月，"中三角"湘鄂赣皖四省公共图书馆联盟在湖北

---

①　文化部、财政部关于推进全国美术馆、公共图书馆、文化馆（站）免费开放工作的意见［EB/OL］．［2022 - 09 - 12］．https：//zwgk. mct. gov. cn/zfxxgkml/ggfw/202012/t20201205_916532. html.

②　文化部关于三馆一站免费开放督查工作情况的通报［EB/OL］．［2022 - 09 - 12］．https：//zwgk. mct. gov. cn/zfxxgkml/ggfw/202012/t20201205_916560. html.

③　关于印发《中央补助地方美术馆 公共图书馆 文化馆（站）免费开放专项资金管理暂行办法》的通知［EB/OL］．［2022 - 09 - 12］．https：//zwgk. mct. gov. cn/zfxxgkml/ggfw/202012/t20201206_918804. html.

④　文化部关于印发《全国公共图书馆事业发展"十二五"规划》的通知［EB/OL］．［2022 - 09 - 12］．https：//zwgk. mct. gov. cn/zfxxgkml/ghjh/202012/t20201204_906369. html.

⑤　吉林省图书馆联盟的科技创新之旅［EB/OL］．［2022 - 09 - 12］．https：//www. mct. gov. cn/whzx/qgwhxxlb/jl/201211/t20121127_780906. htm.

⑥　图书馆要发挥更大作用［EB/OL］．［2022 - 09 - 12］．https：//www. mct. gov. cn/whzx/zsdw/zg-gjtsg/201203/t20120328_825738. html.

武汉正式成立①。在第五次评估中，省、市、县级图书馆新增评估指标"本地区服务网络建设规划与效能""参与服务网络的基层图书馆的比例（％）""服务网络内的资源共享情况"，删除原"基层图书馆（室）建设"指标，这体现第五次评估工作对公共图书馆组织、参与地区内服务联盟网络情况与资源共建共享情况的考察，同时契合图书馆联盟建设背景。

5. 重点文化工程评估

第五次评估将"文化共享工程建设"扩展为"重点文化工程"，下设"文化共享工程""数字图书馆推广工程""公共电子阅览室建设计划"与"中华古籍保护计划"四个二级指标，并设置"专门机构""设备达标""人员""社会服务""经费投入（万元）""制度建设与管理""专门机构和专职人员""基础平台建设""资源建设""信息服务""人员培训"等三级指标。"文化共享工程"自 2002 年 4 月起开始实施，2006 年，文化共享工程被列入《中华人民共和国国民经济和社会发展第十一个五年规划纲要》和《国家"十一五"时期文化发展规划纲要》②。"数字图书馆推广工程"于"十二五"期间在全国实施，旨在构建以国家数字图书馆为中心、以各级数字图书馆为节点、覆盖全国的数字图书馆虚拟网，建设分级分布式数字图书馆资源库群③。"公共电子阅览室建设计划"于"十二五"期间在全国实施，努力构建内容安全、服务规范、环境良好、覆盖广泛的公益性互联网服务体系④。"中华古籍保护计划"于 2007 年初正式启动，计划用 3 到 5 年的时间，全面了解和掌握各级图书馆、博物馆等单位及民间所藏古籍的基本情况⑤。这体现了文化工程项目的进一步扩展推进与文化主管部门对文化知识技术普及的重视。第五次评估正值上述四项文化工程开展实施的关键阶段，因此将其共同作为重点文化工程进行评估，既能对四个文化工程的实施情况进行摸排调查，又能进一步促进文化工程的继续实施。

二、评估标准特征分析

本书对第五次评估中成人图书馆和少年儿童图书馆的评估标准分值进行分析，见表

① 湘鄂赣皖四省公共图书馆联盟成立［EB/OL］.［2022 - 09 - 12］. https：//www. mct. gov. cn/whzx/qgwhxxlb/hb_7730/201305/t20130523_803300. htm.

② 全国文化信息资源共享工程［EB/OL］.［2022 - 09 - 12］. https：//zwgk. mct. gov. cn/zfxxgkml/ggfw/202012/t20201205_916522. html.

③ 文化部财政部关于实施"数字图书馆推广工程"的通知［EB/OL］.［2022 - 09 - 12］. http：//www. lzlib. com. cn/gongxianggongcheng/shuzitushuguantuiguanggongcheng/gongchengjianjie/lzlib_566. html.

④ 文化部财政部关于印发《"公共电子阅览室建设计划"实施方案》的通知［EB/OL］.［2022 - 09 - 12］. https：//zwgk. mct. gov. cn/zfxxgkml/ggfw/202012/t20201205_916550. html.

⑤ "中华古籍保护计划"实施情况［EB/OL］.［2022 - 09 - 12］. https：//zwgk. mct. gov. cn/zfxxgkml/ggfw/202012/t20201205_916516. html.

10－3，分别描述其特征，从评估标准的角度解读第五次评估实践内容。

表 10－3　第五次公共图书馆评估指标分值情况

		成人图书馆						少年儿童图书馆				
		省级		市级		县级		省级		市级		县级
设施与设备	100	建筑条件（30）	150	建筑条件（50）	150	建筑条件（50）	110	建筑（50）	110	建筑（50）	120	建筑（60）
		现代化技术条件（70）		现代化技术条件（100）		现代化技术条件（100）		现代化技术装备（60）		现代化技术装备（60）		现代化技术装备（60）
经费与人员	150	经费（60）	125	经费（35）	140	经费（60）	120	经费（60）	120	经费（60）	130	经费（65）
		人员（90）		人员（90）		人员（90）		人员（60）		人员（60）		人员（65）
文献资源	150	总藏量（10）	150	总藏量（20）	160	总藏量（10）	210	总藏量（20）	210	总藏量（25）	210	总藏量（25）
		电子文献藏量（10）		电子文献藏量（8）		电子文献藏量（10）		新增藏量（65）		新增藏量（70）		新增藏量（70）
		文献入藏（40）		文献入藏（38）		文献入藏（55）		文献采选（20）		文献采选（20）		文献采选（20）
		藏书质量（19）		藏书质量（14）		藏书质量（15）		文献编目（45）		文献编目（65）		文献编目（65）
		文献编目（19）		文献编目（16）		文献编目（25）		藏书管理与保护（30）		藏书管理与保护（30）		藏书管理与保护（30）
		藏书组织管理（12）		藏书组织管理（14）		藏书组织管理（20）		数字资源建设（30）				
		数字化建设（40）		数字化建设（40）		数字化建设（25）						

续表

		成人图书馆			少年儿童图书馆		
		省级	市级	县级	省级	市级	县级
服务工作	220	免费开放（10）	免费开放（15）	免费开放（20）	免费开放程度（10）	免费开放程度（10）	免费开放程度（10）
		普通服务（55）	普通服务（90）	普通服务（90）	普通服务（80）	普通服务（100）	普通服务（110）
		为领导机关决策提供信息服务（15）	为领导机关决策提供信息服务（10）	参考咨询服务（20）	网络服务（20）	网络服务（20）	网络服务（20）
		参考咨询服务（15）	参考咨询服务（10）	为特殊群体服务（20）	社会教育服务（115）	社会教育服务（100）	社会教育服务（90）
		为特殊群体服务（10）	为特殊群体服务（10）	图书馆网站建设与服务（20）	专题咨询服务（15）	咨询服务（10）	咨询服务（10）
		数字资源服务（50）	图书馆网站建设与服务（15）	社会教育活动（90）	读者教育与用户培训（10）	读者教育与用户培训（10）	读者教育与用户培训（10）
		社会教育活动（45）	社会教育活动（50）	读者满意率（30）	服务宣传（10）	服务宣传（10）	服务宣传（10）
		读者满意率（20）	读者满意率（20）		流动服务（40）	流动服务（40）	流动服务（40）
					读者满意率（20）	读者满意率（20）	读者满意率（20）
		220	220	290	320	320	320

		成人图书馆			少年儿童图书馆		
		省级	市级	县级	省级	市级	县级
协作协调	130	跨省、跨系统协作协调工作（20）	参与跨地区、跨系统协作协调工作（20）	参与上级图书馆组织的协作协调工作（20）	业务辅导和培训（50）	业务辅导和培训（50）	本地区少儿图书馆协作协调（20）
		本地区图书馆服务网络建设（35）	服务网络建设（30）	本地区图书馆服务网络建设（30）	其他协作协调（30）	其他协作协调（30）	与本地区其他图书馆协作协调（10）
		基层辅导（35）	基层辅导（30）	基层业务辅导工作（20）	80	80	与本地区少儿教育机构协作协调（10）
				基层业务培训工作（10）			与其他地区少儿图书馆（室）协作协调（10）
		图书馆学会工作（15）	图书馆学会工作（10）				
		联合编目工作（25）	参加地区性/全国性联合编目工作（10）				参加省、地市少儿图书馆的协作协调（10）

续表

	成人图书馆			少年儿童图书馆		
	省级	市级	县级	省级	市级	县级
管理与表彰 (成人90/市95/县90，少儿120/120/120)	事业发展规划（6） 财务管理（5） 人事管理（12） 志愿者管理（3） 设备、物资管理（6） 档案管理（5） 统计工作（8） 环境与安全管理（20） 上级表彰（25）	年度计划（5） 财务管理（5） 人事管理（10） 志愿者管理（5） 设备、物资管理（10） 档案管理（10） 统计工作（10） 环境与安全管理（20） 上级表彰（20）	年度计划（2） 财务管理（10） 人事管理（10） 志愿者管理（2） 设备、物资管理（8） 档案管理（10） 统计工作（10） 环境与安全管理（18） 上级表彰（20）	人事管理（10） 财务管理（8） 设备、物资管理（8） 档案管理（8） 统计管理（14） 环境管理（10） 安全管理（12） 表彰奖励（50）	人事管理（10） 财务管理（8） 设备、物资管理（8） 档案管理（8） 统计管理（14） 环境管理（10） 安全管理（12） 表彰奖励（50）	人事管理（10） 财务管理（8） 设备、物资管理（8） 档案管理（8） 统计管理（14） 环境管理（10） 安全管理（12） 表彰奖励（50）
重点文化工程 (成人160/160/县90，少儿40/40/40)	文化共享工程（40） 数字图书馆推广工程（40）	文化共享工程（40） 文化共享工程（40）	文化共享工程（30） 公共电子阅览室建设计划（30）	文化共享工程（20） 其他重点文化工程（20）	文化共享工程（20） 其他重点文化工程（20）	文化共享工程（20） 其他重点文化工程（20）

	成人图书馆			少年儿童图书馆		
	省级	市级	县级	省级	市级	县级
160	公共电子阅览室建设计划（40） 中华古籍保护计划（40）	160	公共电子阅览室建设计划（40） 中华古籍保护计划（40）	90	中华古籍保护计划（30）				

资料来源：课题组整理。

（一）成人图书馆评估标准特征

1. 设施与设备差异

在设备与设施部分，省级图书馆一级指标"设备与设施"分值为100分，市级图书馆和县级图书馆均为150分。省级图书馆二级指标"建筑条件"和"现代化技术条件"分值分别为30分和70分，市级图书馆和县级图书馆均为50分和100分。这说明市级图书馆和县级图书馆评估更加重视基础设施设备的评估，也说明市级图书馆和县级图书馆改进完善设施设备的必要性。

2. 数字化建设差异

在文献资源评估指标方面，省级图书馆"数字化建设"分值设置为40分，市级图书馆同样为40分，而县级图书馆只有25分，由此可见，在数字图书馆建设的大背景下，对省级图书馆与市级图书馆数字资源建设的要求比县级图书馆更高。

3. 服务工作差异

省级图书馆与市级图书馆的服务工作指标分值均为220分，县级图书馆则为290分，占比超过总分的四分之一。其中，县级图书馆多项服务工作指标分值设置高于或等于省级图书馆与市级图书馆，如"免费开放"，省级图书馆分值为10分，市级图书馆为15分，县级图书馆为20分；"普通服务"，省级图书馆分值为55分，市级图书馆与县级图书馆分值均为90分；"参考咨询服务"，省级图书馆分值为15分，市级图书馆为10分，县级图书馆为20分；"为特殊群体服务"，省级图书馆和市级图书馆分值为10分，县级图书馆为20分；"社会教育活动"，省级图书馆分值为45分，市级图书馆为50分，县级图书馆为90分。总体来看，这充分说明了评估工作对基层图书馆服务的重视与提高基层图书馆服务质量的迫切要求。

4. 基层业务辅导工作差异

省级图书馆"基层辅导"指标分值设置为 35 分，市级图书馆为 30 分，县级图书馆为 20 分。省级图书馆承担着整个省内各级公共图书馆的业务辅导工作，工作任务最重，工作量最大，因此分值设置最高。随着图书馆规模的缩小，在工作内容与工作量上，市级图书馆次之，县级图书馆最小，因此分值设置逐渐减少。

5. 规划与计划差异

省级图书馆的"事业发展规划"分值设置为 6 分，市级图书馆"年度计划"分值为 5 分，县级图书馆"年度计划"分值为 2 分，这体现了相较于市级图书馆与县级图书馆，省级图书馆对图书馆事业发展规划更加重视，也说明了发展规划对省级图书馆的重要意义。

（二）少年儿童评估标准特征

1. 经费与人员差异

省级图书馆和市级图书馆"经费与人员"分值为 120 分。省级图书馆、市级图书馆"经费"和"人员"分值均为 60 分，县级图书馆"经费"和"人员"分值均为 65 分。县级图书馆更加重视经费与人员的评估，这也体现了经费和人员对于县级图书馆的重要作用。县级图书馆期望通过评估工作，促进经费和人员的及时到位。

2. 文献资源差异

文献资源部分，省级图书馆"总藏量"分值为 20 分，市级图书馆为 25 分，县级图书馆为 25 分；省级图书馆"新增藏量"分值为 65 分，市级图书馆为 70 分，县级图书馆为 70 分；省级图书馆"文献编目"分值为 45 分，市级图书馆为 65 分，县级图书馆为 65 分。可以看出，相较于省级图书馆，市级图书馆和县级图书馆更加重视文献藏量的评估与文献编目的评估。

3. 普通服务差异

省级图书馆的"普通服务"分值为 80 分，市级图书馆为 100 分，县级图书馆为 110 分；省级图书馆"社会教育服务"分值为 115 分，市级图书馆为 100 分，县级图书馆 90 分。这体现了省级图书馆比市级图书馆与县级图书馆更加重视社会教育服务，而基层图书馆则更加重视普通服务工作。同时说明了省、市、县图书馆服务工作的侧重点差异。

第四节 第五次公共图书馆定级标准与评估结果

一、定级标准

根据表 10-4 与表 10-5，第五次评估标准中省级图书馆（成人图书馆）必备条件相较市级图书馆（成人图书馆）与县级图书馆（成人图书馆），多一条"现代化技术装备、数字资源建设、网络服务"三项总得分，少年儿童图书亦如此。可见，在图书馆现代化的进程中，省级图书馆应走在前面，为市级图书馆与县级图书馆起到引领与表率作用，率先建设数字图书馆，提供网络服务。

表 10-4 第五次各级成人图书馆定级必备条件

定级	指标	省级	副省级	市级	直辖市下辖区	县级	地级市下辖区
一级图书馆	馆舍建筑面积	不低于3 万平方米	不低于2 万平方米	不低于8000 平方米	不低于6000 平方米	不低于2000 平方米	不低于1500 平方米
	财政拨款总额	不低于2000 万元	不低于1600 万元	不低于450 万元	不低于450 万元	不低于90 万元	不低于90 万元
	图书年入藏数量	不低于30 000 种	不低于20 000 种	不低于5000 种	不低于5000 种	不低于2000 种	不低于2000 种
	免费开放	得分为满分	得分为满分	得分为满分	得分为满分	得分为满分	得分为满分
	书刊文献年外借册次	不低于50 万册	不低于35 万册	不低于20 万册	不低于20 万册	不低于6 万册	不低于6 万册
	现代化技术装备、数字资源建设、网络服务	两项得分不低于95 分	两项得分不少于85 分				
	重点文化工程	得分不低于130 分	得分不低于130 分	不低于120 分	不低于120 分	不低于70 分	不低于70 分
	读者满意率	不低于16 分	不低于16 分	不低于16 分	不低于16 分	不低于24 分	不低于24 分

续表

定级	指标	省级	副省级	市级	直辖市下辖区	县级	地级市下辖区
二级图书馆	馆舍建筑面积	不低于2.5万平方米	不低于1.5万平方米	不低于6000平方米	不低于4000平方米	不低于1500平方米	不低于1000平方米
	财政拨款总额	不低于1600万元	不低于1200万元	不低于300万元	不低于300万元	不低于70万元	不低于70万元
	图书年入藏数量	不低于20 000种	不低于15 000种	不低于4000种	不低于4000种	不低于1500种	不低于1500种
	免费开放	得分为满分	得分为满分	得分为满分	得分为满分	得分为满分	得分为满分
	书刊文献年外借册次	不低于35万册	不低于10万册	不低于15万册	不低于15万册	不低于4万册	不低于4万册
	现代化技术装备、数字资源建设、网络服务	两项得分不低于85分	两项得分不少于70分				
	重点文化工程	得分不低于110分	得分不低于110分	得分不低于100分	得分不低于100分	不低于60分	不低于60分
	读者满意率	不低于14分	不低于14分	不低于14分	不低于14分	不低于21分	不低于21分

资料来源：课题组整理。

表 10 – 5　第五次各级少年儿童图书定级必备条件

定级	指标	省级	市级	县级
一级图书馆	馆舍建筑面积	不低于4000平方米	不低于2500平方米	不低于1200平方米
	年财政拨款	不低于200万元或财政拨款年增长率/当地财政收入增长率不低于80%	不低于100万元或财政拨款年增长率/当地财政收入增长率不低于80%	不低于40万元或财政拨款年增长率/当地财政收入增长率不低于80%
	图书年新增藏量	不低于9000种	不低于5000种	不低于2500种
	免费开放程度	得分为满分	得分为满分	得分为满分
	年外借册次（以计算机统计为准）	不少于25万册次	不少于15万册次	不少于10万册次
	现代化技术装备、数字资源建设、网络服务	三项总得分不少于90分		
	读者满意率	不低于16分	不低于16分	不低于16分

续表

定级	指标	省级	市级	县级
二级图书馆	馆舍建筑面积	不低于 3000 平方米	不低于 2000 平方米	不低于 1000 平方米
	年财政拨款	不低于 150 万元或财政拨款年增长率/当地财政收入增长率不低于 70%	不低于 80 万元或财政拨款年增长率/当地财政收入增长率不低于 70%	不低于 30 万元或财政拨款年增长率/当地财政收入增长率不低于 70%
	图书年新增藏量	不低于 8000 种	不低于 4000 种	不低于 2000 种
	免费开放程度	得分为满分	得分为满分	得分为满分
	年外借册次（以计算机统计为准）	不少于 22 万册次	不少于 12 万册次	不少于 8 万册次
	现代化技术装备、数字资源建设、网络服务	三项总得分不少于 80 分		
	读者满意率	不低于 14 分	不低于 14 分	不低于 14 分

资料来源：课题组整理。

根据表 10-4 与表 10-5，第五次评估中，一级图书馆必备条件相较于第四次评估，在馆舍建筑面积、财政拨款总额、图书年入藏数量方面均有一个较大的增量。以省级图书馆评选一级图书馆条件来看，第五次评估需要达到馆舍建筑面积 3 万平方米、财政拨款 2000 万元、图书年入藏量 30 000 种，相较第四次评估，增幅分别为 20.0%、66.7%、50.0%。由此可见我国公共图书馆的发展非常迅速，在馆舍与经费方面均有较大的提升。

根据表 10-4 与表 10-5，第五次评估必备条件中，一级图书馆标准要求副省级图书馆（成人图书馆）建筑面积不低于 2 万平方米，相比第四次评估的 1.5 万平方米，增长 0.5 万平方米。2008 年和 2012 年全国副省级图书馆馆舍面积如表 10-6 和表 10-7 所示，可见，在第四次评估时，除西安图书馆、宁波市图书馆、济南市图书馆外，其他副省级市图书馆全部在第四次评估前，达到一级图书馆对于馆舍建筑面积的要求，甚至大部分图书馆早已达到第五次评估时 2 万平方米的建筑面积要求。2013 年，济南市图书馆新馆（中心馆）开始运营，新馆建筑面积达到 4.1 万平方米，远超第五次评估要求。因此第五次评估中副省级市图书馆评为一级图书馆的馆舍建筑面积要求较为合理，可以达到。

表 10 – 6　2008 年副省级图书馆馆舍面积

单位名称	馆舍建筑面积/万平方米	单位名称	馆舍建筑面积/万平方米
深圳图书馆	4.96	哈尔滨市图书馆	3.04
杭州图书馆	4.91	青岛市图书馆	2.58
沈阳市图书馆	3.96	成都图书馆	2.20
大连图书馆	3.60	广州图书馆	1.77
金陵图书馆	3.50	西安图书馆	1.34
厦门市图书馆	3.44	宁波市图书馆	1.20
武汉图书馆	3.30	济南市图书馆	0.90
长春市图书馆	3.24		

资料来源：课题组整理。

表 10 – 7　2012 年副省级图书馆馆舍面积

单位名称	馆舍建筑面积/万平方米	单位名称	馆舍建筑面积/万平方米
深圳图书馆	4.96	哈尔滨市图书馆	2.05
杭州图书馆	4.91	青岛市图书馆	2.60
沈阳市图书馆	3.96	成都图书馆	2.20
大连图书馆	3.60	广州图书馆	4.77
金陵图书馆	2.51	西安图书馆	1.58
厦门市图书馆	2.73	宁波市图书馆	1.20
武汉图书馆	3.30	济南市图书馆	0.90
长春市图书馆	3.50		

资料来源：课题组整理。

　　根据表 10 – 4 与表 10 – 5，第五次评估必备条件中，一级图书馆标准要求副省级图书馆（成人图书馆）财政拨款总额不低于 1600 万元，相比第四次评估的 900 万元，增长 700万元，增幅较大。2012 年全国副省级图书馆财政拨款总额如表 10 – 8 所示，可见，在第五次评估前，除西安图书馆外，其他副省级图书馆均达到一级图书馆对于财政拨款总额的要求，因此第五次评估中副省级图书馆评为一级图书馆的财政拨款总额增长数量较为合理，可以达到。

表 10 – 8　2012 年副省级图书馆财政拨款

单位名称	财政拨款/万元	单位名称	财政拨款/万元
深圳图书馆	11 372	哈尔滨市图书馆	2160
杭州图书馆	6667	青岛市图书馆	2878
沈阳市图书馆	2722	成都图书馆	2448
大连图书馆	5040	广州图书馆	8717
金陵图书馆	3425	西安图书馆	1316
厦门市图书馆	2911	宁波市图书馆	2389
武汉图书馆	3543	济南市图书馆	1752
长春市图书馆	3302		

资料来源：课题组整理。

二、评估结果

我国公共图书馆评估工作开展的基本流程是首先由各级图书馆按照评估标准进行自评打分，之后指派专家组进行考评，最后逐级提交评估总结报告和评估结果。其中评估总结报告包括评估工作实施概况，本次评估时间段内图书馆的发展与变化，具有推广意义的创新点、亮点和特殊服务案例及存在的问题。经文化部审核并征求各省（市、区）文化厅（局）意见后，确定评估定级结果，并命名一、二、三级图书馆。评估结果在文化部网站上予以公布。前五次全国公共图书馆评估结果如表 10 – 9 所示，可以看出我国公共图书馆评估定级结果中上等级馆和一级图书馆比例逐次增大，说明我国公共图书馆事业不断发展进步，行业服务能力与水平不断提升①。

表 10 – 9　五次全国公共图书馆评估上等级情况

	第一次评估	第二次评估	第三次评估	第四次评估	第五次评估
参评图书馆数量/个	2189	2323	2038	2850	3075
上等级图书馆数量/个	1142	1551	1440	1784	2230
一级图书馆数量/个	68	215	344	480	859

① 宫平，柯平，段珊珊. 我国公共图书馆服务绩效评估研究——基于五次省级公共图书馆评估标准的分析 ［J］. 山东图书馆学刊，2015（6）：28 – 32.

续表

	第一次评估	第二次评估	第三次评估	第四次评估	第五次评估
二级图书馆数量/个	451	581	412	410	640
三级图书馆数量/个	623	755	684	894	731

资料来源：课题组整理。

依据第五次评估标准和定级必备条件，最终确定全国 2230 个图书馆达到三级以上图书馆标准。具体为 859 个图书馆荣获"一级图书馆"称号；640 个图书馆荣获"二级图书馆"称号；731 个图书馆荣获"三级图书馆"称号①，如表 10 - 10 所示。

表 10 - 10　第五次全国公共图书馆评估各省市评估结果

评估等级	北京市			天津市			河北省			山西省			内蒙古自治区			辽宁省		
	省级	市级	县级	省级	市级	县级	省级	市级	县级	省级	市级	县级	省级	市级	县级	省级	市级	县级
一级图书馆	1	17		2	11		1	6	14	1	2	11		2	12		5	20
二级图书馆			2					1	28		1	15		5	13		6	18
三级图书馆			2					1	44		1	53	1	3	44		3	5

评估等级	吉林省			黑龙江省			上海市			江苏省			浙江省			安徽省		
	省级	市级	县级	省级	市级	县级	省级	市级	县级	省级	市级	县级	省级	市级	县级	省级	市级	县级
一级图书馆		5	10	1	2	14	2	22		1	16	82	1	10	61	1	7	26
二级图书馆		1	12		1	17		1			1	6		1	14		1	21
三级图书馆		3	14		4	32						3		1			3	25

评估等级	福建省			江西省			山东省			河南省			湖北省			湖南省		
	省级	市级	县级	省级	市级	县级	省级	市级	县级	省级	市级	县级	省级	市级	县级	省级	市级	县级
一级图书馆	1	5	20		9	31	1	13	62		10	30	1	8	38	2	4	38
二级图书馆		2	33	1	2	37			42	1	4	37		4	28		6	38
三级图书馆		2	14			24			3		2	35		1	16		1	37

①　文化部关于公布第五次公共图书馆评估定级上等级图书馆名单的通知 [EB/OL]. [2021 - 07 - 02]. http：//zwgk. mct. gov. cn/zfxxgkml/ggfw/202012/t20201205_916575. html.

续表

评估等级	广东省			海南省			重庆市			四川省			贵州省			云南省		
	省级	市级	县级	省级	市级	县级	省级	市级	县级	省级	市级	县级	省级	市级	县级	省级	市级	县级
一级图书馆	1	15	50			1	2	23			5	33		3	11	1	5	23
二级图书馆		3	28	1	1	3		6			11	37	1	2	31		2	23
三级图书馆		3	24		3	3		6			3	29		2	16		10	68

评估等级	陕西省			甘肃省			宁夏回族自治区			广西壮族自治区			西藏自治区			青海省		
	省级	市级	县级	省级	市级	县级	省级	市级	县级	省级	市级	县级	省级	市级	县级	省级	市级	县级
一级图书馆	1	1	3	1	3	7	1	2	4	1	6	9						
二级图书馆		2	18		2	10		2	1		2	32		1				1
三级图书馆		3	38			31			11		3	41	1	1	2		1	12

评估等级	新疆维吾尔自治区		
	省级	市级	县级
一级图书馆		3	5
二级图书馆	1	2	17
三级图书馆		5	36

资料来源：课题组整理。

自第一次评估以来，一级图书馆、二级图书馆、上等级图书馆的数量都呈现稳步增长趋势，特别是一级图书馆的比例不断提高，超过参评图书馆数量的四分之一。第五次评估中，全国上等级图书馆总数首次突破 2000 个，比第四次评估时增加 446 个，涨幅达到 25%。由此看出，在这 4 年中，各级政府加强了对图书馆事业的建设与投入，使得图书馆在评估数量上取得了较好的成绩。另外，各级政府在追求图书馆数量增长的同时，更加注重对图书馆质量的建设，一级图书馆增长到 859 个，涨幅 79%，二级图书馆增长到 640 个，涨幅 56%，这说明我国公共图书馆在建设、服务和管理等方面都取得了长足的进步，服务社会的能力有所增强①。

评估结果的发布使文化行政主管部门加强对图书馆工作的了解，并能够针对评估结果切实采取有效措施，帮助未上等级图书馆解决困难和问题，进而促进公共图书馆事业全

---

① 吴正荆，袁艺，郝森森. 第五次公共图书馆评估结果分析 [J]. 图书馆建设，2014（12）：88 - 91，95.

面、均衡发展。同时，评估结果也帮助各级公共图书馆发扬成绩，改进不足，进一步加大改革和创新的力度，充分发挥公共图书馆在公共文化服务体系建设中的重要作用①。

第五节　第五次公共图书馆评估定级工作反思

距离 2013 年第五次评估定级工作已经过去了 10 年有余，对其工作进行回顾思考，能够总结第五次评估时的经验，分析其存在的不足之处，为以后的全国公共图书馆评估定级工作提供参考。

一、评估定级指标体系反思

（一）较为注重投入指标

第五次评估标准在图书馆资源方面设置了 3 个一级指标：设施与设备、经费与人员、文献资源，指标分值达到 400 分，比较之下服务工作 220 分占比较少。可以看出，第五次评估工作依然较为重视公共图书馆的基础资源建设，致力于提升第五次评估时我国公共图书馆基础资源建设②。

（二）紧密结合政策文件

自 2009 年第四次评估后，我国相继出台一系列关于公共图书馆事业的政策、标准等。例如，《关于推进全国美术馆、公共图书馆、文化馆（站）免费开放工作意见》③、《公共图书馆服务规范》④ 等。第五次评估标准与这些文件进行了很好的衔接。例如，在《县级图书馆评估标准》中的第二部分"经费与人员"中增加了免费开放本地经费到位情况的考查，第四部分"服务工作"细化了免费服务相关指标⑤。

---

① 文化部关于公布第五次公共图书馆评估定级上等级图书馆名单的通知 [EB/OL]. [2021 – 07 – 02]. http：//zwgk. mct. gov. cn/zfxxgkml/ggfw/202012/t20201205_916575. html.

② 吴正荆，袁艺，郝森森. 第五次公共图书馆评估结果分析 [J]. 图书馆建设，2014（12）：88 – 91，95.

③ 关于推进全国美术馆公共图书馆文化馆（站）免费开放工作的意见 [EB/OL]. [2024 – 05 – 30]. https：//www. gov. cn/zwgk/2011 – 02/14/content_1803021. htm.

④ 《公共图书馆服务规范》发布 5 月 1 日起正式实施 [EB/OL]. [2021 – 07 – 02]. http：//www. gov. cn/gzdt/2012 – 01/20/content_2050157. htm.

⑤ 张军华. 第五次县级公共图书馆评估后的认识与思考 [J]. 河南图书馆学刊，2014，34（10）：5 – 7.

（三）优化指标与分值分配

相比于前四次评估，第五次评估中增加了政府投入考核指标，如免费开放本地经费到位情况、财政拨款年增长率与当地财政收入增长率的比率；增加了协作协调类指标分值占比；对各指标名称进行了规范；在分值分配上逐渐向用户服务倾斜；突出强调公共图书馆业务合作的重要意义和体系化发展的目标导向。

（四）不断细化指标体系

从第一次评估到第五次评估，一、二、三、四级评估指标数量均呈现总体增长趋势，且涨幅明显，这说明我国公共图书馆评估体系中评估指标不断细化，评估内容更加具体可操作，同时也更加便于图书馆开展自评与专家到场审查。

（五）初步尝试绩效评估

第五次评估进行了绩效评估的初步尝试。图书馆绩效评估是评估图书馆工作的重要方法。为了更有利于公共图书馆事业的发展并进一步提高公共图书馆事业实务水准，未来全国公共图书馆评估体系设置中应该将关注点更多放在绩效评估，并逐步向成效评估转移，进一步体现现代公共图书馆的社会、经济、人文价值①。

二、评估工作整体过程反思

（一）评估工作社会参与度较低

第五次评估存在社会参与评估薄弱的情况。读者对图书馆的满意程度是图书馆社会服务优劣的重要考核标准，充分发挥读者意见价值是图书馆完善服务的基础。从第三次评估起，评估指标中引入外部评估，即在"读者服务工作"增加"读者满意率调查"评估指标。从现有公共图书馆评估主体发展情况来看，我国公共图书馆评估以各级政府和行业协会为主，逐步引入外部评估，让读者参与评估活动，但"读者满意率调查"在近三次评估中仅为 20 分，相比于评估总分 1000 分的分值来说占比较低，不能充分发挥社会参与评估的作用。访谈专家王惠君（广东省立中山图书馆馆长）认为，第三方机构作为参与图书馆建设的重要社会力量，其评估意见也应被纳入评估定级考虑范围内，形成政府、社会与图书馆的发展合力，共同支持图书馆发展。

（二）评估手段有待更新

从 1994 到 2013 年，文化部先后组织开展五次全国公共图书馆评估定级工作。每次评

---

① 褚倩倩. 对第五次公共图书馆评估标准的分析与展望［J］. 图书馆学刊，2013，35（12）：9－12.

估都需要在各个图书馆自评的基础上，指派专家亲临现场，根据材料进行考评。一次评估工作下来，花费不少时间、人力与物力。如果能够网上考评，将会促进公共图书馆评估工作的改革，参评的图书馆将参评材料上传到对应的网络平台，由评估专家进行审核考评，通过电子化、数字化、网络化技术的应用提高公共图书馆评估效率。

（三）评估标准未考虑地区差异

我国公共图书馆发展与地区发展息息相关，我国东、中、西部地区发展差异与南北地区发展差异会在一定程度上影响公共文化服务发展，而我国现有评估工作对所有地区全部采用"一刀切"评估标准具有不合理之处。访谈专家许大文（嘉兴市图书馆副馆长）和李培（天津图书馆馆长）都认为，未来评估定级工作应考虑公共图书馆发展的地区特色与地区差异，将地区经济水平、辐射面积等差异纳入评估指标体系。

（四）对图书馆体系化评估力度不够

评估不能仅仅针对某个图书馆，同时也应该考察整个图书馆网络的建设，将评估客体从一个图书馆扩大到整个区域的图书馆事业。既要评估单个馆的建设情况与服务能力，也要考察一个地区图书馆的体系化水平，评估地区性图书馆事业的发展，这样的多角度评估，可推动一个地区的图书馆事业整体向前发展。第五次评估标准虽然有相应指标考核图书馆联盟建设和总分馆建设情况，但评估力度相对较弱。

（五）部分指标设置有待进一步完善

我国公共图书馆评估工作到目前为止，已经进行了五次，评估标准与指标体系的建立紧跟公共图书馆发展，但部分指标设置仍然存在可完善之处。例如，总分馆体系下市、县（区）、乡镇（街道）、村（社区）馆（室）的资源存在统一使用情况，在分别统计时会出现难以界定的问题；评估中图书馆本地资源存储量要求和图书馆往往只购买资源使用权相互矛盾；不同格式的音视频资源大小不统一导致图书馆数字资源容量难以统计；数字资源远程访问占比数据难以获取；数字阅读占比是否包含下载阅读的期刊论文难以界定；各馆对于全民读书月的界定难以统一等问题需要在指标设定时进一步改进。

（六）评估工作未与日常统计工作相结合

以往的评估工作缺乏与日常统计工作的衔接。访谈专家王惠君（广东省立中山图书馆馆长）认为，在全国公共图书馆评估工作中，图书馆需要在接受评估时进行大量的准备工作，耗费大量的时间与人力。如果图书馆能够将评估定级工作与日常统计工作相结合，在日常的常态化工作中做好数据的记录与统计，并能够与评估定级工作进行对接，将会减少评估定级工作开展时的工作量，从而在减轻评估压力的同时促进日常工作管理。

第十一章　我国第六次公共图书馆评估定级标准研制

评估定级工作是推动我国公共图书馆事业发展的重要手段。第六次公共图书馆评估（以下简称"第六次评估"）标准研制工作正值我国大力倡导完善公共文化服务体系，推动文化事业繁荣发展。本书第十一至十三章将从第六次评估定级标准研制、评估信息化平台研制、评估过程管理三方面力求呈现第六次评估从调查研究到评估过程及平台建设等关键节点，为构建我国公共图书馆绩效与成效集成的评估理论模型及应用于我国未来公共图书馆评估实践提供借鉴与参考。

第一节　承接政府转移职能：第六次公共图书馆
评估定级标准研制工作启动

党的十八届三中全会提出了构建现代公共文化服务体系的新目标，要求按照全覆盖、保基本、促完善、可持续的要求，建立公共文化服务体系建设协调机制，建立群众评价和反馈机制，推动文化惠民项目与群众需求有效对接，不断提升公共文化服务的标准化、均等化和实用性、便利性。为更好地保障公民文化权益，与国家治理新理念和建设服务型政府相一致，结合现代公共文化服务体系要求，公共图书馆评估工作既要顺应公共文化服务的发展趋势，又要兼顾公共图书馆的特点，有效提升我国公共图书馆整体服务能力，创新公共图书馆评估工作势在必行。

一、学会承接政府转移职能

为贯彻落实中央关于深化行政审批制度改革、正确处理政府与社会关系，中国科协所属学会有序承接政府转移职能试点工作的开展也对第六次评估工作产生了重大影响。第六次评估在此背景下明确评估工作部署、综合历次评估经验、组织评估研讨、广泛开展调查研究工作。

学会围绕全面深化改革的总体部署，充分发挥科技社团独特优势，有序承接政府转移职能，对深化行政体制和科技体制改革、加强和改进群团工作具有重要意义①。按照深化改革的有关政策规定，政府部门有关职能中涉及专业性、技术性、社会化的部分公共服务事项，适合由社会力量承担的，可通过政府购买服务等形式委托学会承担。

中国科协所属学会有序承接政府转移职能试点工作，是贯彻落实中央关于深化行政审批制度改革、正确处理政府与社会关系的重要举措。作为试点，中国科协首先在全国各学会中选择一批具有较大潜力、具有典型性、有工作基础的项目给予专项培育，选择接得住、接得好、能够负责任的骨干学会承接试点项目。2014年9月，中国图书馆学会作为中国科协下属优秀学会之一，正式承担起中国科协试点培育重点项目"县以上公共图书馆评估定级工作"的相关研究与规划工作。在中国科协的指导下，中国图书馆学会迅速组织图书馆学界与业界力量进行了深入研究，多次召开专题会议部署工作，并形成有《县以上公共图书馆评估定级工作规划报告》。随后，在中国科协对文化部和相关部委就政府职能转移工作开展的调研中，文化部办公厅回复同意将"县以上公共图书馆评估定级工作"委托给中国图书馆学会，其中包括评估标准的研制。

二、启动标准研制

在文化部公共文化司和中国科协的指导下，中国图书馆学会进行了评估工作的整体规划，开展第六次评估定级的筹备工作，组织行业力量来开展相关的研究工作。2015年1月5日，县以上公共图书馆评估定级工作研讨会在天津图书馆召开。文化部公共文化司副司长陈彬斌，中国图书馆学会副理事长、国家图书馆副馆长陈力，中国图书馆学会秘书长霍瑞娟及来自高校图书馆学院系，省级、副省级、地市级和县级公共图书馆的专家代表出席了会议。与会专家、领导围绕评估定级工作的各个方面进行了热烈研讨，并对评估标准修订工作提出了丰富的建设性意见，并形成基本共识：成立公共图书馆评估定级标准研制专家组，由中国图书馆学会学术委员会副主任、南开大学教授柯平担任专家组组长。此次会议提出了导向性的意见，确定了评估标准研制工作思路，不仅成为第六次评估定级工作的起点，更掀开了我国公共图书馆评估定级工作新的一页。同时会议明确了将在第六次评估中开展信息化平台建设，为后续工作建立了基础，保障了工作的有序进行。

三、专家团队研制机制

第六次公共图书馆评估定级标准研制工作由行业学会承接，并邀请国内公共图书馆评

---

① 中办国办印发《中国科协所属学会有序承接政府转移职能扩大试点工作实施方案》［N］. 人民日报，2015 - 07 - 17（11）.

估理论与评估实践领域的资深专家担任专家组组长牵头，创新性地探索了由行业学会承接政府评估定级工作并由大学教授主持政府评估定级标准制定的全新模式。"标准研制专家团队既有精深的图书馆学理论造诣又有丰富的图书馆评估经验，为第六次评估定级标准研制提供了智力支撑"①。

结合我国既往五次公共图书馆评估定级工作经验，为更好反映我国一定历史时期图书馆事业发展变化，也在一定程度上反映我国公共图书馆事业发展变革的总体思路，第六次评估定级标准研制形成如下机制：

- 成立公共图书馆评估定级标准研制专家组。进行初步文献调研，形成标准内容框架建议，经由专家研讨确定基本框架。

- 通过实地调研，进一步完善标准内容设置，经专家讨论后分发到各省图书馆，并征集修改与补充意见和建议。

- 在征集修改与补充意见后，进行标准内容与权重划分，形成评估定级标准草案。

- 抽选不同地区与等级的公共图书馆进行预评估，考察草案的适用性和可行性。

- 根据预评估结果反馈，进一步修订标准，形成最后的公共图书馆评估标准和定级必备条件。

第二节 理论结合实际：公共图书馆评估定级标准的调查研究

公共图书馆评估定级标准研制修订采用理论探讨与实地调研相结合的模式。理论方面，柯平教授带领的评估标准研制专家团队组建后即刻开始理论与实践调研，并明确深入一线调研，充分开展研讨，为标准研制提供依据。在充分调研国内外图书馆评估工作经验的基础上，扩宽视野，对国内外行业组织承担公共服务机构评估工作的历史现状、体制机制与经验都展开了详细研究与分析，并就此提出完整的研制评估标准及信息化平台系统的建议。

一、深入的理论研究与学术研讨

通过深入理论研究，研究团队发现随着公共服务理论的发展，全面质量管理、标杆管理、平衡计分卡等新兴的管理工具与方法被不断引入公共服务评估，极大地丰富了公共服

---

① 任竞. 守正创新，砥砺前行的四十年——从评估定级看中图学会发展［C］//中国图书馆学会. 中国图书馆学会成立40周年纪念文集. 北京：国家图书馆出版社，2019：129-136.

务指标设计的路径与发展。公共文化服务绩效评估作为优化公共文化资源配置、改善公共文化服务供给体制、提高公共文化服务供给质量的有效工具越来越多地得到理论与实践的重视。

在调研国外情况方面，柯平教授团队在深入挖掘相关评估模型与实施路线的同时，总结比较不同评估机制的特点。如美国的图书馆评估工作不带有官方色彩，多为图书馆主动申请评估，重在分析图书馆绩效，更侧重投资回报率。ALA 主导并出版了许多有关评估的工具书或相关网页供图书馆评估使用，但各州也各有其具体标准。各州的图书馆协会也出版发行相应的图书馆评估工具书，但多属建议或参考性质，并没有强制执行的功能。

韩国 2006 年 10 月修订的《图书馆法》（法律第 8029 号）正式写入了有关图书馆评估的内容（第二章十二条的第二点：图书馆委员会制定、审议、调整图书馆运营评价的内容），使得韩国图书馆评估进入法治化阶段。从 1998 年到 2003 年，韩国的公共图书馆都只是作为文化设施的一部分参与评估，没有一个独立的评估系统。2007 年 6 月成立的图书馆信息政策委员会，开始对图书馆进行整体系统的评估，对象包括学校图书馆、公共图书馆、专业图书馆、监狱图书馆和军队图书馆等。对先进单位，政府给予经营、财政上的优先支持，并给予各种奖励，以此激励图书馆的发展，形成竞争机制下的良性循环。

在综合吸收国外图书馆评估工作特点之外，研制团队还深入调研我国各级政府实施的公共图书馆评估定级工作的历史源流、基本做法、优势与局限。不仅系统回顾梳理了前五次评估的标准内容变化，形成对文献信息资源①、管理②、数字图书馆③、不同层级公共图书馆评估④⑤等专项评估成果，也有公共图书馆服务绩效评估模型⑥、公共图书馆职能定位⑦、信息化平台建设⑧等评估理论与实践的探索，详细分析了评估工作对各级公共图书馆发展带来的影响（见表 11 - 1）。

---

① 邹金汇，柯平，贾子文. 公共图书馆文献信息资源评估——基于五次评估标准的分析［J］. 山东图书馆学刊，2015（6）：33 - 38.

② 苏福，柯平，黄娜. 对公共图书馆评估中管理指标之思考［J］. 山东图书馆学刊，2015（6）：39 - 42.

③ 张雅琪，杨娜，李诣斐，等. 面向数字图书馆的公共图书馆评估［J］. 数字图书馆论坛，2017（5）：18 - 24.

④ 高爽，张雅琪，王冠璐. 地市级公共图书馆评估标准解读［J］. 图书馆，2017（6）：8 - 13.

⑤ 宫平，柯平，段珊珊. 我国公共图书馆服务绩效评估研究——基于五次省级公共图书馆评估标准的分析［J］. 山东图书馆学刊，2015（6）：28 - 32.

⑥ 柯平，宫平. 公共图书馆服务绩效评估模型探索［J］. 国家图书馆学刊，2016，25（6）：3 - 8.

⑦ 柯平，苏福. 基于功能定位的公共图书馆评估［J］. 图书馆，2016（8）：1 - 4.

⑧ 刘旭青，柯平，刘文宁. 公共图书馆评估信息化［J］. 数字图书馆论坛，2017（5）：8 - 17.

表 11 - 1 第一至第四次评估工作后各级公共图书馆发展状况对比

项目	级别	第一次评估后		第二次评估后		第三次评估后		第四次评估后	
		1994 年满分值	1995 年馆均值	1998 年满分值	1999 年馆均值	2004 年满分值	2005 年馆均值	2009 年满分值	2010 年馆均值
财政拨款总额/万元	省级	500	342.86	700	891.7	1000	1971.1	2000	4083.78
	地市级	60	51.27	80	89	100	230.77	120	476.95
	县市级	18	8.77	25	14.55	30	42.47	50	93.91
馆舍建筑面积/万平方米	省级	2.50	1.76	2.50	2.07	2.5	2.73	3	3.48
	地市级	1	0.32	1	0.38	1	0.60	1	0.77
	县市级	0.30	0.15	0.30	0.11	0.30	0.15	0.30	0.20
总藏量/万册（件）	省级	400	242.56	300	342.24	300	377.77	350	448.70
	地市级	50	27.43	40	27.34	40	35.67	50	48.22
	县市级	15	5.69	15	6.05	15	8.03	20	10.40
年外借总册次/万册次	省级	50	23.31	50	37.17	50	70.96	50	79.24
	地市级	20	9.76	20	13.78	22	13.78	22	26.43
	县市级	10	3.36	10	1.41	10	4.72	10	5.77
年读者活动人次/万人次	省级	2	1.25		5.41	10	13.86	10	11.25
	地市级	2	1.15		1.10	6	2.45	5	2.90
	县市级	0.40	0.22		0.32	1	0.50	2	0.53

在理论与实践调研不断深入的同时，研制专家组在中国图书馆学会的领导下多次组织开展学术研讨，为标准研制提供重要支持。如 2015 年 8 月 6 日，在浙江省瑞安市召开浙江全省各级公共图书馆馆长研讨会，征求浙江省公共图书馆馆长代表的意见。中国图书馆学会副理事长、文化部公共文化司巡视员刘小琴，浙江图书馆馆长徐晓军、党委书记雷祥雄、副馆长刘晓清及浙江省所属市、区、县公共图书馆和少年儿童图书馆馆长等代表出席座谈会。评估标准研制专家组向浙江全省馆长代表征求意见并开展研讨会，会议对评估标准研制的主要思路进行了充分研讨，对标准研制产生积极的推动作用。同期专家组也在其他的省市开展了各种形式的调研工作，听取不同行政区划、不同发展程度的图书馆一线人员的意见和建议。

二、分析借鉴国内外评估标准与实践经验

研制团队在指标设计中参考国内外相关评估标准。列举部分主要参考来源如下：ISO 11620：2008《信息与文献　图书馆绩效指标》（并跟进各版指标，如 2014 年第三版 ISO 11620：2014），美国 ALA 的《公共图书馆服务成效评估》《威斯康星公共图书馆标准》，英国的《公共图书馆服务标准》，澳大利亚的《超越优质服务：澳大利亚公共图书馆标准与指南》（该标准分为"基准目标"和"扩充目标"两个层次，基准目标是每个图书馆必须达到的，扩充指标为条件较好的图书馆需达到的或经过努力可达到的。可借鉴为加分项指标，对未来发展方向有更好的指导作用）。我国的国家标准 GB/T 13191—2009《信息与文献　图书馆统计》、GB/T 28220—2023《公共图书馆服务规范》，相关政策文件、统计数据，《文化部财政部关于推进全国美术馆、公共图书馆、文化馆（站）免费开放工作意见》《公共图书馆基本情况年报》《中国图书馆年鉴》，台湾地区的《公共图书馆绩效评估指标》等。

自 1994 年以来，全国县以上公共图书馆评估定级每四年开展一次，此前的五次评估定级带来的"以评促建"效果显著。实地调研与专家访谈都反映了随着评估工作的不断推进各地公共图书馆办馆条件不断改善，政府保障力度有效增强。几乎每一次评估都促成了一大批图书馆新馆的建设，很多地方还依据评估标准对已有各级图书馆馆舍进行了扩建和改造。各地还针对评估标准中有关公共图书馆自动化、网络化建设的要求，不断增拨专门经费，用于添置信息技术设备、建设管理服务系统及提高网络接入水平等。如第五次评估时，全国县以上公共图书馆平均拥有电子阅览室终端已达 33 台，各级图书馆广泛通过互联网和其他多媒体手段开展服务，面向手机等移动终端、数字电视等的新媒体服务也有了较大的发展。与此同时，随着三大数字文化工程的深入推进，大部分地区县以下乡镇、社区图书馆（室）也已经按照工程建设标准配备了相应的计算机、网络设备。

除此之外，各级公共图书馆人员编制、购书经费等问题在历次评估工作中都得到了政府主管部门的重视。如 1994 年，为改变湖南省株洲市图书馆人员职称结构不合理的状况，文化局一次为该馆增拨了 8 个中级指标；为了解决图书馆购书经费不足的问题，广东省江门市还批准成立了专门的图书馆基金会。经过多次评估工作的反复强调和督查整改，目前县以上各级公共图书馆购书经费已经基本实现专款专用，从而保障了各类型文献每年能够实现一定规模新增。第五次评估在对各类型文献年入藏量进行考核时，明确要求"提供自上次评估以来的历年平均值"，也体现了对图书馆藏书保持持续更新的要求。

历次评估还对一些地区对公共图书馆事业发展因业务规范不健全所带来的负面影响进行了认真的总结分析，从而促使各地区纷纷加强了地方性的图书馆建设、管理与服务规范的制定和实施。上海、新疆、江西等地还先后出台了本地的图书馆服务标准。各级图书馆自身也纷纷加强了业务各环节管理规范的制定和完善，如《公共图书馆建设标准》《公共图书馆服务规范》等标准规范在全国各地的推广应用，有效促进了我国公共图书馆科学管理水平的提高。

在历次评估标准的引导下，各地不断加强各级图书馆之间的协作协调工作。如以省、市级图书馆为中心，积极开展了图书采购协调、联合编目等工作，文献资源共建共享工作也逐步走向深入。如上海成立了以副市长为组长的市文献资源共建共享工作领导小组，制定了《上海市文献资源共建共享计划》。到 2013 年第五次评估时，各地已经普遍开展了以总分馆建设为代表的区域性公共图书馆服务体系建设，一些专业化的图书馆合作联盟也广泛建立起来，以首都图书馆联盟、湘鄂赣皖公共图书馆联盟为代表的跨地区、跨行业的合作也已取得突出成效，同时，借助数字图书馆推广工程等公共数字文化惠民工程，一个覆盖城乡、结构合理、技术先进、内容丰富、传播便捷的图书馆服务网络正在逐步形成。

根据文化部的统一部署，每一次评估定级工作期间，各地文化主管部门需要对照评估标准的要求对本地区图书馆事业的发展现状及其存在的问题进行深入细致的总结和分析，文化部则在综合各地上报材料的基础上，确定一、二、三级图书馆名单，并对其进行公示、表彰。历次评估定级标准与评估工作都为第六次评估标准的研制奠定了良好的基础。

在理论研究与对既往评估数据进行分析之外，深入各层级图书馆开展实地调研将为评估标准的研制带来更为扎实的支持。第六次评估之前：我国公共图书馆评估定级工作是以政府主导，副省级及以上图书馆的评估由文化部公共文化司负责组织实施；地市级和县市级图书馆的评估由所在各省（区、市）文化厅局负责组织实施。实地调研发现此前的具体评估是省级图书馆由文化部社会文化图书馆司负责管理和实施，地市级以下图书馆由省文化厅负责评估。具体实施过程是通过委托专家组对图书馆进行实地考察，大部分评估专家组是临时组建起来的，需要在短时间内集中到访数个图书馆，实地走访考察的开展与纸质评估材料的审阅被压缩到了很短的时间内，仅是浏览大量的纸质评估材料就已经消耗掉了大量宝贵的时间。这使得专家们无法充分进行交流与沟通，体现图书馆服务水平的实地服务未能得到重视，图书馆忙于准备评估材料，专家忙于翻阅材料，这占据了他们开展到馆实地体验服务、读者评估走访的时间。

因此，结合理论研究与实地调研反馈，标准研制团队建议在第六次评估定级工作中使用信息化工作平台集中判读系统抓取的数据，并在专家实地走访前提前浏览该馆的评估数据，到访图书馆后进一步明确评估事项。同时通过稳定、高效的评估信息化平台促进公共图书馆标准化建设，这一部分具体将在第十三章论述。

第三节　第六次公共图书馆评估定级标准体系构建

图书馆评估标准的编制是一项复杂的工作，除了明确评估主体与内容，编制团队借鉴国内外文化领域评估标准，构建我国公共图书馆绩效评估理论模型，以服务于第六次评估实践。但这一过程并非一蹴而就的。

一、继承拓展的最初稿：融合的修订标准

历次评估的指标体系均是根据对图书馆学阶段性认识和研究而编制的，分别设置一到四级梯队型指标。第五次评估标准一级指标的设置体现了指标体系的整体框架，二、三、四级指标所构建的体系则是具体考核以"服务"为核心的图书馆工作。在第六次评估定级工作开展之初，评估标准研制团队在构建现代公共文化服务体系的大背景下，考虑到历次公共图书馆评估的惯性，考虑到第五次评估标准一级指标设置吸收前四次评估的经验，在融合新时代图书馆所面临的新变化和新趋势下提出"修订"版的评估标准体系（见表11-2）。

表11-2 初步"修订"标准

第一至四次评估标准	第五次评估标准	在第五次评估基础上的"修订"标准	
一级指标	一级指标	一级指标	二级指标
办馆条件	设施与设备	图书馆服务	免费开放
			普通服务
			为立法决策提供信息服务
			参考咨询服务
			为特殊群体服务
			数字资源服务
			新媒体服务
			社会教育活动
			读者满意率
基础业务建设	经费与人员	协作协调	跨省、跨系统协作协调
			本地区图书馆服务体系建设
			基层辅导
			图书馆学会（协会）工作
			联合编目工作
读者服务工作	文献资源	文献信息资源	文献采选制度
			文献入藏
			文献编目
			藏书组织管理
			数字资源建设
			资源整合

续表

第一至四次评估标准	第五次评估标准	在第五次评估基础上的"修订"标准	
一级指标	一级指标	一级指标	二级指标
业务研究、辅导、协作协调	服务工作	基础性条件	图书馆建筑
			现代化技术条件
			经费
			人员
管理	协作协调	管理	图书馆规划
			法人治理
			业务管理
			财务管理
			人力资源管理
			国有资产管理
			档案管理
			环境与安全保卫
			业务研究
			上级表彰
表彰、奖励	管理与表彰		
文化共享工程建设	重点文化工程		

注：早期评估中文化共享工程建设还未开展，如第一次评估时最后一项为"提高指标"，第四次增加为"文化共享工程"，第五次扩大为"重点文化工程"，为整体对比表中最后一项暂列为"文化共享工程建设"。

2013年第五次评估标准是委托国家图书馆研究院对第四次评估标准进行的修订，从表11-2可以看出第五次评估标准在继承既往评估标准的基础上，也根据当时的发展变化作出了一定内容与顺序调整，考虑到对既往评估标准及其统计口径的继承，第六次评估标准研制在初期曾以图书馆服务、协作协调、文献信息资源、基础性条件、管理等五方面为一级指标，但在具体内容与指标顺序及重要性上也进行了部分调整。如第五次评估一级指标名称"服务工作"比前四次评估的"读者服务工作"更为合理，但"服务工作"无法与国外公共图书馆术语对应，故在这一修订稿中将一级指标改为"图书馆服务"；鉴于《中华人民共和国公共图书馆法（草案）》采用"文献信息资源"概念，建议第六次评估将一级指标"文献资源"改为"文献信息资源"。虽然随着后续研究的深入标准体系进行了重构，但对术语的对应调整一直得到了贯彻。

二、大破大立的新结构：重构评估定级标准体系

我国公共图书馆评估一直遵循"以评促建"的思路，导致评估实践过于注重评估规模与投入，图书馆评估理论的运用存在一定疏漏。评估理论是研究评估的目的、作用和内容的系统性知识，评估理论决定评估指标体系的设计。以 ISO 11620《信息与文献　图书馆绩效指标》为主的图书馆绩效评估指标，越来越重视图书馆提供资源与设施的可用性与有效性，更加关注服务效能①。我国公共文化服务的整体发展也要求图书馆更加重视服务效能。因此，我国公共图书馆评估需要尽快实现从投入条件评估向绩效评估转型，在评估内容中加大服务评估的比重，将评估工作与图书馆工作有效融合。在理论研究与实践调研不断深入后，研制团队发现对第五次评估标准的修订并不能满足我国公共图书馆评估的发展需求。因此，研制团队在充分的理论与实践支撑下大胆创新，重构评估指标体系。

国际标准化组织对图书馆绩效评估的解释是：图书馆提供的效能与经费款和资源利用在提供服务中的效率两者之间的有机契合。"3E"评估理论是当前国际上最为流行的公共组织评估理论之一②。所谓"3E"即经济（economy）、效率（efficiency）和效能（effectiveness）。效能是组织实现使命和目标的程度，效果指标关注的重点是目标和结果。

效能是测评所设定目标完成的程度，效率则是测评既定目标实现中对资源的使用情况③。服务绩效评估既可以是对服务部门提供的服务的综合表现进行的评估，也可以是对服务项目的实施情况进行的评估④。基于上述概念阐释，研制团队认为公共图书馆服务绩效评估即是对公共图书馆在一定时期内为社会大众各类需求所提供的服务整体表现的综合评估。

研制团队借鉴公共文化服务绩效评估的理论与实践，结合 ISO 11620《信息与文献　图书馆绩效指标》国际标准对图书馆绩效评估指标提出的馆藏、设备、借阅与员工等方面，参考美国国际开发署设计开发的政府绩效评估工具即逻辑框架法模型（LFA）所包括的条件、投入、产出、结果、环境影响等指标。依据公共图书馆服务涉及的主体及顾客满意度理论，将公共图书馆绩效评估划分为三个维度，即政府投入、图书馆内部效率及社会大众外部满意⑤，确定公共图书馆评估主体构成为政府、公共图书馆与社会公众，并相应

---

① HAMASU C，KELLY B. Assessment and evaluation is not a gut feeling：integrating assessment and evaluation into library operations ［J］. Journal of the Medical Library Association Jmla，2013，101（2）：85－87.

② 张远凤. 社会创业与管理［M］. 武汉：武汉大学出版社，2012：333.

③ 戴龙基. 我国信息资源共建共享的可持续发展研究［M］. 上海：上海交通大学出版社，2012：106.

④ 胡军，吴承健. 服务采购管理［M］. 北京：中国物资出版社，2011：164.

⑤ 宫平，柯平，段珊珊. 我国公共图书馆服务绩效评估研究——基于五次省级公共图书馆评估标准的分析［J］. 山东图书馆学刊，2015（6）：28－32.

地明确公共图书馆绩效评估的内容即评估指标框架：保障条件——业务建设——服务效能。保障条件考察政府投入，评估内容包括政策与制度保障、经费保障、资源与设施设备保障、人员保障等；业务建设考察图书馆内部效率，评估内容包括资源组织与利用、工作效率与效果、业务管理与研究、管理组织与创新；服务效能考察公共图书馆为社会公众提供的服务数量与质量，评估内容包括服务数量、服务质量、服务显示、服务评价。在评估运行方面要充分考虑到持续的、系统的绩效分析与评估对图书馆的重要作用，确保组织管理向提供更好的服务活动及服务质量努力发展①，评估手段与评估机制是必要的保障。综上所述，基于评估主体、评估内容与评估运行三大模块构建公共图书馆评估理论模型，如图 11 - 1 所示：

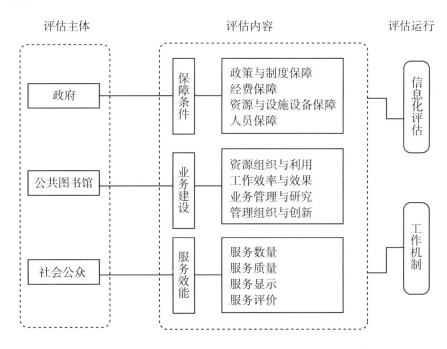

图 11 - 1　公共图书馆评估理论模型

这一框架与以往五次评估相比，可谓是大破大立，首次将评估内容与评估主体更清晰地对应在一起，更有助于实现"以评促建、以评促管、以评促用"的评估目的。作为公共文化服务的主要实施主体，公共图书馆评估需要充分融入公共文化服务绩效评估体系中，有必要将公共图书馆评估理论模型应用到评估实践中。

以图 11 - 1 构建的公共图书馆评估理论模型为基础，审视我国公共图书馆评估实践工作发展历程，既要评估已经表现出来的成绩，也要评估潜力水平的绩效，既要考虑当前的

———————————
①　DVORAK J. Public administration approach ［J］. Library management，2014，35（6）：493 - 501.

情况，也要考虑未来的发展，在综合国内外先进经验的基础上，第六次评估标准首次增设加分项以激励发展，引导图书馆对未来发展趋势的关注。

标准研制团队在研制过程中不断加强理论学习，总结国内外评估的先进经验，不断完善评估标准。如评估定级标准中既要考虑设施、经费、人员、资源建设等保障指标，也要考虑服务对象满意度、当地社会文化建设成效促进度等服务效能。此前我国公共图书馆评估指标体系构建运用的是"评估维度—基本指标—指标要素"的逻辑框架，存在一级指标设置维度界定不清的问题。第六次评估标准充分借鉴前述评估经验，确定评估主体为政府、公共图书馆与社会公众，构建出"保障条件、业务建设、服务效能"的指标框架，进而规整评估事项。

标准研制团队于2015年10月基本修订形成第六次评估标准征求意见稿。征求意见稿依据"保障条件、业务建设、服务效能"三大主题集中归类，确定图书馆各评估项目涉及的责任主体，确立指标体系，充分考虑政府、公共图书馆和社会公众各方的权利与义务，明确责任利益诉求。进而实现评估定级工作促进当地政府对图书馆的投入，加强自身业务建设和服务能力，提升社会公众对公共图书馆的认知，真正实现"以评促投、以评促管、以评促建"的评估目的。基于我国图书馆服务评估理论模型及目前我国公共图书馆服务的实际情况，重构第六次评估标准体系。

近年来，我国不断加大公共文化建设投入，基本建成覆盖城乡的公共文化服务设施网络，明显提升了公共文化服务效能，服务作为公共图书馆的核心职能，其重要地位被学界、业界重视。研制团队在广泛征求意见的基础上对主体顺序进行了调整，依据前述模型的社会公众、公共图书馆和政府三大主体，对全国公共图书馆评估基本框架进行修正，构建"服务效能、业务建设、保障条件"的评估标准体系（见表11-3），强调提升图书馆服务质量和效能的重要价值。

表11-3　第六次评估指标体系重大变化比较表

	2015年6月15日	2015年10月8日	2016年9月9日
指标体系结构	一、图书馆服务 二、协作协调 三、文献信息资源 四、基础性条件 五、管理	一、保障条件 二、业务建设 三、服务效能	一、服务效能 二、业务建设 三、保障条件

表 11 - 4　第六次公共图书馆评估标准体系

一级指标		二级指标及指标数量	三级指标数量
服务效能	省（8）	基本服务（5）；未成年人及其他特殊群体服务（2）；阅读推广与社会教育（6）；信息咨询服务（3）；网络资源服务（3）；新媒体服务（3）；服务管理与创新（3）；读者评价（2）	27
	市（8）	基本服务（10）；未成年人及其他特殊群体服务（2）；阅读推广与社会教育（7）；信息咨询服务（3）；网络资源服务（3）；新媒体服务（3）；服务管理与创新（3）；读者评价（2）	33
	县（8）	基本服务（10）；未成年人及其他特殊群体服务（1）；阅读推广与社会教育（7）；信息咨询服务（2）；网络资源服务（3）；新媒体服务（3）；服务管理与创新（3）；读者评价（2）	31
业务建设	省（15）	馆藏发展政策与馆藏结构（5）；编目与馆藏组织管理（9）；数字资源建设（2）；地方文献工作（3）；本区域公共图书馆服务体系建设（3）；图书馆行业协作协调与社会合作（3）；重点文化工程（3）；基层辅导与学会工作（2）；行政与人力资源管理（4）；财务、资产与档案管理（3）；安全与环境管理（2）；业务管理（3）；业务研究（7）；组织文化与表彰奖励（3）；社会化和管理创新（7）	59
	市（15）	馆藏发展政策与馆藏结构（3）；编目与馆藏组织管理（7）；数字资源建设（2）；地方文献工作（3）；本区域公共图书馆服务体系建设（4）；图书馆行业协作协调与社会合作（3）；重点文化工程（3）；基层辅导与学会工作（2）；行政与人力资源管理（4）；财务、资产与档案管理（3）；安全与环境管理（2）；业务管理（3）；业务研究（6）；组织文化与表彰奖励（3）；社会化和管理创新（7）	55
	县（15）	馆藏发展政策与馆藏结构（2）；编目与馆藏组织管理（5）；数字资源建设（1）；地方文献工作（3）；本区域公共图书馆服务体系建设（4）；图书馆行业协作协调与社会合作（2）；重点文化工程（3）；基层辅导与学会工作（2）；行政与人力资源管理（4）；财务、资产与档案管理（3）；安全与环境管理（2）；业务管理（3）；业务研究（3）；组织文化与表彰奖励（3）；社会化和管理创新（7）	47
保障条件	省（7）	政策与法制保障（3）；章程与规划（3）；经费保障（5）；文献资源保障（5）；图书馆建筑设施保障（2）；信息基础设施保障（6）；人员保障（4）	28
	市（7）	政策与法制保障（3）；章程与规划（3）；经费保障（5）；文献资源保障（2）；图书馆建筑设施保障（3）；信息基础设施保障（6）；人员保障（4）	26
	县（7）	政策与法制保障（1）；章程与规划（3）；经费保障（5）；文献资源保障（2）；图书馆建筑设施保障（3）；信息基础设施保障（5）；人员保障（4）	23

评估标准研制历经十版更新调试。从扎实的前期理论与实践调研，到纵向的省市县意见、横向的图书馆不同职能部门反馈，深入结合试评估过程中遇到的操作性问题，评估标准研制的紧跟时代发展，在一次次调研、课题组内讨论、各级各界专家研讨、征求意见稿反馈中，评估标准研制专家团队一次次创新地解决问题，最终确定出第六次评估标准（见表 11 - 4）。

表 11 - 5 第六次各级成人图书馆定级必备条件

	项目	年文献外借量/万册次	年阅读推广活动次数/次	读者满意率/%	本区域服务体系规划与共建共享/分	业务统计分析/分	年财政拨款总额/万元	普通文献馆藏量/万册（件）	建筑面积/万平方米
东部	一级省级/副省级	110/95	25/25	85/85	20/20	20/20	6000/5500	450/400	5.5/4.5
	二级省级/副省级	95/80	21/21	75/75	15/15	15/15	5000/4500	400/350	5.0/4.0
	一级地级市/直辖市下辖区	40/35	26/26	85/85	10/10	10/10	700/650	0.03/0.03	1.6/1
	二级地级市/直辖市下辖区	40/35	26/26	85/85	10/10	10/10	700/650	0.03/0.03	1.6/1
	一级县级/地级市下辖区	13/13	4/4	85/85	15/15	10/10	160/160	0.03/0.03	0.6/0.55
	二级县级/地级市下辖区	13/13	2/2	75/75	10/10	8/8	140/140	0.02/0.02	0.55/0.5
中部	一级省级/副省级	90/75	22/22	85/85	20/20	20/20	5000/4500	350/300	4.5/3.5
	二级省级/副省级	75/60	18/18	75/75	15/15	15/15	4000/3500	300/250	4.0/3.0
	一级地级市	30	23	85	10	10	600	0.02	1.3
	二级地级市	30	23	85	10	10	600	0.02	1.3
	一级县级/地级市下辖区	12/12	3/3	85/85	15/15	10/10	150/150	0.02/0.02	0.5/0.45
	二级县级/地级市下辖区	10/10	1/1	75/75	10/10	8/8	130/130	0.013/0.013	0.45/0.4
西部	一级省级/副省级	70/55	19/19	85/85	20/20	20/20	4000/3500	250/200	3.5/2.5
	二级省级/副省级	55/40	15/15	75/75	15/15	15/15	3000/2500	200/150	3.0/2.0
	一级地级市/直辖市下辖区	20/15	20/20	85/85	10/10	10/10	500/450	0.01/0.01	1/0.7

续表

	项目	年文献外借量/万册次	年阅读推广活动次数/次	读者满意率/%	本区域服务体系规划与共建共享/分	业务统计分析/分	年财政拨款总额/万元	普通文献馆藏量/万册（件）	建筑面积/万平方米
西部	二级地级市/直辖市下辖区	20/15	20/20	85/85	10/10	10/10	500/450	0.01/0.01	1/0.7
	一级县级/地级市下辖区	11/11	2/2	85/85	15/15	10/10	140/140	0.01/0.01	0.4/0.35
	二级县级/地级市下辖区	9/9	0.5/0.5	75/75	10/10	8/8	120/120	0.0067/0.0067	0.35/0.3

结合我国区域地理与经济发展水平的实际情况，标准研制团队创新提出了根据所在区域确定评估定级条件（见表11-5）。在此结合具体地域实践的思想指引下，第六次少年儿童图书馆定级必备条件也首次根据地区进行划分（见表11-6）。定级必备条件也更多强调服务效能与保障条件，进一步落实第六次评估标准中对公共图书馆职能与服务价值的重视。

表11-6 第六次各级少年儿童图书馆定级必备条件

	项目	年文献外借量/万册次	年万人开展读者活动场次/场	读者满意率/%	纸质图书馆藏质量/分	业务统计分析/分	年财政拨款总额/万元	纸质文献馆藏量/万册	建筑面积/万平方米
东部	一级省级/副省级	30/30	1/1	85/85	10/10	10/10	1000/1000	50/50	1/0.9
	二级省级/副省级	27/27	0.8/0.8	75/75	8/8	8/8	900/900	45/45	0.9/0.9
	一级地级市/直辖市下辖区	17/17	0.6/0.6	85/85	15/15	10/10	500/500	30/30	0.6/0.5
	二级地级市/直辖市下辖区	14/14	0.55/0.55	75/75	10/10	8/8	480/480	27/27	0.55/0.45
	一级县级/地级市下辖区	12/12	0.4/0.4	85/85	15/15	10/10	160/160	10/10	0.3/0.25
	二级县级/地级市下辖区	10/10	0.35/0.35	75/75	10/10	8/8	150/150	8/8	0.25/0.2

续表

	项目	年文献外借量/万册次	年万人开展读者活动场次/场	读者满意率/%	纸质图书馆藏质量/分	业务统计分析/分	年财政拨款总额/万元	纸质文献馆藏量/万册	建筑面积/万平方米
中部	一级省级/副省级	29/29	0.9/0.9	85/85	10/10	10/10	900/900	45/45	0.9/0.8
	二级省级/副省级	26/26	0.7/0.7	75/75	8/8	8/8	800/800	40/40	0.8/0.8
	一级地级市	16	0.55	85	15	10	470	27	0.55
	二级地级市	13	0.5	75	10	8	450	24	0.5
	一级县级/地级市下辖区	11/11	0.35/0.35	85/85	15/15	10/10	150/150	9/9	0.25/0.2
	二级县级/地级市下辖区	9/9	0.3/0.3	75/75	10/10	8/8	140/140	7/7	0.2/0.15
西部	一级省级/副省级	28/28	0.8/0.8	85/85	10/10	10/10	800/800	40/40	0.8/0.7
	二级省级/副省级	25/25	0.6/0.6	75/75	8/8	8/8	700/700	35/35	0.7/0.6
	一级地级市/直辖市下辖区	15/15	0.5/0.5	85/85	15/15	10/10	440/440	24/24	0.5/0.45
	二级地级市/直辖市下辖区	12/12	0.45/0.45	75/75	10/10	8/8	420/420	21/21	0.45/0.4
	一级县级/地级市下辖区	10/10	0.3/0.3	85/85	15/15	10/10	140/140	8/8	0.2/0.15
	二级县级/地级市下辖区	8/8	0.25/0.25	75/75	10/10	8/8	130/130	6/6	0.15/0.1

除去定级标准中充分考虑地区差异之外，标准研制团队更是创新设置加分项，在保障基本服务的同时，提倡公共图书馆服务结合本地经济义化发展水平创新发展（见表11-7、11-8）。

表11-7 第六次公共图书馆评估成人图书馆指标分值分配情况

图书馆层级	服务效能		业务建设		保障条件	
	基本分	加分	基本分	加分	基本分	加分
省级	300	150	400	200	300	150
市级	400	200	300	150	300	150
县级	400	200	300	150	300	150

表 11 - 8 第六次公共图书馆评估少年儿童图书馆指标分值分配情况

部分	基本分值
服务效能	360
业务建设	360
保障条件	280
合计	1000

在具体的指标体系构建过程中，标准研制团队也考虑到第六次评估工作的具体落实，结合图书馆自动化、智能化实践进展，创新采用信息化方式开展评估，对标准的设计也考虑到自动化数据采集及信息化填报路径，其内容将在本书第十二章进行深入探讨。

第十二章　公共图书馆评估信息化平台研制

正如访谈专家倪晓建（首都图书馆原馆长）所说，"我国公共图书馆评估的背景有三：一是扩大影响力，二是政府的重视，三是图书馆的服务规范化"。为进一步提高图书馆的服务规范化水平，保障评估定级工作的效率与公平，公共图书馆评估信息化工作一直在酝酿研制之中。随着公共文化服务标准化建设与公共图书馆技术水平的提高、公共图书馆评估理论研究的推进，第六次评估工作首次引入信息化平台。中国图书馆学会委托第三方公司研制了"全国公共图书馆评估定级管理服务平台"，实现了我国县以上公共图书馆评估工作方式的重大创新，评估工作从传统的纸质档案资料翻阅式评估历史性地迈入到信息化、平台化评估的阶段。本章以第六次评估信息化平台研制为例，论证公共图书馆评估信息化需求，并探讨未来公共图书馆评估信息化发展趋势。

第一节　现实需求与可行性论证

一、信息化平台建设的必要性

公共图书馆评估信息化是将网络技术、通信技术、计算机技术等现代信息技术应用到公共图书馆评估当中，实现评估由传统纸质、手工评估方式向现代、数字、网络评估方式的转变①。现实需求是公共图书馆评估信息化的主要动因，科学合理、操作简便、经济快捷的评估手段将更好地服务于不断发展的图书馆事业及图书馆评估工作。此前五次公共图书馆评估都是人工评估方式，在评估标准下发后被评估图书馆依据评估标准准备被评估时期的评估档案材料，评估专家组到实地依据评估指标对评估材料进行核查。一般评估周期为四年，意味着馆方需要整理打印四年的评估档案材料，不仅馆方会在筹备整理评估材料上耗费大量的人力和物力，专家到访时面对大量的数据报表也需要花费大量时间甄别馆方所提供的档案材料是否符合评估指标要求，而实地评估的时间是有限的，"以评促建"带来的宝贵的专家交流机会不应停留在"文山表海"之中。

信息技术的深入发展和广泛应用是公共图书馆评估信息化的一个技术动因，信息化是

---

① 刘旭青，柯平，刘文宁. 公共图书馆评估信息化［J］. 数字图书馆论坛，2017（5）：8–17.

降低时间成本的科学途径，信息化评估系统可以通过自动采集、识别信息替代一系列简单和重复的劳动，通过信息化评估平台专家也可以更明晰地看到参评图书馆的自评分数、评判依据与评估标准，提升评估的精度和客观性。同时建立共享的、系统的公共图书馆评估信息化系统、数据库及可持续的信息采集和共享机制，可以更好地促进公共图书馆评估的科学性。借助信息化评估平台公共图书馆评估不再限于一本本档案材料，更为规范化的数据为图书馆的长期发展提供了更多可能。信息化后的评估数据提供了多视角的数据分析可能，如对各省图书馆事业发展进行整体分析、同层级图书馆单项和模块指标类比分析、某一单项指标的全国或地区对比分析等，信息化后的评估数据可以为今后我国公共图书馆理论与实践发展提供扎实的数据参考，也可以作为积累数据反映在未来的图书馆评估工作之中。

同时，作为面向公众的公共文化服务机构，公共图书馆数据安全性也必须得到严格保障。评估信息化系统不仅要以高水准要求数据规范化，更要在贯彻信息化强国战略下，保证数据的安全性和可靠性，服务于第六次评估定级工作及图书馆事业的长期发展。这就要求构建针对评估定级标准体系、满足评估标准相关数据可结构化处理的信息化指标体系架构；要求完善评估标准信息化可操作的同时，深化评估定级平台的安全性、智能化。同时也要求评估信息化平台数据结构化、服务云化，即当被评估图书馆将评估数据整理并上传到信息化系统后，数据不仅可直供图书馆内部查看和使用，更要在安全环境下提供给评估专家远程访问，且通过系统的信息技术支持提高公共图书馆统计工作效率。

二、信息化平台建设的可行性

此前的公共图书馆评估定级工作没有实现评估的信息化，在一定程度上给评估工作带来了相应的负担，影响了评估工作的进度，这成为评估信息化的动因[①]。搭建评估信息化平台将改变以往专家组到访实地评估的单一评估模式，实现以图书馆行业信息化为基础的量化数据与评估专家组阶段性评定的复合模式，实现评估定级工作的动态化、可视化、全视角。

近年来，中国信息基础设施建设驶上了高速路，21 世纪的第一个十年是我国互联网和移动通信快速发展时期，2016 年发布的《国家信息化发展战略纲要》提出增强国家信息化发展能力，"新基建"的概念于 2018 年被首次提出。我国信息基础设施建设迅猛发展的同时，公共图书馆事业的信息化建设水平也不断提高，在内外部环境变动的影响下，在第六次评估标准调查研究阶段，柯平教授即提出"全国公共图书馆评估定级综合管理系统

---

① 刘旭青，柯平，刘文宁. 公共图书馆评估信息化 [J]. 数字图书馆论坛，2017（5）：8－17.

设计"（见图 12 - 1）。

柯平教授团队对各国图书馆评估工作进行了充分调研，发现了规范全国公共图书馆的业务管理系统对图书馆评估及图书馆事业发展的重要价值。如新加坡、澳大利亚、德国等由国家公共图书馆主管部门委托软件公司投资开发或通过考察直接购买一套功能完善的图书馆业务管理系统，然后将其免费下发给全国各级公共图书馆使用，并接受地方图书馆的个性服务修改需求，或将源代码直接开放给地方图书馆进行服务功能的个性化修改，但在统计口径及数据传送机制上加以限定，这不仅可避免各地重复开发或购买业务系统，而且上级部门可通过该系统随时掌握各个图书馆的运作情况并进行服务效果评估。这种系统的建立能够规范全国公共图书馆的业务管理系统，建立全国公共图书馆统一使用的业务管理系统，是实现资源共享，科学管理统计的基础性工作。

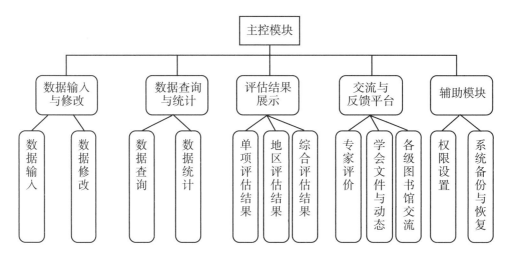

图 12 - 1　全国公共图书馆评估定级综合管理系统设计

在硬件设施不断升级、图书馆用户数字化需求日益提升的新时期，图书馆数字资源和数字服务供给与使用比率逐年上升，图书馆行政办公自动化、采编智慧化的发展趋势逐渐显现，大量数据、信息借由各信息化系统应用于图书馆工作实务，为信息化评估平台的应用创造了可能，让图 12 - 1 论证的"全国公共图书馆评估定级综合管理系统设计"有了实现可能。"以评促建""以评促管""以评促用"的评估工作对公共图书馆事业有引领和规范作用，信息化平台的建设与使用也将带动数据规范化，提高公共图书馆的服务水平，进一步实现公共图书馆事业的科学化、高质量发展。

面对全国公共图书馆事业发展的现实要求，第六次评估创新"建设信息化平台"，开启了崭新的图书馆评估模式。评估采取线上数据审核、实地评估相结合的方式进行，线上数据采集主要采取人工填报和平台自动更新的方式进行。参评公共图书馆依据评估标准将评估各项材料通过系统上传，评估专家在现场评估之前通过登录平台进行网上评估打分，再进行实地考察检验与核实①。平台依据评估指标特点实现评估数据的自动采集、自动评分等多种功能。《第六次全国县级以上公共图书馆评估定级数据上报与接口要求》提出，评估信息化平台通过规范化数据可以"收集图书馆的关键业务数据，用于计算评估指标所需的指标答案数据，供自动填报，还被用来计算服务效能相关的指标数据，关键业务数据还用来防止篡改和作为证据数据，供评估定级专家组取证"②。

第二节 信息化平台搭建

在前述调查研究与信息化平台必要性、可行性分析的基础上，第六次评估贯彻落实大数据、"互联网＋"的理念，引入了信息化作为评估手段，经报文化部公共文化司领导同意，2015 年 1 月 5 日，在天津召开的"县以上公共图书馆评估定级工作研讨会"明确了将在第六次评估中开展信息化平台建设。随后，中国图书馆学会邀请学会的企业会员华博胜讯（北京）信息科技有限公司（以下简称"华博公司"）介入评估信息化平台的开发建设工作，委托其开发信息化评估平台，以实现信息化评估，为评估定级工作服务。标准研制团队也就图书馆事业的长远发展，针对如何在标准设计中结合信息化评估数据采集方式进行深入思考，以进一步明确反映我国公共图书馆运行情况，以为后续信息化评估工作的开展、公共图书馆数据的有效积累与运用奠定基础。

一、总体规划

公共图书馆评估信息化是传统评估方式向信息化评估方式转变的一个过程，信息化平台的构建是实现评估信息化的主要途径。公共图书馆的评估信息化平台既要全面反映参评图书馆提交的评估事项，也要依据评估标准及其数据规则对参评图书馆的评估数据信息进行统一处理，同时更要全面监测评估全过程的信息状态，保证评估过程与结果的权威性、公开性和实时性。

公共图书馆评估信息化平台需密切配合公共图书馆评估定级的工作流程，以满足评估需求为目的，以促进公共图书馆评估工作的顺利开展。根据评估工作安排，华博公司受邀全面评估评估定级工作的信息化需求。2015 年 3 月 22 日，华博公司根据《县以上公共图

---

① 柯平，宫平. 全国公共图书馆第六次评估的意义和特点［J］. 图书馆建设，2016（12）：4－7，14.
② 来自评估工作内部资料。

书馆评估定级工作规划报告》提出《评估定级信息化建设思路》，该材料首先建议解决评估工作组织架构和运行机制的信息化需求问题，其后通过信息化手段落实运行机制管理，进而实现评估的办公自动化，建成评估工作的信息化平台。同时整理了评估信息化系统的部分模块安排，提出公共图书馆评估定级信息化建设基本策略，勾勒评估定级信息系统蓝图，作为初期沟通之用。在与评估标准研制团队沟通、多地图书馆调研后，华博公司不断加深对图书馆评估信息化平台建设的理解，提交了《关于全国第六次县以上公共图书馆评估定级研究总结报告》等材料，从指标设计的理念建议、新指标体系解读、评估定级荣誉体系建议、具体指标建议等方面提出了基于信息化视角的评估平台与指标设计建议。

公共图书馆信息化评估平台需满足评估工作不同阶段的信息化需求。因此，信息化平台的搭建需要遵从图书馆评估工作的主要流程。公共图书馆评估工作涉及标准的研制、试评估、自评估、实地评估、评估数据的分析和总结、评估结果的公示等几个阶段，评估信息化平台对应各阶段工作精细构建，提高评估工作的整体工作效率。科学的评估标准架构是信息化平台搭建的结构基础，信息化平台也为结合数字服务的最新评估指标的实现提供了技术保障。试评估阶段各参评单位参与平台接口测试，模拟上传相应的评估资料，对评估标准征求意见稿及信息化平台进行实操检验，发现信息化平台在应用中可能出现的问题并进行对应维护调试，试评估运行为正式评估奠定了基础。在专家到馆开展实地评估之前，各参评公共图书馆按照评估标准及细则对本馆进行自查自评，同时通过信息化平台上传评估数据。评估专家在到馆进行实地评估前即可通过评估信息化平台审核参评图书馆上报的数据，到馆后可对比实地考察与平台数据，与馆方进一步直接沟通。借助评估信息化平台，中国图书馆学会可以对各评估数据进行公示，并基于信息化平台自动整合的数据进行分析和总结。可以说信息化、数据规范化将会影响到评估工作的全流程，评估不同阶段的需求也将反映在评估信息化平台的功能之中。

二、系统构架

信息化评估平台需实现评估主体对公共图书馆评估工作的信息化高效参与。公共图书馆信息化评估平台面对的评估主体主要涉及参评图书馆、评估专家组、文化部、中国图书馆学会、各省（区、市）文化厅（局）、新疆生产建设兵团文化广播电视局等管理部门。需求分析的过程是信息化平台开发方与信息化平台的需求者之间的沟通过程，精确且深入的需要描述将直接提升系统平台的功能。华博公司确定信息化平台与各参评图书馆应用系统的接口细节，通过对平台结构设计、数据设计和过程设计的要求，逐步细化信息化平台的功能，最终形成满足第六次评估信息化需求的系统模型。

第六次评估创新重构了"服务效能—业务建设—保障条件"的评估标准体系。信息化平台评估指标体系与标准体系一一对应，标准体系主体责任明确，具有较强的扩展适应性，为构建信息化平台指标体系提供了高质量基础。信息化平台依据评估标准将信息化平台科学地划分为若干子模块，确定评估信息化平台主要结构元素之间的关系，构建满足指标项可弹性操作及指标数据可结构化处理的信息化指标体系架构①。基于信息化评估指标体系架构之上的信息化平台简单易用，能够更好地规范作业流程，借助信息化平台可以对所有数据报告进行集中归档管理，并可从多方面进行快速查找和检索，引领公共图书馆评估信息化发展的未来方向。

公共图书馆评估信息化的实现是一项复杂的系统工程，评估信息化平台总体技术框架按照分层的思想加以设计和实现，全国公共图书馆评估定级管理服务平台遵照第六次评估标准及评估工作机制要求，切实有效地服务于评估工作。本着易用、高效、可靠和开放的理念，平台针对不同场景和用户进行差异化的界面设计，保证信息化系统对各层级分系统有良好的适应性。通过平台模式打造，把数据当作资产管理。同时平台充分体现了开放设计的理念，支持评估工作的可持续发展需要，支持阶梯式发展，可以在未来评估工作中进行高效对接或增量开发。

三、模块实施

根据第六次评估工作目标，公共图书馆评估信息化平台包括服务层、应用层、支撑层和底层架构层（见图 12－2）。服务层是面对参评图书馆、评估专家的直接页面，面向全部评估主体开放，是公共图书馆评估信息化平台完成数据采集和信息输出的最外部界面。该平台界面嵌套在中国图书馆学会网站之中（见图 12－3），参评图书馆可登录平台界面完成评估数据的上传和录入，评估专家可通过系统页面完成评估材料的审查和打分，平台自开放以来已为 3000 多家机构、10 000 多位个人用户提供服务，所有评估主体都可以依据评估信息化系统赋予的权限参与评估和查询评估结果，时刻关注评估的最新动态。如登录界面右侧有"全国公共图书馆评估定级管理服务平台使用满意度"问卷调查入口，平台将进一步了解参评图书馆与评估专家的意见建议，以进一步提高公共图书馆评估信息化平台的服务水平。

---

① 胡凤彬. 评估定级系统平台介绍和网上填报注意事项［EB/OL］. ［2021－08－14］. http：//www. lsc. org. cn/d/2017－04/10/201704100944572. pdf.

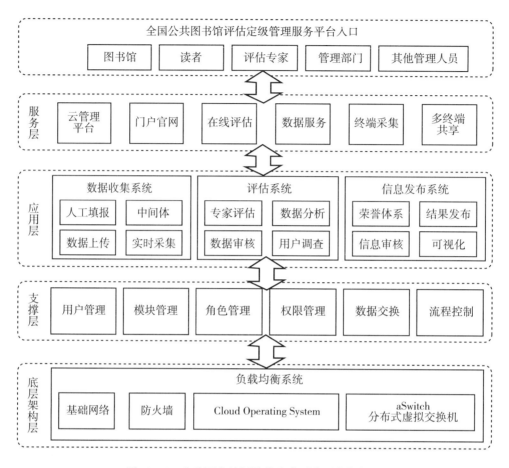

图 12 - 2　公共图书馆评估信息化平台系统架构图

图 12 - 3　公共图书馆评估信息化平台登录界面

应用层是公共图书馆评估信息化平台的主体部分，全流程分为数据收集系统、评估系统和信息发布系统三大模块。平台通过人工填报和自动采集系统数据进行数据收集，这是评估工作开展的数据基础。评估系统对评估数据进行审核、评分及分析，是形成最终评估结果的核心环节，其中数据审核包括系统自动审核和专家人工审核，评估打分也同样有系统自动评分及专家人工评分两种路径。信息发布系统是评估平台重要的展示窗口，系统平台公布各参评图书馆评估的最终得分和等级，同时各参评公共图书馆也可以通过系统平台查看评估结果的各类信息，通过对比分析及系统的可视化分析更好地分析评估数据。

支撑层不仅需要解决不同来源的评估数据之间的异构问题，同时要提供身份认证、数据加密和访问控制等各项安全保障，对信息化平台各层次实施有效的监督和控制。平台的流程控制部分可以保证不同操作者之间信息和任务的有效处理，以使用户操作工作有序运行。如评估专家委员会管理即归入此层，在此模块中可开展以下工作：登记委员、在委员中推荐专家、评选专家、评估专家委员的工作、专家委员资格评审。

底层架构层主要是为评估信息化系统提供各种网络基础设施支撑，是系统运行的物理保障，是公共图书馆评估信息化平台的信息承载实体。平台建设成果应用于 PC 端和移动端，使平台的各类用户可以在台式机/笔记本电脑或手机等设备上使用评审和查询等功能。

从纸质申报、手工计算与实地核查到信息化申报、自动生成、远程与实地结合评估，第六次评估工作在标准研制与信息化平台搭建过程中，以严谨的科学精神、扎实的调查研究探索我国公共图书馆评估工作的信息化。公共图书馆评估信息化平台搭建数据输入和修改、数据查询和统计、评估结果展示、交流与反馈、辅助模块，达成对评估专家的评估闭环，对参评图书馆及主管单位的管理闭环。

第三节　平台调试与未来发展

公共图书馆评估是一项对政策性、积累性和准确性都有很高要求的专业性评估工作，参评图书馆和评估专家需要面对和管理的基础性数据越来越多，首次使用评估信息化平台开展评估工作对图书馆上传评估材料和数据的质量有较高要求，同时也要对评估专家与主管部门使用平台进行测试。

一、试评估与对接测试

2016 年 4 月 12 日，中国图书馆学会向文化部公共文化司提交《县以上公共图书馆第六次评估定级工作征求意见稿》和后续的工作规划，并提请协调下发相关标准，开展了试点预评估的工作。同时同步开展对评估信息化平台的优化和调整，建议组织开展试点的预评估。2016 年 6 月 30 日，中国图书馆学会在中央文化管理干部学院召开试评估工作会议，组织涵盖东、中、西部公共图书馆与少年儿童图书馆的试点预评估工作，提出"试评估工作实施方案"，方案提出试评估工作将为 2017 年第六次评估定级工作的顺利开展奠定基础，验证信息化评估定级工作模式及系统采集数据的实时性、准确性、可行性。

2016 年 7 月至 8 月试评估工作正式开展，在试评估实践中检验评估标准及信息化平台的合理性与可操作性，同时征求针对具体评估指标及系统平台使用方面的第一线意见与建议。从公共图书馆实际出发，及时发现标准和信息化方式不合理的地方及存在的问题。通过试评估筹备、资料准备，网上填报、网上试评，实地访查和试评估总结四个阶段对评估信息化建设进行阶段性成果验证。通过试评估工作的有效运行，评估信息化平台充分展现了评估标准的科学适用性，为第六次评估定级工作的顺利开展奠定了基础。

受文化部公共文化司委托，中国图书馆学会组织了对评估定级信息化系统（全国公共图书馆评估定级管理服务平台）的验证和意见征询。根据信息化工作的需求，为切实做好系统的研发和对接工作，提高公共图书馆评估定级管理服务平台针对性服务水平，中国图书馆学会进一步组织评估定级信息化系统的对接测试。2016 年 12 月 2 日，中国图书馆学会下发《关于图书馆评估定级信息化系统对接测试的通知》。邀请试评估参加单位及部分图书馆先行参加系统的对接测试（见表 12 - 1），就信息填报、数据标准、结构规范等进行沟通和测试，形成系统对接方案。

表 12 - 1 参与系统对接测试图书馆名单

参与测试的省份	参与测试的成人图书馆	参与测试的少年儿童图书馆
辽宁	辽阳市图书馆	
吉林	吉林省图书馆、龙井市图书馆	
浙江	浙江图书馆、宁波市图书馆、德清县图书馆	
安徽	安徽省图书馆、芜湖市图书馆、繁昌县图书馆	合肥市少年儿童图书馆
福建		厦门市集美区少年儿童图书馆
广东		深圳少年儿童图书馆
重庆	重庆图书馆、重庆市南岸区图书馆	

作为推进图书馆发展的重要抓手，评估工作的核心是图书馆对照评估标准提升服务，推动基础业务建设、读者服务工作。评估信息化工作及试评估的核心是调试平台，进一步完善评估工作的信息化建设渠道，更好地服务评估工作及公共图书馆建设，真正落实以评促建。通过查验试评估具体操作过程中遇到的问题，来对评估信息化平台进行优化。

二、宣传培训

第六次评估首次开通"全国公共图书馆评估定级管理服务平台",对接测试与宣传培训都是评估平台顺利使用的重要保证。试评估及评估宣讲时期,中国图书馆学会与华博公司充分利用网络平台开展线上宣传,如通过微信公众号发布"评估定级平台如何操作?一张图教会你"等培训文章。鉴于信息化平台的线下宣讲培训多与评估工作培训同步开展,为节约篇幅、避免赘述,详细的线下培训宣讲将集中在第十三章第二节"评估宣讲与培训",本节将集中叙述信息化评估平台为评估工作承担的宣传培训工作及风险处置工作。

作为评估信息发布平台,评估信息化平台在第六次评估的信息发布与宣讲培训中发挥了很大的作用。第六次评估最新工作动态与宣讲工作信息通过平台及时发布,为各级公共图书馆提供了交流和分享经验的机会,有效地提高了评估宣讲的工作效率,满足了多元化评估主体的不同需求,是评估宣讲工作顺利进行的技术保证。评估信息化平台上提供与评估有关的标准文档、接口文档、用户手册及专家宣讲课件等文件,同时设置有专门的问答区域,包括与评估相关的常见问题和技术问题等,提供评估标准细则和评估打分细则,参评图书馆可依照标准细则进行迎评准备工作。

同时,为更好地解决第六次评估工作中的潜在评估标准疑难与操作问题,中国图书馆学会组织由评估定级宣讲工作专家委员会成员组成的答疑专家团,开通"公共图书馆第六次评估在线问答服务平台"针对性解决参评图书馆迎评准备问题,同时加强信息化评估宣传。该平台设置有我要提问、问答专区、知识专区等栏目。参评图书馆可通过"在线问答服务平台"向宣讲专家在线提问。问答专区针对评估和宣讲工作中必备条件、服务效能、业务建设、保障条件和平台填报等常见问题进行了解答,并设置检索途径,支持对评估问题的全文检索,从而实现精准定位。同时开通针对评估政策、服务效能、业务建设和保障条件等的知识专区,以保证用户对评估专业文献的获取。"在线问答服务平台"支持可视化展示,对热点问题进行分析挖掘,用户可以查看问题的主要分布和热门标签,从而对评估宣讲工作中的主要疑问进行更好的把握。

三、信息化工作的未来

评估信息化平台建设赋予了评估工作可跟踪、可追溯、可管理的新属性,增强了评估工作透明度,并积累评估工作相关数据,为促进我国图书馆事业发展和进步,提供了分析基础、决策依据。

评估信息化平台还有很多需要改进的内容,常态化评估是信息化平台的主要目标,也是后续常态化评估的发展方向。常态化评估需要更便捷的沟通反馈渠道，较早为我国公共事务提供第三方评估的北京零点有数数据科技股份有限公司，建立不同的微信交流群方便沟通交流，有"全国政务大厅研讨交流平台""全国 12345 热线工作交流平台"。中国市场信息调查业协会第三方评估委员会（TPAC-CAMIR）也强调探索专业化评估的建设过程与高效沟通协同密不可分。2020 年 5 月，吉林省广深数据调研咨询有限公司受吉林省某地区扶贫部门委托对当地全部建档立卡户的基本情况开展自查评估，其采取入户调查方式，对贫困户进行建档立卡信息核查，并开展现场填报指标调查。其评估内容与过程也值得未来公共图书馆评估信息化改进工作参考，如将所需评估内容预置到访问程序中，评估专家现场评估时可以使用平板电脑现场记录、拍照上传证据以根据此前的预评估打分；同时在平台上提供这些现场记录，以帮助被评估图书馆明确需要改进的具体内容，帮助该馆快速推进整改，确保以评促建。

随着技术环境与智慧图书馆的发展，未来评估信息化平台可以借助模块化设计及平台预留的数据接口对接新的评估需求，未来的评估工作可以依托评估信息化平台展开更多探索。例如，通过自动化数据采集、实时数据监控、数据关联与可视化等技术，对图书馆各类数据进行自动化、智能化采集，对数据进行实时更新，并且通过设定算法实现自动统计和分析，使指标数据能够高效快速地实现获取、统计、计算等工作，推进公共图书馆数据实时或常态化获取，为常态化评估提供技术可能，同时可减少馆方参评负担，减少重复劳动，提升图书馆参评积极性，同时也减少了评估专家的负担。

标准化是公共图书馆评估信息化的基础。要真正提升评估效率及以评促建效果，需要文化和旅游部、中国图书馆学会进一步做好标准化的统筹工作。建议从更高层面明确公共图书馆评估信息化工作平台及标准化工作要求，强力统筹各级公共图书馆与图书馆评估信息化平台的对接工作，进一步推进图书馆现有业务信息系统整合共享工作，降低图书馆参评成本，解决图书馆多系统、多格式数据间操作及重复录入的问题。在省级层面统筹省—市—县各个层级图书馆评估工作数据标准化，以及图书馆评估信息化接口要求。在此基础上，建立公共图书馆评估常态化、标准化动态机制，形成各层级、各地区公共图书馆迎评与图书馆事业高质量发展的良好适应性。作为公共图书馆界评估工作开展的重要入口，未来的评估信息化平台也可以成为公共图书馆工作的展示平台，切实履行公共图书馆职能，扩大公共图书馆事业及评估工作的社会影响力。

第十三章 公共图书馆评估过程管理研究

过程评估是成效评估的必要保证，评估过程则是保障评估链科学、可靠的基础。通过严谨完善的评估过程设计，评估才能收集、整理、分析与反馈有效信息，帮助参评图书馆审视服务水平，推动图书馆事业高质量发展。在前述评估定级标准研制、公共图书馆评估信息化平台研制的基础上，本章将以第六次评估定级的评估过程为例，对以广泛征求意见与试评估检验、评估宣讲与培训、正式评估与定级工作等阶段作为过程的公共图书馆评估定级工作进行全流程回顾。

第一节 广泛征求意见与试评估检验

自 2014 年 9 月中国图书馆学会承担中国科学技术协会试点培育重点项目"县以上公共图书馆评估定级工作"的相关研究与规划工作，到 2018 年 5 月文化和旅游部办公厅发布《文化和旅游部办公厅关于公示第六次全国县级以上公共图书馆评估定级结果的公告》，第六次评估工作从规划研究到定级公示经历了近四年时间。回顾此次评估过程，"创新"贯穿始终：既有评估标准体系的重构，可谓创新之一；又有突破性的信息化平台新手段的应用，可谓创新之二；更在创新评估指标体系与信息化平台支持下对实现评估过程科学、严谨给予前所未有的重视，可谓创新之三。

一、广视野：征求反馈

2015 年 7 月，中共中央办公厅和国务院办公厅印发了《中国科协所属学会有序承接政府转移职能扩大试点工作实施方案》，中国图书馆学会承接的"县以上公共图书馆评估定级工作"项目再次被列入扩大试点项目。在充分借鉴前五次评估经验的基础上，中国图书馆学会坚持理论与实践相结合的原则，筹建第六次评估定级研制专家组（以下简称"标准研制专家组"），聘请著名图书馆学专家、南开大学柯平教授担任专家组组长。"由行业学会承接政府评估工作并由大学教授主持政府评估标准制定，这在我国公共图书馆评估发展史上是首次"①。标准研制专家组成员均是图书馆业界与学界优秀的专家学者，将卓越的图书馆管理能力、深厚的专业理论学养、丰富的评估经验充分运用到第六次评估标准的研制中，综合国内外图书馆评估理论与相关标准，通过多种形式积极开展调研工作。

2015 年 8 月 6 日，中国图书馆学会在浙江省瑞安市组织召开全省公共图书馆馆长专题调研会。标准研制专家组以座谈会的形式，对评估标准研制进行了深入研讨，在向全省馆长代表广泛征求意见后，及时调整了标准研制的主要思路。这次专题调研会对标准研制起到了积极的推动作用。此外，标准研制专家组在其他省市开展了多种形式的调研工作，通过电子邮件、信函等方式征求不同行政区划、不同发展程度的公共图书馆的意见和建议。

标准研制专家组在重视实践界意见的同时，积极向学界征求意见和建议，并得到了学界的有力支持。例如，对于标准划分问题，有学者（索传军教授）反馈："我认为少儿图书馆不仅服务对象不同，业务内容也应有所不同，特别是县级少年儿童图书馆。如果县级公共图书馆也用与省级公共图书馆一样的指标体系去考核评估，就显得不太适应，与实际偏差可能过大。"又如，对于图书馆核心业务外包及不同层级图书馆职能界定的问题，有学者提出："是否鼓励组织全省联合编目？联合编目，要做也是全国性的，不应鼓励各省都做。"

标准研制专家组在深入一线调研与充分听取意见后，参考国际标准化组织发布的图书馆绩效评估的最新标准，即 2014 年发布的 ISO 11620：2014《信息与文献　图书馆绩效指标》，结合构建现代公共文化服务体系的发展要求，进一步明晰当前发展环境下省、市、县各级公共图书馆和少年儿童图书馆的功能定位，确定评估主体为政府、公共图书馆和社会公众，构建出"保障条件、业务建设、服务效能"的指标框架，据此在评估标准中初步设计分区域、分层级的评估模式，力求评估标准符合我国公共图书馆事业发展实际。并且，标准研制专家组统筹东中西部地区的实际情况，创新提出设置加分项，在保障基本服务的同时，提倡以创新引领发展，力求调动一切可以调动的力量共同促进我国公共图书馆事业的发展，实现"以评促建"的评估目的。

2015 年 10 月 8 日，标准研制团队在标准研制专家组的大力支持下基本修订形成《第六次公共图书馆评估标准（征求意见稿）》。

充分的研讨交流和广泛征求意见是标准研制科学性的重要保障。中国图书馆学会针对此版征求意见稿向各级行政区划图书馆开展全方位意见征集，同时就具体业务类别开展研讨，进一步调研我国公共图书馆发展水平，并上报文化部、中国科学技术协会学术部完善

---

① 南开教授"打造"全国图书馆评估定级新标准［EB/OL］.［2017 - 02 - 14］. http：//news. nankai. edu. cn/nkyw/system/2017/02/14/000317894. shtml.

评估标准及工作流程。2015 年 10 月 13 日，中国图书馆学会在国家图书馆组织召开评估标准修订工作研讨会，文化部、中国科学技术协会学术部有关领导出席会议，共同听取了各方代表、专家的意见和建议。2016 年 1 月，中国图书馆学会组织专家从参考咨询、采编、信息化建设等方面召开专项研讨，打破了传统的省、市、县级分级制的局限。2016 年 3 月 1 日，中国图书馆学会向国家图书馆馆长和更大范围的省、市、县馆长代表及部分重点少年儿童图书馆的代表征求意见。

这些专家的意见具有极强的科学性与前瞻性。例如，文化和旅游部于 2021 年 4 月 29 日印发的《"十四五"文化和旅游发展规划》提出，应"完善统计制度，提升统计服务能力"，而在这次专家（索传军教授）反馈的评估意见中就有提及，"统计指标权重应该更大些。我们现在图书馆都是粗放式管理，对自己的家底和服务情况不是很清楚，应该鼓励加强"。

着眼图书馆事业的长远发展，公共图书馆评估工作不仅需要考虑标准设计的合理性，在标准设计中充分反映图书馆运行情况，为后续常态化评估、实时服务效果评估、评估结果的有效共享与运用奠定基础，而且为提升对评估标准本身的科学管理与数据统计研究水平，更需要考虑信息化采集方式及完成效果。因此，中国图书馆学会委托专业公司开发第六次评估定级管理服务平台，实现信息化评估。至此，解决"粗放式管理"的评估信息化平台初步搭建，信息化评估工作机制逐步确定。中国图书馆学会就信息化平台涉及的数据及工作流程、平台评估与实地评估相结合的评估工作新模式等信息化工作相关内容也开展了专家意见征集调研。2016 年 4 月，《公共图书馆评估标准征求意见稿（第六版）》及评估信息化平台基本形成。

二、全流程：试点评估

评估最重要的不是为了证明（prove），而是为了改进（improve），通过"以评促建"，推动公共图书馆评估定级工作成为公共图书馆发展的重要风向标。中国图书馆学会希望通过试评估工作进一步推动第六次评估标准的完善及提高评估信息化平台的实践水平，使公共图书馆评估定级工作真正做到以评促建、以评促服务效能，从而实现既定目标，因此，在评估标准征求意见稿的基础上，提请文化部支持开展试点评估工作，通过模拟正式评估流程、运用信息化平台使用方式，进一步征求评估标准反馈意见，验证信息化平台的可靠性。

在广泛听取各方意见的基础上，不断完善的评估标准作为具体指导公共图书馆实践的指标体系仍需要来自实践的检验。2016 年 4 月 12 日，中国图书馆学会向文化部公共文化司提交《县以上公共图书馆第六次评估定级工作征求意见稿》和《后续的工作规划》，并提请协调下发相关标准，以开展试点预评估工作。中国图书馆学会提出，建议在浙江、福建、重庆、吉林、江西五个省（直辖市）的公共图书馆及天津市少年儿童图书馆和深圳少年儿童图书馆开展试点的预评估，在此基础上完成评估标准的进一步完善和定稿；同时，通过开展试点预评估工作进一步明确评估信息化平台工作流程，对正式评估工作进行全方位优化和配套调整。

本次批复提出，试评估工作由文化部公共文化司负责组织实施，委托中国图书馆学会负责开展具体工作，要求试评估单位所在省（区、市）文化厅（局）负责配合完成本地区试评估单位的评估工作，明确工作负责人。2016 年 6 月 30 日，文化部公共文化司组织在中央文化管理干部学院召开第六次评估定级试评估工作会议，在吉林、浙江、重庆、安徽、福建五个省（直辖市）范围内选取五家公共图书馆（含少年儿童图书馆）开展试点预评估工作，其中包括省级图书馆两家（吉林省图书馆、浙江省图书馆），市级图书馆两家（重庆市图书馆、吉林省龙井市图书馆），区/县级图书馆两家（浙江省德清县图书馆、重庆市南岸区图书馆），少年儿童图书馆两家（安徽省合肥市少年儿童图书馆、福建省厦门市集美区少年儿童图书馆），实现了社会经济发展水平差异较大的东、中、西部地区基本覆盖。

2016 年 7—8 月，中国图书馆学会组织开展了试评估工作，旨在实现以下目标：验证评估标准的有效性、适用性和可行性，完善定稿；验证信息化评估定级工作模式及系统采集数据的实时性、准确性、可行性；为第六次评估定级工作探索科学、合理的工作机制；最终确保第六次评估真正达到"以评促投、以评促建、以评促管、以评促用、以评促效"的目标。

具体试点评估工作流程如下：

1. 试评估准备。文化部公共文化司组织召开试评估工作会议，部署试评估工作安排。完成对试评估地区及单位的动员和培训，确定各单位对接人员，建立沟通渠道。中国图书馆学会在评估定级信息化系统内完成本次评估创建，组建专家委员会，提供相关的参考资料（实施方案、评估标准、操作手册、联络信息、自评报告及自评表）。

2. 资料准备和网上填报。试评估单位根据相关文件和参考资料，2016 年 7 月 5—15日在评估定级信息化系统注册、熟悉操作流程、收集相关数据和资料，2016 年 7 月 16—25 日按照《第六次全国县级以上公共图书馆评估定级工作评估标准》和《评估定级信息化系统操作手册》的要求，完成评估项上报和自查报告、自查表的填写。标准研制专家组和信息化系统研发单位全程提供咨询和技术支持。

3. 网上试评和实地访查。2016 年 7 月 26 日至 8 月 10 日，组织专家在网上试评的同时，对试评估单位进行实地访查，收集自查报告和自查表，调研试评估单位真实情况，解决试评估过程中存在的具体问题。省（区、市）文化厅（局）配合安排访查工作，并组织座谈会。

4. 试评估总结。完成所有单位的试评估后，对试评估工作进行总结。试评估单位须在 2016 年 8 月 15 日前针对评估工作提交书面的反馈意见和建议。中国图书馆学会参照需求和反馈，修订评估标准、梳理评估工作流程并最终上报文化部确定，进一步优化评估定级信息化系统。

图书馆评估工作的核心是"以评促建"，评估标准既要反映评估时段内的既往工作成绩，更要引领图书馆未来发展方向。通过试评估准备、资料准备和网上填报、网上试评和实地访查、试评估总结四个阶段对评估标准研制和信息化建设进行阶段性成果验证。试评估阶段，各参与试评估的图书馆及所在地区文化主管部门、省/市级图书馆学会均对试评估工作给予了高度重视，积极组织开展试评估工作。参与试评估的图书馆严格按照《第六次全国县级以上公共图书馆评估定级工作评估标准》和《评估定级信息化系统操作手册》开展自评工作，并根据评估标准具体项目逐步提升读者服务、完善档案管理等，取得了良好的成效。试评估工作的有效运行，充分展现了评估标准的科学适用性，并且通过广泛征求试点评估单位的建议与意见，为第六次评估定级工作的正式开展奠定了坚实的基础。

第二节　评估宣讲与培训

一般而言，我国公共图书馆评估工作周期为四年一次。第六次评估定级工作从研究、规划到定级公布也经历了四年的时间。公共图书馆评估定级不仅是对评估期内图书馆工作的监督，而且是对未来图书馆事业发展的引导，更是短时期集中提升公共图书馆及图书馆员职业自豪感与业务能力的培训良机。

实地调研与专家访谈中均有馆长谈及迎评时间过于紧迫，希望能够增加迎评准备时间。从评估工作开展的角度而言，第六次评估在既往公共图书馆评估工作的基础上，对评估标准、评估工作流程都进行了重构及创新，因此对评估宣传与培训提出了更高的要求，也给各参评图书馆自评、迎评带来了更严峻的挑战。

一、评估宣讲

在通过试评估进一步验证评估标准及工作流程及信息化平台的同时，中国图书馆学会也在积极筹备相关宣传及培训工作。第六次评估标准较之前的历次评估取得重大突破并且创新构建了信息化平台，使评估工作的宣讲与培训成为评估的重点工作。据"全国公共图书馆评估定级管理服务平台"统计，第六次评估共计 2994 个公共图书馆经省级文化厅（局）审核完成报名获准参评，总体注册个人用户约 10 000 人，机构用户达 3000 余个。除了继承此前评估工作开展统一集中培训之外，第六次评估充分利用信息化平台的优势，通过在中国图书馆学会网站设立专栏、在评估平台开设咨询交流入口、开设微信公众号等方式广泛开展宣传工作，并且借助各类图书馆业界会议强化评估宣讲。

2016 年中国图书馆学会年会（安徽铜陵）设立工作论坛，邀请文化部公共文化司相关领导、标准研制专家组组长、试评估评审专家、试点评估参评图书馆、评估信息化平台开发方等全流程参与者到会，深入介绍第六次评估定级评估标准及具体评估迎评筹备工作。国际图书馆协会联合会（简称国际图联）主席多纳·希德也出席了论坛，并以"图书馆评估：应对未来挑战的关键"为主题进行了学术交流。文化部公共文化司副司长陈彬斌，中国图书馆学会副理事长、国家图书馆常务副馆长陈力，中国图书馆学会秘书长霍瑞娟等领导出席论坛并做了重要讲话。国家图书馆副馆长陈力以"标准体系合理、指标明细符合我国公共图书馆发展实践"高度肯定了经过理论与试评估实践检验的评估标准。中国图书馆学会学术研究委员会副主任黄如花教授以《中美公共图书馆评估指标异同》为题，介绍了我国图书馆评估特色及其与美国星级图书馆评估存在的异同。通过工作论坛等会议交流形式，中国图书馆学会不仅推进了第六次评估宣讲工作，分享了评估标准、评估机制与流程，而且将国际视域的评估理论与试评估实践经验介绍给更多即将迎接正式评估的各级公共图书馆，为其迎接正式评估做好基础准备工作。

2017 年，随着正式评估的临近，评估宣讲工作全面进入系统化、集中化的专业宣讲与培训阶段。中国图书馆学会组织成立第六次评估定级宣讲工作专家委员会（见表 13 - 1），邀请资深学者、馆长担任宣讲和培训工作讲师，在全国范围内开展了讲师多层次化模式的评估培训。专家委员会聘请南开大学商学院信息资源管理系教授柯平担任主任，上海图书馆副馆长周德明担任副主任。专家委员会成员既有第六次评估标准研制团队的核心成员，又有历经多次公共图书馆评估的资深馆长，都是具体参与过试评估工作且具有丰富的评估理论与评估实践工作经验的专家；此外，还有"全国公共图书馆评估定级管理服务平台"的研发负责人。专家委员会从参评图书馆评估实践需求出发，配备人员合理、分工明确，为第六次县以上公共图书馆评估定级在全国大规模的评估宣讲活动提供了重要保证。

表 13 - 1　第六次评估定级宣讲工作专家委员会名单

委员会任职	姓名	工作单位和职务	宣讲任务分工
主任	柯　平	南开大学商学院信息资源管理系教授	总体要求
副主任	周德明	上海图书馆副馆长	成人图书馆—服务效能
委员（以姓氏笔画为序）	王筱雯	辽宁省图书馆馆长	成人图书馆—保障条件
	任　竞	重庆图书馆馆长	成人图书馆—服务效能
	刘洪辉	广东省立中山图书馆馆长	成人图书馆—服务效能
	刘晓清	浙江图书馆副馆长	成人图书馆—业务建设
	李忠昊	四川省图书馆原馆长	成人图书馆—保障条件
	宋　卫	深圳少年儿童图书馆馆长	少年儿童图书馆—少儿总体要求和保障条件
	张文亮	辽宁师范大学管理学院硕士生导师	成人图书馆—业务建设
	陈昊琳	东北师范大学信息管理学院硕士生导师	成人图书馆—业务建设
	郑智明	福建省图书馆馆长	成人图书馆—业务建设
	胡凤彬	华博胜讯信息科技（北京）有限公司评估定级产品研发负责人	系统平台数据填报
	黄如花	武汉大学信息管理学院教授	少年儿童图书馆—服务效能
	谢　林	陕西省图书馆原馆长	成人图书馆—保障条件
	薛　天	湖南省少年儿童图书馆副馆长	少年儿童图书馆—业务建设

此外，中国图书馆学会协调建立了具体评估工作区域专人负责机制，实现对评估宣讲工作的强力支持。中国图书馆学会将第六次评估参评图书馆所在地区划分为 16 个区域，分区域落实专员负责相关咨询与宣讲工作，解决解答与评估工作相关的各类困难和问题。同时，中国图书馆学会网站开设"公共图书馆第六次评估在线问答服务平台"，设置问答专区、知识专区和"我要提问"等栏目，实现参评图书馆提出问题相关专家直接回复，回复面向所有参评图书馆公开。

评估信息化平台在公共图书馆评估宣讲工作中发挥着重要的作用：既能够及时发布评估宣讲工作的最新信息，有效提高评估宣讲的工作效率；又能够在开展大规模培训时全景式呈现各地培训的最新动态，为公共图书馆评估培训提供经验交流和分享的机会；还能够提供与评估有关的标准文档、接口文档、用户手册及专家宣讲课件等文件下载，并设置专门的问答区域，以解决评估相关的平台操作与技术标准等问题。

二、评估培训

2017 年 1 月 5 日，文化部办公厅印发了《关于开展第六次全国县级以上公共图书馆评估定级工作的通知》（办公共函〔2017〕5 号），对第六次评估定级工作进行了部署。2017 年 2 月 9 日，第六次评估定级宣讲工作会议在国家图书馆举行，决定于 2017 年上半年在全国范围内开展评估定级宣讲和培训工作，并公布了《中国图书馆学会关于开展第六次全国县级以上公共图书馆评估定级培训班的通知》和《中国图书馆学会关于举办图书馆评估定级专题培训班的通知》。通知中对不同培训班做出了详细的解释和规定。

评估定级培训班对公共图书馆评估定级的目的、意义及评估总体要求、工作机制和新特点进行了说明，并分别从评估定级的服务效能、业务建设、保障条件等方面对评估标准的条文展开解读。由于信息化的评估手段是本次公共图书馆评估的特点之一，评估定级培训班对评估定级系统平台及指标数据上报方式和途径给予了详细介绍，并对评估定级准备工作及注意事项进行了说明。根据培训对象的不同，评估定级培训班分为省级（副省级）图书馆评估定级培训班、地（市）县级图书馆评估定级培训班和少年儿童图书馆评估定级培训班三种。此外，结合各级公共图书馆对评估定级工作的实际需求，中国图书馆学会在评估定级培训班之外分别举办了评估定级与图书馆数字化建设、评估定级与图书馆基础业务建设和评估定级与图书馆阅读推广三期专题培训班（见表 13 - 2），重点针对评估标准中图书馆数字化建设条文、图书馆基础业务建设条文和图书馆阅读推广细则进行解读。

表 13 - 2　第六次全国县级以上公共图书馆评估定级专题培训班

培训期次	培训项目/主题	培训地点	培训时间
第 1 期	评估定级与图书馆数字化建设培训班	重庆图书馆	2017 年 5 月 10—11 日
第 2 期	评估定级与图书馆基础业务建设培训班	四川省图书馆	2017 年 5 月 17—18 日
第 3 期	评估定级与图书馆阅读推广培训班	内蒙古巴彦淖尔市五原县	2017 年 5 月 24—25 日

2017 年 3 月 13 日至 2017 年 5 月 25 日，中国图书馆学会在全国共开展 13 期公共图书馆评估定级相关培训（见表 13 - 3），以全国各省级（副省级）公共图书馆的馆长、业务骨干为培训对象，采用专家授课、答疑互动相结合的授课方式，并且在各期培训班结束

后颁发培训结业证书，将培训作为继续教育时长记入工作档案。从公共图书馆评估定级首期培训班（南宁站）在广西南宁成功举办到评估定级与图书馆阅读推广培训班在内蒙古巴彦淖尔五原县完美落幕，参加培训的总人次超过 4000 人，培训在提升各级参评图书馆迎评的能力与信心的同时，为公共图书馆培养了一批专业化的评估人才，既有利于规范各级公共图书馆的业务工作，又为今后公共图书馆评估工作打下基础。

表 13 - 3　第六次全国县级以上公共图书馆评估定级培训班和专题培训班（第 1—10 期）

培训期次	培训项目/主题	培训地点	培训时间
第 1 期	省级（副省级）图书馆评估定级培训班	广西南宁	2017 年 3 月 13—15 日
第 2 期	地（市）县级图书馆评估定级培训班	广东广州	2017 年 3 月 14—16 日
第 3 期		浙江德清	2017 年 3 月 27—29 日
第 4 期		陕西西安	2017 年 3 月 29—31 日
第 5 期		贵州贵阳	2017 年 4 月 10—12 日
第 6 期		河南郑州	2017 年 4 月 12—14 日
第 7 期		江苏苏州	2017 年 4 月 17—19 日
第 8 期		山东淄博	2017 年 4 月 24—26 日
第 9 期		辽宁沈阳	2017 年 4 月 26—28 日
第 10 期	少年儿童图书馆评估定级培训班	江苏扬州	2017 年 3 月 27—29 日

三、迎评准备

为响应文化部和中国图书馆学会的要求及号召，各省、市文化厅也积极开展了评估迎评宣讲与培训工作，邀请评估定级宣讲工作专家委员会和标准研制专家组成员等为本区域内的各级公共图书馆进行评估标准的解读和宣讲，并通过组织宣讲活动完成本地区评估工作的安排部署。

2017 年 5 月 10—13 日，由河北省文化厅主办，省图书馆学会、省图书馆、沧州图书馆承办的河北省第六次县级以上公共图书馆评估定级工作部署会暨培训班，对省内各级公共图书馆评估定级工作做了具体部署和安排，并就相关工作进行了培训。湖南省衡阳市于2017 年 5 月 11—12 日在衡阳市图书馆举办了公共图书馆评估定级工作专题培训班，培训对象为本市及各县市区图书馆领导班子成员与业务骨干。丰富多样的省级、市级、县级或某馆的评估定级培训班及各类型动员大会等共同构成了公共图书馆评估定级宣讲培训体系。区域性评估定级宣讲培训作为全国性评估定级培训班的良好补充，更具有特色及针对性，能够集中解决本地区公共图书馆或本馆评估定级工作组织过程中面临和关注的具体问题。

根据文化部办公厅下发的《关于开展第六次全国县级以上公共图书馆评估定级工作的通知》（办公共函〔2017〕5号）部署，2017年4月至2018年4月，文化部组织开展第六次评估定级。2017年4月"全国公共图书馆评估定级管理服务平台"正式开放，在2017年4—6月向县以上参评公共图书馆提供自查自评服务。2017年6月20日《文化部公共文化司关于开展第六次全国县级以上公共图书馆评估工作的补充通知》发布。此通知公布了第六次评估定级的评估标准细则及评估打分细则，进一步明确了此次评估标准。在集中评估宣讲培训与地方部署安排下，各级公共图书馆根据第六次评估的标准细则及评估打分细则进行自查自评，形成自评估报告，通过评估信息化平台填报各评估指标要求数据信息，完成评估数据录入和报送工作，为正式评估打分提供参考。

第三节　正式评估与定级工作

2017年6月，各级公共图书馆完成自查自评、数据录入和报送工作，进入正式评估阶段。正式评估采取网上与实地评估相结合的形式，组建评估组完成对各项评估数据的审核、打分。评估组通过网上评审、实地访查、听取汇报、交流沟通、小组讨论确定参评图书馆得分。评估组可在网上完成对参评图书馆的复评和终评，及时递交对各参评图书馆评估检查的反馈意见和评估工作报告。在副省级以上公共图书馆评估中，评估组对各省级、副省级公共图书馆（含少年儿童图书馆）开展实地评估的同时，还会随机抽查部分地市级、县级公共图书馆评估工作。此外，评估组在线上初评时，也能够调阅被抽查市级、县级公共图书馆的评估材料。正式评估结束之后，各级公共图书馆需将评估总结报告报送文化部和中国图书馆学会，最终确定定级结果。

一、正式评估工作

文化部和中国图书馆学会统一部署，将正式评估分为网上评审、实地评估、评估反馈三部分。网上评审亦称为初评，各评估组成员登录"全国公共图书馆评估定级管理服务平台"，根据组长分配的任务完成初评打分。实地评估亦称为复评，由评估组赴实地进行评估，包括查看参评图书馆准备的评估材料和佐证材料，对网上初评情况进行核实，在实地听取自评情况汇报，并就网上评审及实地访查中发现的问题进行详细了解。同时，要求评估组在此过程中发现、总结参评图书馆的工作亮点和成效，有针对性地指出相关问题，切实了解各地图书馆事业发展过程中遇到的困难和瓶颈，完成复评打分。评估反馈亦称为终评，评估组集体讨论，确定最终评估得分，完成网上正式提交，对评估进行总结，反馈评估意见。

文化部和中国图书馆学会明确要求，副省级以上公共图书馆由文化部和中国图书馆学会组织成立评估组进行实地评估。各省（区、市）文化厅（局）、新疆生产建设兵团文化广播电视局负责本辖区内评估定级工作，组建评估组，对地市级、县级公共图书馆进行评估。评估组成员需包含省外专家。评估组确定后，各省（区、市）将形成的评估工作方案（不含专家组名单）在网上进行公示。

2017 年 7—8 月，各省（区、市）文化厅（局）、新疆生产建设兵团文化广播电视局按照要求组织成立 388 个公共图书馆评估工作小组，对所辖地市级、县级公共图书馆进行实地评估，在同年 10 月底将评估工作总结报告分别报送文化部公共文化司和中国图书馆学会。随后，在中国图书馆学会的指导和监督下，全面完成本区域地市级、县级公共图书馆的参评报名、指标填报和评估打分等工作。

2017 年 11 月 17 日，第六次全国副省级以上公共图书馆评估工作启动会在国家图书馆召开，宣布此项评估工作正式启动。会议介绍了第六次全国副省级以上公共图书馆评估工作方案，明确了副省级以上评估的工作安排、任务分工、工作流程、评估组工作流程表和注意事项等内容。

此次评估工作共组建 12 个评估组，由组长、副组长、组员、观察员、联络员组成，主要包括文化部公共文化司和中国图书馆学会负责同志、部分具有丰富工作经验和较高学术水平的省（区、市）文化厅（局）主管厅（局）长、社会文化处长、各级各类图书馆馆长、专家及社会力量代表等。

2017 年 11 月 17 日至 2017 年 12 月 20 日，评估组奔赴全国各地（见表 13 - 4）。分别对全国 30 个省（区、市）共 58 个参评的副省级以上公共图书馆（含少年儿童图书馆）展开评估，审核省级和副省级公共图书馆上报的数据。每个评估组负责邻近的两个或三个省份。为做到统一思想、统一标准、统一行动，评估组在行程紧凑的情况下，每到一地都会首先召开小组工作会议，合理安排必要行程，明确责任分工，并通过微信群等通信方式进行充分沟通协同，按照统一要求完成网上资料的审阅和初评打分。此外，为保证地市级和县级公共图书馆的评估质量，评估组需在每个省份视情况抽查 1 个地市级和 2 个县级公共图书馆的评估情况。

表 13－4　副省级以上公共图书馆评估专家组划分

组别	负责区域	评估日期	组长/副组长	组员	观察员	联络员
第一评估组	辽宁省	12 月 9—12 日	杜佐祥（广东省文化厅原副厅长、巡视员）/许建业（南京图书馆副馆长）	黄如花（武汉大学教授）、钟琼（桂林图书馆馆长）	李岩（第二书房创始人）	郭万里（中国图书馆学会秘书处）
	北京市	12 月 15—16 日				
第二评估组	天津市	12 月 10—12 日	康尔平（辽宁省文化厅原副巡视员）/宋卫（深圳少儿图书馆馆长）	肖希明（武汉大学教授）、陈昊琳（东北师范大学副教授）		董璐璐（深圳少儿图书馆馆员）
	河北省	12 月 12—14 日				
	河南省	12 月 14—16 日				
第三评估组	宁夏回族自治区	11 月 27—28 日	刘小琴（文化部公共文化司巡视员、中国图书馆学会副理事长）/王筱雯（辽宁省图书馆馆长）	李友仁（云南省文化厅公共文化处处长）、李春明（国家图书馆立法决策服务部主任）	李岩（第二书房创始人）	刘芳（辽宁省图书馆学会秘书）
	山西省	12 月 11—13 日				
	内蒙古自治区	12 月 13—14 日				
第四评估组	黑龙江省	12 月 10—13 日	李兆泉（四川省文化厅副厅长、巡视员）/褚树青（杭州市图书馆馆长）	钟海珍（贵州省图书馆学会秘书长）、顾玉青（河北省图书馆学会常务副理事长）		马骏（中国图书馆学会秘书处）、周宇麟（杭州图书馆社会文化活动部主任）
	吉林省	12 月 14—16 日				
第五评估组	上海市	11 月 23—24 日	谢林（陕西省图书馆原馆长）/王水乔（云南省图书馆馆长）	石焕发（山西省图书馆党委书记）、王磊（国家图书馆参考咨询部主任）	朱钰芳（杭州市晓风书屋总经理）	金美丽（云南省图书馆学会秘书长）
	浙江省	12 月 7—14 日				
第六评估组	江苏省	12 月 10—13 日	汪东波（国家图书馆馆长助理）/邓菊英（首都图书馆副馆长）	申晓娟（国家图书馆研究院常务副院长）、李静霞（武汉图书馆馆长）		田颖（国家图书馆副研究馆员）、魏丹（武汉图书馆副研究馆员）
	山东省	12 月 13—17 日				

组别	负责区域	评估日期	组长/副组长	组员	观察员	联络员
第七评估组	湖南省	12月7—9日	倪晓建（首都图书馆原馆长）/郑智明（福建省图书馆馆长）	吴爱云（吉林省图书馆党委书记、副馆长）、韩筱芳（上海市少年儿童图书馆原馆长）		雷兰芳（福建省图书馆学会秘书长）
	湖北省	12月9—13日				
	安徽省	12月13—16日				
第八评估组	福建省	11月26—29日	李忠昊（四川省图书馆原馆长）/薛天（湖南省少儿图书馆副馆长）	索传军（中国人民大学教授）、魏瑞峰（北京市东城区文化委员会副主任）		史宇驰（湖南省少儿图书馆馆员）
	江西省	12月1—4日				
第九评估组	海南省	11月21—22日	李宏（文化部全国公共文化发展中心主任）/高文华（黑龙江省图书馆馆长）	宋艳（吉林省图书馆副馆长）、张文亮（辽宁师范大学副教授）	梁海光（满天星青少年公益发展中心联合创始人兼首席执行官）	邓小妢（黑龙江省图书馆学会秘书长）
	广东省	11月22—26日				
第十评估组	云南省	11月28日—12月1日	柯平（南开大学教授）/任竞（重庆市图书馆馆长）	何光伦（四川省图书馆馆长）、林丽萍（厦门市图书馆馆长）		易红（重庆市图书馆馆员）
	广西壮族自治区	12月1—4日				
	贵州省	12月4—7日				
第十一评估组	西藏自治区	11月23—28日	崔为工（河南省文化厅原副厅长、巡视员）/刘晓清（浙江省图书馆副馆长）	徐益波（宁波市图书馆馆长）、王志庚（国家图书馆典藏阅览部主任兼少年儿童图书馆馆长）	钟谷菁（重庆市南岸区图书馆资武分馆馆长）	胡东（浙江图书馆副研究馆员）
	四川省	12月8—12日				
	重庆市	12月12—14日				
第十二评估组	甘肃省	12月2—5日	周德明（上海图书馆副馆长）/贺安定（湖北省图书馆党委书记）	冯庆东（山东省图书馆馆长）、辛欣（大连市图书馆馆长）		林琳（上海图书馆读者服务中心副主任）
	陕西省	12月6—8日				
	青海省	12月20—24日				

　　第六次评估的评估标准在打分细则设计上继承了既往评估标准中对不同地域定级差异打分的原则，依据地区发展水平不同制定了存在合理差异性的对应指标，为地区图书馆事

业发展提供了参考。评估组在实地评估过程中，充分尊重我国东、中、西部公共图书馆事业
发展水平的现实差异，在科学协调整体性与区域性关系的同时，也将更多基层图书馆实践情
况反馈至中国图书馆学会及地方政府主管部门，达到"以评促管""以评促建"的目的。

二、定级工作

在试评估、评估培训、参评图书馆自评和正式评估阶段后，文化部统一部署参与评估
的公共图书馆、图书馆学会及政府部门应根据评估数据反馈对该次本地图书馆评估活动、
评级情况进行工作总结，各地文化主管部门应对照评估标准的要求对本地区图书馆事业的
发展现状及其存在的问题进行深入细致的分析。文化部则在综合各地区上报材料的基础
上，确定一、二、三级图书馆名单，进行公示和表彰。

2018 年 5 月 14 日，文化和旅游部办公厅发布《文化和旅游部办公厅关于公示第六次
全国县级以上公共图书馆评估定级结果的公告》，公示第六次评估定级结果。结果显示，
经评估，拟确定全国上等级公共图书馆共计 2521 个。其中，一级公共图书馆 953 个，二
级公共图书馆 501 个，三级公共图书馆 1067 个。

表 13 - 5 历次公共图书馆评估定级数量及占比

评估年份	参评图书馆数量/个	上等级图书馆		一级图书馆		二级图书馆		三级图书馆	
		数量/个	占比/%	数量/个	占比/%	数量/个	占比/%	数量/个	占比/%
1994 年	2189	1142	52	68	3	451	21	623	28
1998 年	2323	1551	67	215	9	581	25	755	33
2004 年	2038	1440	71	344	17	412	20	684	34
2009 年	2850	1784	63	480	17	410	14	894	31
2013 年	3075	2230	73	859	28	640	21	731	24
2017 年	2994	2521	84	953	32	501	17	1067	35

回顾历次评估定级上等级图书馆数量及占比（见表 13 - 5）可以看出，在评估定级标
准不断提高的条件下，参评图书馆上等级比例一直呈稳步上升趋势，具体到各地区上等级
图书馆数量也在不断增加。例如：1998 年第二次评估时，北京、上海、天津等地区的参评
图书馆实现了百分之百上等级；2013 年第五次评估时，北京地区参评图书馆实现了百分之
百一级图书馆；在第六次评估中，北京地区参评图书馆依然是百分之百一级图书馆。上等
级图书馆的增多反映了图书馆管理水平在不断提高，但也反映出不同地区间图书馆发展水
平并不均衡。

科学的评估需要制定科学、先进的评估标准并严格执行，而科学的定级在充分发挥定

级标准作用的同时，更需要评估方和被评估方共同保持严肃认真的态度，使定级工作具有权威性、严肃性和警示性。例如，福建漳州南靖县图书馆原本办馆条件非常差，基础薄弱。新加坡华侨张庆重先生捐资兴建的 4185 平方米的县图书馆大楼于 1996 年 6 月正式对外开放。2008 年 4 月，福建师范大学图书馆学专业毕业的吴文智担任县图书馆馆长时，在全馆只有 5 名工作人员的情况下实行 365 天（全年）开放制度，坚持节假日照常开放，还举办了多种形式的读者活动。多年取得的成绩在 2013 年第五次评估定级中得到肯定和认可，被评为"一级图书馆"。然而，到第六次评估时，因馆舍建筑面积仅 4000 余平方米，年财政拨款总额在 100 万元左右，与"一级图书馆"要求的馆舍建筑面积 6000 平方米和年财政拨款总额 160 万元还有较大差距，由"一级图书馆"降为"三级图书馆"①。这是因为政府保障不足导致定级下降的典型案例，应当引起政府对图书馆办馆条件的高度重视。

评估定级不仅是对图书馆工作的总结评价，更是对图书馆今后工作的指导和引领。因此，应加大公共图书馆评估宣传力度，使评估成果服务于社会文化发展，让社会公众及更多的公共图书馆受益；应总结经验、提高服务水平，扩大公共图书馆的影响力和凝聚力，使其更好地满足人民日益增长的美好生活需要。

三、未来发展

2018 年 6 月 1 日，在中国图书馆廊坊年会上，南开大学教授柯平做了关于评估的总结报告，用一组数字说明了第六次评估的突出成果：4 年 4 个月共 1576 天时间，10 版评估标准研制，2 级 6 套指标体系以文化部文件发布，740 个指标，2994 个公共图书馆参评，3000 多个机构 10 000 多个个人用户使用评估信息化平台，4000 多人参加中国图书馆学会组织的评估培训，388 个省派评估专家组对地县两级图书馆进行评估，12 个部派评估专家组对 30 个省（自治区、直辖市）进行评估②。

公共图书馆作为面向社会公众服务的公共文化机构，评估工作旨在真正实现对社会公众的公共文化服务保障，成为促进公共图书馆建设、推动事业发展的重要途径。第六次评估在标准研制时征集到的评估建议也多集中在"评估定级结果的实用性"上。多位受访专家提及希望实现图书馆评估定级结果与政府拨款挂钩，从根本上推动公共图书馆建设，激

---

① 吴文智. 缘起图书馆 ［C］//中国图书馆学会. 中国图书馆学会成立 40 周年纪念文集. 北京：国家图书馆出版社，2019：251 - 254.

② 柯平. 学术是图书馆学会的生命——见证中国图书馆学会学术研究四十年 ［C］//中国图书馆学会. 中国图书馆学会成立 40 周年纪念文集. 北京：国家图书馆出版社，2019：58 - 69.

发参评图书馆积极性。如何更好地运用定级结果激励图书馆事业发展成为未来图书馆评估工作的重要议题。

"全国公共图书馆评估定级管理服务平台""公共图书馆第六次评估在线问答服务平台""学习中心"为代表的新技术和新手段在第六次评估工作中的应用，突破了以往手工评估方式的限制，将人力从大量基础重复的填报工作中解放出来，有利于图书馆更好地合理化评估操作过程，实现更为完善的档案管理，提交更扎实的评估辅助资料，因此成为第六次评估工作一项突破性创新。随着科技的发展，图书馆业务数据自动采集、智能数据分析系统及可视化交互评估等新技术和新手段的应用也将成为未来图书馆评估工作的特点之一。

第六次评估自启动以来，评估过程严格贯彻《中华人民共和国公共图书馆法》和党的十九大精神的相关要求，落实中央八项规定，依据评估标准开展评估，真实地反映了我国当前公共图书馆事业的整体现状和发展水平。第六次评估从评估标准的研制、试评估、宣讲培训、正式评估，到最后的确定定级结果、文化部挂牌，评估过程科学、严谨、扎实，结合最新研究成果、广泛收集各方反馈意见，评估标准与信息化评估平台科学、可靠，有效提升了图书馆评估工作的标准化、规范化，带动了公共图书馆评估工作创新发展。可见，如何使评估过程更加科学、严谨，实现图书馆评估工作的标准化、规范化，将作为未来图书馆评估工作的一项基础要求。

每次评估都是对全国范围内公共图书馆的一次"大考"，能够真实反映公共图书馆事业发展的新需求。目前，我国公共图书馆评估已经形成四年为一个周期的固定模式，成为公共图书馆领域的一项必备事项。单纯依靠四年一次的评估工作并不能完全真实地反映公共图书馆在所有领域和阶段的发展情况。因此，根据公共图书馆发展的具体情况调整评估计划、增强评估定级结果的应用力度、促进区域均衡协调发展、建立评估激励体系、形成常态化评估机制等都将成为未来公共图书馆评估中的重点工作。

第十四章　公共图书馆评估的未来

第六次评估工作之后，全国公共图书馆界进入"后评估时代"。一方面，公共图书馆所面临的国内形势和外部发展环境发生诸多新变化。外部环境的复杂多变为公共图书馆发展提供各种契机，同时，图书馆所拥有的内部动力推动图书馆不断发展。整体而言，公共图书馆事业发展呈现新态势，这种新态势不仅改变和指引着公共图书馆的未来前进方向，而且也影响着图书馆评估工作的设立和开展。另一方面，面对图书馆事业和时代发展的新需求，未来的公共图书馆评估将会是绩效和成效集成的评估模式，以此评估理念为核心，制定和发展新的适应和促进图书馆事业发展的评估标准、评估实践程序、评估程序、评估主体、数据来源、评估周期、评估方法等。

第一节　模式视角：从绩效评估到绩效与成效集成评估

一、质量发展趋势

从第一次评估到第六次评估，其评估标准体现出随时代发展和图书馆事业发展而增设、修改和删除相应指标的变化规律。从质量评估的角度而言，其评估标准体现出由仅为单纯的图书馆数据统计工作，到以相关评估理论作为指导来制定相应标准的规律，即早期没有评估理论指导、以绩效评估理论为指导、成效评估思想萌发、成效评估形态出现的逐渐发展的过程。

第一次评估和第二次评估的指标主要为计算和统计公共图书馆各类资源投入和产出的情况，如计算机数量、分编数量、分编误差率、数据库数据量、开馆时间的统计等，即针对公共图书馆主要开展的绩效评估。此后，在公共图书馆评估指标体系的研制中，图书馆成效评估的思想逐渐显现。例如，第三次评估指标体系涵盖"展览""其他形式的读书活动""社会教育与用户培训"等指标，评估细则中除活动计划、活动内容、活动次数、参与人次等方面，还包含了活动效果的考察。第四次评估工作，在公共图书馆为领导机关决策与社会事业发展、科研与经济建设、社会大众提供各类信息服务，以及讲座、报告会、展览等其他类型的读者活动等方面，愈发重视图书馆用户的反馈意见。第五次评估标准单独列出"服务工作"指标类型。第六次评估标准以绩效评估理论为指导，在绩效评估理论模型的基础之上[①]，将第五次评估标准中的"服务工作"部分指标进一步加以完善，并使用"服务效能"一词以更加凸显图书馆活动质量、活动效果和图书馆用户的重要性。第六次评估的指标体系虽然仍是以绩效指标为主，但已明确显示了成效评估意识的存在，只是能够体现出成效评估的指标还很少。

二、需求发展趋势

公共图书馆评估从绩效评估逐步发展为绩效和成效相结合的评估主要是由公共图书馆性质和当前我国公共图书馆事业发展进程所决定的。图书馆既被当作"场所"，其中涵盖着空间、人力、设备、馆藏等资源，又被看作是一种机制和社会形态，承担着社会知识和文化保存和向社会公众扩散和传播的功能[②]。在这种视角下，社会需求是图书馆存在和发展的先决条件和原动力。若社会对公共图书馆的需求程度较小，图书馆则难以有存在的意义和价值。在一定程度上，用户的需求是公共图书馆存在的重要因素，即"用户本位"思想。

在我国公共图书馆事业发展进程中，随着资源投入的进一步加大，资源配置的统筹优化，相比 1994 年第一次评估工作时，当前全国图书馆事业发展已经取得了显著成就。东部、中部、西部的各级公共图书馆，已经聚集了不同程度的技术、设备、馆藏、人员等公共图书馆建设发展的要素资源。在人力、财力、物力等各类资源有一定保障基础的情况下，公共图书馆就需要追寻更高的发展目标，向着更高质量的层次发展，将公共图书馆的投入和产出由数量向质量转变，由规模增长向结构优化转变，由要素驱动向创新驱动转变，将资源优势转化为服务优势，不断提高自身的服务质量，推动图书馆在社会和公众生活中发挥重要作用，以提升图书馆的社会地位。

因此，想要更好地了解图书馆之于社会的价值，就需要考察公共图书馆对社会公众或图书馆用户的作用和功能。同时，由于图书馆各类资源是图书馆提供服务的基础，对公共图书馆投入和产出情况的统计很有必要，这就要通过对公共图书馆服务质量和服务效果进行评估来考核公共图书馆，而非简单以公共图书馆投入和产出的数量来衡量图书馆的发展程度。简言之，需要采用绩效和成效相结合的评估思想对公共图书馆进行综合考察。未来的公共图书馆评估将会探索和加强图书馆成效评估，在继续完善绩效评估指标的同时增设

---

① 柯平. "后评估时代"公共图书馆的战略重点与发展方向 [J]. 图书馆论坛，2019，39（7）：1 – 12.

② 吴慰慈，董焱. 图书馆学概论 [M]. 4 版. 北京：国家图书馆出版社，2019：59.

相关的成效指标。同时，评估思想、方式、途径等也要随之转变，最终建立起绩效评估和成效评估集成的公共图书馆评估模式，这既是六次公共图书馆评估标准的发展趋势，更是我国公共图书馆事业发展的必然道路。

第二节　工作视角：公共图书馆评估活动发展趋势

从评估工作开展的角度而言，未来的公共图书馆评估将主要有两种发展趋势：一种是在已有的公共图书馆评估工作基础上进一步完善评估标准、评估流程等；另一种是绩效评估思想结合成效评估思想，将衍生多种不同的评估方式，呈现出多样化的评估模式。

一、评估工作常态化和简约化

当前，公共图书馆的评估工作数年开展一次，因而评估工作与图书馆建设发展的联系并不紧密。为充分发挥评估工作对图书馆的推动作用，首先，需要继续探索公共图书馆评估常态化模式。在专家访谈过程中，大多数专家认可常态化评估的重要性和必要性。专家冯玲（东莞图书馆副馆长）认为要重视开展常态化的评估，因为常态化评估更侧重自我评估，有利于图书馆及时发现自身问题并进行改善。专家王曙光（新疆维吾尔自治区图书馆原副馆长）认为常态化评估和绩效评估是一定要有的，而且一定要把这种绩效评估落到实处，才能形成公共图书馆评估的激励效果。同时，专家也建议还需考虑常态化评估的可操作性和易操作性。专家倪晓建（首都图书馆原馆长）建议应将四年一次的评估和常态化评估结合起来，因为对那些条件较差、馆员素质能力较弱、管理者意识不强的公共图书馆，还需有四年一次的评估工作进行约束，以便起到督促作用。武汉大学信息管理学院黄如花教授提出，要从基层图书馆的角度出发，注意开展常态化工作的工作量和复杂性，要考虑图书馆的实际困难。因此，未来的公共图书馆评估需要在探索和开展常态化评估的同时，推行简约化评估理念和方法，以便切实推进常态化评估工作落地实施，从而实现开展常态化评估的目的及意义。

将评估思想和评估工作嵌入公共图书馆日常工作，使之成为公共图书馆建设发展进程中的一种常态。常态化后的评估工作应是一种多样化的评估模式①，呈现各种不同形式的评估。包括：不同区域范围的评估形式，如各地方公共图书馆自行评估、该地区范围内的

---

① 周雅倩，魏梦婷. 用指标撬动图书馆转型——柯平教授谈公共图书馆评估的现状与未来 ［J］. 四川图书馆学报，2021（1）：1－5.

图书馆评估，以形成个体、地方、全国的立体化评估模式；不同评估主体的评估形式，如开展第三方评估或同图书馆自行测评联合；不同评估周期的评估形式，如当前数年一次开展的评估工作结合年度评估、日常评估等；不同测评范围的评估形式，如覆盖公共图书馆各个要素的整体评估，以及具体或部分服务、资源等专项评估。

要推动公共图书馆评估常态化，就需要尽可能地减少被评者的负担，同时还要考虑评审专家的情况，减少专家的负担，使评估工作能够便于开展，而无需花费大量的人力、时间、设备等资源，尤其是减少重复劳动，有效调动地方各图书馆和专家参与评估的积极性。其中一种可行路径便是对评估工作进行简约化管理。所谓简约化管理，是指在系统思想的指导下，在质量管理秩序基础上，采用科学方法，将管理主要目标以外的枝节尽可能剔除掉，优化工作流程，使复杂问题简单化、简单问题条理化，以提高工作效率。简约化管理强调在网络化环境下，通过应用各类现代信息技术和设备，促进管理行为和工作内容简洁化。专家李培（天津图书馆馆长）认为智慧图书馆是图书馆事业发展的重要方向，其中基于大数据的智慧化平台应该是此后的公共图书馆评估工作不可或缺的技术手段。由于到馆人数、在馆人数等服务数据和基础数据是实时生成的，并存储于后台，因此，可增强数据的真实性，同时也使数据能够便于评估工作随时调取、整合和查看。可见，开展简约化评估工作的核心便是将评估工作置身于网络背景下，借助数据驱动、智能数据采集、数据监控、数据自助式分析、智能数据预测、数据可视化等技术，对图书馆各类数据进行自动化、智能化的采集，对数据进行实时更新，并且通过设定算法实现自动统计和分析，使指标数据能够高效快速地实现获取、统计、计算等，尽可能地减少人工工作量，而使馆员更多地起到核实和检校的作用。

二、整体评估和项目评估结合

公共图书馆评估一开始就存在全国一把尺子与地区发展不平衡之间的矛盾。"在标准体系设立方面，一直存有全国使用同一标准抑或使用不同标准之争论"。福建省图书馆馆长郑一仙认为，"既让暂时欠发达地区的有关部门和图书馆在评估中可以得分，通过努力还可以拿到较好分数，又让目前较发达地区的有关部门和图书馆也得通过进一步努力才能拿满分。这样的标准才是科学的、有用的"，提出了"可否考虑在全国仍采用统一标准考评定级的同时，按传统行政大片区或分别按大致相当的经济发展指标划区"[①] 的改进方法，因存在诸多困难而无法实现。

我国历来的公共图书馆评估标准追求广泛而全面，几乎覆盖公共图书馆各个方面的考

---

① 郑一仙. 我国公共图书馆评估刍议 [J]. 中国图书馆学报，1999 (4)：49 – 53.

核。虽然这种整体性的评估方式能够对图书馆各项工作的开展给予衡量和指导，但也带来一些问题，指标过多会增加评估的工作量和评分难度，同时工作量的加大需要更长时间的资料整理、汇总、提交、总结工作及更多的人员调度来负责参评图书馆自评工作。参评图书馆需要投入的人员和时间较多，决定了该种评估工作无法在较短的时间内频繁实施，最终影响的是评估工作促进公共图书馆建设发展的有效性。

引入成效评估思想的公共图书馆评估，成效测量不仅可以覆盖图书馆整体，也可以单独开展，既涵盖在对图书馆整体的输入、输出、活动、成果的全面性评估中，也能够面向某些服务活动（如亲子活动、阅读活动等）有针对性地展开。此前图书馆评估标准多按照评估对象将评估指标聚集在一起，如将馆藏资源类型、面积空间类型、图书馆工作人员类型、图书馆经费、用户使用类型的相关指标分别汇聚。但若要实施部分评估，需打破以往的图书馆评估指标的布局，以一项工作、服务、活动、项目为对象将相关的指标纳入进来。根据评估对象特征和评估目标制定相关指标，意味着可能使用单一调查方式或者联合采用包括数据统计、观察、访谈等多种调查方法。例如，关于阅读活动，要想知道活动是否促进了用户对阅读的兴趣、用户是否阅读更多的书籍、用户花费了多少时间用于阅读等情况，便可采取诸如用户书籍借阅量的数据统计、用户问卷调查、用户访谈等多种调查方法。

这表明，四年一次的全国范围的公共图书馆评估定级工作，除了基于绩效理论外，还可结合成效理论，制定绩效指标和成效指标。同时，开发适用于各种图书馆活动类型和活动项目的成效评估模型（或框架）和实施程序、评估流程、评估标准、评估指南，指导公共图书馆自行实施活动的评估工作，并开展相关培训和说明，以确保各个图书馆开展评估工作的规范性、程序性和标准化。

因此，在六次公共图书馆评估工作已然成为惯例的情况下，未来公共图书馆的评估工作可以两种道路并行：一方面，延续当前对公共图书馆整体开展全方位的评估；另一方面，依据成效评估思想，公共图书馆围绕其服务、活动等项目开展有针对性的评估。这两种评估模式，前者相当于全国公共图书馆的"大考"，主要目的是对公共图书馆进行评估定级，后者相当于各个公共图书馆的自我考察，主要目的是通过评估具体项目来了解活动项目的服务效果，及时调整服务方式和服务内容，提高图书馆的服务质量。前者的数据来源包括图书馆和用户两方面，而后者主要为用户。这两种评估模式并行不悖，图书馆既可以选择一种模式开展评估，也可以同时采用两种模式开展评估。由于针对具体项目实施的评估需要考虑各图书馆的服务人群特点、各服务活动项目的目标等情况，不同图书馆所面临服务群体的年龄、求学阶段、职业背景、收入情况等会有所不同，如有些图书馆处于高新科技园区，其服务人群所需的活动便会与在居民住宅区附近的图书馆有所区别，因此，项目评估虽然有规范的评估程序和方法等，但具体制定的指标可能有所不同，这便决定了其适用范围。相比整体评估，项目评估具有其他优势，如整体评估需要更长时间和人员准备，但项目评估以各活动项目为评估对象，准备所需材料较少，评估更易于开展。此外，全国性质的六次公共图书馆评估只限定在省级、市级、县级图书馆，但项目评估则可以下沉到基层图书馆和图书室，有条件的社区馆、街道馆均可以开展评估。

三、阶段评估和过程评估结合

我国东、中、西部的公共图书馆事业存在地区发展不平衡问题，即使同一地区也会有发展进度的差异。当前我国公共图书馆评估分别按照东部、中部、西部设置相关评分标准，且我国历次的公共图书馆评估工作为四年开展一次，虽然有充分的时间为开展下一次评估工作做好准备，但是评估周期过长也会产生一些问题。专家冯玲（东莞图书馆副馆长）认为，目前国内公共图书馆评估的问题在于，作为一个全国范围数千图书馆参与的大规模评估，评估定级标准虽然也在变化中，但主要还是达到性、符合性标准，面对图书馆事业发展的丰富性、创新性和差异性，较难准确地反映各地图书馆事业发展水平，也较难有针对性地激励不同发展阶段的图书馆。一方面，评估结果的时效性有限，随着各类新型技术和地方经济社会的快速发展，公共图书馆的发展日新月异，但数年一次的评估只对当下图书馆的发展状况进行衡量和总结，无法对图书馆进行跟踪考察。另一方面，则不利于参评图书馆树立危机意识①。因此，未来公共图书馆要增强评估工作对公共图书馆发展的促进作用，其中一个方面便是改善评估工作的时间周期。专家陈卫东（广东图书馆学会秘书长）认为，可考虑改变四年一次评估的做法，改为两年或一年小评估（常态化评估）。评估的基本基调仍然是延续数年一次的全国范围内的公共图书馆"大考"，同时，建立其他更加灵活的评估机制，例如：设立年度评估，将年度评估和定期评估结合起来，对定期评估等级高而年度评估等级低的图书馆采取亮黄牌警告或撤销高等级资质等措施；设立临时评估，为那些由于新馆建设等各种原因无法及时参评的图书馆提供临时评估申请，使其依然能够获得评估定级结果②。

以上所提到的定期评估、年度评估及临时评估，均是对公共图书馆发展进程中一个时间区间节点的评估，其中，定期评估是以四年为时间标准划分的段落，年度评估是以一年

---

① 黄如花，苗淼. 中美公共图书馆评估异同研究 ［J］. 图书馆建设，2017（5）：73 - 78，86.
② 周雅倩，魏梦婷. 用指标撬动图书馆转型——柯平教授谈公共图书馆评估的现状与未来 ［J］. 四川图书馆学报，2021（1）：1 - 5.

为标准进行的划分，因此，可称之为阶段式评估。这种评估方式优势在于对公共图书馆的整体性衡量和指导，但劣势在于无法及时反映公共图书馆发展进程中的问题和提供反馈。这就需要发展另一种评估方式——过程式评估，其是在公共图书馆发展进程中相较阶段式评估更便于开展实施的评估，可以及时发现问题，并且在发现问题的当下能够及时做出纠正和调整，如以成效评估思想为指导开展的活动项目评估。

当图书馆针对某个活动项目面向用户开展调查时，用户参与该活动受到的影响和思想与生活产生的改变通常是微小且即时的，因此需要图书馆方面及时记录用户个人的变化，并且将成效信息及时应用到活动的改善上，使图书馆在开发和提供服务时及时调整或加强。对于一些合适的活动项目的开展，图书馆不需开展针对全馆的各类资源的统计，因此，在设立成效评估模型、框架和标准示例后，成效评估或将成为图书馆活动开展的常规评估工作，嵌入图书馆日常开展的活动，不再是每隔几年或定期开展，而是可以根据图书馆规划和相关活动项目需要不定期开展。在开展这种过程式评估工作时，全国和地方公共图书馆协会需起到行业监督的作用，制定和发布关于项目评估的规范性程序和标准等，推动当地公共图书馆对活动评估的开展。同时，也可邀请社会各界人士组成专家库共同推动评估的开展。

四、评估结果实用化和反馈化

以往公共图书馆评估工作主要分为试评估阶段和正式评估阶段，其中正式评估阶段又分为参评图书馆自评、专家在线评估、专家实地测评并核实资料、评估总结，在测评完成后，根据获取数据的指标综合情况来判断公共图书馆的整体情况，以明确各公共图书馆的级别。随后，参与评估的公共图书馆、图书馆协会、政府部门对该次本地图书馆评估活动和图书馆评级情况进行总结。

评估的最终目标是促进图书馆建设发展，而非只是授予等级称号。因此，未来的公共图书馆评估需重视公共图书馆评估定级结果的实用性，让评估结果发挥良好的效果，而不是授予图书馆等级称号便结束评估活动。专家陈卫东（广东图书馆学会秘书长）建议，未来可建立相应的奖惩机制，对达标升级的图书馆给予经费或政策上的奖励，同时对降级或未上等级图书馆给予通报批评、扣除当年免费开放补贴和其他补助经费等。一方面，建立基于评估结果的反馈机制，根据评估结果对参评图书馆提供反馈意见。对获得较好参评结果的图书馆进行鼓励并给予相应的激励措施，对存在问题的参评图书馆有针对性地开展指导，识别问题根源，帮助图书馆改进工作和服务。公平有效的评估活动可以激发公共图书馆参与评估及在后评估时代图书馆建设的积极性。另一方面，是将定级结果应用到具体工作中。可考虑出台相应的政策条例提高评估结果的实用性，以政策形式为公共图书馆定级结果对图书馆资源建设的促进作用提供保障。或者，将公共图书馆评估定级结果同地方政府考核挂钩，以促进地方政府对公共图书馆建设发展的支持和保障力度。使指标体系不仅为公共图书馆的调查评估，而且真正实现其保障效果，成为能促进公共图书馆建设的途径。

另外，还要重视评估标准的反馈，进一步完善评估工作的反馈工作和渠道。第六次评估程序在开展正式评估前设立了试评估环节，通过对试点图书馆进行评估测试，查验评估标准在具体操作过程中遇到的问题，从而对评估标准和指标进行优化。但对于评估工作而言，试评估只是针对数个公共图书馆开展评估收集情况，但全国各公共图书馆发展情况不同，在正式实施评估工作中可能仍会遇到各种问题。因此，未来应将关于评估工作的反馈贯穿于试评估、正式评估开展过程中和评估工作后，建立反馈平台和渠道，收集关于评估标准的问题、想法、建议等。

第三节　人员视角：公共图书馆内外环境交融评估

公共图书馆作为面向社会公众的公共文化机构，其建设情况和服务情况同社会公共利益息息相关，因此，为促进图书馆更好地发展而开展的图书馆评估便不仅只是图书馆界内部的工作任务，而是同社会公众具有关联的活动。因此，未来的公共图书馆评估工作应不局限于公共图书馆内部范围，而是要积极同公共图书馆所在的社会环境和社会公众交流互动，加强同社会公众的联系，突出公共图书馆评估的社会效应和效益。

一、服务性评估和影响性评估

公共图书馆评估工作的目标之一为"以评促建"。以往"以评促建"促进的是评估规模和图书馆建设规模，引入绩效理念和成效理念后，将从考察图书馆资源投入和产出逐步转向注重质量和效益。一方面，是了解图书馆的服务效果，即服务性评估。另一方面，是了解图书馆对用户的影响，即影响力评估。

未来的公共图书馆评估工作在评估思想方面，将从建设性评估转变为服务性评估[①]，这点体现在第六次评估标准注重突出"服务效能"，从过往注重资源统计的评估标准增加

①　公共图书馆评估定级的五大方向和六大重点［EB/OL］．［2021 – 07 – 15］．https：//www.sohu.com/a/155263331_669468.

了服务类型的指标占比，这得益于当前全国公共图书馆各类资源持续增加及服务数量和质量不断提高的现实基础，今后还将进一步凸显评估对公共图书馆服务的要求。服务性评估的进一步发展方向是品质化评估，品质化评估是针对评估工作对公共图书馆的作用而言。此前各次评估指标对图书馆而言面面俱到，覆盖公共图书馆的各个方面，尤其是针对图书馆各类资源进行的各项统计。未来的评估应从追求公共图书馆各类资源数量的扩大转变为追求图书馆服务质量的提高，促进公共图书馆品质化升级。"以评促建"这一概念不应只是借由评估活动促进建设一个公共图书馆，而是要帮助其打造一个具有高质量、力求达成其使命和社会职能、追求社会价值最大化的公共图书馆。

针对开展图书馆质量评估的需求，除服务性评估外，还需要更为关注面向用户的影响力评估，要将评估的重点放在公共图书馆服务的接受者上，而不是服务的提供者上，因为只是单纯从图书馆角度出发而进行的衡量并不能完全反映出该活动的真实效果。而且，公共图书馆有强大的使命驱动力，要推动公共图书馆社会教育功能的实现。公共图书馆未来的发展不仅在于为人们的生活提供支持，如提供学习场所、社交场所、阅读资源等，而且可能会介入人们的生活、学习、工作，在多个方面影响人们的行为、态度、思想，发挥图书馆的积极作用。因此，这就需要图书馆积极探寻同用户之间的联系，从用户的角度来探究和衡量活动、服务和图书馆情况。从开展评估工作的角度而言，评估标准的设计和评估工作的开展需要从以图书馆为核心转变为以用户为核心，即从回答"图书馆建设做出了哪些努力"转变为"图书馆的工作改变了什么"，侧重于衡量一个机构的工作对其公众（结果）的影响，而不是所提供的服务（产出），以探求图书馆帮助人们改变了什么，图书馆是否能够提高人们的生活质量。

因此，以评估促进图书馆建设这一理念将会由单纯追求图书馆资源更多、体量更大转变为强调图书馆发展的高质量，强调图书馆之于用户的服务效果和对用户生活、态度的影响。这种观念会使那些可能受地方经济状况和图书馆经费投入影响导致馆藏设备等资源无法比拟同等级图书馆，如被认为是"中部洼地"的中部地区图书馆有了另一种评估的切入视角。对图书馆活动项目开展成效评估，衡量的是用户接受程度而非图书馆建设程度，即使是那些目前整体建设情况不如经济发达地区的图书馆，也可能会取得好的评估结果，从而对贫困地区的图书馆建设起到更为积极的鼓励作用，充分调动参评图书馆的积极性。

二、评估主体多元化和社会化

社会公众与公共图书馆评估之间的联系可从两方面来看：一方面，社会公众可作为评估主体参与公共图书馆评估，使公共图书馆评估的过程能够得到社会监督，促使图书馆评估公开透明，同时也能够使社会公众更加了解公共图书馆各方面事务；另一方面，社会公众作为受访群体参与公共图书馆评估，通过获取社会公众对公共图书馆的意见、公共图书馆对其生活工作产生的影响、参与活动的情况、参与活动所获得的利益等信息，来帮助改善公共图书馆的服务和活动。可见，公共图书馆评估过程中社会公众参与度是一个很重要的因素①。

在前五次的全国公共图书馆评估定级工作中，仅由政府部门实施评估，但第六次评估除政府作为评估主体以外，还增加了中国图书馆学会及部分社会代表等第三方的参与。专家冯玲（东莞图书馆副馆长）认为，当前公共图书馆评估存在的问题在于现有评估主要以行业内部评估方式进行，社会参与度较低，评估结果的社会公信力基础较为欠缺，这与图书馆以用户为中心的服务理念不相符。因此，未来的公共图书馆评估还将进一步向增强第三方评估主体的方向发展，继续扩大评估专家库的规模，增加社会力量和社会代表在评估主体中的比例。并且，注意丰富专家数据库的结构和层次，既要鼓励有较高理论水平和丰富实践经验的人员参与，吸纳、覆盖不同领域和背景的专业人士（如幼儿园、小学、中学领导，大学教师，文化从业人员等），又要重视普通读者作为评估主体的意义，在评估专家库中扩大图书馆用户代表的数量。

成效评估要了解用户在活动中的收获等情况，就需要更加深入了解用户自身的情况，这可能会改变以往公共图书馆同用户之间的关系。因此，评估工作的开展将更加关注公共图书馆同用户之间的互动关系，围绕活动项目将图书馆评估人员、馆员和用户紧密联系起来。在以活动为内容开展面向图书馆用户的评估活动中，首先，需向用户表明用户参与评估的重要性，如果确定计划的结果有助于为更多用户带来收益，那么让用户自愿参与评估会是一项有价值的工作。其次，根据活动项目特征观察和寻访适当的用户群体。图书馆所开展的部分活动拥有其各自的目标人群，活动目的也有所不同，因此，评估工作还需考虑用户群体与该活动项目之间的契合度，有针对性地选择样本数据。再次，根据活动特征采用适当的信息获取方式。不同活动发挥效果的时效性是不同的，一些活动的效果见效较快，如用户是否获得一项新技能，这种短期结果可以被简单地观察到。但是，如果想追求其他一些长期结果，如想知道就业技能宣讲和培训是否能帮助用户因该活动而获得就业，或者参加课后家庭作业辅助和诊断是否帮助中学生提高成绩，就需要提供时效更长的信息。同时，向用户获取信息需重视用户的隐私。以往的公共图书馆评估工作中，涉及用户调查的指标通常仅为"用户满意度"或"读者满意度"，所询问的仍然是关于图书馆的情

---

① 周雅倩，魏梦婷. 用指标撬动图书馆转型——柯平教授谈公共图书馆评估的现状与未来 ［J］. 四川图书馆学报，2021（1）：1-5.

况，然而，从成效评估的角度而言，要了解图书馆活动对用户产生了哪些影响，就会不可避免地深入探寻用户自身情况的变化，因此，需要强调评估人员在用户调查过程中遵守的道德行为准则，既要围绕活动获取尽可能多的信息，以将用户与所请求的信息联系起来，同时，也要阐明图书馆对于用户隐私的保护。

此外，多元化评估主体的参与也将促进数据获取方式的多样化。公共图书馆评估标准通常由定量指标和定性指标组成：定量指标重在对相关资源的统计和计算，统计口径和计算方式影响指标分数，信息来源决定该定量指标的定义；定性指标是为了较为准确地测量，因此以往图书馆评估中多由图书馆馆长、大学教师等组成的评估专家组实施考核。随着社会公众参与图书馆评估活动，公共图书馆评估需要根据各类社会公众的群体特征采取合适的方法，如针对幼儿、儿童开展的调查便需考虑其认知特点。

三、评估活动平台化和协同化

公共图书馆负有社会责任和社会职能，它向社会承诺创建强大的图书馆，以便更好地将人们与信息、思想、知识联系起来。因此，公共图书馆除日常向社会公众提供的各类信息、知识产品和服务外，还需要积极开辟途径向社会传达自身的作用和价值。公共图书馆评估作为对图书馆某一方面或全方位测评的重要工作，可借由图书馆评估活动向社会公众报告公共图书馆建设的进展和状态，通过加强评估活动宣传力度，加深社会公众对公共图书馆的认识，促进社会公众进一步参与图书馆活动和使用图书馆。

从 1994 年至 2007 年，四年一次的全国范围的公共图书馆评估可看作是图书馆界的盛事，但只有在开展评估工作期间才发布有关当前评估工作的相关信息，虽然有诸如中国图书馆学会所设立的专题栏目，但也多限于信息通知和发布，功能较为单一，且过往的图书馆评估信息大多难以查询。因此，若要扩大公共图书馆评估的社会化程度，以及促进公共图书馆评估成为能够日常或不定期开展的活动，便需要更为专门的平台和数据库来收集、整合、处理和发布全国各级、各地公共图书馆评估相关的各类信息和数据，如在中国图书馆学会下设或单独搭建可用于全国范围内公共图书馆评估的综合性信息平台。通过采用公共图书馆评估的平台化策略，利用数字系统将不同的公共图书馆、用户及其他相关的个体、组织、企业连接起来，使之高效协同合作，形成能够容纳多元化主体参与的立体式的平台架构模式。

评估信息化平台应成为评估工作中公共图书馆内部和外部社会环境相交融的平台。一方面，在图书馆评估进行过程中，该网络平台可作为公共图书馆界评估工作开展的主要阵地，同时，突破以往公共图书馆评估工作同社会之间的无形壁垒，实现公共图书馆界内部工作开展及图书馆界内部同社会公众的外部交流和互动。另一方面，该平台也可作为公共图书馆的对外宣传窗口，帮助社会公众进一步了解公共图书馆事业发展，扩大公共图书馆的社会影响力。因而，该平台可为全国公共图书馆、政府部门、社会公众提供多重服务。例如，在面向公共图书馆方面，汇集历届的评估标准和评估细则、公共图书馆评估定级结果、评估专家库人员信息及评估工作开展的通知、通告、培训和工作进度等信息。尤其是对接类似在第六次评估工作中创建的信息化平台，汇集各地区各级公共图书馆的各类信息和数据，评估信息化平台便可有选择性地整合和开放部分数据和重点案例，加强数据的功能性和实用性，而不仅仅只是将其应用到评估定级，还能将相关数据统计情况以可视化的方式呈现，向社会展现当前公共图书馆的发展状况和风貌。面向社会公众提供关于公共图书馆评估的相关信息查询服务，以及展示图书馆活动项目的最佳实践。同时，搭建社会公众的意见收集和反馈渠道，赋予该平台面向社会公众开展成效评估的功能。公共图书馆方面的绩效评估及注重图书馆用户方面的成效评估，最终是要使公共图书馆与社会公众能够开展协同评估工作，获取更为全面和有效的评估结果。

主要参考文献

中文

［1］初景利．西方图书馆评价理论评介［J］．中国图书馆学报，1999（3）：53－60．

［2］褚树青，粟慧．公共图书馆绩效与价值评价研究［M］．北京：国家图书馆出版社，2016．

［3］范亚芳，王传卫．我国图书馆联盟绩效评估要素研究［J］．图书情报工作，2010，54（11）：56－61．

［4］韩永进．中国图书馆史：现当代图书馆卷［M］．北京：国家图书馆出版社，2017．

［5］胡娟，柯平，王洁，等．后评估时代智慧图书馆发展与评估研究［J］．情报资料工作，2021，42（4）：28－37．

［6］胡银霞，胡娟，柯平．文化馆与公共图书馆的评估定级标准比较研究［J］．情报资料工作，2018（3）：25－29．

［7］黄如花，苗淼．中美公共图书馆评估异同研究［J］．图书馆建设，2017（5）：73－78，86．

［8］黄如花，宋琳琳．论图书馆评价的主体［J］．中国图书馆学报，2010（3）：34－44．

［9］贾东琴，金胜勇．我国公共图书馆评估主体研究［J］．图书与情报，2011（2）：35－39，52．

［10］金胜勇，刘雁．图书馆评估指标体系的逻辑构建［J］．中国图书馆学报，2003（4）：87－89．

［11］金武刚．应然 VS 实然：论公共图书馆评估的定位、错位与占位［J］．图书馆论坛，2019，39（7）：13－22．

［12］柯平，宫平．公共图书馆服务绩效评估模型探索［J］．国家图书馆学刊，2016，25（6）：3－8．

［13］柯平，宫平．全国公共图书馆第六次评估的意义和特点［J］．图书馆建设，2016（12）：4－7，14．

［14］柯平，胡银霞．创新与导向：第六次全国公共图书馆评估新指标［J］．图书馆杂志，2017，36（2）：4－10．

［15］柯平，刘倩雯，张森学，等．促进图书馆业务发展的公共图书馆科研工作评估标准研究［J］．国家图书馆学刊，2021，30（5）：56－66．

［16］柯平，刘旭青，柴赟．省级公共图书馆评估标准解读［J］．图书馆，2017（6）：1－7，13．

［17］柯平，刘旭青，陈占强，等．区域差异背景下我国公共图书馆常态化评估路径研究［J］．情报资料工作，2021，42（4）：14－19．

［18］柯平，刘旭青，邹金汇．以评促建、以评促管、以评促用——第六次全国公共图书馆评估定级回顾

与思考［J］. 图书与情报，2018（1）：37 – 48.

［19］柯平，苏福. 基于功能定位的公共图书馆评估［J］. 图书馆，2016，4（8）：1 – 4.

［20］柯平，袁珍珍，彭亮，等. 后评估时代公共图书馆评估环境研究［J］. 情报资料工作，2021，42（4）：6 – 13.

［21］柯平，张海梅，张蓝. 公共图书馆事业管理的"三驾马车"——政策法律、发展规划与评估定级［J］. 图书馆理论与实践，2019（8）：32 – 38，69.

［22］柯平，张瑜祯，邹金汇，等. 基于"儿童优先"原则的公共图书馆未成年人服务评估标准研究［J］. 国家图书馆学刊，2021，30（5）：37 – 46.

［23］柯平. 法治化环境下公共图书馆信息公开制度［J］. 国家图书馆学刊，2018，27（5）：10 – 20.

［24］柯平. "后评估时代"公共图书馆的战略重点与发展方向［J］. 图书馆论坛，2019，39（7）：1 – 12.

［25］李丹，申晓娟，王秀香，等. 新起点　新视野　新任务——第五次全国公共图书馆（成人馆部分）评估定级标准解读［J］. 中国图书馆学报，2013，39（2）：4 – 17.

［26］李丹，申晓娟. 从评估定级看我国公共图书馆事业发展20年［J］. 图书馆杂志，2014，33（7）：4 – 12，23.

［27］李丹. 美国两类主要公共图书馆等级评价活动研究［J］. 中国图书馆学报，2018，44（2）：97 – 112.

［28］李东来. 东莞图书馆卓越绩效管理探索与实践［J］. 图书馆建设，2013（7）：1.

［29］李国新. 中国图书馆年鉴2005［M］. 北京：现代出版社，2005.

［30］李国新. 中国图书馆年鉴2006［M］. 北京：现代出版社，2006.

［31］李国忠. 图书馆评估标准与促进业务建设及全面科学管理实务手册［M］. 北京：当代中国音像出版社，2004.

［32］李玲，初景利.《信息与文献　图书馆绩效项目》国家标准解读［J］. 图书情报工作，2013，57（14）：27 – 31，44.

［33］李耀华. 谋求新跨越：湖北省公共图书馆事业建设与发展研究［M］. 北京：国家图书馆出版社，2012

［34］李月琳，韩宏亮. 从信息检索系统评估到知识服务平台评估［J］. 图书情报工作，2019，63（1）：52 – 59.

［35］李月琳，张昕. 数字图书馆交互评估：从理论构建到工具开发［J］. 大学图书馆学报，2018，36（2）：59 – 70.

［36］刘德有. 乘评估东风，迈上新台阶［J］. 中国图书馆学报，1995（2）：3 – 9，25.

［37］刘旭青，刘培旺，柯平，等. 面向全民阅读的公共图书馆阅读推广评估标准研究［J］. 国家图书馆学刊，2021，30（5）：47 – 55.

［38］刘兹恒.20世纪初我国图书馆学家在图书馆学本土化中的贡献［J］. 图书与情报，2009（3）：1 – 7.

［39］ 卢小宾，宋姬芳，蒋玲，等．智慧图书馆建设标准探析［J］．中国图书馆学报，2021，47（1）：15－33．

［40］ 陆红如，陈雅．公共图书馆绩效评估比较研究与策略分析［J］．图书馆学研究，2017（7）：14－20．

［41］ 彭亮，尹静，柯平，等．公共图书馆体系高质量发展背景下总分馆评估标准研究［J］．国家图书馆学刊，2021，30（5）：28－36．

［42］ 宋德生．图书馆工作的评价［J］．图书情报工作，1983（1）：21－25．

［43］ 苏福，柯平．公共图书馆评估的关键指标探讨——以省级公共图书馆为例［J］．图书馆建设，2016（12）：15－20．

［44］ 王冰．图书馆立法刍议——以《深圳经济特区公共图书馆条例》为例［J］．中国图书馆学报，2001（5）：74－76．

［45］ 王丙炎，王鳐．全国公共图书馆评估定级标准完善刍议——基于《第六次全国公共图书馆评估定级标准》县级成人馆部分［J］．图书馆学研究，2018（7）：9－12．

［46］ 王孝龙，李东来．图书馆评估理论、实践及其反思［J］．图书馆学通讯，1990（2）：56－61．

［47］ 王毅，柯平，孙慧云，等．国家级贫困县基本公共文化服务均等化发展策略研究——基于图书馆和文化馆评估结果的分析［J］．国家图书馆学刊，2017，26（5）：19－31．

［48］ 吴慰慈，董焱．图书馆学概论［M］．4版．北京：国家图书馆出版社，2019．

［49］ 夏立新，李成龙，孙晶琼．多维集成视角下全民阅读评估标准体系的构建［J］．中国图书馆学报，2015，41（6）：13－28．

［50］ 肖东发．中国图书馆年鉴1999［M］．北京：北京图书馆出版社，1999．

［51］ 于良芝，谷松，赵峥．SERVQUAL与图书馆服务质量评估：十年研究述评［J］．大学图书馆学报，2005（1）：51－57．

［52］ 战春光．关于评估工作对促进图书馆事业建设的思考［J］．中国图书馆学报，1995（5）：50－52．

［53］ 张广钦，刘璇，张丽，等．美国公共图书馆建设标准核心要素分析［J］．中国图书馆学报，2009，35（1）：18－25，70．

［54］ 张广钦．图书馆评估概念与模型、发展史及方法研究述评［J］．大学图书馆学报，2011，29（3）：5－10．

［55］ 张红霞，詹长智，黄群庆．国际图书馆界全面质量管理二十年述评——走向卓越服务的历程［J］．图书馆论坛，2008（3）：12－14，11．

［56］ 张红霞．国际图书馆服务质量评价：绩效评估与成效评估两大体系的形成与发展［J］．中国图书馆学报，2009，35（1）：78－85．

［57］ 张红霞．图书馆质量评估体系与国际标准［M］．北京：国家图书馆出版社，2008．

［58］ 张娟．倪晓建．我国公共图书馆总分馆体系建设模式分析［J］．图书与情报，2011（6）：17－20．

［59］ 张树华，张久珍．20世纪以来中国的图书馆事业［M］．北京：北京大学出版社，2008．

［60］ 张雅琪，柯平，包鑫，等．公共图书馆评估中的副省级图书馆定位问题研究［J］．情报资料工作，

2021，42（4）：20 – 27.

［61］郑一仙．我国公共图书馆评估刍议［J］．中国图书馆学报，1999（4）：49 – 53.

［62］中国出版工作者协会．中国出版年鉴.1980［M］．北京：商务印书馆，1980.

［63］中国图书馆学会，国家图书馆．中国图书馆年鉴 2009［M］．北京：北京图书馆出版社，2009.

［64］中国图书馆学会．图书馆学学科发展报告 2018—2019［M］．北京：中国科学技术出版社，2020.

［65］中国图书馆学会．以人为本，服务创新．北京：北京图书馆出版社，2005：513 – 523.

［66］中国图书馆学会．中国图书馆学会成立 40 周年纪念文集［G］．北京：国家图书馆出版社，2019.

［67］中华人民共和国年鉴编辑部．中华人民共和国年鉴 2004［M］．北京：中华人民共和国年鉴社，2004.

［68］中华人民共和国年鉴编辑部．中华人民共和国年鉴 2005［M］．北京：中华人民共和国年鉴社，2005.

英文

［1］AABØ S, AUDUNSON R. Use of library space and the library as place［J］. Library & information science research, 2012, 34（2）: 138 – 149.

［2］APPLETON L, HALL H, DUFF A S, et al. UK public library roles and value: a focus group analysis［J］. Journal of librarianship and information science, 2018, 50（3）: 275 – 283.

［3］BAE K J, CHA S J. Analysis of the factors affecting the quality of service in public libraries in Korea［J］. Journal of librarianship and information science, 2015, 47（3）: 173 – 186.

［4］BO X, BUGG J M. Public library computer training for older adults to access high – quality Internet health information［J］. Library & information science research, 2009, 31（3）: 155 – 162.

［5］BUCHANAN S, COUSINS F. Evaluating the strategic plans of public libraries: an inspection – based approach［J］. Library & information science research, 2012, 34（2）: 125 – 130.

［6］CAMOVSKY L. Public library surveys and evaluation［J］. Library quarterly, 1955, 25（1）: 23 – 26.

［7］CHEN T T, KE H R. Public library as a place and breeding ground of social capital: a case of singang library［J］. Malaysian journal of library & information science, 2017, 22（1）: 45 – 58.

［8］COMPTON C H. An appraisal of the cleveland public library: evaluations and recommendations［J］. Library quarterly, 1940, 10（2）: 274 – 276.

［9］DE Prospo E R, ALTMAN E, BEASLEY K E. Performance measures for public libraries［J］. Library quarterly, 1974, 44（3）: 273 – 275.

［10］DONNELLY F P. Regional variations in average distance to public libraries in the United States［J］. Library & information science research, 2015, 37（4）: 280 – 289.

［11］FRANDSEN T F, SØRENSEN K M, FLADMOSE A M L. Library stories: a systematic review of narrative aspects within and around libraries［J］. Journal of documentation, 2021, 77（5）: 1128 – 1141.

［12］HÁJEK P, STEJSKAL J. Modelling public library value using the contingent valuation method: the case of the municipal library of prague［J］. Journal of librarianship and information science, 2015, 47（1）:

43 – 55.

［13］ JONES A. Criteria for evaluation of public library services ［J］. Journal of librarianship, 1970, 2 （4）：228 – 245.

［14］ JUNIPER B, BELLAMY P, WHITE N. Evaluating the well – being of public library workers ［J］. Journal of librarianship & information science, 2012, 44 （2）：108 – 117.

［15］ KO Y M, SHIM W, PYO S H, et al. An economic valuation study of public libraries in Korea ［J］. Library & information science research, 2012, 34 （2）：117 – 124.

［16］ KWAK S Y, YOO S H. The public value of a national library：results of a contingent valuation survey ［J］. Journal of librarianship & information science, 2012, 44 （4）：263 – 271.

［17］ MANZUCH Z, MACEVICIUTE E. Performance evaluation as a tool for strategic decisions about serving visually impaired users：the case of the lithuanian library for the blind ［J］. Library & information science research, 2016, 38 （2）：161 – 169.

［18］ NOH Y. A study on the evaluation analysis of the library's social values ［J］. Journal of librarianship and information science, 2021, 53 （1）：29 – 49.

［19］ PARK S J. Measuring public library accessibility：a case study using GIS ［J］. Library & information science research, 2012, 34 （1）：13 – 21.

［20］ REID P H. How good is our public library service? The evolution of a new quality standards framework for scottish public libraries 2012 – 2017 ［J］. Journal of librarianship and information science, 2020, 52 （3）：647 – 658.

［21］ SHAO H, HE Q, CHA G, et al. Comparison of the assessment systems of public libraries in the United States and China ［J］. Journal of the Australian library and information association, 2019, 68 （2）：164 – 179.

［22］ STEJSKAL J, HÁJEK P, EHÁK T. The economic value of library services for children：the case of the Czech public libraries ［J］. Library & information science research, 2019, 41 （3）：100963.

［23］ TEASDALE R M. Defining success for a public library makerspace：implications of participant – defined, individualized evaluative criteria ［J］. Library & information science research, 2020, 42 （4）：101053.

［24］ VARHEIM A. Gracious space：library programming strategies towards immigrants as tools in the creation of social capital ［J］. Library & information science research, 2011, 33 （1）：12 – 18.

［25］ CHENG W T, WU J H, MOEN W, et al. Assessing the spatial accessibility and spatial equity of public libraries' physical locations ［J］. Library & information science research, 2021, 43 （2）：2 – 7.

［26］ WIGHT R B E A. Public library service：a guide to evaluation with minimum standards, with a supplement, cost of public library service in 1956 ［J］. Library quarterly information community policy, 1958, 28 （1）：72 – 74.

［27］ XIE I, JOO S, MATUSIAK K K. Digital library evaluation measures in academic settings：perspectives from scholars and practitioners ［J］. Journal of librarianship and information science, 2021, 53 （1）：130 – 152.

附录：历次评估定级一级图书馆名单

北京	第一次评估定级一级图书馆	崇文区；平谷县
	第二次评估定级一级图书馆	东城区；崇文区；朝阳区；海淀区；石景山区；宣武区；石景山区少年儿童；昌平县；顺义区；通州区；密云县；平谷县
	第三次评估定级一级图书馆	首都；崇文区；西城区；东城区；朝阳区；门头沟区；房山区；顺义区；宣武区；密云县；石景山区少年儿童；西城区青少年儿童
	第四次评估定级一级图书馆	东城区；西城区；西城区青少年儿童；宣武区；朝阳区；丰台区；石景山区；石景山区少年儿童；海淀区；门头沟区；房山区；通州区；顺义区；昌平区；大兴区；怀柔区；平谷区；延庆县
	第五次评估定级一级图书馆	首都；东城区；西城区；西城区第二；西城区青少年儿童；朝阳区；丰台区；石景山区；石景山区少年儿童；海淀区；房山区；通州区；昌平区；大兴区；怀柔区；平谷区；密云县；延庆县
	第六次评估定级一级图书馆	首都；东城区第一；西城区第一；西城区第二；西城区青少年儿童；朝阳区；海淀区；丰台区；石景山区；房山区文化活动中心（房山区）；通州区；顺义区；昌平区；大兴区；平谷区；怀柔区；密云区；延庆区
天津	第二次评估定级一级图书馆	天津；天津市少年儿童；河东区；塘沽区；河西区；宝坻县；静海县
	第三次评估定级一级图书馆	天津；天津少年儿童；和平区；河东区；河西区；塘沽区；静海县；红桥区少年儿童
	第四次评估定级一级图书馆	天津；天津市少年儿童；泰达；和平区；河东区；河西区；南开区；河北区；红桥区少年儿童；大港区；东丽区；津南区；北辰区；宝坻区
	第五次评估定级一级图书馆	天津；天津市少年儿童；和平区；河东区；南开区；红桥区少年儿童；泰达；滨海新区大港；东丽区；津南区；北辰区；静海县；蓟县

	第六次评估定级一级图书馆	天津；天津市少年儿童；和平区；和平区少年儿童；河西区；河西区少年儿童；河东区；北辰区；西青区；津南区；滨海新区；武清区；泰达；空港经济区文化中心
辽宁	第一次评估定级一级图书馆	大连市沙河口区；大连市甘井子区；瓦房店市；沈阳市沈河区；大连市少年儿童；沈阳市少年儿童
	第二次评估定级一级图书馆	辽宁省；大连；沈阳市；大连市少年儿童；沈阳市少年儿童；鞍山市；本溪市；丹东市；沈阳市和平；瓦房店市；大连市甘井子区；大连市沙河口区；沈阳市沈河区；沈阳市铁西区；沈阳市大东区；沈阳市皇姑区；大连市西岗区
	第三次评估定级一级图书馆	辽宁省；沈阳市少年儿童；大连；大连市少年儿童；鞍山市；本溪市；辽阳市；大连市旅顺口区；大连市沙河口区；大连市甘井子区；普兰市市；沈阳市和平区；沈阳市沈河区；大连市西岗区；东港市；瓦房店市；沈阳市铁西区；鞍山市铁东区；海城市；沈阳铁西区少年儿童
	第四次评估定级一级图书馆	沈阳市；大连；大连市少年儿童；鞍山市；本溪市；锦州市；营口市；沈阳市沈河区；沈阳市和平区；沈阳市大东区；沈阳市铁西区；沈阳市铁西区少年儿童；沈阳市沈北新区；沈阳市于洪区；大连市西岗区；大连市沙河口区；大连市甘井子区；大连市旅顺口区；大连市金州区；大连市开发区；普兰店市；庄河市；鞍山市铁东区；海城市；东港市
	第五次评估定级一级图书馆	沈阳市；大连；大连市少年儿童；鞍山市；营口市；沈阳市和平区；沈阳市大东区；沈阳市东陵区；沈阳市沈北新区；沈阳市于洪区；大连市开发区；大连市西岗区；大连市沙河口区；大连市甘井子区；大连市旅顺口区；大连市金州区；瓦房店市；普兰店市；庄河市；鞍山市铁东区；海城市；营口市鲅鱼圈区；建平县；北票市；凌源市
	第六次评估定级一级图书馆	辽宁省；沈阳市；沈阳市少年儿童；大连；大连市少年儿童；鞍山市；本溪市；锦州市；营口市；辽阳市；沈阳市和平区；沈阳市沈河区；沈阳市大东区；沈阳市皇姑区；沈阳市浑南区；沈阳市沈北新区；沈阳市皇姑区少年儿童；康平县；法库县；大连市甘井子区；大连市西岗区；大连市中山区（大连市中山区少年儿童）；大连市普兰店区；大连市旅顺口区；大连经济技术开发；大连金州；瓦房店市；庄河市；海城市；鞍山市铁东区；桓仁满族自治县；北镇市；凌海市；营口市鲅鱼圈区；凌源市
上海	第一次评估定级一级图书馆	南市区；卢湾区；杨浦区；静安区；闸北区；曲阳；南汇区；浦东新区川沙；闵行区第一；崇明县；松江；青浦县；上海少年儿童；普陀区少年儿童；浦东新区川沙少年儿童
	第二次评估定级一级图书馆	上海；上海少年儿童；静安区；杨浦区；闸北区；南市区；长宁区；卢湾区；黄浦区；徐汇区；普陀；虹口区；宝山区；长宁区少年儿童；闸北区少年儿童；南汇县；虹口区曲阳；浦东新区第二；奉贤县；松江县；青浦县；崇明县；浦东新区第一；杨浦区延吉；浦东新区川沙；闵行区第一；浦东新区川沙少年儿童

续表

江苏	第三次评估定级一级图书馆	上海；上海少年儿童；黄浦区；浦东新区；宝山区；松江区；杨浦区；卢湾区；徐汇区；长宁区；闸北区；普陀区；黄浦区第二；静安区；虹口区；闵行区；南汇区；青浦区；崇明县；浦东新区第一；杨浦区延吉；浦东新区川沙；浦东新区第二；虹口区曲阳；奉贤区；浦东新区川沙少年儿童；闸北区少年儿童；长宁区少年儿童
	第四次评估定级一级图书馆	上海；上海少年儿童；浦东新区；黄浦区；卢湾区；徐汇区；长宁区；长宁区少年儿童；静安区；普陀区；普陀区少年儿童；闸北区；闸北区少年儿童；虹口区；虹口区曲阳；杨浦区；杨浦区少年儿童；杨浦区延吉；闵行区；宝山区；嘉定区；松江区；青浦区；浦东新区南汇；浦东新区陆家嘴；浦东新区新川沙；奉贤区；崇明县
	第五次评估定级一级图书馆	上海；上海市少年儿童；黄浦区；黄浦区明复；徐汇区；长宁区；长宁区少年儿童；静安区；普陀区；普陀区少年儿童；闸北区；闸北区少年儿童；虹口区；杨浦区；闵行区；宝山区；嘉定区；浦东；浦东新区陆家嘴；浦东新区新川沙；松江区；青浦区；奉贤区；崇明县
	第六次评估定级一级图书馆	上海；上海少年儿童；浦东；黄浦区；黄浦区明复；静安区；徐汇区；长宁区；普陀区；虹口区；杨浦区；宝山区；闵行区；嘉定区；金山区；松江区；青浦区；奉贤区；崇明区；长宁区少年儿童；静安区闸北少年儿童
	第一次评估定级一级图书馆	苏州市；无锡市；常州市；盐城市；镇江市；常熟市；江阴市；泰州市；靖江市；宜兴市；泗阳县；东台市
	第二次评估定级一级图书馆	南京；常州市；镇江市；苏州市；盐城市；常熟市；张家港市；江阴市；昆山市；泰兴市；吴县市；如皋市；宜兴市；海门市；江都市；东台市；启东市；海安县；扬中市；丹阳市；武进市；通州市；泗阳县；南京市白下区；南京市秦淮区；南京市玄武区少年儿童；溧水县少年儿童
江苏	第三次评估定级一级图书馆	苏州；镇江市；常州市；无锡市；徐州市；连云港市；盐城市；扬州市；张家港市；常熟市；南京市鼓楼区；太仓市；丹阳市；南京市江宁区；吴江市；泰兴市；江阴市；仪征市；南京市建邺区；昆山市；南京市秦淮区；南京市浦口区；扬中市；南京市六合区第二；海门市；苏州市吴中区；江都市；启东市；通州市；南京市白下区；源水县；高淳县；如皋市；宜兴市；姜堰市；靖江市；金坛市；大丰市；沛县；东海县；海安县；常州市武进区；东台市；扬州市少年儿童；连云港市少年儿童；溧水县儿童；南京市玄武区少年儿童
	第四次评估定级一级图书馆	南京；金陵；无锡市；徐州市；常州市；苏州；连云港市；连云港市少年儿童；盐城市；扬州市；扬州市少年儿童；镇江市；南京市玄武区少年儿童；南京市白下区；南京市秦淮区；南京市建邺区；南京市鼓楼区；南京市浦口区；南京市江宁区；南京市六合区第二；深水县少年儿童；深水县；高淳县；无锡市惠山区；江阴市；宜兴市；沛县；铜山县；常州市武进区；深阳市；金坛市；苏州市

续表

		金闾区；苏州市沧浪区；苏州市平江区；苏州市吴中区；苏州市相城区；常熟市；张家港市；昆山市；吴江市；太仓市；苏州独墅湖；如皋市；南通市通州区；海门市；海安县；如东县；东海县；灌南县；洪泽县；金湖县；东台市；大丰市；扬州市邗江区；仪征市；高邮市；江都市；丹阳市；兴化市；靖江市；泰兴市；姜堰市
	第五次评估定级一级图书馆	南京；金陵；无锡市；徐州市；常州市；苏州；南通市；南通市少年儿童；连云港市；连云港市少年儿童；淮安市；淮安市少年儿童；盐城市；扬州市；扬州市少年儿童；镇江市；泰州市；南京市玄武区少年儿童；南京市白下区；南京市秦淮区；南京市建邺区；南京市鼓楼区；南京市浦口区；南京市栖霞区；南京市雨花台区；南京市江宁区；南京市六合区第一；南京市六合区第二；南京市溧水区；南京市溧水区少年儿童；南京市高淳区；无锡市崇安区；无锡市北塘区；无锡市锡山区；无锡市惠山区；无锡市滨湖区；无锡市新区；江阴市；宜兴市；徐州市铜山区；沛县；新沂市；邳州市；常州市武进区；溧阳市；金坛市；苏州市沧浪区；苏州市平江区；苏州市金闾区；苏州市吴中区；苏州市相城区；苏州市高新区；苏州市吴江区；苏州工业园区独墅湖；常熟市；张家港市；张家港市少年儿童；昆山市；太仓市；南通市通州区；海安县；如东县；启东市；如皋市；海门市；赣榆县；东海县；灌云县；灌南县；淮安市淮安区；淮安市清河区；洪泽县；盱眙县；金湖县；盐城市盐都区；滨海县；阜宁县；射阳县；建湖县；东台市；大丰市；扬州市江都区；扬州市邗江区；仪征市；高邮市；镇江市京口区；镇江市润州区；镇江市丹徒区；丹阳市；扬中市；句容市；泰州市高港区；泰州市姜堰区；兴化市；靖江市；泰兴市；宿迁市宿城区；沭阳县；泗阳县
	第六次评估定级一级图书馆	南京；金陵；无锡市；徐州市；常州市；苏州；南通市；连云港市；连云港市少年儿童；淮安市；淮安市少儿；盐城市；扬州市；扬州市少年儿童；镇江市；泰州市；宿迁市；南京市玄武区少年儿童；南京市秦淮区；南京市建邺区；南京市鼓楼区；南京市浦口区；南京市栖霞区；南京市雨花台区；南京市江宁区；南京市六合区第一；南京市六合区第二；南京市溧水区；南京市溧水区儿童；南京市高淳区；无锡市锡山区；无锡市惠山区；无锡市滨湖区；无锡市梁溪区；无锡高新区（新吴区）；江阴市；宜兴市；徐州市铜山区；沛县；睢宁县；新沂市；邳州市；常州市武进区；常州市金坛区；溧阳市；常熟市；张家港市；张家港市少年儿童；昆山市；太仓市；苏州高新区；苏州市吴中区；苏州市相城区；苏州市姑苏区；苏州市吴江区；苏州工业园区独墅湖；南通市通州区；海安县；如东县；启东市；如皋市；海门市；连云港市连云区；连云港市海州区；连云港市赣榆；东海县；灌云县；灌南县；淮安市淮安区；淮安市清江浦；淮安市洪泽区；盱眙县；金湖县；盐城市盐都区；盐城市大丰区；响水县；滨海县；阜宁县；射阳县；建湖县；东台市；扬州市邗江区；扬州市江都区；宝应县；仪征市；高邮市；镇江市京口区；镇江市润州区；镇江市丹徒区；丹阳市；扬中市；句容市；泰州市海陵；泰州市姜堰区；兴化市；靖江市；泰兴市；宿迁市宿城区；沭阳县；泗阳县

续表

浙江	第一次评估定级一级图书馆	杭州市；海宁市；余杭市
	第二次评估定级一级图书馆	温州市；湖州市；金华严济慈；余姚市；上虞市；诸暨市；东阳市；余杭市；海宁市；慈溪市；浦江县；宁海县
	第三次评估定级一级图书馆	浙江；杭州少年儿童；绍兴；温州市；金华严济慈；桐庐县；杭州市萧山区；桐乡市；海宁市；温岭市；杭州市余杭区；永嘉县；临安市；富阳市；台州市椒江区；海盐县；余姚市；上虞市；嵊州市；象山县；安吉县；兰溪市；东阳市；奉化市；临海市；嘉善县；德清县；浦江；武义县；诸暨市；岱山县；云和县；温州市少年儿童
	第四次评估定级一级图书馆	浙江；杭州；温州市；温州市少年儿童；嘉兴市；湖州市；绍兴；金华严济慈；杭州市拱墅区；杭州市江干区；杭州市余杭区；杭州市萧山；建德市；富阳市；临安市；桐庐县；宁波市北仑区；宁波市镇海区；宁波市鄞州区；余姚市；慈溪市；奉化市；象山县；宁海县；海宁市；平湖市；桐乡市；嘉善县；德清县；长兴县；安吉县；诸暨市；上虞市；嵊州市；绍兴县；兰溪市；义乌市；东阳市；永康市；武义县；浦江县；舟山市普陀区；岱山县；台州市椒江区；温岭市；临海市；云和县
	第五次评估定级一级图书馆	浙江；杭州；杭州少年儿童；温州市；温州市少年儿童；嘉兴市；湖州市；绍兴；金华市；舟山市；台州市；杭州市下城区；杭州市江干区；杭州市拱墅区；杭州市西湖区；萧山；杭州市余杭区；桐庐县；建德市；富阳市；临安市；宁波市江东区；宁波市鄞州区；宁波市镇海区；宁波市北仑区；宁波市海曙区；宁波市江北区；象山县；宁海县；余姚市；慈溪市；奉化市；温州市瓯海区；温州市龙湾区；洞头县；永嘉县；平阳县；苍南县；泰顺县；瑞安市；乐清市；嘉善县；海盐张元济；海宁市；平湖市；桐乡市；湖州南浔区；德清县；长兴县；安吉县；绍兴县；新昌县；诸暨市；上虞市；嵊州市；武义县；浦江县；磐安县；兰溪市；义乌市；东阳市；永康市；舟山市定海区；舟山市普陀区；岱山县；嵊泗县；台州市椒江区；温岭市；临海市；云和县；景宁畲族自治县；龙泉市
	第六次评估定级一级图书馆	浙江；杭州；杭州少年儿童；宁波市；温州市；温州市少年儿童；湖州市；嘉兴市；绍兴；金华市少年儿童；舟山市；台州市；杭州市下城区；杭州市江干区；杭州市拱墅区；杭州市西湖区；杭州高新区（滨江）；杭州市萧山；杭州市余杭区；杭州市富阳区；桐庐县；淳安县；建德市；临安市；宁波市海曙区；宁波市江北区；宁波市镇海区；宁波市北仑区；宁波市鄞州区；余姚市；慈溪市；宁波市奉化区；宁海县；象山县；温州市鹿城区；温州市龙湾区；温州市瓯海区；温州市洞头区；乐清市；瑞安市；永嘉县；文成县；平阳县；泰顺县；苍南县；湖州市南浔区；德清县；长兴；嘉善县；平湖市；张元济；海宁市；桐乡市；绍兴市柯桥区；上虞；诸暨市；嵊州市；新昌县；金华市婺城区；兰溪市；东阳市；义乌市；永康市；浦江县；武义县；舟山市定海区；舟山市普陀区；岱山县；台州市椒江区；台州市黄岩区；台州市路桥区；临海市；温岭市；玉环县；天台县；仙居县；三门县；龙泉市；青田县；云和县；景宁畲族自治县

福建	第一次评估定级一级图书馆	南平市；晋江市
	第二次评估定级一级图书馆	福建省；泉州市；晋江市；南安市；建瓯市；建阳市
	第三次评估定级一级图书馆	福建省；厦门市少年儿童；福州市；泉州市；晋江市；南安市；石狮市；南安市李成智公众；厦门市集美
	第四次评估定级一级图书馆	福建省；厦门市；厦门市少年儿童；泉州市；龙岩；长乐市；厦门市海沧区；厦门市湖里区；厦门市集美区；厦门市集美区少年儿童；永安市；石狮市；晋江市；南安市；南安市李成智公众；泉州市鲤城区
	第五次评估定级一级图书馆	福建省；厦门市；厦门市少年儿童；泉州市；三明市；龙岩；长乐市；厦门市思明区；厦门市海沧区；厦门市湖里区；厦门市集美；厦门市集美区少年儿童；厦门市同安区；厦门市翔安区；沙县；将乐县；永安市；泉州市鲤城区；永春县；石狮市；晋江市；南安市；南安市李成智公众；南靖县；龙海市；邵武市
	第六次评估定级一级图书馆	福建省少年儿童；厦门市；厦门市少年儿童；泉州市；三明市；福州市马尾区；福州市长乐区；福清市；闽侯县；厦门市思明区；厦门市湖里区；集美；厦门市集美区少年儿童；厦门市海沧区；厦门市同安区；厦门市翔安区；龙海市；泉州市鲤城区；石狮市；晋江市；南安市；南安市李成智公众；永春县；永安市；清流县；建宁县；将乐县；沙县；大田县；龙岩；上杭县；霞浦县
山东	第一次评估定级一级图书馆	文登市；青州市；滕州市
	第二次评估定级一级图书馆	潍坊市；烟台；济宁市；平度市；胶州市；青州市；文登市；莱州市；邹城市；滕州市；青岛市四方区；淄博市博山区；平原县；
	第三次评估定级一级图书馆	山东省；青岛市；烟台；济宁市；潍坊市；枣庄市；莱州市；青岛市经济技术开发区；胶州市；平度市；文登市；烟台市牟平区；青州市；青岛市四方区；茌平县；淄博市淄川区；平原县；青岛市市南区；曲阜市；滕州市；诸城市；邹平县；淄博市博山；广饶县；烟台经济技术开发区；邹城市；诸城市
	第四次评估定级一级图书馆	山东省；青岛市；枣庄市；东营市；烟台市；潍坊市；济宁市；泰安市；济南市市中区；青岛市市南区；青岛市市北区；青岛市四方区；青岛市崂山区；青岛市李沧区；青岛市城阳区；青岛市开发区；胶州市；平度市；胶南市；淄博市张店区；淄博市淄川区；桓台县；沂源县；滕州市；广饶县；烟台市牟平区；烟台市开发区；龙口市；莱州市；招远市；青州市；诸城市；寿光市；高密市；文登市；荣成市；乳山市；曲阜市；兖州市；邹城市；泰安市泰山区；莱芜市钢城区；郯城县；禹城市；平原县；茌平县；博兴县；荷泽市牡丹区

续表

	第五次评估定级一级图书馆	山东省；青岛市；济南市；淄博市；枣庄市；东营市；烟台；潍坊市；济宁市；泰安市；莱芜市；临沂市；德州市；菏泽市；济南市历下区；济南市市中区；济南市槐荫区；济南市天桥区；济南市历城区；济南市长清区；商河县；章丘市；青岛经济技术开发区；青岛市南区；青岛市市北区第一；青岛市市北区第二；青岛市黄岛区；青岛市崂山区；青岛市李沧区；青岛市城阳区；即墨市；平度市；莱西市；淄博市张店区少儿；桓台县；沂源县；滕州市；东营市东营区；垦利县；广饶县；烟台经济技术开发区；烟台市牟平区；龙口市；莱阳市；莱州市；招远市；潍坊市坊子区；潍坊市奎文区；青州市；诸城市；寿光市；高密市；昌邑市；金乡县；曲阜市；兖州市；邹城市；泰安市泰山区；东平县；肥城市；文登市；荣成市；乳山市；莱芜市钢城区；郯城县；沂水县；临沭县；陵县；齐河县；平原县；禹城市；茌平县；东阿县；无棣县；博兴县；菏泽市牡丹区
	第六次评估定级一级图书馆	山东省；济南市；青岛市；淄博市；枣庄市；东营市；烟台；潍坊市；济宁市；泰安市；威海市；日照市；莱芜市；临沂市；滨州市；菏泽市；济南市历下区；济南市槐荫区；济南市天桥区；济南市历城区；济南市长清区；济南市章丘区；平阴县；商河县；青岛市市南区；青岛市市北第一；青岛市李沧区；青岛市崂山区；青岛市黄岛区；青岛市城阳区；青岛市即墨区；胶州市；平度市；莱西市；淄博市张店区少儿；淄博市周村区；淄博市临淄区；桓台县；沂源县；滕州市；枣庄市山亭区；东营市河口区；广饶县；东营市垦利区；烟台市莱山区；烟台市牟平区；龙口市；招远市；莱州市；烟台经济技术开发区；济宁市兖州区；曲阜市；邹城市；金乡县；汶上县；泰安市泰山区；东平县；荣成市；威海市文登区；乳山市；潍坊市奎文区；潍坊市坊子区；青州市；诸城市；寿光市；高密市；安丘市；昌邑市；郯城县；沂水县；莒南县；临沭县；禹城市；齐河县；夏津县；茌平县；博兴县；邹平县；菏泽市牡丹区
广东	第一次评估定级一级图书馆	佛山市；顺德市梁球琚；南海市；新会市景堂；三水市；佛山市石湾区；深圳市宝安区；番禺市；广州市海珠区；深圳市蛇口工业区；梅县剑英；台山市；罗定市；湛江市少年儿童
	第二次评估定级一级图书馆	广东省中山；深圳；广州；广州市少年儿童；佛山市；江门市五邑；东莞市；湛江市少年儿童；南海市；番禺市；新会市景堂；广州市荔湾区；佛山市石湾区；三水市；广州市海珠区；顺德市；揭阳市榕城区；深圳市宝安区；深圳南山；深圳市罗湖区；台山市；广州市黄埔区；梅县剑英；普宁市；肇庆市端州；广州市芳村区；开平市伟伦；罗定市
	第三次评估定级一级图书馆	广东省立中山；广州；广州少年儿童；佛山市；东莞市；江门市五邑；中山市中山；深圳市南山；深圳市罗湖；广州市天河区；深圳市福田区；汕头市；广州市海珠区；广州市番禺区；广州市荔湾区；深圳市宝安；深圳市盐田区；湛江市；广州市芳村区；广州市花都区；广州市黄埔区；佛山市南海区；佛山市顺德区梁球琚；肇庆市端州区；佛山市禅城区；揭阳市榕城区；江门市新会区景堂；佛山市三水区；佛山市高明区；高州市；增城市；开平市；台山市；罗定市；惠州市惠阳区；蕉岭县；普宁市；汕头市澄海区；湛江市少年儿童

	第四次评估定级一级图书馆	广州；广州少年儿童；深圳；深圳少年儿童；珠海市；汕头市；佛山市；江门市五邑；湛江市；湛江市少年儿童；惠州市慈云；东莞；中山市中山；广州市越秀区；广州市荔湾区；广州市海珠区；广州市天河区；广州市白云区；广州市黄埔区；广州市番禺区；广州市花都区；广州市南沙区；广州市萝岗区；广州市增城市；广州市从化市；深圳市福田区；深圳市罗湖区；深圳市南山区；深圳市宝安区；深圳市龙岗区；深圳市盐田区；汕头市澄海区；佛山市禅城区；佛山市南海区；佛山市顺德区；佛山市三水区；佛山市高明区；江门市新会景堂；台山市；开平市；高州市；肇庆市端州区；惠州市惠阳区；蕉岭县；揭阳市榕城区；罗定市
	第五次评估定级一级图书馆	广东省立中山；广州；广州少年儿童；深圳；深圳少年儿童；珠海市；汕头市；佛山市；湛江市；湛江市少年儿童；茂名市；肇庆市；惠州市慈云；梅州市剑英；东莞市；中山市；广州市荔湾区；广州市越秀区；广州市海珠区；广州市天河区；广州市白云区；广州市黄埔区；广州市番禺区；广州花都区；广州市南沙区；广州市萝岗区；增城市；从化市；深圳市罗湖区；深圳市福田区；深圳市南山区；深圳市宝安区；深圳市龙岗区；深圳市盐田区；汕头市龙湖区；汕头市澄海区；佛山市禅城区；佛山市南海区；佛山市顺德区；佛山市三水区；佛山市高明区；江门市五邑；江门市新会区景堂；台山市；开平市；鹤山市；恩平市；高州市；肇庆市端州区；广宁县；怀集县；高要市；四会市；惠州市惠阳区；博罗县；惠东县；梅县；蕉岭县；兴宁市；英德市；连州市；中山市火炬开发区；揭阳市榕城区；普宁市；新兴县；罗定市
	第六次评估定级一级图书馆	广东省立中山；广州；广州少年儿童；深圳；深圳少年儿童；珠海市；汕头市；佛山市；河源市；梅州市剑英；惠州慈云；东莞；江门市五邑；茂名市；肇庆市；潮州市；广州市越秀区；广州市海珠区；广州市荔湾区；广州市天河区；广州市白云区；广州市黄埔区；广州市花都区；广州市番禺区；从化；广州市增城区；深圳市福田区；深圳市盐田区；深圳市南山；深圳市宝安区；深圳市龙岗区；深圳市光明新；珠海市金湾区；珠海市斗门区；汕头市龙湖区；汕头市澄海区；佛山市禅城区；佛山市南海区；顺德；佛山市高明区；佛山市三水区；韶关市曲江区；河源市源城区；和平县；梅州市梅江区；梅州市梅县区；兴宁市；蕉岭县；大埔县；五华县；惠州市惠阳区；惠东县；博罗县；龙门县；江门市蓬江区；江门市新会区景堂；台山市；开平市；信宜市；高州市；肇庆市端州；肇庆市鼎湖区；四会市；肇庆市高要区；广宁县；德庆县；封开县；怀集县；英德市；连州市；揭阳市榕城区；罗定市；新兴县
河北	第一次评估定级一级图书馆	秦皇岛市；唐山市
	第二次评估定级一级图书馆	河北省；石家庄市；唐山市；秦皇岛市；邯郸市；武安市

续表

河北	第三次评估定级一级图书馆	石家庄市；唐山市；秦皇岛市；邯郸市；廊坊市；武安市；乐亭县；遵化市
	第四次评估定级一级图书馆	石家庄市；唐山市；秦皇岛市；廊坊市；唐山市丰南区；遵化市；乐亭县；武安市；霸州市
	第五次评估定级一级图书馆	河北省；石家庄市；唐山市；秦皇岛；邢台市；沧州市；廊坊市；唐山市丰南区；乐亭县；遵化市；迁安市；涉县；武安市；沙河市；涞水县；易县；涿州；张北县；滦平县；泊头市；霸州市
	第六次评估定级一级图书馆	河北省；石家庄市；唐山市；秦皇岛；邯郸市；邢台市；沧州市；廊坊市；定州市；唐山市丰南区；乐亭县；遵化市；迁安市；涉县；鸡泽县；馆陶；武安市；威县；沙河市；涞水县；易县；涿州市；张北县；承德县；滦平县；泊头市；任丘；霸州；三河市
山西	第二次评估定级一级图书馆	曲沃县
	第三次评估定级一级图书馆	太原市；晋中市榆次区；曲沃县；汾阳市
	第四次评估定级一级图书馆	太原市；长治市；晋中市榆次区；曲沃县；汾阳市
	第五次评估定级一级图书馆	山西省；太原市；长治市；清徐县；长治县；沁源县；灵石县；万荣县；晋中市榆次区；祁县；曲沃县；古县；孝义市；汾阳市
	第六次评估定级一级图书馆	山西省；朔州市；长治市；晋城市；太原市小店区；应县；汾阳市；灵石县；长治县；沁源县；古县；洪洞县；曲沃县；芮城县；临猗县；永济市
吉林	第一次评估定级一级图书馆	延吉市少年儿童
	第二次评估定级一级图书馆	长春；延边朝鲜族自治州；长春市宽城区；延吉市少年儿童

吉林	第三次评估定级一级图书馆	长春；延边州；敦化市；前郭尔罗斯蒙古族自治县；长春市宽城区；桦甸市；延吉市少年儿童
	第四次评估定级一级图书馆	长春；长春市少年儿童；吉林市；桦甸市；延吉市少年儿童；敦化市；前郭尔罗斯蒙古族自治县
	第五次评估定级一级图书馆	长春市少年儿童；延边朝鲜族自治州；吉林市；松原市；延吉市少年儿童；长春市宽城区；长春市朝阳区；长春市绿园区；蛟河市；桦甸市；通化县；抚松县；前郭尔罗斯蒙古族自治县；敦化市；龙井市
	第六次评估定级一级图书馆	吉林省；长春市；吉林市；通化市；松原市；延边朝鲜族自治州；长春市朝阳区；长春市宽城区；长春市绿园区；长春市九台区；农安县；蛟河市；桦甸市；通化县；抚松县；乾安县；前郭尔罗斯蒙古族自治县；延吉市少年儿童；敦化市；龙井市
黑龙江	第二次评估定级一级图书馆	哈尔滨市；齐齐哈尔市；海伦市
	第三次评估定级一级图书馆	哈尔滨市；齐齐哈尔市；海伦市；海林市
	第四次评估定级一级图书馆	黑龙江省；哈尔滨市；大庆市；牡丹江市
	第五次评估定级一级图书馆	黑龙江省；牡丹江市；大庆市；哈尔滨市南岗区；哈尔滨市香坊区；哈尔滨市阿城区；哈尔滨市双城市；拜泉县；伊春市西林区；伊春市金山屯区；嘉荫县；绥芬河市；东宁县；海林市；望奎县；庆安县；绥棱县
	第六次评估定级一级图书馆	齐齐哈尔市；牡丹江市；大庆市；哈尔滨市南岗区；哈尔滨市香坊区；哈尔滨市呼兰区；哈尔滨市阿城区；哈尔滨市双城区；尚志市；拜泉县；富裕县；肇源县；铁力市；伊春市西林区；嘉荫县；黑河市爱辉区；庆安县；绥棱县；望奎县
安徽	第二次评估定级一级图书馆	铜陵市
	第三次评估定级一级图书馆	合肥市；铜陵市；马鞍山市；太湖县；合肥市少年儿童

续表

安徽	第四次评估定级一级图书馆	安徽省；合肥市；芜湖市；马鞍山市；铜陵市；桐城市；太湖县；宁国市
	第五次评估定级一级图书馆	安徽省；合肥市；芜湖市；蚌埠市；马鞍山市；淮北市；铜陵市；安庆市；肥东县；芜湖市镜湖区；芜湖县；繁昌县；南陵县；五河县；马鞍山市花山区；怀宁县；枞阳县；太湖县；宿松县；桐城市；歙县；来安县；定远县；凤阳县；天长市；颍上县；界首市；巢湖市；无为县；黄山市屯溪区；黟县；郎溪县；青阳县；宁国市
	第六次评估定级一级图书馆	合肥市；宿州市；马鞍山市；芜湖市；宣城市；铜陵市；安庆市；黄山市；肥东县；长丰县；泗县；五河县；颍上县；天长市；明光市；全椒县；凤阳县；定远县；金寨县；马鞍山市花山区；含山县；和县；当涂县；芜湖市镜湖区；无为县；芜湖县；繁昌县；南陵县；宁国市；绩溪县；铜陵市铜官区；铜陵市义安区；铜陵市郊区；枞阳县；青阳县；怀宁县；桐城市；太湖县；岳西县；黄山市屯溪区；休宁县
江西	第一次评估定级一级图书馆	庐山
	第二次评估定级一级图书馆	吉安市；庐山；于都县
	第三次评估定级一级图书馆	南昌市；新余市；赣州市；庐山；弋阳县；泰和县
	第四次评估定级一级图书馆	南昌市；景德镇市；萍乡市；九江市；赣州市；庐山；新余市渝水区；定南县；于都县；万载县；上高县；靖安县
	第五次评估定级一级图书馆	南昌市；景德镇市；萍乡市；九江市；赣州市；吉安市；宜春市；抚州市；上饶市；庐山；会昌县；进贤县；乐平市；莲花县；武宁县；修水县；湖口县；瑞昌市；渝水区；分宜县；月湖区；大余县；上犹县；定南县；全南县；于都县；青原区；吉安县；峡江县；遂川县；万安县；安福县；奉新县；万载县；上高县；宜丰县；靖安县；崇仁县；金溪县；弋阳县
	第六次评估定级一级图书馆	江西省；南昌市；赣州市；宜春市；吉安市；上饶市；抚州市；九江市；景德镇市；萍乡市；新余市；南昌市东湖区；南昌市青山湖区；进贤县；赣州市赣县区；赣州市章贡区；大余县；于都县；会昌县；宜丰县；靖安县；万载县；奉新县；吉安市青原区；吉安市新干县；吉安县；上饶市信州区；弋阳县；金溪县；崇仁县；庐山；修水县；湖口县；乐平市；分宜县；莲花县

续表

河南	第一次评估定级一级图书馆	南阳市
	第二次评估定级一级图书馆	郑州市；洛阳市；三门峡市；偃师市；陕县
	第四次评估定级一级图书馆	河南省；郑州市；洛阳市；鹤壁市；安阳市；漯河市；三门峡市；济源市；新郑市；新密市；新安县；偃师市；陕县；淅川县；禹州市；商丘市睢阳区
	第五次评估定级一级图书馆	郑州；洛阳市；安阳市；鹤壁市；新乡市；焦作市；许昌市；三门峡市；信阳市；济源市；郑州市金水区；郑州市上街区；郑州经济技术开发区；荥阳市；新郑市；孟津县；新安县；偃师市；宝丰县；延津县；修武县；鄢陵县；禹州市；渑池县；陕县；灵宝市；淅川县；商丘市梁园区；商丘市睢阳区；睢县；永城市；信阳市平桥区；罗山县；商城县；商水县；郸城县；淮阳县；西平县；上蔡县；汝南县
	第六次评估定级一级图书馆	河南省少年儿童；郑州；开封市；洛阳市；焦作市；安阳市；鹤壁市；濮阳市；许昌市；许昌市少年儿童；南阳市；信阳市；济源市；郑州市上街区；荥阳市；巩义市；新郑市；郑州经济技术开发区；兰考县；偃师市；孟津县；新安县；汝阳县；洛阳市吉利区；洛阳市老城区；舞钢市；禹州市；长垣县；延津县；沁阳市；修武县；林州市；灵宝市；方城县；桐柏县；永城市；民权县；夏邑县；睢县；新县；商城县；淮滨县；信阳市平桥区公共；信阳市平桥区明港镇文化事业发展服务中心（信阳市平桥区明港）；汝南县；西平县；淮阳县
湖北	第一次评估定级一级图书馆	黄石市；十堰市；蕲春县；武汉市少年儿童
	第二次评估定级一级图书馆	武汉市少年儿童；十堰市；黄石市；荆州市；武汉市东西湖区；蕲春县；崇阳县；武汉市江汉区；宜昌县
	第三次评估定级一级图书馆	湖北省；武汉；武汉市少年儿童；十堰市；荆州市；黄石市；荆门市；荆州市少年儿童；武汉市江汉区；宜昌市夷陵区；蕲春县；武汉市洪山区　武汉市江夏区；武汉市东西湖区；郧西县；大冶市；崇阳县；当阳市；武汉市硚口区；秭归县；武汉市青山区
	第四次评估定级一级图书馆	湖北省；武汉；武汉市少年儿童；黄石市；襄樊市；十堰市；荆州市；宜昌市；鄂州市；仙桃市；潜江市；武汉市江岸区；武汉市江汉区；武汉市硚口区；武汉市青山区；武汉市东西湖区；武汉市蔡甸区；武汉市江夏区；大冶市；老河口市；南漳县；谷城县；宜昌市夷陵区；当阳市；秭归县；蕲春县；远安县；崇阳县

续表

	第五次评估定级一级图书馆	湖北省；武汉；武汉市少年儿童；黄石市；十堰市；宜昌市；襄阳市；鄂州市；荆州市；武汉市江岸区；武汉市江汉区；武汉市硚口区；武汉市汉阳区；武汉市青山区；武汉市洪山区；武汉市东西湖区；武汉市蔡甸区；武汉市江夏区；大冶市；宜昌市夷陵区；远安县；兴山县；秭归县；长阳县；当阳市；襄阳市襄州区；谷城县；老河口市；宜城市；京山县；钟祥市；应城市；松滋市；团风县；红安县；罗田县；浠水县；蕲春县；黄梅县；麻城县；嘉鱼县；崇阳县；赤壁市；利川市；仙桃市；潜江市；天门市
	第六次评估定级一级图书馆	湖北省；武汉；武汉市少年儿童；黄石市；十堰市；襄阳市；宜昌市；荆州市；荆门市；鄂州市；孝感市；武汉市江岸区；武汉市江汉区；武汉市硚口区；武汉市汉阳区；武汉市青山区；武汉市洪山区；武汉市江夏区；武汉市东西湖区；大冶市；阳新县；宜城市；南漳县；谷城县；老河口市；当阳市；兴山县；秭归县；长阳土家族自治县；五峰土家族自治县；宜昌市夷陵区；宜昌市西陵区；京山市；应城市；团风县；红安县；麻城市；罗田县；蕲春县；黄梅县；嘉鱼县；来凤县；仙桃市；天门市；潜江市
湖南	第一次评估定级一级图书馆	永州市；湖南省少年儿童
	第二次评估定级一级图书馆	湖南；湖南省少年儿童；株洲市；常德市；衡阳市；永州市芝山区；临湘市；双峰县；宁乡县；邵东县；炎陵县；汨罗市；华容县
	第三次评估定级一级图书馆	湖南；湖南省少年儿童；常德市；株洲市；衡阳市；岳阳市；湘潭市；永州市芝山区；浏阳市；衡东县；双峰县；临湘市；平江县；宁乡县；涟源市；华容县；炎陵县；邵东县；临澧县
	第四次评估定级一级图书馆	湖南；湖南省少年儿童；岳阳市；常德市；长沙市芙蓉区；长沙市天心区；长沙市岳麓区；长沙市雨花区；浏阳市；炎陵县；湘潭县；衡南县；衡东县荣桓；汨罗市；临湘市；华容县；平江县；石门县；益阳市赫山区；永州市零陵区；沅陵县；涟源市；双峰县；花垣县
	第五次评估定级一级图书馆	湖南；湖南省少年儿童；株洲市；衡阳市；岳阳市；常德市；长沙市芙蓉区；长沙市天心区；长沙市岳麓区；长沙市开福区；长沙市雨花区；长沙县；长沙市望城区雷锋；宁乡县；浏阳市；攸县；茶陵县；炎陵县；醴陵市；湘潭县；湘乡市；韶山市；衡南县；张家界市永定区；衡东县荣桓；邵东县；隆回县魏源；岳阳县；华容县；平江县；汨罗市；临湘市；石门县；益阳市资阳区；益阳市赫山区；桃江县；永州市零陵区；祁阳县；双峰县；冷水江市；涟源；泸溪县；凤凰县；花垣县
	第六次评估定级一级图书馆	湖南；湖南省少年儿童；长沙市；长沙市芙蓉区；长沙市天心区；长沙市岳麓区；长沙市开福区；长沙市雨花区；长沙市望城区雷锋；长沙县；浏阳市；宁乡市；衡阳市；衡南县；衡东县荣桓；株洲市；炎陵县；茶陵县；醴陵市；湘乡市；韶山市；邵阳市松坡；隆回县魏源；岳阳市；临湘市；石门县；张家界市永定区；祁阳陶铸；宁远县；冷水江市；涟源市；双峰县；泸溪县；凤凰县；花垣县

海南	第二次评估定级一级图书馆	琼海市
	第五次评估定级一级图书馆	昌江黎族自治县
	第六次评估定级一级图书馆	保亭黎族苗族自治县
内蒙古	第二次评估定级一级图书馆	通辽市；赤峰市红山区少年儿童
	第三次评估定级一级图书馆	包头市；通辽市科尔沁区；包头市青山区
	第四次评估定级一级图书馆	鄂尔多斯市；包头市青山区；包头市九原区；乌海市乌达区；赤峰市红成区民族少年儿童；通辽市科尔沁区；奈曼旗
	第五次评估定级一级图书馆	包头市；鄂尔多斯市；包头市青山区；包头市九原区；土默特右旗；乌海市乌达区；通辽市科尔沁区；开鲁县；奈曼旗；赤峰市红山区民族少年儿童；鄂尔多斯市东胜区；鄂托克旗；乌审旗；科尔沁右翼中旗
	第六次评估定级一级图书馆	内蒙古自治区；包头市；呼伦贝尔市；通辽市；赤峰市；鄂尔多斯市；包头市昆都仑区；包头市青山区；包头市九原区；土默特右旗；科右中旗；通辽市科尔沁区；开鲁县；库伦旗；赤峰市红山区民族少年儿童；宁城县；鄂尔多斯市东胜区；乌审旗；准格尔旗；鄂托克前旗；鄂托克旗；达拉特旗
广西	第一次评估定级一级图书馆	柳州市；玉林市
	第二次评估定级一级图书馆	柳州市；南宁市少年儿童
	第三次评估定级一级图书馆	柳州市；南宁市；南宁市少年儿童；北流市

续表

	第四次评估定级一级图书馆	广西壮族自治区；南宁市；南宁市少年儿童；柳州市；玉林市；北流市；横县
	第五次评估定级一级图书馆	广西壮族自治区；南宁市；南宁市少年儿童；柳州市；北海市少年儿童；贵港市；玉林市；隆安县；宾阳县；横县；灵川县；灵山县；博白县；北流市；兴宾区；象州县
	第六次评估定级一级图书馆	广西壮族自治区；广西壮族自治区桂林；南宁市；南宁市少年儿童；柳州市；北海市；贵港市；玉林市；北流市；来宾市兴宾区
重庆	第二次评估定级一级图书馆	重庆市渝中区；重庆市沙坪坝区
	第三次评估定级一级图书馆	沙坪坝区；北碚区
	第四次评估定级一级图书馆	重庆；重庆市少年儿童；沙坪坝区；南岸区；北碚区；长寿区；铜梁县；开县
	第五次评估定级一级图书馆	重庆；重庆市少年儿童；涪陵区；涪陵区少年儿童；渝中区；大渡口区；江北区；沙坪坝区；九龙坡区；南岸区；北碚区；万盛经济技术开发区；黔江区；长寿区；潼南县；铜梁县；荣昌县；璧山县；武隆县；忠县；开县；云阳县；奉节县；秀山县；酉阳县
	第六次评估定级一级图书馆	重庆；重庆市少年儿童；万州区；黔江区；涪陵区；涪陵区少年儿童；渝中区；大渡口区；江北区；沙坪坝区；九龙坡区；南岸区；北碚；渝北区；巴南区；长寿区；江津区；合川区；南川区；大足区；万盛经济技术开发区；重庆市潼南区；铜梁区；璧山区；城口县；丰都县；垫江县；忠县；重庆市开州区；云阳县；奉节县；巫山县；巫溪县；石柱土家族自治县；秀山土家族苗族自治县
四川	第一次评估定级一级图书馆	重庆市沙坪坝区；重庆市北碚；重庆市中区
	第二次评估定级一级图书馆	新都县；邛崃市

	第三次评估定级一级图书馆	广安市；绵阳市；成都市成华区；邛崃市；成都市新都区；绵竹市；什邡市；成都市金牛区；广汉市
	第四次评估定级一级图书馆	成都；攀枝花市；泸州市；绵阳市；邓小平；成都市锦江区；成都市青羊区；成都市金牛区；成都市武侯区；成都市成华区；成都市龙泉驿区；成都市新都区；成都市温江区；广汉市；中江县；南部县；邛崃市
	第五次评估定级一级图书馆	成都；攀枝花市；泸州市；绵阳市；邓小平；成都市锦江区；成都市青羊区；成都市金牛区；成都市武侯区；成都市成华区；成都市龙泉驿区；成都市青白江区；成都市新都区；成都市温江区；成都市高新区；双流县；郫县；新津县；都江堰市；彭州市；邛崃市；崇州市；米易县；合江县；中江县；广汉市；什邡市；绵竹市；三台县；安县；北川羌族自治县；旺苍县；苍溪县；射洪县；南部县；眉山市东坡区；仁寿县；资阳市雁江区
	第六次评估定级一级图书馆	四川省；成都；自贡市；攀枝花市；泸州市；绵阳市；南充市；邓小平；达州市；巴中市；成都市锦江区；成都市青羊区；成都市金牛区；成都市武侯区；成都市成华区；成都市龙泉驿区；成都市青白江区；新都区；成都市温江区；成都市双流区；成都市郫都区；都江堰市；彭州市；邛崃市；崇州市；金堂县；大邑县；蒲江县；新津县；成都高新区文化指导服务中心；简阳市；米易县；合江县；叙永县；广汉市；什邡市；绵阳市安州区；江油市；北川羌族自治县；三台县；剑阁县；旺苍县；苍溪县；遂宁市安居区；射洪县；隆昌市；南部县；眉山市东坡区；仁寿县；达州市达川区；宣汉县；荥经县；汉源县；资阳市雁江区；安岳县
贵州	第一次评估定级一级图书馆	遵义县
	第二次评估定级一级图书馆	贵阳市；遵义县
	第三次评估定级一级图书馆	贵阳市；遵义县
	第四次评估定级一级图书馆	贵阳市；遵义市
	第五次评估定级一级图书馆	贵阳市；遵义市；毕节市；贵阳市乌当区；贵阳市白云区；开阳县；湄潭县；兴义市；贞丰县；仁怀市；大方县；镇远县；都匀市；瓮安县

续表

	第六次评估 定级一级 图书馆	贵阳市；遵义市；六盘水市；毕节市；都匀市；兴义市；贵阳市白云区；贵阳市乌当区；遵义市播州区；习水县；瓮安县
云南	第一次评估 定级一级 图书馆	个旧市
	第二次评估 定级一级 图书馆	大理白族自治州；昆明市官渡区；个旧市；安宁市
	第三次评估 定级一级 图书馆	昆明市；大理白族自治州；楚雄彝族自治州；昆明市五华区；昆明市盘龙区；昆明市官渡区；个旧市；弥勒县；玉溪市红塔区
	第四次评估 定级一级 图书馆	云南省；昆明市；昆明市盘龙区少年儿童；昆明市五华区；玉溪市红塔区；石屏县；弥勒县；泸西县；大理州；楚雄州
	第五次评估 定级一级 图书馆	云南省；昆明市；玉溪市；楚雄州；大理州；昆明少年儿童；昆明市五华区；昆明市官渡区；昆明市西山区；安宁市；曲靖市麒麟区；陆良县；师宗县；罗平县；宣威市；玉溪市红塔区；易门县；腾冲县；昌宁县；玉龙县；临翔区；楚雄市；大姚县；禄丰县；个旧市锡都；开远市；石屏县；弥勒市；泸西县
	第六次评估 定级一级 图书馆	云南省；昆明市；曲靖市；玉溪市；楚雄彝族自治州；文山壮族苗族自治州；大理白族自治州；昆明市五华区；昆明市盘龙；昆明市官渡区；昆明市西山区；安宁市；曲靖市麒麟区；宣威市；陆良县；师宗县；腾冲市；腾冲市和顺；施甸县；昌宁县；临沧市临翔区；楚雄市；双柏县；南华县；大姚县；永仁县；元谋县；武定县；禄丰；开远市；弥勒市；石屏县；泸西县；红河锡都
陕西	第三次评估 定级一级 图书馆	陕西省；榆林市榆阳区星元；安康市汉滨区少年儿童
	第四次评估 定级一级 图书馆	陕西省；安康市汉滨区少年儿童
	第五次评估 定级一级 图书馆	陕西省；铜川市；延安市宝塔区；神木县；汉滨少年儿童
	第六次评估 定级一级 图书馆	陕西省；咸阳；延安市；铜川；韩城市司马迁；西安市长安区；户县；蓝田县；彬县；渭南市华州区；榆林市星元图书楼；神木县；府谷县；吴起县；汉中市汉台区；山阳县

甘肃	第二次评估定级一级图书馆	甘肃省；
	第三次评估定级一级图书馆	兰州市；白银市；张掖市甘州区
	第四次评估定级一级图书馆	甘肃省；兰州市；金昌市；白银市；张掖市甘州区
	第五次评估定级一级图书馆	甘肃省；兰州市；金昌市；白银市；兰州市西固区；张掖市甘州区；高台县；华亭县；酒泉市肃州区；通渭县；陇西县
	第六次评估定级一级图书馆	甘肃省；兰州市；嘉峪关市；金昌市；白银市；天水市；兰州市西固区；甘州区；高台县；华亭县；肃州区；敦煌市；镇原县；通渭县；陇西县
宁夏	第一次评估定级一级图书馆	吴忠市
	第二次评估定级一级图书馆	吴忠市；固原县
	第三次评估定级一级图书馆	银川市；吴忠利通区
	第四次评估定级一级图书馆	宁夏回族自治区；银川市；吴忠市
	第五次评估定级一级图书馆	宁夏；银川市；吴忠市；贺兰县；平罗县；青铜峡市；中宁县
	第六次评估定级一级图书馆	宁夏；银川市；吴忠市；贺兰县；平罗县；青铜峡市；同心县；中宁县

续表

新疆	第二次评估定级一级图书馆	克拉玛依市；伊宁市
	第三次评估定级一级图书馆	克拉玛依市；伊宁市
	第四次评估定级一级图书馆	乌鲁木齐市；克拉玛依市；昌吉回族自治州吉木萨尔县
	第五次评估定级一级图书馆	乌鲁木齐市；克拉玛依市；昌吉州；克拉玛依市独山子区；昌吉州吉木萨尔县；巴音郭楞州和静县；喀什地区莎车县；伊犁州新源县
	第六次评估定级一级图书馆	乌鲁木齐市；克拉玛依市；哈密市；昌吉回族自治州；和田地区；塔城地区；克拉玛依区；克拉玛依市独山子区；阜康市；呼图壁县；吉木萨尔县；库尔勒市；焉耆回族自治县；和静县东归；拜城县；莎车县；乌苏市；沙湾县 新疆生产建设兵团：第八师石河子市；第十师北屯市；第八师121团

注：本附录中图书馆名称均省略"图书馆"，极个别情况除外。

索　引

后　记

研究型大学是科研的主战场之一，每一个研究团队都是这个主战场的生力军。在科研面向国家战略、服务社会重大需求的科研主旋律中，南开人本着"知中国，服务中国"的优良传统，始终将服务国民经济和社会发展作为科研的首要任务。

我带领的南开团队从 2007 年开始，将公共文化服务和公共图书馆事业作为主攻方向，勇于承担大项目，服务于国家和地区的公共文化建设与公共图书馆事业发展。15 年来，先后完成了国家图书馆重大科研项目"社会公共服务体系中图书馆的发展趋势、定位与服务研究"、国家社会科学基金重点项目"公共文化服务体系中的图书馆战略规划模型与实证研究"、文化部文化科技司委托项目"'十二五'期间文化标准化重点工作领域研究"和"文化行业标准化工作体系建设研究"等。而任务最为艰巨、历时最长的项目是国家社会科学基金重大项目"促进我国基本公共文化服务标准化与均等化研究"。

其间，我担任文化部第六次全国县以上公共图书馆评估定级标准研制专家组组长，从2015 年 1 月 5 日开始，进行了两年的标准研制，最终完成了省、市、县三级六套评估定级标准。虽然过去作为评估专家参加过多次图书馆评估工作，但经历这次研究过程，对公共图书馆评估真正有了更为深刻的认识。我的研究从此也与公共图书馆评估结下了不解之缘。

2017 年是中国公共图书馆界的评估年，也是我作为专家组组长最忙的一年。2018 年12 月 14 日，我的重大项目结项。2018 年 12 月 25 日，全国哲学社会科学工作办公室发布2019 年国家社会科学基金项目申报公告，其中图书馆·情报与文献学类第 58 号选题为"公共图书馆评估研究"。我立即组织申报论证，定题为"基于绩效和成效集成的公共图书馆评估理论与评估标准创新研究"，获得众多评审专家的认可。2019 年 6 月 25 日，得知该选题被批准为国家社会科学基金重点项目。后来我才知道，这个选题是武汉大学黄如花教授报上去的，黄教授是第六次副省级以上公共图书馆评估专家组成员，深知公共图书馆评估研究的重要性。

参加这一重点项目的人员有彭亮、袁珍珍、刘旭青、胡娟、刘琳琳、张海梅、尹静、魏艳霞、邹金汇、贾东琴、肖雪、李苗、马忠庚、张雅琪、胡银霞、王毅、包鑫、王洁、刘培旺、刘倩雯、张瑜祯、潘雨亭、李京胤、张蓝、边荣、陈占强、田涯、周雅倩、魏梦婷、卢晓彤、胡曼曼、张畅、张翌、王雪纯、张森学、朱旭凯、杜佳惠、张颖、聂吉冉、邱永妍、王浩霖、王昊、于之皓等，研究团队超过 40 人。

本书撰写始于 2021 年 2 月，2021 年 10 月完成初稿，之后数易其稿。各章的分工如下：前言由柯平撰写；第一章由胡娟撰写；第二章由刘培旺撰写；第三章由刘倩雯撰写；第四章由彭亮撰写；第五章第一、二节由刘旭青撰写，第三、四节由袁珍珍撰写；第六章由张瑜祯撰写；第七章第一、三节由张森学撰写，第二、四、五节由朱旭凯撰写；第八章第一至三节由杜佳惠撰写，第四至五节由张颖撰写；第九章由包鑫撰写；第十章由王洁撰写；第十一章由柯平和邹金汇撰写；第十二章由邹金汇撰写；第十三章由刘琳琳撰写；第十四章由张雅琪撰写。全书由柯平和刘琳琳负责统稿，王洁、彭亮参与了统稿工作。

当本书完稿时，第七次全国公共图书馆评估定级工作已经开始。考虑到本项目还需要持续一段时间，计划将第七次评估定级的研究、有关成效评估的研究、区域性和各种新型图书馆评估的研究等纳入项目的最终研究报告。2022 年 11 月初，国家图书馆研究院李丹博士寄来她的新作《我国公共图书馆评估制度研究》，其博士论文得以出版，可喜可贺。该书所进行的制度探讨以及调查研究，与本书可以相互补充，各有特色，相得益彰。

我们将这一国家重点项目的阶段性成果出版，旨在促进公共图书馆评估理论研究，并对公共图书馆评估实践提供理论指导和参考借鉴。感谢在项目研究过程中，给予支持并指导的各级领导和专家学者！感谢国家图书馆出版社图书馆学编辑室高爽主任和唐澈编辑！欢迎广大的读者朋友们为项目研究及成果的完善提出宝贵意见与建议！

柯平

2022 年 9 月 10 日于南开大学

2024 年 4 月 1 日补记